Günter Lanitzki • Kanonendonner über Ostseewellen

Günter Lanitzki

Kanonendonner über Ostseewellen

Der schwedisch-russische Seekrieg von 1788 bis 1790

FRIELING

Fotonachweis:

Statens sjöhistoriska museum, Stockholm (Seite 352, 353, 354, 355, 356, 357, 358, 361, 365, 366)
Archiv Autor (Seite 359, 367 oben und unten, 368 oben und unten, 371 Ölgemälde Reproduktion)
Livrustkammaren, Stockholm (Seite 360),
Marinmuseum, Karlskrona (Seite 362, 363, 364)
Günter Lanitzki (Seite 369, 370)

Die Schreibweise in diesem Buch entspricht den Regeln der alten Rechtschreibung.

Bibliografische Information der Deutschen Bibliothek
Die Deutsche Bibliothek verzeichnet diese Publikation in der Deutschen Nationalbibliografie;
detaillierte bibliografische Daten sind im Internet über http://dnb.ddb.de abrufbar.

© Frieling & Partner GmbH Berlin
Hünefeldzeile 18, D-12247 Berlin-Steglitz
Telefon: 0 30 / 76 69 99-0
www.frieling.de

ISBN 3-8280-1786-X
1. Auflage 2002
Umschlaggestaltung: Michael Reichmuth unter Verwendung des Gemäldes Seeschlacht bei
Hogland am 17. Juli 1788: Siegesjubel auf Herzog Karls Flaggschiff *Konung Gustav III*. Ölgemäl-
de von Luis Jean Desprez
Sämtliche Rechte vorbehalten
Printed in Germany

Inhalt

Vorwort

Vier marinearchäologische Forschungsprojekte veranlaßten mich zu umfangreichem Quellenstudium:

- das russische Linienschiff *Sewerny Orjol*, 1789 im Barösund aufgelaufen und anschließend verbrannt;
- eine 1790 im Svensksund untergegangene russische Schärenfregatte;
- das im selben Jahr vor Reval gescheiterte schwedische Linienschiff *Riksens Ständer*;
- der zum Kriegssegler umgerüstete Ostindienfahrer *Lovisa Ulrika*, 1790 vor Göteborg gesunken.

Mit Erstaunen stellte ich dabei fest, daß sich in jüngster Zeit kein deutscher Autor mit dem schwedisch-russischen Krieg von 1788 bis 1790 näher beschäftigt hatte. Dieser fand vorwiegend zur See statt. Es mutet daher seltsam an, wenn in unserer einschlägigen Marineliteratur die erbittert geführten Seeschlachten am

17.	Juli	1788	bei Hogland,
26.	Juli	1789	bei Öland,
24.	August	1789	bei Kotka (1. Svensksundschlacht),
13.	Mai	1790	bei Reval,
3. u. 4.	Juni	1790	bei Kronstadt,
3.	Juli	1790	bei Viborg und am
9.	Juli	1790	bei Kotka (2. Svensksundschlacht)

nicht oder nur beiläufig erwähnt werden, man nichts erfährt über die vielen Gefechte an anderen Orten, insbesondere entlang der schwedischen Versorgungsroute im finnischen Schärenarchipel wie beispielsweise im Barösund oder bei den Halbinseln Porkala und Hangö. Zwei mächtige Flotten mit zusammen annähernd 900 größtenteils namentlich bekannten Kampfschiffen oder -booten unterschiedlicher Art standen sich drei Jahre lang in der Ostsee gegenüber. Zahlenmäßig betrachtet konnte sich manche der damaligen Flottenoperationen durchaus mit den weltweit berühmten Seeschlachten bei Abukir (1. und 2. August 1798) und Trafalgar (21. Oktober 1805) messen – nicht nur hinsichtlich der Bewaffnung, sondern auch nach dem Anteil der Linienschiffe in den Verbänden. Das erkannte ich klar nach dem Lesen zeitgenössischer Dokumente, schwedischer und russischer Fachliteratur sowie älterer deutschsprachiger Veröffentlichungen. Alle diese gedruckten Quellen haben jedoch einen gemeinsamen Nachteil: Sie sind durch neuere Forschungsergebnisse mehr oder weniger überholt, demzufolge zur genauen Wissensvermittlung nur bedingt geeignet. In einigen ausländischen Fachbüchern – erschienen nach dem Zweiten Weltkrieg – wird zwar auf die Seekriegsereignisse von 1788 bis 1790 eingegangen, allerdings lediglich im Überblick. Ein umfassendes Werk zu dieser Thematik, herausgegeben in jüngerer Zeit, gibt es meines Wissens nicht. Um ein einigermaßen realistisches Bild von den einstigen Ereignissen zu erhalten, ist man unter Hinzuziehen von Forschungsberichten der letzten 50 Jahre gezwungen, zumindest auf drei ältere Veröffentlichungen zurückzugreifen:

1. Oscar Nikula behandelt in „Svenska skärgårdsflottan 1756–1791" (Helsingfors 1933) recht anschaulich das Wirken der schwedischen Armeeflotte in Pommern, Finnland und Schweden.

2. V. F. Golowatschew, Dozent für Seekriegsgeschichte der St. Petersburger Marineakademie, lehrte in 46 Lektionen „Die Operationen der russischen Flotte während des Krieges mit Schweden – 1788 bis 1790". Seine Ausarbeitungen wurden 1871 und 1873 als Schulungsmaterial gedruckt. In beiden Bänden geht der Dozent exakt auf die Aktivitäten der russischen Ostseeflotte ein – einschließlich der Ruderflotte. Das Beschaffen der beiden Bände dürfte allerdings äußerst schwierig sein, da sie seinerzeit nur von ranghohen Offizieren der Admiralität und Absolventen der Marineakademie erworben werden konnten.

3. Arnold Munthe, wie Nikula und Golowatschew ein Seeoffizier, befaßt sich im Teil VII von „Svenska sjöhjältar" („Schwedische Seehelden") in den zwischen 1914 und 1923 in Stockholm verlegten sechs Bänden ausführlich mit dem Seekrieg 1788 bis 1790 („Otto Henrik Nordenskjöld – Flottan och ryska kriget 1788–1790"). Munthes „Seehelden" I bis VII werden noch immer als hervorragendes Standardwerk für ausgewählte Abschnitte der schwedischen Marinegeschichte angesehen. Hinsichtlich des Teiles VII:1–6 bestehen allerdings gewisse Vorbehalte, die hier nicht unerwähnt bleiben sollen.

Erfreulicherweise stützte sich Munthe vorwiegend auf zeitgenössische schwedische Dokumente, außerdem aber auch auf bereits vorliegende Veröffentlichungen. Darunter befanden sich C. A. Gyllengranats „Sveriges sjökrigshistoria i sammandrag" (1840), P. O. Bäckströms „Svenska flottan historia" (1884), H. Kirchhoffs „Seemacht in der Ostsee" (1907 und 1908) und Golowatschews Schulungsmaterial. Gyllengranats Verdienst besteht darin, als erster schwedischer Autor den „roten Faden" der Flottengeschichte des Reiches vorgelegt zu haben. Unter dem von ihm ausgewerteten Schriftgut befanden sich leider auch etliche „schöngefärbte" Dokumente, die er als realistische Beweise ansah. Bäckström übernahm oft kritiklos Gyllengranats Angaben. Arnold Munthe merzte zwar viele Fehler seiner Vorautoren aus und meldete zu mancher Passage sachliche Bedenken an, doch nicht in jedem Fall schien er seiner Sache absolut sicher gewesen zu sein.

Herrmann Kirchhoff bezog sich unter anderem ebenfalls auf Gyllengranat und Bäckström, aber auch auf G. C. Horst („Geschichte des letzten schwedischen Krieges", Frankfurt/Main 1792) und E. L. Posselt („Geschichte Gustafs III.", Karlsruhe 1792). Die beiden deutschsprachigen Titel stellen keine zuverlässige Quelle dar – auf zeitgenössischen Propagandaschriften basierend, muten sie heutzutage geradezu utopisch an. Arnold Munthe dürfte das erkannt und Kirchhoffs „Seemacht" mißtrauisch betrachtet, deshalb nur auf geringfügige Passagen zurückgegriffen haben.

Golowatschews Schulungsmaterial ist außerordentlich aussagekräftig. Der Autor hatte das Schriftgut des ehemaligen St. Petersburger Admiralitätskollegiums gesichtet und kritisch ausgewertet. Munthe wußte das und ließ sich einige Abschnitte übersetzen. In seinen sechs Bänden wies er mehrmals auf die russische Version hin, sobald sie erheblich von der schwedischen abwich. Sicherlich konnte Munthe die ihm vorliegende Übersetzung nicht auf ihre Richtigkeit hin überprüfen. Ungenaue oder unvollständige Textabschnitte in seinem Werk lassen das vermuten. Wahrscheinlich ist die Inanspruchnahme von Fremdübersetzern auch die Ursache dafür, daß Munthe mitunter wichtige russische Flottenbewegungen mit belanglosen Formulierungen umging, statt sie konkret zu behandeln. Bei Kenntnis des vollständigen Textes von Golowatschew hätte er garantiert die Chance genutzt und die von ihm bedauerten Lücken in seiner Darstellung gar nicht erst aufkommen lassen.

Nach dem Konsultieren von Mitarbeitern des ehemaligen Leningrader Kriegsmarinemuseums, des Helsinkier Marinemuseums, der Estnischen Akademie der Wissenschaften in Tallinn und des Stockholmer Staatlichen Seehistorischen Museums entschloß ich mich 1987, detailliert den Seekrieg 1788 bis 1790 im Ostseeraum zu beschreiben. Die bis dahin gesammelten Unterlagen in Zusammenhang mit den eingangs genannten drei marinearchäologischen Forschungsprojekten bildeten die Basis dafür.

Seit 1790 sind über 200 Jahre vergangen. Wer den historischen Ereignissen nachspüren möchte, ist ausschließlich auf zeitgenössische Quellen und entsprechende Literatur angewiesen. Etliche Museologen und Archivare machten warnend auf den immens großen Arbeitsaufwand aufmerksam, betrachteten mein Vorhaben skeptisch. Doch die Optimisten überwogen, unter ihnen Svante Warfvinge vom Blekinge Läns Museum in Karlskrona. Unermüdlich und sorgsam wählte er für mich Dokumente und Literatur aus, ich konnte so das einstige Geschehen recht gut kennenlernen. Ihm ist es vorrangig zu danken, daß das vorliegende Werk das geworden ist, was mir von Anfang an vorschwebte: eine allumfassende populärwissenschaftliche Arbeit über die Auseinandersetzung zur See zwischen Kaiserin Katharina II. und König Gustav III.

Als besonderer Glücksumstand erwies sich, daß meine Frau Golowatschews Schulungsmaterial auswertete. Da ich die schwedischen Quellen übersetzte, vermochten wir ohne langwierige Rückfragen die seinerzeitigen Flottenoperationen nachzuvollziehen und miteinander zu verflechten. Es dürfte einleuchten, solch unkomplizierte Zusammenarbeit war einerseits äußerst zweckdienlich, andererseits aber auch „nervenaufreibend": Zwei Jahre lang bildeten russische und schwedische Kriegsschiffe einen Teil unserer täglichen Gespräche. Für Engagement, Geduld und Verständnis bin ich meiner Frau daher zu außerordentlichem Dank verpflichtet.

Im Verlauf der Recherchen fielen mir zwei Aspekte auf:

1. Wie aus den „Bearbeitungsvermerken" russischer Archive erkennbar, konnten seit dem Ersten Weltkrieg in ihnen deutsche Wissenschaftler oder Autoren lediglich eingeschränkte Studien betreiben, sich mit historischen Sachverhalten nur ungenügend vertraut machen. Das betreffende Schriftgut des St. Petersburger Admiralitätskollegiums wurde seit Golowatschews Durchsicht zudem kaum angetastet – russische Historiker hatten sich nur mit einigen wenigen Dokumenten beschäftigt. Läßt sich daraus der Grund ableiten, weshalb es in der modernen deutschsprachigen Fachliteratur keine oder nur spärliche Angaben zu der hier behandelten Thematik gibt?

2. Der schwedisch-russische Krieg war zwar in erster Linie eine bewaffnete Auseinandersetzung zwischen diesen beiden Ländern, aber in gewisser Beziehung betraf er auch die deutsche Geschichte. Das hat weniger damit zu tun, daß sowohl die russische Kaiserin Katharina II. Alexejewna – geborene Prinzessin Sophie Auguste von Anhalt-Zerbst – als auch ihr Befehlshaber der baltischen Ruderflotte – Prinz Karl Heinrich von Nassau-Siegen – Deutsche waren oder der schwedische König Gustav III. als Neffe des Preußenkönigs Friedrich II. aus dem Hause Holstein Gottorp stammte. Vielmehr gehörte seinerzeit eine große Region des heutigen Nordostdeutschlands zu Schweden. In Pommern wurden schwedische Regimenter und Seekriegsverbände aufgestellt, viele der dort ansässigen Familien verlegten ihren Wohnsitz ins schwedische Mutterland. Diese Übersiedler verstärkten die bereits zur Hansezeit gegründeten deutschen Gemeinden in Stockholm und anderen Orten. Bis 1721 hatten auch in Livland wohnende deutsche Familien ähnlich gehandelt. Genaue Angaben über den damaligen prozentualen Anteil deutschstämmiger Einwohner Schwedens können nicht gemacht werden – einfache Bürger wurden statistisch noch nicht erfaßt. Anders sieht es dagegen mit bekannten Kaufleuten, verdienten Offizieren, reichen Landwirten und dergl. aus. Mitte des 18. Jahrhunderts lebten in Schweden 2277 Geschlechter des gehobenen Standes: Grafen (86), Freiherren (237) und Ritter (1954). Fast alle stammten zu etwa gleichen Teilen aus dem Mutterland und Finnland sowie aus Livland und Pommern. Weitere kamen aus Holland, Brandenburg, Westfalen, Böhmen, Bremen, Schlesien, Holstein, Frankreich, aus der Schweiz und von der Insel Rügen. Wie der Leser bemerken wird, weisen im nachstehenden Text relativ viele Personennamen auf die deutsche Herkunft ihrer Träger hin.

Zwei Bemerkungen seien abschließend gestattet:

1. Jede hier aufgestellte Behauptung und jedes wiedergegebene Zitat sind dokumentarisch bewiesen – Zitate wurden grammatikalisch der deutschen Sprache angepaßt. Wegen der historischen Genauigkeit berücksichtigte ich solche Unterlagen nicht, die – aus welchen Gründen auch immer – offensichtlich „schöngefärbt der Augenwischerei" dienen sollten.

2. Es dürfte überraschen, wie viele verschiedene Schiffs- bzw. Bootstypen es in den beiden Flotten gab. Unser Wissen über sie ist nicht so groß wie allgemein vermutet. Vor allem der Schiffsliebhaber findet im Anlagenteil viele Angaben, die er bislang vergeblich in der deutschsprachigen Fachliteratur gesucht hat.

Berlin, im Sommer 2002   *Günter Lanitzki*

1718 bis 1788

Vorangestellt – ein geschichtlicher Exkurs

Schweden anno 1718. Karl XII., neben Gustav Wasa und Gustav II. Adolf einer der herausragendsten Könige in der älteren Geschichte Schwedens, fällt am 30. November während der Belagerung der Festung Fredrikssten (Frederikshald). Einen natürlichen Erben für den Thron gibt es nicht, jedoch zwei Bewerber: Herzog Karl Friedrich von Holstein-Gottorp, Sohn von Karls XII. älterer Schwester Hedvig Sofia, und Prinz Friedrich (Fredrik) von Hessen, verehelicht mit des Königs jüngster Schwester Ulrika Eleonora.

Unter Karls XII. Regierungszeit – insbesondere in den Jahren, als er sich nach der Niederlage bei Poltawa (1709) in der Türkei aufhielt – erstarkte in Schweden die Opposition. Ihr Kern bestand vornehmlich aus Ratsherren und Beamten, die nach 1718 mit neuen Verfassungsgrundsätzen und -forderungen hervortraten. Unter anderem machten sie die Wahl von Ulrika Eleonora zur Königin von deren öffentlicher Verzichtserklärung auf das Erbrecht der Krone abhängig – sie tat es, damit verschwand die absolute Monarchie. Bis 1772 übernahmen die Könige (Ulrika Eleonora erreichte bereits 1720, daß ihr Gemahl zum schwedischen König gewählt wurde – Fredrik I.) lediglich die Rolle des Vorsitzenden des Rates, der die exekutive Gewalt ausübte. Der Reichstag wurde das Zentrum der politischen Macht. Seine vier Stände – Adel, Geistlichkeit, Bürgerschaft und Bauernstand –entwickelten ein System politischer Parteien und trafen alle wichtigen innen- und außenpolitischen Entscheidungen. Diese Epoche wird in der schwedischen Geschichtsschreibung als „Freiheitszeit" bezeichnet.

Sie begann mit der „Friedenskrise": Im Ergebnis des 1700 ausgebrochenen Nordischen Krieges hatte sich Schwedens Lage erheblich verschlechtert. Nach den Friedensschlüssen von Stockholm (1719 mit England-Hannover und 1720 mit Preußen), Fredriksborg (1720 mit Dänemark) und Nystad (1721 mit Rußland) mußte Schweden nicht nur Bremen und Verden, das südliche Vorpommern mit Stettin und den beiden Inseln Usedom und Wollin (es durfte jedoch weiterhin die Oder-Mündung kontrollieren), die Provinzen Livland, Estland, Ingermanland und das östliche Karelien mit Viborg abtreten, sondern auch die Zollfreiheit im Sund und die traditionelle Unterstützung Holstein-Gottorps aufgeben. Aus strategischer Sicht traf Schweden der Verlust des östlichen Kareliens besonders hart, da nunmehr die Verteidigung Finnlands schwieriger geworden war.

Sobald jedoch innerer und äußerer Friede als gesichert angesehen werden konnten, galt es, Wohlstand und Ordnung im Lande wiederherzustellen. Das gelang relativ schnell, dank kluger Wirtschaftsführung des Kanzleipräsidenten Arvid Horn. Er richtete Schweden nach der Politik westlicher Mächte aus, die seit 1725 mit Preußen in der hannoverschen Allianz vereint waren. Nach dem Bruch zwischen Frankreich und England entschied sich Horn für eine Zusammenarbeit mit England.

Mit dem Tod der russischen Zaren Peter der Große und Katharina I. schwand in Schweden zunehmend der Einfluß der gegen Horn kritisch eingestellten holsteinischen Partei, die sich in ihrer Außenpolitik mehr auf eine gute Nachbarschaft mit Rußland orientiert hatte. (Herzog Karl Friedrich von Holstein-Gottorp hoffte vergeblich, mit Rußlands Hilfe den schwedischen Thron einnehmen zu können.) Viele ehemalige „Holsteiner" fanden ihre politische Heimat in der 1734 gebildeten Partei der „Hüte", der ersten wirklich politischen Kraft. Die „Hüte" legten ein beeindruckendes Programm vor: Sie forderten eine völlig neue Außenpolitik mit dem Ziel, verlorene Positionen – vor allem im Osten – wiederzugewinnen. Und da ihre Vorstellungen – speziell bei jungen Offizieren und Zivilbeamten, bürgerlichen Kaufleuten und reichen Edelmännern – auf fruchtbaren Boden fielen, vermochten sie im Reichstag 1738/39 die parlamentarische Mehrheit zu erringen, 1739 die Regierungsverantwortung zu übernehmen. Zunächst drängten sie nach Horns Rücktritt dessen Anhänger aus unterschiedlichsten – mitunter recht fadenscheinigen – Gründen aus ihren Ämtern und besetzten diese mit zuverlässigen Parteimitgliedern. Außenpolitisch rückte Schweden von England ab und wandte sich Frankreich zu, ging zudem noch im Jahre 1739 mit der Türkei einen Beistandspakt ein, der allerdings weniger auf militärische, sondern mehr auf finanzielle Unterstützung ausgerichtet gewesen war. Das krasse und schnelle Vorgehen der „Hüte" sorgte für Unruhe im Lande, ein Konflikt bahnte sich an. Ihm begegneten die „Hüte" auf dem nächsten Reichstag (1740/41), indem sie ihre Gegner durch ein Hochverratsverfahren zum Schweigen brachten. Auf demselben Reichstag wurde der Krieg gegen Rußland beschlossen. Man hoffte auf die Hilfe Frankreichs und auf eine erfolgreiche Kooperation mit der russischen Prinzessin Elisabeth, die in St. Petersburg einen Staatsstreich vorbereitete.

Aus verschiedenen Gründen endete dieser Krieg für Schweden mit einem Fiasko. Die gesamte Planung kann nur als dilettantisch bezeichnet werden: Es gab keine besonderen Vorkehrungen für den Feldzug, das Heer befand sich in schlechtem Zustand, die Flotte war ungenügend ausgerüstet, die militärischen Probleme Finnlands wurden so gut wie nicht beachtet. Außerdem erklärte sich Elisabeth ohne fremde Hilfe zur Kaiserin und schien danach wenig geneigt, Schweden entgegenzukommen. All dies hatte zur Folge, daß die russische Armee den größten Teil Finnlands besetzen konnte.

Die Lage war äußerst bedrohlich, ein Friedensschluß um jeden Preis geboten.

Mit der Friedensfrage stand die Thronfolge in unmittelbarem Zusammenhang. Ein Wettstreit zwischen Elisabeths Kandidaten Adolf Friedrich von Holstein-Gottorp und dem dänischen Kronprinzen Fredrik bahnte sich an. Die schwedischen Bauern – enttäuscht von der Politik der „Hüte" – standen einer schwedisch-dänisch-norwegischen Vereinigung aufgeschlossen gegenüber und unterstützten Fredrik, zogen für ihn gegen Stockholm. Ihr Aufstand wurde blutig niedergeschlagen. Die „Hüte" entschieden sich für Adolf Friedrich als designierten Thronfolger. Elisabeth revanchierte sich, sie stimmte einem erträglichen Friedensvertrag zu (Åbo, 1743): Schweden brauchte „nur" ein weiteres Stück des südöstlichen Finnlands abzutreten ...

Vorerst war es den „Hüten" gelungen, wenngleich auch unter demütigenden Formen, mit den Gefahren für das Reich fertig zu werden. Allerdings blieb ihre Lage nach wie vor schwierig. Als besonders unangenehm erwies sich, daß durch die erzwungene Wahl des künftigen Königs der russische Einfluß im Lande rapide zugenommen hatte, praktisch eine russische Bevormundung drohte. Auch die Opposition – die „Mützen" – konnte bei ihren Attacken gegen die Regierungspartei auf die Hilfe des östlichen Nachbarn rechnen. Daraufhin aber gewannen ihrerseits die „Hüte" Adolf Friedrich und seine einflußreiche Gemahlin Lovisa Ulrika (eine Schwester Friedrichs des Großen) völlig für sich, indem sie ihnen nach Adolf Friedrichs Thronbesteigung mehr Machtbefugnisse in Aussicht stellten. Schon auf dem Reichstag 1746/47 drängte eine starke nationale Stimmungswoge sowohl den russischen als auch den Einfluß der „Mützen"-Partei zurück.

Krieg und Friedensschluß kosteten Schweden jenen militärischen Ruf, der dem Reich seit karolinischer Zeit ein international beachtliches Gewicht verliehen hatte. Die Frage der Landesverteidigung stand daher mit an vorderer Stelle im Regierungsprogramm. Eine umfassende Modernisierung bei Heer und Flotte war unumgänglich. Bedingt durch die geographisch-strategische Lageveränderung mußten teilweise absolut neue Wege beschritten werden. Zwei dieser Neuerungen sind besonders erwähnenswert:

1. Südlich von Helsingfors (Helsinki) entstand unter Leitung des Artilleristen Oberst Augustin Ehrensvärd auf einigen nebeneinanderliegenden Inseln die Festung Sveaborg (Suomenlinna).

2. Der Reichstag 1755/56 beschloß die Schaffung einer „Armeeflotte". Sie sollte sich aus dem bereits bestehenden Stockholmer Galeerengeschwader und einem in Sveaborg zu stationierenden Schärengeschwader zusammensetzen. Den Befehl über die Armeeflotte erhielt Augustin Ehrensvärd, der gleichzeitig zum Generalmajor befördert wurde.

Als Fredrik I. 1751 starb und verabredungsgemäß Adolf Friedrich – nun Adolf Fredrik – zum König gewählt wurde, dachten die „Hüte" nicht daran, ihre dem Thronfolgepaar gegebenen Versprechungen einzulösen. Damit erschien ein neues Spannungsmoment in der schwedischen Innenpolitik. Um das Königspaar sammelte sich die Hofpartei, die bis zum Ende der Freiheitszeit bestehen bleiben sollte. Gegen den schwedischen Parlamentarismus erhoben sich neue vom Kontinent stammende Verfassungsideen, namentlich die physiokratische Lehre von der Bedeutung einer starken Zentralmacht. Aus diesem Gegensatz erwuchsen für die „Hüte" neue Probleme. Sie erreichten ihren Höhepunkt, als ein royalistischer Staatsstreich während des Reichstages von 1756 versucht wurde, der jedoch in seinen Anfängen erstickt werden konnte. In seinem Gefolge brachte er schwere Demütigungen für das Königspaar mit sich. Seitdem war der Bruch zwischen diesem und der „Hüte"-Partei unheilbar. Er wurde noch dadurch verschärft, daß die „Hüte" einen weiteren Versuch unternahmen, in der Außenpolitik die europäische Konjunktur auszunutzen, und sich 1757 im Siebenjährigen Krieg den Gegnern Friedrichs des Großen anschlossen. Königin Lovisa Ulrika empfand das als persönliche Kränkung! Tatsächlich handelte es sich bei dem Kampf um die Herrschaft über die Oder-Mündung, die Schweden sich erhalten und die Preußen erringen wollte. (Von 1757 bis 1761 operierte ein in Stralsund stationiertes Galeeren-geschwader im Oderhaff.) Schwedens Anliegen erfüllte sich jedoch nicht, so daß sich die „Hüte" nur mit großer Mühe aus der für sie recht ernsten Krise zu retten vermochten. Dank Königin Lovisa Ulrikas Fürsprache gab es einen unerwartet günstigen Friedensschluß mit Preußen (1762) auf der Grundlage des Status quo.

Die Macht der „Hüte" schwand in den Folgejahren zusehends. Auf dem Reichstag von 1765 erreichten die „Mützen" mit Hilfe der Hofpartei eine Mehrheit und übernahmen die Regierungsgeschäfte. Die französisch ausgerichtete Politik wurde abgelöst durch eine An-näherung an England und Rußland, die nun schon seit längerer Zeit miteinander befreundet waren. Obwohl keine Änderung bei den Grundsätzen der Verteidigung Finnlands erfolgte, wurde – vermutlich auf Wunsch Rußlands – der unermüdlich in Sveaborg schaffende Au-gustin Ehrensvärd nach Stockholm zurückgerufen.

Von einer Verfassungsrevision war indessen nichts zu spüren. Die Hofpartei suchte da-her wieder Verbindung zu den „Hüten", die wiederum eine künftige Erhöhung der königli-chen Autorität propagierten. König Adolf Fredrik glaubte erneut diesen Versprechungen und erzwang 1768 – unterstützt von Frankreich –einen neuen Reichstag, indem er sich weigerte, seine Funktion als Ratsvorsitzender weiterhin auszuüben. In ähnlicher Weise rea-gierten die Behörden, in denen die „Hüte" vorherrschten. Wie nicht anders zu erwarten, kam die „Hüte"-Partei an die Macht – wenn auch nur für kurze Zeit.

Trotz Parteiengezänk sowie um sich greifender Korruption war die Freiheitszeit eine expansive Periode sowohl für die Wirtschaft als auch für die kulturellen und wissenschaft-lichen Bereiche. In dieser Epoche erfand zum Beispiel der Physiker Anders Celsius die hundertgradige Temperaturskala, klassifizierte der botanisch engagierte Pfarrerssohn Carl Linnaeus (geadelt von Linné) die Pflanzen und wirkte Emanuel Swedenborg als Religions-philosoph. Es war auch das Zeitalter der lebhaften Debatten in Zeitungen, Zeitschriften und Büchern: 1766 erhielt Schweden mit als eines der ersten Länder der Welt eine weitrei-chende Pressefreiheitsverordnung.

In den letzten Jahren der Freiheitszeit gingen die Parteienstreitigkeiten im Reichstag immer mehr in einen Kampf zwischen Adel und nichtprivilegierten Klassen über. Die „Müt-zen" sammelten in ihren Reihen die nichtadlige Opposition und bemühten sich, in das Königsgelübde – „Konungsförsäkran" – einen Passus über ein gleiches Beförderungsrecht für alle – Adel und Nichtadel – einzufügen.

1771 starb Adolf Fredrik. Sein 25jähriger Sohn (Gustav III.) bestieg den Thron. Im Reichstag 1771/72 entbrannte eine langanhaltende, ungewöhnlich scharfe Auseinandersetzung um die „nichtadligen" Rechte. In unmittelbarem Zusammenhang damit ist auch der Königsbrief vom 30. Oktober 1771 zu sehen, in dem Gustav III. bei den Seestreitkräften neue Offiziersdienstgrade einführte:

Konteradmiral statt Schoutbynacht,
Oberst statt Kommandeur,
Oberstleutnant statt Kommandeurkapitän,
Major statt Kapitän und
Kapitän statt Kapitänleutnant.

Die Reichstagsdebatte endete mit einem Abstimmungssieg der „Mützen". Doch nicht nur auf parlamentarischer Ebene ging es unruhig zu, sondern auch draußen im Lande. 1771 gab es eine Mißernte, eine Hungersnot begann sich abzuzeichnen. Und die Regierung schwieg dazu, leitete keinerlei Maßnahmen zur Linderung der drohenden Krise ein.

Verallgemeinert läßt sich die Lage in Schweden Anfang 1772 wie folgt zusammenfassen: Überall im Reich machte sich Überdruß breit über das ständige, oft egoistische Parteiengezänk und über die Abhängigkeit von fremden Mächten. Die Abneigung gegen die bürokratische Seite der Verfassung nahm stetig zu. Der Adel fürchtete um seine Privilegien, drohte diese mit allen Mitteln zu verteidigen. Der Mangel an Lebensmitteln führte zu Preistreiberei und Wucher, schürte den Mißmut bei den unteren Bevölkerungsschichten. Das Volk setzte mehr und mehr auf die gewinnende Persönlichkeit des jungen Königs. Frankreich plädierte offen für eine Staatsumwälzung in Schweden und versprach, dabei zu helfen, den russischen und preußischen (damit auch den dänischen) Einfluß im Reich zu brechen. Der Umsturzgedanke griff immer mehr um sich, zumal die „Mützen" nach ihrem Sieg im Parlament nichts Eiligeres zu tun hatten, als sich bei Katharina II. anzubiedern.

Gustav III. nutzte die Situation aus, führte im August 1772 einen unblutigen Staatsstreich durch. Geistiger Urheber der Revolution war Freiherr Jakob Magnus Sprengtporten. Zu den aktivsten Helfern des Königs gehörten sein Bruder, Herzog Karl von Södermanland, und der aus der „Hüte"-Partei stammende Oberjägermeister Johan Christopher Toll.

Zwei Tage nach dem Umsturz hielt der König im Reichssaal eine Ansprache an die versammelten Stände. In hinreißenden Worten stellte er seine Auffassung von der Umwälzung und ihren Hintergründen dar. Der heroisch-lyrische Ton der Rede beeindruckte viele. (Sie gehört zu den glänzendsten klassischen Zeugnissen der politischen Rhetorik in Schweden.) Sogar die anwesenden Vertreter der „Mützen"-Partei unterwarfen sich und verbargen ihren Verdruß. Es kam zur einstimmigen Annahme der neuen Verfassungsakte. Sie bestand aus 57 Artikeln. Hier ihre wichtigsten Punkte:

1. Die Reichsstände blieben bestehen. Ohne sie sollten weder neue Gesetze verabschiedet noch alte abgeschafft werden (Artikel 40). Vom König hing ab, wann und wo der Reichstag zusammenzutreten habe (Artikel 38). Die Stände hatten ausschließlich königliche

Vorlagen zu beraten (Artikel 49). Ein Reichstag darf nie länger als drei Monate dauern (Artikel 46).

2. Dem König stand das ausschließliche Recht der Ernennung von Reichsräten zu. Sie waren nur ihm verpflichtet und mußten ihn in allen Angelegenheiten auf Wunsch beraten (Artikel 4). Ihre Stimmen galten aber nicht bei Entscheidungen, diese traf Seine Majestät allein.

3. Der König durfte Waffenstillstands-, Friedens- und Beistandsverträge abschließen (Artikel 6) und einen Verteidigungskrieg führen (Artikel 45). Ein Angriffskrieg setzte die Zustimmung der Stände voraus (Artikel 48).

4. Höhere Militär- und Zivilämter konnte der König nach Gutdünken besetzen (Artikel 10).

5. Oberster Befehlshaber aller Land- und Seestreitkräfte war der König.

Damit wurde die Herrschaft der vier Stände beendet und eine Epoche des aufgeklärten Absolutismus eingeleitet. Zunächst machten sich jedoch im Lande keine wesentlichen Veränderungen bemerkbar. Die während der Freiheitszeit entstandenen Probleme ließen sich über Nacht nicht lösen, und die nun eingeschlagenen Wege zu ihrer Überwindung unterschieden sich kaum von früheren, die nicht zum Ziel geführt hatten. Insgesamt betrachtet sollte sich allerdings des Königs Innenpolitik – anfangs vertuschte Schönfärberei so manchen Fehlschlag – als ziemlich erfolgreich erweisen.

Die schwedische Diplomatie, geleitet von dem neuen Kanzleipräsidenten Ulrik Scheffer, konnte sich auch weiterhin die Unterstützung Frankreichs sichern und wirkte im übrigen in ausgleichendem Sinne. Gegenüber Rußland nahm man in der Außenpolitik bald eine versöhnliche und entgegenkommende Haltung ein. In jene Epoche fiel der französisch-englische Krieg in Nordamerika, der sich auch auf den europäischen Seehandel auswirkte. England kaperte neutrale Schiffe unter dem Vorwand, die mitgeführten Waren wären für den Feind bestimmt. Schweden reagierte auf die Piratenakte, indem es seine Kauffahrer durch Kriegsschiffe eskortieren ließ. Dann schickte Gustav III. – nach einer mit Rußland und Dänemark getroffenen Verabredung – zum Schutz des Handels acht Linienschiffe und vier Fregatten in die Nordsee. Eine weitere Flotte war für das Mittelmeer bestimmt. Da die englischen Kaperer jedoch ihr Treiben fortsetzten, entstand im Juni/Juli 1780 die erste (bis 1782 dauernde) „bewaffnete See-Neutralität": Rußland rüstete 20, Schweden und Dänemark 16 Linienschiffe und Fregatten aus. Auch Preußen, Österreich, Portugal und Neapel traten dem Bund bei. Als Gustav III. im Jahre 1785 „sein eigener Außenminister" wurde, änderte sich schlagartig die schwedische Außenpolitik gegenüber Rußland. Nun bestimmten antirussische Tendenzen die Gedankenwelt des Königs und seiner drei wichtigsten neuen Ratgeber, Johan Christopher Toll, Erik Ruuth und Gustav Mauritz Armfelt.

Auf dem Reichstag 1786 kam es zum erbitterten Widerstand aller Stände (auch der nichtadligen) besonders gegen die Handhabung der in Unordnung geratenen Staatsfinanzen, gegen das eigenmächtige Regieren des Königs und gegen seine Außenpolitik. Die laut geäußerte Kritik verhallte nicht ungehört im Lande. Den auftretenden Unruhen und Widersetzlichkeiten mußten der König und seine Ratgeber schnell begegnen, wollten sie deren Ausbreiten verhindern. Eine Möglichkeit bestand in der Sammlung jener Kräfte, die in der russisch-dänischen Allianz eine Gefahr für das Reich sahen. Es reifte der Gedanke heran, sich bei günstiger Gelegenheit wieder gegen Rußland zu wenden, dessen rasche Ausdehnung unter Katharina II. lebhafte Befürchtungen weckte (zumal die Kaiserin sich auch in „nordische Angelegenheiten" einzumischen begann, sich vor allem einen politischen Wandel in Finnland wünschte).

1772, als Gustav III. den Thron bestieg, ließ die Landesverteidigung viel zu wünschen übrig:

1. Das Heer – Infanterie, Feldartillerie und Reiterei – entsprach nur zu zwei Dritteln der Sollstärke. Ihm mangelte es außerdem an Waffen, Munition, Pferden und Kleidung – in den Depots herrschte gähnende Leere.
2. Die meisten Schiffe – neugebaute und reparierte – der Kriegsflotte lagen wegen nicht vorhandener Ausrüstungsgegenstände zur Untätigkeit verurteilt an den Werftufern vertäut.

Lediglich das Stockholmer Galeerengeschwader, die Festung Sveaborg und das dort beheimatete Schärengeschwader hoben sich positiv von den anderen militärischen Formationen und Befestigungsanlagen ab. Das war zweifelsohne ein Verdienst Augustin Ehrensvärds, der 1760 den Schiffbaumeister Fredrik Henrik Chapman für den Aufbau der Armeeflotte in seine Dienste genommen hatte.

Nach Augustin Ehrensvärds Tod (1772) erhielt Generalmajor Henrik af Trolle den Befehl über die Armeeflotte und den Auftrag, Sveaborg weiter auszubauen (Gustavssvärds-Befestigungen). Mit dem kurz zuvor geadelten af Chapman verstand er sich ausgezeichnet. Gemeinsam entwickelten sie der Armeeflotte bestes Fahrzeug, die Kanonenschaluppe. Bereits 1776 liefen die ersten in Sveaborg vom Stapel. Sveaborg hatte sich allmählich zur schwedischen Hauptbasis im Finnischen Meerbusen entwickelt. Außer den Festungsbauten gab es Werftanlagen sowie Ankerplätze im Hafen für die Aufnahme von rund 60 kleineren Wasserfahrzeugen.

Gustav III. beförderte 1780 Henrik af Trolle zum Generaladmiral und ernannte ihn zum Befehlshaber der Kriegsflotte. Ihre Kampfkraft sollte ebenfalls spürbar verbessert werden. Af Trolle ließ 1781 seinen Schiffbaumeister nachkommen und übertrug ihm im Jahr darauf die Leitung der Kriegswerft von Karlskrona. Außer etlichen Neubauten widmete sich af Chapman der Überholung aller übrigen Kriegsschiffe. In Karlskrona befanden sich 1788 25 Linienschiffe und 15 Fregatten sowie etliche Hilfsschiffe (siehe Tabelle 1). Die Flotte führte zu diesem Zeitpunkt Oberadmiral Graf Karl August Ehrensvärd (Sohn von Augustin E.), der im März 1784 die Nachfolge des plötzlich verstorbenen af Trolle angetreten hatte. Die Ausrüstung der Kriegsflotte lag also – von anfänglichen Schwierigkeiten abgesehen – in guten Händen. Der König brauchte keine einzige Grundsatzentscheidung der Admiralität zu revidieren. Und auch bei der Armeeflotte ging es weiter voran. Ihre beiden Geschwader – sie unterstanden 1767–1777 zeitweilig der Admiralität – verfügten zu Beginn des Jahres 1788 über 140 einsatzbereite Fahrzeuge unterschiedlicher Typen.

Beim Landheer und bei den Versorgungseinrichtungen der Armee sah es dagegen völlig anders aus. Gustav III. brachte es jedoch in verhältnismäßig kurzer Zeit fertig, sein Heer auf 47.000 Mann aufzufüllen und für dessen Ausrüstung zu sorgen – eine wahre Meisterleistung angesichts der prekären Finanzlage. Weiterhin ließ er Feldartillerie, Kanonengießereien und Pulvermühlen verbessern, Festungen ausbauen und Gestüte erweitern. Außerdem ordnete Seine Majestät jährlich einige Feldübungen an und verschaffte sich auf diese Art ein realistisches Bild vom Ausbildungsniveau der Truppe. Bei solchen Gelegenheiten unterhielt er „väterliche" Kontakte zu Infanteristen, Artilleristen und Reitern, wertete sein Image bei den Soldaten auf. Des Königs militärische Führungsqualitäten (Strategie und Taktik) waren allerdings gering. Er aber wollte als großer Feldherr angesehen werden. Aus diesem Grund kleidete sich Seine Majestät oft wie einst Gustav Wasa, Gustav II. Adolf oder Karl XII., ahmte die vom Volk als Kriegshelden verehrten Könige zumindest äußerlich nach. Eines wurde immer offensichtlicher: Gustav III. wünschte sich nach kulturellen und wirtschaftlichen Erfolgen ein militärisch starkes Reich, um bei einem bewaffneten Konflikt gegen Rußland als Sieger in die Geschichte einzugehen, als derjenige, der Schwedens verlorene Gebiete Ostkarelien, Ingermanland, Livland und Estland zurückerobert …

1788

Ein abenteuerlicher Kriegsplan

Am 18. Septernber 1787 ging im Stockholmer Königsschloß die Nachricht vom Ausbruch des russisch-türkischen Krieges ein. Gustav III. analysierte umgehend die entstandene politische Lage mit dem Reichsrat für auswärtige Angelegenheiten, Graf Jakob Gustav Oxenstierna, und mit seinem inzwischen zum General ernannten militärischen Berater, Johan Christopher Toll.

So verlockend der Gedanke auch war, entsprechend dem Beistandsvertrag an der Seite der Türkei zu kämpfen und Rußland von Finnland aus anzugreifen, er hatte seine Tücken: Wenngleich binnen zwei Monaten eine allgemeine Mobilmachung abgeschlossen sein könnte, gestattete die bevorstehende Winterperiode jedoch keine größeren Truppenoperationen. Außerdem gab es da noch die schier unüberwindliche Hürde „Artikel 48 der Verfassung". Die Stände dürften kaum bereit sein, einem Angriffskrieg zuzustimmen. Die drei Gesprächspartner vereinbarten deshalb, strengstes Stillschweigen über den Inhalt ihrer Beratung zu bewahren, die Entwicklung auf dem Kriegsschauplatz aufmerksam zu verfolgen und zu überlegen, auf welche Art das Geschehen zum eigenen Vorteil zu beeinflussen sei.

Das nächste geheime Beratertreffen führte Seine Majestät am 13. Januar 1788 durch. Graf Oxenstierna berichtete von seinen Verhandlungen mit dem französischen Botschafter: Frankreich hatte von der Türkei die verbindliche Zusage erhalten, wenn sich Schweden am Krieg beteiligte, es finanziell zu unterstützen. (Tatsächlich transferierte die Türkei im späten Frühjahr 1788 mehr als 12 Millionen Mark in Piastern, Silberbarren und dänischen Talern über eine Hamburger Bank nach Stockholm.) Und Toll äußerte seine Vorstellungen von einem Kriegsplan, den er sofort detailliert ausarbeiten könne. Gustav III. beendete die Sitzung mit dem Auftrag an Toll, in etwa 14 Tagen einen solchen Plan vorzulegen. Damit stand fest, der König wollte den Ostfeldzug wagen.

Der General erhielt als Arbeitszimmer den „türkischen" Pavillon im königlichen Haga-Park zugewiesen. Von dem gerade erst fertiggestellten Gartenhäuschen führte ein Geheimgang zu den Gemächern Seiner Majestät, die Toll dadurch jederzeit unbemerkt aufsuchen konnte. Außer einem Diener hatte sonst niemand Zutritt zum Pavillon. Die Isolation des Militärberaters erfolgte insbesondere deshalb, damit der General nicht unnötig gestört oder gar beeinflußt, durch Indiskretion die Öffentlichkeit nicht beunruhigt wurde.

Am 25. Januar legte General Toll das vertrauliche Dokument für eine Blitzoffensive vor. Im einzelnen empfahl er darin:

1. Alle bestehenden Heeresverbände sowie die Armee- und Kriegsflotte sind schnell und umfassend auszurüsten.
2. Während der letzten Aufrüstungsphase erfolgt die allgemeine Mobilmachung.

3. Das Galeerengeschwader befördert das Heer (Infanterie, Feldartillerie und berittene Abteilungen) ohne vorherige Ankündigung von Stockholm nach Sveaborg.

4. Parallel zu Punkt 3 läuft die Kriegsflotte zum Finnischen Meerbusen aus und kreuzt zwischen Sveaborg und Reval.

5. Nach Ankunft des Heeres in Sveaborg verstärken einige Abteilungen die Grenztruppen, das Gros verbleibt vorerst in der Festung.

6. Bei Kriegsausbruch vernichtet die Kriegsflotte die russischen Ostseegeschwader.

7. Nach Erringen der absoluten Seeherrschaft unternimmt die Armeeflotte bei Oranienbaum ein Landeunternehmen. Die Truppen gehen im Eilmarsch gegen St. Petersburg vor und nehmen – den Überraschungseffekt nutzend – die feindliche Hauptstadt ein.

8. Gleichzeitig mit der Landeoperation rücken zwei in Südfinnland stationierte Armeekorps in Ostkarelien ein – das eine längs der Küste, das andere quer durch Savolaks (Savo-Landschaft).

Die ersten vier Punkte sollten so unauffällig wie möglich unter dem Deckmantel „Erhöhung der Verteidigungsbereitschaft wegen des drohenden Einfalls russischer Truppen in Finnland, da das mit der Türkei verbündete Schweden als potentieller Gegner Rußlands gilt", realisiert werden.

Nun mußten nur noch die Reichsräte und einige ranghohe Offiziere von Heer und Flotte vom Gelingen des Vorhabens überzeugt, ihre Zustimmung eingeholt werden. Das geschah anläßlich individueller Zusammenkünfte beim König. Als am 3. März Oberadmiral Karl August Ehrensvärd die Einzelheiten von Tolls Plan erfuhr, bekam Gustav III. äußerst kritische Worte zu hören. Der Flottenchef teilte keineswegs des Königs Anschauung über Schwedens politische Lage. Außerdem machte er darauf aufmerksam, daß die Admiralität nicht an der Abfassung jener Artikel beteiligt wurde, die unter ihre Kompetenz fielen. Alle diesbezüglichen Passagen seien rein theoretischer Natur, daher mitunter ziemlich abwegig. Auch wäre die 1780 begonnene Flottenaufrüstung noch lange nicht beendet. Dazu benötige man mindestens weitere sechs Jahre, vorausgesetzt, Rußland und Dänemark erweitern in diesem Zeitraum ihre Seestreitkräfte nur unwesentlich. Erst danach könne Seiner Majestät Flotte erfolgreich in der Ostsee operieren, das Binnenmeer beherrschen. Auch setze Toll den Sieg der Flotte voraus, baue auf ihm den gesamten Feldzugplan auf. Eine Niederlage oder den unentschiedenen Ausgang einer Seeschlacht berücksichtige der General nicht. Wegen der überlegenen russischen Flotte seien solche Varianten aber durchaus denkbar. Das bei Oranienbaum beabsichtigte Landeunternehmen dürfte dann kaum mehr stattfinden, der gesamte Kriegsplan hinfällig sein. Ehrensvärds Kritik gipfelte in der Bemerkung, „kein vernünftig denkender Admiral würde mit den gegenwärtigen Kräften in einen Krieg ziehen – ein solcher sollte zum Wohle des Reiches unter allen Umständen mit diplomatischen Mitteln von uns abgewendet werden".

Wenige Tage später wurde Oberst Mikael Anckarsvärd – Befehlshaber der Armeeflotte – in den Kriegsplan eingeweiht. In seinem Tagebuch vermerkte er dazu: „Ich konnte meine Bestürzung vor dem König nicht verbergen. Gustav wollte nicht glauben, daß ein Angriffskrieg eine tiefe Kluft zwischen Seiner Majestät und dem größten Teil der Nation aufreißen wird." Und an anderer Stelle: „Tolls strategische Gedanken sind nicht von der Hand zu weisen, doch in der Armee mangelt es für eine umfassende Truppenbewegung noch an vielem – das kann nicht gut ausgehen." Beide Flottenführer blieben die einzigen Kritiker. Alle übrigen um ihre Meinung befragten Offiziere und Reichsräte stimmten Tolls Plan beflissen zu. Gustav III. berief daraufhin sein Kabinett für den 13. April ein. Auf jener Sitzung beschloß der König, gegen Rußland ins Feld zu ziehen und folglich sofort mit den entsprechenden Vorbereitungen gemäß des Kriegsplanes zu beginnen.

Die Admiralität erhielt am 19. April Weisung, in Karlskrona bis Ende Mai zwölf Linienschiffe, fünf Fregatten und zwei Hilfsfahrzeuge in Seeklarbereitschaft zu versetzen. Mit dieser Aufgabe, die für Außenstehende wie die übliche Frühjahrsarbeit auszusehen hatte, wurde Oberstleutnant Otto Henrik Nordenskjöld betraut. Beim Stockholmer Galeerengeschwader machten sich besondere Aktivitäten anfangs ebenfalls nicht bemerkbar. Als am 22. Mai jedoch Geschwaderchef Oberst Ulrik Ehrenbill die Rüstungsorder bekam, meldeten sich zum gründlichen Überholen der Boote im Nu etwa 3000 von privaten Werften „gemietete" Zimmermänner. Außerdem gingen Eilboten ab, um den Stammbesatzungen das Ende ihres „Winterurlaubs", also ihren sofortigen Dienstantritt, zu verkünden. 24 Stunden darauf – am 23. Mai – quittierte Ehrenbill den Empfang von 5000 Reichstalern, damit er „alle nötigen Rüstungskosten bestreiten könne".

Am 23. Mai trat der Reichstag zusammen. Auf Gustavs III. Drängen beschloß er die allgemeine Mobilmachung „im Hinblick russischer Aufrüstung wegen des Krieges mit der Türkei". In Karlskrona zum Beispiel meldeten sich die Reservisten aus den Regionen Jönköping, Kalmar und Västgöta-Dal für eine Heeresabteilung, in die obendrein des Königs eigenes Regiment und das von Jakob Magnus Sprengtporten aufgestellte eingingen.

Die Rüstung in Sveaborg mußte noch unauffälliger als im Mutterland erfolgen, denn in Finnland gab es starke Bestrebungen nach Unabhängigkeit. Führer dieser Bewegung war Göran Magnus Sprengtporten (Halbbruder von Gustavs Mithelfer bei dem Staatsstreich von 1772), der sich um die Neuorganisation der Wehreinrichtungen in den finnischen Grenzbezirken verdient gemacht hatte. Er wollte ein selbständiges Finnland unter russischem Schutz, ein Wunsch, der sich mit russischen Plänen über Pufferstaaten längs der Grenzen begegnete.

Bei Oberst Anckarsvärd traf daher als erstes vorsichtiges Signal ein Brief des Königs vom 4. Mai ein, in dem es hieß: „Nun seien die Schiffe der Schärenflotte zu kalfatern, sie mit der notwendigen Anzahl Ruder zu versehen und ihre Masten zu setzen". Die eigentliche Rüstung begann bei dem Sveaborg-Geschwader allerdings – wie bei der Stockholmer Einheit auch – erst nach Erhalt des königlichen Befehls vom 22. Mai.

Nennenswerte Arbeitsverzögerungen traten weder bei der Armee- noch bei der Kriegs-flotte auf. Mitte Juni überzeugte sich in Stockholm Salomon Mauritz von Rajalin davon (Landeshauptmann von Gotland und vom König als spezieller Kontrolleur eingesetzt), daß 28 Galeeren, eine Halbgaleere und etliche Hilfsfahrzeuge (z. B. Transporter für Proviant und Pferde) sofort auslaufen, sich die für die Überfahrt nach Finnland vorgesehenen Trup-pen unter General Gustav Adolf von Siegroth jederzeit einschiffen könnten.

Aus Sveaborg meldete am 17. Juni Oberst Anckarsvärd von seinem Geschwader ein-satzbereit: zwei Fregatten, sieben Turumas, eine Hemema, drei Udemas, zwei Pojamas, 27 Kanonenschaluppen, fünf Kanonenjollen, zehn Kanonenbarkassen, vier Mörserbarkassen (jede mit einem Vierzigpfünder bestückt), einen Transporter (Segler mit den Trinkwasser-vorräten), eine Proviantschaluppe, zwei Yachten (*Snappopp* und *Camilla*) sowie einige Lotsenyachten und die beiden Schoner *Jehu* und *Gåpå*.[1] In Karlskrona fehlten Handwer-ker. Oberstleutnant Nordenskjöld sah sich aus diesem Grund gezwungen, mit wenigen Kräf-ten seine Schiffe nach und nach auszurüsten – und zwar paarweise. Zwei Offiziere sorgten auf jedem Segler für zügiges Arbeiten. Sobald ein Fahrzeug fertig war, verankerte man es auf der Außenreede, widmete sich dem nächsten. So erfüllte auch der umsichtige Norden-skjöld seinen Auftrag vorfristig.

Ursprünglich beabsichtigte Gustav III., die Kriegsflotte selbst zum Finnischen Meerbu-sen zu führen. Oberadmiral Ehrensvärd erschien ihm nach dessen Kritik am 3. März nicht mehr vertrauenswürdig, und der nächstfolgende dienstälteste Admiral, Anton Johan Wrangel, verfügte seiner Meinung nach nicht über die notwendigen Führungsqualitäten. Schließlich beauftragte der König seinen Bruder Karl, Herzog von Södermanland, als Großadmiral die Flotte zu befehligen. Ihm standen Admiral Wrangel beratend und der 41jährige Oberstleut-nant Nordenskjöld als Flaggkapitän (Stabschef) zur Seite.

Am 28. Mai traf Herzog Karl mit königlichen Instruktionen versehen in Karlskrona ein. Danach sollte

1. die Flotte Position zwischen Ösel und Hangö udde (Landspitze von Hangö) beziehen, die russischen Aufklärungsfregatten ablenken, damit die Fahrt des Stockholmer Galeerengeschwaders unbemerkt bleibe;

2. der Aufenthaltsort der russischen Flotte ausgemacht werden;

3. das Vorhaben der russischen Verbände erkundet werden, falls diese bereits aus Kronstadt oder aus Reval ausgelaufen seien;

4. „der Herzog gemäß alter Tradition die Ehrenbezeigung gegenüber dem Reich und der schwedischen Flagge verlangen", sobald er auf offener See einer russischen Flotten-einheit begegne (dieser Teil der königlichen Order widersprach geltendem Recht, wo-

---

[1] Siehe Anmerkungen Seite 458

nach es zwischen russischen und schwedischen Kriegsschiffen kein Salutieren gab, es sei denn, es würde vorher zu besonderen Anlässen vereinbart);

5. „die Flotte mit allen Kanonen antworten", falls russische Schiffskommandanten dem (unangemessenen) Anspruch der geforderten Ehrenbezeigung mit Waffengewalt trotzen;

6. die russische Flotte sofort aufgesucht und vernichtet werden, wenn zuverlässige Nachrichten über russische Feindseligkeiten vorlägen, die „eindeutig als Kriegshandlungen erkennbar sind".

Herzog Karl ließ sich von Oberstleutnant Nordenskjöld eingehend die Lage in der Flottenbasis schildern. Befriedigt nahm er zur Kenntnis, daß alle für die Finnland-Expedition zuerst vorgesehenen Kriegsschiffe gemäß der von Oberadmiral Ehrensvärd am 22. April aufgestellten Stammrolle (siehe Tabelle 2) bemannt werden konnten – von geringfügigen Ausnahmen abgesehen. Auch die vorgenommene Bestückung erwies sich als akzeptabel. Sie entsprach im wesentlichen dem Standardplan. Af Chapmans neue Linienschiffe – *Dygden*, *Fäderneslandet*, *Försiktigheten*, *Ömheten*, *Rättvisan* und *Prins Gustav Adolf* – beeindruckten den Herzog besonders.

Ihre 36- und Vierundzwanzigpfünder waren die modernsten Stücke, über die die Flotte verfügte.

Bei einem Hafenrundgang zeigte Nordenskjöld dem Großadmiral vier am Ausrüstungskai vertäut liegende Segler: die Linienschiffe *Enigheten*, *Prins Karl* und *Prins Fredrik Adolf* sowie die Fregatte *Camilla*. Diese vier Kriegsschiffe sollten Anfang Juli die Expeditionsflotte im Finnischen Meerbusen verstärken.

Am 5. Juni schiffte sich Herzog Karl ein und inspizierte sogleich die ihm unterstellte Einheit. Der vorgenommenen Geschwadereinteilung (siehe Tabelle 3) stimmte er nicht zu. Müßte sein Verband kämpfen, ehe er Sveaborg erreicht hätte, würden sich Schwachpunkte in der Linie bemerkbar machen. Der Großadmiral gruppierte daher seine Kräfte um und änderte bei einigen Schiffen die Befehlsstruktur entsprechend den Fähigkeiten einzelner ranghoher Offiziere (siehe Tabelle 4).

Vier Tage später, um 3 Uhr, hieß es für den Flottenverband „Anker auf!". Nach einer Stunde segelte er bereits zwischen den Inseln Tjurkö und Aspö südwärts. Beim Passieren der Festung Kungsholmen befahl Herzog Karl – völlig grundlos –, mit allen Kanonen Salut zu schießen. Nach diesem ungewöhnlichen Spektakel nahm die Flotte Kurs auf den Finnischen Meerbusen …

Die Mitte April begonnene Aufrüstung ließ die Opposition aufhorchen. Beim russischen Gesandten in Stockholm, Graf Rasumowski, sprachen wiederholt junge Heeresoffiziere vor. Sie befürchteten zu Recht, daß Gustav III. bald Rußland bekriegen würde. Nach der Mobilmachung suchten immer mehr Oppositionelle den russischen Gesandten auf – der

Widerspruch zwischen der offiziellen Begründung für die Mobilmachung und den tatsächlichen Angriffsvorbereitungen war zu offensichtlich.

Am kaiserlichen Hof in St. Petersburg nahm man Rasumowskis Berichte ungläubig auf. Niemand dachte ernsthaft an einen schwedischen Angriff – ein so schwach gerüstetes Land wie Schweden hätte gegenüber dem starken Rußland keine Chance. Nachdenklich stimmte erst die dänische Erklärung, Schwedens König sei bereits im Herbst des vorangegangenen Jahres in der dänischen Hauptstadt gewesen, um den Abschluß eines Freundschaftsvertrages zwischen beiden Ländern anzuregen. Da ein solcher Pakt durchaus auch Dänemark Vorteile versprach, hätten beide Seiten bis vor wenigen Tagen über inhaltliche Fragen verhandelt. Dabei wäre jedoch deutlich geworden, Schweden wolle in erster Linie die dänisch-russische Allianz sprengen und sich bei einem bewaffneten Konflikt mit Rußland den Rücken freihalten. Die Gespräche seien daraufhin von Dänemark abgebrochen worden.

Katharina II. wies nun ihren Gesandten in Stockholm an, bei der schwedischen Regierung vorstellig zu werden. Reichsrat Graf Oxenstierna empfing am 18. Juni 1788 Rasumowski, der ein Schreiben übergab, in dem es sinngemäß hieß: „Wir konnten uns niemals vorstellen, daß die Rüstungen in Schweden gegen Rußland gerichtet sein sollten, bis man schwedischerseits dem mit Rußland eng verbundenen dänischen Hof solches ausdrücklich erklärt habe. Die Kaiserin versichere nochmals dem König von Schweden sowie allen, die teilhaben an der Verwaltung, daß sie sich für die Erhaltung der Ruhe in Schweden äußerst interessiere. Sie sei sich ihrer lauteren Absichten und der Hinlänglichkeit ihrer Mittel bewußt und sehe jedem Ausgang mit großer Gelassenheit entgegen …" Gustav III., dem Rasumowskis Aktivitäten seit langem mißfielen, sah in der Note seinen Argwohn bestätigt. Er glaubte, daß die Nation aufgefordert sei, sich gegen ihn zu wenden. Jetzt bot sich ihm unverhofft die Chance, diesen „Stachel im eigenen Fleisch endlich entfernen zu können", und ließ durch Reichsrat Oxenstierna antworten:

„Des russischen Gesandten ganze Handlungsweise habe seit mehreren Monaten nur bezweckt, das System der inneren Uneinigkeit, das seine Vorgänger nach Schweden verpflanzt hätten, weiter auszubreiten. Der König habe sich bislang Gewalt angetan, daran zu zweifeln, aber alle Zweifel sind durch des Gesandten Erklärung beseitigt. Weshalb spricht der Gesandte zu der schwedischen Nation über der Kaiserin Anteilnahme für die Ruhe in unserem Reiche? Hängt die Ruhe einer unabhängigen Nation von auswärtigen Beschlüssen oder von ihrer eigenen Einigkeit ab? Muß nicht jeder Gesandte, dem europäischen Völkerrecht gemäß, seine Aufträge ausschließlich dem Monarchen, bei dem er bevollmächtigt ist, ausrichten? Sei ihm nicht jede andere Autorität fremd? Der König wolle indessen, was geschehen sei, lieber der besonderen Gesinnung des Gesandten als dem Befehl der Kaiserin zuschreiben und gebiete ihm deshalb, unverzüglich aus Schweden abzureisen."

Graf Rasumowski erhielt Oxenstiernas Schreiben am 23. Juni, dem Tag, an dem König Gustav vor den Ständen über die „bedrohliche Lage an der finnischen Grenze" sprach und versicherte: „Ich bin gewillt, das Reich zu schützen, und werde daher in wenigen Stunden mit dem Heer nach Sveaborg absegeln, wenn nötig den Tod fürs Vaterland sterben. Begünstigt das Schicksal jedoch die Waffen meines Volkes, so will ich von allen Denkmälern des russischen Übermuts keines verschonen, ausgenommen die Bildsäule Peters des Großen, um in ihrem Sockel den Namen Gustav zu verewigen."[2]

Zur gleichen Zeit schifften sich Siegroths Truppen am Ladugårdsgärdet ein. Gegen 21.30 Uhr legten die Galeeren mit kräftigem Ruderschlag ab. Bei Erstabergen auf Söder formierten sie sich zu drei Divisionen. Hier stießen auch zwei Yachten zum Geschwader: die *Esplendian*, die Herzog Karl dem Herzog Fredrik Adolf für die Überfahrt zur Verfügung gestellt hatte, und die *Amadis*, des Königs Ersatzyacht.

Nach seiner Rede vor den Ständen ließ sich Seine Majestät von den Reichsräten, der Königin, dem Kronprinzen und anderen Würdenträgern zur Skeppsbron begleiten, wo er sich auf seinen Luxusschoner *Amphion* begab und dem Geschwader folgte. Als Gustav III. an den Galeeren vorbeisegelte, postierte er sich in schwedischer Nationaltracht und mit dem Seraphinenorden dekoriert auf dem Salondeck, nahm huldvoll die Hurrarufe seiner Soldaten auf …

In St. Petersburg

Was geschah indessen in St. Petersburg, der „Palme des Nordens" an den Gestaden der Newa und des Finnischen Meerbusens? Zum besseren Verständnis der im Frühsommer 1788 entstandenen Lage seien vorausgegangene politische, militärische und wirtschaftliche Entwicklungen erwähnt:

Zur Zeit Peters I. (Pjotr Alexejewitsch, Zar seit 1689 und Kaiser seit 1721) lebten in Rußland ungefähr 13 Millionen Menschen, 98 Prozent von ihnen auf dem Lande. Zu ihren staatlichen Pflichten gehörte der Kriegsdienst. Im Unterschied zu mittel- und westeuropäischen Söldnerheeren hatte Peter mit seiner Heeresreform die Dienstpflicht in Form von Rekrutenaushebungen eingeführt. Das bedeutete, daß Zehntausende junger, gesunder Männer aus der Bauernschaft lebenslänglich in Heer und Flotte dienen mußten. Laut Militärreglement galt die allgemeine Wehrpflicht auch für den Adel. Jeder Adlige begann seinen Wehrdienst als gemeiner Soldat. Neue Adelsgrade wurden nunmehr nach der Tüchtigkeit bemessen: Peters Senat – eine aus neun Personen bestehende höchste Staatsbehörde, die an die Stelle der früheren Bojarenduma des Hochadels getreten war – beförderte und adelte aufgrund hervorragender Leistungen. Der Staats- und Militärdienst eröffnete daher auch begabten Angehörigen der nichtadligen Volksschichten die Aussicht auf Aufstieg in den Adelsstand.

Anfang des 18. Jahrhunderts gab es in Rußland etwa 175 private und staatliche Manufakturen. Zu letzteren rechnete neben Waffen-, Segeltuch- und Salpetermanufakturen sowie Kanonengießereien auch die Eisenindustrie des Urals. Inländische Waffenfabriken, vor allem in Tula, machten die Aufstellung eines stehenden Heeres möglich. Weder die Armee noch die zukünftige Flotte waren auf Importe angewiesen – Waffen, Munition und Ausrüstungsgegenstände lieferte die einheimische Produktion.

Rußland strebte den Zugang zur Ostsee an. Mit dem Heer allein konnte dies nicht erreicht werden. Des Zaren Meisterstück während des Nordischen Krieges (1700–1721) bestand darin, in Archangelsk vom Stapel gelaufene Schiffe über den Binnenwasser- und Landweg zum Swir-Fluß (Ladogasee) bringen und sie dort fertigstellen und ausrüsten zu lassen. Das unerwartete Auftauchen russischer Kriegssegler bei den Kämpfen um die Newa-Mündung trug entscheidend zum Sieg bei.

Nach Eroberung dieses Gebietes befahl Peter I., auf der Sajatschi-Insel eine starke Verteidigungsbastion anzulegen. Ihre Grundsteinlegung erfolgte am 16. Mai 1703. Der Zar hatte diesen Ort aus strategischen Erwägungen gewählt, auf daß „Rußland am Meer Fuß fasse". Benannt wurde die Festung später nach den beiden Aposteln Peter und Paul. Gleichzeitig entstanden Wohnhäuser, Verwaltungsgebäude, Truppenunterkünfte, eine Werft (Admiralität) und die Seefeste Kronslot bei der Insel Kotlin. (1710 wurde auf Kotlin die stark befestigte Flottenbasis Kronstadt eingerichtet.) Während der ersten Baujahre – die Anzahl der Bauarbeiter betrug gleichbleibend ungefähr 40.000 Bauern – kam es in unmittelbarer

Nähe der neuen Stadt mehrmals zu heftigen Auseinandersetzungen mit schwedischen Truppen- und Flotteneinheiten.

Bei Kriegsende galt die russische Kriegsflotte mit 32 Linienschiffen, 16 Fregatten und annähernd 100 Galeeren (Schärenfahrzeuge) als die größte im Ostseeraum.

Die Innenpolitik nach dem Tode Peters I. (1725) war gekennzeichnet durch Machtkämpfe der Adelsgruppen. Bei den rasch aufeinanderfolgenden Thronwechseln dominierten die jeweiligen Günstlinge, und es kam zur Favoritenherrschaft: Katharina I., Gemahlin Peters I. (1725–1727); Peter II., Enkel Peters I. (1727–1730); Anna Iwanowna, Tochter Iwan Alexejewitschs, eines Halbbruders Peters I. (1730–1740); Iwan VI., ein einjähriger Säugling (1740–1741); Elisabeth, Tochter Peters I. (1741–1761) und Peter III., Herzog von Holstein-Gottorp und Enkel Peters I. (1761–1762).

Die Außenpolitik stand seit 1725 deutlich im Zeichen der engen Kontakte zu Österreich, Preußen und Sachsen-Polen. Nach 1741 vollzog sie sich im Stil der europäischen Kabinettspolitik. Die wichtigsten Ereignisse während der letzten Periode waren das Eingreifen in den Österreichischen Erbfolgekrieg (1740–1748, Krieg gegen Schweden 1741–1743) und den Siebenjährigen Krieg (1756–1763, Teilnahme Schwedens 1757–1762).

In diesen dreieinhalb Jahrzehnten zerfiel allmählich die zaristische Flotte. Bald wurde kein Schiff mehr gründlich überholt, geschweige durch einen Neubau ersetzt. Der Schwedisch-Russische Krieg von 1741 bis 1743 brachte zwar ein zeitweiliges Aufleben der Marinetätigkeit mit sich, umriß aber klar die Unzulänglichkeiten der Seestreitkräfte, obwohl sie die Ostseeherrschaft noch zu behaupten verstanden. Wenige Jahre später allerdings hatte Rußland seine Bedeutung als Seemacht verloren.

Als Katharina II., geborene Prinzessin Sophie von Anhalt-Zerbst und Gemahlin Peters III., im Jahre 1762 den Thron bestieg, beendete gerade Bartolomeo Fransesco Rastrelli seine Arbeit an der Residenz des Zaren, am Winterpalais. Das majestätisch schöne St. Petersburg – seit 1712 Metropole des Reiches – war um eine architektonische Perle erweitert worden. In den Sommermonaten konnte sich die Kaiserin zudem auf dem Landsitz Zarskoje Selo oder im Schloß Peterhof aufhalten – beide nahe der Hauptstadt gelegen.

Innenpolitisch wurden unter Katharina II. die Rechte des Adels erweitert, Peters I. Sozial- und Wirtschaftsreformen aber eingeschränkt – trotz gewisser Ansätze zu vermeintlichen Verbesserungen. Außenpolitisch stieg Rußland jedoch zur Weltmacht auf. Die Kaiserin verstärkte besonders die durch Peter I. begonnene Einflußnahme in Polen. Sie wurde zum bestimmenden Faktor ihrer europäischen Politik. 1764 erzwangen die Truppen Katharinas II. die Wahl Stanislaw August Poniatowskis zum König von Polen. 1772 kam es zur ersten Teilung Polens zwischen Rußland, Österreich und Preußen. Die Verflechtung der russischen Wirtschaft mit der des übrigen Europa nahm zu, wobei die ökonomischen Erfordernisse insbesondere des russischen Getreideexports den Zugang zum Schwarzen Meer und dessen Beherrschung zur Hauptaufgabe der Außenpolitik werden ließen. Das und die

Notwendigkeit der Machtpräsenz auf der Ostsee führten zur Wiedergeburt der Flotte. Diese hatte bei Regierungsantritt der Kaiserin aus wenigen, größtenteils nicht mehr seetüchtigen Schiffen bestanden. Das Ausbildungsniveau der Besatzungen war entsprechend. Jüngere Offiziere und Maate gab es kaum. Die seemännischen Erfahrungen älterer Offiziere beruhten auf weit zurückliegenden Zeiten. Katharina II. nahm daher ausländische Marineoffiziere und -unteroffiziere in ihre Dienste. Deren vorrangige Pflicht lag anfangs darin, begabte Landessöhne auszubilden und den Schiffbau auf den alten Werften Peters I. zu forcieren und zu beaufsichtigen. Unter den aus England, Norwegen und den Niederlanden geworbenen Offizieren befand sich der 28jährige Samuel Greigh, der sich 1764 in St. Petersburg der Kaiserin vorstellte. Greigh mußte sich zunächst im Unterrichten angehender Seeleute üben, ehe er ein eigenes Schiff befehligen durfte. Gleichzeitig stand er mit Rat und Tat der Admiralitätswerft zur Seite.

Bei Ausbruch des Krieges mit der Türkei (1768–1774) ließ Katharina II. ihre in der Basis Kronstadt/Kotlin stationierte Flotte für einen längeren Einsatz im Mittelmeerraum ausrüsten. Im Juli und im Oktober 1769 liefen je eine Abteilung sowie im Frühjahr 1770 ein Geschwader aus: insgesamt zwölf Linienschiffe, zwölf Fregatten, zehn Truppentransporter und etliche Hilfsschiffe wie Brander und Proviantsegler. (Die erste Abteilung führte Admiral Spiridow, die zweite Konteradmiral Elfinstone.)

Nachdem die Einheiten Westeuropa umsegelt hatten, vereinigten sie sich bei Livorno. Dort formierten sich die Kriegsschiffe zu einem aus vier Geschwadern bestehenden Verband. Graf Alexej Grigorowitsch Orlow – seit 1768 Generaladmiral der „Archipelflotte Rußlands" – befehligte das Gros, Admiral Grigori A. Spiridow sowie die Briten Greigh und Elfinstone die übrigen Geschwader. Am 24. Juni passierte man die Meerenge von Chios und traf auf die überlegene türkische Flotte (16 Linienschiffe, 13 Fregatten und etwa 50 Hilfsfahrzeuge). In der folgenden Entscheidungsschlacht bei Tschesme (Nacht vom 25./26. Juni 1770) vernichtete Orlow ohne eigene Schiffsverluste seinen Gegner – lediglich ein Linienschiff, sieben Fregatten und einige Hilfsfahrzeuge vermochten zu entkommen. Zu dem Sieg trugen entscheidend die beiden Branderkapitäne Leutnant Dugal und Leutnant Ilin bei. Sowohl der britische als auch der russische Offizier wiederum unterstanden Konteradmiral Samuel Greigh, der mit fünf Linienschiffen, vier Fregatten und vier Brandern den eigentlichen Angriff durchführte. (Die übrigen Kriegssegler riegelten die Bucht von Tschesme ab.)

Orlow blockierte anschließend die Dardanellen, unterbrach dadurch die Seeverbindungen der Türken. Außerdem führte er eine Vielzahl von Landunternehmungen durch, eroberte 20 Inseln des Archipels und etliche Küstenstädte. Die Aktivitäten der russischen Flotte im Mittelmeer, die im Verlaufe mehrerer Jahre ihre Kampffähigkeit mit eigenen Kräften aufrechterhielt, sind äußerst bemerkenswert. Für das Reich Katharinas II. gewährleistete dieser recht außergewöhnliche Flotteneinsatz die ungehinderte Schiffahrt auf dem Schwarzen und Asowschen Meer. Sanktioniert wurde das Ergebnis im Frieden von Kütschük-Kainardschi von 1774, der Rußland zudem die freie Passage durch die Meerengen garantierte. Weiterhin mußte Abdul Hamid auf die Krim verzichten (sie erhielt den Status eines unabhängigen Staates) und das Land zwischen Bug und Dnepr an den Sieger abtreten. Rußland stellte plötzlich den einflußreichsten und mächtigsten Machtfaktor in der Politik Südosteuropas dar.

Nach Abschluß der Friedensverhandlungen im Juli 1774 verließen Graf A. G. Orlows Seestreitkräfte das Mittelmeer. Im Frühjahr 1775 liefen sie wieder in St. Petersburg ein, wurden von Katharina II. mit großen Ehren empfangen.

Die Flottenbasis hatte sich in der Zwischenzeit spürbar verändert. Von 1770 bis 1774 stand der Admiralitätswerft Sir Charles Knowles vor, der innerhalb kurzer Zeit ein gewaltiges Schiffbauprogramm realisierte. Seine Vorliebe galt stark armierten Fregatten, deren Platz bei einer Seeschlacht in der Linie sein sollte – im Mastenwald auf der Newa herrschte dieser Fahrzeugtyp vor. Unter den Neubauten befanden sich auch Segler aus Archangelsk, ein deutliches Zeichen für die Reaktivierung der Werft Peters I. am Gestade des Weißen Meeres.

Nach dem Kriege mit der Türkei konzentrierte sich die Kaiserin auf die Festigung der inneren Stabilität des vergrößerten Reiches: Der Bauernaufstand unter Jemeljan Pugatschow im Ural- und Wolgagebiet (1773–1775, Pugatschow wurde im Januar 1775 in Moskau hingerichtet) hatte sich auch auf die Manufakturen und Bergwerke ausgedehnt, wurde von vielen Angehörigen nichtrussischer Völker unterstützt und wirkte sich sogar nachhaltig auf das russische Geistesleben aus.

1777 erhielt Katharina II. in St. Petersburg königlichen Besuch – Gustav III. von Schweden weilte über einen Monat lang bei ihr. Der Gast wollte die Kaiserin für gute schwedisch-russische Beziehungen gewinnen: Rußland sollte die Unterstützung politischer Gruppierungen in Schweden einstellen und als Verbündeter Dänemarks nicht gegen ihn auftreten, falls er seinen insgeheim gefaßten Plan zur Eroberung Norwegens verwirklichen würde. Gustav III. konnte zwar Katharina II. nicht in jedem Punkt überzeugen, jedoch das gespannte Verhältnis zwischen beiden Ländern merklich entkrampfen. Die nachbarlichen Beziehungen verbesserten sich, was auch im gemeinsamen Vorgehen innerhalb der „bewaffneten Neutralität" von 1780 zum Ausdruck kam.

Am russischen Hofe hatte Schwedens König den erklärten Liebling der Kaiserin kennengelernt: Grigori Alexandrowitsch Potjomkin (Potemkin). Als oberster Feldherr (Kriegsminister) und angesehenster außenpolitischer Berater Katharinas II. beeinflußte er in den folgenden Jahren wesentlich die Geschicke des Zarenreiches. Zu Beginn des Jahres 1783 bestand Potjomkins von Intrigen durchsetzte Politik vordergründig darin, Rußlands Territorium an der Küste des Schwarzen Meeres zu erweitern. Die Fronten zwischen dem Reich und der Türkei verhärteten sich daher zusehends. Gustav III. wollte die Gunst der Stunde nutzen und bereitete eilends die Eroberung Norwegens vor. Sollte es zum Krieg in Südost-europa kommen, beabsichtigte er, Dänemark anzugreifen.

Katharina II. erklärte im April 1783 die Krim zur russischen Provinz (Fürstentum Taurien). Damit verstieß sie eindeutig gegen die Bestimmungen des Friedensvertrages von 1744 (Kütschük-Kainardschi). Um die Macht auf der Halbinsel zu festigen, müßte das Militär eingreifen. Das könnte jedoch der ehemalige Kriegsgegner Türkei als Provokation, als un-freundlichen Akt auffassen und eventuell zu den Waffen greifen. Damit hätte Gustav III. den langersehnten Vorwand, sich gegen Dänemark zu wenden, norwegisches Gebiet zu erobern. Was galt es zu tun? In Kenntnis der schwedischen Rüstung und deren Hintergründe unternahm Katharina II. einen diplomatischen Schachzug: Sie lud den schwedischen Kö-nig für Juni nach Fredrikshamn ein. Bei einem Freundschaftsfest wurden eigens zu Ehren Seiner Majestät inszenierte Theaterstücke aufgeführt. Während sich Gustav als Förderer von Kunst und Literatur an den Darbietungen ergötzte und das harmonisch verlaufende Treffen mit der Monarchin genoß, marschierte Potjomkin in Taurien ein. Die Türken ver-hielten sich wider Erwarten ruhig, Gustavs Invasionsvorbereitungen waren hinfällig ge-worden.

Im Januar 1784 akzeptierte Abdul Hamid die Zugehörigkeit der Krim zu Rußland. Auf der Halbinsel wurde nun der Stützpunkt Sewastopol eingerichtet: Hier fanden in Südrußland gebaute sowie aus der Ostsee abgezogene Kriegsschiffe einen neuen Heimathafen. Die Schwarzmeerflotte befehligte kurz darauf Admiral Fjodor Fjodorowitsch Uschakow, der unter Spiridow das Kommando über ein Linienschiff innegehabt hatte.

Gustav III. trat im Oktober 1783 eine längere Europareise an. Zur Weihnachtszeit hielt er sich in Rom auf, traf bei Papst Pius VI. (Angelo Braschi) mit dem deutschen Kaiser Joseph II. zusammen. Dieser gewann im Verlaufe des Gespräches den Eindruck, daß der schwedische König noch immer mit einem Überraschungsangriff auf Norwegen liebäugel-te, ihn aber wegen des dänischen Bündnispartners im Osten nicht wagte. Joseph II. übermit-telte sein Wissen dem in Rom akkreditierten russischen Gesandten, Arkadi Iwanowitsch Markow. So erfuhr es Katharina II., zumal Markow sofort direkten Kontakt zu Gustav III. aufgenommen und ihm zu verstehen gegeben hatte, Rußland würde sich nie mit einer schwe-dischen Aggression gegenüber Dänemark abfinden.

Als Schwedens König von Rom nach Neapel fuhr, erwartete ihn dort der russische Ge-sandte Graf Rasumowski. Der Weisung seiner Kaiserin folgend, begleitete er Gustav III. auf dessen Exkursionen. In ihrer politischen Diskussion ging es in erster Linie um den Ostseeraum. Rasumowski versicherte wiederholt, die Kaiserin sei an guten Beziehungen zu Schweden interessiert, jedoch dürften solche nicht Rußlands Verpflichtungen gegenüber Dänemark beeinträchtigen.

1785 überreichte Markow als neuer Gesandter Rußlands in Stockholm sein Be-glaubigungsschreiben. Katharinas II. diesbezügliche Entscheidung kam auf Anraten

Potjomkins zustande. Dieser empfahl, die oppositionellen Kräfte in Schweden – vor allem ehemalige „Mützen"-Mitglieder – wieder tatkräftig zu unterstützen, damit sich „an unserer nordwestlichen Grenze bald eine finnische Pufferzone anschließt".

Die Kaiserin äußerte ihre Gedanken hierzu in einem Schreiben an Markow: „Sie müssen Vertrauen und Wohlwollen bei bedeutenden Persönlichkeiten und beim Volk erwerben. Machen Sie allen klar, daß wir ihre Sorgen und Nöte verstehen, daß wir nicht an die Eroberung Schwedens denken, aber der Friedensbruch durch König Gustav für uns wahrscheinlich ist, daß wir nichts anderes als die Freiheit und die ehemaligen Regierungsreformen in ihrem Lande wünschen."

Markows Mission währte nicht lange. Katharina II. mußte ihn auf Drängen Gustavs III. nach St. Petersburg zurückbeordern. Als seinen Nachfolger bestimmte die Kaiserin den Grafen Rasumowski.

1787 wünschte Katharina II. Südrußland, insbesondere die Krim zu besuchen. Potjomkin oblag die Organisation der denkwürdigen Besichtigungsreise, die wegen des betriebenen Aufwands einem Festzug glich. Unterwegs traf sich die Kaiserin zuerst mit König Stanislaw August Poniatowski, danach – in Cherson – mit Joseph II. Der deutsche Kaiser erneuerte öffentlich sein ihr bereits früher in St. Petersburg gegebenes Versprechen, Rußlands Pläne gegen die Türkei zu unterstützen, selbst bei einem bewaffneten Konflikt an der Seite des Zarenreiches zu kämpfen. Potjomkin, der die Türken so schnell wie möglich aus Europa vertreiben wollte, wurde durch die Erklärung Josephs II. außenpolitisch aktiv. Er reizte die Hohe Pforte durch unangemessene diplomatische Forderungen. Bei Abdul Hamid verfehlten sie nicht ihre Wirkung. Da auch die Gesandten Englands und Preußens ihn ermunterten, die eingebüßten Territorien an den nördlichen Gestaden des Schwarzen Meeres zurückzuerobern, erklärte er im Spätsommer 1787 Rußland den Krieg. (Joseph II. trat daraufhin im Februar 1788 gegen die Türken an.)

Potjomkin – Fürst von Taurien und „Großadmiral des Schwarzen Meeres" – befehligte in Südrußland eine 150.000-Mann-Armee. Ihm unterstanden äußerst fähige Heerführer, unter ihnen Alexander Wassiljewitsch Suworow, *General en Chef* der Infanterie.

Das Geschehen auf dem Kriegsschauplatz nahm für Rußland einen günstigen Verlauf. Otschakow – eine wichtige Festung am Gestade des Schwarzen Meeres – wurde belagert. Seeseitig sicherten den Blockadering die Galeerenflotte des Prinzen von Nassau-Siegen und ein Geschwader unter Konteradmiral Paul Jones. Die überlegene türkische Flotte versuchte die Umklammerung zu durchbrechen. Vergebens! Die russischen Kriegsschiffe waren dank der von Uschakow entwickelten Angriffstaktik im Vorteil: Während der vorangegangenen Ausbildungsperiode hatte der Admiral nach der Devise „Überraschungsangriff bei jedem Wetter, zu jeder Tages- und Nachtstunde, dadurch stets das Handeln bestimmend" schwierige Schiffsmanöver und das Schießen auf bewegliche Ziele üben lassen.

Bei Hofe in St. Petersburg kümmerte sich niemand um die Details der Kampfführung.

Es zählten lediglich Erfolgsmeldungen. Das „Wie" interessierte kaum. Die militärischen Berater Katharinas II. bewegten andere Sorgen: Bleibt die bewaffnete Auseinandersetzung auf Südosteuropa beschränkt, oder weitet sie sich auf den Ostseeraum aus? Potjomkin befehligte fast sämtliche Truppenteile gegen die Türken. Die Aufgabe der übrigen Heeresverbände bestand darin, in den Grenzprovinzen für Ruhe und Ordnung zu sorgen. Die entscheidende Frage lautete nun: Wie reagiert Schweden? Wendet es sich gegen Dänemark, müßte man dem Bündnispartner mit der Flotte zu Hilfe kommen. Das hätte unweigerlich einen Zweifrontenkrieg zur Folge, denn Schweden dürfte eine derartige Unterstützung als Kriegserklärung ansehen und vermutlich in Südostkarelien einmarschieren. Die dort unter Waffen stehenden 10.000 Mann – meist in unzureichend versorgten Festungen stationiert – könnten sicher nicht lange Widerstand leisten. Das Gebiet wäre demnach im Nu verloren und St. Petersburg einem schwedischen Angriff schutzlos ausgesetzt. (In der russischen Metropole beziehungsweise in ihrer unmittelbaren Nähe gab es nicht mehr als 3000 Soldaten.)

In jenen Wochen dürfte Katharina II. wohl besonders aufmerksam die in Stockholm verfaßten Berichte Rasumowskis gelesen und jede Äußerung des in St. Petersburg akkreditierten schwedischen Regierungsvertreters, Graf von Nolcken, geprüft haben. Irgendwelche Andeutungen auf eventuell eingeleitete Kriegsvorbereitungen in Skandinavien wurden aber weder schriftlich noch mündlich gemacht. Die Kaiserin sah sich immer mehr in ihrer Ansicht bestärkt, daß Gustav III. angesichts ihrer schlagkräftigen Flotte das Kriegsabenteuer auf jeden Fall zu vermeiden suchte. Im Januar 1788 entschloß sie sich daher, das Gros ihrer Seestreitkräfte in Südosteuropa einzusetzen. Katharina II. wollte Admiral Spiridows erfolgreiches Flottenunternehmen wiederholen. Die in Kronstadt stationierten Einheiten erhielten Befehl, bis Juni für eine länger dauernde Mittelmeeroperation seeklar zu sein.

Die russische Ostseeflotte bestand aus vier Geschwadern. Drei hatten während der Navigationsperiode ihren Heimathafen in Kronstadt, eines in Reval. Den Kern dieser Streitmacht bildeten 20 ausgewählte Linienschiffe: vier Drei- und 16 Zweidecker. Die Dreidecker führten 100, die Zweidecker 66 bis 74 Kanonen. Hinzu kamen auf dem Oberdeck plazierte Geschütze geringeren Kalibers, wie zum Beispiel Drehbassen oder Böller. Von November bis März lagen die 20 Linienschiffe und zwölf Fregatten zur Überholung im Winterquartier, die größeren in St. Petersburg (Admiralität und Kronstadt), die anderen ebenfalls dort oder in Reval.

Zum Reval-Geschwader, von Admiral Wassili Jakowlewitsch Tschitschagow befehligt, gehörten fünf Linienschiffe. Den Kronstadt-Verband kommandierte Admiral Samuel Greigh. Seine ranghöchsten Offiziere waren vier Konteradmirale: Alexej Grigorjewitsch Spiridow, Timofej Gawrilowitsch Kosljaninow und die aus den Niederlanden stammenden Brüder Vilhelm und Martin van Dessen. Das Offizierskorps setzte sich aus kampferprobten Seeleuten zusammen: Russen, Engländern, Niederländern und Norwegern. Einige hatten an

Grigori A. Spiridows Mittelmeerexpedition, die meisten an Aktionen im Rahmen der „bewaffneten Neutralität" teilgenommen. Bei den Unteroffizieren sah das Bild ähnlich aus. Die einfachen Matrosen dagegen waren unerfahrene Rekruten, von einem Stamm langgedienter Männer abgesehen.

Das der regulären Flotte zugeordnete Schärengeschwader existierte praktisch nicht mehr. Außer einer in Viborg stationierten kleinen Galeeren-Einheit unter Kapitän Pjotr Borisowitsch Slisow gab es nur wracke Fahrzeuge. Alle seetüchtigen Schärenfregatten und Schebecken zählten jetzt zu den Hilfsfahrzeugen der Hauptseestreitmacht – bei Hofe galt die Unterhaltung des Schärengeschwaders zu Friedenszeiten als unnütz und reinste Geldverschwendung.

Die Ausbesserungs- und Pflegearbeiten an den 32 Kriegsschiffen gingen zügig vonstatten. Es mangelte weder an Materialien noch an Handwerkern. Als im April 1788 die Eisdecke der Newa aufbrach, konnten sie zu Wasser gelassen und anschließend aufgetakelt werden. In jenen Tagen fertigte die Admiralität für jedes der Expeditionsschiffe eine Stammrolle aus. Dabei ging es in den Amtsstuben mehr als hektisch zu: Etliche ältere Offiziere, die „ihren Dienst in der Flotte ohne besonderen Eifer verrichteten", mußten jüngeren Platz machen. Außerdem „kämpften" die einzelnen Befehlshaber nicht nur stimmgewaltig um jeden Mann ihrer Stammbesatzung, sondern auch um von Handelsseglern geworbene Matrosen. Alle Schiffskommandanten waren bestrebt, ihre Besatzungen mit versierten Männern zu komplettieren, denn die Auswahl der für Mai/Juni avisierten Rekruten vermochten sie nicht zu beeinflussen – diese Entscheidung traf die Admiralität allein.

Die Übernahme von Pulver, Kanonenkugeln und anderem Kriegsgerät verlief, soweit es die Standardausrüstung betraf, ebenfalls problemlos. Schwierigkeiten bereitete dagegen das Heranschaffen der für einen langen Flotteneinsatz benötigten Güter: Waffen, Munition, Ersatzanker, Tauwerk, Schiffshölzer, Proviant und Bekleidung. Vieles davon wurde vorwiegend in den Kanonengießereien und Manufakturen des Uralgebietes produziert, war in St. Petersburg und Umgebung nicht vorrätig. Das regelmäßig im Winterpalais tagende Kriegskabinett Katharinas II. trug diesem Umstand Rechnung und beschloß, einen Großteil der Erzeugnisse der Uralregion nach dem schneller erreichbaren Archangelsk bringen zu lassen. Dort sollte nicht nur ein Transportgeschwader ausgerüstet und beladen, sondern auch die Fregatten *Kilduin* und *Solombala* zur Übernahme von Gütern für die Mittelmeerexpedition bereitliegen.

Auf den Sitzungen des Kriegskabinetts kam die schwedische Politik kaum noch zur Sprache. Rasumowskis Berichte ließen nicht befürchten, der nördliche Nachbar würde sich am bewaffneten Konflikt beteiligen. Um so mehr staunten die Berater der Kaiserin über ein vom 24. Mai datiertes Schreiben des Gesandten. In ihm wies er zunächst auf die zwei Tage zuvor begonnene, ungewöhnlich rege Betriebsamkeit beim Stockholmer Galeerengeschwader hin und erläuterte danach die Ereignisse des Vortages: Gustav III. hatte im Reichstag eine scharfe Rede zur russischen Rüstung gehalten, durch die er die Sicherheit seines Landes in Frage gestellt sieht. So war es dem König gelungen, die Zustimmung der vier Stände für die allgemeine Mobilmachung einzuholen.

Katharina II. glaubte an keinen schwedischen Angriff – nicht auf Dänemark, nicht auf ihr Reich. Die in Stockholm verkündete Mobilmachung besagte nichts über eine bevorstehende Kriegserklärung. Sie widerspräche der schwedischen Verfassung, da weder Fredrik VI. noch sie selbst Gustav III. zu einem Anlaß verhelfen würden, einen Verteidigungskrieg zu führen. Und daß der schwedische König einen Angriffskrieg der Reichsstände ohne Einwilligung beabsichtige und sich somit der Gefahr einer inneren Revolution aussetze, schien ihr doch recht abwegig zu sein. Trotzdem traf sie drei Entscheidungen:

1. Mit Kopenhagen wurde Einigung darüber erzielt, Schweden auf keinen Fall zu provozieren. (Bei den diplomatischen Gesprächen berichtete die dänische Seite von den kürzlich abgebrochenen Verhandlungen mit Schweden über ein von Gustav III. angeregtes Freundschaftsabkommen).

2. Eilboten mußten die Grenzfestungen in Karelien aufsuchen. (Sie kamen mit der Nachricht einer „unverändert ruhigen Lage" nach St. Petersburg zurück.)

3. Admiral Greigh erhielt Order, sofort je eine Aufklärungsfregatte in die Gewässer von Stockholm, Reval/Hangö und Karlskrona zu entsenden. (Die Fregatten *Hector* und *Jarislawitsch* hatten in dem zugewiesenen Erkundungsgebiet keine schwedischen Flottenaktivitäten wahrgenommen, liefen Reval an. Die dritte Fregatte, die von Kapitän Stamontow befehligte *Mstislawets* kreuzte weiterhin zwischen Karlskrona und der Insel Rügen.)

Katharina II. sah keinen Grund, ihre Pläne zu ändern. Sie ließ für die Mittelmeerexpedition 15.000 Mann einziehen: 5000 Soldaten für eine Landungstruppe und fast 10.000 Männer für den Flottendienst (Seesoldaten und Matrosen). Die ersten Rekruten kamen zu Konteradmiral Vilhelm van Dessens Geschwader. Er befehligte eine aus drei Dreideckern, einer Fregatte und drei armierten Transportern gebildete Vorausabteilung, der sich im dänischen Fahrwasser zwei britische Kutter, zwei nach Archangelsk detachierte Fregatten und Konteradmiral Larion Afanasjewitsch Powalischin mit den in Archangelsk neugebauten fünf Linienschiffen und zwei Fregatten anschließen sollte (siehe Tabelle 10).

Anfang Juni sprach Admiral Samuel Greigh bei der Kaiserin vor und meldete ihr Vilhelm van Dessens Verband seeklar. Im Verlaufe der Unterredung erfuhr der Admiral, was Graf Rasumowski am 31. Mai nach St. Petersburg berichtet hatte: „König Gustavs Bruder Karl, Herzog von Södermanland, ist nach Karlskrona gereist und hat vor drei Tagen die Flottenführung übernommen." Sowohl Katharina II. als auch Greigh wußten sehr wohl um die geringen nautischen Kenntnisse des Herzogs. Offensichtlich stattete er der Flottenbasis lediglich einen Repräsentationsbesuch ab. Die Kaiserin stimmte daher unbedenklich Greighs

Vorschlag zu, seine Vorausabteilung am 16. Juni auslaufen zu lassen. Den Befehl dazu erteilte der 52jährige Admiral am 13. Juni, obwohl ihm zu diesem Zeitpunkt ein weiteres Dokument Rasumowskis vom 7. Juni bekannt gewesen war. Der Gesandte beschwor darin die Kaiserin, die Warnungen hinsichtlich eines bevorstehenden schwedischen Angriffs ernst zu nehmen. Er stützte sich dabei auf übereinstimmende Hinweise oppositioneller Offiziere, die ihm gegenüber detaillierte Angaben zu einem neuaufgestellten starken Heer unter General von Siegroth gemacht hatten, das noch in diesem Monat nach Finnland verschifft werden sollte. Wenige Tage später warnte Rasumowski erneut: „Die schwedische Kriegsflotte ist mit Herzog Karl an Bord nach Finnland ausgelaufen!" Diese Nachricht sorgte bei Hofe für erhebliches Aufsehen. Admiral Tschitschagow erhielt Befehl, sein Geschwader schnellstens einsatzbereit zu machen und nach Reval zu segeln. Die Order wurde jedoch kurz darauf widerrufen, das Geschwader Admiral Greigh unterstellt und Tschitschagow durch Konteradmiral Martin van Dessen abgelöst. (Tschitschagow, älter als Greig, durfte entsprechend dem damaligen Flottenreglement nicht unter einem jüngeren Offizier gleichen Ranges dienen.) Gleichzeitig begann der Hafenkommandant von Kronstadt, Pjotr Iwanowitsch Puschtschin, die seeseitigen Verteidigungsanlagen der Insel Kotlin auszubauen. Den Befehl dazu hatte er von Graf Tschernyschew, dem Vizepräsidenten des Admiralitätskollegiums, erhalten.

Begegnung auf See

Herzog Karl segelte bei steifem Nordost zunächst süd-, dann ostwärts. Ein Großteil der unerfahrenen Besatzung war im Nu seekrank. Trotz des bedauernswerten Zustandes der Männer schickten Offiziere ihre Matrosen immer wieder in die Wanten, wurden die verschiedensten Segelmanöver durchgeführt. Unter Deck ging es ebenfalls laut zu: Geschützexerzieren bei Seegang garantierte ein gutes Beherrschen der Waffen im Ernstfall. Drei Tage bewilligte der Herzog für das „Eingewöhnen an Bord", danach mußte jeder Mann die von ihm erwarteten Handgriffe während des Normaldienstes selbst vervollkommnen lernen.

Am 13. Juni befand sich der Verband querab von Ölands Südspitze. Hier ließ der Großadmiral einen westwärts segelnden niederländischen Kauffahrer stoppen. Er wollte vom Kapitän etwas über die Kriegsschiffe Katharinas II. erfahren. Viel wußte der Niederländer nicht, lediglich, daß zwischen Hangö und Reval ein Geschwader kreuzt (es handelte sich jedoch nur um die im vorangegangenen Abschnitt erwähnten beiden Aufklärungsfregatten *Hector* und *Jarislawitsch*).

Nach dieser Fahrtunterbrechung detachierte der Flottenbefehlshaber eine Fregatte nach Danzig. Ihr Auftrag lautete: „Alle kürzlich in St. Petersburg gewesenen Schiffer sind über die russische Flottenrüstung zu befragen. Treffpunkt zur Berichterstattung ist das Seegebiet von Hangö."

Im Morgengrauen des übernächsten Tages meldeten die Ausguckposten Backbord voraus das Feuer von Hogborg (Südspitze Gotlands). Die Formation steuerte nordöstlichen Kurs, parallel der Ostküste Gotlands. Erneut kam es zu einer Begegnung mit einem Handelsschiff. Es fuhr unter britischer Flagge, hatte noch vor wenigen Tagen in St. Petersburg geankert. Der um Auskunft gebetene Kapitän glaubte in der Newa-Mündung 25 Kriegsschiffe gesehen zu haben – darunter drei mächtige Dreidecker. Zudem hätte er gehört, die russische Ostseeflotte laufe gegen Ende Juni unter Admiral Greigh zum Mittelmeereinsatz aus.

Am 17. Juni – die schwedische Flotte befand sich noch östlich Gotlands – erhielt Herzog Karl Kenntnis von einem aus sieben Schiffen bestehenden russischen Geschwader, das seit dem 13. intensive Auslaufvorbereitungen trifft – vermutlich dürfte es bereits Kronstadt verlassen haben. Angesichts einer möglichen Begegnung mit dieser „feindlichen" Streitmacht ordnete der Großadmiral für den Nachmittag das erste wirkliche Gefechtsexerzieren an: Die zu Schlachtlinien formierten Schiffe segelten an der beigedrehten *Konung Gustav III.* vorbei. Dabei feuerten sie einige unscharfe Schüsse ab (nur Pulverladungen). Das wiederholte sich einige Male. Gegen Abend war das Schauspiel der realitätsfremden Schießübung beendet. Der Verband nahm nun Kurs auf die Gewässer von Gotska Sandön. Hier sollte gemäß Gustavs III. Absprache mit seinem Bruder ein Nachrichtenaustausch erfolgen. In der Nacht zum 18. brachte eine Yacht die aus Stockholm erwartete Depesche. Seine

Majestät teilte mit, er würde um den 20. Juni mit der Transportflotte des Schärengeschwaders nach Finnland segeln. Der Herzog müßte sich deshalb zur „Sicherung der Passage" mit seinen Seestreitkräften nahe Hangö aufhalten und eine kleine Fregatte für die Befehlsübermittlung auf der Reede von Hangö stationieren. Die Depesche endete mit einer Zusammenfassung von in Stockholm vorliegenden Informationen über die russische Flotte: „Sie ist nur unvollständig ausgerüstet, die Mannschaft nicht komplett."

Der Großadmiral schickte mit derselben Yacht dem König seine Antwort. Bezüglich der zaristischen Flotte schrieb er: „Meine Fregatten, die alle gesichteten Handelsschiffe aufsuchten, haben mich mit unterschiedlichen Angaben versorgt. Übereinstimmende Meldungen besagen, daß in Kronstadt zwischen 20 und 25 Linienschiffe – einschließlich vier oder sechs Dreidecker – ausgerüstet werden. Einige haben mit Kupferblech beschlagene Rümpfe. Weiterhin sollen in Archangelsk drei neugebaute Linienschiffe ausgelaufen sein, um sich dem Kronstadt-Verband Greighs anzuschließen. Greigh beabsichtige, am 27. Juni die Basis zu verlassen und zum Mittelmeer zu segeln. Darüber hinaus ist mir bekannt geworden, daß in Kronstadt Hungersnot herrscht. Viele Seeleute seien krank oder unterernährt. Außerdem mangelt es den Truppen an Kleidung. Nur jeder vierte Mann besitze einen Mantel. Die Ausrüstungskommission hätte 1800 Haardecken bestellt, will so schnell wie möglich die Einsatzfähigkeit der Regimenter wiederherstellen ..."[3]

20. Juni: Herzog Karl ließ bei der Position 59° N, 21° O die Großsegel reffen. Mit „kleiner Fahrt" liefen die Schiffe vor dem stärker werdenden Wind. Regenschauer minderten die Sicht. Unverhofft tauchte ein westwärts ziehender britischer Handelssegler auf. Der Schiffer machte konkrete Angaben zu dem interessierenden russischen Geschwader: „Wir kommen aus Viborg und sind drei Tage lang in Gesellschaft von sieben zaristischen Kriegsschiffen gesegelt. Am Ausgang des Finnischen Meerbusens schwenkten sie nach Südwest ab, nahmen Kurs auf Dagö." (Dagö ist die heutige estnische Insel Hiiumaa.)

Die russische Formation wollte offensichtlich auf der südlichen Ostseeroute zur Nordsee gelangen. Herzog Karl besprach mit seinen nächsten Offizieren die entstandene Lage. Sie erzielten Einigkeit darüber, die sieben Schiffe aufzuspüren, deshalb den Kurs zu ändern. Unterschiedliche Auffassungen gab es zu der Frage, was bei einer Begegnung geschehen solle. Oberstleutnant Nordenskjöld schlug vor, angesichts des vermutlich baldigen Kriegsbeginns die russischen Fahrzeuge eigenmächtig zu „beschlagnahmen", sich so für die weitere Flottenoperation eine gute Ausgangsposition zu schaffen. Anfangs schien der Großadmiral geneigt, seinem Stabschef zuzustimmen. Doch sowohl die Bedenken Admiral Wrangels als auch die der ihn begleitenden Freunde wogen schwer: Den Vorschlag Nordenskjölds zu realisieren, hätte „ernste Konsequenzen zur Folge. Bemächtigt sich Hoheit ohne Grund der russischen Schiffe, würde er überall in Europa als Pirat verschrien sein." Auch im eigenen Reich dürfte seine Handlungsweise kaum gebilligt werden, da sie gegen die königliche Order verstieße.

Wie nicht anders zu erwarten, revidierte der Großadmiral seine Haltung. Er beschloß, entsprechend der Instruktion zu verfahren und nur den Salut zu fordern. Insgeheim hoffte Herzog Karl auf einen trotzigen Geschwaderführer zu treffen, der sich widersetzen und den ersten scharfen Schuß abfeuern würde. In solchem Fall wäre das Ziel erreicht – der zahlenmäßig weit unterlegene „Feind" müßte bei einer bewaffneten Auseinandersetzung zwangsläufig sehr bald kapitulieren.

Der nächste Tag brachte die Entscheidung. In Höhe von Dagerort (heute Ristna neem, westlichstes Kap auf Hiiumaa) signalisierte eine Aufklärungsfregatte den erfolgten Sichtkontakt zum gesuchten Geschwader, das nicht vor den frühen Morgenstunden des 22. Juni erreicht werden könnte. Seine Königliche Hoheit fertigte daraufhin dem Befehlshaber der Fregatte *Thetis* folgende Order aus: „Major Wollin segelt voraus und observiert während der Nacht die Manöver der russischen Flotte. Um 4 Uhr am Morgen hat er das Schiff des russischen Flottenchefs zu stoppen und ihm auszurichten, Seiner Majestät Bruder, des Reiches Großadmiral und Schwedens Flotte Kommandeur erwarte, die russische Flotte gebe Seiner Majestät Flagge den Salut und erweise ihr damit die Ehrenbezeigung, wie sie sich in diesem Fahrwasser gehöre."[4]

Die Nacht verlief ruhig. Gegen 3 Uhr hatte sich die schwedische Flotte so weit dem zaristischen Verband genähert, daß Major Wollin nunmehr den ihm erteilten Befehl ausführen konnte. Konteradmiral Vilhelm van Dessen antwortete, er werde selbstverständlich dem Herzog die ihm gebührende Ehre erweisen. Schließlich sei Königliche Hoheit aufgrund seiner Geburt berechtigt, den Salut zu verlangen. Außerdem sei des Herzogs Geschlecht höher als das der russischen Kaiserin. Doch sehe er sich nicht verpflichtet, vor der schwedischen Flagge zu salutieren. Mit diesem Bescheid kehrte Major Wollin zu Herzog Karl zurück – begleitet von einem russischen Offizier, der das Kompliment seines Geschwaderführers zu überbringen und dessen Antwort zu erläutern hatte. Die „Redeschlacht" währte angesichts des ungleichen Kräfteverhältnisses nicht lange.

Das Treffen endete dank van Dessens diplomatischer Klugheit unblutig: Der Konteradmiral opferte einige Pfund Pulver, salutierte mit 15 Schuß, die mit acht erwidert wurden. Der „Pflicht" war Genüge getan, die sieben – für Rußland geretteten – Schiffe setzten unangefochten ihre Fahrt nach Kopenhagen fort.

Der schwedische Verband segelte wieder nordwärts, nahm Kurs auf Hangö. Der Herzog genoß es nach außen hin sichtlich, die Weisung Gustavs III. durchgesetzt zu haben. Doch des Großadmirals Gefühle mußten zwiespältig gewesen sein. Bei eingehender Beurteilung der Sachlage darf nicht vergessen werden: Als Bruder des Königs kannte er bestens dessen Kriegsabsichten. Seit Entgegennahme der Instruktion wußte Herzog Karl um die widerrechtliche Salutforderung, die einzig und allein dem Zweck dienen sollte, ohne Zustimmung des Reichstages in den Krieg eingreifen zu können. Damals galt ein derartiges Verlangen als Beleidigung, als einer Kriegserklärung gleichende feindliche Handlung. Historiker spekulieren seitdem, was geschehen wäre, wenn ein „gewöhnlicher" Admiral die Flotte befehligt hätte. Sicherlich würde van Dessen nicht nachgegeben, seine Schiffe verloren haben. Die strategische Position Schwedens wäre spürbar verbessert worden, da sich in solchem Fall die vier russischen Kriegssegler nicht im Rücken der schwedischen Flotte befunden, sondern als „eroberte Fahrzeuge" entscheidend deren Reihen verstärkt hätten. Die weiteren Ereignisse werden zeigen, daß mit so einer Streitmacht der bevorstehende bewaffnete Konflikt völlig anders verlaufen wäre. Unter diesem Aspekt ist auch Oberstleutnant Nordenskjölds Rat zu betrachten, der als hervorragender Stratege vorausschauend wie ein „gewöhnlicher Admiral" dachte.

Herzog Karl vertraute sich kurz nach dem Zwischenfall seinem Tagebuch an: „Dadurch, daß ich mich streng an des Königs Order hielt, kann ich mich jederzeit für mein Verhalten rechtfertigen. Niemand wird mir je zur Last legen können, ich habe ein feindliches Geschwader entkommen lassen …" Damit nicht genug. In einem Brief an seinen in Helsingfors weilenden Freund Oxenstierna – außenpolitischer Berater Gustavs III. – schilderte er ausführlich das Vorkommnis. Oxenstierna antwortete am 4. Juli: „… obwohl wir zufällig mühelos die russischen Schiffe hätten erbeuten können und dies für die weitere Kriegsführung von großer Bedeutung gewesen wäre, handelte Königliche Hoheit richtig. Folglich müßte Euch allgemeiner Beifall sicher sein …"

Wie des Herzogs nähere Umgebung das Ereignis wertete, geht aus den Zeilen seines persönlichen Beraters K. G. Bonde hervor: „Der kleine Herr (gemeint war der Herzog; d. A.) ließ sich von dem Gedanken an leichte Beute verführen. Mit der Forderung nach dem Salut steigerte er sich jedoch in eine recht unangenehme Lage hinein. Die Drohung, bei Verweigerung der Ehrenbezeigung die Kanonen sprechen zu lassen, hatte den russischen Admiral so beeindruckt, daß er vor des Herzogs Persönlichkeit Respekt zeigte und ihm mit mehreren Schüssen die Ehre erwies. Der kleine Herr triumphierte und segelte befriedigt nach Hangö. Aber weshalb das alles? Außer einem moralischen Sieg war nichts gewonnen, sondern nur viel Zeit vergeudet worden. Wenn wir allerdings gewußt hätten, daß uns Rußland bereits in Karelien angegriffen hatte – ja, dann wären die Schiffe unser gewesen …"[5]

Nach der Auseinandersetzung mit van Dessen ging Herzog Karl auf Gegenkurs, beeilte sich, der königlichen Order „Sichern des Galeerengeschwaders Passage" nachzukommen. Anfangs verlief die Fahrt zügig, doch am Nachmittag des 23. Juni begann der Wind merklich nachzulassen – bald wehte er nur noch schwach. Der nächste Tag brachte keinen Wetterumschwung, dafür eine weitere Begegnung mit russischen Schiffen. Kapitän Johan Puke – Befehlshaber der Aufklärungsfregatte *Fröja* – meldete backbord voraus drei südostwärts segelnde Fregatten. Zwei von ihnen kreuzten später den Kurs der Flotte, wurden nachdrücklich zur Ehrenbezeigung aufgefordert. Nach ihren Salutschüssen durften sie die unterbrochene Reise nach Reval wieder aufnehmen. Während der letzten Wache des 25. Juni

machte der Ausguck des Spitzenfahrzeugs – der *Hedvig Elisabeth Charlotta* – das Leucht-
feuer von Hangö aus. Es sollte nicht lange als Orientierungshilfe dienen. Dichter Nebel
verhinderte das. Kollisionsgefahr bestand im Verband nicht – plötzlich war kein Lufthauch
mehr zu spüren. Mit schlaffen und schließlich mit gerefften Segeln dümpelten die Kriegsschiffe bewegungslos in der totalen Flaute.

In der Nacht zum 28. Juni kam endlich Wind auf. Er vertrieb im Nu den Nebel. Einer
Weiterfahrt stand nichts mehr im Wege. Am Morgen ankerte die schwedische Flotte bereits
auf Hangös Binnenreede.

Im Laufe des Tages machte ein aus St. Petersburg gekommener Frachtsegler in Hangö
fest. Von der Besatzung erfuhr man, Admiral Greigh läge nur noch mit höchstens acht
Linienschiffen in Kronstadt – alle übrigen seien vor kurzem ausgelaufen. (Es handelte sich
um eine falsche Information; d. A.) Daraufhin schickte der Großadmiral – nach Übernahme von Frischwasser – seine kleinen, sehr schnellen Aufklärungsfregatten zum Kreuzen in
den Finnischen Meerbusen.

Die Kenntnis von der russischen Flottenrüstung bzw. von dem tatsächlichen Schiffs-
bestand in Kronstadt ließ bei den Schweden viel zu wünschen übrig. Umgekehrt dagegen
sah es viel besser aus. Obwohl Herzog Karls Streitmacht von keinem ostwärts segelnden
Kauffahrer bemerkt worden war, erhielt Katharina II. am 30. Juni exakte Angaben über sie.
Der Bote hieß Kapitän Stamontow, Befehlshaber der Fregatte *Mstislawets.*

Stamontow hatte auftragsgemäß im Seegebiet nördlich Rügens aufgeklärt, das Auslaufen der schwedischen Flotte jedoch nicht wahrgenommen. Während der Heimfahrt traf er
am Spätnachmittag des 22. Juni auf van Dessens Geschwader und übernahm ein für Admiral Greigh bestimmtes Schriftstück (Bericht des Konteradmirals über die Begegnung mit
Herzog Karl). Bei dieser Gelegenheit erfuhr der Kapitän den Kurs der schwedischen Formation, konnte nun zielgerichtet die Verfolgung aufnehmen. Am 25. Juni, als zunehmen-
des Licht am östlichen Horizont das Ende der Nacht ankündigte, sichteten die Ausguckposten in den Masttopps an der Kimm etliche Segel. Um nicht selbst entdeckt zu werden,
befahl Stamontow, Segel zu kürzen. Mit verminderter Geschwindigkeit hielt er Fühlung
bei gleichbleibendem Abstand. Gegen Abend zündete man auf der Fregatte keine Lichter
an und schloß vorsichtig zur „feindlichen" Flotte auf. Nebel und Flaute überraschten auch
die *Mstislawets,* die in Hörweite der Schweden stillag. Als des Herzogs Verband in der
Nacht zum 28. Juni wieder Fahrt aufnahm, steuerte Stamontow nach Osten, erreichte am
30. Juni Kronstadt.

30. Juni in Hangö: Es stürmte gewaltig. Rahen und Stenge mußten zusätzlich mit Ketten
gesichert werden, um Schäden zu vermeiden. Ankertrossen brachen, einige Segler drifteten ab, andere bekamen noch rechtzeitig ihren Pflichtanker klar – wie durch ein Wunder
blieben Havarien aus.

Während des Durcheinanders ging an der *Konung Gustav III.* ein Schoner längsseits:

Der Kurier des Königs brachte einen vom Vortag datierten Brief mit beigelegtem Befehl. In dem Schreiben kündigte Seine Majestät ein baldiges Wiedersehen an, kam danach auf die zaristischen Seestreitkräfte zu sprechen: „Sie sehen wohl ein, mein lieber Bruder, daß Wir die russische Flotte nicht ohne Risiko hinter Uns lassen können … Sollte sie Ihre Position bereits passiert haben, ist es notwendig, sie zu verfolgen, zur Umkehr zu zwingen oder sie anzugreifen …"

In dem Befehl wurde Gustav III. deutlicher. Einerseits dürften auf keinen Fall friedensfeindliche Handlungen stattfinden, andererseits verlangte er vom Herzog genau das Gegenteil. So sollte der Großadmiral dem Flottenbefehlshaber in Kronstadt eine Deklaration folgenden Inhalts übersenden: Russischen Kriegsschiffen wird es untersagt, den Finnischen Meerbusen zu verlassen. Das gilt so lange, bis die Kaiserin alle Wünsche und Forderungen Seiner Schwedischen Majestät erfüllt.

Der König dachte auch an die Möglichkeit, sein Bruder treffe zuvor auf See Admiral Greigh mit dessen Flotte. Dann „habe Königliche Hoheit eine entsprechende Note zu überreichen. Zeigt sich der Herr Admiral uneinsichtig, ist Gewalt anzuwenden. Nach dem Sieg über ihn ist der geschlagenen Flotte nach Kronstadt zu folgen und sie dort vollends zu vernichten, gleichzeitig auch die befestigte Basis auf der Insel Kotlin zu zerstören." Damit nicht genug. Herzog Karl habe anschließend „alle entbehrlichen Kriegsschiffe zum Aufspüren und Besiegen van Dessens Geschwader zu detachieren".

Der Herzog reagierte sofort. Das Abfassen der Antwort schien ihm trotz seiner Gewandtheit im Briefeschreiben nicht leichtgefallen zu sein. Mit versteckter Kritik bezichtigte er den König, die wahre Sachlage nicht zu überschauen, stets nur unerfüllbare Wünsche zu äußern. Und bezüglich der ungenauen und sich widersprechenden Weisungen meinte er abschließend: „… wäre ich mit eindeutiger Instruktion in See gegangen oder hätte mich zumindest Eure letzte Order eine Woche früher erreicht, so könnte ich heute als hochwillkommene Verstärkung meiner Flotte wahrscheinlich elf, sicher aber neun russische Fahrzeuge melden" (je drei Linienschiffe, Fregatten und bewaffnete Transporter).

Nachdem der Kurierschoner von der *Konung Gustav III.* abgelegt hatte, berieten der Großadmiral, Wrangel und Nordenskjöld über das weitere Vorgehen. Sie kamen überein, Oberst Graf Klas Adam Wachtmeister mit seinem Geschwader umgehend zur Überwachung des Revaler Seegebietes auslaufen zu lassen. (Mit dieser Maßnahme wollte der Herzog eventuellen Vorwürfen vorbeugen, er habe fahrlässig handelnd die russische Flotte ungehindert passieren lassen.)

Kurz nach Mitternacht traf mit einem Aviso die Meldung ein, Seine Majestät käme in zwei bis drei Stunden an. Für die Schiffsbesatzungen hieß das, sich auf den Empfangssalut vorzubereiten. Um 3 Uhr segelte die *Amphion* an der Spitze mehrerer Galeeren an der ankernden Flotte vorbei. Schiff für Schiff salutierte mit allen Geschützen, jeweils mit zwei Salven.

Sobald die *Amphion* festgemacht hatte, machte Herzog Karl dem König seine Aufwartung. Was die Brüder diskutierten, darüber gibt kein zeitgenössisches Dokument Auskunft. In seinem Tagebuch erwähnt zwar der Herzog das Gespräch, geht im Detail jedoch nicht darauf ein. Fest steht lediglich, Seine Majestät stand noch ganz unter dem Eindruck der Fahrt von Stockholm nach Hangö:

200 Seemeilen hatte das in drei Divisionen formierte Galeerengeschwader zurückgelegt – anfangs bei relativ ruhiger See, dann bei Regen, Nebel und Sturm. Und stets in unmittelbarer Nachbarschaft heimtückischer Felsen (zuerst entlang der schwedischen Küste nordwärts bis Björkö, danach dem 60. Breitengrad folgend ostwärts). Die Galeeren mußten vorwiegend gerudert werden. Ihre Segel dienten lediglich der Unterstützung menschlicher Muskelkraft. Dieser Truppentransport war schon eine außergewöhnliche Leistung, auf die der König mit Recht stolz sein konnte.

Um 5 Uhr strebte die *Amphion* mit von frischer Brise geblähten Segeln wieder ostwärts, Kurs Sveaborg. Alle bislang in Hangö eingetroffenen Galeeren – etwa 40 Prozent des Geschwaders – folgten ihr. Bei den auf Reede liegenden Kriegsschiffen dagegen verlief der Borddienst vorläufig noch normal: Übernahme von Frischwasser und Lebensmitteln, Geschützexerzieren und übliche Wartungsarbeiten.

Am 5. Juli fand sich auf der *Charlotta* eine Gruppe ranghoher Offiziere ein. Sie inspizierten die alte Aviso-Fregatte und stimmten für ihre Ausmusterung. Herzog Karl unterschrieb an diesem Tag außer dem Protokoll der Außerdienststellung noch ein weiteres Schriftstück – den Auslaufbefehl der Flotte für 19 Uhr. Sie sollte sich mit dem vor der estnischen Küste kreuzenden Verband von Oberst Wachtmeister vereinen.

Am Vorabend des Krieges

König Gustav III. erreichte am Vormittag des 2. Juli Sveaborg. Sofort wurden die ersten Truppenkontingente ausklariert. Auf der benachbarten Insel Sandhamnland schlugen sie ihr Feldlager auf. Nun konnten sich die Schiffsbesatzungen von den Strapazen der Überfahrt erholen. Ihre Galeeren lagen sicher vertäut am Festungskai – unter dem Schutz der Kanonen von Gustavssvärd. Die *Amphion* indessen war noch einige hundert Meter weiter gesegelt und in unmittelbarer Nähe der Helsingforser Uferpromenade vor Anker gegangen.

Salutschüsse verrieten den Einwohnern der finnischen Provinzmetropole die Ankunft des Königs. Im Nu hatte sich eine jubelnde Menschenmenge auf der Promenade eingefunden. Gustav III. zeigte sich beeindruckt, der herzliche Empfang schmeichelte ihm. Doch so gern er Freudenfeste feierte, an diesem Tage mußte er darauf verzichten – dringende Staatsgeschäfte warteten auf ihn. Eine wichtige Depesche vom Befehlshaber der Savolaks-Brigade wurde ihm überreicht. Oberst Berndt Johan Hastfer meldete, in der Nacht vom 27. zum 28. Juni hätte ein Kosakentrupp die Reichsgrenze überschritten und den Posten in Vuoldensalmi bei Puumala überfallen. In dem Glauben, der Krieg sei ausgebrochen, habe er mit drei Abteilungen im Gegenzug die Ortschaft Nyslott (Savonlinna) genommen und belagere jetzt die Festung gleichen Namens. Allerdings wundere ihn, wie er so weit ins russische Karelien habe vordringen können, ohne auf nennenswerten Widerstand zu stoßen.[6]

Trotz unbeschädigter Siegel war der Inhalt des Schreibens offenes Geheimnis. Der Kurier, ein Adjutant Hastfers, weilte seit dem 30. Juni in Sveaborg. Er erzählte ranghohen Festungsoffizieren, was sich zwischen Puumala und Nyslott zugetragen hatte. Naturgemäß bildeten die Vorfälle das Gesprächsthema des Tages. Oberst Mikael Anckarsvärd, Befehlshaber der Armeeflotte, billigte Hastfers Verhalten nicht. Er bekundete offen, der König würde hoffentlich den Kosakenübergriff nicht als Kriegsvorwand betrachten. Anckarsvärd, der Tolls Kriegsplan detailliert kannte und ihm in einzelnen Teilen – wie bereits erwähnt – kritisch gegenüberstand, schien ein bewaffneter Konflikt zum gegenwärtigen Zeitpunkt denkbar ungeeignet zu sein. Immerhin besaß Schweden noch nicht die absolute Seeherrschaft. Auch war weder das finnische Geschwader voll einsatzfähig noch das Stockholmer Geschwader komplett in Sveaborg formiert. „Einen Feldzug heute zu beginnen", so Anckarsvärd, „wäre nichts anderes als ein vorprogrammierter Fehlschlag."

Selbst Toll lehnte Hastfers Operation ab. Er bat am Abend des 2. Juli Seine Majestät, die in Nyslott stehenden Truppen zurückzubeordern und sich bei der russischen Kaiserin zu entschuldigen, um so zeitlichen Aufschub zu erhalten, der zur Durchführung des beschlossenen Kriegsplanes nötig war. Im Prinzip solidarisierte sich des Königs militärischer Berater diesmal mit Anckarsvärd.

Es gab allerdings auch Befürworter der Einnahme Nyslotts. Zu ihnen gehörte des Königs Günstling, Oberst Gustav Mauritz Armfelt. Dieser entwickelte eilig ein Angriffskonzept für das von seinem Onkel kommandierte finnische Armeekorps: General Carl Gustav Armfelt sollte sofort zur russisch-finnischen Grenze marschieren, danach Fredrikshamn, später Viborg einnehmen. So wäre der Weg nach St. Petersburg frei, die Besetzung der russischen Hautstadt eine Kleinigkeit.

Angesichts solch einer Überlegung warnte Toll erneut vor übereifrigem Handeln. Seiner Meinung nach käme – selbst wenn sich alle Truppenteile an dem Vormarsch beteiligten – Armfelt nicht weiter als bis Fredrikshamn, da der Nachschub für das Heer zur Zeit nicht voll gewährleistet sei.

Die Aussprache bei Gustav III. war geprägt von uneinheitlichen Auffassungen bezüglich des weiteren Handelns. Für und Wider hielten sich die Waage, die Wogen der Erregung schlugen hoch. Wiederholt kam zum Ausdruck, die Opposition würde die Ereignisse bei Puumala kritisch betrachten. „Es ist doch sicher", so Toll, „Seiner Majestät wird das Vorkommnis als ein von ihm organisiertes unterstellt.[7] Ein Kriegsbeginn dieser Art widerspreche den Verfassungsvorschriften, erhalte nie die Zustimmung der Stände."

Erst eine neue Botschaft Hastfers trug zur Annäherung der Standpunkte bei. Der Oberst übermittelte, der Belagerungsring um die Festung Nyslott sei verstärkt und zwei weitere strategisch wichtige Punkte eingenommen worden: östlich von Nyslott die Landstraße nach Punkaharhu und am westlichen Ufer des Seimaasees die Passage bei Kärnäkoski. Damit besaßen die russischen Heeresverbände sowohl von der nördlichen Ladogasee-Region nach Nyslott als auch von Villmanstrand (Lauritsala/Lappenranta) nach Savolaks keine durchgehenden Verkehrsverbindungen mehr.

Den so leicht errungenen, wenn auch recht unbedeutenden Geländegewinn betrachtete Gustav III. als großen militärischen Erfolg. Er glaubte, das völlig auf sich gestellte südostfinnische Küstengebiet nun ebenfalls mühelos besetzen zu können. Der König befahl, General Armfelt habe am kommenden Morgen (3. Juli) mit seinem Korps zur nahen Grenze aufzubrechen. Des Monarchen Eile überraschte allgemein. Seinen Worten: „Jeder Tag, den wir nutzlos verstreichen lassen, bietet den Russen Gelegenheit, ihre Verteidigungsbereitschaft zu stärken – und das zu unserem Nachteil!" widersprach niemand.

Nun widmete sich Gustav III. der Armeeflotte. Mit Mikael Anckarsvärd besprach er ihren Einsatz. Zunächst ging es um die seeseitige Flankensicherung von Armfelts vorrückendem Korps. Wegen der eingeschränkten Einsatzfähigkeit der Schäreneinheiten kamen sie überein, daß die aus sechs Kanonenschaluppen bestehende Abteilung Major Jakob Törnings am 4. Juli auszulaufen, Kurs auf Kungshamn zu nehmen habe. Das Gros mit General Gustav Adolf von Siegroths Truppen an Bord sollte Mitte des Monats von Sveaborg entweder nach Pellinge oder nach Svartholm verlegt, Törnings Abteilung aber durch Oberstleutnant Måns von Rosenstein mit der Turuma *Norden*, allen drei Udemas und vier Galeeren verstärkt werden.[8] Im königlichen Befehl heißt es dazu: „Die vereinbarten Positionen sind bis zu dem Zeitpunkt einzunehmen, an dem General Armfelt die Grenze erreicht hat."

Des Königs ausdrücklicher Wunsch, Anckarsvärds Einheiten hätten umgehend Fredrikshamn und Viborg anzugreifen, wurde vom Befehlshaber der Armeeflotte zurückgewiesen: „Fredrikshamn kann nur in engem Zusammenwirken mit Armfelts und von Siegroths Soldaten gestürmt werden. Das noch weiter entfernte Viborg anzugreifen, setzt voraus, daß sich Fredrikshamn in unserer Hand befindet."

Anckarsvärd machte Seiner Majestät abschließend deutlich, welches Risiko im Moment ein Vorstoß der Schärenflotte nach Osten darstelle. So sei über die Stärke und den Standort der russischen Galeerengeschwader wenig bekannt sowie die feindliche Kriegsflotte noch nicht geschlagen. In dieser Situation wäre es nur allzu logisch, würde Herzog Karl die Operationen der eigenen Einheiten decken – am günstigsten von der Insel Aspö aus.

Die Einsprüche des Befehlshabers der Armeeflotte behagten dem König nicht. Er begann Anckarsvärd zu mißtrauen, damit auch der Armeeflotte. Den Hinweis bezüglich der Kriegsflotte gedachte Gustav III. jedoch zu befolgen, Herzog Karl bei dieser Gelegenheit nochmals zum Aufsuchen der russischen Seestreitmacht aufzufordern. In der Botschaft ließ er seinen Bruder wissen: „Ich habe Karten und Seeleute befragt. Nahe Fredrikshamn liegt die Insel Aspö. Während des letzten Krieges diente sie Uns als Flottenstützpunkt. Ich wünsche, daß Ihr dorthin segelt und vor Anker geht. Sobald die russische Flotte kommt, könnt Ihr einen geeigneten Platz für den Kampf auswählen. Je näher der bei St. Petersburg stattfindet, desto größer wird des Feindes Schrecken sein. Außerdem haben Unsere Schiffe, falls sie Schaden nehmen, den sicheren Hafen Sveaborg hinter sich …" Weiterhin bemerkte der König, daß es einen ernsthaften Grenzzwischenfall gegeben hat und der Krieg mit Rußland als gegeben angesehen werden kann. „Von jetzt an", schrieb er, „gibt es für russische Schiffe kein Pardon mehr."

Als des Königs Kurier auf der *Atis* die Reede von Hangö erreichte, steuerte Herzog Karl bereits zur estländischen Küste. Die *Atis* folgte ihm, erreichte den Verband am Nachmittag des 7. Juli. Die neue Order überraschte den Flottenführer. Er gab aber lediglich den Kriegsausbruch allgemein bekannt: Fähnrich Ekholm mußte gegen 20 Uhr mit der Yacht *Esplendian* von Schiff zu Schiff fahren, den Offizieren die bedeutende Nachricht zurufen.

Aus einem persönlich gehaltenen Brief erfuhr der Herzog zudem, daß sein Bruder entgegen Tolls Empfehlung der Kaiserin keine Entschuldigung, sondern ein scheinheiliges Friedensangebot zu übermitteln gedenke, auf das er ein klares „Ja" oder „Nein" erwarte. Mit dieser Note – in die Geschichtsschreibung als Ultimatum eingegangen – beabsichtigte der König, die russische Kaiserin Katharina II. gegen sich aufzubringen, auf diese Art ein Hinauszögern des Kriegsausbruches zu verhindern. Zunächst brachte er mehrere begründete – aber auch absolut unbegründete – Klagen vor, stellte danach seine völlig übertriebenen Forderungen, um den „Frieden zu bewahren":

1. Die Kaiserin hat ihren ehemaligen Gesandten – Graf Rasumowski – wegen seiner Einmischung in die inneren Angelegenheiten Schwedens exemplarisch hart zu bestrafen – anderen Diplomaten zur Warnung.
2. Rußland hat für die schwedische Kriegsrüstung aufzukommen, indem es alle im Frieden von Nystad (1721) und Åbo (1743) zugesprochenen Ländereien wieder abtritt und sich verpflichtet, künftig niemals Ansprüche auf diese Gebiete geltend zu machen (Livland, Estland, Ingermanland und Südostfinnland).
3. Die Kaiserin hat den schwedischen König als Vermittler für Friedensverhandlungen mit der Türkei zu akzeptieren und ihn zu bevollmächtigen, der Türkei die Krim und eine Berichtigung der Grenze nach dem Stand von 1774 anzubieten; falls der Hohen Pforte dieses Angebot zu gering erscheint, sogar die Wiederherstellung der Grenzen von 1768 vorzuschlagen.
4. Rußland hat unverzüglich seine Flotte zu entwaffnen und alle Truppen aus den neuen Grenzgebieten zurückzuziehen.

In einer Hinsicht sorgte die Order für Klarheit. Der Herzog konnte sich nun auf sie berufen und bei Begegnungen mit russischen Schiffen entsprechend handeln. Andererseits machte des Königs Unwissenheit über die Seefahrt betroffen. Seit 1743 gehörte Aspö (Haapasaari) zu Rußland. Kein schwedisches Kriegsschiff war seitdem mehr dort gewesen, niemand in der Flotte kannte die örtlichen Verhältnisse. Es gab auch keine aktuelle Seekarte. Und in dieses Gebiet mit seinen etwa 100 kleinen Inseln und gleich vielen Untiefen (laut heutiger Seekarte mit 1,20 bis 4,80 Meter ausgewiesen) sollte die Formation hineinsegeln? Damit nicht genug! Große Kriegsschiffe hätten in diesem Küstenbereich mangels offenen Fahrwassers absolut keine Möglichkeit, Sicherungsaufgaben erfolgreich zu lösen. Dann die Forderung nach einer Seeschlacht im östlichen Teil des Finnischen Meerbusens! „Majestäts Ansinnen", so Herzog Karls Flaggkapitän in seinem Tagebuch, „ist strategischer Schwachsinn. Bei widrigem Wind sind wir dort rettungslos verloren, während sich die Russen in aller Ruhe nach Kronstadt zurückziehen können."

Mit Admiral Wrangel und Oberstleutnant Nordenskjöld überlegte der Großadmiral die nächsten Schritte. Sie kamen überein, den bisherigen Kurs beizubehalten, bis zum Erreichen von Oberst Wachtmeisters Geschwader. Danach würde man weitersehen, da von den vor Reval kreuzenden Schiffen vermutlich neue Nachrichten über die russischen Seestreitkräfte zu erwarten waren.

Am 8. Juli befand sich die wiedervereinigte schwedische Flotte nahe der Reval vorgelagerten Insel Nargö (Naisaar). Nacheinander tauchten zwei feindliche Kriegssegler auf. Der erste – die Fregatte *Jarislawitsch* mit 32 Kanonen und 247 Mann Besatzung – salutierte angesichts des Herzogs Flagge mit 15 Schüssen. Als Antwort bekam er einen scharfen Schuß vor den Bug, wurde so zum Beidrehen aufgefordert. Der russische Schiffskommandant folgte der unmißverständlichen Weisung. Gespannt sah er dem von der *Konung Gustav III.* kommenden Kutter entgegen. Der Großadmiral hatte einen seiner Adjutanten, den Fähnrich Brelin, zur *Jarislawitsch* geschickt. An Bord der Fregatte erklärte Brelin seinen Auftrag: Da sich Schweden mit Rußland im Krieg befindet, muß die *Jarislawitsch* entweder ihre Flagge streichen oder sich verteidigen. Bei dem ungleichen Kräfteverhältnis fiel die Entscheidung leicht – die Andreas-Flagge ging nieder, der Kommandant in Gefangenschaft.

Bei der Übergabe des zweiten Seglers – Fregatte *Hector* mit 26 Kanonen und 205 Mann Besatzung – traten ebenfalls keine Schwierigkeiten auf. Gegenüber dem Großadmiral gaben die russischen Offiziere an, sie hätten vom Kriegsausbruch keine Kenntnis gehabt und wollten zwecks Kadettenausbildung von Reval aus auf Seetörn gehen.

Das Prisenkommando stellte jedoch fest, daß nicht mehr als 15 Kadetten an Bord dienten. Außerdem fand es unter Deck beträchtliche Vorräte an Proviant, Munition und militärischer Bekleidung sowie verschiedenartiges Tauwerk. Damit war sicher, beide Fregatten gehörten zu Admiral Greighs Expeditionsflotte. Alle russischen Matrosen kamen auf die Linienschiffe. Sie mußten dort den Platz der Seeleute einnehmen, die als Prisenbesatzung auf die Fregatten überwechselten. Erster Leutnant Hökenflycht von der *Konung Gustav III.* führte nun die *Jarislawitsch* und Erster Leutnant Kullenberg von der *Vasa* die *Hector*. Anfangs standen ihnen die Kapiäne Feiff (von der *Konung Gustav III.*) und Gyllenskepp (von der *Prins Gustav*) hilfreich zur Seite.

Seine Königliche Hoheit beschloß, mit der gesamten Flotte auf Gegenkurs zu gehen, Sveaborg anzulaufen. Er wollte seinem Bruder die Prisen selbst übergeben, dabei mit ihm über die unverständliche „Aspö-Order" reden und die künftigen Seeoperationen beraten. Weiterhin mußten die Gefangenen an Land gebracht und die äußerst willkommene Ladung der eroberten Fregatten aufgeteilt werden.

Um das Eintreffen anzukündigen, hatte Admiral Wrangel einen Bericht über die Eroberung der Fregatten zu schreiben, diesen eilig nach Sveaborg befördern zu lassen. Zum Reisegepäck des Kuriers, Wrangels Adjutanten Leutnant Baron von Palmqvist, gehörte zudem nun eine recht exakte Stärkemeldung über die russische Ostseeflotte: Admiral Samuel Greighs Mittelmeerverband bestand neben einigen Fregatten, Hilfsfahrzeugen und bewaffneten Transportern aus 15 Linienschiffen: Vier mit 100, sechs mit 74 und fünf mit 66 Kanonen bestückt – einschließlich des nach Kopenhagen vorausgesegelten Geschwaders mit drei Linienschiffen (jeweils mit 100 Kanonen armiert). Das noch in Kronstadt liegende Reval-Geschwader umfaßte fünf Linienschiffe – zwei mit 74 und drei mit 66 Kanonen.

9. Juli, mittags: Es regnete in Strömen. Von Südwesten näherte sich Herzog Karls Flotte Sveaborg. Kurz vor Gråskärsbåda – in Position 59° 59' N, 24° 21' O – lief die von Oberstleutnant Hysingskjöld befehligte *Äran* auf. (Die seinerzeit noch nicht bekannte Untiefe – 2,70 Meter – heißt seitdem Ärangrund.) Einige Kriegssegler blieben bei der *Äran*, halfen ihr. Nach sechs Stunden war sie wieder flott. Indessen hatte der Großadmiral mit acht

Schiffen und den beiden Prisen gegen 16.30 Uhr die Innenreede erreicht. Die Geschwader von Oberst Wachtmeister und Oberstleutnant Linderstedt wurden von ihm dagegen zur Außenreede beordert, damit er sie gegebenenfalls schnell auf Erkundungsfahrt schicken konnte.

Flaggkapitän Nordenskjöld schien über des Herzogs Entscheidung nicht sehr glücklich gewesen zu sein. Aus seinem Tagebuch ist ersichtlich, daß er vor Ankunft dafür plädierte, die Gefangenen zwar dem Festungskommandanten zu übergeben, nicht aber auf Reede, sondern sofort wieder in See zu gehen – zum Kreuzen zwischen Sveaborg und Reval. „Das ist das einzig Vernünftige", schrieb er, „was wir tun sollten. Seine Königliche Hoheit muß Seine Majestät davon überzeugen." Dem Flottenführer hatte er die Vorteile eines solchen Vorgehens ausführlich erläutert und ihm für ein Schreiben an den König (oder auch für ein Gespräch mit ihm) die richtigen Argumente geliefert. Die wesentlichsten waren: Die Flotte vermochte auf diese Art den Schiffsverkehr von und nach Reval zu kontrollieren sowie Greighs Verband an einen Ort zu stellen, der für eine Schlacht den notwendigen Freiraum bietet. Abschließend verweist Nordenskjöld auf die erwartete Verstärkung aus Karlskrona, die hoffentlich „noch vor dem Treffen bei uns ist, schon wegen der angeforderten Kanonenkugeln für die Sechsunddreißigpfünder."

Sobald die *Konung Gustav III.* vor Anker lag, ging bei ihr eine Barkasse längsseits. Des Königs Berater Erik Ruuth und Graf Jakob Gustav Oxenstierna machten dem Herzog ihre Aufwartung. Sie berichteten, Seine Majestät sei wegen des Nichtbefolgens der „Aspö-Order" äußerst ungehalten. Auch die erfreuliche Nachricht vom Aufbringen der beiden russischen Fregatten konnte ihn nicht milder stimmen. Der König hatte das Einlaufen der Flotte nicht abgewartet, sondern sich am frühen Morgen verärgert zu den Truppen an der Grenze begeben – ohne eine schriftliche Weisung für den Herzog zu hinterlassen.

Einzelheiten ihres Gespräches sind nicht bekannt. Allerdings gibt es zeitgenössische Dokumente, die etwas Licht in die Angelegenheit bringen. Aus Admiral Wrangels Aufzeichnungen geht zum Beispiel hervor, daß er zur Verabschiedung der Gäste in die Kajüte des Großadmirals gebeten wurde. Bei dieser Gelegenheit konnte er seine Bedenken hinsichtlich der „Aspö-Order" vorbringen.

Ruuth, auf dessen besondere Fürsprache hin Herzog Karl den Befehl über die Flotte erhalten hatte, lag viel daran, daß der Großadmiral bei Seiner Majestät nicht in Ungnade fiel. Er mußte an Bord darüber mit Oberstleutnant Nordenskjöld gesprochen haben, denn in seinem Tagebuch deutete der Flaggkapitän dies an. Weiter heißt es: „Mein alter Kamerad von der Kadettenschule (also Erik Ruuth; d. A.) zeigte sich verbittert, weil Seine Königliche Hoheit vorläufig in Sveaborg zu bleiben gedenke, da angeblich unser Trinkwasservorrat zur Neige geht. Er warnte mich nachhaltig vor den Folgen, wenn die Flotte nicht ausläuft … Das Gros der russischen Streitmacht wird dieser Tage Kronstadt hinter sich lassen, das in Kopenhagen liegende Geschwader van Dessens wahrscheinlich zurücksegeln. Wir können demnach in eine recht unangenehme Lage kommen, denn unsere Stärke ist in drei Gruppen aufgeteilt, steht nicht geschlossen in See." Mit den drei Gruppen dürfte Nordenskjöld die unterwegs befindliche Verstärkung, die auf der Binnenreede liegenden Einheiten und die vor Sveaborg driftenden bzw. kreuzenden Schiffe gemeint haben.

In Helsingfors suchten Ruuth und Oxenstierna des Königs militärischen Berater, General Christopher Toll, auf. Zu dritt überlegten sie, wie das durch gegensätzliche Ansichten entstandene gespannte Verhältnis zwischen Gustav III. und seinem Bruder entkrampft werden konnte. So verfaßten sie gemeinsam einen Brief an Herzog Karl. In ihm wiesen sie auf die Gefahr für das Reich hin, wenn die russische Flotte nicht bald geschlagen wird. Er möge deshalb unbedingt noch in dieser Nacht auslaufen, sich auf See mit der Verstärkung vereinen und sich der russischen Flotte in den Weg stellen. Die „Aspö-Order" erwähnten sie absichtlich nicht, „um", laut Oxenstierna, „kein Öl ins Feuer zu gießen". Bezüglich der Gefangenen, die „doch aus den ehemaligen schwedischen Ostprovinzen stammen", baten sie den Herzog, er solle je 20 bis 25 von ihnen auf jedes Schiff nehmen und die beiden erbeuteten Fregatten mit Männern aus den eigenen Reihen bemannen. Wegen der Trinkwasservorräte brauche er sich keine Gedanken zu machen, in wenigen Stunden würden Wasserleichter bei allen auf der Innenreede liegenden Fahrzeugen festmachen.

Die Reaktion des Großadmirals war anders, als es sich die Briefschreiber erhofft hatten. Herzog Karl beschloß, die Flotte zu vereinen – allerdings nicht auf See, sondern in Sveaborgs Hafen. Nordenskjöld erhielt Befehl, eine Eilyacht zu den vor der Festungszufahrt kreuzenden Schiffen zu senden mit der Order, bei Tagesanbruch (10. Juli) zur Innenreede zu segeln, um Trinkwasser zu übernehmen und dort die Ankunft der Verstärkung zu erwarten.

Es war schon eine recht merkwürdige Situation: Herzog Karl respektierte weder des Königs Befehl, noch nahm er die wohlgemeinten Hinweise der ihm freundschaftlich verbundenen Berater Seiner Majestät ernst. Um Ruuth, Oxenstierna und Toll nicht völlig zu enttäuschen, wollte er zumindest in der Gefangenenfrage Entgegenkommen signalisieren. Diese Einsicht kam nicht von ungefähr. In Helsingfors kurzfristig über 400 Matrosen für den Dienst auf Kriegsschiffen zu verpflichten, schien ihm wohl ein utopisches Unterfangen zu sein.

Oberstleutnant Nordenskjöld weigerte sich allerdings hartnäckig, gefangene Seeleute an Bord einzusetzen. Sein Argument überzeugte: Die Männer beider Fregatten waren vorwiegend russischer, nicht, wie erhofft, livländischer Nationalität. Bei einem Gefecht müßten sie zwangsläufig gegen ihre eigenen Landsleute kämpfen. Das würde nicht gutgehen. Keinem schwedischen Matrosen oder Kanonier könnte zugemutet werden, den Feind direkt neben sich zu wissen.

Also brachte man, wie ursprünglich vorgesehen, doch alle Gefangenen an Land. Den Befehlshabern der Fregatten beglaubigte Herzog Karl zuvor ihr Wohlverhalten und bekräftigte in einem Zertifikat, daß sie in Anbetracht der Übermacht keine andere Wahl gehabt hätten, als die Flagge zu streichen.

Offensichtlich plagte den Herzog das Gewissen. Jedenfalls befahl er noch am Vormittag des 10. Juli Oberstleutnant Fahlstedt, mit *Försiktigheten* und *Rättvisan* auszulaufen, das Seegebiet östlich Sveaborgs aufzuklären. Mit diesem Auftrag gedachte er erneuten Vorwürfen zuvorzukommen. Aber auch ihm war klar, daß er sich trotzdem dem König erklären mußte – und zwar bald, ehe sein Bruder nach Helsingfors zurückkehrte.

Herzog Karl, sonst ein gewandter Schreiber, fand diesmal nicht die richtigen Worte, um seine Handlungsweise zu begründen. Er bat daher Wrangel um einen Entwurf. Der Admiral wiederum trug diesen Nordenskjöld vor, der ihn zu einem neuen umwandelte. Von den großen Unterschieden zwischen See- und Landkämpfen ausgehend, kam der Flaggkapitän auf des Königs Fernziel zu sprechen, das sicherlich dessen Gedanken so beanspruche, daß er dabei Naheliegendes außer acht lasse. Dazu zähle auch der Befehl, Aspö anzusteuern, seit 45 Jahren russisches Gebiet, für das Lotsen und Seekarten fehlten. Es wäre viel besser, den Feind zwischen Reval und Sveaborg zu stellen. Dort hätte man genügend Platz „sich den geforderten Manövern richtig anzupassen". „Die russische Flotte in ihrem eigenen Fahrwasser zu schlagen", so schloß Nordenskjöld, auf des Königs Wunsch eingehend, „wo sie sich zwischen den Schären besser als wir auskennt, ist ein solch kühner Vorschlag, den zu realisieren Verrücktheit, nicht aber wirklicher Mut erfordere." Der Großadmiral nutzte das Konzept, setzte jedoch hinzu: „Ich werde Eurer Order folgen. Aber erst möchte ich mich Euch vor denjenigen erklären, die etwas vom Seemannsberuf verstehen." Mit dem Schreiben brach noch am gleichen Tag der Kurier zu Seiner Majestät auf …

11. Juli: Bei Hellwerden kamen die Linienschiffe *Prins Karl*, *Prins Fredrik Adolf* und *Enigheten* sowie die Fregatte *Camilla* in Sicht. Im Gefolge der Kriegsschiffe segelten fünf Transporter. Der von Oberstleutnant Eneskjöld befehligte und für vier Monate proviantierte Verband ankerte gegen Mittag auf der Innenreede Sveaborgs. 3000 Infanteristen und Artilleristen gingen frohgestimmt an Land. Sie hatten sich am 29. Juni auf der Reede von Karlskrona eingeschifft und dort vier Tage recht widrigen Wind erlebt, der das Auslaufen verhindert hatte. Auch während der Überfahrt blieb die See unruhig. Verständlich, daß die Soldaten über das Ende der Seereise erfreut waren.

Gustav III. hielt sich zu diesem Zeitpunkt in Peipola, nahe der Grenze, beim Heer auf. Als er erfuhr, daß seine Flotte in Sveaborg lag, während Admiral Greigh vermutlich bereits in See stand, überkam ihn heftiger Zorn. Er schrieb am 11. Juli (ehe er von des Herzogs Erklärung wußte) seinem Bruder: „Es war für Uns erstaunlich zu hören, daß Ihr in den Hafen eingelaufen seid, dadurch die Gelegenheit verpassen werdet, die russische Flotte zu vernichten. Wir erwarten von Euch Gehorsam, und wir brennen darauf, Euch nach meiner Rückkehr in Helsingfors wiederzusehen. Es muß Euch doch großes Unbehagen bereiten, des Reiches Wohl vernachlässigt zu haben. Wie Ihr wißt, wollten wir Euch erst nach gewonnener Schlacht, nach einer für Uns rühmlich ausgegangenen Affäre bei Kronstadt (!) in die Arme schließen ... mit einem Wort, Wir fordern von Euch strikten Gehorsam, und zwar sofort!"

Gleichzeitig beklagte sich Seine Majestät schriftlich bei Ruuth, daß die Flotte in Sveaborg Zuflucht gesucht hatte, nachdem die russische in See gegangen war. Das sei wahrlich keine Ehre, sondern eine Schande für die schwedische Flagge. Erbitterung sprach aus seinen Worten: „Wenn es sich nicht um meinen Bruder handelte, würde ich den Herzog mit Wonne vor dem Kriegsgericht sehen."

Des Königs Botschaften trafen am 12. Juli früh in Helsingfors ein. Ruuth schrieb daraufhin dem Herzog einige Zeilen, er möge bitte sofort absegeln, einem Zusammentreffen mit seinem Bruder auf jeden Fall aus dem Wege gehen. Dieser Bitte schloß sich auch Oxenstierna an.

Und der Herzog? Er beantwortete postwendend Ruuths Nachricht, verbreitete sich ausführlich über des Königs groben, ihn beschimpfenden Brief. In Anbetracht des ihm gegenüber zum Ausdruck gebrachten Mißtrauens sei er beschämt, verstünde aber jetzt das Zustandekommen der „Aspö-Order": Seeunkundige Landoffiziere (u. a. Oberst Armfelt; d. A.) hätten dazu geraten. „Ich hoffe inbrünstig, Gottes Zorn möge diejenigen treffen, die solche wahnsinnigen Ratschläge erteilen." Eindrucksvoll charakterisieren die letzten Sätze Herzog Karls gedrückte Stimmung: „Ich werde in der bevorstehenden Schlacht sicher Gelegenheit finden, mich von der Kugel des Feindes treffen zu lassen – das ist mein größter Wunsch, nach all dem mir widerfahrenen Ärger. Und sollte mich Gott vor solcher Kugel bewahren, so lege ich nach dem Kampf mein Amt nieder, egal, wie er ausgeht."

Ruuth und Oxenstierna strebten eine befriedigende Lösung an. Sie wußten indessen, daß des Königs Generaladjutant, Konteradmiral Salomon Mauritz von Rajalin, Befehl hatte, den Herzog zum Auslaufen zu zwingen. Als Gustav III. am Nachmittag in Helsingfors eintraf, baten sie ihn inständig, sich mit dem Herzog auszusprechen. Seine Majestät gab nach, suchte um 20.30 Uhr die *Konung Gustav III.* auf – von Rajalin brauchte dem Auslaufbefehl keinen Nachdruck mehr zu verleihen. Als eine Stunde später Gustav III. wieder von Bord ging, schienen alle Unstimmigkeiten ausgeräumt zu sein, zumal ihm sein Bruder zugesichert hatte, sofort Segel setzen zu wollen. Kurz darauf wurden die beiden zur Armeeflotte gehörenden leichten Fregatten *Sprengtporten* und *Trolle* dem Großadmiral unterstellt. Das für den zeitigen Morgen des 13. Juli vorgesehene Ankerlichten mußte allerdings wegen ungünstiger Windverhältnisse für fast 24 Stunden aufgeschoben werden, bis um 4 Uhr des 14. Juli ...

Putzen! Laden! Ausrennen!

Gustav III. drängte immer nachhaltiger zum Krieg gegen Rußland. Doch ihn offiziell zu erklären, wagte er wegen des Verfassungsartikels 48 nicht. Seinen provokatorischen Taten zufolge rückte jedoch die Stunde unaufhaltsam näher, in der russische Kanoniere die ersten Schüsse abfeuern, die Kampfhandlungen eröffnen würden. Mitte Juli sah die militärische Ausgangsposition für das Eintreten in den „Verteidigungskrieg" sehr günstig aus:

1. Oberst Berndt Hastfer stand mit seiner finnischen Grenzbrigade bei Nyslott im russischen Karelien.
2. General Carl Gustav Armfelts finnisches Heer hielt sich bei Anjala und Strömfors nahe der russischen Grenze auf.
3. Die letzte Galeere des Stockholm-Geschwaders hatte am 9. Juli Sveaborg erreicht. Oberst Mikael Anckarsvärds Armeeflotte war somit in der finnischen Hauptbasis komplett versammelt (größere Einheiten siehe Tabelle 5) – ausgenommen die detachierte Abteilung Major Jacob Törnings, die seit dem 8. Juli im Mündungsgebiet der Kymmene (Kymijoki) patrouillierte. Die Regimenter aus dem Mutterland unter General Gustav Adolf von Siegroth kampierten auf Sandhamnland, konnten sich jederzeit in Sveaborg einschiffen.
4. Herzog Karls Kriegsflotte war am 14. Juli mit dem Befehl in See gegangen, den russischen Ostseeverband Admiral Samuel Greighs zu stellen (Flottenaufstellung siehe Tabelle 6).[9]

Und wie reagierte Katharina II.? Es sei daran erinnert: Trotz häufiger Warnungen des Gesandten Rasumowski und dessen Ausweisung durch Gustav III., trotz der von der Fregatte *Mstislawets* gelieferten Aufklärungsergebnisse glaubte die Kaiserin an keinen schwedischen Angriff. Sie nahm die „Nadelstiche meines Bruders Gu", wie sie ihren Nachbarn spöttisch nannte, anfangs ziemlich gelassen hin. Im Gegenzug zu der Ausweisung ihres Gesandten forderte sie lediglich den schwedischen Diplomaten Graf Nolcken zur Heimkehr auf. Ansonsten beschränkte man sich in St. Petersburg auf das Instandsetzen der Verteidigungsanlagen auf Kronslot und Kotlin. Flottenrüstung und die damit verbundene Aufstellung eines Truppenkontingents für die Mittelmeerexpedition hatten absoluten Vorrang.

Anfang Juli erhielt Katharina II. von General Michelsen einen ausführlichen Bericht über die Situation im Grenzgebiet. Der General – Festungskommandant von Fredrikshamn und Befehlshaber des südkarelischen Grenzabschnitts – bezeichnete „die Ruhe im Gebiet als völlig normal". Weiter schrieb er von einer angenommenen Einladung zum Essen beim Kommandeur des südfinnischen Grenzgebietes. „Bei meinem Besuch habe ich keine außergewöhnlichen Vorgänge beobachten können, das Essen verlief in angenehmer Atmosphäre …"

Diese Mitteilung bestärkte St. Petersburg darin, daß von Schweden keine unmittelbare Gefahr ausgehe, alle Kriegswarnungen übertrieben gewesen waren.

Admiral Greighs in Kronstadt liegende Geschwader – die Konteradmirale Spiridow und Kosljaninow mit je sechs Linienschiffen und einigen Fregatten – gingen am 4. Juli Anker auf. Sie steuerten das nahe Krasnaja Gorka an. Hier sollten in den nächsten Tagen Transporter, Hilfsfahrzeuge und das ehemalige Reval-Geschwader unter Konteradmiral Martin van Dessen zum Verband stoßen. Einen speziellen Einsatzbefehl für das zuletzt genannte Geschwader gab es nicht. Vermutlich hatte Greigh lediglich die Absicht gehabt, bis Reval gemeinsam zu segeln, dort das Geschwader zu entlassen.

Doch dann überschlugen sich die Ereignisse:

7. Juli: Katharina II. empfing Depeschen über das Geschehen bei Puumala und über den Vorstoß der finnischen Grenzbrigade nach Nyslott. Sie bezeichnete die schwedische Reaktion auf das „Grenzgeplänkel als unangemessen, als unglaublich".

Die Kaiserin sah sich veranlaßt, umgehend Admiral Greigh eine Order folgenden Inhalts zukommen zu lassen: „Nach den bei Uns eingegangenen Nachrichten, daß der schwedische König treulos und ohne Kriegserklärung bereits feindliche Handlungen gegen Uns ausführt, finden Wir es nötig, daß Ihr, sobald die für den Archipel vorgesehenen Transportschiffe bei Euch eingetroffen sind, mit Gottes Hilfe gegen die feindliche Flotte vorrücken möget. Bei sich bietender Gelegenheit werdet Ihr sie angreifen und ihr eine empfindliche Niederlage bereiten." Nach dem Sieg sollte Greigh zuerst Stockholm, anschließend Karlskrona brandschatzen, danach zum Mittelmeer segeln. Katharina II. dachte immerhin so realistisch, auch die Rückkehr ihrer Flotte nach Kronstadt zu erwägen, „falls Ihr es, mein getreuer Admiral, zwecks Instandsetzen schwer beschädigter Schiffe für notwendig erachtet."

9. Juli: Konteradmiral Martin van Dessens fünf Linienschiffe, zwei Fregatten, zwei Transporter und sieben Hilfsfahrzeuge setzten in Kronstadt Segel, nahmen Kurs auf Krasnaja Gorka. Dort formierte sich die Flotte fließend, da Greighs Geschwader bei Annäherung des Verbandes bereits unter Segel standen. Bei leichter östlicher Brise zog die gesamte Streitmacht westwärts (siehe Tabelle 7).

10. Juli: General Mussin-Puschkin wurde beauftragt, für St. Petersburg weitere Verteidigungsvorkehrungen zu treffen. Seine Vollmacht ging so weit, daß er die in Kronstadt verbliebenen wenigen, seeuntüchtigen Linienschiffe sowie etwa 20 ebenfalls nicht einsatzbereite Galeeren (nicht überholte Fahrzeuge, unvollständige Besatzungen) als schwimmende Barriere verwenden durfte. Außerdem gestattete ihm die Kaiserin, auch die Preobrashenskische Garde[10] und die sogenannten „Ukas-Dragoner" (Kavalleristen im Unteroffiziersrang, die Ukasse in die Provinzen zu bringen hatten) in das aufzustellende Stadtheer einzubeziehen.

11. Juli: Katharina II. verkündete das Kriegsmanifest. In ihm machte sie den schwedi-

schen König „für alle Übel, die sein Ehrgeiz und seine Ungerechtigkeit zur Folge haben würden, vor Gott und der Welt und vor allem vor seiner eigenen Nation verantwortlich". Sie nannte Gustavs III. „Betragen heimtückisch und treulos", denn „ehe Wir etwas vom Krieg gewußt, viel weniger irgendeine Veranlassung dazu gegeben haben, überschritten schwedisch-finnische Truppen Unsere Grenze auf Art raublüsterner Barbaren, nicht aber wie es aufgeklärte Nationen Europas zu tun pflegen".

12. Juli: Der schwedische Geschäftsträger übergab Gustavs III. Friedensbotschaft (Ultimatum vom 6. Juli; Einzelheiten siehe Brief des Königs an Herzog Karl als Anhang zur „Aspö-Order"). Die Kaiserin bekam, nachdem ihr die Punkte vorgelesen worden waren, einen Wutanfall. Graf Ségur, ein französischer Diplomat, hielt in seinem Tagebuch fest: „Sie charakterisierte die Note als ‚wahrhaft wahnsinniges Werk'. Als ich ihr gegenüber äußerte, der Schwedenkönig scheint geträumt zu haben, als Sieger dreier großer Schlachten über Ihrer Majestät zu stehen, erhielt ich zur Antwort: ‚Und hätte er auch drei große Schlachten gewonnen, mein Graf, hätte er auch St. Petersburg und Moskau in seiner Hand, so würde ich ihm immer noch beweisen, wozu eine willensstarke Frau an der Spitze eines tapferen und ergebenen Volkes fähig ist …'"

Stolze Worte, aber reinste Prahlerei! Die Realität sah anders aus. Edmond Genet, ein anderer französischer Diplomat, berichtete nach Paris: „Aus der näheren Umgebung der Kaiserin hörte ich, daß sie nachts oft weine. Einmal hätte sie verzeifelt geschrien: ‚Was habe ich dem Himmel getan, daß er so ein schwaches Werkzeug wie den König von Schweden zu meiner Demütigung gebraucht?'"

Als Antwort auf die Note verfügte Katharina II. den völligen Abbruch der diplomatischen Beziehungen zu Schweden – die königliche Gesandtschaft wurde geschlossen, das gesamte ausländische Personal aufgefordert, binnen zwei Tagen Rußland zu verlassen. Das hatte nicht auf dem kürzesten, sondern auf dem weitaus längeren, strapaziösen Landweg über Polen zu erfolgen.

Der Kaiserin schärfste Waffe war ihre Feder. Mit ihr focht sie vorzüglich. So erfuhr das erstaunte Europa vom schwedischen Truppenaufmarsch in Finnland, vom Vorrücken von Hastfers Brigade nach Nyslott und von der Friedensbotschaft Gustavs III. Doch nicht nur Briefe brachte Ihre Majestät im Nu zu Papier, sondern auch die burleske Oper „Der ungeschickte Krieger". Um ihrem Widersacher ihre Verachtung zu zeigen, lud sie alle in St. Petersburg akkreditierten Diplomaten samt Ehepartnern zur Uraufführung ins Eremitage-Theater ein. Peinlich berührt sahen sie Schwedens König als Zwergenprinzen, der bis zum Gürtel in viel zu großen Stiefeln steckte und dem der mächtige Helm bis zum Bauch herabhing. In dieser Aufmachung wurde er von einem invaliden russischen Festungskommandanten geschlagen.

Während die Schauspieler für Rußland einen „glorreichen Sieg" errangen, mußte Katharina II. mit ihren Gedanken bei Admiral Greigh gewesen sein. Vielleicht zog sie sogar dessen Niederlage in Betracht, in deren Folge St. Petersburg eingenommen werden könnte. Jedenfalls gab die Kaiserin unmittelbar nach der Vorstellung geheime Order, Vorkehrungen zur Evakuierung des Hofes zu treffen.

In der Zwischenzeit steuerte die russische Flotte beharrlich westwärts. Die *Rostislaw* an der Spitze, die Admiralsflagge im Vortopp, die anderen Linienschiffe im Kielwasser. Seit Krasnaja Gorka hatte schwacher Wind die Segel gefüllt – allerdings nur tagsüber. Nachts hing das Tuch schlaff und nutzlos an den Rahen. Erst am 14. Juli kam Backbord voraus die Insel Seskär (Seskar) in Sicht.

Jeder Morgen der bisherigen Fahrt begann mit dem gleichen Ritual: Auf der gestoppt liegenden *Rostislaw* hißte ein Fähnrich das Signal „Alle Kommandanten sofort zum Admiral". Gigs brachten daraufhin die Befehlshaber zum Flaggschiff. Sobald einer die Relingspforte passierte, schrillten Bootsmannspfeifen, präsentierten angetretene Seesoldaten die Gewehre, setzten andere ihre Flöten an und intonierten die ersten Takte eines Marsches. Der Gast grüßte in Richtung Achterdeck, zur Flagge – und wurde von Kapitän Odintzow zur Admiralskajüte geleitet. Waren alle Offiziere versammelt, füllte ihnen der Kajütsteward ihr Weinglas. Dann begann die Dienstbesprechung.

Greighs Generalthema war seine bewährte Angriffsstrategie – ran an den Feind, ihn verwirren, dessen Konzept gleich zu Beginn eines Gefechtes zunichte machen. Der Admiral instruierte die Schiffskommandanten genau, ging systematisch auf alle nur denkbaren Varianten ein. Da er mit den ihm unterstellten Einheiten keine Gefechtsübung hatte durchführen können, kannte er weder Stärken noch Schwächen der führenden Offiziere. Deshalb verlangte er von ihnen blinden Gehorsam, verbat sich jegliche Eigenmächtigkeiten während der künftigen Schlacht. Nur so war er in der Lage, die Übersicht über das Geschehen zu behalten, entsprechend zu reagieren und die Schlagkraft der Flotte voll zur Geltung zu bringen.

Den Besatzungen wurde seit dem Ankerlichten mit Geschützexerzieren und Segeldrill viel abverlangt. Letzterer war bei den Windverhältnissen nicht sehr erfolgversprechend – die rauhe Wirklichkeit fehlte. Anders sah es dagegen beim Geschützexerzieren aus: Nach wenigen Tagen bereits ein Schiff in zehn Minuten gefechtsklar zu melden, dazu gehörte schon einiges. Für die Kanoniere unter Deck zählte diese Leistung doppelt. Der schwache Wind trug wenig zur Belüftung des Schiffsinneren bei. Dort, wo etwa 300 bis 400 Männer gleichzeitig neben den Kanonen arbeiteten, aßen oder schliefen, stank es ekelhaft. Der faulige Bilgendunst, vermischt mit menschlicher Ausdünstung und dem Mief verschwitzter Kleidung, war selbst für abgehärtete Seeleute mehr als genug, geschweige denn für die erst kürzlich eingezogenen Bauernknechte.

Am Abend dieses 14. Juli frischte der Wind auf. Er hielt 48 Stunden an. Das richtige Wetter für den Segeldrill. Manöver folgte auf Manöver – niemand kam zur Ruhe. Für die Geschützbedienungen herrschten neue Bedingungen, ihr Exerzieren bei „bewegter See" bedeutete reinste Schinderei. Die für die Batterien eingeteilten Leutnante konnten bald nur noch heiser ihre stereotypen Befehle erteilen: „Putzen! Laden! Ausrennen!" Unteroffiziere liefen von Geschütz zu Geschütz und halfen mit dem Tampen nach, falls es ihnen nicht schnell genug ging.

Admiral Greigh überzeugte sich auf mehr als einem Linienschiff vom Ausbildungsstand der Artilleristen. Wo er auftauchte, hatte der Feuerwerker Pulver bereitzustellen, damit endlich auch einmal „scharfe" Übungsschüsse abgefeuert werden konnten. Der erfahrene Flottenführer wußte, worauf es ankam. Nichts überließ er dem Zufall. Einfühlsam half Greigh seinen Kommandanten, die Gefechtsausbildung zu verbessern. Nur ungern dachten diese daran zurück, wie ihr Admiral persönlich in Kronstadt die Lunten untersucht, schlechte gegen einwandfreie hatte austauschen lassen.

Die 1220 Kanonen der 17 Linienschiffe stellten schon eine geballte Kraft dar – wenn aus allen Rohren zur selben Sekunde geschossen würde, befänden sich etwa zehn Tonnen Eisen in der Luft! Die *Rostislaw* führte 24 Sechsunddreißigpfünder, sieben Linienschiffe je 26 Dreißigpfünder (182 Stücke) und die restlichen neun Linienschiffe je 24 Vierundzwanzigpfünder (214 Stücke).

Hinzu kamen für alle 17 Kriegssegler insgesamt noch 300 Sechzehnpfünder und 500 Acht- bzw. Sechspfünder. Mit solch einer Macht mußte die schwedische Flotte zu besiegen sein. Doch selbst das bestarmierte Schiff nutzte wenig, wenn seine Besatzung es nicht zu beherrschen verstand. Unwahrscheinlich, wie schnell sich die Besatzungen zusammengefunden, sich eingespielt hatten. Drei Wochen war es erst her, als die Neulinge an Bord kamen – erschöpft vom langen Marsch von ihrem Einberufungsort nach St. Petersburg. Um die Männer aufzumuntern, überraschte die Admiralität jeden Rekruten – als Vorschuß auf den Sold – mit zwei Liter Branntwein und einer zusammenklappbaren (mitunter dreiteiligen) aus Messing gegossenen und mit Emaille verzierten Taschenikone.

Kurz vor Sonnenuntergang des 16. Juli passierte der Verband die Südspitze der Insel Hogland (Suursaari), ging nun auf 240 Grad, Kurs Stenskär (Vaindlo), den gefährlichen Felsen Rodskär (Rodsker) auf der Steuerbordseite meidend. Von Nordosten näherte sich rasch eine Gewitterfront. Nach dem Unwetter regnete es weiter, langsam schwächer werdend – bis Mitternacht. Dann herrschte wieder einmal Flaute.

Gegen 6 Uhr (17. Juli) kam träger Wind auf – aus Ostsüdost. Er brachte dichten Nebel. Nur wenige Meter konnten die Ausgucks nach allen Richtungen sehen. Von Deck aus blieben Maststengen und schlaffe Toppsegel unsichtbar. Im Laufe des frühen Vormittags begann der Nebel sich allmählich aufzulösen, und plötzlich – in 290 Grad (etwa Nordwest) – machten die Ausguckposten Segel, Segel und nochmals Segel aus: die schwedische Flotte!

Als Herzog Karl in der Nacht zum 14. Juli die Auslaufvorbereitungen treffen ließ, kursierte in Sveaborg das angeblich auf zuverlässigen Nachrichten basierende Gerücht, Admiral Samuel Greigh würde am 15. oder 16. Juli die Basis Kronstadt verlassen – alle anderen Daten wären falsch! Das Treffen mit der russischen Flotte fände demnach in einigen Tagen statt. Bei der letzten Zusammenkunft aller Schiffskommandanten auf der noch auf Reede ankernden *Konung Gustav III.* stand dieses Thema im Vordergrund. Den Anwesenden wurde die Abschrift des von Oberstleutnant Nordenskjöld ausgearbeiteten und von Herzog Karl unterzeichneten Gefechtsbefehls übergeben.

Er beinhaltete im wesentlichen die unbedingt einzuhaltende Gefechtsordnung, denn „Lücken in der Linie dürfen nicht entstehen, bei Gefahr für ein Schiff hat das nächstfolgende zu helfen, unter Umständen müssen manövrierunfähige Fahrzeuge mit Ruderbooten in der Linie gehalten werden". Weitere Punkte betrafen die Signalgebung und verschiedene Verhaltensmaßregeln für den Kampf aus der Lee- oder Luvposition heraus sowie für das Trennen der feindlichen Nachhut vom Gros der Flotte. Nordenskjöld setzte vor allem auf die erste Breitseite: doppelte Ladungen der großkalibrigen Geschütze gegen den Rumpf, Kettenkugeln der mittleren Kaliber gegen die Takelage – um den Gegner nach Möglichkeit sofort manövrierunfähig zu schießen.

Der Flaggkapitän hatte zudem empfohlen, der Verband solle von Sveaborg mit südöstlichem Kurs den Kalbådagrund anlaufen (etwa 60° N, 25° 30' O), von dieser Position aus nach Süden bis kurz vor Ekholm (Mohni – etwa 59° 45' N, 25° 45' 0) kreuzen. Der Gewässerabschnitt – mit 15 Distanzminuten eine der engsten Stellen im Finnischen Meerbusen – ließe sich relativ gut überwachen. Ein unbemerktes Durchbrechen der russischen Formation sei höchstens bei extrem schlechter Sicht möglich. Außerdem biete das Seegebiet den für eine Schlacht benötigten Manövrierraum – nach Osten bis in Höhe von Stenskär (26° 20' O), nach Westen bis in Höhe von Keri (25° O). Herzog Karl akzeptierte den Vorschlag, nach dem Ankerlichten segelten seine Schiffe südostwärts …

Bei leichter östlicher Brise vermochten die schwerfälligen Linienschiffe nur mühsam voranzukommen – zumal beim schwierigen Kreuzen zwischen den Schären. Der gegen Abend auffrischende Wind beeindruckte Nordenskjöld nicht, er zeigte keine Eile. Genau nach Plan erreichte er den Kalbådagrund. Hier hielt er sich vorerst auf, nachts ankernd, tagsüber in der Dünung driftend. Sobald sich die Dreimaster einer erkennbaren Untiefe oder Schäre näherten, brachten schnelle Segelmanöver sie wieder ins freie Wasser. An Bord ging es jedoch keineswegs beschaulich zu. Müßiggang war ein Fremdwort im Vokabular aller Flotten der Welt. Weshalb sollte da die unter Herzog Karls Befehl stehende eine Ausnahme bilden? Geschützexerzieren wurde großgeschrieben! Die aufsichtführenden Offiziere starrten bei der Befehlstrilogie „Putzen! Laden! Ausrennen!" auf die Uhr in ihrer Hand. Der Zeitmesser verschwand erst, wenn der Kommandant Zufriedenheit signalisierte. Für die besten Geschützbedienungen bedeutete das einen Krug Bier pro Mann zusätzlich, ehe es nach kurzer Pause wieder hieß: „Putzen! Laden! Ausrennen!"

Während sich die Stückmannschaften eifrig auf ihre Kanonen stürzten, hatte Oberstleutnant Nordenskjöld die „Augen der Flotte", die schnellen Aufklärungsfregatten, nach Süden geschickt.

Am Nachmittag des 15. Juli kehrte die *Sprengtporten* zurück. Ihr Befehlshaber, Oberst-leutnant Viktor von Stedingk, kam zur Berichterstattung auf das Flaggschiff. Seine Mel-dung überraschte. Von dem Kapitän eines unter britischer Flagge fahrenden Handelsseglers hatte er erfahren, daß dieser die russische Flotte am 13. Juli östlich von Hogland überholt hätte. War der Brite glaubwürdig? Von Stedingks Information wurde am selben Abend indirekt bestätigt: Die *Jarislawitsch* (Leutnant Hökenflycht) stieß mit einem aufgebrachten russischen Fischerboot im Schlepp zum Verband. Die Vernehmung des Schiffers ergab: Vor einigen Tagen war Greighs westwärts segelnde Streitmacht noch bei Seskär gewesen – 17 Linienschiffe und sieben Fregatten sowie etliche Hilfsschiffe.

Nordenskjöld und Wrangel rechneten: Vorausgesetzt, die Angaben des britischen Kapi-täns stimmten und die Windverhältnisse blieben konstant, dürfte die russische Flotte am Morgen des 17. Juli in dem von ihnen kontrollierten Gewässerabschnitt zu erwarten sein. Was aber, wenn sie wider Erwarten eher auf der Bildfläche erschien? Um das Nahen des Feindes rechtzeitig auszumachen, bildeten im Frühdunst des 16. Juli alle Fregatten eine Aufklärungskette. Sie kreuzten in Sichtweite des Nachbarschiffes an einem zugewiesenen Punkt – so war die schnelle Signalübermittlung zum Großadmiral gewährleistet. Nach Ein-bruch der Dunkelheit sollten jedoch die Kommandanten beidrehen lassen und sich auf das Gehör der Wachen verlassen.

An diesem 16. Juli ging von den Fregatten keine Sichtmeldung ein. Dafür bereitete Herzog Karl die *Ömheten* (Oberstleutnant von Krusenstierna) Verdruß. Sie segelte fast im Kielwasser des Flaggschiffes und lief an einer Stelle auf, die als Untiefe nicht in der See-karte eingetragen war. Das geschah zwar bei geringer Geschwindigkeit, doch das Abbrin-gen der *Ömheten* dauerte einen halben Tag.

Abends nahm die bereits erwähnte Gewitterfront Nordenskjöld erneut in die Pflicht: Er mußte seine Fregatten zurückbeordern und den Verband in den Seeraum südwestlich vom Kalbådagrund verlegen, dort das Unwetter abreiten. Über zwei Stunden Sturmböen, Blitze und Donner, danach Regen, Flaute und Nebel. In den Morgenstunden hörten die Wachen aus östlicher Richtung einzelne Kanonenschüsse – allem Anschein nach Signale der russi-schen Flotte.

Gegen 9 Uhr traf Seiner Majestät Kurieryacht auf die *Konung Gustav III.* – bei den herrschenden Sichtverhältnissen grenzte das an ein Wunder. Noch mehr sollte Herzog Karl jedoch über die ihm übergebene Order staunen. Sein Bruder schrieb ihm, daß er am Vor-mittag des 14. Juli auf der *Amphion* Kriegsrat gehalten hätte – also nach dem Auslaufen der Flotte! Ein neuer Plan sei beschlossen worden: Herzog Fredrik von Östergötland – frisch ernannter Feldmarschall – werde mit General Armfelts Korps (zehn Bataillone, 16 Schwa-dronen) längs der Küste gegen Fredrikshamn vorrücken, es erobern und anschließend Viborg besetzen, danach sich mit den Truppen Oberst Hastfers vereinigen, der inzwischen auf der Festung Nyslott die schwedische Fahne zu hissen hätte. Gleichzeitig wolle er, der König, unter Schutz der Kriegsflotte mit 15.000 Mann bei St. Petersburg landen (wo genau, geht aus dem Dokument nicht hervor; d. A.). Bei diesem Unternehmen – als Unterbefehlshaber werden die Generale bzw. Generalleutnante Mörner, Meijerfeldt, von Siegroth und Taube sowie der Generalquartiermeister Hermansson aufgeführt – beabsichtige Gustav III., mit 12.000 Soldaten die russische Metropole zu stürmen. Die übrigen 3000 Mann hätten von befestigten Lagern aus der Hauptstreitmacht den Rücken zu decken.

Für Herzog Karl bedeutete das: „Sobald Ihr die feindliche Flotte geschlagen oder nach Kronstadt zurückgetrieben habt, faßt Ihr Posten, indem Ihr quer über den Finnischen Meerbusen von Krasnaja Gorka an der Küste Ingermanlandes bis hinauf zum Norden (offensichtlich die russische Karelienküste; d. A.) so ankert, daß kein bewaffnetes russisches Schiff hindurchschlüpfen und Seiner Majestät Operation gefährden kann."

Zuvor sollte aber „Königliche Hoheit versuchen, Bewegungen von Schiffen und Galeeren sowie von Truppen bei Kronstadt und St. Petersburg festzustellen". Schließlich habe er „die südliche und nördliche Küste zu erkunden, dort wo Seine Majestät zu landen gedenkt, sowie zwei oder drei küstenkundige Fischer mit Geld zu verpflichten und diese Männer sofort zum König nach Helsingfors zu bringen." Ausgefertigt und paraphiert war der Flottenbefehl am 16. Juli von Konteradmiral von Rajalin, des Königs Generaladjuant.

Abgesehen davon, daß ein solch wichtiger Beschluß in Abwesenheit des Großadmirals gefaßt und erst nach zwei Tagen als Order formuliert und abgeschickt worden war, gibt der Inhalt zu denken. Ausgerechnet der einzige seekundige Offizier in des Königs Nähe sollte sich für solch einen abenteuerlichen Befehl hergegeben haben? Selbst ein Laie kann nach kurzem Blick auf die Seekarte den Unsinn einer derartigen Weisung erkennen.[11]

Für die schwedische Flotte erwies sich die um zwei Tage verzögerte Übermittlung des Kriegsratbeschlusses geradezu als Glücksumstand. Jetzt, am 17. Juli, brauchte Herzog Karl angesichts des nahenden Feindes nicht übermäßig kritisch auf des Königs Botschaft zu reagieren. Er bestätigte den Empfang der Depeschen, berichtete vom Auflaufen der *Ömheten*, von den Nachrichten über die Bewegung der russischen Flotte, von den wahrgenommenen Signalschüssen – die befohlenen Erkundungsfahrten seien nun nicht mehr durchführbar, da „Uns die Seeschlacht unmittelbar bevorsteht". Mit diesem Schreiben legte die Kurieryacht von dem Flaggschiff ab. Als sich der dichte Nebel kurz darauf zu lichten begann, meldeten die Ausgucks vom Masttopp: „An Deck! Mehrere Segel in Südost, über 15 Linienschiffe, Kurs Südwest …"

35 Seemeilen westlich von Hogland

17. Juli, 11 Uhr: Der Dunst behauptete sich gegen die leichte Ostsüdostbrise. Ein sehr warmer, diesiger Nachmittag kündigte sich an. Bis Stenskär war Admiral Samuel Greighs Verband vor dem Wind gesegelt. Als die schwedischen Schiffe gesichtet wurden, ließ der Flottenführer signalisieren: „Steuerbordhalse sofort! Dwarsformation! Kurs Nordwest!" Greigh beabsichtigte, aus der Luvposition heraus den Feind auf die Untiefen des Kalbådagrundes zu drängen, ihn dort mit seinen Backbordgeschützen zusammenzuschießen.

Herzog Karls Streitmacht segelte ebenfalls in Dwarsformation, allerdings nach Nordosten. *Prins Gustav Adolf* und *Hedvig Elisabeth Charlotta* liefen an den Flankenenden – erstere im Norden, letztere im Süden. Zwischen beiden Schiffen betrug die Entfernung ungefähr anderthalb Seemeilen. Flaggkapitän Nordenskjöld plante, südlich vom Kalbådagrund bis etwa 60° N, 26' O vorzustoßen, dann über Steuerbord zu wenden und zu versuchen, dem Gegner die vorteilhafte Luvposition abzuringen.

12.30 Uhr: Herzog Karl befahl, die Flaggen zu hissen, dabei Salut – „svensk lösen" – zu schießen. Anschließend mußten die Toppgasten aufentern. Sie riggten während der folgenden 30 Minuten Schlingen und Netze auf, sicherten Rahen mit Ketten. Diese Vorsichtsmaßnahmen sollten verhindern, daß im Laufe des Kampfes die auf dem Hauptdeck tätigen Männer durch herabstürzende Spieren und Blöcke getötet oder verletzt wurden.

13 Uhr: Mit bloßem Auge konnte man von Deck aus alle feindlichen Schiffe ausmachen. Wer ein Glas benutzte, vermochte Details zu erkennen: die rote Bugflagge mit blauem Andreas-Kreuz und normalem weißem Kreuz; die weiße Heckflagge mit blauem Andras-Kreuz; der Vorhut blaue und der Nachhut rote Flagge, beide mit der Andreas-Flagge im Obereck (Gösch); Flaggen und Wimpel des Admirals und der Geschwaderführer; eine weiße Flagge mit vier blauen Ankern, Symbol der Admiralität von St. Petersburg; verschiedene Flammen; schließlich die gelbe Schiffsstandarte mit dem gekrönten schwarzen Zarenadler, die sogenannte „Kaiserflagge". Dann die untrüglichen Zeichen von Gefechtsvorbereitungen – die über dem Hauptdeck straff gespannten Netze, die die Kanoniere vor abgeschossenem Takelwerk schützen sollten.

Auf den schwedischen Kriegsseglern wurden warme Speisen ausgegeben, danach die Kombüsenfeuer gelöscht. „Ärzte" und Feldscher richteten sich mit ihren Instrumenten, Lederknebeln und „Abfallkübeln" unter Deck ein, in der von allen Seeleuten gefürchteten „Schrei-" oder „Operationskammer".

Obwohl die feindlichen Linienschiffe fast bis auf Kanonenschußweite herangekommen waren, zögerte Nordenskjöld mit dem Signal „Feuerbereitschaft herstellen!". Er erkannte rechtzeitig, daß seine gedachte Version nicht realisierbar war. Die Zeit würde nicht ausreichen, um den Kurs der russischen Flotte kreuzen zu können. Der Flaggkapitän entschloß sich zu einer neuen Variante. Sein Signal „Backbordbatterien Laden! Geschütze nicht ausrennen! Stückpforten geschlossen halten!" deutete das an. Nach weiteren 15 Minuten: „Klar zur Wende! Kurs Süd! Ausführung!" Das Segelmanöver wurde im Angesicht des Feindes exakt wie bei einer Übung ausgeführt. Die *Hedvig Elisabeth Charlotta* führte die Schlachtlinie an, die *Prins Gustav Adolf* bildete den Abschluß. Zwischen den einzelnen Schiffen betrug der Abstand jeweils etwa 90 Meter. In Lee die leichten Fregatten, unmittelbar neben dem Flaggschiff die Yacht *Esplendian*. Die Stückpforten wurden geöffnet, die Geschütze ausgerannt.

Die Geschützführer hatten die besten Kugeln und Kartätschen ausgesucht, sie waren für die erste doppelt geladene Breitseite bestimmt. Aufmerksam verfolgten die Kanoniere des Feindes Bewegung, richteten ihre Geschütze entsprechend. Neben ihnen schwelten die Lunten in den Baljen. Alle Decks waren mit Sand bestreut, damit die barfüßigen Männer nicht ausrutschten, festen Halt fanden. Löschmannschaften standen mit ihren Eimern klar, die Pulveraffen (Schiffsjungen) hatten bereits die Kartuschtragen in der Hand und warteten vor den Niedergängen darauf, daß das Rennen vom Pulvermagazin zu den Geschützen und zurück seinen Anfang nahm. Auf dem Hauptdeck waren Seesoldaten hinter den Finknetzen in Stellung gegangen. Andere, die besten Scharfschützen, befanden sich oben in den Gefechtsmarsen bei den Kanonieren, die die Drehbassen bedienten. Es fehlte nur noch der Feuerbefehl, um das Treffen eröffnen zu können.

Nordenskjölds taktisch gutes Vorgehen sollte Greighs nächste Schritte bestimmen. Der russische Admiral mußte, wollte er in Luv des Gegners bleiben, ebenfalls schnell den Kurs ändern. Kaum hatten die Schweden ihre Wende beendet, befahl er zu halsen. Die Folge war, daß in seiner Schlachtlinie nun die schwache Vorhut die Nachhut, die starke Nachhut die Spitzenposition bildeten. Außerdem konnten einige Linienschiffe wegen falscher Manöver nicht ihren vorgeschriebenen Platz einnehmen: *Deris* (1), *Pamjat Jestawija* (2), *Boleslaw* (17) und *Metscheslaw* (13) schossen gegen den Wind auf und fielen einige hundert Meter zurück, die *Johann Bogoslow* (16) führte eine zeitaufwendige Kuhwende durch, erreichte den Anschluß nur mit Mühe. Greighs Verband steuerte demnach in folgender Reihenfolge nach Südwesten: 15, 14, 12, 11, 10, 9, 8, 7, 17, 5, 4, 13, 6, 3, 1, 2 und 16 (siehe Tabelle 7). Beide Flotten bewegten sich nun auf konvergierenden Kursen aufeinander zu.

Seit der Halse wehte auf der *Rostislaw* das Signal „Position einnehmen!". Mehrmals wiesen zudem Signalschüsse auf die Admiralsorder hin. Sie bei dem schwachen Wind zu erfüllen, gelang den betreffenden Schiffen nicht. Hinsichtlich der Befehlserteilung ergab sich aus der „Unordnung" eine neue Lage. Um Mißverständnisse auszuschließen, mußte sich Greig nunmehr an die gesamte Flotte, im Ausnahmefall direkt an ein Schiff wenden. Die Windverhältnisse ließen jedoch keine gesonderten Operationen durch einzelne Geschwader zu, das eingeschränkte Befehlen würde sich demnach nicht besonders nachteilig auswirken.

Gegen 16.30 Uhr schoß die *Wsjeslaw* ihre erste Breitseite ab – gegen die *Hedvig Elisa-*

beth Charlotta. In dem Augenblick, als auf der *Wsjeslaw* die Mündungsfeuer aufblitzten, senkte Oberstleutnant Karl Wilhelm Modée auf der *Hedvig Elisabeth Charlotta* seinen Degen: Feuererlaubnis! Die Kanonade begann, eingeleitet durch ein russisches Schiff. Das war es, was sich Herzog Karl gewünscht hatte! Niemand konnte ihm vorwerfen, den Kampf eröffnet zu haben …

Es sollte noch annähernd 30 Minuten dauern, ehe das letzte russische Schiff in das Gefecht eingreifen konnte. Dann gab es keine Feuerpause mehr. Die meisten Kriegssegler hatten in der Linie einen unmittelbaren Gegner vor sich, manche mußten es aber auch mit zweien oder dreien aufnehmen. Besonders hartnäckig wurde in der Spitzengruppe und im Mittelfeld gefochten. Das Duell zwischen den Flaggschiffen fand nach russischer Darstellung auf Kartätschen-, nach schwedischen Quellen auf Musketenschußweite statt. Allmählich flaute der Wind ab. Pulverschwaden breiteten sich über das Schlachtfeld aus, verbargen mitunter die Schiffe – doch die verderbenbringenden Kugeln fanden ihr Ziel. Deutlich hörten die Kanoniere, wie ihre Geschosse in die Bordwand des unsichtbaren Gegners krachten. Gewehrfeuer knallte aus den Masten, Männer fielen neben den Geschützen oder brachen beim Aufräumen heruntergefallenen Takelwerks getroffen zusammen. Plötzlich lief die *Konung Gustav III.* aus dem Ruder. Mit Beibooten versuchte ihre Besatzung, sie wieder in Linienposition zu bugsieren – und das im dichten Kugelhagel! Weitere Ruderboote waren zwischen den feuernden Schiffen unterwegs: Offiziere überbrachten Meldungen und Befehle, da Flaggensignale bei der schlechten Sicht sinnlos wurden. Auf schwedischer Seite zeichnete sich Fähnrich Ekholm (Yacht *Esplendian*) durch außergewöhnlichen Mut aus – er pullte mehrmals die gesamte Linie entlang, übermittelte des Flottenführers Weisungen, informierte diesen über die Lage bei der Vor- und Nachhut. Die kämpfenden Flotten bewegten sich langsam südwärts, der estnischen Küste zu. In Herzog Karls Verband traten erste Lücken auf – außer der *Konung Gustav III.* waren noch einige Schiffe ausgeschert. In solchen Fällen bemühte sich das gegenüberstehende russische Schiff, unterstützt durch Barkassen, in Parallelposition zu gelangen, um den Kampf fortsetzen zu können. Für die Schweden begann es kritisch zu werden. Wenige Minuten auffrischender Wind würden dem erfahrenen Admiral Greigh genügen, sich den Sieg durch Entern zu sichern – doch die Brise blieb aus.

In dieser angespannten Situation faßte Flaggkapitän Nordenskjöld[12] einen kühnen Entschluß: Er befahl, auf Gegenkurs zu gehen. Das sollte über Backbord- oder Steuerbordbug, wenn nötig mit Hilfe von schleppenden Beibooten erfolgen – jedem Kommandanten war es freigestellt, auf welche Art er sein Fahrzeug auf Nordkurs brachte. Und dieses langwierige Manöver bei laufendem Gefecht und fast völliger Windstille!

Auf russischer Seite zeigte man sich irritiert. Zunächst glaubten Greigh und seine ihm zur Seite stehenden Offiziere, daß die pullenden Seeleute ihre stark mitgenommenen Schiffe in Lee der Linie bugsieren wollten. Als sich jedoch die feindliche Flotte wieder zur Linie zu formieren begann und deren bislang nicht eingesetzte Steuerbordbatterien zu feuern anfingen, folgte Greigh Nordenskjölds Beispiel. Beide Verbände steuerten bald wieder parallel zueinander, schossen, was die Kanonen hergaben.

Während der Kursänderung ereignete sich allerlei: Der *Konung Gustav III.* gelang es relativ schnell, auf Gegenkurs zu gehen. Ihre Beiboote hatten den Schleppversuch zur Einnahme der Linienposition abgebrochen und den Segler so gedreht, daß dessen Bug nach Norden zeigte. Dadurch geriet das Flaggschiff unter unmittelbaren Feuerschutz der *Fädernes-landet*, die *Vasa* ins Visier der *Rostislaw*. *Dygden* fiel etwas ab, so daß sich nun die Fregatte *Fröja* im Kielwasser der *Vasa* befand, sie unterstützte. Mehrere Breitseiten der *Rostislaw* trafen die *Vasa*. Ihr Kommandant, Oberstleutnant Graf Baltzar Horn, und der Erste Offizier, Kapitän Fust, erlitten schwere Verletzungen. Bevor Horn unter Deck getragen wurde, übergab er sein Schiff dem 23jährigen Leutnant Per Gustav Lagerstråle mit den überlieferten Worten: „Du sollst dich mir vor Gott verantworten, wenn du die Flagge streichst!" Lagerstråle nahm das Vermächtnis seines Befehlshabers ernst, kämpfte verbissen weiter, strich die Flagge nicht.

Die zweite Begebenheit betraf den Kampf der *Prins Gustav*. Als die Schlacht begann, nahm sie den vierten Platz in der Linie ein. Ihr Gegner war die *Swjataja Jelena*. Nach anderthalbstündigem Schußwechsel mußte Kapitän von Breyer sein schwer beschädigtes Schiff hinter die Linie bringen lassen. Nun trat die *Rodislaw* (Kapitän Trevenen) gegen die *Prins Gustav* an. Aber auch der neue Gegner zog sich nach knapp einer Stunde zurück. Als drittes Schiff traf *Wsjeslaw* (Kapitän Makarow) auf die *Prins Gustav*. Gegen 20 Uhr griff zudem das russische Flaggschiff mit seinen Backbordgeschützen in das Geschehen ein (die quer zur Linie liegende *Rostislaw* beschoß mit der Steuerbordartillerie *Konung Gustav III*. – *Prins Gustav* zeigte der *Rostislaw* ihr Heck). In dieser Situation leitete die schwedische Flotte ihre Kursänderung ein. Niemand konnte der *Prins Gustav* mehr helfen. Dafür erschienen *Wyscheslaw und Swjatoi Pjotr* auf dem Plan. Vier mächtige Gegner schlossen die *Prins Gustav* ein, feuerten gnadenlos auf das zweitälteste Schiff in der schwedischen Formation. Schließlich gab es keine Kanonenkugeln mehr auf der manövrierunfähig geschossenen *Prins Gustav*.[13] Ihre Takelage war völlig zerstört, über die Hälfte aller Kanonenrohre geborsten, etwa ein Viertel der Besatzung ausgefallen (33 Tote, 115 Schwerverwundete).[14] Der Rumpf wies 32 Einschüsse unter und mehr als 150 über der Wasserlinie auf. Die Pumpen vermochten sich nicht mehr gegen das eindringende Wasser zu behaupten. Oberstleutnant Graf Hans Wachtmeister – selbst verwundet – blieb nichts anderes übrig, als die Flagge zu streichen.

Weshalb diese ungewohnte Aufmerksamkeit für *Prins Gustav*? Die konzentrierte Feuerkraft gegen das Schiff beruhte auf einem Irrtum, der sich erst einige Tage nach der Schlacht aufklären sollte. Sowohl Admiral Greig als auch die beiden Konteradmirale Spiridow und Kosljaninow deuteten die Flagge des Befehlshabers der schwedischen Vorhut falsch. Sie glaubten, das Schiff des Vizeadmirals vor sich zu haben (in der russischen Flotte besaßen die Geschwaderführer stets einen Admiralsrang).

Etwa zeitgleich mit *Prins Gustav* strich rund eine Seemeile weiter nördlich *Wladislaw* die Flagge. Der von dem norwegischen Kapitän Berg befehligte Zweidecker gehörte zur Nahsicherung des Flaggschiffes von Konteradmiral van Dessen. Während der ersten Schlachtphase stand er nacheinander der *Prins Gustav Adolf, Prins Fredrik Adolf* und *Prins Karl* gegenüber. Als die Flotte auf Gegenkurs ging, war *Wladislaw* manövrierunfähig – Takelage, alle Beiboote und viele Geschütze zerstört. Der Havarist driftete gegen die nordwärts ziehende schwedische Linie, geriet dabei *Minerva* und *Försiktigheten* vor die Rohre. Die *Prins Gustav Adolf* beendete schließlich, was sie begonnen hatte. Oberstleutnant af Christiernin übernahm Kapitän Bergs Schiff. Der Sieger bugsierte – unterstützt durch *Drottning Sofia Magdalena* – die Prise in Lee der Linie, übergab sie den kleinen Fregatten.

Nach 22 Uhr ebbte das Geschützfeuer ab, verstummte bald gänzlich. Bei kaum spürbarem Wind trennten sich langsam beide Kampfverbände. Um 23 Uhr gab es keinen Sichtkontakt mehr. Die schwedischen Schiffe lagen in Linie still, den Bug nach Norden gerichtet. Nicht der geringste Hauch füllte die Segel. Flaggkapitän Nordenskjöld gönnte den erschöpften Mannschaften nur eine kurze Ruhepause. Dann befahl er, die volle Feuerbereitschaft der Steuerbordartillerie wiederherzustellen, indem entstandene Lücken durch Backbordgeschütze geschlossen wurden. Außerdem hatten Matrosen und Zimmermänner Reparaturarbeiten in den Takelagen durchzuführen sowie Lecks zu dichten.

Gegen 3 Uhr kam eine leichte westsüdwestliche Brise auf. Nordenskjöld war überzeugt, daß Admiral Greigh am Morgen angreifen würde. Ihm bereiteten die Berichte der Schiffskommandanten über den Munitionsbestand Unbehagen. Demnach durfte er sich auf kein Gefecht mehr einlassen: Mehrere Kriegssegler verfügten nur noch über kleinkalibrige Kugeln. Achtzehn- und vierundzwanzigpfündige reichten nicht einmal für eine Breitseite, sechsunddreißigpfündige fehlten völlig. Unter diesen Umständen schien das sofortige Anlaufen Sveaborgs ratsam. Übernehmen von Munition, Ausbessern der Fahrzeuge, Einliefern der Verwundeten ins Lazarett, Montieren neuer Geschütze, Auffüllen der Mannschaften hieß das Gebot der Stunde. Doch wie das Kampffeld verlassen, ohne daß Admiral Greigh dies als Flucht auslegte?

Nachdem sich der Morgendunst aufgelöst hatte, beobachteten Herzog Karls Stabsoffiziere durch ihre Gläser aufmerksam die „in großer Unordnung liegenden" russischen Schiffe. Das Verhalten des feindlichen Flottenführers gab ihnen Rätsel auf. Nichts deutete auf ein Klarmachen zum Segelsetzen hin, geschweige denn auf Angriffsvorbereitungen. Allem Anschein nach beseitigte der Gegner noch immer Gefechtsschäden. Auch das für ihn vorteilhafte Umschlagen des Windes auf Ostsüdost nutzte Admiral Greigh nicht. Er machte keine Anstalten zur erneuten Aufnahme des Kampfes. Kurz vor Mittag ließ Nordenskjöld nach dem Abfeuern mehrerer – offensichtlich mehr auf moralischen Effekt zielende – Signalschüsse Segel setzen und befahl, Kurs auf Sveaborg zu nehmen. Unangefochten erreichte der in Linie segelnde Verband die Basis, ging um 16 Uhr auf der Innenreede vor Anker.

Weshalb unterblieb der russische Angriff? Sobald die ersten schwedischen Schiffe während der Schlacht aus dem Ruder liefen, wertete Greigh das als Erfolg, glaubte, dem Sieg nahe zu sein. Bemühungen der Barkassenbesatzungen, ihr Schiff in Linie zurückzubringen, deutete der Admiral falsch. Seiner Meinung nach sollten „schwer beschädigte Fahrzeuge" aus der Linie herausgenommen werden. Um so erstaunter registrierte er Nordenskjölds waghalsiges Gegenkursmanöver und das danach wieder stärker werdende Artilleriefeuer. Es täuschte ihn derart, daß er die Kampfkraft des Gegners höher einschätzte, als sie wirklich war. Dann die Operationen in Zusammenhang mit der Eroberung der *Prins Gustav.* Greigh ging tatsächlich davon aus, einem Generaladjutanten – Herzog Karls rechte Hand – und Vizeadmiral gegenüberzustehen. Eine solche Persönlichkeit gefangenzunehmen, entschied seinerzeit mitunter den Ausgang einer Schlacht.

Nach dem Kampf hatten die russischen Seeleute genug zu tun, um ihre Kriegssegler notdürftig auszubessern. Als sie am Vormittag jedoch die gut formierte schwedische Flotte bemerkten, erwarteten auch sie, angegriffen zu werden. Als der Feind nach Nordwesten ablief, atmete man zwar insgeheim auf, schickte den „Feiglingen" aber flugs laute Flüche und Verwünschungen hinterher.

Admiral Greigh schrieb am Nachmittag seinen Gefechtsbericht für Kaiserin Katharina II. In dem beigefügten Brief ging er auch auf seine gegenwärtige Lage ein: „Gestern hatten wir eine Aktion, die von der einen wie von der anderen Seite her sehr heiß und erbittert geführt wurde. Sie dauerte ohne Unterbrechung von fünf Uhr nachmittags bis zehn Uhr abends. Fünfzehn große Schiffe mit 60 bis 70 Kanonen sowie acht Fregatten nahmen auf schwedischer Seite teil. Wir eroberten das Kriegsschiff ‚Prins Gustav' mit 68 Kanonen, auf dem sich Schwedens Generaladjutant Graf Wachtmeister befand, der die Avantgarde unter der Flagge des Vizeadmirals kommandierte. Er strich seine Standarte gegenüber der ‚Rostislaw', auf der ich meine Standarte führte. Der Vizeadmiral nebst seinem Stab samt allen Offizieren, 15 Personen, sind als Gefangene bei mir an Bord.

Heute mittag machte sich der Feind davon, überließ mir das 35 Seemeilen westlich von Hogland entfernte Schlachtfeld. Er floh nach Sveaborg in Schwedisch-Finnland.

Unsere Fahrzeuge haben zweifelsohne ihre Schuldigkeit getan. Doch ich kann Kaiserlicher Majestät nicht vorenthalten, daß acht Eurer Linienschiffe arg zerschossen sind. Drei von ihnen – Konteradmiral Kosljaninows Flaggschiff ‚Wjeslaw' sowie die mit 74 Kanonen bestückte ‚Mstislaw' und das 66-Kanonen-Schiff ‚Isjaslaw' – büßten ihre Takelage ein. Deshalb konnte ich der feindlichen Flotte nicht folgen, die eine Nacht in meiner Nähe stillgelegen hatte ..." (Siehe auch Tabelle 9)

Erst im Laufe des 19. Juli meldete der letzte russische Schiffskommandant sein Fahrzeug so weit klar, daß es wieder segeln konnte. An diesem Tage wurden auch die Ausbesserungsarbeiten am Rumpf der aufgebrachten *Prins Gustav* beendet. Eine Fregatte nahm die Prise an den Haken, schleppte sie auf direktem Weg nach Kronstadt. Admiral Greigh dagegen steuerte zunächst Hogland an, ging am 20. Juli an der Ostküste vor Anker. 48 Stunden später segelte er bei günstigem Westwind nach Seskär, „befürchtend, die von Kugeln durchbohrten Masten und Stengen zu verlieren". Hier teilte sich der Verband: Alle weniger stark beschädigten Fahrzeuge blieben in der vorgeschobenen Basis liegen, die übrigen nahmen Kurs auf Kronstadt.

Als die *Rostislaw* in der Newa-Mündung festmachte, hatten die beiden Grafen Wachtmeister ihre für König Gustav III. und Herzog Karl bestimmten Berichte geschrieben (datiert vom 21. und 22. Juli 1788) und Admiral Greigh mit der Bitte übergeben, diese nach Helsingfors befördern zu lassen. Oberst Klas Adam Wachtmeister ging unter anderem auch auf seine Gefangenschaft ein: „Der russische Flottenbefehlshaber erwies uns alle Ehren, wir dürfen in Würdigung unseres Mutes die Degen weiter tragen."[15] Sein Bruder schilderte insbesondere den Kampf. Zur Endphase äußerte er: „Unter kleinem Segel und ohne geänderten Kurs hoffte ich zunächst auf Entsatz durch unsere Waffengefährten. Aber die dichten Pulverschwaden verwehrten mir jeden Sichtkontakt. Lediglich ‚Rättvisan' war wenige Minuten lang zu erkennen, doch sie befand sich bereits auf Gegenkurs nördlich von uns, Distanz zwei Kabellängen (eine alte schwedische Kabellänge entsprach 120 Faden, ein Faden gleich 1,78 Meter; d. A.). Nach einstündigem hartnäckigem Widerstand geriet ich in eine schier ausweglose Lage. Obwohl stets alle möglichen Schäden behoben werden konnten, traf das für die Takelage nicht mehr zu. ‚Prins Gustav' besaß nur noch die Fock mit provisorisch befestigter Rah."

Greigh fügte den Berichten ein Schriftstück bei. Er bekundete den Grafen Wachtmeister, sie hätten „alles in menschlicher Macht Stehende getan, um ihr Schiff zu retten. Nach heldenhaftem Kampf mit vier überlegenen Linienschiffen blieb ihnen letztlich nur noch das Streichen der Flagge übrig." Der Admiral entnahm den Berichten, daß er sich hinsichtlich Dienstgrad und -stellung des schwedischen Geschwaderführers geirrt hatte. Dessenungeachtet änderte er sein Verhalten gegenüber seinen Gefangenen nicht und ließ die Papiere auf dem Landwege nach Helsingfors bringen.

Nach der Seeschlacht

17. Juli in Helsingfors und Sveaborg: Im Laufe des Vormittags verließ Gustav III. die finnische Provinzmetropole. Er beabsichtigte, sich zu seinen Truppen ins Grenzgebiet zu begeben. Zu diesem Zeitpunkt lag ihm Herzog Karls Antwort auf den Kriegsratsbeschluß vom 14. Juli noch nicht vor. Sein jüngster Bruder, Herzog Fredrik Adolf, sollte ihn für die Dauer seiner Abwesenheit vertreten – allerdings mit der Einschränkung, er hätte Tolls und von Rajalins Rat auch dann zu befolgen, wenn dieser nicht mit seiner Auffassung übereinstimme. In solch einem Fall müßte er auf entsprechende Schriftstücke drängen, um sich ihm gegenüber später rechtfertigen zu können.

Nachmittags wußte man in Helsingfors und Sveaborg, daß Herzog Karl auf die russische Flotte gestoßen war. Langanhaltender Geschützdonner im Süden verriet es. Jeder fragte sich, wann die mächtige Kanonade aufhören, wie die Seeschlacht ausgehen würde. Das Warten erhöhte die Spannung, schürte die Unruhe. Auch Oberst Mikael Anckarsvärd verfolgte aufmerksam den Kampflärm. Nach etwa zwei Stunden versetzte er das Sveaborg-Geschwader in Seeklarbereitschaft, machte um 19.30 Uhr Herzog Fredrik Adolf seine Aufwartung, bat ihn, zur Unterstützung der Kriegsflotte auslaufen zu dürfen. Der Herzog gedachte zuzustimmen, doch Toll und von Rajalin lehnten das Begehren mit der Begründung ab, daß „kein Glied in der großen Kette bricht, die nur Seine Majestät allein kennt."[16] So blieb dem Befehlshaber der Armeeflotte und allen anderen nichts weiter übrig, als sich in Geduld zu üben und nach Herzog Karls Boten Ausschau zu halten.

Dieser – der dem Stab des Großadmirals zugeteilte Armeekapitän Baron Bunge – lief um die Mittagszeit des 18. Juli mit der *Esplendian* in Sveaborg ein. Zwar lautete sein Befehl, die ihm anvertrauten Depeschen unverzüglich dem König auszuhändigen, doch fand er vor seiner Weiterreise noch soviel Zeit, Herzog Fredrik Adolf, Oxenstierna, Ruuth, von Rajalin und Anckarsvärd den Sieg der Kriegsflotte zu verkünden.

Daß sich die schwedische Flottenführung den Erfolg zuschrieb, erklärte sich aus Admiral Greighs Verhalten, der ihrer Meinung nach wegen günstigen Windes am 18. Juli den Kampf hätte wieder aufnehmen müssen (über die tatsächlichen Gefechtsschäden in der russischen Flotte lagen Herzog Karl keine verläßlichen Informationen vor). Kapitän Bunge segelte nun nach Lovisa, wo sich Gustav III. aufhielt. Seine Majestät war über die Botschaft so beglückt, daß er den Überbringer spontan zum Major beförderte und zum Ritter des Svärds-Orden (Schwert-Orden) ernannte. Bunge verließ die Audienz mit den für das Mutterland und für Herzog Karl bestimmten Dokumenten. An den Großadmiral schrieb der König: „Ihr habt Schwedens Namen zu neuem Glanz verholfen und die vor 60 Jahren begonnene Schandperiode beendet."

Am 24. Juli machte die *Esplendian* in Stockhom fest. Major Bunge richtete zunächst dem Ratskollegium Gustavs III. Forderung aus, in der Hauptstadt Dankgottesdienste abhalten zu lassen. Danach suchte er Prinzessin Sofia Albertina auf. Erfreut las diese in dem an sie gerichteten Schreiben: „Unser Bruder Karl hat einen glänzenden Sieg über den Feind errungen und ein 74-Kanonen-Schiff erobert, dabei Admiral Greighs Divisionschef gefangengenommen (weshalb der Absender einen „Divisionschef" erwähnt, ist unerklärlich; d. A.) ... dieser Erfolg ist, meine liebe Schwester, gerade zu Beginn des Feldzuges von großer Wichtigkeit, da dieses Jahr entscheidend sein wird." Ein weiterer Brief des Königs ging an Herzog Karls Frau (Herzogin Hedwig Elisabeth Charlotta von Oldenburg), die sich nach Karlsberg zurückgezogen hatte, um in aller Abgeschiedenheit die Kunde vom glorreichen Seesieg ihres Mannes zu erwarten.

Wenn schon Gustav III. – der den Schlachtausgang nur vom Hörensagen und aus der Depesche kannte, dem also keine exakte Analyse des Geschehens vorlag – die Kriegslage in seinem Sinne positiv auslegte, sollte da der Stockholmer Bürger anderen Sinnes sein? Die Siegesmeldung wurde jubelnd aufgenommen, entsprechend ausgeschmückt und an Nachbarn weitergegeben. Am Abend des 24. Juli war „Rußland so gut wie geschlagen, Herzog Karl der Held der Nation".

Als am nächsten Morgen die Glocken zum Gottesdienst riefen, strömte jung und alt in die Kirchen. In der Storkyrkan („Große Kirche", nahe dem Königsschloß gelegen; d. A.) fanden sich die königlichen Familienmitglieder sowie der gesamte Hofstaat ein. Durch die Gassen bei der Storkyrkan wogte eine begeisterte Menschenmenge. In ihr fielen einige Männer auf, die nicht in die Jubelrufe einstimmten – Rasumowskis Anhänger, die, obwohl erst kürzlich des Landes verwiesen, heimlich wieder eingereist waren. Sie schickten in jenen Tagen einen ausführlichen Stimmungsbericht nach St. Petersburg, in dem es unter anderem hieß: „Die hier eingegangene Siegesmeldung macht uns unruhig. Allerdings glauben wir, sie sei übertrieben. Uns kommt die Furcht vor König Gustavs Souveränitätsplänen sehr entgegen, weil mit ihnen das von ihm ausgehende Unheil verdeutlicht wird. Wir werden unsere Anstrengungen verdoppeln, um mit Hilfe unserer Freunde in der Armee des Königs Absichten zu vereiteln. Es muß nicht ausdrücklich erwähnt werden: Wir unterlassen nichts, um alle Gesinnungsgenossen auf jede nur erdenkbare Art aufzumuntern."

Doch zurück nach Sveaborg: Sobald die Kriegsflotte in der Basis vor Anker lag, begaben sich Ruuth, Oxenstierna und Anckarsvärd auf die *Konung Gustav III.* Ihnen bot sich ein erschütternder Anblick: Der Kreuzmast fehlte, alle schweren Stengen sowie Fock- und Großmarsrah wiesen Durch- und Streifschüsse auf. Das stark in Mitleidenschaft gezogene Achterschiff legte deutlich Zeugnis ab von dem erbittert geführten Kampf.

Oberst Anckarsvärd besichtigte auch die übrigen Kriegssegler. Er registrierte insbesondere solche Schäden, die mit Bordmitteln nicht zu beheben waren. Außer der *Konung Gustav III.* mußten demzufolge fünf Linienschiffe und vier Fregatten auf der kleinen Sveaborg-Werft überholt werden. Seine Aufzeichnungen geben Aufschluß über den Zustand dieser Fahrzeuge:

Schiffsname	Ersatzleistungen	Ausbesserungen
Hedvig Elisabeth Charlotta	Bugspriet, Fock- und Großmast, Großrah und Kreuztopp, etliche Rundhölzer	
Rättvisan	Vorstenge und Ruder-Herzstock	Fock- und Großmast, 44 Einschußlöcher in der Bordwand dichten – davon eines unter der Wasserlinie
Äran Ömheten	Alle Masten Oberes Drittel des Kreuztopps einschließlich Kreuz-Bramrah	
Dygden	Alle Masten, Bugspriet, viele Rundhölzer, Beiboote, vier Kanonen	Hütten- und Schandeck, 84 Einschußlöcher in der Bordwand dichten – davon 22 unter der Wasserlinie
Gripen, Camilla, Fröja, Minerva	Rundhölzer, laufendes Gut, etliche Stückpforten und Geschützlafetten	Entfernen von Kanonenkugeln aus den Bordwänden, Einschußlöcher dichten – Camilla allein 44, davon 14 unter der Wasserlinie

Während sich Anckarsvärd auf den Schiffen umsah und dabei interessante Schlachtdetails erfuhr, ließen sich Ruuth und Oxenstierna von Herzog Karl den Ablauf des Treffens schildern. Ehrlich bekannte der Großadmiral, daß er seinen Flaggkapitän selbständig habe handeln lassen und „dem ich nächst Gottes Hilfe für die gewonnene Schlacht vor allem danken müsse". Und daß die *Konung Gustav III.* nicht „dem Feind in die Hände gefallen war oder total zerschossen wurde, ist allein Oberstleutnant Nordenskjölds Verdienst. Er ordnete in für uns bedenklicher Lage eine Kursänderung an. *Äran*, *Fäderneslandet* und *Vasa* konnten dadurch mein Flaggschiff retten."

Über des Herzogs Gemütsverfassung notierte Oxenstierna noch am selben Abend in seinem Tagebuch: „Er hat während der Schlacht die Courage gezeigt, über die nur ein ganzer Mann verfügen kann. Im Kampf war er äußerst gelassen. Königliche Hoheit stand etliche Stunden an Deck, rauchte Pfeife und kümmerte sich nicht um vorbeizischende Kanonenkugeln." Anckarsvärd beurteilte den Großadmiral realistischer: „Er war munter und würdig, doch weniger eifrig als vor der Schlacht ..." In ähnlicher Weise charakterisierten ihn auch andere, zumal Herzog Karl kein Geheimnis aus seiner Absicht machte, nun den Oberbefehl über die Kriegsflotte niederzulegen, sich in dieser Hinsicht von Ruuth und Oxenstierna nicht umstimmen zu lassen.[17]

Frohgestimmt traf Seine Majestät gegen Mittag des 19. Juli in Helsingfors ein. Die Kriegslage hatte sich seinen Vorstellungen gemäß entwickelt – der Rußlandfeldzug begann denkbar günstig. Alles sprach dafür, daß Schweden in Europa bald wieder als Großmacht respektiert werden würde. Im eigenen Land verlöre damit die Opposition an Einfluß, wäre der innere Friede gesichert. Da Herzog Karl als Flottenbefehlshaber weiter zu dienen gedachte, war auch der schwelende Familienzwist im Keim erstickt worden – was wollte der König mehr!

Gustav III. legte großen Wert darauf, recht schnell den bei Hogland erfochtenen Sieg zu feiern. Bei dieser Gelegenheit wollte er erneut Offiziere, Soldaten und Seeleute für den Krieg gegen Rußland begeistern. Bereits am folgenden Tag brachten delegierte Seeoffiziere – unter dem Salut der Kriegssegler – fünf russische Flaggen, zwei Göschs und eine Standarte zum König auf die *Amphion*. Danach trugen sie die Trophäen in feierlicher Prozession zur Hauptkirche der Stadt. Hier wurde ein Tedeum zelebriert. Verloren in der Menge seiner Getreuen sang der Monarch mit lauter Stimme die Choräle mit, auf diese Art dokumentierend, wie der eigentliche Sieger hieß. Nach dem Gottesdienst führte man die Beutestücke zum Marktplatz, wo Seine Majestät vor versammeltem Kriegsvolk eine anfeuernde Rede hielt. Unter Anspielung auf die vor ihm aufgestellten russischen Flaggen sagte er: „Von dieser Art werden sich in nicht allzu langer Zeit mehrere in unserer Hand befinden." Unter langanhaltendem Beifall gab er abschließend bekannt, daß er alle Flottenoffiziere, die an der Seeschlacht teilgenommen hatten, befördere: Oberstleutnant Otto Henrik Nordenskjöld und Oberstleutnant Linnerstedt zum Konteradmiral, Leutnant Per Gustav Lagerstråle von der *Vasa* zum Kapitän, die Fähnriche Ekholm und Spalding zum Leutnant (Spalding vermochte die russischen Signale richtig zu lesen, schuf somit wichtige Voraussetzungen für Flaggkapitän Nordenskjölds Entscheidungen), die übrigen Offiziere zum nächsthöheren Rang.

Außerdem stiftete Gustav III. einen neuen Ritterorden, das „Stora Korset av Kungliga Svärdsorden" („Großkreuz des Königlichen Schwertordens"). Diese hohe Auszeichnung erhielten Herzog Karl, Wrangel, Nordenskjöld, Kuylenstierna, Modée, Klint und Linnerstedt. Weitere verdiente Offiziere ernannte der König zum „Ritter des Schwertordens".

In gesonderter Veranstaltung gedachte man der Gefallenen. Oberstleutnant Graf Baltzar Horn und Kaptän Fust von der *Vasa* sowie Kapitän van Hoorn von der Fregatte *Gripen* bekamen in Helsingfors ein Staatsbegräbnis.[18]

Pauschale Beförderungen und Ordensverleihungen waren damals unüblich. Ehe ein Seeoffizier nachrücken konnte, mußte er in Friedenszeiten mitunter über Jahre vorbildlich seinen Dienst versehen, sich durch außergewöhnlichen Pflichteifer und wirkliches Können hervorgetan haben. Und auch dann noch fiel in den Amtsstuben der Admiralität das ihn betreffende Gesuch mitunter dem Rotstift zum Opfer oder geriet in Vergessenheit. In Helsingfors dagegen hatte Schwedens König offensichtlich im Siegesrausch gehandelt. Wollte er bewußt ein Zeichen setzen, so die Moral der Truppe stärken? Immerhin hatten unter Herzog Karl 168 Flottenoffiziere gekämpft: ein Admiral, ein Oberst, 16 Oberst-leutnante, sechs Majore, 19 Kapitäne, 39 Leutnante und 86 Fähnriche (von ihnen 55 ohne Vollmachten ausgestattete, sogenannte „Extrafähnriche").[19]

Am 21. Juli verzichteten die königlichen Schreiber vermutlich auf ihre obligatorische Ruhepause. Bis zum Abend fertigten sie alle Anerkennungsurkunden aus. Nach Übergabe der Dokumente herrschte auf den Schiffen wieder Alltag. Drei Hauptaufgaben galt es zu bewältigen: Beheben von Kampfschäden, Aufmunitionieren und Komplettieren der Besat-zungen.

Die Flottenführung stand vor ungeahnten Schwierigkeiten. Die SveaborgWerft baute und reparierte nur kleinere Fahrzeuge. Für Linienschiffe reichte weder die Zahl der Hand-werker, noch lagen geeignete Hölzer für Masten und Stengen bereit. In der Festung verfüg-te man nur über geringe Vorräte an Pulver und Kanonenkugeln, da kurz zuvor General Armfelts Feldartillerie versorgt worden war. Und 1350 wehrtaugliche Männer für den Bord-dienst zu finden, und zwar in Helsingfors, der „Garnisonsstadt" Sveaborgs, dürfte reiner Wunschtraum bleiben. Ungeachtet aller Unzulänglichkeiten, mit denen sich Nordenskjöld und Anckarsvärd auseinanderzusetzen hatten, verlangte der König von Herzog Karl, bald-möglichst wieder auszulaufen, um die Operationen des Heeres zu sichern – entsprechend dem beschlossenen Kriegsplan die ihm zugewiesenen Aufgaben zu erfüllen. Seine Maje-stät verstand nicht, weshalb die Schiffsüberholung so kompliziert sein sollte: „Wären die Streitkräfte in Karlskrona mit genügend Pulver, Kugeln und Reservehölzern versehen wor-den, stünden jetzt solche Fragen nicht zur Debatte."

Bei den Schiffskommandanten machte sich indessen Unmut breit. Nach Kenntnis der Sachlage stimmten sie dahingehend überein, daß keines der ihnen anvertrauten Fahrzeuge in Sveaborg seine volle Kampfkraft erhalten könnte. Deshalb müßten alle Schiffe umge-hend zur Heimatbasis zurücksegeln, dort gründlich überholt, die Mannschaften aufgefrischt werden. Ihrer Meinung nach wäre ein solches Ansinnen nicht nur vernünftig, sondern auch risikolos zu realisieren, da sich die russische Flotte aus gleichen Gründen in Kronstadt aufhielte.

Gustav III. wollte von alldem nichts hören. Verdrossen lehnte er ein entsprechendes Verlangen Herzog Karls ab und verließ Helsingfors, um sich zu den bereits jenseits der Grenze marschierenden Truppen General Armfelts zu begeben.

Wie es in jenen Tagen um die in Sveaborg ankernde Flotte bestellt gewesen war, verdeutlicht recht anschaulich ein Schreiben Generalfeldzeugmeister Sinclairs an Oberst Anckarsvärd: „Wir müssen uns gegen des Königs wiederholte Forderungen auflehnen, die Flotte sofort instandzusetzen. Offenbar will unser verblendeter Gustav nicht sehen, daß dies unmöglich ist. Was wir haben, ist doch einzig und allein nur der gute Wille. Seine Majestät beschuldigt immer die Flotte, vergißt aber, wer der eigentliche Schuldige an der Misere ist ..."

Die Versorgung der Kriegsschiffe mit Munition wirft ein bezeichnendes Bild auf die Fähigkeiten des Generalstabs: Als Herzog Karl in Karlskrona den Verband übernommen hatte, bestand kein erwähnenswerter Mangel an Pulver und Kanonenkugeln, zumal ein Transportschiff mit den restlichen Beständen an Sechsunddreißigpfund-Kugeln der Flotte nach Sveaborg nachsegeln sollte. Bekanntlich erreichte der Nachschub rechtzeitig die Festung, zogen die Seestreitkräfte wohlgerüstet gegen den Feind. Doch niemand in der Admiralität sah voraus, daß nach einer Schlacht keine Aufmunitionierung in Sveaborg erfolgen könnte. Erst am 30. Juli (!) beauftragte der Generalstab das Kriegskollegium in Stockholm, es solle „der Flotte 10.000 Kanonenkugeln für Vierundzwanzigpfünder und 6000 Stück für Achtzehnpfünder schicken. Falls in den Arsenalen keine Kugeln bereitliegen, seien welche gießen zu lassen." Folglich besaß der Generalstab lediglich geringe Kenntnisse von der Kriegsschiffarmierung. Die dringend benötigten Sechsunddreißigpfund-Kugeln wurden nicht bestellt. Diese Fehlplanung legte die Hauptfeuerkraft der Linienschiffe für die restlichen Monate des Kriegsjahres 1788 völlig lahm. Doch es sollte noch schlimmer kommen ...

In Zusammenhang mit dem Verholen einiger Großsegler zum Werftgelände gruppierte Konteradmiral Nordenskjöld den auf Reede liegenden Verband um. Gleichzeitig veranlaßte er, die Zufahrten zum Gustavssvärd-Sund durch ein Wachschiff zu sichern und am 25. Juli zwei Aufklärungsgeschwader zum Erkunden feindlicher Flottenbewegungen zu detachieren – das erste (drei Fregatten) nach Reval, das zweite (drei Linienschiffe, eine Fregatte) nach Kronstadt. Die zur estländischen Küste entsandten Fregatten fanden sich bald darauf wieder in Sveaborg ein. Sie hatten keine russischen Kriegsschiffe gesichtet. Das andere Geschwader traf jedoch am Morgen des 6. August im dichten Nebel auf Admiral Greighs Streitmacht (29 Segler). Nur mit Mühe gelang die Flucht unter die Festungsmauern. Der *Prins Gustav Adolf* blieb das Glück nicht hold, sie lief im Mündungsbereich des Gustavssvärd-Sundes auf Grund. Oberst af Christiernin mußte sich mit der gesamten Besatzung ergeben und zusehen, wie der Gegner sein Schiff in Brand steckte.

Der erfahrene Admiral Greigh hatte die Zeit nicht unnütz verstreichen, sondern sofort die wichtigsten Schäden beheben lassen. In Kronstadt waren genügend Werftarbeiter beschäftigt, Reservehölzer gab es in reicher Auswahl. Das Instandsetzen der Schiffe ging zügig voran, ebenso das Komplettieren der dezimierten Mannschaften. Zum Feiern verspürte Greigh wenig Lust, obwohl Katharina II. in St. Petersburg seinen Sieg gebührend würdigte. Anfang August konnte sich die russische Flotte bei Seskär vereinen.

Nachdem Greigh die schwedischen Kriegssegler in Sveaborg ausgemacht hatte, sperrte er mit acht Linienschiffen und einigen Fregatten den Gustavssvärd-Sund. Herzog Karl saß in der Falle, sein Ausbrechen schien unwahrscheinlich. Außerdem patrouillierte Konteradmiral Kosljaninow mit den Linienschiffen *Deris*, *Pobedoslaw*, *Swjatoslaw* und *Viktor* sowie den Fregatten *Slawa* und *Podrashislaw* zwischen Porkala udde und Hangö udde.

Eine weitere Blockadeeinheit unter Befehl von Kapitän James Trevenen beorderte der russische Flottenführer zur Landspitze von Hangö: Ab 25. August unterbrachen die Linienschiffe *Rodislaw* (66), *Panteleimon* (64) und *Sewerny Orjol* (64) sowie die Fregatte *Nadeshda Blagopolutija* (36) und *Swjatoi Mark* (22) die schwedische Nachschubroute Stockholm–Hangö–Helsingfors.

Mit dem Gros segelte Greigh nun nach Reval. Von hier aus kontrollierte er – ungestört von schwedischen Kriegsschiffen – den Schiffsverkehr auf der Ostsee, zumal auch Karlskrona seeseitig blockiert werden konnte. Diese Aufgabe übernahm Konteradmiral Powalischin. Dieser kam mit einem Geschwader aus Archangelsk nach Kopenhagen, wo er sich der Mittelmeerexpedition anzuschließen gedachte. Bevor er auf die Formation van Dessens stieß, brachte das Göteborg-Geschwader (die Fregatten *Venus*, *Diana* und *Bellona* unter Major Rosensvärd) am 15. August die voraussegelnde Fregatte *Kilduin* auf.[20] In Kopenhagen stellte Powalischin später alle anwesenden russischen Kriegsschiffe unter seinen Befehl und steuerte Karlskrona an.

Rein taktisch betrachtet ging das Treffen bei Hogland unentschieden aus. Die militärische und politische Lage hatte sich plötzlich grundlegend verändert: Das russische Mittelmeerunternehmen war im Interesse der Türkei verhindert worden, Gustavs III. größter Wunsch nach Seeüberlegenheit auf der Ostsee erfüllte sich jedoch nicht. Dem schwedischen König blieb als einzige seemilitärische Ressource nur noch die Armeeflotte, mit der er auf offener See nicht operieren durfte. General Johan Christopher Tolls ursprünglicher Kriegsplan, einschließlich der am 14. Juli beschlossenen Änderung, ließ sich daher nicht mehr durchführen.

Im nachhinein verlockt die Seeschlacht von Hogland dazu, Vergleiche zu ziehen, militärische Aspekte zu nennen und Fragen zu stellen: Von der Geschützzahl her gesehen, befand sich die russische Linienflotte leicht im Vorteil (siehe Tabellen 6 und 7). Da aber auf schwedischer Seite ein Übergewicht an stärkeren Kalibern bestand, kann von einem ausgeglichenen Waffenverhältnis gesprochen werden:

Pfünder	Russische Flotte	Schwedische Flotte
36	24	156
30	182	–
24	214	448
18	–	260
16	300	–
12	–	50
8	500	38
6		200
Gesamt:	1220	1152

Hinsichtlich der Schiffskonstruktion schlägt das Pendel eindeutig zugunsten Schwedens aus (af Chapmans Serienbauweise). Die russischen Kriegssegler waren wiederum größer, galten als Linienschiffe im eigentlichen Sinne (Zwei- und Dreidecker). Dementsprechend dienten in der russischen Flotte auch mehr Soldaten, Kanoniere und Seeleute. Die erlittenen Verluste an Menschen fielen auf russischer Seite höher aus: Admiral Greig meldete nach St. Petersburg 580 Gefallene und 720 Schwerverwundete. Von der *Wladislaw* gerieten nur 470 Mann in Gefangenschaft. Wieviel Tote es auf dem Schiff gab und wieviel Männer nach dem Überbordspringen ertranken oder gerettet wurden, ist unbekannt. Nachweisbar betrugen demnach die Ausfälle 1770 Mann – es kann jedoch von einer Gesamtzahl von mindestens 2000 Mann ausgegangen werden. Die schwedische Flotte beklagte 127 Gefallene und 290 Schwerverwundete, also 417 Mann. Dazu müssen noch 59 gefallene Seesoldaten, die Besatzung der *Prins Gustav* (593 Mann) und Oberst Wachtmeisters Stab (12 Mann) gerechnet werden – insgesamt 1081 Mann (siehe Tabellen 8 und 9).

In der Taktik der unteren und mittleren Führungsebene schnitten die Kader auf russischer Seite besser ab als auf der schwedischen. Das hing mit den Kriegserfahrungen zusammen, die insbesondere ausländische Unteroffiziere und Offiziere sammeln konnten. Die russischen Rekruten kämpften sehr tapfer, eiferten den Ausländern nach, wollten sich vor ihnen nicht blamieren. An Kampfgeist mangelte es in beiden Flotten also nicht.

Nachteilig wirkte sich das Versorgungssystem auf die schwedische Flotte aus. Sie war für einen Törn in heimische Gewässer gerüstet, nicht für eine Navigationsperiode. Sveaborg erwies sich für die Ausrüstung eines starken Kampfverbandes als ungeeignet (Munition, Schiffszubehör, Mannschaftsersatz). Die russische Flotte dagegen war für einen längeren Mittelmeeraufenthalt mit allem Notwendigen versehen. Außerdem besaß sie die leistungsfähigen Basen Kronstadt und Reval.

Als besonders negativ machte sich die schwedische Feindaufklärung bemerkbar. Sie erfolgte sporadisch, die beauftragten Schiffskommandanten brachten solchen Aufgaben nur wenig Verständnis entgegen. Konteradmiral Nordenskjöld bezeichnete später die sich „oft widersprechenden Meldungen als Verwirrspiel, das uns sehr geschadet hat". Schluß-folgernd aus der Analyse des Seezuges 1788 forderte er, für „jeden Kampfverband einen gut organisierten Aufklärungsdienst zu schaffen".

Zwei Fragen tauchen in Zusammenhang mit Oberst Klas Adam Wachtmeisters Flagg-schiff auf: Als die *Prins Gustav* die *Swjataja Jelena* besiegt hatte, war da wirklich niemand in der Nähe, der das Schiff als Prise hätte übernehmen können? Und vor allem: *Prins Gustav* kämpfte fast bis zum Schluß der Schlacht allein gegen eine Übermacht – sollte in dieser langen Zeit kein Beistand möglich gewesen sein? Konkrete Antworten lassen sich den zeitgenössischen Dokumenten nicht entnehmen.

Für und wider König Gustav

Die geplanten schwedischen Landoperationen zeigten die Handschrift eines hervorragenden Strategen. In der Praxis sah allerdings manches anders aus. Das lag nicht an General Toll. So erhielt er zum Beispiel nur unzureichende Informationen über die Geländeverhältnisse im Vormarschgebiet und über den in Sveaborg für die Feldartillerie vorhandenen Munitionsbestand. In Fragen der Truppenverpflegung folgte der General dem Blitzkriegsgedanken seines Königs. Demzufolge brauchte das Heer lediglich bis zur Einnahme Fredrikshamns bzw. St. Petersburgs versorgt zu werden – danach verfügte es in den besetzten Gebieten über genügend Lebensmittel dortiger Produktion. Toll wußte, die zusätzliche Beköstigung des 6000-Mann-Heeres sowie der Armee- und Kriegsflotte in Südostfinnland war über einen längeren Zeitraum nur eingeschränkt möglich.

Doch zunächst verlief alles wie vorgesehen. Entsprechend dem Beschluß vom 14. Juli ergingen die Einsatzbefehle. Ab 15. Juli begann das Einschiffen der Verstärkung für General Armfelts Korps auf der von Oberstleutnant Måns von Rosenstein geführten Flottille. Sie bestand aus der Turuma *Norden*, den Udemas *Gamla*[21], *Torborg*, *Ingeborg* (siehe Tabelle 5) und vier Galeeren, von denen nur zwei namentlich bekannt sind: *Kalmar* und *Stockholm*. Am Nachmittag des 17. Juli befand sich die Flottille noch immer in Sveaborg. Das geht aus den Logbüchern von *Kalmar* und *Stockholm* hervor.[22] In dem von *Kalmar*-Kapitän Herman Schützercrantz heißt es: „Von halb Fünf am Nachmittag bis kurz nach Neun am Abend hallte der Kanonendonner mit unverminderter Intensität über das Meer." Und im *Stockholm*-Buch wurde an diesem Tag vermerkt: „Boden und Fenster der Galeere bebten von der Kanonade so stark, daß wir jeden Moment glaubten, daß das Fahrzeug bersten würde."

An jenem 17. Juli – dem Tag der Seeschlacht von Hogland – überquerte General Armfelts Gros die Kymmene. Es rückte ostwärts vor, schwenkte bei Liikala nach Süden und erreichte am 20. Juli Husula (etwa zwei Kilometer südlich von Fredrikshamn). Eine kleinere Truppenabteilung überschritt bei Strömfors den westlichen Arm der Kymmene, besetzte das Pyttis-Gebiet (Pythää) sowie den russischen Stützpunkt Högfors (nördlich von Kotka) am östlichen Kymmene-Arm und marschierte am 18. Juli bis Summa (vier Kilometer nordwestlich von Fredrikshamn).

Die von Major Törning befehligten Kanonenschaluppen ankerten am 17. Juli bei der Insel Kutsalo im Svensksund[23] (Kuutsalo). Am folgenden Tag unternahm Törning eine Erkundungsfahrt nach Fredrikshamn. Dabei eroberte er ein feindliches Wachschiff, das mit zwölf Dreipfündern armiert gewesen war. Bei seiner Annäherung hatte die russische Besatzung ihr Fahrzeug im Stich gelassen, sich schwimmend der Gefangennahme entzogen. Die Prise wurde nach Sveaborg geschickt, Törning zum Oberstleutnant befördert.

Von Rosensteins Flottille lief am 22. Juli in die Bucht von Summa ein. Soldaten gingen an Land, nahmen den Küstenstreifen unter Kontrolle. Drei Tage später machte man sieben russische Galeeren aus, die Fredrikshamn ansteuerten – es handelte sich um die in Viborg stationierte Einheit des Kapitäns Slisow. Ein Angriff unterblieb, da weder Törning noch von Rosenstein feindliche Schiffe erwartet hatten.

Ebenfalls am 25. Juli segelte Oberstleutnant F. U. Fleetwoods Turuma-Abteilung in Sveaborg ab (6 Schiffe, siehe Tabelle 5). Ihr folgte am nächsten Morgen Oberst Anckarsvärd mit allen übrigen Fahrzeugen nach – vorwiegend Galeeren und Kanonenschaluppen. Beide Verbände erreichten gegen Abend des 26. Juli mit General von Siegroths Truppen an Bord die Insel Stora Pellinge (Suur Pellinski). Hier erfuhr Anckarsvärd, daß die russische Schärenflotte im Anmarsch sei. Er detachierte daher zwei Divisionen Kanonenschaluppen unter Major Karl Adolf Dankwardt und Major Klas Hjelmstierna zur Insel Kutsalo. (Der Hinweis auf die feindliche Schärenflotte erwies sich jedoch als Gerücht, das aus der Meldung über die westwärts segelnden sieben Galeeren Slisows entstanden war.)

Am 27. Juli ankerte Anckarsvärds Hauptmacht bereits bei Kungshamn (südöstlich von Lovisa). Abermals sandte der Flottenführer eine Abteilung nach Kutsalo: acht Galeeren unter Major A. de Brenner. Am selben Abend setzten die sieben russischen Galeeren in Fredrikshamn wieder Segel. Törning verfolgte sie bis zum nächsten Tag. Doch die Russen entkamen bei günstigem Wind nach Osten, Schüsse wurden nicht gewechselt.

In der Nacht vom 28. zum 29. Juli lag die gesamte schwedische Armeeflotte bei der Insel Lilla Svärtan vor Fredrikshamn. Damit waren gemäß Kriegsplan alle Ausgangspositionen für den bevorstehenden Angriff auf die russische Festung eingenommen worden: Seeseitig beherrschte Anckarsvärd das Terrain, landseitig standen Armfelts Truppen an zwei günstigen Punkten zum Sturm auf Fredrikshamn bereit.

General von Siegroth und Oberst Anckarsvärd begaben sich zum Hauptquartier des Königs nach Huspila (nahe Summa), um ihre detaillierten Angriffsbefehle entgegenzunehmen. Die Beratung mit Gustav III. fand am 30. Juli statt. Sie hatte folgendes Ergebnis: Von Siegroths Truppen hätten am Morgen des 2. August bei Brackila (Rakila) an Land zu gehen und mit Artillerieunterstützung die Festung von Südosten aus zu stürmen. Das Geschützfeuer wäre gleichzeitig das Angriffssignal für die bei Summa (befehligt von General Armfelt) und bei Husula (befehligt von Seiner Majestät) bereitstehenden Heeresverbände.

Bei der Zusammenkunft kam aber noch etwas anderes zur Sprache: Vom Sörmland-Regiment[24] hatten 14 Offiziere ihren Abschied mit der Begründung eingereicht, sie würden den Angriffskrieg nicht gutheißen. Einem erhaltenen Protokoll zufolge erklärte General von Siegroth dazu: „Das Verlangen dieser Offiziere ist in der gegenwärtigen Kriegssituation nicht ehrenvoll, es muß zurückgewiesen werden." Das war das erste offizielle Zeichen sich anbahnenden offenen Widerstandes im Heer – die Opposition, vertreten durch das adlige Offizierskorps, befand sich nun im Feldlager, in des Königs direkter Nähe.

Im königlichen Hauptquartier hielt sich zu gleicher Zeit Oberstleutnant von Rosenstein auf. Er hatte seiner Majestät einen Bericht über die Stimmung in seiner Flottille überbracht: „Offiziere, Soldaten und Seeleute sind froher Dinge und brennen darauf, ihren Mut zu beweisen. Ich zweifle nicht an unserem Sieg, falls wir nicht auf einen weit überlegnen Gegner stoßen …" Der König, hocherfreut über diese Nachricht, setzte ihn spontan zum Verbindungsoffizier ein – während des Angriffs auf Fredrikshamn zwischen dem Hauptquartier und der Armeeflotte bzw. General von Siegroth.

In der Nacht zum 2. August brach Sturm los. Mit den Galeeren auf Legerwall zu sein und die Truppen bei starker Brandung an der Leeküste auszuschiffen, war zu gewagt – das Landeunternehmen mußte bis zum Morgen des 3. August verschoben werden. Unter dem Feuerschutz von Galeeren und Kanonenschaluppen bildeten 900 Soldaten am Strand von Brackila einen Brückenkopf. Danach ging das Anlanden zügig vonstatten. Am Abend befanden sich von Siegroths 6000 Infanteristen und seine kleine Artillerieabteilung (32 Zwölfpfünder und 50 Munitionswagen) an Land. Gegen 22 Uhr stand der General nur noch etwa einen Kilometer von der Festung entfernt, als Oberst Anckarsvärd mit großkalibrigen Geschützen (Vierundzwanzig- und Achtzehnpfündern) Fredrikshamn zu beschießen begann. Die Kanonade hielt bis zum Morgen an. Sie diente als Ablenkungsmanöver und sollte von Siegroths Sturmangriff vorbereiten.

Im Zusammenwirken mit General Armfelts 8000-Mann-Heer eine sturmreif geschossene Festung mit ihrer Besatzung von nur 3000 Mann zu erobern, schien für General von Siegroth nur noch eine Frage von Stunden zu sein, denn „das schwierigste bei der gesamten Operation gegen Fredrikshamn, die Truppenanlandung, liegt hinter uns …" (Tagebucheintrag; d. A.). Aber die weitere Entwicklung sollte ihn eines besseren belehren.

In Oberst Anckarsvärds persönlichen Aufzeichnungen heißt es unter dem Datum vom 4. August: „Um 7 Uhr machte mir Oberstleutnant von Rosenstein seine Aufwartung. Er kam vom König mit dem Befehl für General von Siegroth, sich wieder einzuschiffen, falls dieser nicht innerhalb zweier Tage Fredrikshamn allein einnehmen kann. Begründet wird die Rückzugsorder mit Verpflegungsmangel bei Armfelts Heer und der Befürchtung Seiner Majestät, der russische Festungskommandant – General Michelsen – könne einen Ausfall wagen und ihm in den Rücken fallen, was bei den finnischen Soldaten zu Unmut führen würde … Von diesem Augenblick an wußte ich, der diesjährige Feldzug muß als verloren betrachtet werden."

Was steckte hinter des Königs plötzlichem Sinneswandel? Der angedeutete Verpflegungsnotstand dürfte nicht der wahre Grund sein. Die Armeeflotte besaß immerhin noch Proviant für drei Tage. Ihn mit Armfelts Truppen zu teilen, wäre durchaus möglich gewesen. Und nach dem Fall von Fredrikshamn hätte dieses Problem sowieso der Vergangenheit angehört. Oberst Anckarsvärd vermochte sich beim besten Willen nicht zu erklären, weshalb Gustav III. so unverhofft, noch dazu kurz vor einem Sieg stehend, den Rückzug angetreten hatte. Des Rätsels Lösung lag auf anderer, für den Befehlshaber der Armeeflotte unvorstellbarer Ebene:

Sobald der König die ersten Kanonenschüsse von der Küste herüberhallen hörte, befahl er seinen Truppen, zum Angriff vorzugehen. Doch einige Heeresoffiziere hegten Bedenken. Ihr Sprecher, Oberst Hästesko, wies auf die schlechten Geländeverhältnisse hin: „Es führen von hier nur zwei Wege zur Festung – der eine durch den Sumpf, der andere durch eine Schlucht, in der unlängst ein Trupp fast in eine Falle gelaufen wäre.[25] Wir dürfen nicht zulassen, daß Seine Majestät sich solch einer Gefahr aussetze. Auch seien wir überzeugt, er, als bedachter König, wolle bestimmt nicht ohne Grund das Leben seiner Krieger opfern." Gustav III. glaubte seinen Ohren nicht zu trauen, widersprach den vorgebrachten Ansichten, verlangte Gehorsam. Daraufhin erklärte Hästesko ungeschminkt, das Kriegsunternehmen stünde nicht im Einklang mit der Verfassungsakte, und die Offiziere dächten nicht daran, Unrecht zu begehen: „Wir sind bereit, für die Verteidigung des Reiches unser Blut zu geben, nicht aber, einen Nachbarstaat grundlos anzugreifen." Der König wandte sich nun direkt an die angetretenen Regimenter. Kaum hatte er seine beschwörende Rede beendet, legte das Åbo-Regiment – es wurde von Oberst Hästesko befehligt – die Waffen nieder. Andere finnische Einheiten folgten dem Beispiel. Unter feindlichen Festungsmauern wurde Gustav III. praktisch militärisch entmachtet. Gezwungenermaßen erteilte er Befehl, Husula aufzugeben und nach Liikala zurückzumarschieren. Gleichzeitig schickte das Hauptquartier Oberstleutnant von Rosenstein mit der bereits erwähnten Order zu General von Siegroth.

Der General konnte nicht fassen, was der König ihm schrieb. Er beriet mit seinen ranghohen Offizieren die entstandene Lage. Sie kamen überein, unter den gegebenen Umständen sei es am besten, den begonnenen Angriff abzubrechen und sich wieder einzuschiffen. Mit einer entsprechenden Order versehen, kehrte der Kurieroffizier zur Armeeflotte zurück (5. August, 1 Uhr). Oberst Anckarsvärd nahm die Meldung „verblüfft, bestürzt und traurig" entgegen und detachierte Oberstleutnant Törnings Kanonenschaluppen zur „stadsviken" (Stadtbucht). Durch erneutes Beschießen der Stadt sollte der Gegner irritiert, von Siegroths Heer ungehindert eingeschifft werden. Um 11 Uhr des 5. August verließ der letzte schwedische Soldat den Strand von Brackila.

Das Galeerengeschwader sowie die anderen Flottillen nahmen nacheinander Kurs auf die Insel Kutsalo, um dort zu ankern. Nun gingen die Lebensmittelvorräte für von Siegroths Truppen zur Neige. Einige Regimenter wurden daher in der Nähe von Högfors an Land gesetzt. Sie sollten sich den Einheiten Armfelts anschließen. Danach (8. August) entließ Anckarsvärd das Turuma-Geschwader (Oberstleutnant Fleetwood) nach Svartholm. Die übrigen Regimenter brachte von Rosenstein mit den Galeeren vom 9. bis 11. August zur Borgå-Bucht ins schwedisch-finnische Hinterland. Danach blieb die Armeeflotte bis zum 20. August untätig bei Svartholm und Kutsalo liegen. An diesem Tag erhielt Oberst Anckarsvärd Befehl, nach Sveaborg zurückzusegeln.

Indessen hatte König Gustav mit General Armfelts Gros Liikala erreicht. Hier verfaßten die oppositionellen Offiziere am 9. August ein Schreiben an Katharina II., die sogenannte „Note von Liikala": „Wir sind über die Grenze ins russische Finnland geführt worden, ohne die tatsächlichen Gründe zu kennen. Erst unter den Mauern von Fredrikshamn wußten wir mit Bestimmtheit, der Feldzug sei verfassungswidrig. Obwohl Soldaten, sind wir aber auch Bürger des Schwedischen Reiches, und als solche versichern wir Kaiserlicher Majestät, der Wunsch unserer Nation – insbesondere der finnischen – nach dauerhaftem Frieden zwischen Rußland und Schweden ist ungebrochen. Es gibt jedoch einige Störenfriede, die unter dem Vorwand, das Beste zu wollen, ihre wahren Absichten zu verbergen suchen. Wir fragen deshalb an, ob Kaiserliche Majestät mit den Reichsständen – sobald sich diese ordnungsgemäß versammeln – wegen eines Friedens verhandeln würden." Unterzeichnet wurde das Dokument im Namen von 113 Offizieren von Carl Gustav Armfelt, Hästesko, Otter und Klingspor.

Mit dieser Botschaft ritt Major Jan Anders Jägerhorn nach St. Petersburg. Bei Hofe wurde der Kurier mit großer Aufmerksamkeit behandelt. Die erstaunte Kaiserin war über die unverhoffte Nachricht recht froh. Ihre Antwort fiel entsprechend freundlich aus: „Wir können sehr wohl unterscheiden zwischen dem Betragen einer Nation und dem des Königs. Es hat Uns angenehm berührt zu erfahren, wie man im finnischen Heer denkt und welche weisen Beschlüsse seine Offiziere gefaßt haben. Es ist Unser größter Wunsch, daß sich viele Bürger des Schwedischen Reiches vereinen mögen, damit Wir mit ihnen, als legitimer Autorität über alles, was dem Wohle beider Nationen dient, verhandeln können. Zuvor aber müssen die finnischen Regimenter Unser Land verlassen haben, damit Wir sie nicht mit Gewalt vertreiben müssen ..."

Gustav III. erfuhr davon am 11. August. Zornig über das Handeln seiner Offiziere beraumte er eine Kriegssitzung an und forderte die Heeresleitung ultimativ zur Loyalität auf. Das wurde dem König verweigert und um 24 Stunden Bedenkzeit gebeten. Doch statt der erwarteten Treueerklärung überreichte man ihm am nächsten Tag die „Bundesakte von Anjala".[26] Sie, das Programm der Opposition, enthielt die Forderung nach Einberufung des Reichstages, um „öffentlich den Kriegsplan zu erörtern, da sowohl Volk als auch Heer argwöhnten, er stehe nicht in Übereinstimmung mit der Verfassung". Die in dem Programm erhobenen Vorwürfe gegen des Königs Kriegsbestrebungen zielten eindeutig auf den Wunsch hin, der nächste Reichstag möge eine Regierungsform ähnlich der von 1720 beschließen, die absolute Monarchie wieder abschaffen.

Seine Majestät lehnte jede Verhandlung mit den „Meuterern" ab und ritt nach Helsingfors, um Herzog Karl den Oberbefehl über das finnische Truppenkontingent zu übergeben. Anschließend reiste der König nach Stockholm, wo er am 1. September eintraf. Gustav III. hatte seinen finnischen Regimentern den Rücken gekehrt, sie kampflos den aufsässigen Offizieren überlassen. Diese informierten zunächst ihre Untergebenen über die neue Entwicklung. Das wirkte demoralisierend. Offiziere reichten ihren Abschied ein oder traten als „Mitläufer" der Anjala-Vereinigung bei. So mancher zum Wehrdienst gezogene Landwirt desertierte, tauschte das Gewehr gegen den Pflug ein. Die Offiziersclique begegnete den Auflösungserscheinungen im Heer mit etwas Außergewöhnlichem: Sie bot Rußland einen einseitigen Waffenstillstand an. Unter anderem verpflichteten sie sich zum sofortigen Abzug aus Russisch-Karelien. Damit St. Petersburg das Dokument akzeptierte, wurde Herzog Karl genötigt, es gegenzuzeichnen, da sonst „der Zerfall der finnischen Armee nicht mehr aufzuhalten sei".

So kam es, daß etwa einen Monat nach dem Überschreiten der russischen Grenze durch schwedisch-finnische Truppen diese abermals den Grenzfluß überquerten – jetzt jedoch in entgegengesetzter Richtung. Die Waffenstillstandsvereinbarung bezog sich allerdings nur auf die finnischen Regimenter. Zwei von Generalleutnant von Platen befehligte Garde-Bataillone blieben im russischen Pyttis-Gebiet.

In Stockholm empfingen die Bürger ihren König mit Sympathiebekundungen. Offiziere, die in Finnland den Dienst quittiert hatten, wurden dagegen mit Schmährufen wie „Feigling" oder „Verräter" bedacht. Die Wut der Hauptstädter nahm von Tag zu Tag mehr zu. Bald wagte sich kein Offizier mehr mit Kokarde oder in Uniform auf die Straße.

In jenen bewegten Tagen wohnte Seine Majestät in Haga, dem königlichen Sommersitz bei Stockholm. Fast täglich sprachen in Haga Reichsräte vor, drängten zum baldigen Reichstag. Ihre Vorstöße stießen bei Gustav III. auf wenig Verständnis, da ihm der gegenwärtige Zeitpunkt denkbar ungeeignet erschien. Nicht so sehr wegen der Ereignisse in Finnland, sondern vor allem, weil Dänemark als Bündnispartner Rußlands dem Schwedischen Reich am 19. August den Krieg erklärt hatte.

Die Lage sah für den König nicht günstig aus. Doch er verzweifelte nicht, suchte den Ausweg – und fand ihn. Unerwartet verließ der Monarch Stockholm mit unbekanntem Ziel. Am 14. September tauchte er mit einigen wenigen Getreuen plötzlich in Mora auf. Hier, im Zentrum der Region Dalarna, hatte 1521 Gustav Eriksson Vasa die Bauern mobilisiert, mit ihnen begonnen, Schweden von der dänischen Tyrannei zu befreien. Nun beabsichtigte der König, es dem damaligen Reichsverweser gleichzutun. Sein Auftritt in Mora übertraf alle Erwartungen. Die Bauern jubelten ihm zu, eilten zu den Waffen und formierten sich. Ähnliches wiederholte sich in Leksand, Falun und in Tuna (heute St. Tuna bei Borlänge). Binnen weniger Tage stand ein 6000-Mann-Heer, das er dem ihn begleitenden Oberst Gustav Mauritz Armfelt unterstellte. In gleicher Mission reiste Gustav III. in die Nachbarregion Värmland, nach Karlstad weiter. Dort erhielt er eine Hiobsbotschaft: Neun dänische Kriegssegler – sechs Linienschiffe und drei Fregatten – hatten Fredriksvärn/Norwegen angelaufen. An Bord befanden sich 12.000 gut ausgebildete Soldaten, mit denen Feldmarschall Prinz Karl von Hessen ostwärts zur schwedischen Grenze marschiert und weiter bis Åmåla am Vänernsee vorgestoßen war. Bei Kviström konnte er eine 800 Mann starke Einheit überraschen und gefangennehmen. Inzwischen standen seine Verbände bei Vänersborg. Offensichtlich beabsichtigte der Feldmarschall, das strategisch wichtige Göteborg einzunehmen, sich die Provinz „Göteborg und Bohus Län" anzueignen.

Seine Majestät reagierte umsichtig: Kurz entschlossen schickte er Order nach Stockholm, daß „die Garde zu Fuß und das Jämtland-Regiment sofort dem bedrängten Göteborg zu Hilfe zu eilen habe. Die Hauptstadt zu schützen, sei nun Sache ihrer Einwohner geworden, die mit 2000 Männern eine Bürgerwehr aufstellen müsse." Dann benachrichtigte er Oberst Armfelt, er solle ihm mit dem Bauernheer folgen, und brach mit seinem Stab nach Göteborg auf. Dieser Gewaltritt ging teilweise durch vom Feind besetztes Gebiet. Das zeigt, welche Bedeutung der König dem Unternehmen beigemessen hatte.

Als Gustav III. die Stadt an der Göta Alv erreichte, wollte ihr Kommandant General Durez sie gerade fluchtartig verlassen. Der General wurde abgelöst und die Bürger zum Widerstand aufgerufen. Innerhalb kürzester Frist brachte es der neue Kommandant, Graf Sparre, fertig, Göteborgs Verteidigung umfassend zu organisieren.

Von alldem wußte Prinz Karl von Hessen nichts. Ahnungslos schickte er seinen Generaladjutanten Haxthausen mit der Aufforderung zu Durez, die Stadt kampflos zu übergeben. Haxthausen sprach aber nicht mit dem unter Arrest stehenden General, sondern mit König Gustav. Dieser gab dem Parlamentär unmißverständlich zu verstehen, Göteborg wurde sich „eher in einen Schutthaufen verwandeln lassen, als sich zu ergeben." Der Feldmarschall schloß aus dem Verhalten des schwedischen Monarchen, in der Stadt lägen starke Truppen. Er verzichtete deshalb auf einen Angriff, begnügte sich mit der Blockade. Damit wurde das Ende des dänisch-schwedischen Krieges eingeleitet, noch ehe er sich richtig entwickeln konnte.

Zuerst trafen Oberst Armfelts drei Bauenregimenter und die Stockholmer Verstärkung ein. Sie bezogen hinter der dänischen Frontlinie Stellung. Dann durchbrachen aus Wolgast und Stralsund kommende Kauffahrer die Seeblockade. Mit den Schiffen kamen 1600 pommersche Soldaten nach Göteborg. Doch nicht militärische, sondern diplomatische Aktivitäten führten zum Kriegsschluß. England und Preußen hatten sich am 13. August 1788 gegen Rußlands und Österreichs Machtbestrebungen verbündet. In diesem Zusammenhang war ihnen das Schicksal Gustavs III. nicht gleichgültig. Die in Kopenhagen akkreditierten Gesandten beider Länder, Elliot und von Borke, unternahmen verschiedene Vorstöße zur Rettung des schwedischen Königs. Sie drohten unter anderem damit, England würde seine Flotte auslaufen und Kopenhagen beschießen, Preußen den Heeresverband des Grafen Kalkreut in Holstein einmarschieren lassen. Das wirkte. Dänemark lenkte ein. Es schloß mit Schweden am 8. Oktober für die Dauer von acht Tagen einen Waffenstillstand. Dieser wurde immer wieder verlängert, und am 12. November räumte Prinz Karl von Hessen alle besetzten Gebiete. Schließlich verpflichtete sich Dänemark am 15. Mai 1789, sich während des schwedisch-russischen Konfliktes künftig neutral zu verhalten.[27]

Herbstereignisse

Oberst Mikael Anckarsvärd erreichte Sveaborg ohne Feindberührung – stets im unmittelbaren Küstenbereich segelnd bzw. rudernd. Die großen Blockadeschiffe hatten sich nicht in die Schärengewässer hineingewagt, ihm nichts anhaben können. Nun lag die Armeeflotte wieder fast vollständig unter dem Schutz der Festungskanonen. Lediglich zwei Einheiten verblieben im östlichen Raum: Major Dankwardt mit einer Udema, zwei Pojamas, zwölf Kanonenschaluppen und einer Kanonenbarkasse zur Flankensicherung des Heeres bei der Mündung des westlichen Arms der Kymmene sowie Major P. A. Malmborg mit zwei Turumas, zwei Udemas und einer Aufklärungsschaluppe als Vorposten bei Stor Pellinge.

Kaum daß Anckarsvärds Verband vertäut war, erhielt der Oberst Kenntnis von dem vor Hangö kreuzenden russischen Geschwader. Wollte Admiral Samuel Greigh die schwedische Nachschubroute für längere Zeit unterbrechen, oder hielt sich die Formation dort nur zufällig auf? Das zu ergründen, wurde Oberstleutnant von Stedingk aufgetragen. Dessen Abteilung bestand aus der Fregatte *Sprentporten*, der Turuma *Norden*, der Hemmema *Oden*, den drei Galeeren *Kalmar*, *Taube* und *Östergötland* sowie drei Kanonenschaluppen, vier Kanonenbarkassen und einer Mörserbarkasse. Außerdem befehligte er 550 für den Landeinsatz vorgesehene Soldaten.

Bis zur kleinen Halbinsel Tvärminne sichtete von Stedingk kein fremdes Segel. Jetzt aber machte er Backbord voraus, bei der Insel Russärö, fünf Schiffe aus – den feindlichen Verband. Drei Linienschiffe segelten langsam südwärts, wendeten bald darauf. Das wiederholte sich in regelmäßigen Abständen. Zwei Fregatten – eine größere und eine kleinere – hielten sich indessen zwischen Russärö und Hangös Landspitze auf. Das taktische Verhalten der Russen wies eindeutig auf routinemäßigen Blockadedienst hin. Kein schwedischer Versorgungstransporter würde hier ungehindert passieren können. Angesichts dieser Situation entschloß sich der Oberstleutnant, Hangös Vorfeld militärisch zu bewachen. Zu diesem Zweck legte er auf Tvärminne einen Stützpunkt an und postierte einige seiner Fahrzeuge so, daß sie nach Osten die Küstenregion bis zur Halbinsel Porkala kontrollieren konnten (23° 15' O bis 24° 30' O)[28] Zudem gestatteten die geographischen Verhältnisse, die feindliche Blockade zu umgehen. Nördlich von Tvärminne, an der schmalsten Stelle der Hangö-Halbinsel bei Lappvik (Lapphoja), sollte eine Bootsschleppe gebaut werden.

Wenige Tage später traf Anckarsvärd mit zwei Turumas, zwölf Kanonenschaluppen, drei Mörserbarkassen und einigen Hilfsfahrzeugen auf Tvärminne ein. Damit befanden sich etwa zwei Drittel der Armeeflotte abermals im Einsatz. Außer den beiden Fregatten *Trolle* und *Patrioten* lagen nur noch zwei Turumas, eine Pojama, fünf Kanonenjollen, fünf Kanonenbarkassen, 25 Galeeren und einige Hilfsfahrzeuge in Sveaborg bei der Kriegsflotte. Anckarsvärd studierte eingehend die Lage und kehrte mit einem Hilfsfahrzeug nach

Sveaborg zurück. Nach seiner Überzeugung wäre bei ruhiger Wetterlage ein Angriff gegen die Fregatten durchaus erfolgversprechend. Herzog Karl hatte jedoch auf Druck der Anjala-Vereinigung jegliche Kampfhandlungen untersagt. Das betraf auch die Armeeflotte. Ihr Befehlshaber war trotzdem gewillt, die Russen bei Hangö zu vertreiben, den Nachschub auf der üblichen Route zu gewährleisten. In dieser Frage stimmte er mit allen ihm nahestehenden Offizieren überein. Leider gibt es in authentischen Dokumenten keine Hinweise auf Gespräche mit Herzog Karl. Nur Anckarsvärd erwähnt sie in seinem Tagebuch: „Ich drängte Königliche Hoheit, mir eine Angriffsorder auszustellen – doch vergebens. Meinen Hinweis, er brauche sich bei ungewissem Ausgang der Aktion nicht zu verantworten, wohl aber dafür, daß jeder seine heilige Pflicht erfülle, nahm unser Herzog wohlwollend auf." Fakt ist, Oberst Anckarsvärd verließ Sveaborg am 12. Oktober auf der Schaluppe *Gäddan*, ohne einen schriftlichen Angriffsbefehl erhalten zu haben. Wegen starken Nordostwindes kam die Schaluppe nur mühsam voran. Während der Nacht mußte sie in Lee einer Schäre verharren. Erst am Nachmittag des 13. Oktober machte *Gäddan* bei dichtem Schneetreiben im Stützpunkt Tvärminne fest.

Dem russischen Geschwader blieben die schwedischen Aktivitäten nicht verborgen. Kapitän James Trevenen wartete nur auf eine passende Gelegenheit, um auf Tvärminne zu landen. Durch das veränderte Verhalten der Blockadeschiffe aufmerksam geworden, sah Anckarsvärd des Gegners Absicht voraus. Am 14. Oktober hielt er Kriegsrat. Es wurde ein baldmöglichster Angriff gegen Trevenens Einheit besprochen, damit dieser „uns nicht zuvorkommt und hier alles verheert". Außerdem lag jenseits der Hangö-Halbinsel eine aus Stockholm gekommene Transportflotte im Jungfrusund. Ihr mußte „der Weg freigekämpft werden, weil Sveaborg die Lebensmittel dringend benötigt".

Doch nicht nur Kapitän Trevenen, sondern auch die Anjala-Vereinigung beobachtete Anckarsvärds Aufmarsch mit Argwohn. Daß noch kurz vor Beginn der Operation gegen das feindliche Geschwader der Befehlshaber der Armeeflotte zum „Überlaufen" bewogen werden sollte, geht aus seiner Tagebucheintragung vom 16. Oktober hervor: „Am Vormittag machten mir Major Jägerhorn und Freiherr Fleming vom Åbo-Regiment ihre Aufwartung. Jägerhorn erzählte mir zuerst von seinem Besuch bei der Kaiserin und wie sie über unseren Einmarsch in Russisch-Karelien sowie über den Offizierswiderstand denkt. Dann sprachen beide davon, daß die errungene Freiheit in unserem Land immer mehr eingeschränkt werde, Unruhe und Gewalt zunehme, ein Chaos unmittelbar bevorstehe. Meine Besucher beschworen mich, mich öffentlich zu erklären und die Führung zu übernehmen. Mit dieser aufsehenerregenden Tat könnte ich allein das zerstrittene Land retten. Sie versicherten mir, Oberst Hästeskos Åbo-Regiment sowie Oberst Hastfers Savolaks-Brigade würden sich bedingungslos unter meinen Befehl stellen. Das war zuviel für mich. Ich bat sie zur Umkehr, und mit Gottes Hilfe sollten sie nochmals alles bedenken. Daß Freiheit und Vaterland bedroht seien, stimmt in gewisser Hinsicht, aber wie soll die Entwicklung gestoppt werden? Die Irreführung hat bereits einen Grad erreicht, der die Nation in zwei Lager teilt. Selbst in der Armee denken viele, sie seien belogen worden. Da niemand Schweden angegriffen hatte, war der Krieg nicht notwendig. Auch glaubt man allgemein, die Armee vernachlässige ihre Pflicht, in ihr gebe es Zwietracht. Das ist ein Zustand, der hervorgerufen wurde, weil es an allem mangelt, insbesondere an Geld. Und unter solchen Bedingungen soll eine Revolution stattfinden? Sie würde doch nur zu noch mehr Verzweiflung und Unglück führen …"

Dieser 16. Oktober war mit Schneeregen und dichtem Nebel trotz Windstille ein ungemütlicher, naßkalter Herbsttag. Als es in den Nachmittagsstunden aufklarte, meldeten schwedische Beobachtungsposten, die feindliche kleine Fregatte *Swjatoj Mark* habe ihre bisherige Position verlassen. Sie lag nun weiter westlich. Anscheinend beabsichtige ihr Kommandant, bei aufkommendem Wind zum Jungfrusund vorzudringen. Anckarsvärd paßte seinen Angriffsplan der entstandenen Lage an. Am kommenden Morgen wollte er – falls das Wetter nicht umschlug – mit drei Kanonenbarkassen, der Turuma *Norden* und der Hemmema *Oden* eine Attacke gegen die ankernde Fregatte *Nadeshda Blagopolutija* vortäuschen. Major Karl Gustav Kraemer sollte sich zum Schein mit sechs Kanonenschaluppen beteiligen, in Wirklichkeit jedoch nach Westen durchbrechen, der *Swjatoi Mark* folgen und sie vernichten.

Bei Hellwerden deutete alles auf einen schönen 17. Oktober hin: Keine Wolke am Himmel, die See spiegelglatt. *Norden* und *Oden* nahmen Kurs auf die Andalsschären (östlich von Hangö udde). Wegen der Flaute kamen sie allerdings nur langsam voran. Die begleitenden Kanonenbarkassen und -schaluppen waren dagegen schneller, begannen schließlich allein den Scheinangriff. Unerwartet frischte es auf. Der Befehlshaber der Fregatte *Nadeshda Blagopolutija*, Kapitän N. von Bodiscow, ließ die Anker hieven und segelte südwärts davon.[29] Das nutzte Kraemer aus. Er ruderte zur Landspitze und folgte der *Swjatoi Mark*. Indessen hatte sich die *Rodislaw* Russärö genähert. Geschwaderführer Trevenen durchschaute Anckarsvärds Plan und signalisierte von Bodiscow, der Fregatte *Swjatoi Mark* beizustehen. *Nadeshda Blagopelutija* wendete und geriet für einige Minuten in den Feuerbereich der drei Kanonenbarkassen. Die Kugeln der schwedischen Zwölfpfünder fanden ihr Ziel, die der russischen Fregatte nicht. Von Bodiscow vermochte zwar noch Hangö udde zu passieren, doch beendete danach eine Untiefe seine Verfolgungsjagd. Kraemer wußte nicht, weshalb der Gegner achteraus blieb. Er nahm an, man wolle ihm den Rückweg abschneiden. Das interessierte den Major jedoch im Moment wenig, da er mit jedem Riemenschlag den Abstand zur *Swjatoi Mark* verringern konnte. Bei den Skälstenara (Skälsteinen) eröffneten die Achtzehnpfünder der Schaluppen das Feuer. Die Schüsse trafen. Plötzlich tauchte vor der *Swjatoi Mark* ein schwedischer Küstenfrachter auf, der unverhofft dem Russen vor die Rohre lief. Mit Einbruch der Dunkelheit schwiegen die Kanonen: Die kleine russische Fregatte kehrte schwer beschädigt nach Russärö zurück; der von seiner Besatzung verlassene schwedische Frachter lag im Flachwasser auf Grund; *Nadeshda Blagopolutija* kam im Laufe der Nacht wieder flott; Kraemers Flottille ankerte zunächst bei

Landby, steuerte später Tvärminne an – sämtliche Schiffe und Boote beider Seiten befanden sich am 18. Oktober wieder in ihrer Ausgangsposition. Unter dem Schutz der großen Fregatte beseitigte die Besatzung der *Swjatoi Mark* Gefechtsschäden. Beide Fahrzeuge fielen daher für den Blockadedienst aus. Das Fahrwasser im direkten Küstenbereich wurde nicht mehr von ihnen beherrscht. Alle 30 schwedischen Versorgungstransporter erreichten unbehelligt Lappvik. Die Blockade war durchbrochen, der weitere Aufenthalt des russischen Geschwaders vor Hangö sinnlos geworden.

Oberst Mikael Anckarsvärd wertete den Ablauf der Operation positiv. Er lobte Major Kraemers umsichtiges Handeln und bescheinigte den Offizieren „Unternehmungslust und guten Willen". Aufbauend auf den Erfolg wurde ein weiterer Angriff gegen die beiden angeschlagenen feindlichen Fahrzeuge beschlossen. Zu diesem Zweck beorderte der Oberst die Udema *Ingeborg* nach Tvärminne. Stürmische See vereitelte das Vorhaben, Kanonenschaluppen und -barkassen konnten nicht auslaufen.

In Anckarsvärds Tagebuch heißt es zu diesen Ereignissen: „Ich messe der Aktion große Bedeutung bei. Immerhin haben wir 30 Proviantfahrzeuge gerettet. Sie hatten den Wintervorrat für die Armee in Finnland geladen. Auch bewahrte ich das Gebiet von Hangö vor Mord und Brand, öffnete schließlich den Verbindungsweg nach Schweden … Das Unternehmen wurde außerordentlich kühn vorgetragen. Die russische große Fregatte mußte – ob sie wollte oder nicht – mit den Kanonenbarkassen Schüsse wechseln. Wäre das Wetter ruhig geblieben, hätten wir noch mehr vollbringen, mit Gottes Hilfe und unseren schwimmenden Batterien sowie mit glühenden Kugeln die Fregatten *Nadeshda Blagopolutija* und *Swjatoi Mark* aufbringen oder vernichten können."[30]

Am 24. Oktober segelte das Blockadegeschwader ins befohlene Winterquartier. Kapitän James Trevenen befolgte damit die letzte Order Admiral Samuel Greighs, der zwei Tage später in Reval seinen bei Hogland erlittenen Verletzungen erlag.

Sofort nach Abzug des Gegners übernahmen eine Turuma und mehrere Kanonenschaluppen die Kontrolle über den Gewässerabschnitt bei Russarö (später löste die Fregatte *Sprengtporten* die kleinen Schaluppen ab). Anckarsvärd entließ die Galeeren *Kalmar* und *Östergötland* nach Åbo, wo sie über Winter aufgelegt werden sollten.[31] Dann steuerte er mit allen übrigen noch im Stützpunkt Tvärminne verbliebenen Fahrzeugen Sveaborg an. Hier hatten die Russen ebenfalls ihre Seeblockade beendet. Mit Herzog Karl kam der Befehlshaber der Armeeflotte überein, vorsichtshalber den gesamten Küstenabschnitt bis zum Nagu-Archipel zu sichern: zwischen dem Jungfrusund und den Nagu-Inseln durch die Pojama *Disa*, die Yacht *Måsen* und einige Kanonenbarkassen. Zur Insel Busö befahlen sie die Fregatte *Hector*, zum westlichen Auslauf des Barösundes die Fregatte *Patrioten* und zum entgegengesetzten Auslauf im Osten die Fregatte *Trolle* und eine Kanonenbarkasse. Vor der Halbinsel Porkala hatten die Fregatten *Fröja* und *Minerva* zu patrouillieren.

Dieser Wachdienst sollte nicht lange währen. Bald lagen sichere Erkenntnisse über die russische Flotte vor, die in Kronstadt und Reval abgetakelt und zur Winterüberholung vorbereitet wurde. Mitte November erübrigten sich daher alle Vorsichtsmaßnahmen, die Einheiten der Armeeflotte liefen Sveaborg bzw. die ihnen zugewiesenen Winterquartiere an.

Nach dem Willen Herzog Karls sollte in Sveaborg auch die Kriegsflotte verbleiben, ebenso das in Stockholm beheimatete Galeerengeschwader. Hinsichtlich der Galeeren gab es von keiner Seite Widerspruch. Die Kriegsflotte jedoch mußte gemäß königlicher Order Finnland verlassen, nach Karlskrona segeln.[32]

Am 20. November lief die Streitmacht aus. An Bord befanden sich Truppeneinheiten, abgemusterte Männer des Galeerengeschwaders und Urlaub antretende Offiziere der Armeeflottee. In der Nacht zum 22. November durchlebten sie die Hölle. Ein gewaltiger Sturm, fast schon ein Orkan, fegte über die See. Insbesondere die Soldaten litten. Sie lagen hilflos unter Deck in ihrem eigenen Erbrochenen. An kommenden Morgen sah Flaggkapitän Nordenskjöld nur noch fünf Schiffe. Wo waren die anderen? Wegen der in Sveaborg nur notdürftig durchgeführten Reparaturen könnten sie den Naturgewalten nicht getrotzt haben und gesunken sein. Diesbezügliche Befürchtungen bewahrheiteten sich nicht. Während des Unwetters hatten die Schiffskommandanten lediglich Fühlung zum Nachbarn verloren, mußten allein Kurs auf Karlskrona nehmen. Am 28. November ging der letzte Kriegssegler in der Heimatbasis vor Anker. Zwei Tage darauf reiste Herzog Karl nach Stockholm. Die Hauptstädter bereiteten dem „großen Seehelden, der bei Hogland so glorreich siegte", einen begeisterten Empfang.

Offiziell fand das Flottenunternehmen mit dem Abmustern der Mannschaften am 13. Dezember sein Ende. Nach dem Auszahlen des letzten Soldes zeichnete Herzog Karl die Kostenaufstellung der Admiralität für den Kriegszug des Jahres 1788 ab: 689.257 und einen halben Reichstaler.

An 19. Dezember jubelte Stockholm erneut. Gustav III., der „den dänischen Erzfeinden ins Visier geschaut und sie aus dem Reich vertrieben" hatte, zog mit seinen Getreuen in die Landesmetropole ein. Dem König, „von Offizieren verraten und vom finnischen Heer schmählich im Stich gelassen, stand der Triumph deutlich im Gesicht geschrieben". Er, der bislang von eigenen Kriegstaten nur geträumt hatte, war in den Augen seines Volkes ein Held geworden.

Mit Herzog Karl beriet Seine Majestät die Situation in Finnland. Der Großadmiral berichtete ihm, was sich nach der Veröffentlichung des Anjala-Programms ereignet hatte. Er betonte wiederholt, daß sich trotz gewisser unzufriedener Äußerungen kein Offizier der Kriegs- und Armeeflotte den Meuterern anschließen wollte. Inbesondere hob der Herzog das engagierte Verhalten Oberst Mikael Anckarsvärds hervor und überreichte dessen Schriftsatz über die Operation gegen das russische Geschwader bei Hangö. Der König mißtraute jedoch allen, die irgendwie mit Finnland in engem Zusammenhang standen. Anckarsvärds Vorschlag, „die Männer auszuzeichnen, die unsere Transportflotte retteten und beherzt gegen die feindliche Übermacht vorgingen", lehnte er daher kategorisch ab.

Erfreut registrierte der Monarch dagegen eine andere Mitteilung. In seiner Eigenschaft als zeitweiliger Oberbefehlshaber der finnischen Regimenter hatte Herzog Karl sie Mitte November ins Winterquartier verlegen und alle Rädelsführer der Anjala-Verschwörung verhaften lassen. Damit gab es zwischen den finnischen Separatisten und der Adelsopposition im Mutterland keine Verbindung mehr. Nach der Unterredung mit seinem Bruder erteilte Gustav III. Order, die arretierten Anjala-Offiziere am Neujahrstag in Sveaborg abzuholen und nach Stockholm zu bringen. Nun konnte er sich in aller Ruhe den inneren Problemen zuwenden, sich auf den am 2. Februar 1789 beginnenden Reichstag vorbereiten.

Von Anfang an gehörte das Einberufen des Reichstages zu den Grundforderungen der Opposition. Als der König in Göteborg erfahren hatte, im Lande sei durch sein mutiges Auftreten die royalistische Stimmung rapide gewachsen, hatte er die Gunst der Stunde genutzt und den Reichstag ausgeschrieben. Seine Majestät war jetzt überzeugt, den Ständen ihre Zustimmung zum Krieg gegen Rußland abringen, seine Pläne im Osten doch noch verwirklichen zu können.

1789

Oberadmiral Ehrensvärd wird aktiv

Von Dänemark drohte Schweden dank preußischer und britischer Diplomatie vorläufig keine Gefahr. An der Ostgrenze in Finnland herrschte Waffenruhe. Gustav III. konzentrierte sich völlig auf den bevorstehenden Reichstag. Seine Taktik war, Geistlichkeit, Bürgerschaft und Bauernstand gegen den Adelsstand auszuspielen. Er baute auf den Plan der Privilegienbeseitigung, um der Hauptforderung des Nichtadels entgegenzukommen. Des Königs Vertraute „bearbeiteten" geschickt die niederen Stände, indem sie während vieler Gespräche an die Privilegiendebatten des Jahres 1771 anknüpften. Während des Reichstages wurde dann die adlige Opposition unterdrückt und mit Hilfe der anderen drei Stände als wirkungsvolle Antwort auf die „Bundesakte von Anjala" eine „Vereinigungs- und Sicherheitsakte" durchgesetzt (3. April). Damit gab es wieder die königliche Alleinherrschaft.

Der König bestimmte die Anzahl der Reichsräte (der Rat verlor seine Existenzberechtigung); er durfte alle „reichswichtigen Angelegenheiten" entscheiden, wie es ihm am richtigsten erschien; ihm stand das Recht zu, einen Krieg zu beginnen. Bei Steuerbewilligungen hingegen hatte das schwedische Volk das Recht, gemeinsam mit dem König „zu beraten, sich zu vergleichen, abzuschlagen oder übereinzustimmen". Hinsichtlich der Privilegien wurde verfügt: Beisitzer im obersten Gericht konnte nun jedermann werden. Adel und Nichtadel erhielten gleiches Recht zu den meisten Ämtern und zum Grundbesitz (ausgenommen Rittergüter und dazugehörige Adels-Bauernhöfe); außerdem wurde den Bauern gestattet, wieder Kronhöfe zu erwerben (das war seit 1773 nicht mehr möglich gewesen) und unbeschränkt über ihren Boden zu verfügen.

Mit fast der gesamten Macht in den Händen konnte sich der König nun wieder dem Krieg im Osten zuwenden. Die Lage sah allerdings völlig anders aus als zu Beginn des Feldzuges:

Katharina II. hatte neue Truppenverbände aufstellen, kampferprobte umgruppieren lassen – ein 40.000-Mann-Heer stand in Erwartung des schwedischen Angriffs unter General Mussin-Puschkin in Südostfinnland bereit. Mit der Schärenflotte ging während der Wintermonate ebenfalls eine spürbare Veränderung vor sich. Das Admiralitätskollegium ordnete sowohl umfangreiche Reparaturen als auch Neubauten an. Ende April warteten auf der Insel Kotlin rund 100 Fahrzeuge unterschiedlicher Größe auf ihren Stapellauf – darunter erstmals Kanonenschaluppen, die denen af Chapmans ähnelten. Im Mai übernahm der in russische Dienste getretene Malteserritter Graf Giulio Litta die Schärenflotte.[33] Mit Unterstützung des Befehlshabers des Kronstädter Kriegshafens rüstete er sie aus, veranlaßte ihre Bemannung. Der in Kopenhagen vorübergehend stationierte Flottenverband (ab 9. Mai unter Vizeadmiral Timofej Gawrilowitsch Kosljaninow) war im März seeklar, die von Admiral Wassili Jakowlewitsch Tschitschagow befehligten beiden Geschwader (Kronstadt und Reval) Anfang April (siehe Tabelle 11).

Das schwedische Heer – insbesondere die finnischen Regimenter – dagegen wies durch die Meuterei von Anjala beträchtliche Lücken auf. Offiziere und Soldaten aus dem Mutterland sollten diese schließen. Trotz erneuter Rekrutierung veränderte sich die Gesamtstärke der Armee gegenüber dem Vorjahr jedoch nur unwesentlich.

Bei der Kriegsflotte gab es noch größere Probleme. Sobald Herzog Karl mit ihr die Heimatbasis im Spätherbst 1788 erreicht hatte, wurde der überwiegende Teil der Schiffsbesatzungen abgemustert. Die meisten Männer traten allerdings nicht den Weg nach Hause, sondern den ins örtliche Lazarett an. Nach Übernahme der *Wladislaw* in Sveaborg zeigten sich bei den schwedischen Seeleuten erste Fälle von Roter Ruhr. Sie war „mit einem bösartigen fauligen Fieber und mit Brand endender Entzündung der Gedärme verbunden". In der finnischen Basis starben an den Folgen der Erkrankung relativ wenige, während der Überfahrt nach Schweden schon mehr, aber in der heimatlichen Hafenstadt stieg die Zahl der Todesfälle rapide an.[34]

Im Februar ging in Karlskrona der königliche Befehl zur Ausrüstung von 21 Linienschiffen, neun schweren und vier leichten Fregatten sowie sieben oder acht Hilfsfahrzeugen ein. Die Besatzung des Verbandes sollte 16.595 Mann betragen. War das Überholen der Schiffe durch den hohen Krankenstand schon ein schwieriges Unterfangen, erwies sich das Aufstellen kompletter Besatzungen als schier undurchführbar – die Ruhr kannte keinen Unterschied zwischen Matrosen und Offizieren. Als Ausweg schlug Herzog Karl der Admiralität vor, auf die Zwangsrekrutierung oder das sogenannte „Pressen" nach englischem Vorbild zurückzugreifen. Des Großadmirals Ansinnen stieß auf Ablehung, da „solche Maßnahmen kein anderes Resultat als die Verbitterung der Männer haben". Statt dessen verstärkte die Admiralität ihre Werbeaktionen bei der Handelsflotte. Hatte sich erst einmal ein Offizier oder ein Matrose grundsätzlich zum Kriegsdienst bereit erklärt, wurde er sofort bei dem entsprechenden Reeder gemietet.

Für die ökonomische Verwaltung und für die Lebensmittelversorgung der Kriegsflotte zeichnete der Landeshauptmann von Blekinge, Fredrik Georg Strömfelt, verantwortlich.[35] Dem Ausrüsten der Schiffe stellten sich keine gravierenden Schwierigkeiten entgegen. In den Vorratsschuppen lagerten genügend Hölzer, Tauwerk, Anker, Kanonenlafetten und -rohre, Segeltuch und Takelwerkteile. Lediglich die vorhandenen Kanonenkugeln reichten nicht, vor allem die für die Sechsunddreißigpfünder. Obwohl viele Seeleute bei den Überholungsarbeiten halfen, entließ die Werft keinen Segler zum vorgesehenen Termin. Es traten Verzögerungen bis zu zwei Monaten auf. Das wirkte sich auf die sich anschließende Ausrüstung des Schiffes aus, die erst erfolgen konnte, wenn es schwamm.

Auch auf der Werft von Sveaborg ging die Winterarbeit nur mühsam voran. Es fehlten Geld und Handwerker. Für das Überholen aller Fahrzeuge der Armeeflotte standen 30.000

Reichstaler zur Verfügung. Dieser Betrag reichte nicht lange. Oberst Anckarsvärd wandte sich wiederholt an die Behörden, schrieb verzweifelte Briefe an ihm wohlbekannte Persönlichkeiten. Ohne Erfolg – er fühlte sich allein gelassen. Letztendlich griff der Oberst auf sein Familienkapital zurück. Er lieh dem Staat 20.000 Reichstaler, damit die wichtigsten Lohnarbeiten auf der Werft finanziert werden konnten.

Im Februar richtete Anckarsvärd ein Schreiben an die oberste Untersuchungskommission. Seine Formulierung war kurz und eindeutig: „In den Werkstätten gibt es viel zu tun, aber dort sind nur Kranke anzutreffen. Soldaten und Arbeiter erhalten unzureichend zu essen, sie sind abgemagert. Das bewilligte Geld ist verbraucht. Wie sollen wir unseren Beitrag für den Krieg leisten?" Das realistisch denkende Gremium forderte daraufhin das Staatskontor auf, unverzüglich zu handeln, da „der glückliche Ausgang des kommenden Feldzuges vom rechtzeitigen Auslaufen der Armeeflotte abhängt".

Während Anckarsvärd sich unermüdlich um das Wohl seines Verbandes kümmerte, waren in des Königs Umgebung Ränkeschmiede mit dem Ziel am Werk, die Armeeflotte zu diskreditieren. Den eigenen Vorteil suchend, schürten sie das Mißtrauen Seiner Majestät gegen diesen Truppenteil und rieten, ihn der Kriegsflotte anzugliedern. Arglistig behauptete man, der Oberst hätte enge Kontakte zu den Meuterern von Anjala gehabt und „in der Armeeflotte einen schlimmen Geist erzeugt".[36]

Daß die Intrigen gegen die Armeeflotte aufhörten, war allein Oberadmiral Karl August Ehrensvärds Verdienst. Klugerweise hielt er sich aus dem Streit um die Integrität von Oberst Anckarsvärd heraus und löste das Problem auf andere Art. In seinem Tagebuch heißt es dazu: „Ich sagte zum König: Nimm dem Anckarsvärd die Armeeflotte weg und gib sie mir. Dafür verspreche ich Dir, sie für Euren Dienst in Ehren und ohne Groll zu führen." Gustav III. akzeptierte den Vorschlag, entband Ehrensvärd von allen Pflichten in der Admiralität und ernannte ihn am 30. März zum Befehlshaber der Armeeflotte (Ehrensvärds Amt in Karlskrona übernahm Admiral Anton Johan Wrangel). Gleichzeitig wurde Oberst Anckarsvärd seines Postens enthoben und unter Bewachung nach Stockholm gebracht.[37] Sein zeitweiliger Stellvertreter, Oberstleutnant Fleetwood, erhielt Order, vorerst die weiteren Rüstungsarbeiten in Sveaborg zu leiten.

Bevor der Oberadmiral nach Finnland abreiste, setzte er nicht nur die Bewilligung von Geld für die Ausrüstung des Galeeren- und Sveaborg-Geschwaders durch, sondern legte mit dem Schreiben vom 22. April Herzog Karl einen vorläufigen Operationsplan vor. In genauer Kenntnis der Belange der Kriegsflotte ging Ehrensvärd von vornherein von einem Alleingang der Armeeflotte aus. Als Hauptaufgabe sah er den sicheren Nachschubtransport für die Finnland-Armee und deren seeseitigen Flankenschutz an. Im Detail war beabsichtigt:

1. Sofort nach der Eisschmelze rückt eine Abteilung zur russischen Grenze vor (eine Hemmema, eine Udema und etwa zehn Kanonenschaluppen). Alle restlichen Fahrzeuge des Sveaborg-Geschwaders sowie zwei oder drei Galeeren folgen später in den

Bereitstellungsraum zur Insel Kutsalo nach. Die übrigen Galeeren verbleiben als Transportreserve in Sveaborg.

2. Der Åland-Archipel wird durch die Abteilung überwacht, die Oberstleutnant Viktor von Stedingk in Åbo ausrüstet.

3. Den Schutz von Hangö udde übernimmt eine Division Kanonenschaluppen und eine anzulegende Batterie.

4. Nach Porkala und Pellinge werden drei Galeeren, zwei Kanonenschaluppen und eine Kanonenbarkasse verlegt.

Das Dilemma, in dem Oberadmiral Ehrensvärd steckte, ging aus dem Operationsplan deutlich hervor. Klar waren die beiden Hauptaufgaben. Doch wie ließen sie sich erfolgreich lösen? Er verfügte über 86 Fahrzeuge – angefangen vom kleinen Ruderboot bis hin zur Schärenfregatte mit maximal 26 Kanonen. Die rund 500 Kilometer lange Versorgungsroute Schweden–Ålandinseln–Hangö–Sveaborg–Front mit ihnen zu überwachen dürfte schier unmöglich gewesen sein. Ein Sicherungseinsatz ohne größere Kriegsschiffe konnte nur an Schwerpunkten realisiert werden. Hinzu kam, daß die Armeeflotte im Zusammenwirken mit dem Heer aktiv in das Kampfgeschehen eingreifen sollte.

Das Verteidigen des finnischen Schärengürtels mußte dem Oberadmiral erhebliche Sorgen bereitet haben. Seinem Freund Salomon Mauritz von Rajalin vertraute er an: „Ich befürchte ernsthaft, die Russen unterbrechen zuerst unseren Verbindungsweg. Wie wir das ohne Hilfe der Kriegsflotte verhindern können, ist mir ein Rätsel. Ja, wenn mir jemand sagen würde, wo der Feind zuschlägt – dann wären sinnvolle Gegenmaßnahmen durchaus denkbar. So aber heißt es abzuwarten und die Stellen zu sichern, die am ehesten in Betracht kommen. Auch sind alle kriegswichtigen Bergwerksorte von Kimotoland bis Helsingfors durch feindliche Truppenanlandungen bedroht. Was ich dagegenzusetzen habe, ist recht wenig, es fällt kaum ins Gewicht."

Am 29. April übernahm Ehrensvärd das Kommando in Sveaborg. Nach eingehender Inspektion von Werften und Liegeplätzen stellte er befriedigt fest, daß dank angelegter Vorräte an Schiffshölzern und Tauwerk bei vielen Fahrzeugen die Winterüberholung bereits beendet war. Der neue Befehlshaber versicherte anschließend: „Der im Korps herrschende Geist ist vorbildlich. Zucht und Ordnung lassen nichts an Wünschen offen. Aber der Gegensatz zwischen der Liebe zum König und dessen politischem Ziel ist bei Offizieren und Gemeinen zu spüren."

Nach Stockholm meldete der Oberadmiral, die Armeeflotte sei Ende Mai einsatzbereit. In seinem Schreiben wies er eindringlich auf die voraussichtliche Blockade der Verbindungsroute durch den Feind hin und riet dem König, dieser „möge sich für das große Wagnis engagieren und einen Landweg eröffnen. Seiner Majestät Verdienst wird es dann sein, daß die Armee kein Ukraine-Fiasko erleide."[38]

Das Schriftstück war für Oberst Gustav Mauritz Armfelt Anlaß, sich mit Oberst Anckarsvärd in Verbindung zu setzen, von ihm unter besonderer Berücksichtigung der Armeeflotte Vorschläge für den diesjährigen Feldzug unterbreiten zu lassen. Anckarsvärd – für Armfelt ein kompetenter und äußerst überlegt handelnder Offizier – schlug einen kombinierten Angriff der Armeeflotte mit dem Heer gegen Fredrikshamn im Juni vor. Gleichzeitig sollten eigene Seestreitkräfte die russischen binden, ohne sich mit ihnen in einen Kampf einzulassen (ihre defensive Rolle begründete er damit, daß eine Niederlage zur See katastrophale Folgen für den schwedischen Feldzugplan haben würde).

Die Einnahme Fredrikshamns wäre unter solchen Voraussetzungen durchaus ohne größere Verluste möglich. Danach gelte es, die feindliche Galeerenflotte zu stellen und sie bis hinter den Björkösund zu verfolgen, anschließend mit dem nachrückenden Heer Viborg zu erobern.

Armfelt trug Anckarsvärds Überlegungen dem König vor, der sie für sehr beachtenswert hielt und in die Kriegsplanung einbezog.

Oberadmiral Ehrensvärd beriet indessen mit Viktor von Stedingk, dem Befehlshaber des neugebildeten Åbo-Geschwaders, wie sie am besten die Versorgungsroute schützen und welche Punkte sich am ehesten für eine russische Blockade eignen könnten. Von Stedingk faßte zusammen:

1. Besonders gefährdet war Porkala udde. Für die Halbinsel hatte sich bereits im Vorjahr Admiral Greigh interessiert. Lediglich wegen „unserer Anwesenheit schickte er seine Schiffe nach Hangö weiter".

2. Als nächstes Ziel käme der Barösund in die engere Wahl, denn der „Feind wollte dort im vergangenen Jahr mehrmals Fuß fassen. Er wird seine Versuche mit schweren Fregatten, eventuell sogar mit Linienschiffen wiederholen."

3. Weitere Gefahrenzonen wären der Hästöfjord und Tvärminne.

Resignierend schloß von Stedingk: „Wie feindliche Truppenanlandungen oder die Blockade an nur einer der genannten Stellen zu verhindern seien, weiß Gott und der Herr Graf am besten."

Gegen Ende Mai lag die Armeeflotte tatsächlich auslaufbereit auf der Binnenreede von Sveaborg. Ehrensvärd detachierte zunächst Major Klas Hjelmstierna mit einer Galeere, einer Kanonenbarkasse und zwei Kanonenschaluppen zur Hangö udde bzw. nach Tvärminne. Zum Barösund schickte er eine Kanonenbarkasse und zwei Kanonenschaluppen sowie Major P. A. Malmborg mit zwei Kanonenschaluppen zur Porkala udde.

Die Fahrzeuge des Åbo-Geschwaders postierte von Stedingk wie folgt: die Galeere *Kalmar* im Jungfrusund (Kimito-Schärenarchipel); die Galeere *Östergötland* bei Aspö südlich von Korpo; die Turuma *Norden* und eine Kanonenbarkasse bei dem Ledsund-Feuer südlich von Lemland; die Kutterbrigg *Kristina* bei der Kapellschäre im Furusund (Stockholmer Schärenarchipel); die Yacht *Aurora* zwischen dem Korpoström und dem Ledsund; die Fregatte *Sprengtporten* mit der Aviso-Yacht *Atis* und einer Kanonenbarkasse in die Gewässer von Utö (außerdem wollte von Stedingk auf Fagerholm und Killingholm im Korpo-Archipel Batterien errichten).

Östlich von Sveaborg, bei Pellinge, stationierte Ehrensvärd drei Kanonenschaluppen und die Galeeren *Cedercreutz* und *Palmstierna*. Damit hatte er ein knappes Drittel seiner Fahrzeuge eingesetzt. Mit den übrigen mußten die Transportaufgaben und die seeseitige Flankendeckung des Heeres abgesichert werden. Eine kleine Flottille – Hemmema *Oden*, Udema *Gamla* und etliche Kanonenschaluppen – sollte bereits am 20. Mai unter Oberstleutnant Måns von Rosenstein als Vorauskommando von Sveaborg zur Grenze segeln. Heftiger Ostwind verhinderte jedoch bis zum 27. Mai das Auslaufen. Von Rosensteins Einheit war kurz zuvor verstärkt worden. Nun bestand sie aus Hemmema *Oden*, Udema *Gamla*, Turuma *Ragvald*, drei Kanonenbarkassen, zwei Galeeren sowie zwei Divisionen Kanonenschaluppen unter Oberstleutnant Karl Adolf Dankwardts und Major Karl-Gustav Kraemers Befehl. Zwei Tage später ankerte die Formation auf der Reede von Svartholm, und am 1. Juni griff sie russische Wachboote bei Mogenpörtö an. Der Feind entkam, weil von Rosensteins Mannschaften die Fahrzeuge noch nicht vollkommen beherrschten. Nach der fehlgeschlagenen Attacke nahm das Vorauskommando seine vorgesehene Position bei Kungshamn im Kymmene-Gebiet ein. Hier stießen noch Udema *Ingeborg* und Pojama *Brynhilda* hinzu.

Am 8. Juni erhielt von Rosenstein Order, vier im Stadthafen von Fredrikshamn liegende russische Galeeren anzugreifen. Das Unternehmen begann am folgenden Tag. Weit kam die Formation nicht voran. Etwa eine Seemeile westlich vom Svensksund mußte sie wegen widrigen Windes vor Anker gehen. Während der Nacht ebbte der Ostwind nicht ab. Von Rosenstein entschloß sich daher, nur mit den Kanonenschaluppen nach Fredrikshamn zu rudern. Die drei Kanonenbarkassen sollten ihn eine gewisse Wegstrecke weit begleiten, an verschiedenen Punkten Posten beziehen. So war die Verbindung zu den ankernden Fahrzeugen gewährleistet.

Unter den Festungsmauern von Fredrikshamn hatten nicht nur Galeeren, sondern auch Yachten und vor allem drei neutrale niederländische Kauffahrer festgemacht. Letztere wären bei dem Artilleriebeschuß unweigerlich beschädigt worden. Um einen internationalen Konflikt zu vermeiden, erteilte von Rosenstein keine Feuererlaubnis, kehrte mit vier gefangengenommenen russischen Fischern wieder um. Beim Ankerplatz angekommen, beriet er sich mit seinen Offizieren. Sie beschlossen, nach Kungshamn zurückzusegeln, dort das Gros der Armeeflotte zu erwarten.

Als sich die Formation dem Gewässer von Kungshamn näherte, kam ihr Oberstleutnant Fleetwoods Turuma-Geschwader entgegen. Auf dem Flaggschiff wehte der Stander des Oberadmirals. Daß dieser mit seinem Flaggkapitän Karl Olof Cronstedt höchstpersönlich erschien, hatte seine besondere Bewandtnis: Auf ausdrückliches Verlangen hatte Ehrensvärd in dem vorläufigen Operationsplan der Armeeflotte vom 22. April einen Passus aufgenommen: Seine Majestät wollte die Armeeflotte rechtzeitig im Svensksund stationiert haben, in einer günstigen Ausgangsposition für den Angriff auf Fredrikshamn. Außerdem konnte von diesem Seeabschnitt aus der Flankenschutz des Heeres am besten realisiert werden. Ehrensvärd war aber völlig anderer Auffassung. In mehreren Briefen versuchte er, Gustav III. umzustimmen. Für ihn galt, einen „Ankerplatz jenseits der Reichsgrenze auszuwählen, als verantwortungslos. Wozu den Feind unnötig herausfordern? Greift er uns dort an, sitzen wir in der Falle, und unsere Fahrzeuge sind verloren."

Als nun Gustav III. am 8. Juni in Helsingfors eintraf, sah die Binnenreede von Sveaborg recht verwaist aus. Lediglich von Major Aschling eilig ausgerüstete Galeeren und Hilfsfahrzeuge ankerten noch dort. Der Oberadmiral war bereits mit dem Gros der Armeeflotte ausgelaufen. Ein Eilkurier segelte dem Turuma-Geschwader nach und überbrachte Ehrensvärd die Order, am 10. Juni nach Borgå zu kommen, Seiner Majestät einen Lagebericht zu geben.

Bei dieser Begegnung empfing der Oberadmiral zwei vom König unterzeichnete Schriftstücke. Aus ihnen geht hervor, daß

1. über den Teil der Armeeflotte, der westlich von Sveaborg operierte, Gustav III. seinem Generaladjutanten Salomon Mauritz von Rajalin den Befehl übertragen und dessen Flaggkapitän Oberstleutnant Georg de Frèse in seiner Funktion bestätigt hatte. Von Rajalin sollte zunächst aus den Galeeren-*Seraphimsorden*, *Nordstjärneorden* und *Svärdsorden* sowie einigen Fahrzeugen des Åbo-Geschwaders eine schlagkräftige Einheit schaffen und von der Basis Ingå (Inkoo) aus den Barösund, Porkala udde und die Hüttenwerke von Fagervik schützen. Weiterhin war von Rajalin angewiesen worden, umgehend die in Sveaborg liegende Transportreserve – 21 Galeeren, aufgeteilt in drei Divisionen – nach Stockholm in Marsch zu setzen, um ein 4000- bis 6000-Mann-Heer abzuholen;

2. Oberadiniral Ehrensvärd sofort die ihm bekannte Position im Svensksund einzunehmen hatte. Er sollte sich völlig auf den Angriff gegen Fredrikshamn und auf die Unterstützung der Landtruppen konzentrieren.

Ehrensvärd verließ Borgå mit gemischten Gefühlen. Er war froh, durch Salomon Mauritz von Rajalins Einsatz der Sorge um den sicheren Nachschubweg enthoben zu sein, doch der Svensksund-Befehl kränkte ihn sehr. Ungeachtet dessen führte ihn der Oberadmiral aus. Zunächst segelte er nach Kungshamn, vereinigte sich mit von Rosensteins Streitmacht und nahm am 21. Juni Kurs auf den Svensksund.[39]

Westlich von Sveaborg

Der zum Generalmajor der Armeeflotte ernannte Salomon Mauritz von Rajalin schrieb Seiner Majestät am 12. Juni: „Vorgestern kamen zwei russische Fregatten zum Barösund. Heute sind sie wieder abgesegelt. Der Verbindungsweg an Porkala vorbei ist frei ...“

Aber bereits zwei Tage später mußte er dem König bekennen: „Der Feind ankert mit zwei Linienschiffen, drei großen und einer kleinen Fregatte zwischen Stora Träskö und Sommarö vor Porkala udde. Weiterhin liegt eine Brigg zwischen den Inseln Stora Träskö und Tullholmen. Keines unserer Fahrzeuge kann Porkala ungeschoren passieren.“ Die schwedische Versorgungsroute entlang der finnischen Küste war damit an einem ihrer neuralgischen Punkte unterbrochen, das Operationsgebiet der Armeeflotte in zwei Frontabschnitte unterteilt worden.[40]

Zu diesem Zeitpunkt standen von Rajalin nur wenige Fahrzeuge zur Verfügung: die Fregatte *Sprengtporten*, die Turuma *Norden*, die Galeeren *Seraphimsorden*, *Nordstjärneorden*, *Svärdsorden*, *Kalmar* und *Östergötland* sowie zwei Kanonenschaluppen und eine Kanonenbarkasse.

Der Generalmajor sah seine vordringlichste Aufgabe darin, die bei Porkala postierte feindliche Blockadeeinheit zu vertreiben, so die Nachschublinie wieder durchgehend befahrbar zu machen. Ihm wurde jedoch sehr schnell bewußt, daß er mit keiner wirkungsvollen Hilfe aus Sveaborg rechnen konnte. Auch die dem König übermittelten Wunschgedanken, „wenn Herzog Karl mit der Kriegsflotte in den Finnischen Meerbusen segelt und ein Geschwader in den Fjord zwischen Porkala und dem Barösund schickt, um sich der dort liegenden russischen Schiffe zu bemächtigen“, erfüllten sich nicht. Da blieb von Rajalin nichts anderes übrig, als dem Gegner mit der ihm anvertrauten kleinen Streitmacht empfindliche Nadelstiche zu versetzen, hoffend, sie würden größere Wirkung als erwartet zeigen.

Bereits am 15. Juni griff er mit zwei Kanonenschaluppen die kleine Fregatte an. Sie mußte ihren Posten für einige Stunden verlassen, segelte nach Süden. Zwei Tage darauf kam es zwischen den beiden Kanonenschaluppen und der Brigg zu einem heftigen Schußwechsel. Der Gegner suchte zwar Schutz bei den Linienschiffen, doch die Blockadeformation wich nicht von der Stelle. Am 22., 24. und 25. Juni wiederholten die Kanonenschaluppen ohne nennenswertes Resultat ihre Attacken.

Einen entscheidenden Schlag gegen die russischen Kriegsschiffe sollte schließlich am 2. Juli die an der Ostküste Porkalas stationierte Division Major P. A. Malmborgs führen. Seine Einheit bestand aus den beiden Kanonenschaluppen – befehligt von den Fähnrichen Hagelberg und Ahrenkil – sowie aus zwei am Vortag aus Sveaborg eingetroffenen Kanonenjollen. In Vorbereitung der Operation hatte von Rajalin an der Südostküste Porkalas, auf dem Lotsenhügel, von Kapitän A. J. Sjöman eine Batterie mit zwei Zwölfpfündern errichten lassen. Die Kanonen stammten von den Schaluppen, die nun nur noch über jeweils einen Achtzehnpfünder verfügten. Das Unternehmen mißglückte: Als der Wind plötzlich von Ost auf West umschlug, hievten zwei russische Fahrzeuge ihre Anker und wehrten den Angriff ab. Malmborg mußte sich nach Rävsjö zurückziehen. Fähnrich Hagelbergs Schaluppe dagegen wurde der Rückweg abgeschnitten. Sie entkam jedoch zur Westküste Porkalas. Der Gegner begnügte sich nicht mit seinem Erfolg. Er kannte eine Fahrrinne durch die Schären und landete auf Porkala Truppen an. Diese stürmten die schwedische Batterie. Angesichts der Übermacht ließ Sjöman die beiden Kanonen vernageln, ihre Lafetten zerstören und die Pulvervorräte in Brand setzen – dann erst übergab er das Bollwerk. Die Blockadekräfte verstanden die neue Lage zu nutzen. Sie legten auf Pampskatan (Südspitze Porkalas) und auf der vorgelagerten Schäre Segelkobbarna eigene Batterien an und festigten dadurch ihre Position erheblich.

Nach diesen unerfreulichen Ereignissen beschloß von Rajalin, alle westlich von Porkala stationierten Fahrzeuge im Barösund zu konzentrieren. Er schrieb in diesem Zusammenhang am 9. Juli an König Gustav: „Sobald die detachierten Einheiten des Åbo-Geschwaders bei mir eingetroffen sind, beginne ich mit neuen Operationen …" Viktor von Stedingk empfing den entsprechenden Befehl am 12. Juli. Die Order zeugte von der Risikobereitschaft des Generalmajors. Bis auf die Fregatte *Patrioten*, die bis zum Spätherbst zwischen dem Åland- und Åbo-Archipel zu patrouillieren hatte, blieb die gesamte Küste von Åbo bis zum östlichen Einlauf des Barösundes ungeschützt.

Von Rajalin war überzeugt, der Gegner würde seine Blockadekräfte nicht dezentralisieren, sondern die schwedische Nachschublinie nur an einer Stelle sperren – und zwar gründlich. Die eigentliche Gefahr sah er in einer russischen Truppenanlandung hinter der schwedischen Frontlinie. Träte solch ein Fall ein, gäbe es niemand, der im Schärengebiet erste Gegenmaßnahmen ergreifen könnte. Die schwachen, durch schlechte Wegeverhältnisse kaum beweglichen Landposten dürften nicht viel vermocht haben. Für das Heer wären dann katastrophale Folgen mehr als wahrscheinlich.

Bei Porkala blieb es in den folgenden Tagen ruhig. Die russischen Blockadesegler – befehligt von russischen Nachwuchsoffizieren – verhielten sich passiv. Ebenso von Rajalin, der auf Verstärkung wartete. Allerdings hatte der Generalmajor Vorsorge getroffen, daß das Annähern feindlicher Schiffe zum Barösund nicht unbemerkt blieb: Auf Stor Tynnaren, Krokön und Leivon standen nunmehr Beobachtungsposten.

Indessen erreichten die ersten Fahrzeuge des Åbo-Geschwaders die Basis Ingå. Von Rajalin plante, mit ihnen die russischen Batterien auf Pampskatan und Segelkobbarna zu vernichten. Bevor die Vorbereitungen für das Unternehmen abgeschlossen werden konnten, steuerte am 29. Juli eine feindliche Formation von Osten her den Barösund an – langsam, eifrig lotend. Alles deutete darauf hin, daß der Gegner weder gute Karten noch einen Lotsen besaß.

Infolge Ostwinds und des sich nähernden Feindes brach von Rajalin die Angriffsvorbereitungen ab. Seine Aufmerksamkeit galt voll und ganz den Aktivitäten der Russen. Die gingen taktisch klug vor: Ein Linienschiff sicherte die voraussegelnde kleine Fregatte, diese wiederum die vor ihr die Wassertiefe auslotenden Beiboote. So arbeitete sich die Formation allmählich bis an den Einlauf des Barösundes heran. Am 30. Juli, gegen 16 Uhr, versuchte „Kapitän und Ritter Schützercrantz mit der Galeere *Kalmar* die Fregatte am weiteren Vordringen zu hindern. *Kalmar* kam aber nicht gegen den Wind an und mußte zurückrudernd das Scharmützel abbrechen", meldete der Generalmajor den Vorfall an das königliche Hauptquartier.

In den frühen Morgenstunden des nächsten Tages erschien ein russischer Kutter auf der Bildfläche. Er und die kleine Fregatte – ihre Beiboote befanden sich wieder an Deck – drifteten in den Barösund hinein. „Sie loteten rund um sich herum und zeigten wenig Respekt", bemerkte von Rajalin dazu.

Am 1. August gab der Gegner das Erkunden des Barösundes auf. „Ungeachtet des starken Ostwindes warpten und bugsierten die Russen emsig, um zurückzukommen. Nachmittags ließ der Wind etwas nach und wechselte zeitweilig seine Richtung. Dadurch gelang den Feinden, segelnd Zuflucht bei Porkala udde zu finden", kommentierte der Generalmajor zufrieden seinen schriftlichen Bericht an den König.

Das ausgeprägte Interesse der Blockadeeinheit an dem inneren Schärenbereich alarmierte von Rajalin. Er befahl, am Einlauf des Barösundes sofort zwei Verteidigungsstellungen anzulegen, die eine auf der Insel Älgsjö, die andere auf der westlichen Inselspitze von Jakob Ramsjö. Zwischen beiden Eilanden verläuft die Fahrrinne.

Jede Batterie wurde solide gebaut: Der äußere Schutzwall bestand aus einer doppelten Reihe in den Boden gerammter Baumstämme. Kies und Steine füllten den Zwischenraum aus. An verschiedenen Punkten gab es unterirdische Pulvermagazine und an zentraler Stelle einen Ofen. In ihm wurden Kanonenkugeln erhitzt. Drangen derartig „glühend" gemachte Geschosse oderhalb der Wasserlinie in einen Schiffsrumpf oder trafen sie auf Segeltuch, verursachten sie meist Brände. Eine äußerst wirksame Waffe, denn Feuer auf einem Segler unter Kontrolle zu bringen, bedurfte stets enormer Anstrengungen.

Die Batterie auf Älgsjö besaß zwei Vierundzwanzigpfünder und vier Zwölfpfünder, die auf Jakob Ramsjö vier Vierundzwanzigpfünder und zwei Achtundzwanzigpfünder-Feldschlangen. Mit diesen Kanonen konnte in einem relativ langen Abschnitt der Fahrrinne jedes Schiff wirkungsvoll bekämpft werden. Alle Zwölf-und Vierundzwanzigpfünder stammten von der Fregatte *Sprengtporten* und den Galeeren *Kalmar*, *Hälsingland*, *Jämtland* und *Nyköping*. (Das erklärt, weshalb die Galeeren an den folgenden Kampfhandlungen nicht teilnahmen.) Bedient wurden die Kanonen von der bisherigen Mannschaft. Die übrigen Soldaten für die Batterie stellte das Nyland-Dragonerregiment (Nyland ist die Bezeichnung für eine Küstenregion im Süden Finnlands).

Von Rajalin paßte sich der neuen Lage an. Er postierte seine Galeeren[41] schwerpunkt-mäßig nahe dem Einlauf des Barösundes: *Ekeblad, Västgöta-Dal, Västmanland* und *Upsala* bei der Insel Vormö (dort lagen bereits Turuma *Norden* und eine Kanonenbarkasse). *Von Seth, von Rosen, von Höpken* und *Dalarna* bei Bastholmen sowie *Västervik, Värmland, Älvsborg* und *Ehrenpreus* jenseits der Fahrrinne bei Tingsholmen, *Wrede* auf Vorposten südöstlich von Älgsjö, die nur noch schwach armierten *Kalmar, Jämtland, Nyköping* und *Hälsingland* als Reserve bei Stor Ramsjö. Zur Sicherung der westlichen Zufahrt des Barösundes wurden *Taube* und *Posse* nach Tvärminne detachiert. *Seraphimsorden* war an keinen festen Posten gebunden. Bei ihr an Bord befanden sich Oberstleutnant Georg de Frèse, von Rajalins Flaggkapitän, und General Pollet, der das auf den Galeeren verteilte deutsche Psilanderhjelm-Regiment kommandierte.

Sieben Wochen verhinderte der Feind bereits die Nachschublieferungen für die schwedische Armee auf der Küstenroute. Die Vorräte des Heeres waren längst aufgebraucht, man mußte auf finnische Produkte zurückgreifen. Der unverhofft einsetzende zusätzliche Konsum von Nahrungsgütern machte sich im Teilreich bald spürbar bemerkbar – Lebensmittel wurden von Tag zu Tag knapper. Die Bevölkerung sah mit Sorge in die Zukunft. Angesichts drohender Hungersnot in Finnland richtete Gustav III. einen pathetischen Appell an seinen Bruder Karl, sofort ein „Geschwader nach Porkala zu entsenden und die dort kreuzenden russischen Schiffe zu vertreiben". Gleichzeitig schrieb Seine Majestät an Nordenskjöld und bat ihn, darüber zu wachen, daß der Herzog diese Order unbedingt befolgt.[42]

Der König, dessen Hauptquartier sich in jenen Tagen nahe dem im Svensksund liegenden Gros der Armeeflotte befand, wußte, wegen räumlicher Entfernung war vorläufig nicht mit dem Kriegsschiffgeschwader zu rechnen. Aus diesem Grund forderte er von Rajalin auf, „mit allen zu Gebot stehenden Ressourcen anzugreifen und sich danach Oberadmiral Ehrensvärd anzuschließen. Weil die Russen glühende Kugeln nicht kennen, werden sie trotz ihrer Übermacht bei Porkala unterliegen ..."

Im Blockadegeschwader erfolgte inzwischen ein Wechsel. Nun befehligte der kampferfahrene Kapitän James Trevenen auf der *Rodislaw* die Formation. Ihm unterstanden außer kleinen Hilfsfahrzeugen das Linienschiff *Sewerny Orjol*[43] und eine kleine Fregatte. *Rodislaw* ankerte auf dem Muntersgrund südlich von Stora Träskö und die Fregatte östlich von Segelkobbarna. Von Rajalan wartete auf absolute Windstille. Im Mittelpunkt des neuen Angriffsplanes stand der Riemenvortrieb seiner Fahrzeuge. Er ging von der durchaus richtigen Überlegung aus, der Gegner wäre bei Flaute an seinen Ankerplatz gebunden. Also konnten die leichten Schärenfahrzeuge ihn außer Reichweite seiner Kanonen umrudern und aus günstiger Position heraus attackieren.

Am 26. August, einem ruhigen Sommertag, leitete der Generalmajor seine Aktion ein. Er beabsichtigte, mit den Galeeren *Svärdsorden* (diesmal befehligt von Kapitän

Schützercrantz), *Östergötland* (Kapitän Arvid Virgin), *Nordstjärneorden* (Leutnant Levin), je zwei Kanonenschaluppen und -jollen sowie einer Kanonenbarkasse am Feind vorbei zur Ostküste Porkalas zu rudern. Oberstleutnant de Frèse wollte gleichzeitig mit der Turuma *Norden*, den Galeeren *Seraphimsorden*, *Västgöta-Dal Västmanland* und *Upsala* sowie einigen Kanonenschaluppen und -barkassen ein Ablenkungsmanöver durchführen.

Gemeinsam steuerten beide Flottillen von Jakob Ramsjö aus ostwärts. Südlich der Insel Vormö trennten sie sich. De Frèse hielt auf Segelkobbarna zu und nahm eine Position zwischen Vormö und Stora Träskö ein. Von hier aus beschoß er die russische Batterie bis gegen 17 Uhr. Von Rajalin schwenkte nach Süden, hatte um 17 Uhr Stora Träskö und die dort ankernden beiden feindlichen Linienschiffe westlich passiert. Die Flottille ruderte bis zu den Inseln Makilo (Mäkiluoo) und Flintan (heute Flintgrund) weiter, ging dort auf Nordostkurs. Der Weg nach Osten war frei. Bei der Hermansschäre ließ der Generalmajor erneut den Kurs ändern, diesmal nach West auf den Feind zu. Bei der bald darauf beginnenden einstündigen Kanonade „verbrauchten die Russen eine erschreckende Menge Munition, ohne einen einzigen Treffer zu erzielen. Wir waren bedeutend sparsamer, trafen dafür aber besser", schrieb von Rajalin später an Seine Majestät. Nach dem Schußwechsel zog die Flottille entlang Porkalas Ostküste zur Insel Lill Svartö, wo sie im „sicheren Ankerwasser die Nacht verbrachte".

Der Durchbruch war gelungen, doch Trevenens Blockadeeinheit räumte nicht das Feld. Am 27. August griff von Rajalan abermals an. Diesmal ohne Galeeren, nur mit den fünf kleinen, sehr wendigen Fahrzeugen. Im Sund zwischen Porkala-Tullandet und Kyrkogårdsö formierten sie sich zur Kampflinie und beschossen mit „glühenden Kugeln" die feindlichen Kriegsschiffe. Von einer Anhöhe aus auf Tullandet leitete der Generalmajor das Feuer. Das Resultat befriedigte ihn nicht. Trotz ständiger Korrektur lagen alle Schüsse viel zu hoch. Des Gegners Geschosse schlugen dagegen bedenklich nah ein. Das zwang zum Rückzug.

Nach dem Dunkelwerden sammelte sich die gesamte Flottille zum Nachtangriff auf dem Lenasgrund (östlich von Långörn). Einige Fahrzeuge gingen gegen die russische Batterie auf Segelkobbarna vor, lenkten die Aufmerksamkeit der Blockadeschiffe ab. Plötzlich, gegen 22 Uhr, gerieten auch sie unter Beschuß, obwohl sich ihre Umrisse nur schemenhaft vom westlichen, etwas helleren Nachthimmeal abhoben. Als die Finsternis zunahm, orientierten sich die Kanoniere nach dem Mündungsfeuer. Um Mitternacht fiel der letzte Schuß. Nach von Rajalins Aufzeichnungen verursachten die „glühenden Kugeln lediglich ein großes Geschrei und Getöse". Trevenen maß in seinem Journal dem „Teufelszeug" jedoch größere Bedeutung bei: „Wir mußten viele Leute einsetzen, damit kein Brand entsteht. Sowie eine Feuerkugel traf, warfen Matrosen nasse Decken über sie und erstickten die Flammen ... Mir schien es mehr als ratsam zu sein, die Anker zu hieven und nach Süden zu verlegen."

In den frühen Morgenstunden des 28. August befand sich die schwedische Flottille wieder bei Lill Svartö. Es gelang ihr – auf ähnliche Weise wie Tage zuvor – unangefochten an der Blockadeeinheit vorbeizurudern, Ingå zu erreichen. Unterwegs bemerkte von Rajalin, daß auf den russischen Kriegsschiffen rege Betriebsamkeit herrschte. Offensichtlich beseitigte der Feind die während der Nacht erlittenen Gefechtsschäden.

Gustav III. wertete das Unternehmen als „kühn" und das Resultat als „wichtig". Vor allem imponierte ihm die Art und Weise, wie die Blockade durchlässig geworden war. Vielleicht trug Anders Winberg zu dieser Einschätzung bei. Als Bataillonsprediger der Armeeflotte hatte er an der Operation teilgenommen. Dem offiziellen Gefechtsbericht an Seine Majestät lag ein Schreiben des Probstes bei: „… l00 Galeeren hätten Porkala passieren und sich mit der Flotte östlich von Sveaborg vereinigen können …" In Anerkennung des „Mutes, mit welchem die Schärenflottille gegen den Feind kämpft" und jetzt sicherlich die Nachschubroute bald „frei von russischen Störungen sei", zeichnete der König Salomon Mauritz von Rajalin mit dem im Vorjahr gestifteten „Ritter mit dem Großkreuz des Schwertordens" aus und ernannte den Befehlshaber der Galeere *Nordstjärneorden*, Leutnant Levin, zum Ritter des Schwertordens. Und den zeitweiligen Kommandeur der Gaaleere *Svärdsorden* bedachte er mit einem Ehrendegen, der folgende Inschrift aufweist: „Übergeben vom König an Johan Herman Schützercrantz für gezeigten Mannesmut gegen des Reiches Feinde im Jahre 1789 während des Krieges gegen Rußland. Porkala, am 28. August 1789."[44]

In einer Hinsicht irrte Gustav III.: Die Niederlage Oberadmiral Ehrensvärds im Svensksund veranlaßte den Gegner, seine Aktivitäten sowohl zu Lande als auch zu Wasser zu steigern. Zu Trevenens Blockadeeinheit stießen zusätzliche Kräfte vom Reval-Geschwader. Der russische Generalstab – und somit auch die Marineführung – betrachtete die absolute Kontrolle der Gewässer von Porkala als eine wichtige Voraussetzung für den Sieg ihrer Armee in Südostfinnland.

Während der ersten Septemberhälfte nutzte Trevenen jede sich ihm bietende Gelegenheit, um mit Beibooten den Gewässerabschnitt Porkalan selkä (zwischen Älgsjö im Westen, Vormö im Norden und Stora Träskö im Osten) auszuloten. Seine Aktivitäten wurden am Morgen des 6. September jäh unterbrochen. Ein schwedisches Geschwader näherte sich in Gefechtsformation, segelte aber aus unerklärlichen Gründen plötzlich wieder davon.[45]

Von Rajalins Enttäuschung kannte keine Grenzen, zumal er bei Insichtkommen des Geschwaders dem König noch gemeldet hatte: „In den nächsten Stunden werden die russischen Schiffe Eurer Majestät gehören." Nun lösten sich seine Hoffnungen und Wünsche in nichts auf. Über eines war sich der Generalmajor im klaren. Trevenen wollte den östlichen Einlauf des Barösundes erobern, dadurch den Blockadebereich ausdehnen und die Galeerenflottille in der Basis Ingå einschließen.

Am 16. September deutete das Verhalten der Blockadeeinheit auf den bevorstehenden

Angriff hin: Vier Linienschiffe – *Rodislaw, Alexander Newski, Panteleimon* und *Sewerny Orjol* –, drei große und eine kleine Fregatte, eine Brigg und ein Kutter näherten sich bei leichtem Ostwind Älgsjö und gingen eine halbe Kanonenschußweite von Bastholmen entfernt vor Anker. 24 Stunden später kamen noch eine Fregatte, zwei Briggs und drei Kutter hinzu. „Der Feind lag da wie unbeteiligt, ohne einen Schuß zu lösen", heißt es zu dieser Situation in von Rajalins Bericht an Gustav III. (datiert am 23.9.1789).

Angesichts der bedrohlichen Lage ordnete der Generalmajor die Einnahme neuer Positionen an: „*Sprengtporten* und *Norden* bewachen den Einlauf der Fahrrinne; *Seraphimsorden, Ekeblad, von Seth, Västgöta-Dal* und *Västmanland* bilden eine Linie zwischen Bastholmen und Jakob Ramsjö; *von Rosen, Upsala, von Höpken* und *Nordstjärneorden* gehen im Barösund vor Anker; *Värmland* und eine Kanonenbarkasse haben bei Tingsholmen von Südosten aus den Rücken der Batterie auf Älgsjö zu schützen und *Svärdsorden* die Batterie auf Jakob Ramsjö zu unterstützen." In den Schären von Ingås Kyrkfjord postierte von Rajalan seine Reserve zur Lösung operativer Aufgaben: zwei Kanonenschaluppen, zwei Kanonenbarkassen und die Kutterbrigg *Alexander*.

18. September, 14.30 Uhr: Auf der *Rodislaw* flatterte das gelöste Großmarssegel im Ostwind. Die drei anderen Linienschiffe bestätigten das Signal und rückten langsam westwärts vor. An der Spitze die *Alexander Newski*. In ihrem Kielwasser *Panteleimon, Rodislaw, Sewerny Orjol* und die vier Fregatten. In gebührendem Abstand folgten die kleineren Fahrzeuge.

Seraphimsorden, den Angreifern am nächsten stehend, schoß zuerst. Binnen wenigen Minuten entbrannte der Kampf, sämtliche größeren Einheiten und die beiden Batterien auf Älgsjö und Jakob Ramsjö feuerten aus allen Rohren. *Panteleimon* wurde durch „glühende Kugeln" schwer getroffen und scherte aus. *Sewerny Orjol*, von den zwischen Bastholmen und Jakob Ramsjö stationierten fünf Galeeren arg bedrängt, lief nahe zuerst genannter Insel auf Grund. Doch der Feind war stark. *Norden, Sprengtporten* und einige Galeeren begannen sich gegen 15.30 Uhr in den Barösund zurückzuziehen. Andere Galeeren nahmen Kurs auf Ingå bzw. auf die Werke von Fagervik.

Von Rajalin hielt das Geschehen recht realistisch in seinem Journal fest: „Auf den Galeeren fielen sehr schnell die Kanonen aus – entweder durch zerstörte Brooktaue oder durch zerborstene Rohre. Wir konnten dem Feind nicht mit gleicher Münze heimzahlen, ihm den Erfolg nicht streitig machen – das war der Galeeren tiefste Enttäuschung. Auch die Batterie auf Älgsjö widerstand nicht lange. Weil die Kanonenschlitten getroffen wurden, dachte niemand mehr an ernsthafte Gegenwehr. Wir haben die Rohre vernagelt, die Kugeln in eine Grube geworfen (vergraben?; d. A.), das Bollwerk angezündet, die Pulvermagazine gesprengt und uns abgesetzt. Die Batterie auf Jakob Ramsjö hielt sich wesentlich länger, aber auch sie mußte aufgegeben werden."

Am nächsten Tag richtete sich Trevenens Aufmerksamkeit gegen einzelne, zwischen den Schären rudernde Galeeren. Dabei verlor die Fregatte ihren Hauptmast und ein Kutter sein geschlepptes Beiboot. Doch auch die Schweden hatten einen Verlust zu beklagen: die von Fähnrich Gustav Anckarcrona befehligte Galeere *Värmland*.

Katharina II. belohnte Kapitän James Trevenen für die Einnahme des Barösundes. Sie forderte ihn auf, die Stellung auszubauen, von dort gegen das Festland zu operieren, damit „die Schweden unsere Waffen fürchten lernen". Der russischen Kaiserin kam der Sieg politisch sehr gelegen. Nun bestanden gute Aussichten auf ein rasches Ende des finnischen Feldzuges. Wegen der strategischen Bedeutung des Brückenkopfes im feindlichen Hinterland wies sie Admiral Tschitschagow an, umgehend weitere Kriegsschiffe zum Barösund zu entsenden. Dieser detachierte zwei Linienschiffe und zwei Briggs. Die bei Trevenen eingetroffene Verstärkung veranlaßte von Rajalin, in sein Tagebuch einzutragen: „Jetzt ist die Zahl der Feinde auf 21 Fahrzeuge angewachsen, einschließlich des gestrandeten Linienschiffes."

Auf Älgsjös östlicher Landzunge Skatan entstand nach Trevenens Vorstellungen eine außerordentlich geschickt angelegte, mit acht Kanonen bestückte Batterie. 500 Soldaten war ihre Besatzung stark. Machtlos mußte von Rajalin mit ansehen, was in seinem unmittelbaren Operationsbereich geschah. Diese Untätigkeit wirkte depremierend. Pessimismus breitete sich in der Flottille aus, die Unzufriedenheit bei den Männern wuchs zusehends. Verzweifelt suchte der Generalmajor nach einem Ausweg. Einsätze – gleich welcher Art – mit den nur noch schwach armierten Fahrzeugen entfielen. Es bot sich allerdings an, die Galeeren zu „entmilitarisieren", die an Bord dienenden Soldaten auszuschiffen und zwei spezielle Infanterieabteilungen aufzustellen. Mit ihnen führten de Frèse und von Rajalin mehrere Stoßtruppunternehmen durch, um feindliche Truppenanlandungen zu verhindern. Das Gebiet bei Strömsby – ein wichtiger Umschlagplatz auf Porkala – und die Werke von Fagervik galten als besonders gefährdet. Wie gespannt die damalige Situation war, geht aus einem Brief von Bergwerksrat Johan Hisinger an König Gustav hervor: „Ich werde wohl bald zum Bettelstab greifen müssen, wenn die Russen mein Werk in Fagervik niederbrennen …"

Völlig unerwartet wendete sich das Blatt. Am 9. September war Oberst Gustav Mauritz Armfelt mit einem 4000-Mann-Heer von Gävle (nördlich von Stockholm) kommend in Hangö eingetroffen. Während seines Marsches nach Helsingfors verschaffte er sich in Ingå einen Überblick über die dortige militärische Lage. Auf Befehl des Königs kehrte er nach wenigen Tagen mit einer Infanterieabteilung nach Ingå zurück. Seiner Majestät berichtete er unter dem Datum vom 30. September: „Die russischen Schiffe beschäftigen mich ständig. Immer wieder versucht der Feind, an der Lågnäsküste Truppen anzulanden, um die Gegend zu brandschatzen und zu verheeren. Sowohl meine Abteilung als auch Generalmajor von Rajalins Galeeren leiden sehr unter dem russischen Geschützfeuer. Ich habe deshalb heute Nacht die Batterie auf Älgsjö im Handstreich genommen …"

Was war geschehen? Galeeren und Schaluppen hatten in aller Stille bei völliger Finsternis 200 Infanteristen zur Insel übergesetzt. Um 5 Uhr morgens stürmten Armfelts Soldaten mit blanker Waffe das Bollwerk. Die überraschte Besatzung ergab sich oder flüchtete in ihren Booten. Mit 250 Mann bezifferte Trevenen seine Verluste (Tote und Gefangene). Die schwedische Seite verzeichnete 60 Tote und Verwundete – jedoch weniger durch den eigentlichen Angriff als vielmehr durch den anschließenden Beschuß von drei Linienschiffen und einer Bombenketsch. Alle acht Kanonen konnten unversehrt erbeutet werden. Bevor Armfelt abzog, gab er die Batterie den Flammen preis.

Mit Unterstützung der siegestrunkenen Infanterieeinheit baute von Rajalan erneut eine Batterie auf Älgsjö – die östliche Einfahrt des Barösundes stand damit teilweise wieder unter seiner Kontrolle.

Am 22./23. Oktober kamen fünf neue, mit jeweils zwei Vierundzwanzigpfündern versehene Kanonenschaluppen in der Basis Ingå an. Sie sollten jedoch nicht mehr gegen den Feind rudern. Gegen 17 Uhr des 23. ließ nämlich Kapitän Trevenen auf der gestrandeten *Sewerny Orjol* Feuer legen.[46] Eine Stunde später segelte er davon, nahm Kurs auf Fagerö. Hier ankerte er bis zum kommenden Morgen, steuerte dann direkt Reval an. Die Blockadeformation vor Porkala udde zog am 26. Oktober ab – die schwedische Versorgungsroute entlang der finnischen Küste war wieder offen.

Russische Flottenrüstung

Oberadmiral Karl August Ehrensvärd hatte am 21. Juni Kungshamn verlassen und Kurs auf den Svensksund genommen. Er erreichte ihn zwei Tage später. Wie das südwestlich Fredrikshamns gelegene Seegebiet zu seinem Namen gekommen ist, weiß heutzutage niemand zu sagen – es hieß schon vor Jahrhunderten so. Der Sund wird im Norden und Nordosten durch die Inseln Tallholmen, Tiutine und Majansari begrenzt. Im Uhrzeigersinn folgen die Inseln Kutsalo (Osten), Legma (Südosten), Vikar (Süden), Musalo (Westen) und Kotkasari (Nordwesten). In unmittelbarer Nachbarschaft dieser Inseln gibt es Dutzende größere und kleinere sowie eine Vielzahl namenloser Schären und Untiefen. Durch den sechs Seemeilen langen Gewässerabschnitt führte seinerzeit die wichtige, maximal 400 Meter breite Fahrrinne von Fredrikshamn nach Svartholm. Der eigentliche Kern des Svensksundes – von Majansari bis zu den Kråkschären bei der Südspitze Kotkasaris – mißt in der Länge jedoch nicht mehr als zwei Seemeilen. Teilweise ist hier die Fahrrinne sehr schmal. Sie wird auf zeitgenössischen Karten als „Königspforte" bezeichnet.

Zunächst ankerte Ehrensvärd bei der Insel Vikar. Dort wurde er von Major Kraemer erwartet, der mit seinen Kanonenschaluppen vorausgerudert war. Der Oberadmiral befehligte jetzt außer etwa 30 Hilfsfahrzeugen (Lotsenyachten, Avisos, Lazarettbooten, Transportern) 39 Kampffahrzeuge: fünf Turumas, zwei Udemas, eine Hemmema, zwei Pojamas, vier Galeeren, eine Halbgaleere, vier Mörserbarkassen, drei Kanonenbarkassen und 17 Kanonenschaluppen.[47]

Einerseits stellte der Svensksund eine ausgezeichnete natürliche Verteidigungsstellung dar, andererseits erwies er sich aber auch als Falle. Griffe der Gegner gleichzeitig von Norden und von Süden aus an, wäre der schwedische Verband eingeschlossen und somit verloren. König Gustav beabsichtigte daher, recht schnell das Kymmene-Gebiet zu erobern, damit sich bei Bedarf die Armeeflotte zur Flußmündung zurückziehen und unter den Schutz der Landstreitkräfte begeben könne. In Zusammenwirken mit Ehrensvärds wendigen Kanonenschaluppen sollte die Operation am 26. Juni beginnen. Das Heer stieß jedoch auf unerwartet heftigen russischen Widerstand. Es kam nur mühsam voran. Auch die beiden Divisionen Kanonenschaluppen – je sechs Fahrzeuge unter Oberstleutnant von Rosensteins und Major Kraemers Befehl – gerieten beim Einlaufen in die Kymmene unter starken Beschuß. Die feindlichen Batterien beherrschten von der relativ hohen Uferböschung aus absolut die Tiefe.

Umgekehrt vermochten die Kanoniere auf den Schaluppen ihre Geschützrohre nicht so hoch zu richten. Die vorgesehene Truppenanlandung mußte unterbleiben, das Unternehmen erfolglos enden.

Nach diesem Fehlschlag erkannte Oberadmiral Ehrensvärd, daß der König vorläufig wohl kaum Fredrikshamn erreichen dürfte. Aber seine Order lautete: „Die Armeeflotte hat die Festung Fredrikshamn seeseitig zu blockieren und mit wirkungsvoller Artillerieunterstützung dem stürmenden Heer zu helfen."

Dem Stand der Dinge nach zu urteilen, rechnete der Oberadmiral mit Wochen, ehe eigene Truppen vor der Festung stehen könnten. Für seinen Verband eine fatale Entwicklung, die er vorausgesagt hatte. Im Schreiben vom 30. Juni schilderte er dem König mit drastischen Worten seine Bedenken, sparte dabei nicht mit Vorwürfen und offener Kritik. Insbesondere hob Ehrensvärd die Fahrlässigkeit hervor, mit der die Flotteneinheit auf den vorgeschobenen Posten geschickt worden war: „Sie liegt jetzt im feindlichen Schärengürtel fest – ohne Flankenschutz, ohne Rückendeckung, ohne jegliche Unterstützung durch die noch in Karlskrona befindliche Kriegsflotte, ohne Lotsen, ohne sichere Seekarten, ohne Reparaturbasis und ohne ausreichenden Proviant." Hinsichtlich der russischen Schärenflotte meinte der Briefschreiber: „Sie muß nicht einmal den Kampf suchen, um den schwedischen Abschnitt des finnischen Archipels zu beherrschen. Der Feind braucht lediglich günstigen Wind abzuwarten und kann dann ungeschoren südlich der Inseln am Svensksund vorbeifahren." Ungehalten forderte der Oberadmiral abschließend vom König, dieser möge endlich mit der Armee bis zum östlichen Arm der Kymmene vorrücken und Högfors einnehmen, denn nur durch die Eroberung des Pyttis- und Kymmene-Gebietes könne der Svensksund in schwedischer Hand bleiben und die Armeeflotte einen sicheren Liegeplatz erhalten.

Gustav III. behagte das Schreiben nicht, zumal ihm General J. A. Meijerfeldt – der neue Befehlshaber der schwedischen Finnlandarmee – zu verstehen gab, daß des Oberadmirals Gedanken durchaus ernst zu nehmen seien. Da die Einnahme von Högfors für das Vorrücken auf Fredrikshamn unerläßlich war, begann wenige Tage später die schwedische Offensive. Am 8. Juli kam sie allerdings bereits durch einen russischen Gegenangriff bei Suttula wieder zum Stehen.[48]

Ehrensvärds Befürchtungen fanden nicht bei jedem ungeteilte Zustimmung. Vor allem Offiziere des königlichen Stabes bezeichneten ihn als Panikmacher. In ihrer Ansicht wurden sie durch eine Meldung bestärkt, östlich vom Svensksund seien keine russischen Seestreitkräfte zu sehen. Die Nachricht stammte von drei Kanonenbarkassen, die vom Oberadmiral in die Viborger Gewässer entsandt worden waren. Offensichtlich hielt sich die Patrouille nicht allzulange bei Viborg auf, ihre Botschaft hätte sonst anders gelautet.

Auch von den beiden vorgeschobenen Posten der Armeeflotte bei Lilla Svärtan (südlich von Fredrikshamn) und bei der Insel Aspö kamen keine beunruhigenden Mitteilungen. Ehrensvärds Vorsichtsmaßnahmen zeugten von einer durchaus richtigen Einschätzung des Gegners. Wo aber hielt sich dieser auf? Von wo und insbesondere wann würde er kommen? Diese Fragen konnte der Oberadmiral nicht beantworten, da er keine zuverlässigen Informationen über das Geschehen in St. Petersburg besaß.

Um die damalige Situation besser beurteilen zu können, soll etwas näher beleuchtet werden, was in der russischen Flotte vor sich ging:

Erinnert sei daran, daß bei Kriegsausbruch im Sommer 1788 nur vier Geschwader der Ostseeflotte unter Segel standen – drei für den Mittelmeereinsatz, eines für die übliche Sicherung der Heimathäfen Kronstadt und Reval. Die in Friedenszeiten arg vernachlässigte Schären- oder Ruderflotte existierte so gut wie nicht mehr. Einige Hilfsboote dienten als Avisos im Sicherungsgeschwader, 13 Fahrzeuge (Galeeren, Halbgaleeren, Avisos und Wachboote) waren in Viborg stationiert. Außer Kapitän Slisow fühlte sich niemand so recht für die Instandhaltung der Fahrzeuge und die Ausbildung der Rudermannschaften verantwortlich.

Der schwedische Angriff in Südostfinnland veränderte schlagartig die Lage. Die Kriegsflotte brach ihre Vorbereitungen für die Mittelmeerexpedition ab, wandte sich der schwedischen Flotte zu. Für eine umfassende Verteidigung Südostfinnlands reichten die vorhandenen Truppenverbände nicht aus, andere standen als Reserve nicht zur Verfügung. Hätte es im schwedischen Heer keinen offenen Widerstand gegen König Gustavs Kriegspolitik gegeben, wäre er vermutlich bis an die Newa vorgerückt. Irgendwelche Kampfabsichten gegen die schwedische Armeeflotte wurden nicht erwogen.

Erst im Herbst 1788 begannen sich die russischen Gegenmaßnahmen auszuwirken. General Mussin-Puschkin baute mit einem 60.000-Mann-Heer in Südostfinnland eine tiefgestaffelte Verteidigungslinie auf. Bei Hofe in St. Petersburg nahmen Marinefragen einen vorderen Platz ein – personelle Veränderungen in der Flottenführung und ein bemerkenswertes Bauprogramm auf den Werften der Hauptstadt und in Olonez am Ladogasee waren die Folge.

Katharina II. besaß zwar mit ihrem Geheimratskollegium ein kompetentes Beratergremium, doch wenn es zusammentrat, fehlten meist die an der Front unentbehrlichen Generale. Zudem behandelte das Kollegium unterschiedliche Themen – innen- und außenpolitische sowie hinsichtlich des Kriegsschauplatzes sowohl den Kampf gegen die Türkei als auch den gegen Schweden. Das Klären von Details oblag je nach Bedeutung nachgeordneten Ebenen. Die Kaiserin aber wünschte ständig über das tatsächliche Frontgeschehen unterrichtet zu werden, damit sie schnell reagieren könnte. So verfügte sie hinsichtlich des nördlichen Bereiches:

1. Ihr mit Sondervollmachten ausgestatteter Sekretär, Generalmajor Pjotr Petrowitsch Turtschaninow, hatte sich mit der Ruderflotte nach Fredrikshamn zu begeben. Mit General Mussin-Puschkin sollte er alle größeren Operationen abstimmen – einschließlich dessen Zusammenwirken mit der Ruderflotte.

2. Ihr Sekretär für auswärtige Angelegenheiten, Graf Alexander Andrejwitsch Besborodko, hatte sich in St. Petersburg um administrative Marinefragen zu kümmern. Er war außerdem bevollmächtigt, auf Entscheidungen des Admiralitätskollegiums Einfluß zu nehmen.

Im Admiralitätskollegium zeichnete für die Ostseeflotte der Vizepräsident, Graf Iwan Grigorjewitsch Tschernyschew, verantwortlich. Zu Jahresbeginn 1789 bestätigte er als Flaggoffiziere: Admiral Wassili Jakowlewitsch Tschitschagow als Oberbefehlshaber der Kriegsflotte (Nachfolger von Admiral Greigh). Ihm unterstanden als Geschwaderführer Konteradmiral Alexej Grigorjewitsch Spiridow und Vizeadmiral Timofej Gawrilowitsch Kosljaninow sowie für besondere Aufgaben die Vizeadmirale Alexander Iwanowitsch Krus und Alexej Wassiljewitsch Mussin-Puschkin (Sohn des Generals).

Der Befehlshaber von Kronstadt – zuständig unter anderem auch für das Werftgeschehen und für die Schiffsausrüstung – war Pjotr Iwanowitsch Puschtschin.

Als Befehlshaber der Ruderflotte sah Katharina II. den Prinzen Karl Heinrich Nassau-Siegen vor. Dieser kämpfte als Vizeadmiral bereits an der Südfront gegen die Türken und wurde von Fürst Potjemkin nur widerstrebend freigegeben. Weiterhin empfahl sich der Malteserritter Graf Giulio de Litta beim Grafen Tschernyschew als künftiger Ober-kommandierender der Ruderflotte.

Bereits im Oktober 1788 hatte das Admiralitätskollegium Kapitän Pjotr Borisowitsch Slisow aus Viborg abberufen. Er sollte beim Neuaufbau der Ruderflotte in St. Petersburg und Olonez helfen. Außerdem machte sich der Oberintendent und Generalmajor Iwan Petrowitsch Balle um die Wiederbelebung dieses Flottenteils verdient.

Wie sah nun das Überholungs- und Bauprogramm für die Ruderflotte aus? Graf Tschernyschew erläuterte es der Kaiserin am 4. November 1788. Seine Aufstellung basierte auf einem Bericht Puschtschins an das Admiralitätskollegium vom 23. Oktober 1788. Nach diesem Schriftstück sollten für die Kampagne 1789 insgesamt 153 Fahrzeuge bereitstehen. Entsprechend ihren Aufgaben und ihrer Größe waren sie in drei Kategorien aufgeteilt worden:

I.	Galeeren	32
	Halbgaleeren	20
	Kanonenschaluppen	13
	Kanonenboote (Barkassen/Jollen)	44
II.	Leichte Fregatten, Schebecken, Skampawejas, Bombardier-Prahme, Kutter und Bombenketschen	28
III.	Halbschebecken, Brigantinen, Fleuten und kleinere Hilfsfahrzeuge (Tartanen/Schuten)	16

Unabhängig davon, daß in dem Programm auch einige Hilfsschiffe der Kriegsflotte enthalten waren, orientierte es sich am Fahrzeugbestand der schwedischen Armeeflotte. Das

Admiralitätskollegium strebte einen raschen Sieg über den gut ausgebildeten Gegner an. „Diesen zu erringen", so die einhellige Meinung, „dürfte augenscheinlich nur durch eine zahlenmäßig überlegene Ruderflotte möglich sein." Den Werften standen anstrengende Wochen bevor. Immerhin mußten annähernd 80 Prozent der aufgeführten Fahrzeuge generalüberholt oder als Neubauten auf Stapel gelegt werden. Hinzu kamen die üblichen Winterarbeiten an den einsatzfähigen Linienschiffen und Fregatten, die weitere Instandsetzung älterer Linienschiffe für das Reservegeschwader und die Fertigstellung von Neubauten wie zum Beispiel des 100-Kanonen-Dreideckers *Nikolai Tschudotworez*.

Als am 23. Mai das Eis der Newa aufbrach, gingen in Kronstadt die ersten Kriegssegler zu Wasser. In fieberhafter Eile erfolgte ihr Auftakeln. Schon am kommenden Tag lag Konteradmiral Spiridows Geschwader auf Reede. Hier fand die Übernahme von Munition, Proviant, Ersatztauwerk und -hölzern statt, hier reihten sich Hunderte von Rekruten in die Besatzungen ein. Am 1. Juni setzte das Geschwader Segel, steuerte Reval an. Das Auslaufmanöver stand unter einem schlechten Stern. In der schmalen Fahrrinne kam den Schiffen ein englischer Kauffahrer entgegen. Er kollidierte mit *Wyscheslaw* und *Jesekil*. Die nachfolgenden Kriegssegler mußten erneut ankern. Nach vier Stunden waren die Havaristen klargekommen, konnten sie und der Rest des Geschwaders die Fahrt fortsetzen.

Admiral Tschitschagows Einheit ankerte bereits seit dem 13. Mai auf der Revaler Reede. Mit Spiridow wollte er westwärts segeln und sich mit Kosljaninows Kopenhagen-Geschwader treffen. Der kaiserlichen Instruktion folgend sollte danach entweder die schwedische Flotte in Karlskrona eingeschlossen oder – falls sie bereits in See stand – vernichtend geschlagen werden. Für alle künftigen Operationen, insbesondere die der Ruderflotte, war die absolute Seeherrschaft unumgänglich. In besagter Instruktion verlangte Katharina II. ferner von Tschitschagow, er habe „die schwedische Nachschubroute entlang der finnischen Küste bei Hangö oder bei Porkala zu sperren".

Doch ließen sich beide Aufgaben miteinander in Übereinklang bringen? Für die Blockade bestimmter Punkte an der finnischen Küste benötigte der Admiral einige Linienschiffe und Fregatten.[49]

Diese würden ihm allerdings fehlen, träfe er vor Vereinigung der drei Geschwader auf die schwedische Kriegsflotte. In solchem Fall wäre er unterlegen, stünde das Erreichen des Hauptzieles in Frage. Vorsorglich hatte Graf Tschernyschew daher Puschtschin angewiesen, schnellstens einige Reservelinienschiffe auszurüsten und nach Reval in Marsch zu setzen.

In Kronstadt bereitete man sich aber auf das Zuwasserlassen der Ruderfahrzeuge und deren Ausrüstung vor. Ein Unterbrechen des Arbeitsprozesses hieße Zeitverlust. Puschtschin wußte, daß Einheiten der feindlichen Armeeflotte schon ausgelaufen waren. Die eigene Ruderflotte durfte demnach keinen einzigen Tag länger als nötig an Land bzw. im Hafen liegen bleiben.

29. Mai in St. Petersburg: Graf Besborodko überreichte dem Prinzen Nassau-Siegen die von der Kaiserin unterzeichnete Einsatzorder. Sie enthielt erstaunlicherweise keine konkreten Anweisungen. Nach allgemeinen Höflichkeitsfloskeln drängte Katharina II. lediglich den Vizeadmiral, er möge „die Ausrüstung der Ruderflotte beschleunigen und mit ihr die Gewässer von Fredrikshamn aufsuchen". Kein Wort über die schwedische Armeeflotte! Dafür abschließend: „Wir erwarten von Euch, daß Ihr die linke Heeresflanke von General Mussin-Puschkin schützt. Wir wissen, Ihr werdet Uns nicht enttäuschen."

Seit seiner Ankunft in der Hauptstadt hatte sich der Prinz in Kronstadt nicht sehen lassen. Zu der Stunde, als er bei Graf Besborodko weilte, war ohne sein Wissen und Zutun der Stapellauf der Ruderflotte voll im Gange. Am 30. Mai lagen bereits 86 Fahrzeuge vertäut an der Pier. 16 von ihnen wurden noch am selben Tag armiert und zwecks Proviantübernahme zur Admiralität verholt, danach die Besatzungen zusammengestellt.

Die Mannschaften bildeten das eigentliche Problem: Alle Marineoffiziere und -unteroffiziere kamen von größeren Schiffen, mußten die Eigenschaften der Ruder-/Segelfahrzeuge erst kennenlernen. Die meisten Matrosen hatten als frischgezogene Rekruten noch nie Decksplanken unter den Füßen gehabt. Andere litten unter dem rauhen nördlichen Klima – sie waren griechischer oder südslawischer Herkunft und verdankten ihre Anwesenheit in St. Petersburg einem Abkommandierungsbefehl Potjomkins wegen ihrer „herausragenden Kampferfahrungen auf den Kaperern des Archipelgeschwaders gegen den türkischen Feind". Bei den Soldaten sah es ähnlich aus. Sie gehörten entweder zur Preobrashenskischen Garde oder zu den armenischen Regimentern der Südfront.

Damit nicht genug. Fürst Potjomkin schien um das Wohl der Flottenformation Nassau-Siegens sehr besorgt gewesen zu sein. Er überstellte 117 türkische Kriegsgefangene nach St. Petersburg. Der Prinz „werde seine Aufmerksamkeit zu schätzen wissen, die Osmanen hochwillkommen heißen", äußerte der Fürst in einem Begleitbrief und schrieb weiter: „Mir sind sie hier zu nichts nutze, aber bei Euch, mein verehrter Freund, können sie ihrer schwedischen Bundesgenossen Kanonenkugeln schmecken …"

Am Abend des 6. Juni entließ Puschtschin 25 Ruderfahrzeuge auf Reede. Graf de Litta befehligte die Abteilung. Die ungeübten Besatzungen vermochten bei heftigem Nordostwind ihre Boote nicht auf Kurs zu halten. Sie trieben ab, liefen südlich der durch Pfahlreihen gekennzeichneten Fahrrinne auf Grund. Erst nachdem Oberintendent Balle die Regulierung der Newa veranlaßt hatte, konnten die Fahrzeuge wieder flottkommen.

Puschtschin fertigte am 10. Juni für das Admiralitätskollegium einen ausführlichen Bericht über die Ereignisse der letzten Tage an. Demnach kehrte Graf de Litta am Vorabend gegen 23 Uhr von der auf Reede ankernden Abteilung nach Kronstadt zurück und beaufsichtigte bis zum Morgen die Armierung der letzten Fahrzeuge. Ebenso die sich anschließende Proviantübernahme, denn „unsere gemeinsamen Anstrengungen sind jetzt so weit gediehen, daß wir zur Freude der Kaiserin noch heute alle hier liegenden Ruderfahrzeuge zum Vorauskommando auf Reede senden werden – die Ruderflotte kann also morgen (11. Juni) auslaufen."

Vizeadmiral Nassau-Siegen bekam Kenntnis von dem Schriftstück und suchte sofort Katharina II. auf. Er brachte ihr gegenüber sein Befremden hinsichtlich Graf Tschernyschews Eigenmächtigkeiten zum Ausdruck. Der Protest richtete sich insbesondere gegen die von Puschtschin und de Litta vorgenommene Ausrüstung der Ruderflotte, über die nicht die beiden, sondern gemäß kaiserlicher Order nur er allein zu befinden hatte. Nassau-Siegen betrachtete deren Handlungsweise als Intrige, die durch den Vizepräsidenten des Admiralitätskollegiums initiiert worden war. Daraufhin beauftragte die Kaiserin ihren Sekretär, Generalmajor Turtschaninow, den Prinzen nach Kronstadt zu begleiten und die Angelegenheit in ihrem Sinne zu klären, „ohne die ehrenwerten Herren zu kränken".

In der Flottenbasis verlief die Aussprache zwischen den Beteiligten friedlich. Vizeadmiral Nassau-Siegen mußte zugestehen: „Sowohl Puschtschin als auch de Litta handelten in gutem Glauben, stets im Interesse des Kaiserreiches." Andere Motive wollte er ihnen nicht unterstellen, um kein Mißtrauen aufkommen zu lassen. Schließlich würde ihn de Litta – ebenso wie Turtschaninow und Balle – nach Fredrikshamn begleiten, war er auf die Unterstützung Puschtschins angewiesen.

Auf Reede inspizierte Nassau-Siegen den ankernden Verband. Danach lehnte er ein baldiges Auslaufen ab: Bei einigen Fahrzeugen stand ihre Seetüchtigkeit in Frage (zuvor sollten Probefahrten stattfinden), bei anderen galt es, schlecht ausgeführte Reparaturen nachzubessern. Außerdem befriedigte ihn das Ausbildungsniveau absolut nicht. Offiziere und Matrosen „müssen mindestens noch eine Woche von früh bis spät gründlich Ruder- und Segelmanöver üben, ehe wir die Reede verlassen können".

Am 14. Juni traf in St. Petersburg diese Meldung von General Mussin-Puschkin ein: „Das Gros der feindlichen Schärenflotte steht bei Borgå!" Für Nassau-Siegen gab es trotzdem keinen Grund zum überstürzten Handeln: „Ich benötige noch einige Tage für meine Leute. Sie beherrschen den Umgang mit den Riemen nicht einmal bei ruhiger See. Das ist kein Wunder, da selbst die Offiziere ihr Handwerk nicht verstehen, weil ihnen solche Kommandos fremd sind." Indessen blieb Puschtschin nicht untätig. Die von Nassau-Siegen festgestellten Mängel waren im Nu behoben. Und kaum hatten die letzten Ruderfahrzeuge vom Werftgelände abgelegt, wandte er sich dem Reservegeschwader zu. Zunächst ließ er die Linienschiffe *Januari* und *Europa* sowie die Fregatten *Patriki* und *Simeon* ausrüsten und zur Reede verholen. Den Befehl über die vier Schiffe bekam Kapitän 2. Ranges Glebow mit dem Auftrag, zu Admiral Tschitschagow nach Reval zu segeln.

Die Kronstädter Reede leerte sich am 19. Juni. Glebow lichtete zuerst die Anker, kurz darauf Nassau-Siegen. Während Glebow westwärts steuerte, ging die Ruderflotte auf nordwestlichen Kurs – ihr Ziel hieß Stirsudde, dann Björkö und weiter bis Viborg. Kurz vor dem Auslaufen übergab Turtschaninow dem kaiserlichen Kurier seinen ersten Bericht über die Ruderflotte. In ihm schlüsselte er 72 Fahrzeuge und deren Gesamtbesatzung von ungefähr 10.500 Mann auf:

I. Ruder-/Segelfahrzeuge:

Galeeren	21
Halbgaleeren und Schaluppen	21
Kanonenboote	13
Schuten (Aufklärer)	2
Halbschebecken	4
Bombenketschen	3
Schebecken	3
Bombardierhalbprahme (Segler)	2
Tartanen	3

II. Mannschaften:

Offiziere, Unteroffiziere und Seekadetten	etwa	1000
Matrosen	etwa	1200
Kanoniere	etwa	600
Gardeschützen	etwa	2500
Soldaten	etwa	4900
Kosaken	etwa	50
Handwerker (Schmiede, Segelmacher, Zimmerleute)	etwa	50
Türkische Kriegsgefangene ("Ruderknechte")		117

Kurs Svensksund

Ende April hatte Kapitän Pjotr Borisowitsch Slisow die ihm übertragene Aufgabe beim Wiederaufbau der Ruderflotte erfüllt. Inzwischen waren in Viborg seine 13 Fahrzeuge ordnungsgemäß überholt worden. Das Eis der Viborger Gewässer brach am 8. Mai auf. Acht Tage später traf der Kapitän in der Heimatbasis ein. Zur rechten Zeit, um beim Stapellauf dabeizusein. Schon am 2. Juni lag das Geschwader – vom Admiralitätskollegium als Eliteeinheit bezeichnet – auf Reede.

Slisows Order, von Graf Tschernyschew unterzeichnet und dem Kapitän vor dessen Abreise in St. Petersburg ausgehändigt, beinhaltete drei wesentliche Punkte:

1. Übernahme eines karelischen Truppenkontingents.
2. Detachieren einer Erkundungsflottille nach Fredrikshamn.
3. Erwarten der Ruderflotte bei dem Eiland Rondo am südlichen Ausgang der Viborger Bucht (Ruonti, etwa 60° 28' N, 28° 21' O).

Nach Verholen der Fahrzeuge auf Reede realisierte der Geschwaderführer umgehend den zweiten Punkt – vier Galeeren nahmen Kurs auf Fredrikshamn.

Am 12. Juni kamen die avisierten Karelier in Viborg an – 2000 Mann. Innerhalb der nächsten 24 Stunden wurden sie nach Rondo übergesetzt. Dort hatte Slisow vorsorglich fünf Zeltlager errichten und entsprechende Proviantdepots anlegen lassen.

Vizeadmiral Nassau-Siegen erreichte den Treffpunkt erst am 27. Juni – mit einem Bombardierprahm weniger. Widrige Winde hatte dessen Schicksalsstunde eingeleitet.[50] Auch an den Mannschaften war der ungewohnte Dienst nicht spurlos vorübergegangen. Vor allem die türkischen Ruderknechte und die Besatzungen der neuartigen Halbgaleeren vom Typ „Kaik" brauchten Ruhe.

Am 1. Juli fegten heftige Gewitterböen über die Insel: Ein Kutter zerschlug an den Felsen, ein Bombardierprahm büßte die Takelage ein, andere Fahrzeuge erlitten leichtere Schäden. Für Nassau-Siegens Verband – verstärkt durch Slisows Abteilung – hieß es am 5. Juli „Anker auf!". Zügig ruderte er nach Krysserort (Mys Krestovji), dann zur Insel Pitkepas (Pitkäpaasi) weiter. Hier verweilte der Vizeadmiral vom 7. bis 10. Juli, um dem Befehl Mussin-Puschkins hinsichtlich mitgeführter Truppen nachzukommen, 6000 Soldaten auszuschiffen. Zuvor hatte der General an Katharina II. schriftlich berichtet:

„Wir sichteten vor Kap Rakila (Brackila) feindliche Fahrzeuge, die das Terrain erkundeten. Vermutlich soll die Festung Fredrikshamn bald gestürmt werden. Offensichtlich hält König Gustav an dem vorjährigen Kriegsplan fest. Zwar stehen seine Regimenter noch weitab, aber das wird sich ändern, sobald er östlich von Fredrikshamn Truppen an Land gesetzt hat … Oberadmiral Ehrensvärds Formation bewegt sich ungehindert. Unsere Ruderflotte dagegen kommt kaum voran. Prinz Nassau-Siegen trug bislang nichts zur Verbesserung der Situation bei. Längst hätte er mit dem 6000-Mann-Heer zwischen Pitkepas und Fredrikshamn sein müssen …"

Nassau-Siegen ahnte nichts von diesem Brief. Arglos empfing er Mussin-Puschkins Kurieroffizier. Dieser übernahm die ausgeschiffte Streitmacht und forderte für sie sämtliche Kanonen von den Galeeren. Ob des Ansinnens geriet der Prinz in Rage, zumal auch Turtschaninow für ein starkes Heer plädierte. Entrüstet schrieb er nach St. Petersburg: „Eurer Majestät Ruderflotte nimmt ab heute eine recht unangenehme Position ein. Sie ist nicht mehr angriffsfähig, sondern nur noch für die Verteidigung geeignet. Treffen wir auf den Gegner, muß ich ihm wegen der an General Mussin-Puschkin abgelieferten Schiffskanonen das Handeln überlassen …"

Kaum daß die Botschaft abgegangen war, lenkte Turtschaninow ein: Die volle Feuerkraft der Ruderflotte blieb erhalten, der Truppenverband rückte ohne Kanonen ab.

Nach der unliebsamen Episode setzte der Vizeadmiral seine Fahrt fort. Gegen Mittag des 14. Juli erreichte er die Gewässer von Fredrikshamn, ankerte östlich der Insel Kutko. Abends fand sich General Mussin-Puschkin auf der Stabsgaleere *Chitraja* ein, besprach mit dem Prinzen das künftige Vorgehen. Am nächsten Tag machte sich Nassau-Siegen mit den Örtlichkeiten vertraut und schrieb am 16. Juli voreilig der Kaiserin: „Ich fange an, die Lage des Feindes zu begreifen. Bei der ersten Windstille oder bei schwachem Nordostwind attackiere ich ihn. Eurer Majestät sei versichert, daß wir die Schweden aus ihrer Stellung vertreiben, so sehr sie sich auch wehren werden …"

Des Prinzen Stabsoffiziere teilten keineswegs dessen Optimismus. Sie wiesen auf die leicht zu verteidigende Fahrrinne hin. Der erwogene Frontalangriff dürfte deshalb fehlschlagen. Möglich sei auch, der Feind zöge sich rechtzeitig zurück. Was wäre in solchem Fall gewonnen? Ziel des Unternehmens war doch, die schwedische Armeeflotte zu vernichten, die Kontrolle über die Schärengewässer zu erringen. Der Vizeadmiral beugte sich den Argumenten, stand nunmehr einer diskutierten Zangenoperation aufgeschlossen gegenüber Diese konnte aber nur mit Unterstützung des Kronstädter Reservergeschwaders gelingen. Um keine wertvolle Zeit zu verlieren, sollte der Prinz nochmals der Kaiserin schreiben und einen sachkundigen Offizier mit dem Schriftstück nach St. Petersburg schicken. Die Wahl fiel auf den aus Fredrikshamn stammenden Kapitän 2. Ranges Chruschtschow. Bereits am 19. Juli empfing Katharina II. den Boten. Der Kapitän mußte die Lage überzeugend geschildert haben, denn das Geheimratskollegium trat am nächsten Morgen zusammen und erörterte Nassau-Siegens Überlegungen. Es beschloß einen recht umfangreichen Befehl für Vizeadmiral Alexander Iwanowitsch Krus:

1. Die von Admiral Tschitschagow bei Porkala begonnene Unterbrechung des schwedischen Verbindungsweges bleibt ab sofort vorrangige Aufgabe für die Linienschiffe *Konstantin* (74), *Januari* (66) und *Europa* (66).

2. Das 100-Kanonen-Schiff *Nikolai Tschudotworez* und das 66-Kanonen-Schiff *Ne tron*

menja patrouillieren vorerst bei Hogland und verhindern das Eindringen schwedischer Segler in den östlichen Teil des Finnischen Meerbusens.

3. Die Fregatten *Simeon* und *Patriki* gehen unter direkten Befehl des Vizeadmirals zur Insel Aspö. Dorthin werden außerdem alle noch in Kronstadt liegenden Fahrzeuge der Ruderflotte gesandt.

4. Mit den unter Punkt 3 genannten Fahrzeugen bildet der Vizeadmiral ein neues Geschwader und postiert sich zwischen die Inseln Musalo und Legma, hilft dem Prinzen Nassau-Siegen, die bei Kotkasari ankernde schwedische Armeeflotte zu schlagen.

5. Im Kampf gegen die schwedische Armeeflotte hat Prinz Nassau-Siegen den Oberbefehl. Mit ihm hat der Vizeadmiral Verbindung aufzunehmen und zu halten, separate Handlungen zu unterlassen.

Wer war Krus, welche Schiffe unterstanden ihm? Der 1783 zum Vizeadmiral beförderte Offizier gehörte zu denjenigen, die wegen ihrer guten Charaktereigenschaften von den Mannschaften besonders geachtet wurden. Er duldete weder Schikanen noch ungerechte Bestrafungen an Bord. Trotzdem ließ die Disziplin auf seinen Kriegsseglern nie zu wünschen übrig. Die einfachen Seeleute nannten ihn „Vater". Selbst die Kaiserin kannte seinen Kosenamen. Im Admiralitätskollegium biederte sich der Vizeadmiral nicht an, bekam deshalb vermutlich nur unbedeutende Kommandos übertragen. Unterlief ihm jedoch der geringste Fehler, verstanden gewisse Kreise diesen gebührend aufzubauschen, seine Führungsqualitäten in Frage zu stellen.

Im Spätherbst des Kriegsjahres 1788 stand Krus mit den alten Linienschiffen *Europa* und *Januari* bei Krasnaja Gorka auf Vorposten oder führte mit ihnen Transporte durch. 1789 sah es zunächst so aus, als ob der Vizeadmiral abermals eine untergeordnete Aufgabe erhalten würde. Am 28. Juni empfing er Order, „die Küste zu bewachen und die allgemeine Sicherheit der Schiffe Unserer Untertanen zu gewährleisten" sowie die „Handlungen der Ruderflotte seeseitig zu decken". Gleichzeitig wies das Admiralitätskollegium den Befehlshaber der Kronstädter Basis an, für „Vizeadmiral Krus außer den beiden alten Schiffen *Konstantin* und *Ne tron menja* das neugebaute 100-Kanonen-Schiff *Nikolai Tschudotworez*, vier große und zehn kleine Schebecken sowie zwei Kutter auszurüsten". Zudem schickte Graf Tschernyschew an Admiral Tschitschagow die Eilbotschaft, die beiden Fregatten *Simeon* und *Patriki* nicht nach Porkala zu detachieren, sondern im Auftrag Kruses von Reval aus Transporter zu eskortieren.[51] Wie Kruses Schiffe bemannt gewesen waren, ist nicht konkret überliefert. Zeitgenössischen Dokumenten zufolge läßt sich lediglich erkennen:

Konstantin:	4. Juli ausgerüstet, jedoch nur mit einem Viertel der Besatzung bemannt.
Ne tron menja:	8. Juli auf Reede entlassen, mit etwa 600 Mann verschiedener

	Nationalitäten – davon 93 altgediente Unteroffiziere und Matrosen.
Nikolai Tschudotworez:	18. Juli in Kronstadt ausgelaufen, mit annähernd 1000 Mann – davon 157 altgediente Unteroffiziere und Matrosen.
Truppenkontingent:	Vorgesehen zwei Bataillone des estländischen Jägerkorps.

Die Aufforderung an Vizeadmiral Krus, für die Sicherheit der Schiffahrt zu sorgen, beruhte auf folgendem Ereignis: Der Hauptversorgungsweg für die russische Finnlandarmee führte über See. Im Juni hatte der schwedische Posten bei Aspö zehn russische Transporter aufgebracht. Generalproviantmeister Marwin beschwerte sich daraufhin beim Admiralitätskollegium, daß „die von Riga und Kronstadt abgegangenen beiden Transportflotten mit Lebensmitteln und Heu zwischen Aspö und Hogland gekapert worden sind. Wozu besitzen wir eine starke Marine? Doch wohl dazu, den Nachschub für das kämpfende Heer vor feindlichen Übergriffen zu schützen, damit er unangefochten zum Bestimmungsort gelangen kann.“

Krus erlebte, wie beim Verholen auf Reede eine seiner vier großen Schebecken – die *Minerva* – nur knapp einer Katastrophe entging. Puschtschin hatte sie nach neuen Plänen umbauen lassen. Die Konstruktion erwies sich als schlecht: Wegen des bis zu sieben Meter längeren Großmastes war die Takelage zu schwer geworden. Auch das durch größere Kaliber zu hohe Gewicht der Kanonen stimmte bedenklich. Die *Minerva* nahm bereits bei leichter Schlagseite Wasser über. Sie und ihre drei Schwesterschiffe mußten abermals in die Werft.

Für die übrigen Ruderfahrzeuge änderte das Admiralitätskollegium erneut den Einsatzbefehl: „Direkter Kurs auf Fredrikshamn zum Verband Nassau-Siegens!“

Als Vizeadmiral Krus am 18. Juli mit der *Nikolai Tschudotworez* von Kronstadt absegelte, unterstanden ihm nur noch die bei Porkala postierten Linienschiffe *Januari*, *Europa* und *Konstantin* sowie deren vier Hilfsfahrzeuge, die zwischen Hogland und Reval sichernden Fregatten *Simeon* und *Patriki* sowie das bei Hogland kreuzende Linienschiff *Ne tron menja*.

19. Juli bei Hogland: Krus stieß auf *Ne tron menja* und *Patriki*. Besondere Vorkommnisse gab es nicht. *Nikolai Tschudotworez* segelte daher nach Reval weiter. Dort traf am 21. Juli die Fregatte *Simeon* ein. Sie hatte drei Fleischtransporter bis Hogland eskortiert. Ihr Kommandant unterrichtete den Vizeadmiral, daß die Schweden am Abend des 19. Juli nördlich von Hogland den Transporter *Olonez* erobern konnten – *Ne tron menja* und *Patriki* standen zum gleichen Zeitpunkt südlich der Insel, vermochten dem *Olonez* nicht zu helfen.[52]

In Reval fand Krus ein Schreiben Tschitschagows vor. Der Admiral bot ihm an, über vier zurückgelassene Fahrzeuge nach Gutdünken zu verfügen. Es handelte sich um das Paketboot *Pospeschny* (10 Karronaden) und um den bewaffneten Transporter *Buiwol* (10

Drehbassen) sowie um die noch aus Kronstadt erwarteten Bombenketschen *Perun* und *Grom*.

Dann erreichte ein Aviso Reval. Kapitän Glebow bat Krus, er möge „die Fregatten *Simeon* und *Patriki* schicken", denn „ich möchte in den Barösund eindringen, die feindlichen Schiffe bei Ingå isolieren".

Ehe Krus auf Glebows Ersuchen zu reagieren vermochte, erhielt er am 24. Juli die bereits erwähnte, vier Tage zuvor unterzeichnete kaiserliche Order. Zu diesem Zeitpunkt ankerte nur die *Nikolai Tschudotworez* auf Reede, lagen das Paketboot *Pospeschny* und der Transporter *Buiwol* im Hafen. Eine Flaute verhinderte jegliche Aktivitäten. Am 29. Juli schickte Krus das leicht zu rudernde Paketboot zur Fregatte *Simeon* nach Hogland. Beide sollten zunächst gemeinsam Porkala ansteuern und Kapitän Glebow mitteilen, er könne vorläufig nicht mit zusätzlichen Fahrzeugen rechnen. Danach hatten *Simeon* und *Pospeschny* Kurs auf Aspö zu nehmen. Schwacher Nordwind wehte am folgenden Tag. *Nikolai Tschudotworez* und *Buiwol* setzten Segel. Ihr Ziel hieß Hogland. Unterwegs kamen ihnen *Ne tron menja* und *Patriki* entgegen. Das Linienschiff schloß sich sofort dem Geschwaderführer an. Die Fregatte dagegen lief nach Reval weiter, um ihre Ladung Mehl zu löschen, ehe sie nach Aspö folgte.

31. Juli: Bei der Insel Kokschchar ankerten *Nikolai Tschudotworez*, *Ne tron menja* und *Buiwol*. Zu Vizeadmiral Krus kam der kaiserliche Sekretär, Generalmajor Turtschaninow, an Bord. Krus erläuterte, was er nach Erhalt der Order veranlaßt hätte, wo sich seine Schiffe befänden, wie es bei Porkala stünde. Danach erörterten sie Details hinsichtlich der bevorstehenden Operation zur Unterstützung der Ruderflotte. Der Vizeadmiral erfuhr, daß die für Tschitschagow vorgesehenen Bombenketschen *Perun* und *Grom* bereits nach Aspö umdirigiert worden waren, dort auch die von Prinz Nassau-Siegen für ihn bereits am 24. Juli abgestellten acht Schebecken unter Befehl von Kapitän Winter warteten. Ferner sollte Krus noch einige kleine Einheiten erhalten, er demzufolge über 20 bis 25 Fahrzeuge verfügen würde.[53]

Gegen Abend näherte sich der Insel Kokschchar ein Segler – die *Patriki*. In der Nacht begann ein Witterungsumschwung: Flaute bis mäßiger Wind, in den Morgenstunden dichter Nebel. Erst am 6. August änderte sich das Wetter. Der Wind wehte nun stark aus Ost. Krus mußte zur Westseite Hoglands verlegen. Zwei Tage später erreichten *Perun*, *Grom* *Simeon* und *Pospeschny* das Seegebiet. Krus quartierte sich mit seinem Stab auf der *Simeon* ein. Zur Täuschung schwedischer Aufklärer ließ er seinen Vizeadmiralwimpel auf der *Nikolai Tschudotworez* wehen. Das 100-Kanonen-Linienschiff blieb ebenso wie die *Ne tron menja* bei Hogland zurück, als das Geschwader am 12. August bei günstigem Wind Aspö ansteuerte. Die Fahrt dauerte drei Tage, da in dem Schärengewässer nur sehr langsam gesegelt und vorsichtig manövriert werden mußte. Bei Aspö harrten auf Krus nicht nur Winters acht Schebecken, sondern auch vier Halbgaleeren, drei Kutter und zwei Kanonenschaluppen.

Kapitän Winter berichtete im Beisein Turtschaninows dem Geschwaderführer, die Halbgaleeren, Kutter und Kanonenschaluppen seien bereits am 7. August mit Generalmajor Balle eingetroffen. Balle wollte sich mit seiner Division vereinen und – ohne des Vizeadmirals Ankunft abzuwarten – gegen den Svensksund vorrücken. Weil aber die beiden Bombenketschen fehlten und die Schebecken als nicht besonders seetauglich galten, sei der Generalmajor unverrichteter Dinge wieder zurückgesegelt.

Auf Anraten Turtschaninows schrieb Krus am 15. August an Nassau-Siegen: „Ich will Euch bestens unterstützen, um der feindlichen Flotte eine Niederlage zu bereiten. Es ist außerordentlich bedauerlich, daß ich nach meiner Abreise aus Reval am 30. Juli im Nebel festgehalten, durch widrige Winde und durch Flaute am schnelleren Eintreffen gehindert worden bin. Hier – bei Aspö – verweile ich nur, um mein Geschwader zu überprüfen …"

Turtschaninow schrieb am selben Tag an Besborodko: „Schließlich kam ich mit Krus bei Aspö an, kämpfend mit Windstille und Nebel. Er befehligte zwei Fregatten, zwei Bombenketschen, ein Paketboot und einen Transporter. Unsere Fahrt durch die Schären war sehr mühsam, da wir keinen Lotsen hatten. Die hier angetroffenen Halbschebecken sind alle untauglich – ihr Kanonengewicht ist viel zu hoch …"

An jenem 15. August bestand Nassau-Siegens Kampfverband aus 66 Fahrzeugen.[54] Die Avantgarde (Graf de Litta) lag zwischen Kap Wiran und der Insel Wechumot, das Corps de bataille (Prinz Nassau-Siegen) zwischen Wiran und Surni, die Arriergarde (Kapitän Slisow) zwischen Wechemust und Ukasari. „Wir sind sieben italienische Meilen von dem hinter Majansari ankernden Feind entfernt", schrieb der Prinz an die Kaiserin, „doch er hat auf der vorgelagerten Insel Korgesari einen starken Posten – ihn kann ich mit bloßem Auge erkennen."

In den frühen Morgenstunden – gegen 4 Uhr – sichteten Nassau-Siegens Wachen feindliche Fahrzeuge. Unbemerkt hatten sie bereits Korgesari umschifft. Langsam näherten sich zwei Divisionen Kanonenschaluppen, dahinter vier Schärenfregatten.

Was veranlaßte die Schweden zum Angriff? Ihr Heer stand seit kurzem am östlichen Arm der Kymmene, hatte Kymmenegård besetzt, war zur Armeeflotte aufgeschlossen. König Gustav besaß Informationen, denen zufolge russische Truppen zur Gegenoffensive antreten wollten. Er beabsichtigte, den Aufmarschplan des Gegners zu durchkreuzen. Oberadmiral Ehrensvärd erhielt Order, bis in die Bucht von Summa vorzudringen und die dort liegende Formation Nassau-Siegens zu vertreiben. Die Vorbereitungen für das von Major Klas Hjelmstierna befehligte Stoßtruppunternehmen begannen am Abend des 14. August. Kurz nach Mitternacht verließen die Udemas *Ingeborg* und *Torborg*, die Pojama *Brynhilda*, die Halbgaleere *Löparen* sowie die beiden Divisionen Kanonenschaluppen de Brenners und Kraemers ihre Liegeplätze.

Gegen 6 Uhr eröffnete Graf de Litta das Feuer. Nach 30 Minuten Schußwechsel wichen die Schweden zurück, da alle russischen Kanonenschaluppen und Halbgaleeren (34 Fahrzeuge und eine Chefgaleere) einen Gegenangriff unternahmen. In dieser brenzligen Situation schickte Oberadmiral Ehrensvärd – er beobachtete von Majansari aus die Operation[55] – seine dritte Division Kanonenschaluppen unter Oberstleutnant Dankwardt vor. Das Gefecht entbrannte erneut. Diesmal währte es knapp fünf Stunden. Die 23 eingesetzten schwedischen Fahrzeuge erhielten – ebenso wie die russischen – nur wenige Treffer.[56] Hjelmstierna und der auf Korgesari stehende Posten mußten sich in den Svensksund zurückziehen. Nassau-Siegens Fahrzeuge wendeten nicht, sondern bezogen mit den sich aufschließenden übrigen bei Korgesari die viel günstigere Ausgangsstellung: Die Vorhut im rechten Winkel westlich und nordwestlich von Korgesari, das Gros nördlich von Korgesari und die Nachhut nördlich von Pakerskär.

Nassau-Siegen wertete in einer an Krus gerichteten Botschaft das Treffen als „ersten entscheidenden Schritt auf dem Weg zum Sieg über Oberadmiral Ehrensvärd". Aber nach wenigen Zeilen drängte der Prinz zur Eile: „Ihr steht noch immer zu weit entfernt. Sollten die schwedischen Schiffe nach Südwesten entkommen, ehe Ihr die angeordnete Position eingenommen habt, dann bittet Gott um Gnade."

Doch Vizeadmiral Krus konnte wegen des ungünstigen Windes nicht viel ausrichten. Mit kleinen Schaluppen ließ er lediglich das Seegebiet in Richtung Kyrkogård (Kirkomaa) ausloten, eine Fahrrinne markieren. Am 17. August segelte das Geschwader von Aspö ab, eine knappe Seemeile weit – dann drehte der Wind, und Krus mußte erneut ankern.

Mit Eintreffen der russischen Einheiten bei Aspö hatten sich die dort stationierten schwedischen Wachboote nordwärts abgesetzt. Sie blieben die nächsten Tage stets in Sichtweite, auf gebührenden Abstand bedacht. Der Feind war über die Bewegung des Geschwaders also genau informiert. Angesichts dieser Tatsache beriet Krus mit seinen Fahrzeugkommandanten die Lage. Das Protokoll des Kriegsrates vom 19. August über jene Zusammenkunft:

„1. Dem Flottenchef ist vorzuschlagen, das Hilfsgeschwader nicht bis zu den Schären im Svensksund gehen zu lassen, weil es hauptsächlich aus Segelfahrzeugen besteht, für die dort schlechte Navigationsbedingungen herrschen. Das Geschwader sollte statt dessen das Seegebiet zwischen Legma (Lächmäsari/Lehmasaari) und Vikar (Viikarinsaari) total abriegeln.

2. Der Angriff hat von beiden Seiten aus gleichzeitig zu erfolgen, und zwar wegen der Segler bei Südwind."

Beide Punkte wurden ausführlich begründet. Beim ersten stimmten die Offiziere dahingehend überein, die Stellung zwischen Legma und Vikar sei die beste Variante. Sollte der Feind gegen Kruses Geschwader vorgehen, so müßte er das bei Nordwind machen, zuvor aber seine Kräfte umgruppieren. Das wäre wiederum des Prinzen Chance, ihn erfolgreich anzugreifen. Auch in dem Fall, daß die Schweden versuchen würden, nach Svartholm durchzubrechen, könnte das Hilfsgeschwader auf breiter Front operieren und das Vorhaben vereiteln. Und umgekehrt – attackiert Nassau-Siegen die schwedische Formation zuerst, stünde Krus mit den Hilfskräften zur Verfügung, „selbst bei Nordwind im Rücken des Feindes, so an seiner Niederlage mitwirkend".

Beim zweiten Punkt meinten die Schiffskommandanten: „Für des Prinzen Ruderfahrzeuge sei Wind aus Süden widrig, doch sie müßten sich zwischen vielen Inseln und Untiefen hindurchschlängeln, könnten daher nicht zügig vorankommen – ein Nordwind wäre ihnen da wenig von Nutzen." Schließlich wiesen die Offiziere auf Gefahren für das Hilfsgeschwader hin, falls Nassau-Siegen den Angriffsbefehl bei Nordwind erteilen würde: „In der schmalen Fahrrinne ist Kreuzen nicht möglich, wir werden abtreiben und auflaufen. Wozu die Schiffe unnötig opfern, sie dem Feind ausliefern?"

Generalmajor Turtschaninow brachte den Beschluß zum Flottenbefehlshaber. Dieser reagierte empört. Er nannte Krus „den größten Feigling, der sich in meiner Nähe aufhält", und schrieb mehrere Briefe:

Die Kaiserin erhielt eine Abschrift des ihm übergebenen Beschlusses mit des Prinzen ausführlicher Stellungnahme. Diese war eine Mischung zwischen seinem Widerspruch zur Meinung des Offizierskorps vom Hilfsgeschwader und seinen eigenen Vorstellungen. Nach einer Schimpfkanonade über den „unwürdigen Offizier im Range eines Vizeadmirals" brachte er das eigentliche Anliegen vor: „Kaiserliche Majestät sollten den einzig richtigen Schluß ziehen und Krus ablösen, dafür Oberintendent Balle einsetzen."

Kapitän Winter empfing ein als „privat" bezeichnetes Schreiben: „Ihr habt mich bitter enttäuscht. In Euch sah ich stets einen treuen Gefährten, schickte Euch deshalb nach Aspö. Jetzt muß ich leider erkennen, daß Ihr dem Einfluß Kruses verfallen, dem schändlichen Gedanken eines feigen Offiziers gefolgt seid."

Auch Vizeadmiral Krus bekam ein Schriftstück: „Für die Mißachtung des von der Kaiserin gutgeheißenen Planes werdet Ihr Euch verantworten müssen … Ihr gedenkt eine Position einzunehmen, die bei dem bevorstehenden Angriff nicht besser ist, als ob Ihr bei Aspö liegen bleibt. Da Ihr das nun einmal beschlossen habt, fordere ich von Euch mein Geschwader zurück."

Die Antwort Kruses fiel kurz und sachlich aus, zum Schluß jedoch nicht frei von Emotionen. Er verteidigte den „in freimütiger Aussprache von verantwortungsbewußten Offizieren gefaßten, sehr vernünftigen Kriegsratbeschluß" und machte deutlich, daß niemand zur Unterschrift gezwungen worden war. Und dann die unzweideutigen Sätze: „Ihr habt schwere Anschuldigungen gegen mich vorgebracht. Ich habe gegenwärtig weder die Zeit noch den Wunsch, mich mit Euch auseinanderzusetzen. Den mir erteilten Befehl werde ich gehorsam ausführen und mit meinen Schiffen die zugewiesene Position einzunehmen versuchen. Für die Folgen tragt aber Ihr allein die Verantwortung! Damit beende ich die Diskussion mit Euch, denn ich werde Gott bitten, mich zu ihm zu rufen, mich von Euch zu erlösen."

Nassau-Siegen hatte nichts Eiligeres zu tun, als einen Kurier mit Kruses Antwortschreiben nach St. Petersburg zu senden. Er fügte zudem einen langen Brief mit alten und neuen Klagen über Krus als Geschwaderführer bei.[57]

Leichter Südwestwind löste am 20. August die seit drei Tagen andauernde Flaute ab. Krus ließ Segel setzen, steuerte die Insel Kyrkogård an. Allmählich schlug der Wind um. Zuerst kam er aus Westsüdwest, später, heftiger werdend, aus West. Das Geschwader mußte an der südlichen Spitze Kyrkogårds notankern, um nicht auf die Steine von Merikari zu geraten. Zu allem Unglück lief die *Patriki* an einer Stelle auf, die laut Seekarte 20 Meter tief sein sollte. Des Geschwaders bestes Schiff war kampfunfähig geworden.

Turtschaninow schrieb in diesem Zusammenhang an Besborodko: „Da wir keine Lotsen an Bord hatten, ging Krus sehr vorsichtig vorwärts. Wir mußten uns nach den Seekarten und eigenen Lotungen richten. Ungeachtetdessen, daß die *Patriki* der gleich großen *Simeon* im Kielwasser folgte, lief sie fest." In einem anderen Schreiben – diesmal an Nassau-Siegen gerichtet – bat er dringend um einige Transporter, um die *Patriki* entladen zu lassen. Nur so konnte sie schnell wieder flottkommen. Der Prinz reagierte nicht auf diese Bitte. Vielmehr griff er erneut zur Feder. Katharina II. erfuhr daher von Kruses Mißgeschick. Sie glaubte an ein starkes Hilfsgeschwader, denn Nassau-Siegens Zeilen ließen keinen anderen Schluß zu: „In dieser Formation verbleiben noch immer viel zu viel bewaffnete Schiffe, als für den kommenden Kampf notwendig sind. Generalmajor Balle ist da völlig meiner Ansicht."

Da der Flottenbefehlshaber keinen von den nutzlos in Fredrikshamn liegenden Transportern schickte, ließ Krus die *Patriki* zurück. Zu ihrem Schutz stellte er die *Buiwol* und einen Kutter ab.

Am 21. und 22. August hingen die Segel schlaff an den Rahen, kein Schiff machte Fahrt. Erneut ruderten Kommandos voraus, loteten die künftige Fahrrinne aus, markierten Untiefen mit Stangen. Gegen Abend kam Wind auf – aus Norden. Wieder mußten die Anker ausgelegt werden.

Endlich! Leichter Wind aus Südsüdost am Morgen des 23. August. Um 6 Uhr wehten auf der *Simeon* folgende Flaggensignale: „Anker auf! Segel setzen! Schiffskommandanten zum Vizeadmiral!" Der Geschwaderführer ging davon aus, daß es bei Erreichen der angewiesenen Position zum Artillerieduell kommen würde. Dementsprechend überreichte er jedem Kommandeur seinen Gefechtsbefehl.

Ab 8 Uhr segelte das Geschwader in Kampfformation: Voran die *Pospeschny*, gefolgt von *Perun* und *Grom*. An beiden Flanken je zwei Halbgaleeren und eine Kanonenschaluppe. Nach diesem Keil kamen nebeneinandersegelnd die Schebecken *Letutschaja*, *Minerva*, *Bystraja* und *Proserpina*. Dahinter lief das Flaggschiff, die *Simeon*. Die nächsten beiden Schiffe waren die Schebecken *Bellona* und *Diana*. Den Abschluß bildeten der Aufklärer *Ostoroshnoje*, die Schebecke *Legkaja* sowie die beiden Kutter *Lebed* und *Baklan*.

11 Uhr: Das Geschwader befand sich am südlichen Eingang des Svensksundes – zwischen Kyrkogård und Lillör. Ein Aviso ging an der *Simeon* längsseits. Generalmajor Balle überreichte Vizeadmiral Krus dessen Absetzungsbefehl und verlas vor den Offizieren seine Abkommandierungsorder zum neuen Geschwaderführer. Binnen 15 Minuten erfolgte die Übergabe. Krus fuhr mit dem Aviso nach Fredrikshamn, von dort auf dem Landweg nach St. Petersburg – ohne sich bei Prinz Nassau-Siegen abzumelden.

Das Hilfsgeschwader segelte noch etwa eine Seemeile weiter und ankerte genau an der Stelle, die Kruses Kriegsrat auserwählt hatte: zwischen Vikar und Legma.

Balle entschloß sich, an diesem Tag nicht anzugreifen. Er wollte das Attackesignal des Hauptkommandierenden abwarten. In der Zwischenzeit gedachte der Generalmajor seines Vorgängers Einsatzbefehle zu ändern – er erkannte diese dann jedoch als gut an, nahm nur geringfügige Korrekturen vor.

Nach Kruses Absetzung schrieb Nassau-Siegen befriedigt der Kaiserin: „Nun steht nichts mehr dem Augenblick entgegen, den ich so feurig ersehnt habe."

Aus jenen Tagen stammt noch ein anderes, sehr aufschlußreiches Dokument: Graf Tschernyschew nahm den Kommandowechsel zum Anlaß, sich an Graf Besborodko zu wenden: „Bedauernswerter, armer Krus ! Er hat die Gunst und das Vertrauen der Kaiserin verloren. Sollte Majestät ihm auch noch die Schiffe und seine Ehre nehmen, wird er sich Nassau-Siegens erinnern …"

Nun waren alle Vorbereitungen für die Zangenoperation gegen die im Svensksund eingeschlossenen schwedischen Schiffe beendet – Oberadmiral Ehrensvärd saß in der Falle, so wie er es vorhergesagt hatte.

Ehrensvärds Verteidigungsstrategie

Das Gros der schwedischen Armeeflotte hätte sich dem russischen Griff problemlos entziehen können. Aber Oberadmiral Karl August Ehrensvärd befolgte strikt die königliche Order. Er blieb im Svensksund liegen, um das Heer bei der geplanten Einnahme Fredrikshamns zu unterstützen. Über die russische Ruderflotte stand nichts in dem Befehl. Gedanken, sich mit ihr zu messen, kamen erst auf, nachdem sie nordöstlich vom Svensksund aufgetaucht war. Das ungewöhnlich lange Verharren feindlicher Fahrzeuge in Sichtweite machte den Oberadmiral stutzig. Schließlich befand er sich im Gebiet des Gegners, mußte der russische Flottenführer ihn zu vertreiben suchen. Entgegen jeglicher Logik geschah nichts dergleichen. Keinen Zentimeter rückte Prinz Nassau-Siegen vor. Ehrensvärd glaubte an eine russische Zangenoperation und fand seine Befürchtungen bald bestätigt. Auch der bei Aspö stationierte Posten meldete wiederholt feindlicheSchiffsbewegungen – mal bei Hogland, mal im Seegebiet von Fredrikshamn. Es mußte nervenaufreibend gewesen sein, Nassau-Siegens Schritte zu verfolgen. Als am 23. August die Falle zuschnappte, dürfte der Oberadmiral erleichtert aufgeatmet haben, daß das für ihn so deprimierende Warten auf den russischen Schlag nun ein rasches Ende fand. Das mutet im nachhinein seltsam an, doch die Ereignisse während der vorangegangenen Wochen lassen keinen anderen Schluß zu:

Auf die im Abschnitt „Russische Flottenrüstung" erwähnten Vorwürfe (Brief vom 30. Juni an Gustav III.) hatte Ehrensvärd eine in äußerst ungnädigem Ton gehaltene Antwort bekommen. Sie gipfelte darin, das Seine Majestät „erwägt, sich von der Admiralität einen neuen Chef für die Armeeflotte vorschlagen zu lassen".

In jenen Tagen schrieb der König auch nach Stockholm. Die Zeilen waren an seinen Vertrauten Oberst Gustav Mauritz Armfelt gerichtet. Sie zeigen, wie der Absender wirklich über Ehrensvärd dachte: „Der Graf macht nichts, was etwas taugt. Er will auch keinerlei Initiative ergreifen. Diese verdammte kleine Flotte besitzt noch immer den Atem des Vorjahres. Wir sollten sie gewaltsam amputieren. Der Schwächling Ehrensvärd setzt sich nicht durch, identifiziert sich mit fragwürdigen Meinungen nachgeordneter Offiziere und akzeptiert deren Forderungen. Obendrein zeigt er offen seine Angst vor starken feindlichen Kräften. Dabei kennen wir Katharinas neue Ruderflotte nur vom Hörensagen. Offensichtlich haben die befragten Deserteure maßlos übertrieben, denn von russischen Schärenfahrzeugen war bislang kaum etwas zu bemerken …"

Als das schwedische Heer Anfang Juli vorzurücken begann, erfuhr der Oberadmiral davon nur inoffiziell. Strafte ihn Seine Majestät durch Mißachtung? Der unerwartet heftige Widerstand des Gegners veranlaßte den König zum Umdenken: Er wies am 12. Juli die Armeeflotte an, Teile von General Meijerfeldts Armee zu übernehmen. Sie sollten die Kymmenegårdsholme erobern, den südlichen Frontabschnitt General Mussin-Puschkins schwächen.

Zwei Tage später besuchte Gustav III. die im Svensksund ankernde Einheit und überzeugte sich vom Stand der Vorbereitungen für das geplante Landeunternehmen. Und der Regent sparte nicht mit lobenden Worten! Zu dieser Stunde lag über das Erscheinen von Nassau-Siegens Formation noch keine Meldung vor – sie traf erst kurz nach des Königs Abfahrt ein. Ehrensvärd reagierte schnell: Alle größeren Fahrzeuge riegelten querliegend den nördlichen Gewässerabschnitt ab.

Weil Prinz Nassau-Siegen untätig blieb, ging das Übersetzen der Infanteristen auf die Kymmenegårdsholme störungsfrei vonstatten. Der einzige Zwischenfall ereignete sich gegen Ende der Eroberungsoperation – am 17. Juli: Die Russen hatten auf der östlichen Uferböschung der Kymmene eine Batterie angelegt. Um sie wirkungsvoll bekämpfen zu können, errichtete General Meijerfeldt gegenüber ebenfalls eine. Kanonenschaluppen deckten die Schanzarbeiten. Dabei kam es mehrmals zum Schußwechsel.[58]

Nach Erhalt der Nachricht über die angekommene russische Ruderflotte zweifelte der König die Zahl der Kampffahrzeuge an. Vermutlich hatte der Wachposten Versorgungsfahrzeuge und Transporter mitgerechnet. Zudem hielt Gustav III. nichts von der Version, Nassau-Siegen plane, Ehrensvärd anzugreifen. Vielmehr sollte seiner Auffassung nach der Prinz lediglich Fredrikshamns Blockade und eventuelle schwedische Truppenanlandungen östlich der Festung zu verhindern suchen. Seiner Majestät war zu dieser Stunde bereits bekannt, daß seit einigen Tagen Herzog Karl mit der Kriegsflotte in See stand. Sobald sein Bruder die feindlichen Geschwader geschlagen hätte, würde er die Blockadeeinheit bei Porkala vertreiben und danach in die Gewässer östlich von Hogland segeln. Das bedeutete dreierlei: Die Armeeflotte wäre wieder vereint, der Nachschubweg nicht mehr unterbrochen und für Nassau-Siegen ein weiteres Verbleiben vor Fredrikshamn zu gefährlich. Der König setzte demnach all seine Hoffnungen auf die Kriegsflotte. Einen anderen Verlauf des von ihm gewünschten Geschehens schloß er aus, unterschätzte damit völlig das Risiko für die im Svensksund operierende Einheit von Oberadmiral Ehrensvärd.

Die Kymmenegårdsholme befanden sich in schwedischer Hand. Gustav III. gedachte nun in das Gebiet von Summa einzumarschieren. Doch in der gleichnamigen Bucht ankerte Nassau-Siegen. Er könnte mit angelandeten Truppen der vorrückenden Armee in den Rücken fallen, sie in einer Kesselschlacht aufreiben. Ehrensvärd bekam daher am 18. Juli Order, die feindliche Ruderflotte auf vielfältige Art zu stören, damit sie sich wenigstens „einige Meilen weit nach Osten absetzt". Wegen des ungleichen Kräfteverhältnisses lehnte der Oberadmiral aber solche Unternehmen außerhalb des Sundes ab, legte dem König seine Überlegungen dar:

„Nassau-Siegen befehligt annähernd doppelt so viele Fahrzeuge wie ich. In dieser Hinsicht ist er mir überlegen. Bei einem Kampf innerhalb der Schärengewässer sind jedoch meine wendigen Schiffe und Boote weitaus besser geeignet als die russischen. Deshalb müssen wir rechtzeitig eine vorzüglich gewählte Stellung im Svensksund beziehen und den Angriff der Ruderflotte abwarten. Natürliche Hindernisse zwingen den Feind zum Navigieren auf engstem Raum. Will er die schmalen Durchfahrten passieren – insbesondere die Königspforte – kann ich ihn mit konzentriertem Geschützfeuer daran hindern."

Seine Majestät war alles andere als begeistert. Vom Grundsatz her hatte Ehrensvärd recht. Nur mit dem Gedanken, der Angreifer sei in den Passagen durch Kanonenschüsse zu stoppen, vermochte sich der König nicht anzufreunden: „Bei günstigem Wind sind auch Nassau-Siegens Fahrzeuge schnell. Er wird sicherlich einige im Feuerhagel verlieren, doch die übrigen werden durchbrechen."

Der Oberadmiral brauchte nicht mehr zu antworten. Ein karelischer Überläufer enthob ihn dieser unangenehmen Pflicht. Die Aussage des bestens informierten Deserteurs sorgte endlich für Klarheit. Ehrensvärd kannte jetzt die Absichten des Gegners – einschließlich der Bemühungen Nassau-Siegens um ein Hilfsgeschwader für die vorgesehene Zangenoperation. Darüber hinaus erhielt der schwedische Generalstab Kenntnis vom Auftrag des Prinzen für die Zeit nach seinem Sieg über die Schärenflotte: Zwischen Lovisa und Borgå – also weit hinter der Front – sollte er Truppen anlanden und das Küstengebiet weiträumig besetzen, damit die Armee von General Mussin-Puschkin ungehindert über die Grenze nach Westen vorstoßen konnte.

Ehrensvärds neue Verteidigungsstrategie ging von der begründeten Annahme aus, seine Formation werde von Norden und Süden gleichzeitig attackiert. Für ihn stand fest, Nassau-Siegen würde das Gros der Ruderflotte wohl kaum reduzieren, das Hilfsgeschwader wäre demnach nicht besonders stark. Da eine Art Rundumverteidigung wenig Erfolg versprach, unterbreitete der Oberadmiral dem König recht geniale Gedanken:

1. Alle Durchfahrten im Nordabschnitt des Sundes – beginnend nördlich von Tallholmen und endend bei Sandudden an der Nordspitze Kutsalos – werden durch Unterwassersperren unpassierbar gemacht. Kleinere, aber gut armierte Kampffahrzeuge bewachen die Sperranlagen. Nassau-Siegens Vorstoß müßte daher auf dieser Linie zum Halten kommen.

2. Die Hauptkräfte – Schärenfregatten, Galeeren und Kanonenschaluppen – bilden zwischen Kotkasari und Kutsalo eine massive Abwehrfront gegen das von Süden angreifende Hilfsgeschwader.

3. Sämtliche Hilfsfahrzeuge – Transporter, Versorger, Avisos, Lazarettboote, Lotsenyachten – ankern unter dem Schutz von Kanonenschaluppen zwischen Kymmenegård und der Insel Sandosari.

Oberadmiral Ehrensvärd hoffte, zuerst nur gegen das unterlegene Hilfsgeschwader kämpfen zu müssen, etliche Fahrzeuge erobern zu können. Diese wollte er gegebenenfalls gegen Nassau-Siegens Hauptmacht mit einsetzen, falls der Prinz wider Erwarten die Unterwassersperren überwinden sollte.[59]

Gustav III. beeindruckten diese Vorstellungen außerordentlich. Schon bei der Befragung des Überläufers mußte er seinem Oberadmiral insgeheim Abbitte geleistet, sich an dessen Ansichten hinsichtlich des Liegeplatzes Svensksund erinnert haben. Doch es gab noch einen Hoffnungsschimmer. Käme Herzog Karls Kriegsflotte rechtzeitig, wäre die russische Zangenoperation hinfällig und der eigene Kriegsplan weiterhin gültig. Der König billigte Ehrensvärds Vorschlag daher nur einschränkend: „Trefft alle nötigen Vorkehrungen für die Unterwassersperren, doch laßt die Passagen so lange wie möglich offen – beim Sturm auf Fredrikshamn ist sonst Eure Bewegungsfreiheit nicht garantiert."

Bei der Armeeflotte ging man unverzüglich ans Werk. Matrosen loteten innerhalb der vorgesehenen Sperrlinie das Gewässer aus oder brachen auf den Schären Steine. Die mit den Meßarbeiten betrauten Kommandos ermittelten fünf mögliche Passagen. An diesen Stellen zeigte das Lot ein bis fünf Meter Tiefe an. Hinzu kam noch die Königspforte, so daß insgesamt für eine Länge von rund eintausend Metern Unterwasserbarrieren vorbereitet werden mußten. Das war mit dem Versenken von Transportern – mit Steinen beladen – allein nicht zu schaffen. Ehrensvärd ordnete deshalb an, bei Tall- und Lillholmen sowie bei der Mikariholmgruppe Felsbrocken auf den flachen Seegrund zu schütten, die Wassertiefe auf diese Art zu verringern – nur eine schmale Fahrrinne sollte jeweils offen bleiben, die er kurz vor Nassau-Siegens Angriff schließen wollte.

Nachdem der entsprechende Steinvorrat für die eventuell zu versenkenden Transporter bereitlag, ließ der Oberadmiral auf einer Insel ein Krankenrevier einrichten. „Im Kampf nützen mir nur gesunde Leute. Kranke sind vorher rechtzeitig zu isolieren, damit sie nicht ihre Nachbarn anstecken. Dezimierte Besatzungen lassen sich hier kaum auffüllen!" schrieb er in sein Tagebuch.

In zwei arbeitsintensiven Wochen hatte Ehrensvärd die wichtigsten Punkte seiner Verteidigungskonzeption realisiert. Nun beabsichtigte er, mit allen Kommandeuren die effektivste Variante der Fahrzeugaufstellung zu erörtern. Ehe es dazu kam, stellte eine Hiobsbotschaft vieles in Frage: Herzog Karl war bei Öland auf Admiral Tschitschagow getroffen und anschließend nach Karlskrona zurückgesegelt.[60]

Enttäuscht griff der Oberadmiral zur Feder, ließ den König unter Datum vom 13. August wissen: „Wir glaubten, der Herzog würde einen Sieg nach dem anderen erringen und bei Porkala den Nachschubweg freikämpfen. Wir glaubten, Seine Königliche Hoheit würde sich danach an meine Flanke legen und die russische Ruderflotte angreifen. Wir glaubten, als nächstes Fredrikshamn belagern zu können und die Festung zu nehmen. Wir glaubten, als letzten Schritt bis Ende Oktober Viborg und Villmanstrand zu erobern. Doch was ist aus unserem Glauben geworden?"

Im königlichen Stab herrschte hektische Betriebsamkeit. Zu dem Kummer über Herzog Karls Handlungsweise gesellte sich noch ein weiterer. Überläufer berichteten, General Mussin-Puschkin bereite eine Gegenoffensive vor. Wenn das zuträfe, würde sie dem Stand der Dinge nach sicher erfolgreich verlaufen, der eigene diesjährige Kriegsplan scheitern. Den Ausweg aus dieser unangenehmen Lage sah König Gustav im Einsatz der Armee-flotte. Sie erhielt Befehl, unverzüglich gegen Nassau-Siegen anzutreten, ihn von seinem Ankerplatz zu vertreiben. Das russische Heer hätte dann keine seeseitige Unterstützung mehr. Umgekehrt könnte Ehrensvärd wie einst vorgesehen hinter der feindlichen Linie Truppen anlanden.

Mit welchem Resultat das am 15. August durchgeführte Unternehmen endete, ist im vorherigen Abschnitt geschildert worden. Am Abend standen Nassau-Siegens drei Geschwa-der in der für sie besseren Ausgangsstellung bei Korgesari, (Koiramsari), Ehrensvärds Fahr-zeuge wieder im Sund. Die Entfernung zwischen beiden Formationen betrug nur noch knapp drei Seemeilen.

An diesem 15. August meldete zudem der im Seegebiet von Aspö stationierte Wachpo-sten, zwei von Hilfsschiffen begleitete russische Fregatten seien bei der Insel auf dort an-kernde Schebecken gestoßen. Bei den insgesamt 23 Fahrzeugen handelte es sich offenkun-dig um das erwartete Hilfsgeschwader. Einige Tage lang bewegten sich weder die bei Korgesari noch die bei Aspö liegenden Einheiten – von Erkundungsfahrten einmal abgese-hen. Auf schwedischer Seite betrachtete man das mit Argwohn, da die gegenwärtige Wind-stille für angreifende Ruderfahrzeuge geradezu ideal war. Ehrensvärd führte die Passivität auf „die Unkenntnis vom eigenen Fahrwasser" zurück.

Am Nachmittag des 20. August meldete der „Aspö-Wachposten", er habe sich nach Lillör absetzen müssen, das Hilfsgeschwader weile bereits an der Südspitze Kyrkogårds. Daraufhin befahl der Oberadmiral, die für die Unterwasserbarrieren vorgesehenen Trans-porter mit Steinen zu beladen. Das sollte so geschehen, daß der Feind davon nichts be-merkt, denn „wenn Nassau-Siegen meine Absicht durchschaut, wird er mich nicht von Norden aus attackieren".

Seine privaten Tagebuchnotizen vom folgenden Tag verraten, wie ihm damals zumute gewesen war: „Der Feind geht wahrhaftig mit sehr kleinen Schritten vor. Mal verharrt er driftend, bisweilen ankert er. Seine Vorsicht ist für mich überraschend … würde der Prinz doch endlich angreifen! Schließlich weiß er, daß sein Aspö-Geschwader mir jederzeit in den Rücken fallen kann … Nassau-Siegen irrt, falls er glaubt, ich stelle mich ihm nicht – das Haupttreffen scheint unmittelbar bevorzustehen."

Folgende Auszüge von Befehlen, Berichten oder Meldungen vermitteln ein recht an-schauliches Bild von der weiteren Entwicklung bis zum Morgen des 24. August.

21. August. Ehrensvärd an Gustav III.: „Ich habe letzte Nacht einige der zu versenken-den Transporter nach Tallholmen und Tiutine bugsiert. Andere liegen bereit, um sie jeder-zeit zum Haupteinlauf (Königspforte; d. A.) schleppen zu können."

Ehrensvärd nochmals an Gustav III.: „Das Aspö-Geschwader ankert immer noch bei Kyrkogård. Der Feind lotet die Sundzufahrt westlich von Kyrkogård aus."

22. August. Ehrensvärd an Gustav III.: „Das Aspö-Geschwader rührt sich nicht von der Stelle. Es wird weiter gelotet."

23. August. Gustav III. an Ehrensvärd: „Schließt nach eigenem Gutdünken die Durchfahrten. Es liegt in Eurem Ermessen, ob Ihr das Aspö-Geschwader jetzt schon angreifen oder es in der Verteidigungslinie empfangen wollt. Niemals darf jedoch die Stellung aufgegeben, die Flanke der Armee entblößt werden."

Ehrensvärd an Gustav III.: „Vormittags sind im äußersten Norden die kleinen Passagen geschlossen worden … Das Aspö-Geschwader ist angekommen. Es ankert im südwestlichen Sundabschnitt. Heute erwarte ich keine Attacke mehr. Der Feind muß sich erst mit den Örtlichkeiten und meiner Position vertraut machen … Auch auf Prinz Nassau-Siegens Befehlsfahrzeug wird rege gearbeitet. Seit Stunden beobachten wir häufig wechselnde Flaggensignale, doch die Hauptflotte liegt weiterhin ruhig … Ich wünsche mir eine dunkle Nacht, um unbemerkt den Haupteinlauf sperren zu können. Erfolgt wider Erwarten vorher schon Nassau-Siegens Attacke, ist Eure Majestät an der äußeren Armeeflanke nicht mehr sicher. Bei einem Angriff gehen wir entweder gegen das Aspö-Geschwader vor und brechen durch, oder wir bleiben liegen und werden von der Übermacht geschlagen – das ist nun nicht mehr zu vermeiden."

Ehrensvärd am späten Abend an Gustav III.: „Nassau-Siegen hat fünf größere Fahrzeuge vorgeschickt. Sie ankern etwa eine Seemeile nordöstlich von Majansari in der Fahrrinne. Ich liege mit vier Steintransportern für den Haupteinlauf bereit."

24. August. Ehrensvärd um 9.30 Uhr an Gustav III.: „Die Fahrrinne haben wir heute früh gegen 3.30 Uhr mit vier Fahrzeugen blockiert. Aber die kleine Passage daneben (zwischen Tiutine und Majansari; d. A.) konnte in dieser Nacht nicht mehr geschlossen werden. Das Versenken der Transporter bereitete Schwierigkeiten, der Seeboden ist dort uneben. Ein Fahrzeug ragt etwas über die Wasseroberfläche. Bei Anbruch des Tages ruderte der Feind mit zwei Schaluppen bis auf Kanonenschußweite heran, um zu erkunden, was wir im Haupteinlauf getan haben. Das Aspö-Geschwader rückt an, hat schon Legma passiert. Ich bin gewappnet und werde es zur Ehre Eurer Flagge besiegen!"

Der Oberadmiral hatte keine Zeit mehr, die minimalen Lücken in der nördlichen Sperranlage zu schließen. Er nahm daher geringfügige Umstellungen innerhalb der Verteidigungslinie vor, um an den neuralgischen Punkten Nassau-Siegens eventuellen Durchbruch zu verhindern. Und so postierte Ehrensvärd seine 46 Kampffahrzeuge:

Im Nordteil des Sundes bewachten drei Gruppen die Sperre:

1. Major de Brenner mit fünf Kanonenschaluppen, der Pojama *Fröja*[61] und der Schaluppe (Halbgaleere) *Löparen* den Abschnitt nördlich von Tiutine. *Fröja* und *Löparen* sicherten die Passage zwischen Tiutine und Tallholmen, die fünf Kanonenschaluppen die zwischen Tallholmen und dem Festland. Die zuletzt genannten fünf Fahrzeuge hatten außerdem den Schutz der bei Sandosari ankernden Transportflotte zu gewährleisten.

2. Die Galeeren *Palmstierna* und *Cedercreutz* die offengebliebene Durchfahrt zwischen Tiutine und Majansari. Beide Galeeren waren so plaziert, daß sie gleichzeitig den Haupteinlauf kontrollieren konnten.
3. Major Klas Hjelmstierna mit der Pojama *Brynhilda*, fünf Kanonenschaluppen und einer Kanonenbarkasse den Abschnitt südlich der Fahrrinne, die Mikariholme.

Die gegen das Aspö-Geschwader errichtete Front bestand aus den restlichen 30 Kampffahrzeugen. Die Linie verlief im stumpfen Winkel zwischen zwei Untiefen von Nordwest nach Südost, bezog die Fahrrinne mit ein. Den Schwerpunkt legte Ehrensvärd auf den rechten Flügel. Dieser würde vermutlich zuerst dem russischen Angriff ausgesetzt sein. Hier wurden sechs Kanonenschaluppen und drei Mörserbarkassen postiert. Es schlossen sich der Reihe nach 14 größere Fahrzeuge an:

Turuma	*Lodbrok*
Turuma	*Sigurd Ormöga*
Fregatte	*Trolle*
Udemia	*Gamla*
Galeere	*Halland*
Galeere	*Stockholm*
Galeere	*Småland*
Turuma	*Ivar Benlös*
Turuma	*Björn Järnsida*, Flaggschiff des Oberadmirals
Turuma	*Sällan Värre*
Turuma	*Ragvald*
Hemmema	*Oden*
Udema	*Ingeborg*
Udema	*Torborg*

Den Abschluß bildete der linke Flügel mit drei Kanonenschaluppen, drei Kanonenbarkassen und einer Mörserbarkasse.[62]
Die Armierung aller 46 Fahrzeuge war:

4	Vierundzwanzigpfünder
35	Achtzehnpfünder
250	Zwölfpfünder
8	Sechspfünder
6	Dreipfünder
436	Drehbassen
8	Mörser

Prinz Nassau-Siegen greift an

In der Nacht zum 24. August fanden sich alle Fahrzeugkommandanten des Hilfsgeschwaders auf der *Simeon* ein. Sie nahmen ihre schriftlichen Instruktionen für den Kampfeinsatz entgegen und erhielten detaillierte Kenntnis von Vizeadmiral Nassau-Siegens Angriffsorder. Demnach sollte Generalmajor Balle um 6 Uhr am kommenden Morgen die Anker hieven lassen und gegen den Feind vorrücken. Und weiter: „Sobald ich von Pitkosari aus des Generalmajors Fahrzeuge hinter Legma vorkommen sehe, geht mein Verband zügig zur Attacke über. Die Schweden geraten so zwischen unser beider Feuer. Sie werden sich zwangsläufig vor der Übermacht ergeben, wollen sie nicht für immer auf dem Schlachtfeld der Ehre bleiben. Das Hilfsgeschwader hat deshalb zuerst den Feind zu binden, später seine Flucht nach Süden zu verhindern."

Wie befohlen verließ Balle um 6.30 Uhr den Ankerplatz. Er ruderte bzw. segelte nordwärts: *Pospeschny* lotend an der Spitze, neben ihr sichernd die Halbgaleeren, hinter diesen an der Steuerbordseite *Grom*, gegenüber *Perun*. Die mittlere, etwas achtern abfallende Position in der von Kapitän Denisow geführten Avantgarde blieb den drei Schebecken *Letutschaja*, *Minerva* und *Bystraja* vorbehalten (siehe Tabelle 15).

Seit 6 Uhr wehte auf der *Simeon* das Signal „Vorbereiten zum Angriff!". Zwei Stunden später wurde es durch die „Gebetsflagge" ersetzt. Der seinerzeit an Bord übliche Feldgottesdienst stellte die letzte friedliche Handlung vor der Schlacht dar.

9 Uhr: *Grom* mußte wegen einiger Riffe nach Backbord ausweichen. Kurz darauf erreichte die Avantgarde Sandskär und formierte sich bis gegen 10 Uhr zur Gefechtslinie: *Pospeschny* und *Perun* näherten sich Kråkskär, hinter ihnen *Minerva* und die drei Halbgaleeren. Die anderen Fahrzeuge blieben bei Sandskär. Um 10.15 Uhr befahl Kapitän Denisow der *Perun*, das Feuer zu eröffnen. Oberadmiral Ehrensvärd nahm dies zum Anlaß, dem König zu schreiben: „Kurz nach 10 Uhr begann eine am linken Flügel des Feindes postierte Mörserketsch zu schießen. Wir haben das Feuer nicht erwidert, weil die Entfernung noch zu groß war."

Etwa um 10.30 Uhr waren *Pospeschny*, *Perun*, *Letutschaja* und die Halbgaleeren bei Kråkskär bis auf Kartätschenschußweite an die schwedische rechte Flanke herangekommen. Die Fahrzeuge legten ihre Anker aus, der Kampf entbrannte in voller Härte. Weiter südöstlich ankerten *Bystraja* und *Minerva*. Letztere befand sich in ungünstiger Schußposition – von ihr abgefeuerte Kanonenkugeln zerstörten unbeabsichtigt die Takelage der *Letutschaja*. *Minerva* verlegte mit Hilfe einiger Schaluppen. Während des Bugsiermanövers konnte sie nur ihre beiden Buggeschütze einsetzen. Schon in dieser Kampfphase geriet die russische Angriffslinie in leichte Unordnung. Als eine Kanonenkugel dem Befehlshaber der *Bystraja*, Leutnant Sarandinaki, den Fuß abriß, übernahm Nikolai Kowakow das Schiffskommando. Er befürchtete, durch *Minervas* Aufschließen in der eigenen Bewegungsfreiheit behindert zu werden, und verholte zur *Letutschaja*.

Noch immer war Balles Geschwader nicht vollständig formiert. Sowohl das Gros als auch die Nachhut gaben bisher nur wenige Schüsse ab. Der sich recht zögernd vollziehende russische Aufmarsch konnte durch Ehrensvärds taktisch klug plazierte schwere Geschütze wirkungsvoll gestört werden. Die schwedischen Schärenfregatten ankerten querliegend, vermochten ihre Breitseiten voll einzusetzen. Alle übrigen Fahrzeuge zeigten je nach Bewaffnung dem Gegner ihren Bug oder ihr Heck.

12 Uhr: Die Schebecke *Proserpina* verstärkte die Kampflinie, postierte sich neben *Minerva*. Ihr folgten die *Bellona* und die Fregatte *Simeon*. Auch die *Grom* wollte von der rechten zur linken Flanke überwechseln. Das gelang zunächst nicht. Bei einer Untiefe lief sie auf. Erst mit Unterstützung zweier Halbgaleeren kam sie wieder flott. Das Auffüllen der Avantgarde schien für Balle dringend geboten gewesen zu sein. Immerhin hatten *Pospeschny*, *Perun, Letutschaja* und *Bystraja* – sie standen von Anfang an in vorderster Front – ihre Takelagen eingebüßt. Kapitänleutnant Senjawin, Befehlshaber der *Perun*, traf es am ärgsten: Wegen besonders starker Ausfälle bei der Besatzung ließen sich bestimmte Aufgaben nicht mehr realisieren, konnten zum Beispiel die Mörser nicht mehr ordnungsgemäß bedient werden.

Um die Mittagszeit war Balles Einheit heftigem Beschuß ausgesetzt. Die meisten Fahrzeuge hatten noch keine feste Position eingenommen. Wegen vieler Untiefen mußten sie sorgsam navigieren, kamen nur langsam voran. Für die verankerten, ununterbrochen feuernden schwedischen Schiffe erwies sich das als Vorteil: Das sowieso artilleristisch unterlegene Hilfsgeschwader konnte nicht einmal ein Drittel seiner Geschütze einsetzen. Hinzu kam der schwache Südwestwind. Er trieb die dicken Pulverschwaden nicht fort – einige Steuermänner verloren mitunter die Orientierung, die Besatzungen litten unter Atemnot und Hustenreiz.

Ungefähr um 13 Uhr: Die Schebecke *Diana* erreichte mit den Kuttern *Lebed* und *Baklan* die ihr zugewiesene Stelle zwischen *Simeon* und *Grom*. Für fünf Fahrzeuge reichte der Platz kaum aus. Generalmajor Balle ordnete deshalb an, die Fahrzeugabstände an den Flanken zu verringern – eine Bugsieraufgabe für die Schaluppen. Schwedische Kanoniere beantworteten deren Manöver mit Kartätschengeschossen. Sie sorgten für beträchtliche Ausfälle.

Kurz nach 14 Uhr: Auf der *Letutschaja* wehte das Signal „Ich bin in Not!".[63] Die Schebecke meldete außer der eingebüßten Takelage gravierende Schäden: 83 Einschüsse unterhalb der Wasserlinie, Beiboote durch Volltreffer zerstört, alle sieben Steuerbordkanonen geborsten. Von der Besatzung war annähernd die Hälfte gefallen oder verwundet. Zu den Verwundeten zählten sämtliche Offiziere, auch Kommandant Rjabinin.

Gegen 14.30 Uhr erlaubte Balle der *Letutschaja*, die Linie zu verlassen. Weil das Ankerspill nicht mehr funktionierte, mußten die Ankertaue gekappt werden. Mit einer Schaluppe ruderte Kapitän Denisow heran und schleppte den Havaristen zur Insel Tovan – anfangs verfolgt von schwedischen Kanonenkugeln. Die entstandene Lücke in der Linie schlossen *Legkaja* und *Ostoroshnoje*.

15 Uhr: Unvermindert hielt die Kanonade an. Auf der *Simeon* fiel Kapitänleutnant Grin, Kommandant der Fregatte. Kapitän Denisow übernahm das Schiff. Zur gleichen Zeit wurde Kapitän Winter schwer verwundet, ihm ein Unterarm abgeschossen. Da beide Offiziere ihre Vor- bzw. Nachhut nicht mehr führen konnten, leitete der Generalmajor jetzt alle Fahrzeuge direkt.

Von der *Pospeschny* kam das Signal „Ich bin in Not!". Steuermann Jekimow von der *Simeon* machte sich mit einer Schaluppe auf, um *Pospeschny* aus der Linie zu bugsieren. Er bemerkte, daß das erheblich beschädigte Fahrzeug krängte, langsam sank. Ein Abschleppen wäre unmöglich gewesen. Zu allem Unglück erhielt seine Schaluppe zwei Treffer. Die Kugeln durchschlugen beide Bordwände und zerstörten einige Riemen. Jekimow gelang es trotzdem, die Fregatte wieder zu erreichen.

15.15 Uhr: Auch auf der *Perun* wehte nun das Notsignal. Der Zweite Steuermann der *Simeon*, Jarow, nahm sie an den Haken. Doch die Schweden konzentrierten ihr Feuer auf Jarows Schaluppe und versenkten sie. Jarow und einige seiner Männer schwammen zur *Simeon*, andere versanken verwundet in den Fluten. Die *Perun* trieb manövrierunfähig auf die schwedische Linie zu.

Kurz vor 16 Uhr: „Ich bin in Not!" signalisierte *Bystraja*. Sie konnte ohne wesentliche Komplikationen weggebugsiert werden. Parallel zu diesem Ereignis nahm die *Simeon* elf schwimmende Seeleute auf. Sie gehörten zur Besatzung der *Pospeschny* und berichteten, ihr sinkendes Fahrzeug sei von schwedischen Kanonenschaluppen aufgebracht worden. In Gefangenschaft seien nur Verwundete geraten, die Hälfte der Mannschaft – auch der Kommandant – sei im Kampf gefallen.

Dann ging eine mit fünf Mannern besetzte kleine Schaluppe an der Fregatte längsseits. Leutnant Borisow, Erster Offizier der *Perun*, meldete: „Kapitänleutnant Sergej Senjawin ist schwer verwundet, die Ketsch nicht mehr manövrierfähig, Mörser und Drehbassen durch feindlichen Beschuß unbrauchbar."

Drei Notsignale kündeten neue Hiobsbotschaften an. Sie betrafen die Schebecke *Legkaja*, den Aufklärer *Ostoroshnoje* und das nicht näher bezeichnete Fahrzeug *Sekretnoje*.[64] Die sie begleitenden Halbgaleeren und Kanonenschaluppen richteten nicht mehr viel aus, sie konnten kaum noch manövrieren. Alle drei kampfuntauglich gewordenen Fahrzeuge zogen sich mit Hilfe von Warpankern selbst aus der Linie.

Bei *Minerva*, *Proserpina* und *Bellona* gab es wegen zerschossener Ankertaue ebenfalls Schwierigkeiten. Die Besatzungen versuchten – sich gegenseitig helfend – ihre Segler auf befohlener Position zu halten.

Kurz nach 16 Uhr: Die Lage des Hilfsgeschwaders wurde immer kritischer. Generalmajor Balle befahl, daß sich alle noch einigermaßen intakten kleineren Fahrzeuge um

Letutschaja, *Legkaja* und *Ostoroshnoje* zu kümmern hätten. Er wollte sie bei einem eventuellen schwedischen Vorstoß nicht unnütz gefährden und ließ sie zur Insel Vikar schleppen.

Gegen 17.30 Uhr gab sich Oberadmiral Ehrensvärd relativ siegessicher. Er schickte seinen Adjutanten, Leutnant H. G. Valberg, mit einem recht ausführlichen Bericht zum König. In dem Schreiben heißt es unter anderem: „Zu unserer Ehre besitzen wir bereits zwei Prisen aus den Reihen des Aspö-Geschwaders. Allerdings ist die Situation gegenwärtig recht verworren. Wir können weder hoffen, noch sollten wir uns fürchten. Leider gehen die Munitionsvorräte zur Neige. Die Fregatte *af Trolle* zum Beispiel verfügt über keine 30 Schuß mehr. Sie und die übrigen größeren Fahrzeuge haben im Verlauf der letzten sieben Stunden jeweils weit mehr als 1000 Kanonenkugeln abgefeuert."

18 Uhr: Generalmajor Balle erhielt Nachricht, der Feind hätte *Pospeschny* und die ebenfalls eroberte *Perun* hinter seine Linie gebracht.[65] Damit waren sie endgültig verloren. Balle – seit Schlachtbeginn ohne Kontakt zu Vizeadmiral Nassau-Siegen – bemerkte kurz vor 19 Uhr, wie auf einigen feindlichen Fahrzeugen die Anker gehievt wurden. Er deutete das als Zeichen des bevorstehenden Gegenangriffes. Aus diesem Grund ordnete der Geschwaderführer den Rückzug nach Vikar an. Dort beabsichtigte er, eine Verteidigungsstellung aufzubauen. Das Lösen vom Gegner erfolgte unter Feuerschutz der am geringsten in Mitleidenschaft gezogenen Segler *Simeon*, *Diana*, *Grom*, *Baklan* und *Lebed*. Um die künftige Verteidigungslinie zu verstärken, brach ein Kurier zur *Patriki* auf. Sie war schon wieder flott, bei der Ballastübernahme. Die „Fregatte habe unverzüglich mit ihren beiden Sicherungsfahrzeugen zur Insel Vikar zu segeln und in den Kampf einzugreifen", lautete Balles Weisung.

Gegen 20 Uhr: Das Hilfsgeschwader lag in improvisierter Schlachtlinie östlich von Vikar. Manche Fahrzeuge ankerten mit der Backbordseite, andere mit der Steuerbordseite in Linie zum Gegner – je nach dem Grad erhaltener Gefechtsschäden. Und da kamen bereits die Schweden: an der Spitze sieben größere Segler – die Turumas *Lodbrok*, *Sigurd Ormöga* und *Ivar Benlös*, die Udemas *Gamla*, *Ingeborg* und *Torborg* sowie die Pojama *Brynhilda*. Ihnen folgten die vier Galeeren *Halland*, *Stockholm*, *Småland* und *Palmstierna*. Den Abschluß bildeten 21 leichtere Fahrzeuge – 13 Kanonenschaluppen sowie je vier Mörser- und Kanonenbarkassen. Die Nachhut hielt mit ihren Geschützen nachdrängende russische Halbgaleeren und Kanonenboote auf Distanz. Bevor sich die schwedische Formation auf Kanonenschußweite Balles Verband genähert hatte, änderte sie ihren Kurs. Sie zog nördlich von Vikar nach Westen. Unbehelligt segelten die 32 feindlichen Fahrzeuge in Richtung Svartholm weiter.

Auch die Verfolger gaben auf, steuerten das Hilfsgeschwader an. Nun sollte der Generalmajor endlich Antwort erhalten auf die ihn seit Stunden quälende Frage: „Weshalb greift Prinz Nassau-Siegen nicht an?"

Für den Vizeadmiral hatte der Tag um 5 Uhr mit Entgegennahme der Meldung über schwedische Sperrbauten in der Fahrrinne bei Majansari begonnen. Er bezweifelte den Wahrheitsgehalt der Nachricht. Seinen Stabsoffizieren gegenüber vertrat er die Auffassung, der Feind würde offen, nicht aber hinter schützenden Barrikaden gegen ihn kämpfen. Dann ließ er sich nach Pitkosari rudern.

Von dort machte Nassau-Siegen in einer Entfernung von etwa zehn Werst (1 Werst = 1066,80 Meter) Balles Segler aus, als sie gegen 7 Uhr, nördlichen Kurs steuernd, hinter Legma hervorkamen.

Zum Verband zurückgekehrt, berief der Vizeadmiral sofort den Kriegsrat ein. Auf der *Chitraja* wurde mit Geschwader- und Abteilungsbefehlshabern das seit langem geplante, nun in die Tat umzusetzende Vorgehen besprochen.

„Der linke Flügel unter Kapitän Pjotr Borisowitsch Slisow stößt in Richtung Kutsalo vor: Zwölf Halbgaleeren bringen Brigadier Buksgewden und seine 400 Soldaten einschließlich dreier Feldgeschütze zur Landzunge Sandudden. Drei Bombenketschen (Mörserketschen; d. A.) und vier kurz zuvor fertiggestellte Mörserflöße decken das Landeunternehmen. Buksgewden errichtet auf Sandudden eine Batterie, beschießt des Gegners rechte Flanke. Die sieben Mörserfahrzeuge unterstützen ihn von der Ostküste Sanduddens aus. Gleichzeitig bahnt sich Kapitän Slisow mit zwei Kuttern, sieben Galeeren und acht Kanonenbooten einen Weg zwischen der Hauptfahrrinne und Kutsalo, schlägt die bei den Mikaris stationierten feindlichen Kräfte.

Rechts neben Slisow operieren indessen die von Brigadier Iwan Iwanowitsch Kuschelew geführten acht Galeeren auf die Königspforte zu.

Der sich anschließende rechte Flügel unter Graf Giulio de Litta dagegen versucht, die feindliche Linie zwischen Majansari und Tallholmen zu durchbrechen. Sowie ihm das gelungen ist, rollt er die schwedische Verteidigungsstellung von Norden her auf. Im einzelnen: Kapitän Chruschtschows fünf Ruder-Segler halten enge Verbindung zu Kuschelews Galeerenabteilung. Rechts von ihm bindet Graf de Litta mit sieben Galeeren die bei Majansari/Tiutine stehenden Einheiten Ehrensvärds. Gardekapitän Bolotnikow hilft ihm dabei mit sechs Kanonenbooten. Mit den restlichen acht Kanonenbooten erkundet Major Chwostow weiter nördlich die Durchfahrten. Sollten sie sich als unpassierbar erweisen, schließt er sich Bolotnikow an." (Siehe auch Tabelle 15)

Um 10.15 Uhr, als die Schüsse der *Perun* die Schlacht einleiteten, wurde auf der *Chitraja* die Gebetsflagge eingeholt, dafür der Angriffswimpel gehißt.[66] Buksgewdens Landungsabteilung rückte von Pakerskär auf direktem Wege auf Sandudden vor – voran die Halbgaleeren vom Typ „Kaik" mit Soldaten an Bord, dann die Mörserflöße, dahinter die Bombenketschen und Kutter. Slisows Galeeren und Kanonenboote hielten sich mehr rechts, steuerten die Mikaris an.

Im Gegensatz zu Nassan-Siegens linkem Flügel stagnierte an anderen Abschnitten der

Vormarsch: Die Galeeren mußten um Korgesari herumrudern, gerieten dabei in eine Riff-zone. Chruschtschows schwerfällige Ruder-Segler kamen bei leichtem Gegenwind überhaupt nicht von der Stelle. Sechs Galeeren von de Littas Abteilung bemühten sich vergeblich um sie. Slisow bemerkte das, schickte zur Unterstützung seine wendigen Kanonenboote.

Kurz nach 12 Uhr begann Major Klas Hjelmstierna von den Mikaris aus, Buksgewdens Einheit zu beschießen – allerdings ohne nennenswertem Erfolg. Auch an Nassau-Siegens rechter Flanke tat sich etwas: Major Chwostow führte seine Kanonenboote zur Durchfahrt zwischen Tallholmen und dem Festland. Bevor er sie erkunden konnte, geriet seine Abteilung in den Bereich der Geschütze de Brenners. Chwostows Boot sank. Der Major rettete sich auf ein anderes Fahrzeug und nahm Kurs auf Bolotnikows Einheit.

Zu diesem Zeitpunkt gruppierte Oberadmiral Ehrensvärd seine vier Mörserbarkassen von der südlichen Verteidigungsstellung zur Insel Majansari um – offensichtlich wollte Vizeadmiral Nassau-Siegen hier die Durchfahrt erzwingen.

Gegen 13 Uhr mußte Major Hjelmstierna nach Nordwesten verlegen, da er unter Beschuß von Buksgewdens Batterie geraten war. Von seiner neuen Position aus richtete der Major das Feuer auf die unmittelbar vor der Königspforte stehenden feindlichen Kräfte: Die Pulverkammer der Galeere *Zywilski* erhielt einen Treffer, das Fahrzeug flog in die Luft. Infolge der Explosion fing die dicht daneben ankernde Stabsgaleere *Chitraja* zu brennen an – es gab Tote und Verwundete.[67]

Der Kampf im Bereich der Königspforte nahm an Härte zu. Oberadmiral Ehrensvärd detachierte die Turuma *Sällan Värre* zu diesem Schwerpunkt. Sie lief jedoch bereits bei der Insel Pitkeri auf Grund, konnte nur mit wenigen Geschützen den Feind bekämpfen. Auf Weisung Ehrensvärds stand ihr die Hemmema *Oden* bei, aber flott kam die Turuma nicht.

15 bis 16 Uhr: Alle Fahrzeuge der russischen Hauptformation lagen in Linie von Sandudden bis Majansari und vor der Passage von Tiutine. Der Vizeadmiral befand sich in moralisch unangenehmer Verfassung. Er bereute, die 5-Uhr-Meldung hinsichtlich der Sperranlagen falsch bewertet, keine entsprechenden Vorbereitungen getroffen zu haben. Nun war die Lage ziemlich hoffnungslos. Das Geschützfeuer des Hilfsgeschwaders ließ immer mehr nach. Er konnte nicht helfen, weil ihm die nötigen Gerätschaften zum Beseitigen der Sperren fehlten. Der Prinz sah keine Chance zum Durchbruch, zumal vorgeschickte Bergungskommandos im schwedischen Kugelhagel steckenblieben.

Kapitän Slisow versuchte ebenfalls, einen Durchschlupf zu finden. Mit einer kleinen Schaluppe ruderte er lotend durch die Mikaris. Auch sein Fahrzeug diente schwedischen Kanonieren als lohnenswertes Ziel – und sie trafen ausgezeichnet: Der Kapitän wurde verwundet, sein Untersteuermann von derselben Kanonenkugel getötet.

Unerwartet wendete sich das Blatt. Eine Erkundungsschaluppe von de Littas Geschwader hatte die schmale Fahrrinne zwischen Tiutine und Majansari ausgelotet. Das Ergebnis berechtigte zu der Annahme, die flachgehenden Kanonenboote könnten dort passieren. Die Hoffnung trog nicht. Unter dem Feuerschutz dreier Galeeren und einiger Kanonenboote gelangten sechs Kanonenboote in das Sundbecken. Erstes Ziel des Kommandos war um 18.30 Uhr die Galeere *Cedercreutz*, die nach kurzer, aber sehr heftiger Gegenwehr die Flagge niederholen mußte. *Palmstierna* und die vier Mörserbarkassen konnten dagegen noch rechtzeitig ausweichen.

Jetzt formierten sich de Littas sechs Kanonenboote zur Gefechtslinie und griffen die aufgelaufene Turuma *Sällan Värre* an, umzingelten sie. Nach erbittertem Nahkampf strich sie ihre Flagge.

In der Zwischenzeit war von der Abteilung des Brigadiers Kuschelew der im Haupteinlauf sichtbare Steintransporter zur Seite gezogen worden. Nun vermochten auch die Galeeren in das Becken vorzustoßen. Andere Fahrzeuge folgten. Gegen 19 Uhr befanden sich 54 Einheiten hinter den schwedischen Unterwasserbarrikaden – lediglich Chruschtschows fünf größere Ruder-Segler und Slisows Bombenketschen und Mörserflöße blieben jenseits der Sperre.

Nassau-Siegen verlor den Überblick – wegen der auf engem Raum konzentrierten vielen Fahrzeuge und der durch Pulverschwaden verminderten Sicht. Kurz entschlossen bestieg der Vizeadmiral seine Yacht *Lastotschka* und suchte alle Unterbefehlshaber auf. Des Prinzen Generalorder lautete: „Kapitän Slisows Halbgaleeren und Kanonenboote brechen zum Hilfsgeschwader durch, unterstützen Generalmajor Balle. Die übrigen Galeeren und Kanonenboote attackieren in Gruppen im Sund operierende schwedische Schiffe."

Hemmema *Oden* (Oberstleutnant Måns von Rosenstein) bekam des Gegners geballte Kraft zuerst zu spüren. Der Oberstleutnant hatte Ehrensvärd von der Anwesenheit von de Littas Kanonenbooten im Sundbecken unterrichtet und um Verstärkung nachgesucht. Diese erhielt er nicht, mußte allein dem Angreifer trotzen. Als gegen 20 Uhr sämtliche Kanonen zerschossen oder geborsten, die Pumpen ausgefallen und die für Verwundete vorgesehenen unteren Decksräume überfüllt waren, ging auf der *Oden* die Flagge nieder.[68]

Nach dem Sieg über die *Oden* wurden *Perun* und *Pospeschny* zurückerobert. Das zuletzt genannte Fahrzeug wies starke Beschädigungen auf. Es lag im seichten Wasser auf Grund.

Dann strich die manövrierunfähige Fregatte *Trolle* ihre Flagge. Ohne Munition und von einer Kanonenschaluppe bugsiert, hatte Widerstand wenig Sinn. Auch die Besatzung der Kanonenschaluppe ergab sich. Anschließend richteten die russischen Galeeren bei der Insel Tovan ihre Aufmerksamkeit auf die Turuma *Ragvald*. Bis gegen 22 Uhr dauerte der Kampf, danach zeigte *Ragvald* keine Flagge mehr.

Als letzter Segler verließ Turuma *Björn Järnsida* den Svensksund. Sie hatte im Schutz von Pulverqualm und Dunkelheit ausgeharrt, vergeblich auf Oberadmiral Ehrensvärd gewartet. Der Flottenführer war mit seinem Flaggkapitän Karl Olof Cronstedt gegen 16 Uhr von Bord gegangen. Beide leiteten die Schlacht von einer Schaluppe aus. Seit 19.30 Uhr gab es von ihnen kein Lebenszeichen mehr. Gegen Mitternacht glitt *Björn Järnsida* langsam nördlich der Fahrrinne westwärts. Zwischen Vikar und Musalo lief sie auf. Bald wurde die Turuma aufgespürt – unter anderem dabei: de Littas Galeere *St. Petersburg*. Nach zweistündiger heldenmütiger Verteidigung kapitulierte das Flaggschiff. Zuvor konnte es einen letzten Erfolg verbuchen: Leutnant Bobarykin näherte sich mit einem Kanonenboot der Turuma, beabsichtigte, sie zu entern. Eine schwedische „Feuerbombe" entzündete die Pulvervorräte des Bootes – es explodierte und setzte die Segel der *Björn Järnsida* in Brand. Als die Russen das brennende Schiff übernahmen, erlebten sie eine Überraschung: Unter Deck hielten sich die Verwundeten der *Perun* auf.[69]

Die Schlacht war geschlagen und damit Vizeadmiral Prinz Karl Heinrich Nassau-Siegen der Herr über den Svensksund. König Gustav sorgte gegen 4 Uhr für das „Siegesfeuerwerk": Er ordnete das Verbrennen der an der Kymmene-Mündung liegenden Transporter, Hilfsfahrzeuge und Kanonenschaluppem an, damit sie nicht in die Hände des Feindes fielen (siehe Tabellen 16/17).

Analysen

Alle Schlachten wurden und werden anschließend gründlich analysiert. Die „Erste Svensksundschlacht" bildete da keine Ausnahme. Auf schwedischer Seite stand inbesondere die Zeit nach 19 Uhr im Mittelpunkt des historischen Interesses, speziell Oberadmiral Ehrensvärds Verhalten.

Wie bereits erwähnt, führte er – begleitet von seinem Flaggkapitän – ab etwa 16 Uhr den Verband von einer Schaluppe aus. Nachweisbar schickte der Oberadmiral dem auf Kotkasari weilenden König zwei ausfürliche Lageberichte – überbracht durch Leutnant Valberg gegen 17.30 Uhr und 19 Uhr. Beide Male forderte Ehrensvärd keine Erlaubnis zum Rückzug an, obwohl dieser ohne größere Verluste möglich gewesen wäre. Aus persönlichen Aufzeichnungen geht hervor, daß er bis zum Durchbruch der russischen Galeeren an einen glücklichen Ausgang des Treffens glaubte: „Das Überwinden der Sperren hielt ich für unwahrscheinlich. Ich beabsichtigte, Balles Geschwader zu verfolgen, es zu vernichten und so den südlichen Sundeingang offenzuhalten. Prinz Nassau-Siegen hätte seine Absichten ändern müssen, mich erst viel später attackieren können. Wer aber kann mit Gewißheit sagen, ob es ihm dann noch genehm gewesen wäre?"

Bei Beurteilung des Geschehens darf die königliche Order nicht außer acht gelassen werden, keinesfalls den Sund zu räumen und dadurch die Flanke des Heeres zu entblößen. Andererseits machten jedoch Munitionsmangel ein weiteres Verbleiben und somit die Fortsetzung des Kampfes sinnlos – nunmehr gegen die russische Hauptmacht. Sobald Gustav III. Kotkasari verlassen hatte, suchten deshalb Ehrensvärd und Cronstedt unabhängig voneinander die einzelnen Fahrzeuge auf. Sie gestatteten deren Befehlshabern, sich nach eigenem Ermessen abzusetzen. Die Initiative dazu ergriff Oberstleutnant Karl Adolf Dankwardt. Er formierte den Großteil des Verbandes zum geordneten Rückzug und brachte 32 Segler in sichere Gewässer. Zuletzt wurde der Oberadmiral um 19.30 Uhr bei der Flotte gesehen. Danach verlor sich zunächst seine Spur.

König Gustav schrieb um 21 Uhr aus dem Hauptquartier an Ehrensvärd: „„Die Armeeflotte hat sich unter Unseren Augen mit ungemeiner Tapferkeit geschlagen. Wir haben gesehen, wie zwei feindliche Fahrzeuge erobert wurden. Heute, als Wir das Aspö-Geschwader flüchten sahen, machte der Herr Graf seinem geschätzten Vater alle Ehre. Wäre der Svensksund nicht von Prinz Nassau-Siegen gestürmt worden, läge der Sieg in Unseren Händen. Wir ersuchen den Herrn Oberadmiral, sowohl den Befehlshabern als auch den gemeinen Männern Unsere Anerkennung und Unseren Dank kundzutun. Jetzt gilt es, nachdem der Feind bereits im Svensksund ist, die Flotte zu retten, ohne Unsere Ehre preiszugeben. Wir wünschen daher, daß Ihr, Herr Graf, von der dunklen Nacht profitiert und mit der Flotte nach Svartholm geht. Dort sollt Ihr sie wohl mit Munition versorgen und alle Reparaturen ausführen lassen."

Kaum hatte der Kurieroffizier mit der Order das Hauptquartier verlassen, trat der Oberadmiral höchstpersönlich vor den König – „mit von Pulverqualm geschwärzten Händen und ebensolchem Gesicht, ohne Hut und mit zerzausten Haaren, durchnäßt und mit verschmutztem Rock". Auf die Frage nach dem Wohl der Flotte soll er kurz, aber dramatisch geantwortet haben: „Eure Majestät besitzen keine mehr!" Gustav III., der sie vor wenigen Stunden noch tapfer und erfolgreich kämpfen sah, hätte ihn daraufhin angeblich mit „Hütet Eure Zunge, Graf Ehrensvärd" zurechtgewiesen.

Da noch immer Kanonendonner über den Sund hallte, sollte der ranghöchste Marineoffizier seine Abwesenheit von der Flotte erklären. Der Oberadmiral versicherte Seiner Majestät, er sei abgeschnitten worden, hätte sich zur Kymmene durchschlagen müssen. Im Moment glaubte man ihm, nach genauerer Kenntnis vom Schlachtverlauf nicht mehr. Dann hieß es unverhohlen: „Graf Ehrensvärd hat feige die Flotte verlassen und sich in Sicherheit gebracht."

Ehrensvärd untergliederte seinen Bericht von der Schlacht in drei Hauptpunkte. Im ersten ging er auf die von ihm veranlaßten Verteidigungsvorkehrungen ein, betonte dabei besonders auffällig des Königs Lob. (Wollte der angeschlagene Oberadmiral sein Image aufwerten?) Bezüglich der Unterwassersperren heißt es bei ihm: „Wären die Versenkungen rechtzeitig und mit größerer Fürsorge erfolgt, hätte der Sieg uns gehört." Die an Seine Majestät adressierte Kritik diente als Auftakt gegenseitiger Schuldzuweisungen. Gustav III. bemerkte zu diesem Satz bezeichnend: „Graf Ehrensvärd trug allein die Verantwortung. Weshalb blieb der Tiutinesund offen? Beruhte das darauf, daß er nur oberflächlich inspiziert und für unpassierbar gehalten worden war?"

Im zweiten Hauptpunkt – der Kampf gegen das Hilfsgeschwader – stimmten die Ansichten des Oberadmirals mit denen des Königs überein. Zum letzten Berichtsabschnitt hatte Gustav III. nichts Nachteiliges über die Armeeflotte zu sagen. Ehrensvärd betonte in dem Schriftsatz klugerweise besonders die erzielten Erfolge – für den Rückzug beschränkte er sich dagegen auf banale Formulierungen: „Des Feindes nordöstliches Geschwader hatte unter ständigem Beschuß unaufhörlich versucht, in den gesperrten Sund einzudringen. Unsere standhafte Verteidigung aber verhinderte das einen halben Tag lang. Major Hjelmstierna bot dem Angreifer hervorragend Paroli. Er traf zwei Galeeren – eine flog in die Luft, die andere ging in Flammen auf. (Das Feuer auf der Stabsgaleere *Chitraja* konnte jedoch gelöscht werden; d. A.) Major de Brenner wies ebenfalls alle Attacken ab und vernichtete ein russisches Kanonenboot. Selbst die mitten im Sund ankernden Fahrzeuge stellten sich dem Angreifer entschlossen entgegen und fügten ihm bis zur letzten Minute empfindlichen Schaden zu ... unser Zurückweichen war wegen des Munitionsmangels bedingt, nicht zu vermeiden."

Am 26. August überreichte ein aus Lovisa gekommener Bote im königlichen Hauptquartier die erfreuliche Depesche, Oberstleutnant Karl Adolf Dankwardt läge „mit zwei

Drittel der Schiffe vom Svensksund unter dem Schutz der Festungskanonen von Svartholm." Oberadmiral Ehrensvärd reiste auf dem Landwege sofort nach Lovisa, um sich um seine Flotte zu kümmern. Doch das Damoklesschwert hing bereits über ihm.

König Gustav wandte sich am 28. August an Generalmajor Salomon Mauritz vom Rajalin: „Graf Ehrensvärds Formation ist weniger zu Schaden gekommen, als Wir ursprünglich vermuteten. Der Oberadmiral ist seines Postens nicht würdig, er wird nach Karlskrona zurückkehren. Wir haben Oberst von Klerker beauftragt, in Lovisa die Schiffe auszubessern und auszurüsten. Teurer Freund, schickt bitte Oberstleutnant Georg de Frèse nach Svartholm – wenn auch nur für wenige Wochen. Er ist wohl am besten prädestiniert, die Flotte zu führen. Wir haben beschlossen, mit ihr baldmöglichst den Prinzen Nassau-Siegen anzugreifen …"[70]

Nach seiner Ablösung blieb Ehrensvärd nicht ruhig. Er lud alle Schuld an der Niederlage auf des Königs Schultern: „Seine Majestät verdarb mir die Schlacht – durch Mißtrauen und strategische Fehleinschätzungen."

Unter Datum vom 18. September schrieb der Oberadmiral dem vorherigen Befehlshaber der Armeeflotte, Mikael Anckarsvärd: „Das Reich kann sich nicht genug dazu gratulieren, daß es ein Korps besitzt, in dem noch der Geist herrscht, den mein seliger Vater mit ganzem Herzen und klarem Verstand geprägt hatte." Anckarsvärd gab das Schreiben dem König zur Kenntnis und registrierte erstaunt dessen Sinneswandel: „Offiziere und Soldaten der Armeeflotte haben mit großem Mut geschickt gekämpft. Ihre Treue und Vaterlandsliebe ist über jeden Zweifel erhaben, stellt die im Svensksund erlittene Niederlage weit in den Schatten."

Gustav III. sah seit den Ereignissen bei Kotkasari und Porkala die Armeeflotte zwar mit anderen Augen an, doch sein Urteil über Ehrensvärd war vernichtend. Dem Reichsdrost Karl Axel Wachtmeister schrieb er am 27. Oktober: „Die Erfahrungen dieses Jahres haben Uns gelehrt, daß Graf Ehrensvärd für einen solchen Posten absolut ungeeignet ist."

Ungeachtet der Abneigung gegenüber dem Oberadmiral verlieh ihm der König einen Orden – allerdings nicht den im Vorjahr gestifteten „Ritter mit dem Großkreuz des Schwertordens". Mit dieser hohen Auszeichnung bedachte Gustav III. die wirklichen Helden der Svensksundschlacht:

1. Oberstleutnant Måns von Rosenstein, der allein mit der Hemmema *Oden* dem Feind drei Stunden hartnäckig widerstanden hatte (nach Rückkehr aus russischer Gefangenschaft wurde von Rosenstein außerdem zum Oberst befördert).

2. Oberstleutnant Karl Adolf Dankwardt, der den Rückzug der Armeeflotte organisiert und dadurch 32 Fahrzeuge gerettet hatte.

3. Major Klas Hjelmstierna, der sich während des Gefechtes am 15. August und auch im Schlachtverlauf durch außerordentlichen Mut hervorgetan hatte.

4. und 5. Postum Oberstleutnant F. U. Fleetwood und Kapitän von Hohenhausen in

Würdigung ihres unerschrockenen Kampfes mit der Turuma *Björn Järnsida* sowie ebenfalls postum

6. Kapitän Brunner aus demselben Anlaß als Befehlshaber der Fregatte *Trolle*.

Oberadmiral Karl August Ehrensvärd wurde für seine Verdienste zum „Kommandeur mit dem Großkreuz des Schwertordens" ernannt.

Neben diesen hohen Ehrungen gab es Auszeichnungen und Beförderungen unterschiedlicher Art. So wurden zum Beispiel der Befehlshaber der Galeere *Stockholm* zum „Ritter des Schwertordens" ernannt, Flaggkapitän Karl Olof Cronstedt zum Oberstleutnant befördert und 14 Fahrzeugkommandanten mit dem Ehrendegen bedacht. [71]

In St. Petersburg analysierte eine Kommission des Admiralitätskollegiums den Schlachtverlauf. Sie kam – abgesehen von dem zu rügenden verspäteten Eingreifen Nassau-Siegens in das Geschehen und dessen falscher Reaktion hinsichtlich der schwedischen Sperranlagen – zu einem bemerkenswerten Ergebnis: „Der Oberkommandierende unserer Ruderflotte, Vizeadmiral Prinz Karl Heinrich Nassau-Siegen, war von Anbeginn daran interessiert, daß das Hilfsgeschwader zuerst gegen den Feind zieht, ihn längere Zeit allein bekämpft. Dies aus zwei Gründen: Zum einen sollte die Aufmerksamkeit von des Prinzen Hauptmacht abgelenkt, zum anderen des Feindes Kräfte verbraucht werden. Das bedeutet, der Flottenbefehlshaber kalkulierte den Verlust des Hilfsgeschwaders für den eigenen Sieg ein."

Die Auseinandersetzungen zwischen Nassau-Siegen und Krus spielten ebenfalls eine Rolle in dem Untersuchungsgremium. Es wurde eingeschätzt, Vizeadmiral Krus habe die Absichten des Prinzen durchschaut, deshalb den Erstschlag durch das Hauptgeschwader gefordert – was hinsichtlich des Kräfteverhältnisses realistisch gewesen sei. „Der Oberkommandierende stimmte dem Vizeadmiral nicht zu", so die Analyse, „weil er um sein Ansehen bangte. Wäre nämlich der Feind vor ihm geflohen, hätte das Hilfsgeschwader ihn vor die Kanonenrohre bekommen, vielleicht den Sieg errungen. Wenn aber die vom Prinzen geführte Hauptmacht in Bedrängnis geraten wäre, hätte das Hilfsgeschwader zur Unterstützung kommen müssen. In beiden Fällen stünde nicht Vizeadmiral Prinz Karl Heinrich Nassau-Siegen, sondern der Führer des Hilfsgeschwaders als eigentlicher Sieger da. Das wußte der Prinz, zog deshalb die Gegenvariante vor – und ging als Sieger aus dem Treffen hervor."

Ob Nassau-Siegen jemals von der Einschätzung erfuhr, ist dem überlieferten Schriftgut nicht zu entnehmen. Vermutet werden aber darf, daß seinerzeit die Sieger von Schlachten wohl kaum ernsthaft kritisiert, geschweige denn zur Rechenschaft gezogen worden sind. Wer noch dazu wie der Vizeadmiral bei der Kaiserin in hoher Gunst stand, brauchte negative Äußerungen gleich welcher Art zu seiner Person nicht zu fürchten.

Mitte September legte Graf Besborodko Kaiserlicher Majestät eine Auszeichnungsliste zur Bestätigung vor. Katharina II. erhob keine Einwände. Demzufolge erhielten:

1   Vizeadmiral Prinz Karl Heinrich Nassau-Siegen den St.-Andreas-Orden;
2. Generalmajor Pjotr Iwanowitsch Turtschaninow den St.-Annen-Orden und eine Anerkennungsprämie in Höhe von 6000 Rubel;
3. Generalmajor Iwan Petrowitsch Balle den St.-Annen-Orden;
4. Malteserritter Graf Giulio de Litta den St.-Georgs-Orden der 3. Klasse mit goldener Spange;
5. Brigadier Iwan Iwanowitsch Kuschelew den St.-Georgs-Orden der 3. Klasse;
6. Brigadier F. W. Buksgewden den St.-Georgs-Orden der 3. Klasse;
7. Kapitän 1. Ranges Pjotr Borisowitsch Slisow den St.-Georgs-Orden der 4. Klasse und die Beförderung zum Brigadier;
8. Kapitän 1. Ranges Winter die Beförderung zum Brigadier, eine Anerkennungsprämie in Höhe vom 2000 Rubel und eine jährliche Pension in Höhe von 600 Rubel;
9. Kapitän 1. Ranges Andrej Iwanowitsch Denisow den St.-Georgs-Orden der 4. Klasse;
10. Gardekapitän Bolotnikow den St.-Georgs-Orden der 4. Klasse.

Außerdem wurden Gardekapitän Olsufjew und Leutnant Sarandinaki als Kriegsversehrte mit dem nächsthöheren Offiziersrang und entsprechendem Pensionsanspruch in Ehren aus dem aktiven Militärdienst entlassen.

Der Kaiserin uneingeschränktes „Ja" zu den Auszeichnungsvorschlägen war vorauszusehen. Mit großer Freude hatte sie den ausführlichen Brief ihres Sekretärs Turtschaninow vom 25. August über das Treffen gelesen. Wenn auch die schwedische Armeeflotte nicht völlig vernichtet werden konnte, so zeugten doch bestimmte Passagen des Schreibens von einem heroischen Sieg: „Eurer Majestät werden bald alle erbeuteten Flaggen, darunter die des Oberadmirals Ehrensvärd, zu Füßen liegen. Unter den eroberten Fahrzeugen befindet sich auch sein Flaggschiff, die Turuma *Björn Järnsida*. Der schwedische Flottenbefehlshaber ist zwar entkommen, doch auf dem Schiff fanden wir 80 Schwerverwundete und 43 Tote. Das sagt aus, welchen Widerstand wir zu brechen hatten … Insgesamt zählen 37 Offiziere und etwa 1100 Mann zu unseren Gefangenen, darunter viele Verwundete. Der Feind kämpfte äußerst tapfer. Seine Gefallenen übergaben wir standesgemäß der See. Auf Wunsch gefangener Offiziere haben wir nur einen Schweden begraben, den Probst Festin vom Stackelbergska-Regiment."

Prinz Nassau-Siegen verfaßte vorerst nur einen Kurzbericht über die Schlacht. Unmittelbar nach den letzten Schüssen nahm er Kontakt zu General Mussin-Puschkin auf, beriet mit ihm das weitere Vorgehen. Sie kamen überein, daß das Heer die feindlichen Truppen bei Högfors bindet, während die Ruderflotte auf der schwedischen Rückzugslinie bei Abborfors einige Regimenter an Land setzt. Der eingeschlossene Gegner sollte gleichzeitig attackiert und zur Übergabe aufgefordert werden.

An Katharina II. schrieb der Prinz am 26. August: „Aussagen Gefangener veranlaßten mich, mit General Mussin-Puschkin einen neuen Angriffsplan auszuarbeiten. König Gustav befindet sich noch immer in Högfors. Er wird wohl das Beste aus seinen Pferden herausholen müssen, um sich vor uns in Sicherheit zu bringen. Ich hoffe, Eurer Majestät bald Nachricht über einen weiteren Sieg senden zu können."

Wie vorgesehen brach Nassau-Siegen am 1. September mit einem beträchtlichen Aufgebot an Fahrzeugen und Truppen auf: Generalmajor Balle ging mit zwölf Kanonenbooten den östlichen Arm der Kymmene und anschließend den einmündenden mittleren Arm flußaufwärts und griff bei Chowinsari den Gegner an. Drei andere Kanonenboote drangen auf dem östlichen Arm bis nahe Högfors vor und unterstützten das Übersetzmanöver von Mussin-Puschkins linker Flanke. Vizeadmiral Nassau-Siegen steuerte mit dem Gros und einer Landeeinheit von 5000 Mann die Bucht von Kupiski an, um von dort in den Rücken des Feindes zu gelangen. Am nächsten Tag bemerkte der Prinz, daß sich im schwedischen Lager die Regimenter formierten. Er zögerte mit dem Angriff so lange, bis es zu spät war – König Gustavs Truppen überquerten bei Högfors die Kymmene und marschierten geordnet und unbehelligt nach Lovisa. Das russische Unternehmen war, soweit es die Vernichtung einer feindlichen Armee betraf, fehlgeschlagen. Die schwedischen Küstenregimenter standen wieder auf heimatlichem Boden, seeseitig gedeckt von der bei Svartholm liegenden Armeeflotte. Die bei der Schlacht im Svensksund beschädigten schwedischen Segler wurden in fieberhafter Eile ausgebessert. Um den Verlust an Fahrzeugen einigermaßen auszugleichen, übergab die Bürgerschaft von Helsingfors vier Handelsschiffe. Sie ähnelten vom Bau her einer Fregatte, brauchten lediglich mit Kanonen bestückt zu werden.

Am 23. September setzte die Einheit Segel. Oberstleutnant Georg de Frèse bezog im Kejfsalö-Fjord[72] Posten, doch kein feindliches Fahrzeug ließ sich blicken. Erst im November rückte de Frèses Formation nach Sveaborg ins Winterlager ein.

Auch die Truppenverbände von Platens und Meijerfeldts gingen in ihre Winterquartiere – längs der Küste.

Bei den Kräften von Porkala war die Situation nicht viel anders: Nachdem de Frèse am 1. September die *Seraphimsorden* verlassen hatte, nahm Generalmajor von Rajalin mit seinem Stab auf dieser Galeere Quartier. Dafür wechselte Pfarrer Winberg auf die bei Tingsholmen liegende *Västervik* über. In der Fahrzeugaufteilung gab es nur unwesentliche Veränderungen – die *Upsala* verlegte von Vormö nach Bastholmen, und die erst am 26. August angekommene Galeere *Närke* kam nach Strömsby. Der Abmarsch ins Winterlager geschah nach und nach: Vier Galeeren – *Ekeblad, Västgöta-Dal, Seraphimsorden* und *von Seth* – segelten am 27. Oktober Richtung Sveaborg. Am 9. November trafen in der finnischen Hauptbasis mit *Älvsborg* und *Dalarna* zwei weitere Galeeren ein. Sieben Tage später (16.11.) machten neun Galeeren – *von Rosen, Upsala, Ehrenpreus, Västervik, Wrede, Taube, Posse, von Höken* und *Närke* – sowie am 27. November die Galeere *Västmanland* im Sveaborg fest.

Daß Oberstleutnant Georg de Frèse im Kejfsalö-Fjord vergeblich auf die russische Ruderflotte wartete, hatte folgenden Grund: Nach der fehlgeschlagenen Operation hinter der feindlichen Linie kehrte Vizeadmiral Nassau-Siegen zum Svensksund zurück. Erst jetzt schrieb er ausführlich nach St. Petersburg über die Schlacht am 24. August und die sich anschließenden Bewegungen seines Verbandes. Recht genau führte der Prinz Kampfschäden und die sich aus ihnen ergebenden Werftarbeiten auf. Außerdem empfahl er, alle seeuntauglichen Halbschebecken umbauen zu lassen und sich künftig vorrangig auf „kleine, wendige und schlagkräftige Boote" zu konzentrieren: „Das sind Lehren, die ich aus der diesjährigen Kampagne ziehe – unsere Halbgaleeren und Kanonenboote bewährten sich im Gegensatz zu den plump gebauten größeren Fahrzeugen hervorragend."

Offensichtlich vertraten Kaiserin und Admiralitätskollegium ähnliche Ansichten, denn ohne zuvor auf Nassau-Siegens Bericht geantwortet zu haben, erging am 1. Oktober ein 20 Punkte umfassender Befehl für die Ruderflotte. Im wesentlichen beinhaltete er Vorbereitungsmaßnahmen für den nächsten Feldzug. So sollten zum Beispiel in Kronstadt nicht nur zehn Halbschebecken umgebaut, sondern auch 10 Kanonenboote sowie nach dem Vorbild des schwedischen Turuma-Typs acht Schärenfregatten auf Stapel gelegt werden. Für Fredrikshamn stand ein Neubauprogramm von 40 Kanonenbooten und für Viborg eines für 80 kleine Ruderschaluppen festgeschrieben. (Jede Galeere sollte zwei bis zehn Beiboote erhalten, um mit ihnen in engen Gewässern das schwerfällige Fahrzeug besser bugsieren zu können.) Hinsichtlich der Armierung wurden Art und Anzahl der Geschütze angeführt, die für neugebaute oder umgerüstete Fahrzeuge sowie für Landbatterien in Viborg und Fredrikshamn vorgesehen waren. Bezugnehmend auf das für die Ruderflotte bestimmte Truppenkontingent heißt es im letzten Punkt: „Bei Viborg und Fredrikshamm erfolgt die Stationierung von drei Bataillonen Seesoldaten, vier Infanterieregimentern und zwei Bataillonen vom Estland-Korps."

Unmittelbar nach Erhalt der Order setzte Vizeadmiral Nassau-Siegen 26 Fahrzeuge nach Kronstadt, alle übrigen nach Viborg und Fredrikshamn zur Winterüberholung in Marsch. Und so sah die Aufteilung der Ruderflotte (einschließlich aller Hilfsfahrzeuge für die Hauptflotte und Reservefahrzeuge) und ihr Neubauprogramm aus:

Kronstadt

Umbauten/Reparaturen:	10	Halbschebecken
	10	Kanonenboote
	6	kleinere Fahrzeuge
	26	Fahrzeuge
Geplante Neubauten:	8	Schärenfregatten
	10	Kanonenboote
	3	Bombardierprahme (jeweils mit acht großkalibrigen Geschützen)
	21	Fahrzeuge
Gesamt:	47	Fahrzeuge

St. Petersburg

Umbauten/Reparaturen:	keine	
Geplante Neubauten:	6	Fahrzeuge unterschiedlicher Art
Gesamt:	6	Fahrzeuge

Reval

Umbauten/Reparaturen:	keine	
Geplante Neubauten:	10	Kanonenboote
	2	kleinere Fahrzeuge
Gesamt:	12	Fahrzeuge

Fredrikshamn

Umbauten/Reparaturen	15	Kanonenboote
	15	Halbgaleeren
	10	Schaluppen, eine Art Halbgaleeren
	1	Galeere (*Dnepr*)
	2	Halbprahme (*Bars* und *Leopard*)
	1	Turuma (*Sällan Värre*)
	44	Fahrzeuge (und 5 kleine Transporter)
Geplante Neubauten	40	Kanonenboote
Gesamt:	84	Fahrzeuge (und 5 kleine Transporter)

Viborg

Umbauten/Reparaturen:	3	Aufklärer (Umbau zu Fregatten)
	5	Bombenketschen
	3	Schebecken
	4	erbeutete schwedische Fahrzeuge
	33	Galeeren
	3	Kanonenboote
	1	Bombardierprahm (*Gremjaschtschi*)
	52	Fahrzeuge (und 15 Transporter)
Neubauten:	keine	(nur 80 Beiboote für Galeeren)
Gesamt	52	Fahrzeuge (und 15 Transporter, 80 Beiboote)

Gesamte Ruderflotte:	201	Kampffahrzeuge
	20	Transporter
	80	Ruderschaluppen (Beiboote für die Galeeren)

146

Dem Programm zufolge würde der Fahrzeugbestand dieses Flottenteiles enorm ansteigen. Die Anzahl der vorgesehenen Kanonenboote und -jollen überrascht. Sicherlich sind ihre hervorragenden Kampfeigenschaften voll erkannt worden. Zudem glaubte das Admiralitätskollegium offensichtlich fest daran, eine starke Ruderflotte könne im kommenden Sommer für einen Sieg über den schwedischen Kriegsgegner ausschlaggebend sein. Der baldige Friedensschluß mit König Gustav war für Katharina II. schließlich sehr wichtig, denn nur danach konnte sie sich intensiv dem Krieg in der Schwarzmeerregion widmen.

Was aber hatte Schweden dem russischen Rüstungsplan entgegenzusetzen? Ohne des Gegners Vorhaben zu kennen, richtete auch Stockholm sein Augenmerk auf eine mächtige Schärenflotte. Die Militärs machten dem König unumwunden klar: „Der finnische Krieg wird auf See und in den Schären entschieden!" Dementsprechend ergingen die Befehle hinsichtlich Umrüstung, Reparaturen und Neubau von Fahrzeugen der Armeeflotte. Darüber hinaus sah der Generalstab vor, alle in Stralsund, Göteborg und im Stockholmer Archipel stationierten Einheiten nächstes Jahr in Finnland einzusetzen.

Bereits am 8. September – also kurz nach der Svensksundschlacht – hatte Oberstleutnant Karl Olof Cronstedt königliche Reiseorder erhalten: „In Stralsund habe er 28 leichte Fahrzeuge – je 14 Kanonenschaluppen und -jollen – bauen zu lassen und im Frühjahr mit ihnen und der pommerschen Kanonenschaluppendivision einschließlich der umzurüstenden alten Galeerenprahme *Achilles* und *Hector* nach Sveaborg zu segeln."

Auf Vorschlag von Oberst Mikael Anckarsvärd bewilligte Gustav III. am 11. Dezember 1789 der Armeeflotte 289.000 Reichstaler. Mit dem Geld sollten vorrangig die neuzubauenden Fahrzeuge bezahlt werden. Das betraf im Mutterland die Werften in

Stockholm mit	4	Mörserbarkassen
	10	Kanonenschaluppen
	1	Hemmema (*Styrbjörn*)
Gävle und Öregrund mit	21	Kanonenschaluppen
	6	Hilfsfahrzeugen
Västervik mit	2	Hemmemas (*Hjalmar* und *Starkodder*)
Norrköping und Kalmar mit	9	Kanonenjollen

Der Großteil aller Neubauaufträge wurde allerdings den finnischen Werften erteilt:

	37	Kanonenschaluppen
	50	Kanonenjollenen
	7	Cheffahrzeuge
	22	Proviantransporter
	2	Lazarettboote

4	Munitionstransporter
1	Versorgungstransporter
7	Barkassen
2	Aufklärungsschaluppen

Kanonenschaluppen und -jollen sowie etwa die Hälfte der Hilfsfahrzeuge sollten auf der Staatswerft von Sveaborg gebaut werden, alle übrigen auf den Privatwerften in Ekenäs (Tammisaari), Åbo (Turku), Ny- und Gamlakarleby (Uusikaarlepyy und Kokkola), Jakobstad (Pietarsaari) und Vasa (Vaasa). Außerdem erhielt die Staatswerft Order, alle größeren Ausbesserungen vorzunehmen und die seit zwei Jahren auf Stapel liegenden sechs Turumas fertigzustellen.

Das Rüstungsprogramm für die Armeeflotte wurde bis auf unwesentliche Abweichungen realisiert. Mit insgesamt 349 Einheiten hatte sich somit der Fahrzeugbestand gegenüber dem Frühjahr 1789 mehr als verdoppelt – Details siehe Tabelle 18.

Neutralität und Waffenstillstand – leere Worte?

Der 1789er Feldzug neigte sich dem Ende. Jede Seite sprach von Erfolgen, verharmloste erlittene Niederlagen oder stempelte nicht erreichte Kriegsziele als bedeutungslos ab. In einem Punkt allerdings stimmten beide Seiten überein: Die Kriegsflotten hatten ihre Hauptaufgabe nicht erfüllt, die absolute Seeherrschaft nicht erringen können.

Vom russischen Reservegeschwader abgesehen operierten im Sommer 1789 alle größeren Kriegsschiffe außerhalb des Finnischen Meerbusens. Ihre Unternehmungen fanden weitab vom Brennpunkt des Geschehens statt: im Kattegat, im Sund, in der westlichen und mittleren Ostsee. Die Bewegungen der schwedischen Flotte, des Reval-, Kronstadt- und Kopenhagen-Geschwaders standen mit den Ereignissen im finnischen Schärengebiet nur indirekt im Zusammenhang. Deshalb sollen sie hier separat behandelt werden.

Für Schlagzeilen sorgte insbesondere das Kopenhagen-Geschwader. Es hatte – befehligt von Konteradmiral Vilhelm van Dessen – als Vorauskommando der russischen Mittelmeerexpedition am 10. Juli 1788 das neutrale Dänemark erreicht. Der Aufenthalt in Kopenhagen war bis Mitte August vorgesehen. Bis dahin sollten zwei nach Archangelsk detachierte Fregatten, zwei in England gekaufte Kutter und das Archangelsk-Geschwader eintreffen, sich in van Dessens Verband einreihen. Auch Admiral Samuel Greighs Hauptmacht würde bis zu diesem Zeitpunkt im Öresund sein, die gesamte Formation danach mit Kurs auf das Mittelmeer weitersegeln – so der Plan des St. Petersburger Admiralitätskollegiums.

Durch Schwedens Eingreifen in den Krieg veränderte sich die Lage. Admiral Greigh erhielt neue Befehle, van Dessen zunächst nicht. Letzterer mußte vorerst nach eigenem Ermessen handeln. Ende Juli blockierte er den Sund und brachte etliche schwedische Kauffahrer auf. An die vor der Festung Landskrona liegenden Handelsschiffe wagten sich die russischen Kriegssegler allerdings nicht heran. Wegen dieser Aktionen – van Dessen genoß in einem neutralen Land nur Gastrecht, durfte es nicht als Stützpunkt für kriegerische Handlungen ansehen – geriet die dänische Regierung in arge Verlegenheit. Ihr ranghöchster Minister – Graf Andreas Peter von Bernstorff – ersuchte Konteradmiral van Dessen nachdrücklich, „alle gekaperten schwedischen Kauffahrer und beschlagnahmten Güter unverzüglich zurückzugeben, die Schiffahrt im Sund nicht länger zu behindern sowie von Operationen gegen die schwedische Küstenregion abzusehen".

Van Dessen negierte jeglichen Protest. In der Nacht zum 10. August setzte er an der Küste Schonens Truppen an Land, die das Fischerdorf Råå brandschatzten. Die Öffentlichkeit – insbesondere die dänische – reagierte empört. Graf von Bernstorff entschuldigte sich beim schwedischen Geschäftsträger, dem Minister Baron G. d'Albedyhll, für das „ungebührliche Verhalten der russischen Gäste". Selbst der dänische Kronprinz verbarg seine Entrüstung nicht: Während eines Diplomatentreffens bezeichnete Seine Königliche Hoheit den Konteradmiral als „in fremden Diensten stehenden Piraten" und gab bekannt, die „Krone stelle für den Wiederaufbau Råås eine beträchtliche Geldsumme bereit, da die Schandtat von unserem Boden aus vorgetragen sei".

Einige Tage später kreuzten van Dessens Kriegssegler im Kattegat. Sie erwarteten die von Archangelsk kommenden Fregatten *Kilduin* und *Solombala*. Am Morgen des 15. August kamen sie in Sicht – verfolgt von drei schwedischen Schiffen. *Solombala* vermochte sich zu retten, *Kilduin* nicht. Sobald die Schweden mit ihrer Prise Kurs auf Göteborg genommen hatten, segelte van Dessens Einheit nach Kopenhagen zurück. Kurz darauf trafen das Archangelsk-Geschwader und die beiden englischen Kutter ein. Die russische Streitmacht bestand nun aus acht Linienschiffen, vier Fregatten, zwei Kuttern und drei armierten Transportern (siehe Tabelle 10). Das Drängen Katharinas II., die vor Fredrikshamn eingetretene Wende im Kriegsgeschehen und die durch van Dessen ausgelöste Krise veranlaßten Dänemark am 19. August 1788 zu erklären, es werde ab sofort an der Seite Rußlands gegen Schweden kämpfen.

Schon Anfang September wurden Truppen nach Norwegen verschifft. Von dort fielen sie in das Nachbarland ein. Ziel der Operation war Göteborg. Die Hafenstadt mit ihrer Festung Carlsten auf der Insel Marstrand sollte genommen, Schwedens Verteidigung an der Westküste empfindlich geschwächt werden. Dänische Kriegsschiffe bewachten nun den Sund und kreuzten vor Göteborg, russische vor der schwedischen Marinebasis Karlskrona. Letztere unterstanden Konteradmiral Larion Afanasjewitsch Powalischin aus Archangelsk. Van Dessen – wegen der „Affären im Sund" bei Katharina II. in Ungnade gefallen – bereitete indessen seine Heimreise in die Niederlande vor. Zuvor jedoch ließ er den in England gebauten Kutter *Mercury* mit je einem Achtzehn- und Zwölfpfünder armieren.[73]

Die wendige, sehr seetüchtige *Mercury* unter Kapitän Roman Basil Crown führte zunächst Kurierfahrten zwischen Kopenhagen und Reval durch. In Reval sorgte der Kutter für Aufsehen. Seine schnittige Form fand ebenso Beachtung wie die Anwesenheit eines weiblichen Besatzungsmitgliedes: Crowns Ehefrau.

Daß sich eine Frau an Bord eines unter Segeln stehenden Kriegsschiffes aufhielt, war mehr als ungewöhnlich, entsprach in keiner Weise russischen Auffassungen vom Flottendienst.[74]

Kapitän Crown beförderte vor allem Diplomatenpost. Seine Aufgabe stand in engem Zusammenhang mit dem dänischen Vormarsch, der, wie bereits erwähnt, nach wenigen Tagen vor Göteborg abgebrochen werden mußte. Preußen und England hatten mit militärischem Eingreifen gedroht, Dänemark zum Einlenken bewogen. Ab 9. Oktober 1788 trat ein in Kopenhagen ausgehandelter Waffenstillstand in Kraft, der nach mehrmaliger Verlängerung den Rückzug des dänischen Heeres aus Schweden einleitete. In St. Petersburg verfolgte man sehr aufmerksam die Waffenstillstandsverhandlungen, versuchte sie sogar zu beeinflussen. Allzugern hätte Katharina II. Dänemark an Rußlands Seite kämpfen sehen.

Im Spätherbst gingen die russischen Kriegsschiffe ins Winterquartier. Für ihr von Kopenhagen aus operierendes Geschwader hatte die Kaiserin erreichen können, daß es in der dänischen Hauptstadt überwintern durfte.[75] Die Schiffe sollten im zeitigen Frühjahr 1789 erneut Karlskrona blockieren, das Auslaufen der schwedischen Kriegsflotte verhindern. Das wäre aber bei einer Überwinterung in Kronstadt oder in Reval nicht möglich gewesen.

Außer dem Linienschiff Nummer 9 – es patrouillierte im Skagerrak/Kattegat und hatte bei Beginn der Frostperiode den Ramsjöfjord in Norwegen anzusteuern – erhielten alle übrigen Schiffe einen Liegeplatz im Kopenhagener Hafen zugewiesen. *Panteleimon* und *Sewerny Orjol* konnten ihn nicht einnehmen. Sie waren unter Kapitän Odintzow (während der Hoglandschlacht befehligte er das Admiralsschiff *Rostislaw*) zum Wachdienst am nördlichen Sundeingang detachiert worden. Auf der Rückfahrt gerieten die Kriegssegler westlich der Insel Ven ins Eis und froren ein.

Konteradmiral Powalischin brauchte lediglich zwei Linienschiffe und die Fregatte *Nadeshda* gründlich überholen zu lassen. Für die restlichen Fahrzeuge standen die üblichen Wartungsarbeiten auf dem Winterprogramm. Besondere kaiserliche Befehle gab es nicht, da „nichts zu unternehmen sei, was den preußisch-englischen Verhandlungsführern als Vorwand dienen könne, dem Uns freundlich gesinnten dänischen Hof einen Bruch des Waffenstillstandsabkommens vorzuwerfen."

Die Bürger Kopenhagens zeigten wenig Verständnis dafür, daß die fremde Einheit bei ihnen blieb. Sie dachten voller Bitterkeit an van Dessen, der das Ansehen ihres Landes in Mißkredit gebracht hatte. Obendrein geriet es ihrer Meinung nach seiner Piratenakte wegen in den Krieg, wandten sich deshalb die bedeutenden Mächte Preußen und England gegen Dänemark.

In Schweden vertraten die Bürger ähnliche Auffassungen – sie verdrängten, daß König Gustav Rußland völlig grundlos überfallen, den Krieg heimlich vorbereitet hatte. In ihren Augen unterstützte Dänemark wohlwollend die Übergriffe des russischen Geschwaders. Die Entschuldigung des dänischen Königs betrachtete man als Farce, um von eigenen Kriegsabsichten abzulenken. Kurzum, an allem Übel trug einzig und allein van Dessens Flottenformation die Schuld. Als Dänemark in den Krieg eintrat, als Powalischin die Basis Karlskrona blockierte und sich Angst vor einer Invasion ausbreitete, da zog der Haß in die Häuser ein. Vorschläge wurden diskutiert, wie dem unliebsamen Nachbarn am besten der Garaus gemacht werden könne. Zum täglichen Vokabular gehörten plötzlich die Wörter „verbrennen" und „versenken". Reden taten zwar viele, handeln indessen sollte jedoch nur der Fähnrich zur See Lars Benzelstjerna.

Benzelstjerna diente in der Admiralität. Im Spätherbst 1788 ließ er sich beurlauben und reiste nach Kopenhagen, besuchte seinen Freund, den Gesandten G. d'Albedyhll. Ihm vertraute Benzelstjerna an, er wolle das russische Geschwader auf irgendeine Art vernichten. Der Diplomat schien nicht sonderlich überrascht gewesen zu sein: Er sicherte dem Freund jegliche Hilfe zu.[76]

Danach wandte sich der Fähnrich an General Johan Christopher Toll, der angesichts der ernsten Lage in Schonen weilte. Offensichtlich hatte des Königs militärischer Berater Benzelstjernas Plan gutgeheißen. Das geht aus einem an d'Albedyhll gerichteten Brief hervor: „Ich lebe in der Hoffnung, die russischen Schiffe werden bald einfrieren und dann wie herrenlose Hunde zugrunde gehen. Ist es auch sicher, daß sie in Kopenhagen überwintern? Ich bitte Euch um eine diplomatische Einschätzung. Es ist wichtig zu wissen, ob Schweden eine Verletzung des Waffenstillstandes vorgeworfen werden kann, falls ein kühner Parteigänger dort, wo sie liegen, einen Brandanschlag durchführt ...“

König Gustav erfuhr im Dezember von dem Vorhaben und gab Toll zu verstehen, „dem Fähnrich das zu geben, worum er bittet". Und Herzog Karl, vermutlich durch seinen Bruder informiert, wies Oberadmiral Ehrensvärd zu gleicher Zeit an, „für die geplante Zerstörung der russischen Fahrzeuge im Sund das Nötige" zu veranlassen. Am 30. Dezember meldete Ehrensvärd dem Herzog: „General Toll besitzt jetzt das, was er braucht, um die russischen Schiffe in Brand zu setzen."

Was geschah nun im Detail? Oberadmiral Ehrensvärd hatte Benzelstjerna und einen weiteren Offizier zur Westküste kommandiert. Beide sollten mit General Toll die Operation abstimmen. Am 8. Januar 1789 trafen sie in Landskrona ein. Ihr erstes Ziel waren die bei der Insel Ven liegenden Zweidecker *Panteleimon* und *Sewerny Orjol*. In dunkler Nacht beabsichtigten sie, sich mit einem Geschütztrupp unbemerkt bis auf etwa 350 Meter dem Heck der *Panteleimon* zu nähern und bei Tagesanbruch überraschend das Feuer zu eröffnen. Zunächst verlief alles wunschgemäß. Dann aber kamen die Männer zu einer Eisfläche, die nicht hielt, was sie optisch versprach. Um keines der kostbaren Geschütze einzubüßen, befahl Benzelstjerna umzukehren.

Der Fähnrich ließ sich nicht entmutigen – in Kopenhagen warteten schließlich weitere russische Schiffe auf ihn. Schon wenige Tage später weilte er abermals bei d'Albedyhll. Diesmal riet der Freund von irgendwelchen Aktionen auf dänischem Boden ab, übergab ihm ein für General Toll bestimmtes Schriftstück, in dem er das zwischen Dänemark und Schweden geltende Territorialrecht ausführlich kommentierte. Mit Toll traf Benzelstjerna am 25. Januar zusammen. Der General ließ sich erklären, wie der Fähnrich das russische Geschwader den Flammen aussetzen wollte. Toll schickte Seiner Majestät nicht nur d'Albedyhlls Gutachten, sondern auch „unseres jungen Freundes famosen Plan". Gustav III. stimmte letzterem trotz aller rechtlichen Bedenken zu. „Die Repressalien", schrieb der König an Toll, „mit denen Wir möglicherweise zu rechnen haben, dürften den Gewinn nicht schmälern, den Wir durch die Vernichtung zweier Flotten erzielen können."[77]

Wer mit wem in den folgenden Wochen über die bewußte Angelegenheit ernsthaft verhandelte, ist nicht bekannt – in zeitgenössischen Dokumenten fehlen dazu jegliche Hinweise. Fest steht, am 21. Februar überreichte Benzelstjerna seinem Freund d'Albedyhll in der dänischen Hauptstadt einen Brief des Finanzministers Erik Ruuth. Der schwedische Gesandte wurde in dem Schreiben ersucht, dem Überbringer 12.000 Reichstaler auszuhändigen. Ruuth äußerte sich mit keinem Wort zu dem Verwendungszweck des recht hohen Betrages. Ein derartiges Verlangen war ungewöhnlich. Daher hatte d'Albedyhll wohl auch seinen Besucher um Auskunft gebeten. Dies läßt sich den Aufzeichnungen des Diplomaten entnehmen: „Benzelstjerna will einen englischen Kutter auf schwedische Rechnung erwerben, den er im voraus bezahlen muß." Und an anderer Stelle heißt es: „Ich stellte ihm vier Wechsel aus, jeder lautete auf 300 Reichstaler."

Im Vorfeld der Aktion gegen das russische Geschwader hatten sich alle Beteiligten äußerst konspirativ verhalten. Wahrscheinlich fanden nur Vieraugengespräche statt – und wenn unbedingt zur Feder gegriffen werden mußte, genügte es, auf den allseits bekannten Gegenstand hinzuweisen und verklausulierte Bemerkungen zu machen. Erst in der Schlußphase, bei d'Albedyhll, wurde der Kutter erwähnt, dem vermutlich eine Schlüsselrolle zufallen sollte.

Besagter Kutter – eine Kutterbrigg – kam mit einer Ladung aus Ostindien nach Kopenhagen und wollte hier ursprünglich Eisen für Oostende übernehmen. Der irische Schiffer hieß William O'Brien. In Benzelstjernas Plan war der Kutterbrigg ein rühmliches Ende zugedacht worden. O'Brien sollte das Fahrzeug reichlich mit Pulver beladen und bei Nordostwind als Brander gegen die *Troch Jerarchow* treiben lassen. Der Dreidecker lag so günstig, daß – brannte er erst einmal – die Flammen sowohl auf die russischen als auch auf einige dänische Kriegsschiffe übergreifen würden.

Am 28. Februar wehte leichter Nordost. O'Brien bereitete den Brander für dessen letzte Reise vor und – wurde verhaftet. Der irische Schiffer hatte tags zuvor einen dänischen Kaufmann gebeten, ihm die Echtheit der von d'Albedyhll ausgefertigten vier Wechsel zu bestätigen. Diesem kam die Sache nicht ganz geheuer vor, er informierte die Behörden. Innerhalb weniger Stunden war das Komplott aufgedeckt.[78]

Benzelstjerna entzog sich dem Zugriff der Häscher durch Flucht in die schwedische Gesandschaft. Die allgemeine Empörung nutzend, beabsichtigten nun russische Seesoldaten vom Geschwader, d'Albedyhlls Residenz zu stürmen. In letzter Minute konnte der um Ausgleich bemühte Minister von Bernstorff dies verhindern, stellte sich der Initiator des versuchten Brandanschlags daraufhin am 5. März der dänischen Polizei.

In Kopenhagen kursierte plötzlich das Gerücht, die Stadt solle niedergebrannt werden. Der Einwohner Zorn richtete sich weniger gegen die verhafteten Attentäter, sondern mehr gegen die frei herumlaufenden Hintermänner. Was lag näher, als an ihnen Rache zu nehmen. Immerhin lebte einer von ihnen in ihrer Mitte. Innerhalb weniger Tage spitzte sich die Lage bedrohlich zu. Graf von Bernstorff sah sich daher veranlaßt, dem schwedischen Gesandten mitzuteilen: „Ich kann Eure Sicherheit nicht mehr garantieren, Ihr solltet die Stadt verlassen." D'Albedyhll folgte dem Rat, reiste am 12. März nach Stockholm.

Indessen begann man Benzelstjerna, O'Brien und den Steuermann der Kutterbrigg zu verhören. Das Verfahren zog sich in die Länge, da der Fähnrich sein Wissen nur teilweise freigab und die beiden Seeleute nicht allzu viel wußten.

Unerwartet erschien am 15. April Baron d'Albedyhll wieder in der dänischen Metropole. König Gustav hatte ihn auf seinen Posten zurückbeordert: „... als akkreditierter Diplomat steht Ihr unter dem Schutz der dänischen Regierung. Eure überstürzt erfolgte Abreise war absolut unnötig. Wartet dort auf Unsere Eilbotschaft ...“

Am 17. April traf der königliche Kurier in Kopenhagen ein. Graf Andreas Peter von Bernstorff staunte, als ihm der schwedische Gesandte eine Note des Königs überreichte. In ihr bedauerte Gustav III. die Kopenhagener Affäre und sah sich daher gezwungen, seinen Minister abzuberufen.

Baron d'Abedyhll mußte also als Sündenbock herhalten, trug die alleinige Schuld an den Mißhelligkeiten. Dem Grafen von Bernstorff erschien das geradezu grotesk. Immerhin genoß der schwedische Minister durch seine Liebenswürdigkeit und sein energisches Eintreten für freundschaftliche Beziehungen hohes Ansehen. Nach der Abberufung konnte er kein öffentliches Amt mehr bekleiden, stand er im Ruf eines Unruhestifters.

Toll und Ehrensvärd bewegte nun die bange Frage, ob auch sie als Bauernopfer auserkoren wären. Aber Seine Majestät dachte nicht daran. Der König hatte andere Sorgen. Er hoffte inbrünstig, Lars Benzelstjerna würde ihn nicht als Mitwisser bloßstellen und damit einen internationalen Skandal auslösen. Tatsächlich schwieg der Fähnrich beharrlich. Schließlich wurde er zum Tode, die beiden irischen Seemänner zu lebenslanger Haft verurteilt. Benzelstjernas Leben rettete Katharina II. Sie erklärte gegenüber dem dänischen Gesandten in St. Petersburg: „Es wäre gut, würde in dieser Sache kein Blut fließen!“ Das Todesurteil wurde daraufhin in lebenslange Festungshaft umgewandelt – Lars Benzelstjerna kam nach Munkholmen bei Trondheim.[79]

Piratenakt im Kristianiafjord

Fähnrich Lars Benzelstjernas mißglückter Brandanschlag beeinträchtigte kaum die russischen Schiffsüberholungen in Kopenhagen. Mitte März waren alle umfangreicheren Arbeiten beendet, wurde mit dem Ausrüsten der Segler begonnen. Und als im April die letzte Eisscholle aus dem Sund verschwunden war, verholten Drei- und Zweidecker, Fregatten und Kutter zur Reede. Lediglich die schweren Geschütze – insbesondere die der Dreidecker – befanden sich noch nicht an Bord. Die geringe Wassertiefe gestattete das nicht.[80]

Am 30. April setzte der Kutter *Mercury* Segel, nahm Kurs auf die Gewässer von Karlskrona. Kapitän Crown hatte zu erkunden, wie es um die schwedische Flottenrüstung und die dortigen Eisverhältnisse stand. Zur gleichen Zeit verließen aber auch drei schwedische Aufklärer ihre Basis Karlskrona: die Fregatten *Jarislawitsch* (Kapitän Per Gustav Lagerstråle, der bei der Hoglandschlacht zuletzt die *Vasa* befehligt hatte) und *Illerim* (Kapitän Petterson) sowie die Aviso-Yacht *Snappopp* (Leutnant Fallstedt). Lagerstråle sollte über das russische Kopenhagen-Geschwader Näheres in Erfahrung bringen. Das gelang wider Erwarten noch am selben Tag: Ein nach Danzig segelnder Kaufmann berichtete dem Kapitän, die russischen Kriegsschiffe lägen seeklar auf der Reede im Sund.

Jarislawitsch und *Illerim* steuerten nach Erhalt der alarmierenden Nachricht umgehend wieder Karlskrona an, *Snappopp* blieb als Beobachtungsposten zurück. So kam es, daß am 10. Mai *Mercury* und *Snappopp* zusammentrafen.

Kapitän Crown näherte sich dem Schweden unter englischer Flagge. Sobald er sich in günstiger Position befand, befahl er Flaggenwechsel. Fallstedts Chance, sich durch Flucht der Gefangennahme zu entziehen, schmolz binnen weniger Minuten dahin. Mit seiner Prise kehrte Crown nach Kopenhagen zurück. Konteradmiral Powalischin wußte durch die Aussage Fallstedts nun über die schwedische Kriegsflotte bestens Bescheid. Doch des Konteradmirals Stunden im Geschwader waren gezählt, er wartete auf das Eintreffen von Vizeadmiral Timofej Gawrilowitsch Kosljaninow, dem neuen Befehlshaber der Formation.

Am 10. Mai, einen Tag nach dem Setzen der Admiralsflagge auf der *Troch Jerarchow* und dem Anbordgehen Kosljaninows, schrieb Schwedens Botschafter, Baron Sprengtporten, nach Stockholm: „Die Zeremonie erfolgte auf Reede. An ihr beteiligte sich das dänisch-norwegische Geschwader unter Vizeadmiral Schindel. Auch die königliche Familie ließ sich den feierlichen Akt nicht entgehen. Alle Kriegsschiffe – russische und dänische – schossen Salut beim Hissen von Kosljaninows Flagge." Dem Bericht fügte Sprengtporten eine Stärkemeldung der auf Reede ankernden Fahrzeuge an.[81]

Fünf Tage später berichtete Baron Sprengtporten über ein anderes Ereignis: „Heute wurde hier das Waffenstillstandsabkommen durch eine Neutralitätsverpflichtung abgelöst." Preußisch-englische Diplomatie erwirkte, daß Dänemark seine sofortige und uneingeschränkte Neutralität erklärte.[82] Zugleich erteilte die dänische Regierung dem russischen Kopenhagen-Geschwader eine begrenzte Aufenthaltserlaubnis, die ausdrücklich jegliche gegen Schweden gerichteten Handlungen untersagte.

Für Vizeadmiral Kosljaninow änderte sich dadurch nicht allzu viel. St. Petersburg hatte offenbar die politische Entwicklung vorausgesehen und rechtzeitig einen neuen Operationsplan für die Flotte ausgearbeitet. Von der frühzeitigen Blockade Karlskronas war im Admiralitätskollegium keine Rede mehr.[83] Es ging jetzt davon aus, die schwedische Kriegsflotte gleichzeitig von zwei Seiten aus zu schlagen. Vereinfacht betrachtet bestand Kosljaninows Instruktion aus vier Hauptpunkten:

1. Er habe zu einem von Admiral Tschitschagow zu bestimmenden Termin so auszulaufen, daß sein Geschwader westlich der feindlichen Flotte steht, sobald seine Hauptformation diese von Osten her angreift – der Gegner gerät zwischen zwei Feuer, kann nicht entkommen.
2. Segelt der Feind jedoch vor Eintreffen von Tschitschagows Order zum Finnischen Meerbusen, habe das Kopenhagen-Geschwader unverzüglich die Verfolgung aufzunehmen. Es tritt dann der gleiche Effekt ein – wie unter Punkt 1 genannt.
3. Wendet sich der Feind allerdings zuerst gegen das Kopenhagen-Geschwader, habe er im dänischen Fahrwasser zu bleiben, sich unter den Schutz der dänischen Flotte zu stellen.
4. Schwerfällige Fahrzeuge, die bei Operationen nach Punkt 1 oder 2 ein zügiges Segeln verhindern könnten, habe er zum Kapern in das Kattegat zu entlassen.

Das russische Geschwader ankerte indessen noch immer auf Reede – nördlich des Mittelgrundes. Vizeadmiral Kosljaninow verhielt sich äußerst korrekt, ließ vorbeisegelnde Kauffahrer unbehelligt. Kamen sie aus der Ostsee, bat er höchstens um Informationen über feindliche Schiffsbewegungen. Doch solche gab es nicht.

Am 26. Mai erhielt Kosljaninow Nachricht aus Norwegen. Das im Ramsjöfjord überholte Linienschiff Nummer 9 beabsichtigte, bald auszulaufen, sich in das Geschwader einzureihen. Wegen der in Göteborg stationierten 40-Kanonen-Fregatten *Venus*, *Bellona* und *Diana* sowie der ebenfalls dort anwesenden Division Kanonenschaluppen detachierte der Vizeadmiral am folgenden Tag Kapitän Lechnew mit zwei Linienschiffen und zwei Fregatten nach Skagen. Die Einheit sollte durch ihre Anwesenheit den Feind von einem Angriff auf das Linienschiff Nummer 9 abhalten.

Nach zwei weiteren Tagen, am 29. Mai, stieß die *Mercury* zu der bei Skagen postierten Formation. Kapitän Crown sollte die Gewässer nördlich Göteborgs aufklären, Lechnew sowohl das Annähern des Linienschiffes Nummer 9 als auch eventuelle feindliche Aktivitäten avisieren. Um sein Vorhaben ungehindert verwirklichen zu können, segelte er wiederum unter englischer Handelsflagge.

Was Crown am kommenden Nachmittag meldete, erschien in Lechnews Augen unmöglich: In Göteborg lägen angeblich nur die beiden Fregatten *Bellona* und *Diana*. Die *Venus* kreuze dagegen irgendwo im Kattegat. Da niemand von Lechnews Einheit eine schwedische Fregatte gesehen hatte, wurde ein Hinterhalt des Feindes vermutet. Gemäß der ihm erteilten Weisung, im dänischen Fahrwasser keinen Zwischenfall zu provozieren, zogen sich seine vier Schiffe am Abend in das Seegebiet zwischen den Inseln Læso und Anholt zurück. Die *Mercury* aber schickte Lechnew erneut auf Erkundungsfahrt.

Kapitän Lechnew wußte allerdings nicht, daß er beobachtet worden war: Major Magnus Hansson, Kommandant der *Venus*, hatte die ankommenden russischen Kriegssegler bemerkt, sich aber rechtzeitig absetzen können. Danach operierte die *Venus* nördlich von Marstrand, näherte sich Skagen nur im nächtlichen Dunkel. Mehrmals vergewisserte sich Hansson von der Anwesenheit des Feindes – die brennenden Hecklaternen verrieten es ihm. In der Nacht zum 31. Mai blinkte jedoch kein Licht mehr vor Skagen. Wohin war die russische Einheit gesegelt? Hansson vermutete sie überall, nur nicht südlich im Kattegat. Diese Fehleinschätzung leitete eine Kriegshandlung ein, die infolge ihrer völkerrechtlichen Bedeutung großes Aufsehen erregte:

Am Nachmittag des 31. Mai kreuzte die *Venus* im Skagerrak. Sie segelte nach Westen, als der Ausguck ein Segel sichtete. Backbord achteraus kam auf konvergierendem Kurs ein kleines Fahrzeug auf, ein Kutter. Sobald Hansson die englische Flagge ausmachte, wußte er, wer sich da näherte. Trotz weit überlegener Waffen entschied sich der Fregattenkommandant zu flüchten. Er glaubte, die russischen Linienschiffe unterhielten Sichtkontakt zu dem Kutter. Offensichtlich war der Verfolger nur ein Köder, der bei sich bietender Gelegenheit durch einen gezielten Schuß die Manövrierfähigkeit der Fregatte beeinträchtigen sollte – den Rest würden die Kanonen der Linienschiffe besorgen. Hansson gedachte der vermeintlichen Gefahr zu entgehen, steuerte nun nach Nordwest auf die norwegische Küste zu.

Unversehrt erreichte die *Venus* am späten Abend den Kristianiafjord. Der einheimische Lotse brachte die Fregatte zum Ankerplatz bei Slåtteröarna (Slåttereiland). Kurz nach Mitternacht ging der Lotse von Bord. Die *Venus* befand sich in einem neutralen Land, stand unter dem Schutz des dänisch-norwegischen Staates.

In den Morgenstunden des 1. Juni tauchte die *Mercury* im Kristianiafjord auf. Vorsichtig, eifrig lotend tastete sich Kapitän Crown zur *Venus* vor – einen Lotsen bemühte er nicht. Der *Mercury* richtige Flagge, das Andreaskreuz, flatterte leicht im Wind. Beide Fahrzeuge lagen sich keine 50 Meter voneinander entfernt gegenüber, ohne daß zunächst etwas geschah. Schließlich bestieg Crown sein Beiboot, ließ sich zur *Venus* rudern und verlangte – ohne an Bord zu gehen – von Major Hansson, dieser möge die Flagge streichen, das Schiff kampflos übergeben. In dem folgenden Rededuell prallten die Meinungen aufeinander: Hansson verwies auf den neutralen Status von Norwegen, Crown darauf, daß die Neutralität nicht öffentlich verkündet, deshalb noch unverbindlich sei. Und was den bisherigen

Waffenstillstand anbelangte, galten die Bedingungen keineswegs für russische Streitkräfte. Schließlich kehrte Crown unverrichteter Dinge zur *Mercury* zurück. Danach begann der Kutter die Fregatte zu umrunden, immer enger werdende Kreise ziehend. Seine beiden Karronaden waren geladen, und die Kanoniere standen mit brennenden Lunten bereit. Auf der *Venus* beobachteten die Männer argwöhnisch das eigenartige Verhalten, hielten es für eine Drohgebärde. In ihrer Annahme wurden sie durch Major Hansson bestärkt, der keinerlei Kampfvorbereitungen hatte treffen lassen.

Plötzlich, der Kutter befand sich in achterner Position der Fregatte, senkte Crown seinen Degen – das Signal zum Feuern. Der erste Schuß kam aus dem Vierundzwanzigpfünder, der zweite nach einem eilig ausgeführten Schiffsmanöver aus dem Zweiundzwanzigpfünder. Beide Schüsse zeigten verheerende Wirkung: ein Toter und über 30 Verwundete auf dem Oberdeck, Brände an verschiedenen Stellen. In dieser Situation tat Hansson das einzig Richtige: Er ordnete das Hissen der Parlamentärflagge an.

Der schwedische Major erlebte beim Betreten der *Mercury* eine böse Überraschung: Ehe ein Wort des Protestes über seine Lippen kommen konnte, wurde ihm der Degen genommen. Als Gefangener mußte er mit ansehen, wie Crown zur Fregatte hinüberruderte, sich der Kriegsflagge bemächtigte.

Noch am selben Tag steuerte die *Mercury* mit ihrer Prise die Insel Anholt an. Crown übergab die eroberte Fregatte mit 302 Besatzungsmitgliedern Kapitän Lechnew. Dessen Einheit segelte sofort zur Kopenhagener Reede weiter, wo Kosljaninow die Tat des wagemutigen englischen Kapitäns gebührend würdigte. Vizeadmiral Kosljaninow und der in der dänischen Metropole akkreditierte russische Gesandte, Baron Krjudner, verfaßten recht ausführliche Berichte über das Vorkommnis. Ersterer schrieb an Admiral Tschitschagow, letzterer an Kaiserin Katharina. Das waren nicht die einzigen Schreiben zu dieser Affäre. Die schwedische Regierung übermittelte der dänischen eine Protestnote. Sie forderte, die unrechtmäßig gekaperte Fregatte umgehend auszuliefern, da dieser Akt „allen Kriegsregeln widerspräche". Bei Graf von Bernstorff erschienen der preußische und englische Gesandte. Beide unterstützten Schwedens Anspruch. Persönlichkeiten aus ganz Europa meldeten sich zu Wort: Ihre Auffassungen wichen voneinander ab, da „unter völkerrechtlichem Aspekt das Inkrafttreten der dänischen Neutralitätsverpflichtung nicht eindeutig geregelt gewesen sei".

Katharina II. entschied den diplomatischen Streit auf ihre Weise:

1. Die Fregatte *Venus* wurde unter ihrem bisherigen Namen dem Reval-Geschwader unterstellt.
2. Kapitän Crown wurde mit dem St.-Georgs-Orden der 4. Klasse ausgezeichnet.
3. Frau Crown wurde mit der Medaille Heilige Große Märtyrerin Katharina geehrt.[84]

Während Völkerrechtler noch um einen vernünftigen Konsens rangen, hatten sich die Kopenhagener bereits ihr eigenes Urteil gebildet. Sachlich betont reihten sie die bekannten

Fakten aneinander: Die Regierung hatte sich zuerst mündlich, dann schriftlich zur Neutralität bekannt. Dem russischen Geschwader war Gastrecht mit der Auflage gewährt worden, keine kriegerischen Handlungen vorzubereiten und durchzuführen. Vizeadmiral Kosljaninow hatte das akzeptiert und jegliche Provokationen untersagt. Alle Schiffskommandanten hatten sich an diesen Befehl gehalten, außer Crown. Daß sich der norwegische Lotse der schwedischen Fregatte angenommen hatte, galt als Beweis für den Bekanntheitsgrad der Neutralitätsverpflichtung innerhalb der dänisch-norwegischen Union. Was also bezweckte Crown mit der Aktion im Kristianiafjord? Beabsichtigte er, auf eigene Faust Benzelstjernas versuchten Brandanschlag zu rächen? Nun, Antwort erhielten sie nicht auf diese oft gestellten Fragen, doch ein Körnchen Wahrheit dürfte sicherlich in ihnen enthalten gewesen sein …

Nach Crowns Tat und den dadurch ausgelösten diplomatischen Schritten wandte sich die Stimmung in der dänischen Hauptstadt gegen das russische Geschwader. Vizeadmiral Kosljaninow hielt es daher für angebracht, mit seiner Formation auf Reede liegen zu bleiben. Lediglich Kapitän Lechnew mußte wieder bei Skagen Posten beziehen. Die Passivität ging so weit, daß selbst Kurierfahrten nach Reval und Kronstadt unterblieben. Diese Aufgaben nahm jetzt ein gewisser Snedorf wahr, seines Zeichens „Geheimoffizier" der dänischen Regierung.[85]

Am 24. Juni schrieb Vizeadmiral Kosljaninow zwei recht informative Briefe über die angespannte Lage, in der sich das Geschwader befand. Das eine Schriftstück war an Admiral Tschitschagow, das andere an Graf Besborodko gerichtet. Baron Krjudner brachte am selben Tag einen Bericht ähnlichen Inhalts für die Kaiserin zu Papier. Alle drei Depeschen beförderte Snedorf. Außerdem segelte der Kurier an Karlskrona vorbei, damit er in Reval den neuesten Stand über die schwedische Flottenrüstung melden konnte.

Vizeadmiral Schindel, Befehlshaber des dänisch-norwegischen Geschwaders, verlegte am 25. Juni in die Køge-Bucht. Die russische Formation folgte, übernahm dort ihre schweren Geschütze. Auf die Zweidecker verteilte Kosljaninow zusätzlich zwölf in Schottland gegossene Sechsunddreißigpfünder. Er hatte sie von der dänischen Admiralität erworben, um die Feuerkraft der älteren Linienschiffe zu erhöhen.[86] Anfang Juli war das gesamte Geschwader voll einsatzbereit.

In Karlskrona

König Gustav wies im Februar 1789 Oberadmiral Karl August Ehrensvärd an, „die Kriegsflotte habe bis zum 1. Mai auslaufbereit auf Karlskronas Reede zu liegen". Als Ehrensvärd
aber einen Monat später die Armeeflotte übernahm, mußte Admiral Anton Johan Wrangel
des Oberadmirals Aufgaben durchführen. Wrangel übertrug einen Teil davon an Werftadmiral Fredrik Henrik af Chapman und an Konteradmiral Otto Henrik Nordenskjöld. Für
das Überholen der Schiffe zeichneten nun af Chapman, für ihr Auftakeln und Armieren
Nordenskjöld allein verantwortlich. Kurz darauf, am 12. April, bekam Nordenskjöld die
bis zum Eintreffen von Herzog Karl geltende absolute Befehlsgewalt über die Flotte.

In Karlskrona grassierte zu dieser Zeit die Rote Ruhr. Seit dem vergangenen Herbst
registrierte man annähernd 12.000 Todesfälle. Betroffen waren alle Bevölkerungsschichten und Altersgruppen. Allein die Flotte beklagte über 5000 Seeleute. Im Frühjahr 1789
lagen zudem 15.000 Männer im Lazarett. Die einfachen Matrosen blieben anfangs weitest-
gehend von der Seuche verschont. Sie verbrachten die Winterperiode in ihren Heimatdörfern, bezogen ihre alten Quartiere in Karlskrona erst im März/April.

Die Epidemie konnte sich ungehemmt ausbreiten, das hatte zwei Hauptgründe: In den
Wohnungen und Massenunterkünften achtete gewohnheitsmäßig kaum jemand auf die jetzt
besonders angebrachte peinliche Sauberkeit. Weil außerdem Lohn oder Sold nur unregelmäßig gezahlt wurden, lebten viele Menschen in Armut – ihre vom Hunger geschwächten
Körper vermochten der Krankheit keinen ernsthaften Widerstand entgegenzusetzen.

Karlskrona, erst 1680 gegründet, galt seinerzeit als **die** Stadt der Marine. Auf irgendeine
Weise hatte hier jeder mit der Kriegsflotte zu tun – sei es direkt auf den Schiffen, auf der
Werft oder im Rahmen der Küstenverteidigung. Artfremde Berufe gab es wenige. Selbst
das Brot kam nicht vom Privat-, sondern vom Militärbäcker.

Statistisch betrachtet – die Zahl der Ruhropfer entsprach der der Einwohner – müßte
Karlskrona damals eine tote Stadt gewesen sein. Doch Statistiken trügen. In Karlskrona
lebten zeitweilig einige tausend „Fremde", die in der Flotte ihre Militärdienstzeit ableiste-
ten. Und die Rote Ruhr sah keinen Anlaß, um diesen Personenkreis einen Bogen zu machen. Es kann jedoch davon ausgegangen werden, daß von den wirklichen Einwohnern
zumindest jeder zweite erkrankt gewesen und jeder vierte gestorben war.

Wohin man auch sah, überall in der Marinebasis fehlte es an Männern. Auf der Werft
sank die Arbeitsproduktivität bis unter die 50-Prozent-Marke, trotz befohlener Überstunden. Die Situation mußte sich am 5. Mai dramatisch zugespitzt haben. An diesem Tag
wandte sich af Chapman schriftlich an die Admiralität: „Die Leute weigern sich, über die
normale Arbeitszeit hinaus zu schaffen, da sie in diesem Jahr noch keinen Lohn erhalten
haben. Ob gutwillig oder mit Zwang, ich vermag nichts zu tun, wenn keine sofortige
Lohnzahlung erfolgt."

Das Auftakeln der Schiffe ging ebenfalls nur schleppend voran. Es machte sich unangenehm bemerkbar, daß gut ausgebildete Seeleute entweder an das Krankenbett gefesselt oder bereits von der Roten Ruhr dahingerafft worden waren. Am 2. Mai entließ Nordenskjöld die ersten beiden Schiffe auf Reede, die übrigen folgten nach und nach – bis am 5. Juni alle für den Seezug vorgesehenen Kriegssegler dort ankerten: 21 Linienschiffe und neun schwere Fregatten (siehe auch Tabelle 13).

Sobald die einzelnen Kriegssegler auf der Außenreede eintrafen, rüstete Major Karl Jusléen sie aus. Konteradmiral Nordenskjöld besaß in dem Major einen äußerst zuverlässigen und tatkräftigen Helfer, der als Artillerieoffizier bei der Hoglandschlacht auf dem Flaggschiff gedient hatte. Nun kümmerte er sich um Geschütze und Munition für alle Schiffe. Jusléen traf bald eine bemerkenswerte Feststellung: Die zugeteilten Mengen an Pulver[87] und Kanonenkugeln lagen weit unter denen des Vorjahres. Kamen 1788 pro Geschütz noch durchschnittlich 75 Kugeln an Bord, waren es diesmal lediglich „40 für die großkalibrigen und 50 für die kleineren Stücke".

Alle Linienschiffe und schweren Fregatten trugen zusammen 1700 Geschütze: vom Sechsunddreißigpfünder bis zum Sechspfünder. Die Anzahl differierte gegen 1788 nur unwesentlich, Änderungen beruhten vor allem auf dem Umverteilen der Stücke. So gaben zum Beispiel sechs Linienschiffe etliche Vierundzwanzig-, Achtzehn- und Zwölfpfünder an andere Linienschiffe ab, weil sie statt dessen neuartige Sechsunddreißig- und Vierundzwanzigpfünder erhielten. Die großen Fregatten wurden gleichfalls mit dem neuen Modell des Vierundzwanzigpfünders bestückt, die dafür ausrangierten Achtzehnpfünder gelangten auf die kleineren Fregatten. Zusätzliche Geschütze – einige Acht- und Sechspfünder – plazierte Jusléen auf dem Schanzdeck größerer Schiffe, an keine andere Stelle.

Eine andere, revolutionär anmutende Neuerung darf im Zusammenhang mit der Schiffsartillerie nicht unerwähnt bleiben: Konteradmiral Nordenskjölds Kanonierregiment, Vorläufer späterer Unteroffiziersschulen.

Früher machten sich die rekrutierten Geschützbedienungen erst an Bord mit ihren Pflichten vertraut, also ab Beginn der Navigationsperiode im April/Mai. Das war auch 1788 in der schwedischen Flotte so. Als sie dem Kriegsabenteuer entgegensegelte, gehörte stundenlanges Geschützexerzieren zum Bordalltag. Viel Zeit verging, ehe die Leistungen der Kanoniere einigermaßen befriedigten – und dies alles noch in Friedenszeit mit versierten Artilleristen als Ausbilder. Nach der Hoglandschlacht fehlten auf den Schiffen etwa 100 gefallene oder schwerverwundete Geschützführer. Ungefähr die gleiche Anzahl würde beim nächsten Seezug aus unterschiedlichen Gründen nicht mehr hinter den Geschützen stehen (z. B. bei der Hoglandschlacht leicht Verwundete, jetzt arm- oder beinbehindert). Hinzu kam die Rote Ruhr. Verständlicherweise bereiteten gerade diese Ausfälle der Flottenführung große Sorgen – ein Hilfsmatrose ließ sich leichter ersetzen als ein perfekter Kanonier.

Zum Neujahrstag überraschte König Gustav seinen Bruder Karl mit der Idee, die Admiralität möge bereits jetzt ihre künftigen Geschützführer ausbilden. Seine Majestät rechnete für den kommenden Feldzug mit der Flotte, brauchte rechtzeitig die einsatzbereiten Kriegsschiffe: „Was nützt es Uns, wenn sie bis zum l. Mai segelklar in Karlskrona bereitliegen, ihre Kanonen aber frühestens im Juni oder Juli beherrscht werden."

Für das Aufstellen eines speziellen Kanonierregiments eignete sich nach Gustavs Ansicht Konteradmiral Nordenskjöld am besten. Der schien anfangs wenig begeistert gewesen zu sein. In seinem Tagebuch heißt es dazu: „Als mich die Nachricht erreichte, zögerte ich, mir diese Bürde aufzuladen. Immerhin lasteten schon alle Rüstungsarbeiten auf meinen Schultern. Bei Übernahme zusätzlicher Aufgaben müßten andere zwangsläufig vernachlässigt werden. Andererseits sah ich in der mir durch königliche Gnade so unverhofft erwiesenen Ehre eine echte Anerkennung meiner Kriegsverdienste."

450 Männer wurden für das Garderegiment ausgewählt. Die meisten meldeten sich freiwillig. Sie betrachteten es als Auszeichnung, in einer der acht Kompanien dienen zu dürfen. Hinzu kam als Anreiz die Aussicht auf höheren Sold, auf freie Kost und – nicht zu unterschätzen – auf Winterbekleidung. Als Kompanieführer setzte Nordenskjöld nur aktive Seeoffiziere ein: Fähnriche und Leutnants.

Fähnrich Arnold Du Rées von der Fregatte *Galathée* berichtete später über diese Zeit: „Nordenskjöld erschien jeden Vormittag für zwei oder drei Stunden im Regiment. Nichts blieb seinen kritischen Augen verborgen. Stellten sich irgendwo Mängel heraus, sorgte er für Abhilfe. Der Konteradmiral kümmerte sich um alles, selbst um Kleinigkeiten wie den ‚Fluß seiner Feder'. Beim Geschützexerzieren war er ein aufmerksamer Beobachter, wertete anschließend mit uns seine Eindrücke aus. Wenn wir theoretisch unterrichteten, lauschte er andächtig, mitunter zustimmend nickend. Niemals aber brauchten wir seinetwegen die Ausbildung zu unterbrechen.

Nordenskjöld war die Güte in Person – streng im Dienst, aber gerecht. Doch wehe demjenigen, der seine Befehle nicht oder nur ungenügend ausführte. Das kam am Anfang vereinzelt vor, danach nie wieder. Die Männer liebten ihn wegen seines freundlichen Wesens und weil er stets ein offenes Ohr für ihre Probleme hatte. Sicher trug die Atmosphäre im Regiment dazu bei, daß wir jungen und unerfahrenen Fähnriche uns besonders anstrengten. Wir wollten Nordenskjöld mit guten Ergebnissen erfreuen, hoffend, ihm einige Sorgen abnehmen zu können."

Die Besatzung – Sollstärke 16.595 Mann – bereitete der Admiralität wohl das größte Kopfzerbrechen. Ende Mai war jedes Schiff nur halb bemannt. 3000 Seeleute hielten sich noch in ihren Heimatgemeinden auf. Die Flottenführung hatte kurzfristig verfügt, daß sie wegen der Epidemie erst vier Wochen später nach Karlskrona kommen sollten. Es fehlten demnach annähernd 5000 Männer. Da sich mit geworbenen Handelsmatrosen und Bauernknechten diese Lücke nicht schließen ließ, griff man auf das Kräftepotential der Armee zurück. 3600 Soldaten wurden zum Seedienst abkommandiert: 1500 Kavalleristen (Östgöta-

und Småland-Regiment), 1800 Soldaten für das Regiment des Großadmirals (vom Sprengtporten- und Kalmar-Regiment) und 300 Infanteristen vom Regiment des Königs.[88] Am 4. Juni traf Herzog Karl in Karlskrona ein. Wider Erwarten hißte er seine Flagge nicht auf der *Konung Gustav III.*, sondern bezog in der Basis Quartier. Hier beauftragte er Konteradmiral Nordenskjöld, weiterhin alle auf Reede liegenden Schiffe zu befehligen. Auch die „Königliche Flotteninstruktion vom 30. Mai 1789" erörterten sie – ausgefertigt von G. von Carlson. Wie die des Vorjahres war sie recht allgemein gehalten:

„1. Das im Sund verbliebene russische Geschwader ist zuerst zu vernichten. Das darf nicht in der Nähe von Kopenhagen geschehen, damit der dänische Hof das nicht als Verbrechen gegen die Neutralitätskonvention bezeichnen kann, die Seine Königliche Majestät mit besagtem Hof eingegangen ist.

2. Seine Königliche Hoheit hat sich mit dem russischen Sund-Geschwader nicht allzulange aufzuhalten. Hauptaufgabe der Flotte ist, die Seestreitkräfte von Kronstadt in Zwang und Respekt auf Distanz zu halten sowie den Handel des Reiches, die Transportschiffe und die schwedischen Küsten vor des Feindes barbarisch mordender Hand zu schützen. Die Flotte hat demzufolge – falls Zeit und Gelegenheit sowie Umstände es erlauben – am Eingang des Finnischen Meerbusens zu kreuzen.

3. Überlegenen feindlichen Kräften ist durch geschicktes Manöver auszuweichen, schwächeren aber sich entgegenzustellen – allerdings ohne viel zu wagen.

4. Hat der Feind den Verbindungsweg an der finnischen Küste unterbrochen, sind die russischen Blockadeschiffe durch die Flotte zu vertreiben und entlang der Versorgungsroute möglichst viele Posten zu beziehen.

5. Bei einem Kampf hat sich Königliche Hoheit nicht auf dem Flaggschiff, sondern auf einer Fregatte aufzuhalten. Die Flagge des Großadmirals soll aber trotzdem auf dem Flaggschiff sichtbar bleiben. Seine Königliche Majestät ist mit Gewißheit davon unterrichtet, daß die Kaiserin von Rußland befohlen habe, ungeachtet ihrer verwandschaftlichen Bindung zum schwedischen Königshaus, die *Konung Gustav III.* zu erobern, zu versenken oder zu verbrennen.

6. Seine Königliche Hoheit hat Dagö und kurländische Städte mit Steuern zu belegen, da der Herzog von Kurland keine Getreidelieferungen mehr nach Schweden zuläßt."

Daß Seine Majestät eine so unverbindliche Instruktion unterzeichnete, mag verwundern. Was steckte dahinter? Ursprünglich wollte Gustav III. die „Flotte nach und nach bis tief in den Finnischen Meerbusen hineinsegeln" lassen. Zwölf Linienschiffe und einige Fregatten sollten als Vorauskommando sehr zeitig auf dem Kriegsschauplatz präsent sein. Dieser Plan war mehr als naiv. Er zeugt von Gustavs Ungeduld und seiner Unkenntnis über die Seekriegstaktik. Stießen die aufgeteilten Kräfte im feindlichen Fahrwasser auf den Gegner, würden sie wegen des bestimmt nachsetzenden Kopenhagen-Geschwaders kaum entkommen – der Verlust vieler Segler wäre die Folge. Nordenskjöld hatte sich entschieden gegen des Königs Ansinnen ausgesprochen. In seiner Denkschrift, die von Herzog Karl unterstützt wurde, machte er deutlich: „Obwohl die Russen in zwei Formationen weit entfernt voneinander in der Ostsee stehen, sind sie uns überlegen. Wir müssen deshalb jeden unsinnigen Kampf vermeiden. Es wäre klug, könnten wir uns den Rücken freihalten, das bei Kopenhagen liegende feindliche Geschwader kampfunfähig machen. Erst dann sollten wir mit der gesamten Flotte nach Osten segeln, aber nur bis zu einer Position nördlich von Dagö (Hiiumaa). Dort haben wir offenes Wasser, gute Chancen bei einem Kampf."

Weiterhin befürchtete der König, die Russen würden von Livland aus gegen die schwedische Küste vordringen. Er forderte daher von der Flotte, den Landstrich nördlich Rigas zu erobern, damit „Unserem Reich von dort keine Gefahr mehr drohe". Herzog Karl und Nordenskjöld erhoben berechtigte Einwände. Sie wiesen Seine Majestät darauf hin, daß bei einem Landeunternehmen in die Bucht von Riga hineingesegelt werden müßte. Da könnte sie jedoch der Feind ungehindert einschließen. „Ein derartiges Vorhaben", schrieben sie, „kann nur bei totaler Seeüberlegenheit durchgeführt werden – und diese besitzen wir leider nicht!"

Die übrigen Hinweise des Königs hinsichtlich künftiger Flottenoperationen wurden nur teilweise akzeptiert, immer in einer Antwort konkretisiert oder durch weiterführende Empfehlungen ergänzt. Das Resultat aller Vor- und Gegenvorschläge, Ablehnungen und Verbesserungen war die sechs Punkte umfassende Flotteninstruktion, die jedoch keine exakte Weisung darstellte. Offensichtlich wollte sich Gustav III. keine Blöße geben und auch den vorjährigen Streit mit seinem Bruder nicht wiederholen, er verzichtete deshalb auf eindeutige Anordnungen. Eines ist allerdings beim Beurteilen seiner Verhaltensweise zu berücksichtigen: Der König wußte genau, daß er sich in jeder Hinsicht auf Konteradmiral Nordenskjöld verlassen konnte, er den hervorragenden Strategen und Taktiker nicht durch unklare Befehle in seinem Tatendrang hemmen durfte. Nur so lassen sich unter heutiger Sicht solche Formulierungen wie „den Feind in Zwang und Respekt auf Distanz halten", „entlang der Versorgungsroute möglichst viele Posten zu beziehen" oder im Zusammenhang mit der Position bei Dagö, „falls Zeit und Gelegenheit sowie Umstände es erlauben", in der Instruktion erklären.

Recht merkwürdig muten die beiden letzten Instruktionspunkte an. Setzte doch der König allen Ernstes voraus, sein Bruder habe bei einer Schlacht die Rolle eines unbeteiligten Zuschauers und Konteradmiral Nordenskjöld die eines Flottenführers zu übernehmen. War Gustavs Sorge um Herzog Karl wirklich so groß, daß er ihn in der Stunde der Gefahr „entmachtet" sehen wollte?

Und was den anderen Punkt betrifft: Glaubte der König, trotz aller Einwände durch Herzog Karl und Konteradmiral Nordenskjöld, die Seeherrschaft zu erringen? Seine Majestät ging zwar von einem vernichteten Kopenhagen-Geschwader aus, nicht aber von einer geschlagenen russischen Hauptmacht. Eine Landung bei Riga käme demnach einem Selbstmordunternehmen gleich – anders kann dieser Weisungspunkt nicht interpretiert werden!

Herzog Karl und Konteradmiral Nordenskjöld standen nun vor der heiklen Aufgabe, auf Grundlage der königlichen Flotteninstruktion ihre eigene zu erarbeiten. Würden sie den Geschwaderführern und Schiffskommandanten das Schriftstück Seiner Majestät im Wortlaut vortragen, hätte das dem Ansehen des Königs geschadet. Sie verständigten sich dahingehend, entsprechend Gustavs Direktive lediglich Schwerpunkte zu nennen, diese durch ihre Vorstellungen zu erweitern und als „Gesamtweisung" bekanntzugeben. Dazu ergänzend auch die Geschwaderaufteilung einschließlich der noch schriftlich auszuarbeitenden Befehls- und Signalstruktur.

6. Juni: Oberst Karl Wilhelm Modée, Befehlshaber der Avantgarde, und Konteradmiral Per Lilliehorn, Befehlshaber der Arriergarde, setzten auf der *Hedvig Elisabeth Charlotta* und der *Drottning Sofia Magdalena* unter Salut ihre Flaggen.[89] Herzog Karl und Nordenskjöld kannten Oberst Modée als ausgezeichneten Seeoffizier, dessen Können und Mut sie schätzten. Konteradmiral Lilliehorns Kommandierung zum Geschwaderführer aber nahmen sie mit gemischten Gefühlen auf. Lilliehorn konnte zwar etwa 30 Jahre Flottendienst nachweisen, doch davon war er die wenigste Zeit auf See gewesen. Kampferfahrung besaß er kaum, zumindest nicht als Befehlshaber eines größeren Schiffes. Außerdem war bekannt, daß Lilliehorn während der „bewaffneten See-Neutralität" eine Order Konteradmiral Grubbes nicht ausgeführt hatte. Seine Karriere gab obendrein Anlaß zu Spekulationen, da sie nicht der üblichen entsprach.

Den Dienstgrad „Konteradmiral" erhielt Lilliehorn ebenfalls auf ungewöhnliche Weise: Im Verlaufe des letzten Reichstages suchte Gustav III. Verbündete, um die „Vereinigungs- und Sicherheitsakte" durchzusetzen. Zu ihnen gehörte Lilliehorn vom Stand der Ritter. Der König ernannte ihn am 22. Februar 1789 zum Vize-Landmarschall. Bekanntlich nahm der Reichstag am 3. April die „Vereinigungs- und Sicherheitsakte" an. Danach wandte sich Lilliehorn an Seine Majestät und forderte für seine jüngsten Verdienste einen hohen Posten in der Flotte. So kam es, daß am 28. April der Titel „Vize-Landmarschall" in „Konteradmiral" umgewandelt und Lilliehorn zum Geschwaderführer berufen wurde.

Nachdem Modée und Lilliehorn den Befehl über ihre Einheiten übernommen hatten, ließ Nordenskjöld am 7. und 8. Juni auf den Schiffen die Segel anschlagen. Am nächsten Tag fand das erste Geschützexerzieren an Bord statt. Das Ergebnis überraschte allgemein, die Winterausbildung zeigte Früchte. Kam früher auf 15 bis 20 Rekruten ein erfahrener Kanonier, so waren es diesmal drei bis fünf – je nach Größe der Geschütze. Diese Relation wirkte sich positiv aus. Der Konteradmiral zeigte sich zufrieden, überließ Major Jusléen das weitere Geschützexerzieren.

Der kommende Sonntag, 14. Juni, stand völlig im Zeichen kirchlicher Handlungen. Der Flottengeistliche besuchte das Flaggschiff. Im Logbuch der *Konung Gustav III.* heißt es dazu: „Für das Abendmahl wurde ein großes Faß Kommunionwein an Bord gebracht und die Besatzung aufgefordert, die Beichte abzulegen ...“

Der Flottengeistliche war auf den Schiffen stets gern gesehen. Bei feierlichen Anlässen fiel nämlich das harte Exerzieren aus. Aber auch im Verlaufe der folgenden beiden Tage gab es erfreuliche Abwechslungen im Bordalltag. Am 15. Juni wurden alle Unteroffiziere auf die *Konung Gustav III.* befohlen. Konteradmiral Nordenskjöld hatte sie zu der Festveranstaltung „Erinnerung an den vorjährigen Sieg bei Hogland“ eingeladen. Die Teilnehmer erfuhren, daß diejenigen, die besonders tapfer gekämpft hatten, ein silbernes Ehrenzeichen erhalten würden (Anker mit zwei gekreuzten Schwertern am goldschwarzen Band). 24 Stunden später passierte ähnliches auf allen Kriegsseglern: Die Kommandanten sprachen zu den einfachen Seemännern. Viele aus ihren Reihen würden ebenfalls wegen Tapferkeit vor dem Feind mit diesem Ehrenzeichen bedacht werden – allerdings mit dem der 2. Klasse. Die Auszeichnungen hatte, ebenso wie einen zusätzlichen Geldbetrag für alle seinerzeit verwundeten Seeleute und Soldaten, Herzog Karl gestiftet.[90]

Bis zum 28. Juni unterbrach nichts Außergewöhnliches den Bordalltag. Exerzieren für Geschütz- und Seemannschaften stand an erster Stelle im täglichen Dienstplan. Und doch verlief das Leben auf den Schiffen anders als sonst: Nordenskjöld hatte absolute Sauberkeit angeordnet – in jeglicher Hinsicht. Jeden Morgen machte man gründlich Reinschiff. Die Offiziere achteten zudem streng darauf, daß jeder Mann sich mindestens dreimal am Tage wusch, niemand verschmutzte und vor allem verschwitzte Wäsche trug. Tagsüber blieben sämtliche Stückpforten und Decksluken offen, um die Durchlüftung des Schiffsrumpfes zu gewährleisten. Frisches Fleisch und Gemüse gab es zu allen Mittagsmahlzeiten. Hervorragendes Frischwasser wurde extra aus dem See von Lyckeby[91] herangeschafft – anfangs ließ der Konteradmiral den Tagesrationen Branntwein, später Essig beimengen. Dann die Hauptsache: Bei Dienstbeginn traten die Besatzungen zum Gesundheitsappell an. Wer das geringste Symptom von Roter Ruhr aufwies, kam sofort in Quarantäne.

Diese vorbeugenden Maßnahmen, einschließlich des „Exerzierens an der frischen Luft“ sowie der „ständigen Bewegung der Leute bei den Trinkwasser- und Provianttransporten“, führten zu einem spürbaren Rückgang der Seuche an Bord. Bis zum 25. Juni brauchten nur 192 Kranke ins Lazarett nach Karlskrona eingeliefert zu werden – eine vergleichsweise geringe Zahl.

28. Juni, 10 Uhr: Der erste von 32 Salutschüssen hallte über die Reede. Auf den Kriegsseglern standen die Besatzungen an Deck und winkten jubelnd zur *Konung Gustav III.* hinüber. Dort hißte Herzog Karl seine Flagge – der Großadmiral hatte den Befehl über die Flotte übernommen. Er blieb jedoch nicht an Bord des Flaggschiffes, sondern kehrte nachmittags nach Karlskrona zurück.

Am nächten Tag erschienen Herzog Karl und Konteradmiral Nordenskjöld auf den einzelnen Schiffen. Überall die gleiche Zeremonie: Antreten der Besatzungen und Begrüßungsworte, danach in der Kajüte des jeweiligen Kommandanten vor dessen Offizieren die Bekanntgabe der Flotteninstruktion – in den Logbüchern wurde dieser Vorgang mit „Musterung" vermerkt.

Noch während dieses Aktes detachierte Nordenskjöld einige Fregatten nach Karlskrona. Sie sollten Reservetauwerk und den für vier Monate notwendigen Flottenproviant holen. An diesem und am folgenden Tag fand wegen des Verstauens ankommender Vorräte kein Exerzieren statt.

Herzog Karl arbeitete indessen mit seinem Stabssekretär, dem Magister der Seekadettenschule, Mathias Sundevall, die für die Signalgebung erforderliche Nummerntabelle[92], verschiedene Vorschriften und den Befehl für die Geschwaderkennzeichnung[93] aus.

Parallel zu den Versorgungsfahrten hatte Nordenskjöld drei schnelle Segler in See geschickt. Sie sollten von Kauffahrern Informationen über den Feind einholen. Die Aufklärer kamen bald zurück. Aus den übereinstimmenden Berichten mehrerer befragter Schiffer ging hervor, daß das Kronstadt-Geschwader bereits vor längerer Zeit ausgelaufen sein mußte, da es weder in der Newa-Mündung noch bei Krasnaja Gorka gesichtet wurde.[94] Das Kopenhagen-Geschwader hingegen ankerte jetzt in unmittelbarer Nachbarschaft dänischer Kriegsschiffe in der Køge-Bucht.

Diese Nachrichten bewogen Herzog Karl, für den frühen Vormittag des 2. Juli Seeklarbereitschaft anzuordnen. Am Morgen dieses Tages wehte der Wind aus Osten. Günstiges Auslaufwetter. Auf den Schiffen herrschte emsiges Treiben, wurden die letzten Handgriffe für das Absegeln verrichtet. Plötzlich drehte der Wind. Begleitet von Regenschauern kam er jetzt aus dem Süden. Nordenskjöld schlug dem Großadmiral vor, das Auslaufen zu verschieben: „Zu Beginn eines Seezuges mit noch ungeübten Mannschaften ist bei diesem Wetter ein diszipliniertes Formationssegeln nicht möglich."

An den nächsten beiden Tagen das gleiche Bild: Regengüsse mit starken Böen und Südwind. Doch in der Nacht zum 5. Juli kündigte sich der ersehnte Witterungsumschwung an. Der Wind ließ spürbar nach. Dann Flaute und Nieselregen. Nordenskjöld befahl, die Ankertrossen kurzstags zu holen, um bei aufkommendem Ost-, Nord- oder Westwind sofort absegeln zu können. Nach dem Morgengebet die Überraschung des Tages: Herzog Karl „verteilte" die drei Wochen zuvor angekündigten Verdienst- und Ehrenzeichen.

Montag, 6. Juli: Endlich – „Anker auf!", „Segel setzen!" und „Kurs Südwest!" – verließ die Flotte Karlskronas Außenreede. Auf jedem Schiff gab es ungefähr zehn Kranke. Während der letzten Tage hatte kaum jemand die von Nordenskjöld eingeführten hygienischen Vorkehrungen beachtet. Prompt präsentierte die Rote Ruhr ihre Rechnung ob dieser Nachlässigkeit. Zudem waren die Besatzungen nicht komplett. Es fehlten über 2500 Seeleute: auf dem Flaggschiff 160, auf der *Drottning Sofia Magdalena* 126, auf allen anderen Linienschiffen jeweils etwa 100, auf den Fregatten durchschnittlich 20. Statt mit einer Flotten-besatzung von 16.595 Mann mußte Herzog Karl mit nur annähernd 14. 000 Männern ge-gen den Feind ziehen ...

Flottenbewegungen in den ersten Julitagen

Obwohl die schwedische Flotte auf das Absegeln vorbereitet gewesen war, verlief alles nicht so zügig, wie wir es von heutigen Kriegsschiffen gewohnt sind. Den überlieferten Logbüchern lassen sich Details entnehmen, die ein recht anschauliches Bild von den damaligen Manövern vermitteln:

Karlskronas Außenreede begann östlich des auf der Insel Trossö (jetziges Zentrum der Stadt) angelegten Kriegshafens und reichte als etwa anderthalb Kilometer breiter Seestreifen ungefähr dreieinhalb Kilometer nach Südwesten – bis fast einen Kilometer vor der Festung Kungsholmen (Tjurkö). Die zuerst ausgerüsteten Segler bekamen ihren Liegeplatz bei Tjurkö zugewiesen, die letzten bei Trossö. In einer Doppelreihe ankerten 21 Linienschiffe, 13 Fregatten, drei Kutter, eine Yacht und ein Schoner. Der Abstand zwischen den Fahrzeugen betrug 200 bis 250 Meter. Die Reihenfolge der Segler hing also nicht von ihrer Geschwaderzugehörigkeit, sondern von der Überholungszeit ab.

Als am 6. Juli, um 4 Uhr, auf dem Flaggschiff das Signal „Flotte klar zum Absegeln machen!" gehißt wurde, richtete man die Bramrahen, hievte die Anker und nahm die Lotsen an Bord. Das dauerte bis gegen 5.30 Uhr. Zu diesem Zeitpunkt begann der mäßige Ostwind aufzufrischen, zeigte sich keine Wolke am Morgenhimmel.

Die ersten beiden Linienschiffe befanden sich um 7 Uhr in Höhe der Festung Kungsholmen und des gegenüberliegenden Kastells Drottningskär (Aspö). Gemäß Herzog Karls Order mußte Salut geschossen werden. Eine Stunde schütterte die Luft vom regelmäßigen Donnern der Geschütze, die der Reichsflagge Respekt erwiesen – um 8 Uhr passierte das letzte Fahrzeug die schützende Pforte ihrer Basis. Die Durchschnittsgeschwindigkeit betrug demnach annähernd zwei Knoten.

Nachdem die Flotte Tjurkö und Aspö hinter sich gelassen hatte, formierte sie sich in Gefechtsordnung: *Prins Fredrik Adolf* nahm die Spitzen- und *Dristigheten* die Schlußposition ein. Nunmehr zog die Streitmacht unter vollen Segeln in einer Reihe nach Südwesten. Nachmittags kam Backbord voraus Bornholm in Sicht. Bei Einbruch der Dunkelheit lag die dänische Insel bereits querab.

Am 7. Juli, um 3 Uhr, erfolgte die erste Kursänderung. Der Verband steuerte bei achterlichem Wind direkt nach Westen. Der Wachwechsel am Morgen leitete den zu Beginn eines jeden Seezuges stehenden üblichen harten Drill ein: Geschützexerzieren und Segelmanöver. Seeleute der letzten Wache wurden nicht verschont. Sie kamen entweder zur „Knochenarbeit" an die Lenzpumpen oder durften sich dem neuen Tauwerk widmen, das seine Belastungsprobe schlecht bestanden hatte. So manches Stück mußte von ihnen gespleißt werden.

Die Rote Ruhr stand plötzlich im Schatten der Seekrankheit. Insbesondere Neulinge klammerten sich verzweifelt und hilflos an irgendwelche Hölzer oder Taue, um Neptun

Tribut zu zollen. Vor den Augen erfahrener Seemänner fanden die Beklagenswerten keine Gnade. Das beste Mittel gegen Seekrankheit hieß nun einmal Arbeit und nochmals Arbeit. Je ärger es einem erging, desto mehr mußte man schuften. Nur in die Wanten schickte man die Unglücklichen nicht. Das hätte deren sicheren Tod bedeutet ...

Einige Fregatten wurden zu Erkundungsfahrten detachiert. Von Kauffahrern sollten sie Informationen über den Feind einholen. Das geschah folgendermaßen: Der Handelssegler erhielt entweder einen Schuß vor den Bug oder wurde durch Anpreien zum Beidrehen aufgefordert. Ein Fähnrich begab sich als Führer eines entsprechenden Kommandos an Bord des gestoppt liegenden Fahrzeugs und kontrollierte die Ladepapiere. Anschließend wurde der Schiffer zur Befragung auf die Fregatte gebeten.

Major Grubbe, Kommandant der *Fröja*, erfuhr auf diese Weise von einem englischen Kapitän, daß am Tag zuvor in der Køge-Bucht noch 20 Kriegsschiffe geankert hatten: neun russische und elf dänische.

Grubbe kehrte am späten Nachmittag zur Hauptmacht zurück. Der Treffpunkt war südlich der Küste Schonens – zwischen Ystad und Trelleborg. Seine Meldung bestärkte Herzog Karl und Konteradmiral Nordenskjöld darin, den Feind entsprechend königlicher Instruktion überraschend in der Køge-Bucht anzugreifen. Doch das Vorhaben schlug fehl, da Vizeadmiral Kosljaninow die schwedischen Absichten rechtzeitig erkannte, sofort handelte:

Am Morgen des 8. Juli traf bei Kosljaninow der dänische Kurieroffizier Snedorf[95] mit Botschaften von Admiral Tschitschagow ein. Der Admiral teilte mit, er halte sich noch immer in Reval auf, müsse sich mit der Blockade der feindlichen Versorgungsroute bei Porkala befassen. Sein Absegeln nach Westen hänge von der Einsatzbereitschaft des Reservegeschwaders Vizeadmiral Kruses ab, das die Aufgaben bei Porkala übernehmen würde. Snedorf berichtete wiederum, die schwedische Flotte hätte noch am Abend des 5. Juli auf der Reede Karlskronas gelegen.

Im Laufe des Vormittags meldeten aber die Kapitäne von Handelsseglern, die schwedische Kriegsflotte sei am Morgen des 6. Juli mit südwestlichem Kurs ausgelaufen. Die letzte Nachricht eines niederländischen Schiffers war noch alarmierender: Er habe „vor 24 Stunden über 20 schwedische Dreimaster und etliche Hilfsfahrzeuge südlich von Ystad gesichtet", und „diese Streitkräfte hielten auf den Sund zu". Kosljaninow entschied, umgehend das Geschwader wieder zur Reede Kopenhagens zu verlegen. Die dänischen Beschützer hielten das ebenfalls für ratsam und folgten. So kam es, daß, als Herzog Karl am Abend des 8. Juli Stevns Klint erreichte, kein feindliches Schiff mehr in der Køge-Bucht ankerte. Der Großadmiral konnte einen wichtigen Teil seiner Instruktion nicht erfüllen, das russische Geschwader blieb ungeschoren.

Nach kurzer Beratung mit Konteradmiral Nordenskjöld über die entstandene Lage wendete die Flotte und nahm Kurs auf die Insel Rügen. Es galt, mehrere Transporter zu sichern, die ein beachtliches deutsches Truppenkontingent von Stralsund nach Ystad zu bringen hatten. Diese Operation – 9. und 10. Juli – verlief ohne Zwischenfälle. Die Flotte segelte an beiden Tagen, ohne nennenswerte Manöver durchzuführen, auf direktem nordöstlichem Kurs auf die Nordspitze Bornholms zu.

Indessen geriet das russische Kopenhagen-Geschwader erneut in den Blickpunkt diplomatischen Interesses. Der Auslöser für die Aktivitäten von Rußlands, Schwedens, Preußens und Englands Gesandten in der dänischen Hauptstadt hieß Graf von Bernstorff, der am 9. Juli im Namen seiner Regierung offiziell die Neutralität Dänemarks verkündete. Der Schritt kam nicht unerwartet, er war längst überfällig. St. Petersburg aber bangte um die Sicherheit von Vizeadmiral Kosljaninows Geschwader, das nach dem Willen des Admiralitätskollegiums unbedingt im Rücken des Feindes operieren sollte. Um das zu gewährleisten, war der in Kopenhagen akkreditierte Gesandte, Baron Krjudner, rechtzeitig mit einer Note Katharinas II. ausgestattet worden. Die Kaiserin erinnerte in ihr an die eingegangenen Bündnisverpflichtungen und verlangte im Fall einer Neutralitätserklärung vom dänischen Hof eine Sicherheitsgarantie für die in Kopenhagen liegenden russischen Schiffe: „Unsere Fahrzeuge sind durch königliche Kriegsschiffe entlang der schwedischen Küste zu eskortieren. Sobald Vizeadmiral Kosljaninows Geschwader bei Admiral Tschitschagow eingetroffen ist, erlischt die dänische Garantie für ein sicheres Geleit …"

Nach Bekanntwerden des kaiserlichen Verlangens protestierten die Gesandten Schwedens (Baron Sprengtporten), Preußens (von Borke) und Englands (Elliot) bei der dänischen Regierung. In den folgenden drei Wochen wurde in dieser Angelegenheit viel diskutiert und nach einem tragfähigen Kompromiß gesucht. Kosljaninows Geschwader lag während dieser Zeit untätig im Sund auf Reede – nur einmal, am 24. Juli, trat eine geringfügige Veränderung ein: Kapitän Lechnew hatte seinen Posten bei Skagen aufgegeben und sich mit der *Panteleimon* und dem aus dem Ramsjöfjord/Norwegen gekommenen Linienschiff Nr. 9 in den Verband eingereiht.

Auf den schwedischen Kriegsseglern gab es kaum noch Seekranke. Dafür bereitete der Flottenleitung die Rote Ruhr erneut große Sorgen. Einige Linienschiffe meldeten bis zu 100 Kranke, darunter relativ viele Feldscher. Wegen unzureichender hygienischer Bedingungen infizierte sich vorrangig dieser Personenkreis. Mitunter begab sich der Stabsarzt auf die Schiffe; meist dann, wenn es sich bei den Patienten um Offiziere, Segelmeister oder Lotsen handelte. Am Nachmittag des 10. Juli mußte eine Fregatte nach Karlskrona detachiert werden. Sie brachte Kranke zur Aurora-Festung, ins Lazarett. Bei der Rückfahrt befanden sich gesunde Männer zum Auffrischen der Besatzungen an Bord. Ähnliches wiederholte sich in den nächsten Tagen, manchmal unterhielten sogar drei Fahrzeuge gleichzeitig diesen Pendelverkehr. Um die Mannschaften nicht unnötig zu beunruhigen, hatte Konteradmiral Nordenskjöld hinsichtlich der Krankenzahl jeglichen Signalaustausch untersagt. Von den Seglern kamen stets deren Offiziere zum Rapport auf die *Konung Gustav III.* Anhand der Stammrollen wurde die Qualifikation des Ersatzes festgelegt. Die Erfüllung derartig geäußerter Wünsche blieb illusorisch. Die Admiralität schickte vorwiegend Rekruten. Wo hätte sie auch ausgebildete Seeleute finden können?

In der Nacht zum 11. Juli passierte der Verband abermals Bornholm. Bei Morgengrauen stand er nördlich der Insel, ging dort auf Südostkurs. Etwa 20 Seemeilen östlich Bornholms gedachte Konteradmiral Nordenskjöld längere Zeit in einem etwa 600 Quadratseemeilen großen Areal zu kreuzen. Es war nur annähernd 50 Seemeilen von Karlskrona entfernt und schien für ein eventuelles Treffen mit der russischen Flotte bestens geeignet zu sein.

Befehlsempfang auf dem Flaggschiff am 11. Juli: Herzog Karl überreichte allen ranghohen Offizieren seine schriftlich ausgefertigte Order. Sie enthielt wichtige Regeln für das Formationssegeln und für das Verhalten bei Feindberührung. Solche Weisungen waren bei jedem Seezug üblich, ähnelten sich stets. Im konkreten Fall rief aber Punkt 21 den Unmut einiger Schiffskommandanten hervor: „Der Abstand zwischen den in Kiellinie segelnden Fahrzeugen ist auf eine halbe Kabellänge zu halten (etwa 90 Meter; d. A.). Sind des Schiffes Manöver schlecht, ist der jeweilige Wachoffizier einen Tag unter Arrest zu stellen."

Den vorgeschriebenen Abstand konnte wohl kaum jemand genau einhalten. Es gab immerhin Linienschiffe neuerer und älterer Konstruktion mit unterschiedlichen Segeleigenschaften. Außerdem rangierten Fregatten in der Linie. Es mußten demzufolge zumindest drei sehr verschiedene Schiffstypen ihre Geschwindigkeit aneinander anpassen. Fahrtminderung ließ sich unter anderem durch Reffen der Segel erreichen, aber umgekehrt bestanden Grenzen. Was sollte ein Wachoffizier unternehmen, wenn bereits alle Segel gesetzt waren und die Rahen sich in bester Position befanden, aber der Vordermann trotzdem noch schneller lief? Ein Blick auf die Spitzengruppe zeigt, wie es in der Praxis aussah: *Prins Fredrik Adolf* wurde 1774, *Enigheten* 1732, *Fröja* 1784, *Tapperheten* 1785 und *Drottning Sofia Magdalena* 1774 fertiggestellt. Von diesen fünf Fahrzeugen wiesen lediglich die beiden 1774 gebauten gleiche Segeleigenschaften auf. *Enigheten* segelte am langsamsten, *Fröja* am schnellsten (weitere Daten zum Vergleich siehe Tabellen 1 und 13).

Vorläufig unterbrach den Bordalltag nichts Außergewöhnliches mehr. Vermochte schwacher Wind kein Segel zu blähen, ließen einige Befehlshaber die Beiboote aussetzen. Ruderkommandos versuchten dann, ihr schwerfälliges Schiff so in der Linie zu halten, daß sich die befohlene Distanz zum Vordermann nicht veränderte. Ein mitunter recht aussichtsloses Unterfangen. Gegen Mittag des 14. Juli ging eine Kurieryacht längsseits der *Konung Gustav III*. Herzog Karl empfing Depeschen seines Bruders, der ihm die Lage in Finnland schilderte und insbesondere das Unterbrechen des Nachschubweges durch russische Kriegsschiffe hervorhob. Spezielle Weisungen für die Flotte enthielten die Botschaften allerdings nicht.

Des Großadmirals Antwort bestand im wesentlichen aus vier Punkten: die Auswirkungen der Epidemie, der Rückzug des russischen Geschwaders aus der Køge-Bucht und der deshalb unterlassene Angriff, die Überführung des deutschen Truppenkontingents von Pommern nach Schonen sowie seine Unkenntnis über die derzeitige Position der russischen Geschwader von Kronstadt und Reval.

Am 17. Juli hielt ein englischer Kauffahrer auf die Formation zu. Von dem Schiffer erfuhr Herzog Karl endlich Konkretes über die russischen Seestreitkräfte: „Ich habe St. Petersburg am 5. Juli verlassen. In Kronstadt lagen nur wenige Fahrzeuge, meist kleine. Unterwegs machte ich am 9. Juli im Stadthafen von Reval fest, direkt neben zwei Bombardierketschen und einigen Kriegskuttern. Auf Reede ankerten 14 große Kriegssegler, darunter drei Dreidecker."

Sobald der Engländer weitergesegelt war, ordnete Herzog Karl das erste Exerzieren „Klar Schiff zum Gefecht!" an. Diesmal erlebten die neuen Kanoniere mit drei scharfen Schüssen pro Geschütz ihre „Feuertaufe". Das sich anschließende Abendessen sah für jeden Mann eine wohlverdiente Extraportion und einen Becher Branntwein vor.[96]

Sonntag, 19. Juli: Konteradmiral Nordenskjöld setzte beim Großadmiral durch, Punkt 21 seiner Order zu revidieren. Bei Flaute hatte der Konteradmiral mit ansehen müssen, um welchen Preis einige Offiziere der angedrohten Strafe zu entgehen versuchten: Die Männer in den Ruderbarkassen waren nach kurzer Zeit so erschöpft, daß sie für den Rest ihrer Wache keinen schweren Dienst mehr verrichten konnten. Und derartige „Schikanen" vor einer entscheidenden Seeschlacht, so der Flaggkapitän, „fördern in keiner Weise den Kampfgeist." In der überarbeiteten Fassung des kritisierten Punktes fehlte die Strafbestimmung, und hinsichtlich der befohlenen Distanz hieß es lediglich, „möglichstsei eine halbe Kabellänge zwischen den Fahrzeugen zu wahren".

22. Juli: Eine nach Osten segelnde dänische Galeasse wurde gestoppt, ihr Kapitän um Auskunft über das russische Kopenhagen-Geschwader ersucht. Seiner wiederholt beschworenen Antwort nach dürften sich die russischen Formationen noch nicht vereinigt haben. Aber sprach der Däne die Wahrheit?

Am nächsten Tag erschien ein Fischerboot auf der Bildfläche. Es kam von Gotland. Sein einziger Insasse hatte in jungen Jahren auf einem Kriegssegler als Lotse gedient. Aus eigener Anschauung kannte der alte Fischer die Bedeutung detaillierter Feindmeldungen für den Flottenbefehlshaber. Seine Nachricht, etwa 30 russische Kriegsschiffe seien am 21. Juli vor Östergarn/Gotland gewesen und an der Ostküste südwärts gesegelt, war dem Herzog auch tatsächlich einen Silbertaler wert.

Des Flaggkapitäns Stabsoffiziere stimmten dahingehend überein, der Feind steuere Karlskrona zur Blockade an, wolle dort das Kopenhagen-Geschwader erwarten. In ihren Überlegungen gingen sie davon aus, der russische Admiral wüßte um die an Bord grassierende Epidemie und beabsichtige, alle Versorgungsfahrten zur Basis zu unterbinden. Wäre Tschitschagow über diesen Umstand informiert gewesen, hätte er eventuell so gehandelt. Schon nach zwei Wochen dürfte die Rote Ruhr den schwedischen Verband besiegt haben.

Doch Admiral Tschitschagow besaß diese Kenntnis nicht. Das wiederum konnte Nordenskjöld nicht wissen. Er ordnete deshalb nördlichen Kurs an, um den Feind bei den äußeren Schären östlich von Karlskrona zu erwarten.

Tschitschagow indessen dachte mit keiner Silbe an eine Blockade Karlskronas. Zwar war sie einst vorgesehen gewesen, doch schon seit langem gegenstandslos geworden.[97] Die Hauptaufgabe der Marine bestand im Erringen der Seeherrschaft, also dem Vernichten der schwedischen Flotte. Zwei Varianten hatte das St. Petersburger Admiralitätskollegium vorgegeben, um dieses Ziel zu erreichen: Entweder seien die Schweden zwischen zwei Fronten zu nehmen, oder alle drei Geschwader stellten sich als vereinte Kraft in einer offenen Seeschlacht.

Um den Überraschungseffekt für sich in Anspruch nehmen zu können, verschleierte Tschitschagow sein Absegeln. Am späten Nachmittag des 13. Juli befand sich weder im Revaler Stadthafen noch in Sichtweite auf See ein fremdes Fahrzeug. Da zudem der Wind günstig wehte, erteilte der Admiral den Befehl zum Segelsetzen. In der Nacht passierten 20 Linienschiffe, sechs Fregatten, zwei Bombenketschen, sechs Kutter und zwei armierte Transporter die steuerbord querab liegenden Åland-Inseln. Wiederholt bemerkten die Ausguckposten Lichter schwedischer Wachschiffe, umgekehrt blieb die Formation jedoch unentdeckt – auf den russischen Schiffen durfte keine Laterne brennen.

Am Abend des 18. Juli ließ Tschitschagow Dagerort (Dagö/Hiiumaa) achteraus und näherte sich Gotland im Schutz der Dunkelheit. Widriger Wind verhinderte zügiges Segeln. Die Flotte kam am 21. Juli bei Östergarn zu dicht unter Land und wurde ausgemacht – erstmals seit acht Tagen. Bedächtig segelte die Formation an der Ostküste Gotlands entlang nach Südwesten weiter, auf die deutsche Küste zu.

24. Juli: Bei der russischen Formation ereignete sich nichts besonderes, beharrlich hielt sie an ihrem Generalkurs fest. Ganz anders stellte sich dagegen die Situation im schwedischen Verband dar. Dort stieg die Zahl der Kranken rapide an. Schon im Verlaufe der vergangenen Nacht mußte die Fregatte *Jarislawitsch* nach Karlskrona detachiert werden. Im Morgengrauen folgten ihr zuerst *Illerim*, dann *Jarramas*. Innerhalb weniger Stunden wechselten annähernd 500 Männer von den Fahrzeugen ins Lazarett über.

Gegen 8 Uhr kehrte ein Aufklärungskutter zurück. Er war nach des Fischers Meldung nach Gotland entsandt worden. Der Kutterführer bestätigte, daß der 36 Segel starke Feind nach Südwesten steure, offensichtlich aber nicht nach Karlskrona wolle. Zu diesem Zeitpunkt befand sich Herzog Karl sechs Distanzminuten südlich von Utklippan (Außenklippen), zeigten die Vordersteven seiner Schiffe nordwärts. Konteradmiral Nordenskjöld empfahl, sofort zu wenden, den frischen Westwind nutzend auf Südostkurs zu gehen: „Wir werden dem Gegner den Weg abschneiden, sein Treffen mit dem Kopenhagen-Geschwader vereiteln."

In den Vormittagsstunden legten alle Mann Hand an, um die Segler gefechtsklar zu machen: Ketten sollten Rahen sichern, waagerecht über das Oberdeck geriggte Netze die Kanoniere vor herabstürzenden Rahen, Stengen, Blöcken und Spieren schützen, Finknetze mußten am Schanzkleid gespannt und in den Offizierskammern Geschütze aufgestellt werden, Ersatzhölzer und -tauwerk kamen vom Trossen- zum Oberdeck – kurzum, der zurückliegende harte Drill bewährte sich, jeder kannte seine Aufgabe.

Nachmittags bestätigte ein englischer Schiffer die bisherigen Meldungen über die russische Flotte bei Gotland. Konteradmiral Nordenskjöld wies den Schoner *Disa* an, die Fahrzeuge innerhalb der Formation anzusteuern, den Kommandanten die neuesten Erkenntnisse über den Feind zuzurufen.

Ungefähr um 19 Uhr bereiteten zwei Signale von der Vorhut neue Probleme: *Prins Fredrik Adolf* zeigte an, ihr Oberfeldscher sei schwer erkrankt, die Hilfsfeldscher mit der Pflege der vielen Kranken völlig überfordert. Und *Enigheten* fragte an, wohin mit ihren 108 Kranken bei Gefechtsberührung? Der von ihnen gegenwärtig eingenommene Platz würde dann für die Verwundeten benötigt. Der Flottenführung blieb nichts anderes übrig, als auch die Fregatte *Camilla* und einen Kutter zum Krankentransport abzukommandieren.

Der Abend begann mit einsetzenden Regenschauern. Unbeständiges Wetter kündigte sich an. Alle Männer, ausgenommen die der Seewache, wurden in die Hängematten befohlen. Schlafen konnten wegen der bevorstehenden Schlacht jedoch wohl nur wenige … In jener Nacht steuerten beide Flotten auf konvergierendem Kurs aufeinander zu: Herzog Karl in der Hoffnung, die russische ändere nicht ihr Fahrtziel – Admiral Tschitschagow von der sich nähernden schwedischen nichts ahnend, die er noch bei Bornholm vermutete.

Gegen 2 Uhr meldete sich Kapitän Lagerstråle mit der *Jarislawitsch* zurück. Er hatte fast 200 gesunde Männer an Bord. Sie sollten bei Tagesanbruch auf die Linienschiffe verteilt werden. Weitere Vorkommnisse gab es nicht. Auch im russischen Verband kam es zu keinen Zwischenfällen.

Um 8 Uhr schrieb Admiral Tschitschagow für Katharina II. seinen in regelmäßigen Zeitabständen fälligen Situationsbericht: „Der Westwind ist alles andere als ein guter Verbündeter. Ständig muß ich kreuzen. Kaiserliche Majestät sei jedoch hoch und heilig versichert, ich beeile mich sehr, Gotland hinter mir zu lassen. Noch in dieser Stunde passieren wir Hoburgs Meridian." (etwa 18° Ost)

Zu gleicher Zeit führte die Flotte abermals ein Wendemanöver durch, segelte jetzt am Wind nach Norden. Kurz vor 9 Uhr ging ein dänischer Kriegskutter an der *Rodislaw* längsseits. An Bord des Flaggschiffes erschien Oberleutnant Fabricius Tegler. Im Auftrag seiner Regierung war er zu Tschitschagow gesandt worden, sollte ihn über schwedische Schiffsbewegungen informieren und mündliche oder schriftliche Instruktionen für Vizeadmiral Kosljaninow entgegennehmen.[98]

Der russische Admiral fertigte die gewünschte Order aus. In ihr bezeichnete er seine gegenwärtige Position mit „62 Distanzminuten östlich von Ölands Südspitze und 40 Distanzminuten nordwestlich von Kap Resergawt" (Rixhöft).[99] Zur schwedischen Flotte bemerkte

Tschitschagow, sie „befand sich, wie ich soeben erfahre, am gestrigen Morgen 36 nautische Meilen südlich von Öland, also 58 nautische Meilen westlich von mir." In dem Schreiben hieß es weiter, der Vizeadmiral möge „eilen, sich so rasch wie nur möglich in die Flotte einreihen. Käme es aber zuvor schon zu einer Schlacht", habe das Kopenhagen-Geschwader „unverzüglich einzugreifen". Abschließend nannte der Admiral einen Treffpunkt nördlich von Danzig, von wo „wir gemeinsam gegen den Feind segeln, falls er nicht bereits von mir geschlagen wurde". Punkt 12 Uhr ging die Formation nach einer Wende über Backbord wieder auf Südwestkurs. Dreißig Minuten später verabschiedete sich Tegler. Sein Kutter steuerte zunächst nach Südosten, dann parallel der deutschen Küste auf Bornholm zu.

Gegen 13 Uhr meldete ein Ausguckposten vom Masttopp: „An Deck, Segel in Nordwest. Starker Verband in Dwarsformation nähernd!" Da kam sie also, die schwedische Flotte – eher als erwartet …

Nordenskjöld gegen Tschitschagow

Um die mit der *Jarislawitsch* eingetroffenen Ersatzseeleute auf andere Fahrzeuge verteilen zu können, mußte die Flotte beidrehen. Das unvermeidliche Driften dauerte ungefähr eine Stunde. In dieser Zeit fand auch die Morgenandacht statt. Danach setzte die schwedische Streitmacht ihre Fahrt nach Südosten fort – nur die Fregatte *Minerva* war nicht mehr als drittes Fahrzeug hinter dem Flaggschiff anzutreffen. Ihr Kommandant – Major Kock – sollte das Backbord vorausliegende Seegebiet aufklären.

Kurz vor 11 Uhr meldete sich Kock zurück. Er hatte die Position des Feindes ausgemacht. Wenig später bildete die Flotte bereits eine Dwarsformation: Mit Konteradmiral Lilliehorns Avantgarde als rechtem und Oberst Modées Arriergarde als linkem Flügel hielt der Verband – vor dem Wind segelnd – auf den Gegner zu. Gemäß Herzog Karls Order, die halbe Kabellänge Zwischenraum einzuhalten, erstreckte sich die Linie von Nordnordost annähernd zwei Seemeilen weit nach Südsüdwest. Bei dieser Aufstellung ging Flaggkapitän Nordenskjöld von dem bisherigen Kurs der Russen aus. Vor Erreichen des Gefechtsabstandes hätte er die übliche Schlachtlinie eingenommen, sich auf Parallelkurs des Feindes in vorteilhafter Luvposition befunden.

Den Logbucheintragungen der *Konung Gustav III.* zufolge sichtete der Toppausguck die russische Flotte gegen 12.30 Uhr in östlicher Richtung, und bereits um „14 Uhr zählten wir von Deck aus 34 Segel".[100] Der „westliche Wind" war „frisch" und der „Himmel grau verhangen". Über den Feind vermerkte der Schreiber: „Seine Arriergarde hält größeren Abstand zu den übrigen Schiffen!" Dieser Eintrag macht Konteradmiral Nordenskjölds nächstes Signal verständlich: „Wir greifen vorrangig die Arriergarde an!" Ursprünglich wollte Admiral Tschitschagow den Südwestkurs beibehalten, ihn erst vor der Küste Pommerns ändern. Trotz erhaltener Feindmeldung hoffte er, der Schlacht doch noch ausweichen zu können. Dafür gab es einen recht simplen Grund: die kaiserliche Instruktion! In ihr wurde dem Admiral bei Begegnung mit der schwedischen Flotte ein Alleingang quasi untersagt. Sie sah nur dessen Zusammenwirken mit Kosljaninows Geschwader vor. Dabei spielte es keine Rolle, ob sich beide Einheiten bereits vereinigt hatten oder ob sie getrennt voneinander gleichzeitig angriffen. Diese eindeutige Anweisung veranlaßte Tschitschagow, sich an jenem 25. Juli 1789 passiv zu verhalten.

Der Admiral galt zwar als mutig, nicht aber als tollkühn. Unter den gegebenen Bedingungen wagte er sich nicht zu weit nach Süden vor. An der Küste wäre sein Verband wegen zu geringer Bewegungsfreiheit in arge Bedrängnis geraten. Tschitschagow wußte, attackierte ihn die etwa gleich starke feindliche Flotte, läge für ihn die größte Chance im offenen Wasser. Dort könnten seine mächtigen Dreidecker ihre waffentechnische Überlegenheit unter Beweis stellen. Wenn er zudem die Schlacht hinauszögern und durch geschickte Manöver den Windvorteil gegenüber den Schweden zu erringen verstünde, wenn

Kosljaninow sofort nach Erhalt seiner Botschaft absegeln und rechtzeitig bei ihm eintreffen würde, ja dann … „Wenns" dieser Art gab es mehrere. Der Admiral verließ sich nicht auf Spekulationen, er beabsichtigte, das weitere Geschehen abzuwarten. Gegen 14 Uhr befahl er, zu wenden und über den Steuerbordbug segelnd auf Nordnordostkurs zu gehen: die Linienschiffe in zwei Kolonnen, alle anderen Fahrzeuge in Lee. Falls erforderlich, wäre im Nu die Gefechtsformation „gebrochene Linie" hergestellt. Das Wendemanöver ließ viel zu wünschen übrig. Danach vermochte die südliche Kolonne vorläufig nicht zu der nördlichen aufzuschließen.[101]

Noch vor Ablauf der dritten Nachmittagsstunde ging auf der *Rostislaw* das Flaggensignal „Flotte macht gefechtsklar!" in die Höhe. Erfahrene Matrosen hatten vermutlich das Signal mit gemischten Gefühlen wahrgenommen. Die russische Einheit bot nämlich keineswegs das Bild eines entschlossenen Angreifers. Eher wies sie auf einen Befehlshaber hin, dem es an Unternehmungslust mangelte, der sich dem Schicksal zu beugen schien. Mit anderen Worten: Die meisten Seeleute hatten den Eindruck, des Admirals abwartende Haltung sei ein Zeichen seiner Furcht. Überschätzte der Flottenführer den Feind, wollte er sich etwa bloß verteidigen?

16 Uhr: Von der *Konung Gustav III.* hallte ein Signalschuß über die See, der sogenannte „svensk lösen". Auf allen schwedischen Schiffen hißte man jetzt die Kriegsflaggen. Anschließend signalisierte Nordenskjöld, der geringste Gefechtsabstand – „eine halbe Kanonenschußweite" – sei wegen des unbedingt zu vermeidenden Nahkampfes einzuhalten.[102]

Ungefähr zwei Distanzminuten vom russischen Verband entfernt formierten sich Herzog Karls Streitkräfte zur Schlachtlinie und gingen in Luv vom Feind auf Parallelkurs. Die festgelegte Ordnung konnte jedoch nicht eingehalten werden: Nunmehr bildeten Oberst Modées Schiffe die Avantgarde, die von Konteradmiral Lilliehorn die Arriergarde – *Dristigheten* segelte als erstes, *Prins Fredrik Adolf* als letztes Fahrzeug.

Allmählich kam die schwedische Flotte der russischen näher. Die Vordersteven zeigten immer noch nach Nordnordost. Kurz vor 18 Uhr ließ Tschitschagow die Segelfläche vergrößern.

Nordenskjöld deutete das Manöver richtig: Der Feind wollte vor Modées Geschwader nach Westen durchbrechen, sich zwischen Karlskrona und Herzog Karls Formation postieren. Das galt es unbedingt zu verhindern! Auch auf den schwedischen Schiffen wurde weiteres Tuch gesetzt. Zudem erging an Oberst Modée Order, den Kurs der russischen Spitzenfahrzeuge zu schneiden.

Tschitschagow erkannte das Aussichtslose des eingeleiteten Manövers. Er segelte wieder langsamer, fiel obendrein einen Strich (1 Strich = $11^1/_4$ Grad) nach Steuerbord ab. Die Entfernung zu den Schweden – etwas mehr als eine Kanonenschußweite – nahm allerdings nicht zu, da diese sich seinem Kurs anpaßten. Indessen frischte der Wind auf – für die russischen Schiffe ein unverhoffter Vorteil. Sie konnten alle dem Gegner zugewandten Stückpforten (Backbordseite) geöffnet lassen. Anders dagegen sah es bei Herzog Karls älteren Linienschiffen aus. Infolge des Winddrucks krängten sie so weit nach Steuerbord, daß die unteren Stückpforten dieser Seite geschlossen werden mußten. Unter solchen Bedingungen eine Schlacht zu eröffnen, war sinnlos. Auf der *Konung Gustav III.* wehte daher gegen 19 Uhr das Signal „Flottenchef beabsichtigt erst morgen, bei Tagesanbruch, anzugreifen!".

Sobald die Gefechtsbereitschaft aufgehoben worden war, erhielten die Männer Extra-Verpflegung und Branntwein. Seit dem Frühstück hatten sie nichts zu essen, nur ab und zu eine Schöpfkelle Trinkwasser bekommen.

Zu diesem Zeitpunkt stieß die *Illerim* zur Formation. Sie brachte über 100 gesunde Seeleute – ein geringer, aber höchst willkommener Ersatz.

Während der relativ hellen Julinacht lagen sich beide Flotten auf gute Kanonenschußweite gegenüber. Aufmerksam beobachteten die Wachposten, ob sich vis-à-vis etwas Ungewöhnliches tat. Doch nichts, absolut nichts geschah. Und das war das eigentliche Ereignis jener Nacht vom 25. zum 26. Juli 1789. Es ging wegen seines Seltenheitswertes als „kurioses Verhalten zweier sich gegenüberliegender Flotten" in die Seekriegsgeschichte ein.

Beim Beurteilen der Flottenoperationen des nächsten Tages sind zwei wesentliche Punkte zu berücksichtigen:

1. Herzog Karl stand trotz ungünstiger Ausgangslage (Rote Ruhr und mangelhafte Ausrüstung) im Zugzwang. Er mußte unter allen Umständen angreifen und die russische Einheit schlagen. Das war nicht nur für ein mögliches späteres Treffen mit dem Kopenhagen-Geschwader unerläßlich, sondern insbesondere für den Vormarsch des Heeres in Finnland von entscheidender Bedeutung (Schutz der Versorgungsroute, Unterstützung der Armeeflotte gegen die russische Ruderflotte).

2. Admiral Tschitschagow, strikt an seine Instruktion gebunden, mußte dagegen eine direkte Auseinandersetzung mit der schwedischen Flotte im Moment noch vermeiden. Zwar hatte auch er die absolute Seeherrschaft zu erringen, doch gab es für ihn keinen Grund nach der Devise „je eher, desto besser" zu handeln.

Im Verlaufe der Nacht waren beide Verbände in ungeordneten Linien nordostwärts gedriftet. Die russischen Schiffe blieben zusammen, die schwedischen nicht. Konteradmiral Lilliehorns Geschwader befand sich achteraus – bedenklich weit entfernt. Herzog Karl konnte das nicht begreifen. Bei dem im Vergleich zum Vorabend merklich abgeflauten, aber dennoch steifen Westnordwestwind dürfte es Lillehorn allerdings nicht schwerfallen, schnell aufzukommen. Gegen 3 Uhr gab der Großadmiral für die gesamte Flotte das Signal „Ordnung in Linie einnehmen!". Ihren Bug nach Norden gerichtet, formierten sich die Segler. Wider Erwarten schlossen Lilliehorns zehn Fahrzeuge nicht auf, sondern bildeten eine eigene Nord-Süd-Reihe.

Um 4 Uhr dann das Signal von der *Konung Gustav III.*: „Gesamte Flotte Wende, Dwarslinie einnehmen, Kurs Südost!" Herzog Karl segelte in breiter Front auf den Gegner zu. Von Konteradmiral Lilliehorn erwartete er, dieser möge die frische Brise nutzen und mehr Tuch setzen, seinen vorgesehenen Platz in der Linie einnehmen. Mehrmals ergingen an ihn Signale wie „Abstand verringern!" oder „Lücke schließen!". Doch keine Anstalten wurden unternommen, der Aufforderung nachzukommen. Die zehn Segler verließen ihre zur Hauptmacht versetzte Luvposition nicht.

Indessen hatte auch Tschitschagow seine Schiffe in einer nach Norden ziehenden Reihe geordnet. Als die Schweden auf ihn zusteuerten, wechselte er wie sie den Kurs – stets bedacht, den Abstand zum Gegner einigermaßen konstant zu halten.

5.45 Uhr: Konteradmiral Nordenskjöld erteilte Order, sich wie ehedem zur Schlachtlinie zu formieren. Lilliehorns Geschwader segelte keine Minute länger in bisheriger Richtung weiter, führte gleichzeitig mit den anderen Schiffen die Backbordhalse durch und blieb somit in der abgeschlagenen Position.

Kaum zogen die schwedischen Schiffe nordwärts, wiederholte Tschitschagow das Manöver vom Vortag – Spiridows Abteilung versuchte, vor Modées Geschwader zu kommen. Alles verlief nach bekanntem Muster: Beide Seiten vergrößerten ihre Segelflächen; Oberst Modée wies Oberstleutnant Puke (*Dristigheten*) an, auf konvergierenden Kurs zum russischen Spitzenfahrzeug *Mstislaw* zu gehen; kurz danach Admiral Tschitschagows Order an Spiridow, seine Bemühungen einzustellen.

Gegen 8 Uhr befand sich Modée nur noch eine knappe Kanonenschußweite von der feindlichen Tete entfernt. Herzog Karl wollte gerade Feuererlaubnis erteilen, als der russische Admiral neue Manöver einleitete: Zuerst änderten Admiral Spiridow, danach die restlichen Linienschiffe ihren Kurs – ab 9 Uhr Nordost zu Nord. Konteradmiral Nordenskjöld gedachte zumindest die erreichte Distanz beizubehalten. Mit mehr Tuch machte er des Feindes Manöver nach. Es hatte den Anschein, als ob die russische Flotte floh und die schwedische sie verfolgte. In Wirklichkeit vollzog Tschitschagow einen bemerkenswerten Schachzug. Mit dem Nordost-zu-Nord-Kurs konnte er zwar keinen Raum zu Herzog Karls Hauptmacht gewinnen, jedoch die Entfernung zu dessen Nachhut bedeutend vergrößern. Das Pendel im Kräfteverhältnis würde bei einem baldigen Feuerwechsel zugunsten der russischen Streitmacht ausschlagen. Die unter dem Andreaskreuz dienenden Seeleute verstanden des Admirals Taktik allerdings nicht. Sie fühlten sich als Gejagte.

Während der „Verfolgungsjagd" signalisierte Nordenskjöld immer wieder an Lilliehorn: „Schärfer segeln!", „Beeilung, schneller segeln!" und „Aufkommen zum Feind, damit der Kampf eröffnet werden kann!" Obwohl Signalschüsse diese Weisungen unterstrichen, wurden sie keineswegs befolgt.

Zwischen 10 und 11 Uhr unternahm Konteradmiral Nordenskjöld den verzweifelten Versuch, mit der gesamten Flotte an den Feind heranzukommen. Sie ging in

Dwarsformation auf Südostkurs. Herzog Karls Flaggkapitän bezweckte, mit Vorhut und Gros den abgeschlagenen Schiffen näherzukommen und gleichzeitig die achterne Hälfte der russischen Linie zu attackieren. Letzteres wäre gelungen, hätte Tschitschagow seinen Gegenspieler nicht durchschaut – er steuerte ebenfalls nach Südosten. Das „Katz-und-Maus-Spiel" nahm seinen Fortgang.[103]

Nordenskjölds Anstrengungen, den Abstand zum Feind zu verringern, scheiterten stets an Tschitschagows Ausweich- und Hinhaltetaktik. Gegen Mittag – beide Flotten lagen erneut auf parallelem Nordkurs – erging folgende Signalorder des Großadmirals: „Feuereröffnung durch Befehl jedes Schiffskommandanten, sobald sein Fahrzeug in Kanonenschußweite zum Feind steht!" Die entgegen allen Kriegsregeln gegebene Weisung ist ein unumstößlicher Beweis dafür, daß Herzog Karl den Kampf selbst mit ungewöhnlichen Mitteln suchte. Hinter dieser Order verbarg sich der insgeheim gehegte Wunsch, ein Zufallstreffer könne ein russisches Fahrzeug für kurze Zeit manövrierunfähig machen, den feindlichen Verband in Unordnung geraten lassen. Solche Lage galt es dann auszunutzen, sich dem Gegner zu nähern, ihm die Schlacht aufzuzwingen.

Doch Konteradmiral Nordenskjöld gelang es, den russischen Flottenbefehlshaber auf andere Weise zu überlisten: Oberst Modée erhielt Order, durch deutlich erkennbares Segelreffen ein beginnendes Wendemanöver vortäuschend anzuzeigen. Gleiches galt auch für die ersten und letzten Schiffe des Zentrums. *Konung Gustav III.*, *Wladislaw* und *Konung Adolf Fredrik* dagegen verringerten ihre Fahrt lediglich durch die Stellung ihrer Rahen. Tschitschagow fiel auf diesen Trick herein. Er ließ ebenfalls die Segel reffen, jedoch auf allen Fahrzeugen. In diesem Moment reagierte Nordenskjöld. Ehe sich der russische Admiral versah, hielten drei Schweden auf ihn zu. Der Abstand schrumpfte trotz des von Tschitschagow eingeleiteten Gegenmanövers – und gegen 14 Uhr schleuderten die Kanonen der *Konung Gustav III.* ihr erstes Eisen gegen den Feind. Die Schüsse galten den hinteren Fahrzeugen der Avantgarde. Nun erschienen auch Modées Geschwader und der Rest des Zentrums. Sie bildeten eine nach Norden segelnde Schlachtlinie und griffen nach und nach in den Kampf gegen die russische Vorhut ein. Nur die letzten drei Schiffe des Zentrums (Ordnungsnummern 13, 12 und 11) und Lilliehorns Geschwader kamen wegen zu großer Entfernung zum Feind nicht zum Schuß.

Auf der *Rostislaw* wehte ebenfalls die Gefechtsflagge. Doch bei dem verhältnismäßig großen Kampfabstand von etwas mehr als einer Werst zeigten die Breitseiten kaum Wirkung. Tschitschagow ließ das Feuer einstellen. Er wollte sich wieder langsam vom Gegner lösen. Da flaute der Wind zur Bramsegelkühlte ab.[104]

In der bis dahin geschlossenen Formation entstanden Lücken. Am kritischsten war die Lage am Schluß der Linie. Die letzten drei Schiffe blieben weit achteraus. Sie versuchten vergeblich, zur *Knjas Wladimir* aufzukommen. Das blieb Konteradmiral Nordenskjöld nicht verborgen. Er sah für Lilliehorns Geschwader eine Chance und befahl, *Tapperheten*,

Fröja, Enigheten und *Prins Fredrik Adolf* sollten die drei russischen Fahrzeuge umsegeln.[105]

Die angesprochenen Schiffskommandanten befolgten des Flaggkapitäns Anordnung und legten ihre Dreimaster auf Nordost-zu-Ost-Kurs, nutzten den Windvorteil (Backstagbrise).[106] Den herrschenden Windverhältnissen nach zu urteilen, hätten sie sich ohne weiteres in die Lücke zwischen Hauptmacht und den drei abgeschlagenen Fahrzeugen setzen können. Plötzlich wendeten *Tapperheten, Fröja, Enigheten* und *Prins Fredrik Adolf* und kehrten zu ihrem in Luvposition der Flotte segelnden Geschwader zurück.[107]

Das Treffen – es fand ungefähr 50 Distanzminuten südöstlich bis östlich von Ölands Südspitze statt und erhielt deshalb den Namen „Die Schlacht bei Öland" – dauerte bis 20 Uhr. Am späten Nachmittag gab es einige Feuerpausen, immer dann, wenn zwischen beiden Parteien der Abstand zu groß wurde. Stets ergriff Herzog Karl die Initiative, um ihn wieder zu verringern. Bei einem dieser Vorstöße gerieten die Linienschiffe *Viktor, Swjatoi Pjotr* und *Isjaslaw* von Vizeadmiral Mussin-Puschkins Abteilung durch das schwedische Zentrum in Bedrängnis. Im Verlaufe dieser Attacke gelang es der *Fäderneslandet* (Ordnungsnummer 13) aufzukommen. Vom Corps de bataille waren nun nur noch *Minerva* und *Vasa* leicht abgeschlagen. Auch Lilliehorns Geschwader blieb weiterhin in achterlicher Luvposition zur Flotte. Daran änderte auch Herzog Karls persönliches Signal von 16 Uhr an die *Drottning Sofia Magdalena* nichts: „Sofort ins Kielwasser vom Gros kommen!"

Abends drehte der schwache Wind allmählich auf Südwest. Den Kampf fortzusetzen, hatte für die schwedische Flottenführung wenig Sinn, sie brach ihn um 20 Uhr ab. Bereits gegen 21 Uhr drifteten beide Formationen nordostwärts – etwa eine Seemeile weit voneinander entfernt.

Herzog Karl befahl Konteradmiral Lilliehorn, Oberst Eneskjöld und Oberst Modée auf die *Konung Gustav III.* Er forderte Lilliehorns Degen und stellte den Konteradmiral wegen „verräterischen Verhaltens" unter Arrest. Zum neuen Geschwaderführer ernannte der Großadmiral Oberst Eneskjöld, den bisherigen Kommandanten der *Fäderneslandet*. Und Oberst Modée, der mit seiner Einheit den Löwenanteil an der Schlacht zu bestreiten und sich durch besonderen Mut ausgezeichnet hatte, konnte als frischgebackener Konteradmiral das Flaggschiff verlassen.

Der Ausgang des Treffens enttäuschte Konteradmiral Nordenskjöld außerordentlich. Was hatte seine Taktik genutzt, wenn ein Unterbefehlshaber nicht zu segeln verstand? Lilliehorns Geschwader kam niemals in die befohlene „Backbord-am-Wind-Linie". Es blieb konstant in der „Steuerbord-am-Wind-Linie", in der sich die gesamte Flotte bloß bei den beiden Vorstößen nach Südosten befand. Weil Lilliehorns Schiffe auf der falschen „Am-Wind-Seite" lagen, waren sie immer weit vom Feind entfernt, konnten nicht in den Kampf eingreifen. Es muß für den Flaggkapitän äußerst deprimierend gewesen sein, daß in der Zeit von 3 Uhr morgens bis 20 Uhr abends nur 17 von 29 Kriegsseglern Feindberührung erhielten. Später, am 3. September 1789, schrieb er seinem Bruder Karl Friedrich dazu: „Wir hätten den Kampf bereits um 9 Uhr eröffnen können. Doch Lilliehorn ließ nicht die Segel setzen, die er sollte. Dieser 26. Juli war ein sehr unglücklicher Tag für Schweden und für unsere Flotte."

Von Tschitschagows 20 Linienschiffen beteiligten sich lediglich zehn am Schußwechsel. Das lag nicht am schlechten Segeln, sondern an der Defensivtaktik des Admirals. In diesem Zusammenhang sei erwähnt, die Geschütze des russischen Flaggschiffes feuerten keinen einzigen Schuß ab.

Entsprechend dem relativ großen Gefechtsabstand blieben auch die Verluste gering:

I. Russische Flotte

Nr.	Schiffsname	Gefallene	Verwundete	Bemerkungen
1	Mstislaw	3	16	Schiffskommandant, Brigadekapitän Mulowski gefallen
2	Deris	15	98	Drei geborstene Kanonenrohre, da – durch viele Tote und Schwerverwundete
3	Pobedoslaw	2	17	
4	Dwenadzat Apostolow		6	
5	Prins Gustav		6	
6	Wyscheslaw	1	11	
7	Boleslaw		7	
14	Viktor	1		
15	Swjatoi Pjotr	5	22	Tote und Schwerverwundete durch geborstenes Kanonenrohr
16	Isjaslaw	5	5	
Gesamt:		32, davon 5 Offiziere	188, davon 70 Offiziere	

Bei einer Flottenbesatzung von ungefähr 15.000 Mann wäre der Ausfall von 220 Männern – davon über die Hälfte durch das Zerbersten von vier Kanonenrohren – tatsächlich sehr gering. Aus zeitgenössischen russischen Dokumenten geht lediglich die Zahl der Schwerverwundeten durch geborstene Kanonenrohre hervor. Alle anderen Angaben lassen keinen Schluß zu, ob es sich um Leicht- oder Schwerverwundete handelte, ob seinerzeit Leichtverwundete überhaupt zahlenmäßig erfaßt wurden.

Auf den Schiffen registrierte man nicht allzu viele Treffer. Die meisten von ihnen richteten ohnehin keine größeren Zerstörungen an. Hinsichtlich der Beschädigungen ging Admiral Tschitschagow in seinem Schlachtbericht nur auf zwei Fahrzeuge näher ein: „Brigadekapitän Mulowski fiel, als eine schwedische Kugel die Vorstenge der *Mstislaw* traf. Sein Schiff brauchte aber die Linie nicht zu verlassen, da der Schaden mit Bordmitteln sofort behoben werden konnte."

An anderer Stelle schilderte der Admiral die Ereignisse auf der *Deris*: „Drei Kanonenrohre barsten. Beim letzten – gegen 19 Uhr – entstand eine prekäre Lage. Glühende Eisensplitter hatten das Deck durchschlagen und einige Kartuschen (mit Pulver gefüllte Leinenbeutel; d. A.) entzündet. Das Feuer breitete sich schnell aus, erreichte auch die Pulverkammer. Rauch hüllte das Schiff ein. Wir glaubten, die Pulvervorräte wurden das Schicksal der *Deris* besiegeln. An Bord herrschte Panik. Viele Seeleute sprangen über Bord, andere ließen die Boote zu Wasser. Lediglich der Geistesgegenwart von Unterleutnant zur See Nasakin war es zu danken, daß Kaiserlicher Majestät Schiff nicht in die Luft flog. Nasakin handelte ohne Befehl, als er mit einigen beherzten Männern durch den Qualm zur Pulverkammer vordrang und die Flammen erstickte. Ich habe, ohne Ihrer Majestät vorgreifen zu wollen, Nasakin vor dem Offizierskorps belobigt und ihn zum Leutnant befördert." Und in Zusammenhang mit dem Formationssegeln schließlich: „Alle Schiffe blieben mit Ausnahme der *Deris* auf ihrem Platz in der Kampflinie."[108]

II. Schwedische Flotte

Nr.	Schiffsname	Gefallene	Verwundete	Bemerkungen
29	*Dristigheten*	5	13	Alle durch Zerbersten eines Kanonenrohrs
15	Konung Gustav III.	2	4	Kapitän Hökenflycht und 1 Unteroffizier gefallen
Gesamt:		7, davon 1 Offizier und 1 Unteroffizier	17, davon 1 Unteroffizier	

Schwedischen Dokumenten zufolge fielen nur 24 Mann aus, davon 18 durch das Zerbersten eines Kanonenrohrs. Das dürfte allerdings anzuzweifeln sein. Entweder wurden keine Leichtverwundeten gemeldet, oder die Berichte waren „schöngefärbt". Admiral Tschitschagow machte in seinem Report über die Verluste bei der schwedischen Flotte diese Angaben: „Der Feind bugsierte zwei große Schiffe und eine Fregatte von seiner Avantgarde hinter die Linie. Am nächsten Tag konnten alle drei Fahrzeuge nur kleine Segel fahren. Außerdem stellten wir auch auf anderen Schiffen Schäden fest. Deshalb müssen die Mannschaftsausfälle bei den Schweden größer als bei uns sein."

Herzog Karl nannte in seinem Schlachtbericht lediglich das Ausscheren der *Dristigheten*, weil „ein Vierundzwanzigpfünder nach dem fünften Schuß zersprang, wodurch ein Unteroffizier und zwölf Kanoniere verwundet und fünf Mann von der Geschützbedienung getötet wurden. Der Schiffskommandant, Oberstleutnant Puke, ordnete aus diesem Grund das Verlassen der Linie an, um die Kanonenrohre zu kühlen." An anderer Stelle heißt es: „Die übrigen Schiffe wiesen keine nennenswerten Beschädigungen auf. Viele Kanonenkugeln trafen die Bordwände oder gingen in die Takelage. Zwar mußte Tauwerk ersetzt werden, aber kein Segel ..."

Die nachstehende Gegenüberstellung der Schiffsbewaffnung ist für die Schlachtanalyse nicht besonders wichtig, da in der russischen Linie nur die Hälfte, in der schwedischen zwei Drittel aller Fahrzeuge in den Kampf eintraten – und dies noch dazu unterschiedlich. Ein direkter Kräftevergleich ist also nicht möglich. Die Angaben beweisen lediglich, daß die Bestückung beider Flotten annähernd gleich gewesen war:

Art der Bestückung	Anzahl in der	
	schwedischen Linie	russischen Linie
Sechsunddreißigpfünder	450	100
Dreißigpfünder	–	234
Vierundzwanzigpfünder	530	300
Achtzehn- und Sechzehnpfünder	–	342
Großkalibrige Geschütze gesamt:	980	976

(Kleinere Kaliber – Zwölf- bis Sechspfünder – kamen wegen zu großer Gefechtsentfernung nicht zum Einsatz, sind deshalb hier unberücksichtigt geblieben.)

Auf Heimatkurs

In der Nacht zum 27. Juli änderte sich die Wetterlage. Der schwache Wind wehte zunächst aus Westen, dann aus Südwesten. Außerdem nieselte es. Die Sicht verschlechterte sich merklich. Gegen 2 Uhr ließ Admiral Tschitschagow die achteraus liegenden Fahrzeuge aufkommen, traf jedoch keinerlei Anstalten, die Entfernung zum Feind zu vergrößern oder zu verringern. Fünf Stunden später stieß die Fregatte *Camilla* zu Herzog Karls Verband. Sogleich führte man die üblichen Übersetzmanöver durch, um den Ersatz auf die Segler zu verteilen – auf die *Konung Gustav III.* kamen allein 51 Seeleute! Parallel dazu nahm die *Jarislawitsch* erkrankte Männer auf, steuerte mit ihnen Karlskrona an.

An diesem Morgen fand auf der *Drottning Sofia Magdalena* Flaggenwechsel statt. Konteradmiral Lilliehorns Wimpel wurde niedergeholt, dafür Oberst Eneskjölds Kommandeursstander gehißt. Das 2. Geschwader hatte für jeden erkennbar einen neuen Befehlshaber.

Im Verlaufe des Tages hielt die schwedische Flotte mehr als einmal auf die russische zu. Bei mäßigem Wind geschah das relativ langsam. Admiral Tschitschagow hatte stets genügend Zeit, auf Nordenskjölds Manöver zu reagieren. Mit vergrößerter Segelfläche achtete er sorgsam auf die Distanz, die kein Artillerieduell zuließ.[109] Herzog Karls Flaggkapitän mußte einsehen, mit herkömmlicher Kriegstaktik war dem Gegner nicht beizukommen. Er unterbreitete dem Flottenchef einen recht verwegenen Plan: Nach Einbruch der Dunkelheit sollte Modée mit fünf Schiffen – ohne Lichter zu setzen – den Feind umsegeln und bei Tagesanbruch hinter dessen Linie stehen. Dem von zwei Seiten vorgetragenen Angriff dürfte Admiral Tschitschagow wohl kaum ausweichen können. Herzog Karl stimmte dem Vorhaben zu. Doch das Wetter spielte nicht mit. Am Abend schlugen die Segel gegen Tauwerk und Rahen – Flaute! Der Großadmiral ließ daraufhin signalisieren: „Gefechtsbereitschaft aufgehoben, in dieser Nacht erfolgt keine Attacke!"

Dienstag, 28. Juli: Bei Morgengrauen lagen beide Flotten fast zwei Kanonenschußweiten voneinander entfernt. Der Südwestwind war mehr ein leiser Zug als eine flaue Brise, die See sehr ruhig. Modée bemühte sich, seine Schiffe mit den Barkassen in eine bessere Position zu bugsieren. Zwischen der russischen Vorhut und ihrem Gros klaffte eine Lücke, in sie gedachte Modée einzudringen. Das gelang nicht, weil der Wind etwas auffrischte und der Feind schnell seine Linie schloß. Nordenskjöld unternahm in den nächsten Stunden etliche Annäherungsmanöver, doch alle mißglückten.

Nachmittags drehte der Wind. Die mäßige Brise kam jetzt aus Ostnordost. Unverhofft geriet Tschitschagow in Luv der schwedischen Flotte. Ungeachtet seiner besseren Ausgangslage vermied der russische Admiral den Kampf. Dieses Verhalten gab Flaggkapitän Nordenskjöld Rätsel auf. Steht etwa das Eintreffen von Kosljaninows Geschwader unmittelbar bevor? Den Windverhältnissen der letzten Tage nach zu urteilen könnte das Kopenhagen-Geschwader tatsächlich bereits die Bornholmer Gewässer erreicht haben. Da aber exakte Informationen fehlten, beruhten alle diesbezüglichen Überlegungen nur auf Mutmaßungen.

Die Gefahr, zwischen zwei Fronten zu geraten, bereitete Herzog Karl ernsthafte Sorgen. Mit seinem Flaggkapitän kam der Großadmiral überein, westwärts zu segeln und Kosljaninows Einheit abzufangen. Zur Irreführung Tschitschagows ließ Nordenskjöld signalisieren: „Flotte geht auf falschen Kurs nach Südwesten!"

Der russische Admiral reagierte wie erwartet. Seine Formation lief ebenfalls nach Südwesten. Im Auftrag Herzog Karls übermittelte der Schoner *Disa* innerhalb der Linie alle weiteren Befehle. Jeder Schiffskommandant erhielt strikte Order, „bei Einbruch der Dunkelheit keine Laternen anzubrennen und sich bei Außersichtkommen des Feindes auf eine Kursänderung nach Nordwesten einzustellen. Sollte ein Fahrzeug den Anschluß verlieren, habe es selbständig Utklippan anzusteuern." Kurz nach 22 Uhr zog die schwedische Flotte zur heimischen Küste, ließ sie Admiral Tschitschagows Verband achteraus.

Utklippan wurde nach etwa zwölf Stunden ausgemacht. Hier stießen *Jarramas* und *Jarislawitsch* wieder zur Einheit. Beide Fregatten brachten nicht nur gesunde Männer, sondern auch frischen Proviant. Herzog Karl erhielt zudem eine Botschaft der Admiralität. Sie bezog sich auf das Kopenhagen-Geschwader, das noch am 27. Juli im Sund geankert hatte, daher noch nicht bei Bornholm sein konnte.

Auf dieser Meldung basierte Nordenskjölds neuer Vorschlag: „Offensichtlich hindert östlicher Wind Kosljaninow am Auslaufen. Tschitschagow wird deshalb irgendwo einen Tag oder zwei Tage lang kreuzen müssen. Am besten eignet sich für ihn das Seegebiet bei Bornholm. Dort kann er sowohl unsere Basis beobachten als auch notfalls dem näherkommenden Kopenhagen-Geschwader zu Hilfe eilen. Verhält sich der russische Admiral in diesem Sinne, haben wir die Chance, ihn vor unserer Haustür zu schlagen."[110]

Am späten Abend bestimmten Blitz und Donner, Sturmböen und Regengüsse das Geschehen. Über zwei Stunden lang trotzten die schwedischen Kriegssegler den Urgewalten. Es grenzte schon an ein Wunder, daß bloß Segel rissen, Taue und Spieren brachen. Zwar gingen einige Männer über Bord, doch keine Schiffe verloren. In der zweiten Nachthälfte – das „Inferno" war bereits Geschichte – legten alle Mann Hand an, um die Decke aufzuklaren. Der Wind wehte jetzt aus südlicher Richtung, ein Zeichen für die bald einsetzende Flaute.

In den Morgenstunden des 30. Juli meldete sich ein zur Aufklärung detachierter Kutter zurück. Er sollte die Position der russischen Hauptmacht feststellen. Im Nordosten, wo man Admiral Tschitschagow vermutete, konnten jedoch keine Segel ausgemacht werden. Offenbar befand sich der feindliche Verband östlich von Bornholm – aber wo?

Bei der anschließenden Stabsberatung auf der *Konung Gustav III.* wurde beschlossen, auf Ostkurs zu gehen. Ehe es dazu kam, schlief der Wind gänzlich ein – wieder einmal verurteilte eine Flaute Konteradmiral Nordenskjöld zur Untätigkeit, diesmal 25 Seemeilen nördlich von Bornholm.

Um die Mittagszeit briste es auf. Frischer Nordwind sorgte für eine grobe See. Aus taktischen Gründen plädierte Herzog Karls Flaggkapitän dafür, keineswegs weiter nach Südwesten zu segeln. Auch den zuvor erwogenen Ostkurs gedachte er an diesem Tag nicht mehr steuern zu lassen. Ihm erschien es vielmehr ratsam, bis zum Morgen im erreichten Seegebiet zu kreuzen. In seinem Entschluß wurde Nordenskjöld durch zwei Signale bestärkt: *Enigheten* wollte wissen, wann sie ihre vielen Kranken abgeben könne. Und *Prins Fredrik Adolf*, von der kürzlich erst sämtliche mit Roter Ruhr infizierten Männer ins Lazarett gekommen waren, meldete 70 neuerkrankte Seeleute. Wegen ungünstiger Witterungsverhältnisse war vorläufig an ein Ausschiffen der Kranken nicht zu denken.

Das in den vorangegangenen Tagen notwendige Auffrischen der Besatzungen mit Rekruten hatte sich logischerweise negativ auf die Kampfbereitschaft ausgewirkt. Immer wieder erörterte die Flottenleitung den möglichen Ausgang eines Treffens, falls Admiral Tschitschagow die Zufahrt zur Basis sperren und Vizeadmiral Kosljaninow von Westen her angreifen würde. Konteradmiral Nordenskjöld schätzte eine derartige Lage sehr realistisch ein: „Unsere Flotte bleibt dann sicher auf dem Feld der Ehre!"

Von den russischen Seestreitkräften ging aber bis zu diesem Zeitpunkt noch keine Gefahr aus. Als die schwedische Formation am Abend des 28. Juli im Dunkel entschwand, hatte Tschitschagow beigedreht. Den östlichen Wind nutzend, legte er am kommenden Tag den Verband auf Westsüdwestkurs, hielt auf die Nordspitze Bornholms zu. Seine Kutter detachierte der Admiral ins südliche Seegebiet, um Kosljaninow zu empfangen. Das Gewitter in der Nacht zum 30. Juli erlebten die Russen nur etwa 30 Seemeilen südöstlich von Herzog Karls Flotte. Und als die Flaute jegliche Aktivitäten lähmte, befand sich Tschitschagow in einer Position ungefähr 40 Seemeilen östlich Bornholms Nordspitze und 40 Seemeilen südlich Karlskronas. Der gegen Mittag einsetzende frische Nordwest veranlaßte auch den russischen Flottenführer, im erreichten Gewässerabschnitt zu kreuzen. Erst am 31. Juli segelte er bei steifem Westnordwest auf ursprünglichem Kurs weiter.

Und Kosljaninow? Am 28. Juli übergab ihm der dänische Kurieroffizier Tschitschagows Botschaft. Er wußte nun, wo ihn der Admiral erwartete, und verlegte sofort nach Dragø (Køge-Bucht). Widriger Wind und diplomatische Schachzüge verhinderten sein Absegeln. Von der stattgefundenen Seeschlacht erfuhr der Vizeadmiral eigenartigerweise erst am Morgen des 30. Juli – durch einen Kauffahrer. Eine Begegnung mit der feindlichen Flotte war nunmehr unwahrscheinlich geworden. Kosljaninow entschloß sich zum Auslaufen und ließ die notwendigen Vorbereitungen dazu treffen. Mit Vizeadmiral Schindel vereinbarte er, daß er direkten Kurs auf Bornholm nehmen, das dänisch-norwegische Geschwader ihm 24 Stunden später folgen solle. Bei Bornholm – im dänischen Fahrwasser – wären sie weit weg vom Einfluß der Gesandten Preußens, Englands und Schwedens, könnten dort die nächsten gemeinsamen Schritte abstimmen. Am Nachmittag befahl Kosljaninow „Anker auf!". Günstiger Wind brachte die Schiffe schnell voran. Nach zwölf Stunden standen sie bereits nordwestlich von Bornholm.

Beim Vergleichen russischer und schwedischer Logbucheintragungen kommt der Historiker nicht umhin, Konteradmiral Nordenskjölds Weitsicht zu bewundern. Am Morgen des 31. Juli – die schwedische Flotte segelte von 7 bis 9 Uhr nach Südosten, steuerte danach direkt Karlskrona an – befand sich Herzog Karl tatsächlich eine Stunde lang zwischen den beiden russischen Stärken. Doch kein Ausguckposten hatte in dieser Zeit ein fremdes Segel bemerkt.[111]

Kosljaninows Geschwader ankerte am Vormittag vor der Festung Bornholms. Gegen 15 Uhr meldete ihm Kapitänleutnant Løvner, Befehlshaber einer dänischen Fregatte, er habe in den Morgenstunden östlich der Insel 28 Segel ausgemacht, offensichtlich schwedische. Auch der Festungskommandant vermutete, Herzog Karl könnte sich noch auf See befinden. Um sich zu vergewissern, detachierte Kosljaninow eine Fregatte zur Erkundungsfahrt. Sie kehrte kurz vor Einbruch der Dunkelheit mit der Nachricht zurück, daß es sich um eigene Schiffe handelte. Der russische Vizeadmiral beschloß, nicht auf Schindels Einheit zu warten, sondern mit Beginn der Frühwache ostwärts zu segeln. Zwischen Bornholm und Christiansø stieß er auf Tschitschagow und erfuhr, daß Løvners Feindmeldung stimmte.

Die vereinigte russische Seestreitmacht wandte sich nun nach Norden. Am Morgen des 2. August erreichte sie die äußeren Schären der schwedischen Marinebasis. Vom Masttopp aus zählten die Ausguckposten die auf Reede ankernden Kriegssegler – Herzog Karls 21 Linienschiffe und zwölf Fregatten lagen sicher unter dem Schutz der Kanonen von Kungsholmen und Drottningskär …[112]

Bis zum 6. August blockierte Tschitschagow Karlskrona – mit 31 Linienschiffen, neun Fregatten, zwei Bombenketschen, zwei armierten Transportern und wenigstens fünf Kuttern[113] die mächtigste Flottendemonstration aller Zeiten in diesem Seegebiet. Über 2700 Geschütze bedrohten die feindliche Marinebasis. Von der rund 23.000 Mann starken Flottenbesatzung erwartete annähernd die Hälfte – insbesondere die Seesoldaten – den Landungsbefehl. Doch Admiral Tschitschagow beschränkte sich lediglich auf das Sperren der Fahrrinne.

Zwei Briefe schrieb der Admiral in jenen Tagen an die Kaiserin. Im ersten (3.8.) berichtete er von der „glücklichen Vereinigung unserer Streitkräfte" sowie davon, daß „die feindliche Flotte eingeschlossen, demzufolge die Seeherrschaft in dieser Navigationsperiode errungen sei". Das zweite Schriftstück (4.8.) war eine Art vorsorgliches Verteidigungspapier, falls ihm jemals seine passive Haltung vorgeworfen werden sollte: „Ich wage aus zwei Gründen kein Landeunternehmen. Erstens ist mein Truppenkontingent zu schwach, zweitens möchte ich mit den Schiffen nicht auf Legerwall geraten. Außerdem gehen unsere Trinkwasservorräte zur Neige. Meiner Ansicht nach ist es deshalb höchste Zeit, zum Finnischen Meerbusen zurückzusegeln, zumal wir viele Kranke an Bord haben."

Am Morgen des 6. August erschien das dänisch-norwegische Geschwader. Vizeadmiral

Schindel überzeugte sich von der Anwesenheit Kosljaninows. Da die von Dänemark geforderte Garantieverpflichtung für das Kopenhagen-Geschwader jetzt gegenstandslos geworden war, nahm Schindel wieder Kurs auf die dänische Metropole. Zur Mittagszeit hatte Admiral Tschitschagow alle ranghohen Offiziere auf die *Rostislaw* befohlen. Er gab ihnen bekannt, daß er die Blockade abzubrechen gedenke: „Wir können hier nichts mehr ausrichten, werden in Kiellinie ostwärts in heimische Gewässer segeln ...“ So geschah es. Dann, in den Abendstunden, ging die Formation vom Ost- auf Nordostkurs. Sie passierte am 8. August Gotland, stand zwei Tage später in Höhe von Dagerort. Eine Woche lang kreuzten die russischen Streitkräfte zwischen der Insel Ösel und der Halbinsel Hangö, „um den Eingang zum Finnischen Meerbusen zu sichern“. Am Nachmittag des 19. August erreichte Tschitschagow Reval. Er ankerte südlich der Insel Nargö auf Reede.

Montag, 24. August: Flaute. In Reval traf ein äußerst verläßlicher Bericht über die Situation in Karlskrona ein: „Die schwedische Admiralität kämpft verzweifelt gegen die Rote Ruhr an. Das Hauptlazarett ist überfüllt. Täglich sterben Menschen. Nur noch wenige Kriegssegler sind getakelt, von den anderen wurden sämtliche Segel entfernt. Das Tuch benötigte man für ein Zeltlager. Es befindet sich auf einer Insel. Mehr als 2000 erkrankte Seeleute werden dort medizinisch versorgt.“ Für Admiral Tschitschagow stand nunmehr fest, in diesem Jahr würde die feindliche Flotte nicht mehr auslaufen. Demzufolge war seine weitere Präsenz auf See unnötig. Ein Großteil der russischen Einheit ging Anker auf und segelte nach Kronstadt. In Reval verblieben nur zehn Linienschiffe, fünf Fregatten und einige Hilfsfahrzeuge.

Indessen hatte Tschitschagows Schlachtbericht bei Katharina II. alles andere als Freude ausgelöst. Bevor die Kaiserin das Schriftstück an den Kriegsrat weiterreichte, versah sie es mit dieser Randbemerkung: „Gestern erhielten Wir den Bericht. Wie aus ihm hervorgeht, haben die Schweden Unsere Flotte angegriffen, nicht umgekehrt. Ohne irgendwelchen Nutzen für das Reich ist der Tod eines Kapitäns im Brigaderang sowie der Ausfall von einigen hundert Seeleuten zu beklagen. Nun beabsichtigt Unsere Flotte, zum Finnischen Meerbusen zurückzusegeln, ihn zu schützen – als ob sie das hier vermag. Wir fordern den Rat auf, Admiral Tschitschagows Handlungsweise zu untersuchen. Insbesondere ist zu klären, ob er sich an die erteilten Befehle gehalten habe oder nicht.“

Der Rat beschäftigte sich mit der Angelegenheit erstmals am 18. August – in Zarskoje Selo. Im Verlaufe der Untersuchungen wurden alle an Katharina II., Graf Besborodko und Graf Tschernyschew gerichteten Schreiben Tschitschagows ausgewertet. Recht schnell wurde deutlich, der Admiral hatte die ihm erteilten Befehle formal erfüllt, sich strikt an sie gehalten. Nie entschied er Grundsätzliches von sich aus, um nicht gegen die Instruktion zu verstoßen.

Im Detail kam der Rat zu folgendem Ergebnis: Den ersten Punkt – Besetzen des Postens bei Hangö – konnte Admiral Tschitschagow nicht realisieren, obwohl er ihn mit Taten umsetzen wollte. Am 29. Mai hatte er gemeldet, Kapitän Trevenen wäre in die Gewässer von Hangö detachiert worden. Der Kapitän könnte aber „wegen der dort vom Feind angelegten Batterien und anderen Befestigungsanlagen sowie anwesenden Schärenfahrzeugen nichts ausrichten."

Der zweite Instruktionspunkt – Vernichten der feindlichen Flotte – wurde wegen seiner nicht eindeutigen Formulierung zugunsten Admiral Tschitschagows ausgelegt. Der umstrittene Satz lautete: „Es wäre wünschenswert, würden sich die Geschwader vereinigen, ehe sie sich gegen den Hauptfeind wenden oder ihn verfolgend zwischen zwei Feuer nehmen." Der Rat dazu: „Tschitschagow stellte seinen Mut vor den geforderten Befehl. Beim Sichten des Feindes wich er dem Kampf nicht aus, wie die Instruktion es in solchem Fall vor einer Vereinigung beider Kräfte verlangte. Der Admiral verteidigte die Ehre der russischen Flagge, zog in den Kampf und wehrte alle Angriffe erfolgreich ab – nicht etwa geduldig auf Vizeadmiral Kosljaninows Geschwader wartend. Aber er griff nie von sich aus an, sondern wurde stets angegriffen."

Hinsichtlich aller anderen Instruktionspunkte oder Zusatzbefehle erkannte der Rat an: „Admiral Tschitschagow hat alle geforderten Aufgaben zur Zufriedenheit gelöst – Bagatellen kann man ihm nicht zum Vorwurf machen."

Allerdings wies der Rat dem Admiral eine falsche Grundsatzentscheidung nach – sie kam einer Verurteilung gleich: „Obwohl Tschitschagow Wassermangel und Krankheiten als Grund für seine Rückkehr ins Feld führte, gab es andere Möglichkeiten, sich mit Frischwasser zu versorgen. Weshalb hat er es nicht von Kosljaninow verlangt? Weshalb hat er keine Schiffe nach Bornholm zum Wasserschöpfen geschickt? Auch seine beschädigten Segler hätten gefahrlos nach Kronstadt in die Werft segeln können. Unserer Flotte wäre also ein längerer Aufenthalt in der westlichen Ostsee durchaus möglich gewesen. Die von Admiral Tschitschagow genannten Gründe werden vom Rat nicht akzeptiert."

Abschließend traf das Gremium eine äußerst bemerkenswerte Feststellung: „Durch das dogmatische Erfüllen der Befehle ist ein enormer Zeitverlust hinsichtlich des Kriegsendes mit Schweden zu vermelden. Künftig sollten kaiserliche Instruktionen nur Grundsätze enthalten, die Befehlsausführung nachgeordneten Offizieren überlassen bleiben. Offiziere, die die volle Verantwortung tragen, werden diszipliniert ihr Bestes geben und Erfolge erzielen." Diese Aussage bedeutet, an Tschitschagows Passivität hatte die Kaiserin selbst Schuld. Auch läßt die Formulierung den Schluß zu, die ranghohen Militärs haben die Gelegenheit genutzt, um für sich umfassendere Vollmachten zu fordern.

Die Herren des Kriegsrates taten ein übriges. Unabhängig von den noch ausstehenden Analysen des Admiralitätskollegiums über die Operationen bei Porkala/Barösund und im Svensksund zogen sie Bilanz mit Schlußfolgerungen über den diesjährigen Seekrieg. Bezüglich der Fahrzeugverluste war die Rechnung positiv: „Wir verloren weitaus weniger Segel- und Ruderfahrzeuge als der Feind." Aber bei den Gefallenen, Verwundeten und

Gefangenen sah das Bild ein wenig anders aus, denn „unbestreitbar sind unsere Verluste an Menschen höher einzustufen, als die der Schweden."

Was das Kriegsziel anbelangte, resümierte der Rat: „Trotz aller Anstrengungen und dem unübersehbaren Übergewicht ist es unseren Seestreitkräften nicht gelungen, den Feind vernichtend zu schlagen. Seine Hauptflotte ist kaum geschwächt, seine Armeeflotte lediglich zu einem Drittel aufgerieben worden. Der Krieg muß also im kommenden Jahr kraftvoll weitergeführt werden. Es ist nun einmal Tatsache, dieser Kampf wird – geographisch bedingt – nicht durch das Heer in Finnland, sondern durch die Flotte auf See entschieden. Und solange König Gustav unsere Hauptflotte in der Ostsee bindet, können wir sie nicht zum südlichen Kriegsschauplatz entsenden. Deshalb sind die bevorstehenden Wintermonate intensiv zu nutzen, um

1. die Ruderflotte wesentlich zu vergrößern und ihre Feuerkraft zu verbessern;
2. die Hauptflotte vor der schwedischen seeklar zu bekommen, damit wir sie in ihrer Basis Karlskrona isolieren und so alle Kraft gegen die Armeeflotte entfalten können."[114]

Großartiger Nordenskjöld

Herzog Karls Flotte ging am 31. Juli auf Karlskronas Reede vor Anker. Das Manöver geschah keineswegs militärisch diszipliniert. Mit dezimierten Besatzungen vermochten die Schiffe kaum ordnungsgemäß zu segeln. Daß es zu keiner Havarie kam, verwunderte allgemein. Gestandene und unerfahrene Seeleute bemühten sich redlich, den Weisungen ihrer Offiziere zu folgen – oft vergebens. Viele Männer wußten einfach nicht, welchen Handgriff man von ihnen erwartete.

Endlich lagen die Fahrzeuge fest, waren alle Segel geborgen. Konteradmiral Nordenskjöld forderte nun jeden Schiffskommandanten auf, eine exakte Bestandsanalyse über seine Besatzung anzufertigen. Er wollte sich ein genaues Bild über Ausfälle und über Qualifikation noch einsatzbereiter Männer verschaffen. Für ihn galt es, zwei Aufgaben zu lösen:

1. Ein Geschwader mußte nach Porkala segeln, die dort stationierte russische Blockadeeinheit bekämpfen.
2. Jederzeit konnte Admiral Tschitschagow vor Karlskrona erscheinen und eine Landeoperation durchführen. Der Flotte oblag es, den seeseitigen Schutz der Basis zu gewährleisten.

Nach Vorliegen aller Kommandantenberichte stand das erschreckende Ergebnis fest: Es würde gerade einmal gelingen, zwei Linienschiffe, drei Fregatten und drei Hilfsfahrzeuge so zu bemannen, daß dem Geschwader ein Vorstoß in den Finnischen Meerbusen zugemutet werden konnte. Oberst Fust bekam den Befehl über die Einheit und Order, am nächsten Tag abzusegeln.

Fristgemäß meldete Fust sein „Klar zum Auslaufen!". Gegenwind gestattete das jedoch nicht. Und am 2. August tauchte die feindliche Flotte vor den äußeren Schären auf, mußte der Einsatzbefehl belegt werden. Sein sogenanntes „leichtes Geschwader" erhielt „außen bei den Schanzen" einen Liegeplatz zugewiesen – also bei der Festung Kungsholmen.

Gemäß Nordenskjölds Verteidigungskonzeption wurden die anderen Kriegssegler geschwaderweise auf Reede postiert. Für jedes Fahrzeug hatte der Konteradmiral Ankerbojen ausbringen lassen. An ihnen machten vom 1. bis 4. August die Schiffe fest, so daß sich folgende Aufstellung ergab: Das 1. Geschwader (Gros) lag längs der Reede. Teils konnte es quer, teils längs über das Fahrwasser schießen. Das 3. Geschwader (Modée) bezog nahe dem „leichten Geschwader" die äußerste Position. Es beherrschte mit seinen quer zum Fahrwasser gerichteten Kanonen den Einlauf zwischen Tjurkö und Aspö. Und Eneskjölds Schiffe ankerten gestaffelt zwischen dem 1. und 3. Geschwader. Der Abstand von Fahrzeug zu Fahrzeug betrug 100 bis 150 Meter.

Nordenskjöld hatte aus der Not eine Tugend gemacht. Auf den Seglern gab es nicht genug Kanoniere, um sämtliche Kanonen zu bedienen.[115] Nach seinem System benötigte man nur die Batterien einer Bordseite. Dafür reichten die Geschützmannschaften aus. Die Rohre waren geladen und ausgerannt, alle Schiffe zum Kampf bereit.

Nachts wachte jeweils die Besatzung eines Linienschiffes über das Wohl der Flotte. Mit sogenannten „Rundbooten" – kleine, mit Drehbassen ausgerüstete Ruderboote – bewahrten Patrouillen die an den Bojen festgemachten Fahrzeuge vor unliebsamen Überraschungen. Wider Erwarten versuchte Admiral Tschitschagow weder zur Reede vorzudringen noch an anderen Stellen Truppen anzulanden. Im Gegenteil, nach wenigen Tagen brach der russische Flottenführer die Blockade ab. Sobald sich der Feind entfernt hatte, erhielt Oberst Fust Order, seine Fregatten zur Aufklärung in See zu schicken …

Waren schon das Bemannen des „leichten Geschwaders" und das Verankern der Flotte in Verteidigungsposition für Nordenskjöld problematisch, so dürfte sein Kampf gegen die Epidemie an Schwierigkeiten kaum noch zu überbieten gewesen sein. Es begann damit, daß an den vier Tagen nach der Schlacht bei Öland ungefähr 2500 Seeleute erkrankten. Kaum ankerte die Formation, beschäftigte ihn die Frage: „Wohin mit den Kranken?" Würden sie an Bord bleiben, hätte dies das langsame Sterben kompletter Besatzungen zur Folge. An Land, in geeignete Pflegeeinrichtungen, konnten die bedauernswerten Menschen ebenfalls nicht gebracht werden – es gab keine freien Bettenkapazitäten mehr. Rangen Patienten mit dem Tode, warteten bereits andere sehnsüchtig auf deren Ende, um das Ruhelager beziehen zu können.

Einigermaßen reale Vorstellungen von der seinerzeitigen Krankenpflege in Karlskrona vermittelt ein authentischer Bericht des Präsidenten Munck an König Gustav:

„In der vor Unrat starrenden Stadt herrscht keine Ordnung. Die Einquartierung läuft chaotisch ab. Niemand konnte mir sagen, wie viele und welche Einheiten wohin verlegt worden sind. Im Lazarett gibt es weder militärische Aufsicht noch Instruktionen für Ärzte und Patienten – jeder handelt nach eigenem Ermessen.

Immer wieder werde ich mit Dingen konfrontiert, die mit einer ordnungsgemäßen Krankenpflege nichts gemein haben: Ärzte, Feldscher, Krankenwächter, Medikamente, Wäsche, Leinen und Speisen sind rar, fehlen an manchen Orten mitunter völlig. Im Hauptlazarett liegen unterschiedlich erkrankte Patienten dicht nebeneinander, infizieren sich gegenseitig – ja, es kommen sogar Verwundete in solche Betten, in denen Minuten zuvor noch an Rote Ruhr gestorbene Männer gelegen haben. Im Garten werden die Toten in notdürftig gezimmerten Särgen so lange aufbewahrt, bis sich irgendwer einmal erbarmt und sie zu einem der vielen Begräbnisplätze karrt …

Unmittelbar neben dem zentralen Schweinestall der Stadt wurde eine provisorische Krankenstation eingerichtet. Die stinkenden Fäkalienlachen ziehen Schwärme von Fliegen an. Logisch, die Insekten suchen auch Patienten heim, sorgen für das Ausbreiten von Krankheiten …

Die Medikamente kommen vorrangig von Apothekern, die gebürtige Dänen sind. Heimtückisch kämpfen sie gegen Schweden, indem sie mit Wasser verdünnte oder mit anderen Substanzen vermischte Medizin liefern – von einer heilenden Wirkung ist demzufolge meist nichts zu spüren …

Diese Stadt, einst Garant für die Sicherheit des Reiches, ist zum Pestherd verkommen. Hier wird das Grab Eurer Königlichen Majestät Kriegsmacht zu Lande und zur See geschaufelt!"

In den vorangegangenen Wochen waren für die Flotte in der Stadt mehrere zusätzliche Krankenstationen eingerichtet worden. Anfang August verfügte die Admiralität an Krankenbetten:

1.	Im alten Krankenhaus (Aurora-Festung)	200
2.	Im Zeughaus (teilweise Krankenrevier)	800
3.	Auf zwei ausgemusterten Schiffen bei der Werft	400
4.	Im Schuppen des Holzlagers	200
5.	In der Tischlerei der Werft	140
6.	In Privatunterkünften	260
7.	Im Proviantmagazin (teilweise Krankenrevier)	200
8.	Auf mehreren Kuttern und Schaluppen	800

Die unter 7 und 8 genannten Einrichtungen konnten nur übergangsweise im Juli/August genutzt werden. Außerdem bereitete das Flottenkommando in der alten Brennerei eine Krankenstation vor – hier sollten ab September 400 Patienten unterkommen.

Anfangs betreuten zwei Flottenärzte – Dr. Gersdorff und sein Assistent Dr. Faxe – die Kranken allein. Seit Juli standen ihnen zwei aus Stockholm angereiste Berufskollegen hilfreich zur Seite: Dr. Ribben und Dr. Hedin. Vier Mediziner sollten mehr als 6000 Patienten versorgen!

Konteradmiral Nordenskjöld wußte, ab September konnte er mit maximal 2400 Krankenlagern in der Stadt rechnen. Die Betten dürften jedoch kaum durch Genesende, sondern vorwiegend durch Sterbende frei werden. Da die Zahl der von Roter Ruhr infizierten Männer zudem täglich stieg, mußte sich der Flaggkapitän etwas einfallen lassen – die auf den Fahrzeugen erkrankten Seeleute und Soldaten vertrauten seinem Ideenreichtum. Und er fand einen akzeptablen Weg aus dieser schier ausweglos erscheinenden Situation!

Am 1. August fertigte Konteradmiral Nordenskjöld für Oberst Modée eine merkwürdige Order aus: „Von den Schiffen sind sämtliche Segel zur Insel Tjurkö zu bringen. Dort haben die Besatzungen für ihre Kranken ein Zelt zu nähen und aufzustellen."

Einen Tag später erhielten die anderen Schiffskommandanten Befehl, Modées Beispiel zu folgen. So kam es, daß bis zum 3. August eine Zeltstadt für 3000 Kranke auf Tjurkö entstand. Die „Stadt" hatte ihre eigene Struktur. Je Geschwader gab es ein „Viertel". Ein Oberstleutnant der Flottentruppe – er unterstand Nordenskjöld direkt – nahm die Aufgaben eines „Bürgermeisters" wahr. Als „Stadträte" machten sich aktive Seeoffiziere verdient, die alle vier Tage abgelöst wurden. Sie gewährleisteten den ordnungsgemäßen Tagesablauf im Lager. Der Flottengeistliche erhielt im Zelt der *Konung Gustav III.* seinen ständigen Platz, um jederzeit in der Nähe von Sterbenden sein zu können. Eine Kompanie Soldaten kampierte außerhalb des Lagers und bewachte es.

Wegen der anhaltenden Wärme wurden die Zelte größtenteils mit Fichtenreisig abgedeckt. Proviant, Eßgeschirr und Küchenpersonal kamen täglich von den Schiffen. Strohsäcke und Bettgestelle lieferte die Werft.

In den Händen von Dr. Gersdorff lag die medizinische Betreuung. Jeden Morgen brachte ihn eine Schaluppe zur Insel und abends zum Festland zurück. Aufopferungsvoll widmete er sich den Kranken, unterstützte die Feldscher mit Rat und Tat. Letztere waren vor allem deutsche Barbiergesellen, die man unter Androhung der Prügelstrafe zum Dienst auf der „Todesinsel" verpflichtet hatte. Doch nicht nur Feldscher wollten dem „Pestlager" den Rücken kehren, sondern auch einige Offiziere. Aus Nordenskjölds Befehlsbuch ist ersichtlich, daß er Offiziere arretieren ließ, weil sie seine Order hinsichtlich direkter Aufsicht beim Krankentransport nicht „genügend befolgten".

Trotz dieser Vorkehrungen und Anordnungen blieb ein wichtiges Teilproblem mehrere Tage lang ungelöst: Wer sollte die Kranken auf Tjurkö pflegen? Ein Feldscher mit seinen drei oder fünf Krankenwächtern pro Zelt reichte bei weitem nicht aus. Fachkräfte aus den medizinischen Einrichtungen der Stadt zu bekommen, war illusorisch, dort herrschte ebenfalls akuter Personalmangel. Hilfesuchend wandte sich Nordenskjöld an ihm geeignet erscheinende Volontärs- oder Bootsmannsfrauen und warb sie als „Hilfspflegerinnen". Fünf Frauen kümmerten sich jeweils um 100 Patienten. Als Lohn für „das Kämmen der Kranken sowie das Waschen ihrer Schlafanzüge und Bettlaken" erhielten sie zunächst acht, später zwölf Öre pro Tag.

Die anfänglich sehr hohe Sterblichkeitsrate hatte zur Folge, daß es nach einer Woche auf der Insel kein Holz mehr für primitive Särge gab. Daraufhin befahl der Flaggkapitän, „die Toten in ihren Hängematten zu begraben". Etliche hundert Seeleute fanden in Massengräbern ihre letzte Ruhestätte. Andere wurden traditionsgemäß der See übergeben – mit an die Füße gebundenen Steinen.

Was ging indessen auf den ankernden Schiffen vor? Nach Abzug der russischen Blockadeflotte befanden sich außer den dezimierten Geschützbedienungen nur noch spezielle Reinigungskommandos an Bord. Wer nicht ins Tjurkö-Lager kam, versah seinen Dienst auf der Werft oder exerzierte außerhalb der Stadt. Die zum Säubern der Fahrzeuge eingeteilten Trupps hatten alle Hände voll zu tun: Morgens räucherten sie den Rumpf mit Wacholderreisig, nachmittags mit Schwefel aus. Ebenfalls zweimal täglich ließen sie frisches Seewasser in die Bilge fließen, um es anschließend wieder außenbords zu pumpen. Sie kalkten die Innenhäute der Bordwände und scheuerten regelmäßig die Decks mit Kernseife. Außerdem mußte sich jeder Mann mehrmals am Tage gründlich waschen und stets saubere Kleidung tragen. „Große Wäsche" gehörte selbstverständlich zum Bordalltag! Die Seeleute kannten das bereits aus den Juni-/Julitagen – ob diesmal ihre Bemühungen erfolgreich sein würden?

Am 20. August – die Epidemie schien Karlskrona so gut wie besiegt zu haben – setzte Herzog Karl eine Kommission zur Bekämpfung der Roten Ruhr ein. Ihr gehörten unter Vorsitz von Konteradmiral Nordenskjöld die Schiffkommandanten Eneskjöld, Hysingskjöld, Fust und Leijonanckar sowie die Ärzte Ribben, Hedin und Faxe an. Eingehend analysierte das Gremium den Verlauf der Krankheit, die bisher getroffenen Gegenmaßnahmen und die realen Bedingungen der Krankenbehandlung. Es bekräftigte: „Alle veranlaßten Vorkehrungen sind gut. Wir müssen jedoch für das strikte Einhalten der Hygienevorschriften sorgen und unnachsichtig gegen diejenigen vorgehen, die das mißachten. Unter diesen Voraussetzungen besteht berechtigte Hoffnung, die Zahl der Kranken könne bis Mitte September abnehmen. Wenn die Herbststürme wüten, darf kein Zelt mehr auf Tjurkö stehen. Für die umzuquartierenden Kranken bietet sich als Ersatzrevier der Faßschuppen an – Fässer können auch im Freien lagern."

Was aber, wenn es nicht gelang, die Epidemie einzudämmen? Die Kommission beantwortete die Frage so: „Weitet sich die Krankheit aus, ist den Erfahrungen nach zu urteilen Karlskrona zum Tode und die Flotte in dieser und vermutlich auch in der nächsten Navigationsperiode zur Bewegungsunfähigkeit verurteilt – ein unschätzbarer Verlust für die Krone."

Nordenskjölds Energie und Ausdauer wurden belohnt. Allmählich veränderte sich die Lage in der „Zeltstadt" zum Positiven. Anfang September registrierte Dr. Gersdorff bei den Patienten bescheidene Anzeichen von besserem Gesundheitszustand. Das merkten auch die Köche. Viele Kranke litten nicht mehr unter Appetitlosigkeit. Frisches Gemüse und Fleisch taten ein übriges, um die Männer wieder zu Kräften kommen zu lassen. Gegen Ende des Monats verließen die ersten 700 als geheilt entlassenen Seeleute Tjurkö. Das Lager konnte nach und nach verkleinert werden. Nun hielten sich in einem Zelt die Kranken von mehreren Schiffen auf. Niemand starb mehr, die Krankenpflege wurde immer effektiver. Langsam, aber sicher begann die Rote Ruhr von der Bildfläche zu verschwinden.[116]

Zu den bisher genannten Problemen kam noch ein weiteres – das am 2. August gegen Konteradmiral Lilliehorn eröffnete Mililitärgerichtsverfahren. Die Anklage lautete: „Nachlässiges Befolgen von Befehlen des Großadmirals, wodurch der Feind zur Ehre Königlicher Majestät und des Reiches nicht geschlagen werden konnte."

Mehrere Offiziere, Unteroffiziere und gemeine Matrosen waren als Zeugen geladen. Sie mußten sich von 9 bis 18, mitunter sogar bis 20 Uhr im Gerichtsgebäude aufhalten. Oft die Ausgewählten ihren Aussagetermin erst am Abend zuvor. Das zog meist Änderungen im Dienstplan nach sich. Obendrein setzte sich das Marinegericht hauptsächlich aus den Schiffskommandanten des 1. und 3. Geschwaders (Gros und Modée) zusammen. Während ihrer Abwesenheit hatten die Ersten Offiziere das Kommando an Bord, mußten untere Ränge zur Dienstaufsicht herangezogen werden. Das waren alles Dinge, die den sowieso schon komplizierten Tagesablauf zusätzlich erschwerten.

Zunächst handelte das Gericht völlig unter dem Zwang der Ereignisse (Blockade, Verteidigungsmaßnahmen, Epidemie). Ein rasches Ende der Verhandlung wurde angestrebt, zumal noch immer der königliche Auslaufbefehl nach Finnland wie ein Damoklesschwert über der Admiralität schwebte. So nahm es nicht wunder, daß insbesondere Herzog Karl zur Eile drängte. In seinem Brief vom 19. August an das Marinegericht kommt dies deutlich zum Ausdruck: „... Königliche Majestät ist überzeugt, die ihm treu ergebenen hohen Offiziere werden ohne Zögern ihre Rechtschaffenheit beweisen, indem sie im Interesse der Soldatenehre und des Reiches Wohl dem Recht genüge tun. Ich erwarte von Euch schnelle Maßnahmen, die der Wahrheitsfindung dienen, damit die Öffentlichkeit zufriedengestellt und die Unverletzbarkeit des Rechtes sichtbar wird ..."

Der Prozeß dauerte trotzdem bis zum 10. Oktober. In den Verhören hatte Lilliehorn stets jegliche Schuld von sich gewiesen, dafür aber die Schiffskommandanten seines Geschwaders schwer belastet: „Sie haben mir den Gehorsam verweigert, meine Befehle nicht ausgeführt!" Merkwürdigerweise wies das Gericht die Vorwürfe des Konteradmirals zurück und hörte die betreffenden Offiziere nicht an. Lilliehorn wurde im Sinne der Anklage für schuldig befunden und zum Tode durch Erschießen verurteilt.[117]

Als die Epidemie ihren Höhepunkt erreichte, ungefähr 7000 Seeleute in den Krankenrevieren lagen (davon rund 5000 auf Tjurkö), kein Schiff mehr über Segel verfügte (weil als Zelttuch verwendet), immer mehr prominente Bürger – ausgenommen Werftadmiral af Chapman und die aktiven Flottenoffiziere – unter fadenscheinigen Gründen ihrer Stadt den Rücken kehrten, niemand die Abwesenheit seines Nachbarn genau zu erklären vermochte (war dieser erkrankt, gestorben, desertiert oder umquartiert worden?), der Prozeß gegen Konteradmiral Lilliehorn die Gemüter erregte – just zu diesem Zeitpunkt, exakt am 18. August, traf Kammerjunker Generalleutnant Möllersvärd in der Marinebasis ein. Er kam aus Finnland und übergab sowohl Herzog Karl als auch dessen Flaggkapitän je einen Brief Seiner Majestät.[118]

Nordenskjöld versäumte es leider, in seinem Tagebuch oder anderswo zu notieren, wie ihm nach dem Lesen des an ihn adressierten Schreibens zumute gewesen war: „Wir befahlen Seiner Königlichen Hoheit, dem Herzog von Södermanland, daß er mit Unserer Kriegsflotte zum Finnischen Meerbusen aufbricht und die vor Porkala liegenden russischen Kriegsschiffe vertreibt. Das ist, koste es was es wolle, im Zusammenhang mit den Operationen des Heeres unbedingt notwendig. Alle entsprechenden Schritte in Unserer Angelegenheit sind unverzüglich zu unternehmen. Wir rechnen mit Euch und verlassen Uns auf Euren

Einfluß, da Krankheit und andere Uns unbekannte Ereignisse Seiner Königlichen Hoheit im Wege stehen könnten, der Weisung nachzukommen. Wir erteilen Euch allerstrengsten Befehl, mit größter Verantwortung dafür zu sorgen, daß Unsere Order schleunigst realisiert wird."

Wahrlich, ein äußerst eigenartiges Verlangen. Abermals wird deutlich, was Gustav III. von militärischer Disziplin hielt. Es dürfte wohl ein einzigartiger Vorgang in der Militärgeschichte sein, daß der Oberbefehlshaber einem Offizier mittlerer Rangstufe mitteilt, er sei verantwortlich für die Ausführung des dem Großadmiral erteilten Befehls.

Diplomatisch kam der Flaggkapitän mit Herzog Karl überein, ungeachtet allen Unbills das „leichte Geschwader" zum Finnischen Meerbusen zu detachieren. Kutter wurden ausgesandt, um die vor Karlskrona postierten Fregatten *Minerva* und *Thetis* zurückzubeordern. Oberst Fust erhielt gleichzeitig Befehl, das durch ein Linienschiff verstärkte Geschwader seeklar zu machen (fehlende Segel zu beschaffen, Proviant und Trinkwasser aufzunehmen, die Fahrzeuge mit gesunden Männern zu bemannen).

Seine Operation blieb geheim. Die Flottenleitung ließ lediglich verlauten: „Er segelt nach Gotland, bringt dort Kauffahrer auf." Am 25. August ging die Einheit bei Westnordwestwind Anker auf. Sie bestand aus den Linienschiffen *Wladislaw, Rättvisan* und *Ömheten*, den Fregatten *Minerva, Thetis* und *Camilla*, dem Schoner *Disa* und den Kuttern *St. Barthélemy* und *Falk*. Das Befehlszeichen von Oberst Fust wehte auf der *Wladislaw*. Als Flaggadjutant war dem Oberst der 18jährige Leutnant Gustav Klint zugeteilt worden.[119]

Auf das enttäuschende Resultat des Unternehmens wurde bereits im Abschnitt „Westlich von Sveaborg" eingegangen. Deshalb dürften Auszüge aus dem Logbuch der *Wladislaw* genügen, um den Vorstoß darzustellen:

26. August:	„Abends Hoborg passiert."
27. August:	„Nacht zum 28. Fårö querab."
28. bis 31. August:	„Geschwader kämpft gegen hartes Wetter an, ungünstiger Wind."
1. September:	„Bake von Utö ausgemacht." (Die kleine Insel Utö liegt etwa in der Mitte zwischen den Ålandsinseln und Hangö udde.)
3. September:	„Abends Bake von Hangö in Sicht. Nacht zum 4. bei Bake geankert, um Lotsen an Bord zu nehmen. Einen Eilboten zu Oberst Lindfeldt, dem Kommandanten der neuerrichteten kleinen Bastion ‚Gustavsvärn', gesandt, dort liegende Transporter sollen segelklar machen." („Gustavsvärn" = „Gustavswehr")
4. September:	„Abgesegelt, Jussarö passiert."
5. September:	„Abends bei Gegenwind den westlichen Einlauf vom Barösund erreicht. Lotse getraut sich nicht, bei Dunkelheit weiterzusegeln. Geschwader ankert in Linie formiert, alle Schiffe ‚Klar zum Gefecht' befohlen."

6. September:	„Im Morgengrauen Gegner ausgemacht: Vier feindliche Kriegs-
	schiffe liegen vor Porkala und zwei große Schiffe im Südosten,
	und aus Richtung Reval nähern sich uns sieben weitere große Schif-
	fe."

Fust, der bereits unter Segel stand, nahm an, die Russen beabsichtigen, ihn zu jagen. Zunächst wollte er bloß bis Hangö zurücksegeln. Gegen 19 Uhr erreichte das Geschwader wieder Hangös Bake. Der Lotse ging von Bord, die Fahrzeuge aber nicht vor Anker. „Aus Furcht, ohne genügend Proviant und mit kranker Besatzung einige Wochen lang belagert zu werden", steuerte Oberst Fust direkt Karlskrona an, lief am 15. September „mit einer beträchtlichen Zahl Kranker" in den Kriegshafen ein.

Die meisten Seeleute schienen glücklich gewesen zu sein, die Heimatbasis unbeschadet erreicht zu haben. Einer derjenigen, die des Geschwaderführers Haltung für falsch hielten war Leutnant Klint. Er nannte den Oberst einen Feigling und bezweifelte dessen Angaben hinsichtlich der „sieben großen Schiffe".[120]

Daß man die Operation des Geschwaders nicht näher untersuchte, hing offensichtlich mit dem Prozeß gegen Lilliehorn zusammen. Das Gericht sah sich arbeitsmäßig überfordert. Außerdem gehörte Fust zu dem Kreis der Schiffskommandanten, die erst kürzlich gekämpft, jetzt den „Verrat eines ungeliebten Konteradmirals" zu beweisen hatten.

Für Nordenskjöld war es nach des Königs Brief zur Ehrensache geworden, nicht nur das „leichte Geschwader", sondern auch die gesamte Flotte wieder segelklar zu bekommen. Ungeachtet aller Schwierigkeiten drängte er Herzog Karl, daß

1. die Materialbestände aufgefüllt und die Proviantreserven ergänzt,
2. die 45 verstorbenen Feldscher – 15 der ersten und 30 der zweiten Qualifikationsstufe – durch Fachkräfte ersetzt und
3. die Bordapotheken (Medizinschränke) reichlich mit Medikamenten bestückt werden (die Feldscher sollten mindestens zwei Monate lang über ein Handsortiment von wichtigen Arzneimitteln verfügen können).

Alles übrige hatte der Konteradmiral bereits auf seine eigene Aufgabenliste gesetzt.

Und Nordenskjöld bewies: Wo ein Wille ist, da ist auch ein Weg! Am 7. Oktober, dem Geburtstag von Herzog Karl, befahl er: „Flotte klar zur Musterung!" Der Großadmiral staunte, als ihm die Schiffskommandanten ihre Fahrzeuge einsatzbereit meldeten. Er bemerkte zwar an den Rahen gezurrte Segel, wußte aber nichts über deren Qualität. Sein Flaggkapitän hatte das für die Zelte genutzte Tuch notdürftig flicken lassen, darauf hoffend, die Flotte würde in keinen schweren Sturm geraten.

Die in sauberer Kleidung angetretenen Besatzungen hinterließen bei der Flottenführung einen ausgenommen guten Eindruck. Doch was waren das für Männer, die diszipliniert an

Deck standen und dem Großadmiral Achtung zollten? Viele von ihnen dienten noch vor wenigen Tagen als Kavallerist im Västgöta-Regiment oder als Gardeschütze im Leibregiment der Königin – der von Nordenskjöld gebotene Sold von einem Taler pro Monat machte es möglich, die Männer wechselten die Einheit.

Wie es wirklich auf den Schiffen aussah, beschrieb Major Kock, Befehlshaber der *Minerva*, am 10. Oktober sehr drastisch in seinem für Herzog Karl bestimmten Bericht: „Im Verlaufe dieses Sommers mußten von meiner Besatzung 503 Männer ins Lazarett.[121] Als Ersatz bekam ich stets schlecht oder nicht ausgebildete Leute. Gegenwärtig fehlen mir 58 Mann. Fast alle, die jetzt an Bord sind, besitzen keine seemännische Qualifikation. Das sind deutsche Soldaten, die noch nie zur See fuhren (ausgenommen beim Transport von Deutschland nach Ystad) und kein Schwedisch verstehen – geschweige denn die schwedische Seemannssprache. Das sind schwedische ‚Freiwillige‘, die, durch Nötigung oder falsche Versprechungen in die Flotte gelockt, das erhaltene Handgeld zurückerstatten und eine weitere Summe zahlen wollen, wenn sie ihre sofortige Entlassung erhielten. Das sind abscheuliche Bohus-Leute, der Abschaum der Menschheit, die sich am liebsten gegenseitig umbringen möchten. Und letztlich, das sind gemietete Seeleute, die außer im Hafen noch nirgendswo Seewasser gerochen haben. Mit so einer zusammengewürfelten Besatzung und mit derartig verschlissenen Segeln vermag ich nicht in See zu gehen, nicht dem Feind und dem Wetter zu trotzen …“

Drei Tage nach der Musterung verlieh Herzog Karl Unteroffizieren und Kadetten die Tapferkeitsmedaille. Die Ausgezeichneten hatten am 26. Juli auf Kriegsseglern gedient und direkte Feindberührung gehabt.

13. Oktober: Der Großadmiral erteilte Order, die Feuer bei Utklippan anzuzünden und bis zur Rückkehr der Flotte von ihrer zweiten Expedition brennen zu lassen.

Am nächsten Morgen ging die Flotte Anker auf. 21 Linienschiffe, zwölf Fregatten und einige Hilfsfahrzeuge segelten in drei Geschwader formiert nach Süden.[122] Ohne Salut zu schießen, passierten sie die Festung Kungsholmen. Sobald die äußeren Schären achteraus im Dunst verschwanden, tauchte ein dänischer Kriegsschoner auf. In gebührendem Abstand eskortierte er den schwedischen Verband, beobachtete alle Manöver. Nordenskjöld ließ wieder im Seegebiet östlich von Bornholm kreuzen. Die Mannschaften sollten sich mit den Schiffen vertraut machen. In dieser Zeit wurden Kauffahrer gestoppt und Auskünfte über die russische Flotte eingeholt. Die erhaltenen Informationen stimmten überein: Admiral Tschitschagow lag mit seinen drei Geschwadern im Winterquartier, einige Segler bereits abgetakelt.

Ein weiteres Verbleiben auf See hatte für Seine Königliche Hoheit keine Bedeutung mehr. Er hatte, für jedermann sichtbar, die Macht Schwedens unangetastet auf der Ostsee repräsentiert. Niemand würde es wagen, seine Ehre in Mißkredit zu bringen, sein Prestige zu schmälern versuchen. Am 21. Oktober ankerte die Flotte wieder auf der Reede von

Karlskrona – ohne das Linienschiff *Enigheten* und ohne den Kutter *Örn*. *Enigheten* schlug auf dem Rückweg leck und mußte notgedrungen Karlshamn anlaufen, *Örn* kenterte bei Utklippan und ging mit seiner Besatzung unter.

Abermals wurde Konteradmiral Nordenskjöld mit einer ehrenvollen Aufgabe betraut: das würdige Ausschiffen des Großadmirals vorzubereiten. Zwei Tage lang exerzierten die Bootssteuerer der Schiffskommandanten mit ausgewählten Männern für dieses Spektakel. Ein ähnliches Bild zeichnete sich auf den Batteriedecks ab – schließlich mußte das Salutschießen wie am Schnürchen klappen.

Samstag, 24. Oktober, 8 Uhr: Auf den Schiffen postierten sich beim Fallreep Seesoldaten. Die Ersten Offiziere geleiteten ihre Kommandanten zu den Fallreepspforten. Ein kurzes Lüften der Hüte nach achtern, zu den Kriegsflaggen – und die Befehlshaber gingen von Bord, nahmen in ihren Barkassen Platz. Auf der *Konung Gustav III.* war es noch feierlicher. Als Herzog Karl und sein Flaggkapitän zum Fallreep schritten, ertönte Trommelwirbel, klopften Seesoldaten mit den Musketenkolben einen Marsch. Sobald sämtliche an der Zeremonie teilnehmenden Offiziere die Segler verlassen hatten, traten die Bootssteuerer in Aktion. Ihre Kommandos hallten laut über die Reede. Geschwaderweise – an der Spitze die Vorhut, gefolgt vom Gros und der Nachhut – strebten die Barkassen dem Kriegshafen zu. Begleitet wurde die Demonstration von 32 Salutschüssen der auf Reede ankernden Kriegsschiffe. An der Pier angekommen, empfingen einige hundert Schaulustige jubelnd den Großadmiral und dessen Offiziere. Die Ovationen wollten kein Ende nehmen. Ab und zu erklangen Sprechchöre wie: „Ein Hoch Seiner Königlichen Hoheit, dem Herzog Karl und Großadmiral unserer unschlagbaren Flotte!" oder: „Ein Hoch dem Flaggkapitän des Herzogs, dem Sieger über die Epidemie, unserem großartigen Konteradmiral Nordenskjöld!"

In den folgenden Tagen, beginnend am 26. Oktober mit den Fregatten *Camilla* und *Zemire*, führten kleinere Fahrzeuge Aufklärungsdienste durch. Außerdem detachierte Nordenskjöld eine Kutterbrigg nach Gotland. Sie sollte auf dem Außenposten überwintern.

Nachdem die russische Blockadeeinheit das Seegebiet von Porkala geräumt hatte, schrieb König Gustav nach Karlskrona: „...die Flotte kann nun abgerüstet werden, ausgenommen einige Fregatten und kleinere Fahrzeuge." In der Marinebasis ging diese Order am 3. November ein. Sieben Tage später holte der Großadmiral auf der *Konung Gustav III.* seine Flagge nieder. Wieder schütterte die Luft von 32 Salutschüssen der Flotte. Anschließend strichen auch die beiden Geschwaderführer ihre Befehlszeichen. Konteradmiral Modées Schiffe feuerten acht, die von Oberst Psilanderhjelm vier Salutschüsse ab. Die diesjährige Kampagne galt damit offiziell als beendet.

Der 11. November wurde für alle Seekadetten zum Feiertag. Aus der Hand des Großadmirals erhielten sie ihre Zeugnisse, durften in Anwesenheit sämtlicher Schiffskommandanten mit ihm ein Glas Wein leeren.

Die zur Flotte kommandierten Regimenter marschierten am 17. und 18. November in ihre Heimatgarnison zurück. Alle anderen Marinetruppen – auch das Großadmiralsregiment – bildeten das verbleibende Verteidigungskontingent der Hafenstadt.

Wer von den Besatzungen nicht für die Winterüberholungsarbeiten benötigt wurde, trat seinen „Urlaub" an, verbrachte ihn im Heimatdorf. Auch die „gemieteten" Handelsmatrosen durften Karlskrona verlassen. Sie bekamen für die Wintermonate halben Sold unter der Voraussetzung, daß sie im kommenden Frühjahr erneut auf den Kriegsseglern dienen würden. Das Offizierskorps der Flotte verabschiedete am 19. November seinen Großadmiral. Herzog Karl wollte die Wintermonate über in Stockholm bleiben.

Das letzte zu erwähnende Ereignis fand am 6. Dezember statt. Die Fregatte *Minerva* wurde abgerüstet. Beim Reinigen der Kanonenrohre gerieten Kartuschen in Brand. Im Nu breitete sich das Feuer aus. Brennend driftete die Fregatte zum Basaregrund, wo sie unterging …

***

In Stockholm erörterte das Kriegskabinett den Sommerfeldzug und die Operationen der Flotte. Da das Kriegsziel wiederum nicht erreicht worden war, versuchte man zunächst, Abwesende dafür verantwortlich zu machen – vergeblich. Sachlich wurde schließlich zu den Verlusten Stellung bezogen:

1. Finnlandtruppen 9763 Mann.

   Die Zahl enthielt auch diejenigen, die wegen Wehrunfähigkeit aus dem Militärdienst ausscheiden mußten (ungefähr ein Viertel). Die realen Verluste beliefen sich demzufolge auf etwas mehr als 7000 Mann (Gefallene, Schwerverwundete, Gefangengenommene und Deserteure), davon allein annähernd 2000 Mann von der Armeeflotte.

   Außerdem büßte die Armeeflotte ein knappes Drittel ihres Fahrzeugbestandes ein.

2. Flotte etwa 7000 bis 8000 Mann.

   Nachweisbar hielten sich am 1. Januar 1789 in Karlskrona 7166 Männer über 16 Jahre auf. Im Verlaufe des Jahres traten weitere 21.109 Männer ihren Dienst in der Flotte an. (Über die Stärke der zur Verteidigung der Stadt eingesetzten Regimenter gab es keine exakten Zahlenangaben – dieser Personenkreis war in den hier genannten Zahlen nicht enthalten.) Zum Jahresende fehlten von diesen 28.275 Personen 10.617. Außer den wenigen Gefallenen, Ertrunkenen, Schwerverwundeten und Gefangengenommenen (ohne *Venus*-Besatzung, diese gehörte zum Göteborg-Kontingent) waren ungefähr 7000 bis 8000 Seeleute und Werftarbeiter an Roter Ruhr gestorben. Die Flottenführung ging weiter davon aus, daß sich vermutlich maximal 2000 Männer auf unerklärliche Weise abgesetzt hatten. Wegen der im Juli/August in Karlskrona herrschenden chaotischen Verhältnisse erfolgte keine zuverlässige Registrierung der Toten. Die Zahl der Epidemieopfer konnte nur geschätzt werden.

Der Fahrzeugbestand verminderte sich um zwei Fregatten (*Venus* und *Minerva*), eine Aviso-Yacht (*Snappopp*) und einen Kutter (*Örn*).

Im Zusammenhang mit der Epidemie ging das Gremium auch auf die katastrophalen hygienischen Verhältnisse, die zu wenigen Unterkünfte (vor allem Kasernen) und die unzureichenden Essenausgabestellen (Kantinen) in Karlskrona ein. Dazu vermerkte das Protokoll, diese Mängel seien ausschließlich auf Oberadmiral Karl August Ehrensvärds miserablen Leitungsstil während der letzten fünf Jahre zurückzuführen – in diesem Zeitraum hätte allein der Oberadmiral die Befehlsgewalt über die Hafenstadt gehabt.

Hinsichtlich des Kampfes von Konteradmiral Otto Henrik Nordenskjöld gegen die Rote Ruhr stimmte das Kriegskabinett darin überein, daß sein Engagement großes Lob verdiene und beispielhaft gewesen sei. Der Regierung wurde empfohlen, Maßnahmen für eine wesentlich verbesserte medizinische Betreuung bei den Streitkräften und in den Städten zu ergreifen.

1790

Zwei Feldzugpläne

Im Spätherbst des Jahres 1789, als sämtliche Truppenteile ihre Winterquartiere bezogen hatten und die Kriegsschiffe zum Abtakeln in den Häfen lagen, versuchten Diplomaten mehrmals, zwischen Stockholm und St. Petersburg zu vermitteln. Den Anfang machte ein spanischer Gesandter. Er wollte im Auftrag des schwedischen Königs bei Katharina II. erkunden, unter welchen Bedingungen sie zu einem Friedensschluß bereit sei. Die russische Kaiserin benötigte fast zwei Monate für eine Antwort: „Sobald sich Gustav III. für seinen ungerechtfertigten Angriffskrieg entschuldigt hat, werden Wir über mögliche Friedensverhandlungen nachdenken."

Preußen richtete Anfang 1790 eine ähnliche Anfrage an die russische Regierung. Nunmehr wurde die Kaiserin noch deutlicher: Gustav von Schweden habe seine kriegerischen Handlungen öffentlich zu bereuen und zu erklären, daß er künftig die Friedensverträge von Nystad (1721) und Åbo (1743) sowie die Verfassungsakte seines Reiches – insbesondere den Artikel 48 (Zustimmung der Stände für einen Angriffskrieg) – respektiere.

Ungehalten nahm Schwedens König Katharinas Forderungen auf. Obwohl es der Krone an Geld mangelte, um den Bedürfnissen von Armee und Flotte umfassend Rechnung tragen zu können, verlautete er gegenüber den in Stockholm akkreditierten Regierungsvertretern: „Wir werden die Waffen erst dann aus der Hand legen, wenn Rußland niedergerungen um Frieden bittet!"

Sowohl Katharina II. als auch Gustav III. kamen in jenen Wochen große Worte über die Lippen, doch die Realität sah ein wenig anders aus: Katharinas Kriegsminister Grigori Alexandrowitsch Potjomkin weigerte sich erfolgreich, Truppen von der Süd- zur Nordfront zu verlegen. Er gab dem Kampf gegen die Türkei den Vorzug, schien den gegen Schweden als unwichtig zu betrachten. Somit stand für Rußland die Umwandlung des unbefriedigenden Defensivkrieges zum Angriffskrieg im Ostseeraum nicht mehr zur Diskussion. Die Kaiserin bot deshalb dem schwedischen König Frieden auf Grundlage des Status quo an, verzichtete sogar auf dessen Entschuldigungsbrief. Gustav III. nutzte die Chance nicht, den von ihm begonnenen Krieg „mit Anstand" zu beenden. Er hoffte vielmehr auf eine Änderung der politischen Lage zu seinen Gunsten und auf preußische Unterstützung. Seine Hoffnungen sollten sich indessen nicht erfüllen. Auf dem Kongreß zu Reichenbach erlitt Preußen eine diplomatische Niederlage, stand plötzlich isoliert da. So mußte das allein auf sich gestellte Schweden ohne finanzielle und materielle ausländische Hilfe zum dritten Feldzug gegen Rußland rüsten.

Katharinas Kriegskabinett sah den künftigen Ereignissen an der Nordfront mit Unbehagen entgegen. Angesichts Potjomkins Haltung, der nicht gerade energischen Tatkraft des Grafen

Wassili Petrowitsch Mussin-Puschkin (Oberbefehlshaber der Finnland-Armee) und der nun fehlenden Flottenbasis in der westlichen Ostsee (Kopenhagen) mußte das Gremium den ursprünglichen Feldzugplan ändern. So wurde unter anderem von der frühzeitigen Blockade Karlskronas Abstand genommen, da erfahrungsgemäß die Häfen Reval und Kronstadt erst dann eisfrei sein würden, wenn die feindlichen Seestreitkräfte bei zügiger Ausrüstung ihre Hauptbasis bereits verlassen haben dürften. Der Flotte fiel nunmehr eine rein defensive Rolle zu. Sie sollte vor der finnischen Küste Blockadedienst verrichten und die Aktivitäten der Ruderflotte seeseitig decken. Letztere Einheit hatte die Hauptlast bei allen entscheidenden Operationen zu tragen. Von ihrem Erfolg hingen Truppenvorstöße und die Einnahme strategisch wichtiger Punkte ab.

Im Detail sah der russische Feldzugplan für den Nordabschnitt folgendermaßen aus:

I. Landstreitkräfte: 28.000 Mann Kampftruppen und 4000 Mann Rückwärtiger Dienst sowie knapp 100 Feldgeschütze.[123]

1. Eine Brigade hatte den Raum Nyslott (Kommandant der Garnison: Brigadier Rimski-Korsakow), eine weitere das Olonezer Gebiet am Ladogasee zu sichern (Generalmajor Uwalow).

2. Den nördlichsten Frontabschnitt – rechter Flügel – sollte Oberst Arep befehligen (Hauptquartier in Puumala).

3. Der Mittelabschnitt war als Operationsterrain für zwei Korps vorgesehen: Generaloberleutnant Wolkow führte das eine (Regimentskommandeure: Generaloberleutnant Denisow bei Walkjala, Generaloberleutnant Numsen bei Anjala und Generalmajor Buksgewden als Verbindungsoffizier mit seiner Einheit zwischen Anjala und Walkjala), Baron Igelström das andere (Hauptquartier in Villmanstrand).

4. Das Küstenkorps hatte den linken Flügel zu bilden. Befehlshaber des ersten Halbkorps war der Generalgouverneur von Viborg (Generaloberleutnant Ginzel), der des zweiten Halbkorps Prinz von Anhalt-Bernburg-Schaumburg. Das Hauptquartier des Prinzen befand sich in Fredrikshamn (Festungskommandant: Generalmajor Rautenfeld). Ihm unterstanden fünf Infanterieregimenter und ein übereilt aufgestelltes weiteres, dessen Soldaten noch ausgebildet werden mußten. Insgesamt befehltigte er 8000 Infanteristen und 5000 Kosaken. Außerdem gehörten zu seinem Verband 30 Feldgeschütze. Das Korps hatte die Grenze von Abborfors entlang der Kymmene bis Memmel[124] und die Küstenregion von Abborfors bis Fredrikshamn zu sichern (Regimentskommandeure: Generaloberleutnant Schulz, Generalmajore Baikow, Suchtelen und Berkam).

II. Ruderflotte: 201 Kampffahrzeuge mit einer Besatzung von etwa 6000 Mann und einem Truppenkontingent von vier Galeerenbattaillonen (15.000/17.000 Mann) der Landstreitkräfte. Befehlshaber: Vizeadmiral Prinz Karl Heinrich von Nassau-Siegen.

Sofort nach Eisfreiheit hatten die in fünf Stützpunkten überwinterten Kampffahrzeuge –

Kronstadt (47), St. Petersburg (6), Reval (12), Viborg (52) und Fredrikshamn (84) – den Svensksund als Sammelpunkt anzusteuern, um von hier aus gegen die schwedische Armee-flotte vorgehen zu können.

III. Hauptflotte: 29 Linienschiffe, 13 Fregatten, 43 Hilfsfahrzeuge mit einer Besat-zung von etwa 27.000 Mann.
Befehlshaber: Admiral Wassili Jakowlewitsch Tschitschagow.
Unterbefehlshaber:

1. Vizeadmiral Alexej Wassiljewitsch Mussin-Puschkin (Generalkriegs-kommissar der Flotte),
2. Konteradmiral Pjotr Iwanowitsch Chanykow,
3. Vizeadmiral Alexander Iwanowitsch Krus (Reservegeschwader).

Aufteilung der Seestreitmacht:

1. Reval-Geschwader :	10	Linienschiffe,
	5	Fregatten,
	14	Hilfsfahrzeuge.
		Besatzung etwa 10.000 Mann.
2. Kronstadt-Geschwader:	11	Linienschiffe,
	2	Fregatten,
	6	Hilfsfahrzeuge,
		Besatzung etwa 12.000 Mann.
3. Reservegeschwader:	8	Linienschiffe,
	6	Fregatten,
	23	Hilfsfahrzeuge,
		Besatzung etwa 5000 Mann.

Nach Eisfreiheit hatte sich das Kronstadt-Geschwader mit dem Reval-Geschwader am Ein-gang des Finnischen Meerbusens zu vereinigen und dort zu kreuzen, um das Eindringen der schwedischen Kriegsflotte zu verhindern. Das in Kronstadt ausgerüstete Reserve-geschwader sollte Blockadeaufgaben vor der finnischen Südküste durchführen.

Dem kaiserlichen Feldzuplan folgend, stellte der Kriegsrat für Armee und Flotte die Generalbefehle aus. Den Formulierungen nach waren sie jedoch nicht nur reine Verteidigungs-, sondern auch Angriffsweisungen. Im Ukas für die Hauptflotte war unter anderem festgelegt worden: Sobald sich beide Flottengeschwader auf offener See bei Reval vereinigt haben, sperren einige Schiffe die schwedische Verbindungslinie in den finnischen Schären – und zwar bei Porkala udde (Barösund) und bei Hangö udde. Diese Posten werden durch Fahrzeuge des Reservegeschwaders abgelöst. Die bisherigen Blockadeschiffe haben danach auf direktem Kurs nach Åbo zu segeln, dort den Nachschub für die feindliche Finnlandarmee zu unterbinden oder zumindest empfindlich einzuschränken.

Nachdem Prinz Nassau-Siegen die schwedische Armeeflotte geschlagen hat, wird er die Küste nördlich Stockholms ansteuern und ist von den bei Åbo liegenden Blockadeschiffen zu eskortieren. Admiral Tschitschagow hat dieses Unternehmen mit seinem Gros zu decken, indem er das Seegebiet zwischen Dagerort und Gotska Sandön kontrolliert.

Und im Befehl für Prinz Nassau-Siegen wurde ausdrücklich hervorgehoben, er sei nicht wie im Vorjahr der Armeeführung unterstellt, sondern im Rahmen der Flottenbewegungen für alle Operationen seiner Einheit voll verantwortlich. Das galt nicht nur für die Lösung der Hauptaufgabe, die Vernichtung der schwedischen Armeeflotte, sondern insbesondere für die Blockade Sveaborgs: „Die feindliche Hauptbasis an der finnischen Südküste muß vollständig eingeschlossen werden – im Norden durch das Heer, im Westen durch das Reservegeschwader, im Osten und im Süden durch die Ruderflotte. Ein Angriff auf Sveaborg hat dann stattzufinden, wenn sich das Territorium nördlich der Basis fest in den Händen der Armee befindet."

Im letzten Punkt des Befehls wird auf das Vordringen zur schwedischen Küste eingegangen. Es wurde vorausgesetzt, daß die feindliche Armeeflotte bezwungen war und eigene Heeresverbände das Gebiet um Åbo besetzt hatten.

Der Generalbefehl für die Armee enthielt außer Verteidigungsmaßregeln die strikte Aufforderung, parallel zum Vorrücken der Ruderflotte zu operieren. Ausführlich wurde die Blockade Sveaborgs behandelt und der mögliche Vormarsch bis Åbo. Der Oberbefehlshaber der Nordfront, Graf Wassili Petrowitsch Mussin-Puschkin, bekam von diesem Ukas keine Kenntnis. Erst als Katharina II. ihn wegen „Untätigkeit" abberufen hatte, wurde seinem Nachfolger, Graf Iwan Petrowitsch Saltykow, das Schriftstück überreicht. (Der Kommandowechsel erfolgte am 16. April in St. Petersburg, drei Wochen später traf Saltykow in seinem finnischen Hauptquartier ein.) „Hinsichtlich der Ruderflotte", hieß es im Ukas, habe Saltykow zwar „das eingeschiffte Truppenkontingent zu beaufsichtigen, nicht aber bei Landeoperationen Nassau-Siegens".[125]

Katharina II. konnte sich in fast allen Hauptpunkten bei den Rats- und Kollegiumsmitgliedern durchsetzen – nur eines gelang ihr nicht: den Feldzug im Winter durchzuführen. „Finnland ist in diesem Jahrhundert zweimal durch russische Truppen erobert worden, weshalb sollten sie es diesmal nicht schaffen?" Der Kriegsrat ließ sich trotz kaiserlichen Drucks nicht von seinem gefaßten Beschluß abbringen: „Bei dem Zweifrontenkrieg vermögen wir im Süden mehr als im Norden auszurichten. Erfolge gegen Schweden dürften wir, wenn überhaupt, nur im Sommerhalbjahr durch Zusammenwirken von Heer und Ruderflotte erzielen."

So abwegig dürften Katharinas Überlegungen allerdings nicht gewesen sein. Im verhältnis der anfänglich 28.000 Mann starken russischen Kampftruppe waren die schwedischen Heeresverbände schwächer und zudem recht weiträumig verstreut. Die Regimentssammelplätze lagen in Lovisa (Generalleutnant von Platen), in Elimä (Generalmajor Hamilton) und in Nyby (Generalmajor Pollet). Außerdem standen je eine Brigade im südlichen Landesteil von Savolaks (Generalmajor von Stedingk), in Karelien (Generalmajor Carpelan) und in Nyland (Oberst Gustav Mauritz Armfelt). Weiterhin gab es unterschiedlich starke Garnisonen – mitunter nur Posten in Kompaniestärke – in Sveaborg, Svartholm, Åbo, Tavastehus, Hangö, Ekenäs (Tammissaari) und Strömsby (Halbinsel Porkala).

In Stockholm gingen des Königs Berater inzwischen davon aus, allein könne die Finnlandarmee die ihnen gegenüberstehenden russischen Verbände nicht zurückdrängen. Zwar dürften Einzelaktionen durchaus erfolgreich verlaufen, doch würde der entscheidende Sieg ausbleiben. Unter diesem Aspekt entstand der neue Angriffsplan, der dem von 1788 in den Grundzügen glich. Das Endziel war die Einnahme von St. Petersburg und das damit verbundene Friedensdiktat. Dies sollte durch koordiniertes Handeln von Heer, Armee- und Kriegsflotte erreicht werden. Entscheidend war jedoch der sehr zeitige Beginn des Feldzuges: „Den Feind überraschen, ihm keine Möglichkeit zur wirksamen Gegenwehr geben!"

Im einzelnen:

I. Truppenkontingent in Finnland:

Oberbefehlshaber: General J. A. Meijerfeldt

Einsatzbereitschaft aller Verbände bis Ende Februar. Zunächst Scheinangriffe, um von den Aktivitäten der Armeeflotte und den Seestreitkräften abzulenken. Vorrücken parallel zur Armeeflotte. Unterstützung bei der Einnahme von Fredrikshamn und Viborg.

II. Armeeflotte: 349 Fahrzeuge mit 3047 Geschützen (siehe Tabelle 18)

Oberbefehlshaber:	König Gustav setzte keinen ein, behielt sich vor, bei wichtigen Operationen die Einheit selbst zu führen.
Unterbefehlshaber:	Oberst Johan Gustav Lagerbielke und Kapitän Leijonanckar (Stockholm-Geschwader), Oberstleutnant Jacob Törning (Göteborg-Geschwader), Oberstleutnant Karl Olof Cronstedt (Stralsund-Geschwader), Oberst K. N. von Klerker (Sveaborg-Geschwader).
Besatzung:	22.500 Mann (etwa 14.000 Soldaten, 2000 Kanoniere, 4000 Ruderer und Matrosen, 320 See- und 200 Armeeoffiziere, 675 See-, 350 Artillerie- und 400 Armeeunteroffiziere).
Aufgaben:	Vereinigung aller Geschwader im Frühjahr in Sveaborg, danach bis Fredrikshamn vorrücken, dort Slisows Abteilung von der russischen Ruderflotte vernichten. Anschließend Viborg ansteuern,

die dort liegenden Einheiten der Ruderflotte aufbringen. Schließlich bei St. Petersburg Truppen anlanden. Nach Einnahme der russischen Hauptstadt sich aller im Hafen von Kronstadt befindlichen Fahrzeuge bemächtigen.

III. Kriegsflotte: **25 Linienschiffe, 10 große und 5 kleine Fregatten, 15 Hilfsfahrzeuge (siehe Tabelle 19)**

Aufgaben: Anfang Mai auslaufen und Kurs auf den Finnischen Meerbusen nehmen. Zunächst eventuelle feindliche Blockadeschiffe bei Hangö vernichten, dann die in Reval liegende Flottenabteilung angreifen und aufreiben. Anschließend parallel zur Armeeflotte nach Osten vordringen, dabei mögliche Blockadeschiffe bei Porkala udde aufbringen. In Höhe von Viborg direkten Kurs auf Kronstadt nehmen, sämtliche dort ankernden Kriegsschiffe kampfunfähig machen und die Truppenanlandungen der Armeeflotte decken.

Wesentliche Abschnitte des Feldzugplanes zeigten Oberst Mikael Anckarsvärds Handschrift. Der Generaladjutant im königlichen Stab dürfte zweifelsfrei Seiner Majestät kompetentester militärischer Berater gewesen sein – immerhin nannte Gustav III. den Oberst mitunter „Unser zweiter Nordenskjöld“. Anckarsvärds war der Armeeflotte – als ihr ehemaliger Befehlshaber – besonders zugeneigt. Im vorangegangenen Herbst hatte er ihr Neubauprogramm ausgearbeitet und zur Verwirklichung des Vorhabens dem König einen grandiosen Vorschlag unterbreitet: „Es wäre aus innenpolitischen Gründen günstig, würde Seine Majestät beim kommenden Feldzug die Armeeflotte befehligen und sie zum Sieg nach St. Petersburg führen!“

Ein anderer Gedankengang Anckarsvärds beweist ebenfalls seine Weitsicht. Nach der verlorenen Schlacht im Svensksund bemerkte er im Beratergremium: „Der Feind wird nun seine Ruderflotte verstärken, möglicherweise sogar die Zahl ihrer Fahrzeuge verdoppeln. Die eroberten Boote und Schiffe wird er nicht nur für den nächsten Kampf nutzen, sondern auch unsere bewährten Typen nachbauen. Für uns ist es deshalb äußerst wichtig, sofort nach Eisfreiheit von Sveaborg aus ein kleines Geschwader zum Svensksund zu entsenden. Es muß die schmale Fahrrinne durch Versenkungen unpassierbar machen, dem Gegner so den Normalweg nach Westen versperren.“

Beim nachträglichen Studium des Feldzuplanes fallen unerklärliche strategische Fehler auf. Zum Beispiel wurde für die Armeeflotte grundsätzlich darauf bestanden, erst dann „weiter nach Osten vorzudringen, wenn die feindlichen Bastionen Fredrikshamn und Viborg gefallen sind“. Demzufolge genügte den Planern keineswegs die Vernichtung einzelner Abteilungen der Ruderflotte, sondern sie wollten keine russische Garnison im Rücken ihrer Küstenfront dulden. Überlegungen, diese Bastionen eventuell bloß einzukesseln und damit zur Passivität zu zwingen, kamen offiziell nicht zur Sprache. Damit wurde aber unbewußt ein „Blitzfeldzug" in Frage gestellt, denn die Einnahme einer Festung wie Fredrikshamn war keine Angelegenheit von einigen Stunden gewesen ...

Bezüglich der Kriegsflotte bieten zwei Punkte Anlaß zur Kritik: Erstens das Operieren im östlichen Teil des Finnischen Meerbusens und zweitens die fehlenden Weisungen für den Fall, daß das in Reval liegende Geschwader nicht besiegt werden konnte – die Verhältnisse in beiden Gewässerabschnitten hatten die Planungsstrateger nicht berücksichtigt.

Auslaufbereit am 1. Mai

Der beschlossene Bau von Fahrzeugen für die Armeeflotte verlief reibungslos – von Kleinigkeiten abgesehen. Ebenso verhielt es sich mit der allgemeinen Rüstung für diese Waffengattung. Das Gerücht, der König würde höchstpersönlich an der Spitze der Armeeflotte gegen den Feind ziehen, machte sich auf den Werften und in den Stützpunkten positiv bemerkbar. Und wenn es wirklich einmal irgendwo an Fachleuten mangelte, half die Kriegsflotte mit erfahrenen Offizieren und qualifizierten Handwerkern uneigennützig aus. Da Anckarsvärd in der schwedischen Metropole die rechtzeitige Seeklarbereitschaft des Stockholm-Geschwaders mit allen ihm zur Verfügung stehenden Mitteln unterstützte und er sich auf den in Sveaborg äußerst rührigen Oberst von Klerker voll und ganz verlassen konnte, sah des Königs Generaladjutant der Zukunft hinsichtlich der Armeeflotte optimistisch entgegen.

Lediglich das Bemannen der Fahrzeuge bereitete Sorgen. Überall fehlten wehrfähige Männer – beim Heer, bei der Kriegsflotte und natürlich auch bei der Armeeflotte. Damit sich die Werber nicht gegenseitig behinderten, wurden territoriale Abgrenzungen festgelegt. Für den Dienst in der Armee (einschließlich Armeeflotte) durfte nur in Finnland und in den nördlichen Provinzen des Mutterlandes geworben werden. Die Kriegsflotte mußte ihre Rekruten (einschließlich der Soldaten des Flottenkontingents) in den südlichen Landesteilen und in Pommern verpflichten.

Die Ausrüstung der Kriegsflotte verlief komplizierter, Ausfälle machten sich durch die Rote Ruhr spürbar bemerkbar. Zudem hatten in Karlskrona Schlendrian und Korruption in erschreckendem Maße zugenommen. Deshalb wurde dem König schon im Spätsommer 1789 vorgeschlagen, für die Flottenbasis eine spezielle Polizeieinheit zu schaffen. Daß dies nicht verwirklicht worden war, hing mit der Epidemie zusammen.

Und letztlich arbeitete die bisherige Ausrüstungskommission alles andere als vorbildlich, „hatte sie doch", so Seine Majestät, „1788 die Flotte wie zu einer Friedensexpedition auslaufen lassen, mußte sich in diesem Jahr Flaggkapitän Nordenskjöld um alles kümmern". Gustav III. beabsichtigte deshalb nicht, Oberadmiral Ehrensvärd nochmals mit der Flottenausrüstung zu betrauen, nicht einmal zeitweilig. (Abgesehen davon war der Oberadmiral seit der Schlacht im Svensksund in der Gunst des Königs tief gesunken.) Noch in Borgå – seinem finnischen Hauptquartier – unterzeichnete der König einen Befehl für das „Komitee für Flottenrüstung im Admiralitätsamt". Als Vorsitzenden berief er Graf Adolf Fredrik Munck, als Beisitzer Generalmajor Johan Christopher Toll, Werftadmiral af Chapman und Konteradmiral Nordenskjöld. Das Komitee – so die allgemeine Bezeichnung für die Ausrüstungskommission – erhielt außerordentliche Machtbefugnisse und unterstand Seiner Majestät direkt.

Dieser Befehl hatte zur Folge, daß Oberadmiral Ehrensvärd und Admiral Wrangel praktisch „entmachtet" wurden, sie die Weisungen des rangniederen Konteradmirals Nordenskjöld befolgen mußten. Ein solches „Unterstellungsverhältnis" führte zwangsläufig zu Reibereien …

Graf Munck verfügte über keine speziellen Kentnisse hinsichtlich der Marine. Dafür besaß er ein ausgezeichnetes Organisationstalent, vermochte das Wesentliche vom Unwesentlichen zu trennen und zielstrebig zu arbeiten. Generalmajor Toll als Finanzgenie hatte sich um ökonomische Belange zu kümmern, Werftadmiral af Chapman und Konteradmiral Nordenskjöld im Rahmen ihrer bisherigen Verantwortungsgebiete um die praktische Ausrüstung der Schiffe.

Auf seiner ersten Zusammenkunft (Mitte Dezember 1789) beauftragte das Komitee Nordenskjöld, baldmöglichst ein Arbeitsprogramm vorzuschlagen. Er unterbreitete es bereits am 23. Dezember. Das Programm umfaßte 16 Punkte und hatte als Ziel die Auslaufbereitschaft der Flotte zum 1. Mai 1790. Nordenskjöld tat ein übriges – fünf Tage darauf legte er in einem Memorandum dar, was ihn obendrein bewegte:

– „Ein Teil der Ausrüstungsmaßnahmen muß streng geheim bleiben – russische Spione dürfen keinen Überblick über den Stand unserer Arbeiten erhalten. In der Stadt sich aufhaltende Fremde sind zu registrieren und ihr Tun zu überwachen. Alle Reisenden haben sich einer Meldepflicht unterzuordnen, ihre Besuchszeit ist einzuschränken.
– Offiziere und Kadetten, die wir in den Wintermonaten nur unzureichend beschäftigen können, haben sich in einer Art Schulungssystem weiterzubilden (Artilleristik, Nautik und Medizin).
– Im Interesse gesunder Mannschaften und Werftarbeiter sind eine öffentliche Küche und ein Magazin einzurichten. Jeder soll täglich eine warme Mahlzeit einnehmen sowie sich mit Lebensmitteln und Wollstoffen zum staatlichen Einkaufspreis eindecken können.
– Es sind neue Begräbnisplätze anzulegen, da wir in letzter Zeit gezwungen waren, bereits auf Massengräber und Seebestattungen zurückzugreifen."

Generalmajor Toll stand vor großen Schwierigkeiten. Die vorgesehenen Gelder für Flottenrüstung und Sold reichten nicht. Beim Überprüfen der Unterlagen stellte er zudem Unregelmäßigkeiten fest. In seinem Bericht vom 29. Dezember an den König vermerkte er: „Wir müssen noch Schulden der vorherigen Ausrüstungskommission begleichen. Außerdem gibt es im Geschäftsjahr 1788 einen offenen Posten über 100 000 Reichstaler, über deren Verbleib mir niemand präzise Auskunft zu erteilen vermag." Seine Majestät antwortete im allgemein gehaltenen freundlichen Ton, ging mit keinem Wort auf das Geld ein, sondern sprach vielmehr vom „extraordinären Vertrauen, das Wir in das Können des Generalmajors setzen, ihn deshalb nach Karlskrona schickten."

Toll enttäuschte Gustav III. nicht. Der Generalmajor wußte, bei ordnungsgemäßem Verhalten konnten in allen Bereichen beträchtliche Summen eingespart werden. Im beharrlichen Kampf gegen Korruption, Unterschlagung, Diebstahl, Schwarzmarktgeschäfte und Arbeitsbummelei erzielte er einen Erfolg nach dem anderen. Seine Sondereinheit bewährter Soldaten beschlagnahmte Schwarzmarktartikel, stellte gestohlene Güter sicher und führte veruntreute Gelder den eigentlichen Zwecken zu. Diese Einheit bewachte außerdem sämtliche Flottenlager und schließlich sogar die Werftzugänge. Letzteres hatte mit der Durchsetzung von Ordnung und Disziplin auf dem Werftgelände zu tun: Fremde Personen hielten sich unerlaubt in Werkstätten und Magazinen auf, Werftarbeiter waren selten da, wo sie sein sollten – am zugewiesenen Arbeitsplatz. Um dieser Unsitte zu begegnen, setzte Toll im Komitee recht ungewöhnliche, sehr drastische Maßnahmen für damalige Zeiten durch. Beim Abfeuern von neun Kanonenschüssen hatten sich sämtliche Werftangehörigen an bestimmten Stellen zum Zählappell einzufinden. Wer unentschuldigt fehlte, wurde hart bestraft. Ebenso erging es dem betreffenden Meister oder Vorarbeiter.

Solche unpopulären Aktivitäten des Komitees riefen Oberadmiral Ehrensvärd und Admiral Wrangel auf den Plan. Ihre Intrigen fanden bei denjenigen ungeteilte Zustimmung und Unterstützung, die auf ihre bequeme Lebensweise nicht verzichten wollten, vom „neuen Recht" des Grafen Munck nicht allzuviel hielten. In dieser Situation bat der Komiteevorsitzende den König, Oberadmiral Ehrensvärd und Admiral Wrangel unter Arrest stellen zu lassen: „Sie behindern bei jeder sich bietenden Gelegenheit die Arbeit des Komitees, und hätte ich nicht so gute Männer wie af Chapman und Nordenskjöld an meiner Seite, wäre es kaum wahrscheinlich, größeren Unannehmlichkeiten im Admiralitätsamt zu entgehen."

Zum Disziplinarverfahren gegen Ehrensvärd kam es nicht. Der Oberadmiral beugte dem vor, reichte am Neujahrstag sein Entlassungsgesuch ein – König Gustav billigte es erwartungsgemäß.[126]

Im Auftrag des Komitees reiste Konteradmiral Nordenskjöld am 15. Januar auf dem Landweg nach Stockholm. Er sollte Herzog Karl für bestimmte Grundsätze künftiger Flottenpolitik gewinnen. In Nordenskjölds Reisegepäck befand sich außerdem der Entwurf einer Flottenliste für die bevorstehende Sommerexpedition (siehe Tabelle 19). Im Gespräch mit seinem Großadmiral machte dessen Flaggkapitän deutlich, daß ohne Seiner Majestät Unterstützung die finanzielle Absicherung des Ausrüstungsprogramms fragwürdig sei „Toll macht viel, sorgt überall für Ordnung, spart dadurch Geld und Material – doch zusätzliche Reichstaler kann auch er nicht beschaffen!"

Weiterhin unterbreitete Nordenskjöld dem Flottenbefehlshaber seine Reformgedanken. Im wesentlichen ging es darum, Möglichkeiten zu finden, die Schiffskommandanten von unnötigen Aufgaben zu entbinden. Künftig sollten sie sich einzig und allein um ihr Schiff kümmern. Der Konteradmiral bezog sich dabei auf Vorbilder, beispielsweise auf die englische und französische Marine. „Unsere Fahrzeugchefs müssen praktisch für alles sorgen, sogar für den Sold der Mannschaften bürgen. Und was haben wir für ranghohe Offiziere? Die meisten kommen von den Handelsschiffen, verstehen nur sehr wenig vom Kriegshandwerk. Sollten wir nicht auch, wie in anderen Flotten üblich, auf ausländische Berufsoffiziere mit Seekriegserfahrung zurückgreifen?"[127]

Indessen gingen in Karlskrona die Ausrüstungsarbeiten zügig voran. Im alten Dock wurden Schiffsrümpfe gereinigt, geteert und zum Teil mit Kupferblech beschlagen. Hochbetrieb herrschte bei den Takelern, den Reepschlägern, den Segelmachern und im Artillerie-arsenal. Werftadmiral af Chapman war insbesondere bei der entstehenden *Ulla Fersen* anzutreffen. Diese kleine Fregatte – vor wenigen Monaten noch auf seinem Skizzenblock – sollte als Prototyp eines sehr schnellen und äußerst manövrierfähigen Stabsfahrzeuges bei Seegefechten die Rolle einer Art beweglicher Kommandozentrale spielen.

Den Winter über blieben annähernd 4500 Mann der Flottenbesatzung in Karlskrona. Viele von ihnen gingen den Werftarbeitern zur Hand, halfen beim Überholen der Schiffe. Die übrigen gehörten zu Nordenskjölds Kanonierregiment: In Abteilungen zu je 250 Soldaten wurde in der Unteroffiziersschule an Geschützen exerziert, und zwar täglich.

Bis zum 1. Mai sollten sich weitere 15.000 Männer in der Basis einfinden. Zwei Drittel davon hatten sich bereits im vergangenen Herbst zum Weiterdienen verpflichtet, verbrachten die kalte Jahreszeit in den Heimatdörfern als „Urlauber". Aber rund 5000 Mann mußten noch geworben werden. Das war nicht einfach, da die zu Kriegszeiten mögliche Einberufung von Wehrpflichtigen bereits im Jahr zuvor stattgefunden hatte.

Das damals so beliebte „Mieten" von Seeleuten aus dem Bereich der Handelsmarine erwies sich mehr und mehr als sehr kostspielige Angelegenheit. Die Monatsmiete betrug bei Seeaufenthalt für einen

Offizier (je nach Berufserfahrung)	18 bis 40	Reichstaler,
Unteroffizier 1. Grades (Obersteuermann)	10	Reichstaler,
Unteroffizier 2. Grades (Steuermann)	6	Reichstaler,
Unteroffizier 3. Grades	5	Reichstaler,
Matrosen (mindestens zweijährige Praxis)	4	Reichstaler.

Dann kam das unterschiedlich hohe Handgeld. Dem Matrosen standen höchstens acht, dem Offizier maximal 100 Reichstaler zu. Geworben wurde vor allem in Pommern, in Amsterdam und in London. Major Ruuthensparre, der im königlichen Auftrag nach London reiste, konnte ungefähr 200 versierte Seeleute (zwölf Nationen) für die Kriegsflotte verpflichten – allerdings keinen einzigen Briten.

Um die erstmals auf Kriegsschiffen dienenden Seemänner an das Bordleben zu gewöhnen, wurden ab Mitte Februar einige kleine Fregatten und Kutter zu Erkundungsfahrten ausgeschickt. Das Komitee verband so Ausbildung mit Feindaufklärung. Die Kommandos sollten „die eigene Küste bewachen und die Schiffer von Kauffahrern über den Feind ausfragen". Als Operationsgebiet wählte Nordenskjöld vorwiegend heimische Gewässer aus. Mitunter erweiterte er den Aktionsradius. In seinen Befehlen hieß es dann „zu den deutschen Wiesen, wo wir unsere Schärenfahrzeuge bauen" (Wolgast, Stralsund), oder „zum Kreuzen zwischen Gotland und Kurland, bis in die Mündung des Finnischen Meerbusens hinein". Die Schiffskommandanten erhielten jedoch strenge Weisung „sich dem feindlichen Terrain nicht zu nähern und allen russischen Segeln auszuweichen".[128]

Gemäß Nordenskjölds Ausrüstungsprogramm bestimmte Graf Munck die Termine für das Bemannen der Kriegssegler und für das Einschiffen des Truppenkontingents. Demzufolge mußte das Gros der Flotte bereits Mitte April auf Reede ankern – eine wahre Meisterleistung aller Beteiligten, denn eine so frühe Seeklarbereitschaft der Flotte hatte es bislang in Schweden nicht gegeben.

Daß die Überholungsarbeiten verhältnismäßig schnell erfolgten, war zweifelsohne af Chapmans Diplomatie zu danken. Er war nur selten im Komitee, dafür um so öfter mit dem Geldbeutel in der Hand auf dem Werftgelände zu sehen. „Extra-Lohn" nannte er diskret das sofortige Bezahlen von Überstunden. Am häufigsten profitierten Schiffbaumeister, ihnen unmittelbar unterstehende Werkmeister und wegen ihrer Einsatzfreude auffallende Männer aller Berufszweige von diesem „Handgeld".

Letzter Punkt im Nordenskjöld-Programm war die Phase nach dem Verholen der Schiffe auf Reede. Dort mußten Munition, Proviant, Wasser, Tauwerk, Segeltuch, Ersatzhölzer – kurzum: alles, was nicht während der Werftliegezeit an Bord kam, aber für einen Seezug Unentbehrliche – übernommen werden. Damit dies reibungslos verlaufen konnte, hatte der Konteradmiral drei Armierungsabteilungen gebildet. Sie wurden von Konteradmiral Modée, Oberst Leijonanckar und Oberst Fust befehligt. Jede Abteilung versorgte acht Linienschiffe und drei oder vier Fregatten.

Als die erste Abteilung die Werft verließ, befanden sich etwa 150 Mann auf jedem Linienschiff und 115 auf jeder Fregatte – also etwa ein Viertel bis ein Drittel der Besatzung.

Anfangs meinte es das Wetter gut mit den Männern, doch Mitte April schlug es um, sorgte einige Tage lang mit Frost (-15° C), nachfolgendem heftigem Schneefall und starkem Oststurm für Erkältungskrankheiten. 800 Seeleute kamen ins Lazarett, das Ausrüsten der Kriegssegler ging aber unverdrossen weiter.

Am 24. April waren alle auf Reede ankernden Schiffe vollständig bemannt, befand sich das vorgesehene Truppenkontingent an Bord (Nord- und Südschonens Kavallerie, das Regiment des Königs, das Leibregiment der Königin, das Sprengtporten-Regiment und ein Teil des Kalmar-Regiments). Stolz schrieb Graf Munck dem König: „Seiner Majestät Kriegsflotte ist auslaufbereit!"

Zum Verantwortungsbereich des Komitees gehörte auch die Ausrüstung der in Göteborg stationierten Fahrzeuge. Dortiger Befehlshaber war Vizeadmiral Baron Jakob Cederström. Ihm unterstanden das eigentliche Göteborg-Geschwader (1788 und 1789: drei

Fregatten und einige Hilfsfahrzeuge) und eine Division der Armeeflotte zur Sicherung der Schären an der Westküste.

Im Herbst 1789 hatte das Admiralitätskollegium beschlossen, die in Göteborg liegende Fregatte *Diana* nach Karlskrona zurückzubeordern. Ähnliches galt auch für die Fregatte *Bellona*. Sie sollte aber erst nach ihrer Überholung und Ausrüstung im Frühjahr 1790 Kurs auf die Hauptbasis nehmen. Das Göteborg-Geschwader sah nun so aus:

1. Ostindienfahrer *Lovisa Ulrika*   50   Kanonen, Kapitän Treutiger
2. Fregatte *Kilduin*   26   Kanonen, Kapitän Wallman
3. Kutterbrigg *England*   20   Kanonen, gemieteter britischer Kapitän
4. Kutter *London*   18   Kanonen, gemieteter britischer Kapitän

Außerdem war beabsichtigt, einen weiteren Ostindienfahrer zu pachten und zum Kriegsschiff umzurüsten.

Zum Jahreswechsel 1789/1790 übermittelte Graf Munck dem Vizeadmiral Cederström seine Ausrüstungsorder. Nach einiger Zeit teilte Cederström dem Komitee mit, er „fühle sich nicht in der Lage, die gestellten Termine einzuhalten". Kurz entschlossen ließ Graf Munck den Vizeadmiral von seiner Funktion entbinden und schickte Oberst Eneskjöld als neuen Geschwaderführer nach Göteborg.[129]

Strategische Fehler

In jenen Februartagen, als das Komitee die ersten Erkundungsfahrten anordnete, erörterte in Stockholm die „Geheime Kriegskommission" ein etwas weitergehendes Unternehmen. Es sollte von dem 26jährigen Kapitän Baron Rudolf Cederström durchgeführt werden. Der ahnungslose Kapitän bekam am 12. Februar die vom Sekretär der „Geheimen Kriegskommission", Carl Lagerbring, unterzeichnete Aufforderung, sich nach Karlskrona zu begeben und sich bei Konteradmiral Nordenskjöld zu melden.

Gleichzeitig brachte ein Kurier den entsprechenden Einsatzbefehl zur Flottenbasis. Er trug die Unterschrift des Königs und war von Lagerbring ausgefertigt worden. In der Sache unterschied sich die königliche Instruktion kaum von denen des Komitees: Kapitän Cederström solle nach Rågervik segeln und die dort liegenden zehn oder zwölf kleinen Fahrzeuge zerstören. Die Aktion habe schnell zu erfolgen, damit ihm die in Reval stationierten Kriegsschiffe nicht den Rückweg abschnitten.[130]

Konteradmiral Nordenskjöld hatte der äußerst knapp gehaltenen Order am 28. Februar einige höchst wichtige Bemerkungen angefügt, zum Beispiel Angaben zum Treffpunkt, den Wind-, Eis- und Strömungsverhältnissen im betreffenden Küstengebiet sowie Ratschläge zum Verhalten bei Feindberührung.

Für die Operation „Rågervik" sah Nordenskjöld die für vier Monate voll ausgerüsteten Fregatten *Jarramas* (32 Kanonen, Kapitän Wrangel) und *Ulla Fersen* (18 Kanonen, Kapitän Blom) sowie die Kutterbrigg *Husaren* (18 Kanonen, Leutnant Coster) vor. Allen drei Schiffskommandanten gestattete er, Besatzung und Truppenkontingent selbst auszusuchen – eine sehr ungewöhnliche Geste!

Am 2. März stellte sich Kapitän Cederström im Komitee ein. Nordenskjöld instruierte ihn, vermied aber konkrete Angaben zum Einsatzziel. Offiziell – wegen der Geheimhaltung – wurde Cederström beauftragt, „mit seinen Fahrzeugen zwischen Utklippan und Öland zu kreuzen". Die ihm übergebene versiegelte königliche Order durfte der Kapitän erst nach Passieren Ölands öffnen. Später sollte sich auch der bei Slite/Gotland postierte Schoner *Kosacken* (zehn Kanonen, Fähnrich Hast) der Formation anschließen.

Das Unternehmen begann am 4. März. Leutnant Coster lief mit der *Husaren* zuerst aus. Er hatte den Auftrag, Fähnrich Hast zu informieren und mit ihm bei den Treffpunkten Slite oder Hangö auf die nachfolgenden Fregatten zu warten. Am 8. März standen *Jarramas* und *Ulla Fersen* vor Slite. Vier Tage kreuzten sie dort, vergeblich nach den beiden Hilfsfahrzeugen Ausschau haltend. In den frühen Morgenstunden des 12. März nahm Cederström Kurs auf die Reede von Hangö, die er nach etwa 36 Stunden erreichte. Hier schiffte sich befehlsgemäß Fähnrich Escolin ein, der „über bemerkenswerte Kenntnisse von der feindlichen Küste verfügte".

Seit Verlassen der Reede von Karlskrona mußten Cederströms Männer Sturm, Schnee,

Hagel und Nebel trotzen. Das ungemütliche Wetter hatte aber auch seine guten Seiten – während der letzten Tage sichtete man kein einziges Segel, wurde demzufolge selbst ebenfalls nicht ausgemacht. Für das Überraschungsmoment war dies ein nicht zu unterschätzender Faktor. Da die beiden Hilfsfahrzeuge nicht erschienen, segelten *Jarramas* und *Ulla Fersen* am Abend südwärts. Bei Morgengrauen näherten sie sich Baltischport.[131] Kapitän Cederström ließ die holländische Flagge hissen und nach dem Lotsen signalisieren.

„Der Lotse kam an Bord und erschrak, als er uns als Schweden erkannte. Wir gaben ihm Geld und versprachen ihm die Freiheit, wenn er ordnungsgemäß seine berufliche Pflicht erfülle. Daraufhin beruhigte sich der Mann und verkehrte mit uns offenherzig", beschrieb Cederström die entstandene Lage in seinem Operationsbericht.

Ursprünglich beabsichtigte Kapitän Cederström, an der Festung vorbeizusegeln und die in Rågervik liegenden Fahrzeuge in Brand zu stecken. Der Lotse machte jedoch darauf aufmerksam, daß die Bucht von Rågervik zugefroren, ein Hineinsegeln deshalb nicht möglich sei. Daraufhin befahl Cederström, direkt unter den Festungskanonen beizudrehen und mit Warpankern die Fregatten fest zu vertäuen – nur eine halbe Kanonenschußweite vom Feind entfernt. Das geschah gegen 11 Uhr. Inzwischen hatten beide Schiffskommandanten die Geschütze laden lassen. Ihre Bedienungsmannschaften standen bereit, die Stückpforten zu öffnen, die Kanonen auszufahren und das Feuer zu eröffnen. Unter Deck bereitete sich eine 110 Mann starke Landungsabteilung zum Angriff auf die Festung vor, um sie im Handstreich zu nehmen. Matrosen machten sich an den Barkassen zu schaffen und „ließen sie in aller Gemütsruhe für die Landungstruppe zu Wasser". Nachdem alles für eine Blitzattacke eingeleitet worden war, holte man die holländische Flagge nieder. Statt dessen stieg die schwedische empor, öffneten sich die Stückpforten, begannen die Kanonen zu sprechen. Für den Garnisonskommandanten, Oberst de Roberti, kamen Feuerüberfall und vorstürmende schwedische Soldaten überraschend. Trotz der 40 Festungskanonen dachte er nicht an Gegenwehr. Obendrein weilte ein Großteil seiner 300 Soldaten in der Stadt. Die Angreifer hatten daher leichtes Spiel. Sie vernagelten sämtliche Geschütze und sprengten alle drei Pulvermagazine der Bastion.

Anschließend wandte sich die Landungsabteilung der sich zwischen Festung und Stadt sammelnden Garnison zu. Nur wenige russische Soldaten besaßen Waffen, ernsthaften Widerstand leisteten sie nicht. De Roberti kapitulierte und akzeptierte Cederströms Bedingungen: „Dem russischen Staat gehörende Fahrzeuge und Magazine werden verbrannt. Außerdem zahlt die Stadt 4000 Rubel, oder sie wird gebrandschatzt."

Und so vollzog es sich auch: 54.000 Fässer Getreide, Mehl und Graupen; Mastspieren, Tauwerk und anderes Schiffszubehör der Ruderflotte; Infanteriewaffen, Zelte, Uniformen, Wolldecken und Ausrüstungsgegenstände aller Art wurden ein Raub der Flammen – geschätzter Wert: eine Million Reichstaler.

Die Stadt zahlte die verlangten 4000 Rubel und blieb verschont. Auch die im Eis festsitzenden Fahrzeuge wurden nicht angezündet, weil sonst die neben ihnen liegenden dänischen und holländischen Kauffahrer mit zerstört worden wären.

Sobald alle Magazine brannten, kehrte die Landungsabteilung an Bord zurück. Die Fregatten hievten die Anker und segelten zur Außenreede. Von hier aus beobachteten die Besatzungen die qualmenden oder noch brennenden Lagerschuppen. Im Laufe der Nacht nahm Cederström Kurs auf Hangö. Dort erwarteten ihn die inzwischen eingetroffenen Fahrzeuge *Husaren* und *Kosacken*. Am Morgen des 19. März vereinigte sich die Einheit und segelte nach Karlskrona. Am 26. März ankerten alle vier Schiffe wieder in der Basis.

Kapitän Cederström wurde zum Major befördert und mit dem „Ritter"-Zeichen zum Schwertorden ausgezeichnet. Die übrigen am Unternehmen direkt beteiligten Offiziere erhielten unterschiedlich hohe Belohnungen – inwieweit man die Leistungen niederer Ränge durch Ehrungen würdigte, ist nicht bekannt …

Wie reagierten die Geschwaderleitung in Reval und das Admiralitätskollegium in St. Petersburg, wie der Kriegsrat und die Kaiserin auf den schwedischen Überfall?

Admiral Tschitschagow befand sich seit dem 20. Februar in St. Petersburg, um vom Kriegsrat den Ukas für die Operationen der Hauptflotte entgegenzunehmen und entsprechende Absprachen im Admiralitätskollegium zu führen. Während seiner Abwesenheit vertrat ihn in Reval Vizeadmiral Mussin-Puschkin, der Generalkriegskommissar der Flotte. Als diesem ein Kurier de Robertis die Lage in Rågervik geschildert hatte, schickte der Vizeadmiral eine 700 Mann starke Infanterieeinheit im Eilmarsch der bedrohten Garnison zu Hilfe. Auf halbem Wege kehrte sie jedoch um, da zuverlässige Nachrichten vom Absegeln der Schweden eingetroffen waren.

Das Admiralitätskollegium wies aufkommende Fragen nach wirksamer Küstenverteidigung durch die Flotte sofort zurück: „Reval ist zugefroren, kein Schiff kann auslaufen.[132] Unser Dilemma ist, Reval als westlichster Hafen kann höchstens zehn Linienschiffe aufnehmen, aus diesem Grund müssen wir während der Wintermonate unsere Ostseeflotte teilen. Haben die in Reval liegenden Einheiten Eisfreiheit, so bleiben die in Kronstadt überwinternden Schiffe noch lange vom Eis eingeschlossen. Es ist nun einmal so, aus klimatischen Gründen können die Schweden stets eher als wir auf See operieren – und daran kann auch das beste Admiralitätskollegium nichts ändern."

Der Kriegsrat forderte Oberst de Roberti auf zu erklären, weshalb er sich nicht verteidigt hätte. Seine Antwort: „Die Schweden haben mich mit der holländischen Flagge arg getäuscht … ich vermochte nichts auszurichten, da die Bastion nur ein Provisorium ist und meine Garnison aus Rekruten besteht, von denen viele krank darniederliegen …" Katharina II. ließ sich durch solche fadenscheinigen Ausflüchte nicht irritieren. Zornig schrieb sie an den Kriegsrat: „Der Lump de Roberti hat schändlich kapituliert. Die Magazine sind in Flammen aufgegangen, alle Kanonen wurden vernagelt, und die Stadt mußte 4000 Rubel zahlen. Ich will wissen, was er rettete. Vielleicht nur sich selbst!"

Mit absoluter Gewißheit hatte Cederströms Unternehmen bei der russischen Kriegsführung dafür gesorgt, daß der schwedischen Flotte jetzt große Aufmerksamkeit zuteil wurde. Da sie nun nachweisbar in der Ostsee operierte, erging an alle Stützpunkte die Order zur beschleunigten Schiffsausrüstung und zu zusätzlichen Schutzmaßnahmen für die Hafenzufahrten – insbesondere für Reval, Fredrikshamn, Viborg, Kronstadt und St. Petersburg. Doch dieses Interesse wollte eigentlich die schwedische Flottenführung vermeiden – die Kehrseite von Cederströms Unternehmen sollte sich bei der bald beginnenden Kampagne negativ auswirken.

Betrachtet man das Unternehmen vom rein militärischen Standpunkt, muß es als unklug eingestuft werden. Die Einnahme von Baltischport hätte nur dann einen Sinn ergeben, wenn von der Festung aus ein größerer Angriff auf Reval mit dem Ziel vorgetragen worden wäre, alle dort ankernden bzw. im Eis eingeschlossenen Kriegsschiffe zu verbrennen. In einem derartigen Fall dürfte solche Operation sogar kriegsentscheidend gewesen sein. Aber ähnliche Gedankengänge gab es in der „Geheimen Kriegskommission" nicht, nicht einmal ansatzweise. Für die Fortsetzung des Krieges hatte auch die Vernichtung der Vorräte keine Bedeutung. Rußland, mit seinen enormen Ressourcen, spürte den Verlust kaum.

All das sahen weder Gustav III. noch sein Beraterstab. Man berauschte sich an Kapitän Cederströms gut geführtem Unternehmen und daran, daß der König innenpolitisch an Ansehen gewonnen hatte – letzteres traf zweifelsohne zu. Erst viel später sah die schwedische Kriegsführung ein, daß das isoliert durchgeführte Unternehmen gegen Baltischport ein strategischer Fehler gewesen war.

Eigentlich wollte Seine Majestät am 23. März Stockholm verlassen und sich nach Finnland zu einer Armee begeben. Der König zögerte die Abfahrt hinaus, um das Resultat von Cederströms Raid zu erfahren. Erst am 28. März legte die Yacht *Amadis* von der Schloßpier ab. Kapitän Johan Georg von Sillén nahm bei günstigem Wind Kurs auf die Ålandinseln. Bereits am Morgen stand die Yacht im Korpoström des Schärenarchipels von Åbo. Eine starke Eisdecke verhinderte jegliches Weiterkommen zur See. Gustav III. ging am 31. März von Bord und reiste auf dem Landweg nach Borgå. Von seinem Hauptquartier aus begab er sich nach St. Michel,[133] traf dort am 10. April Oberst Armfelt. Dessen Brigade hatte kurz zuvor Bereitstellungsräume bei Heinola und St. Michel bezogen. In St. Michel lagen 3000 Soldaten. Der König forderte Armfelt auf, die feindlichen Grenzposten bei Partakoski und Kärnäkoski anzugreifen, anschließend Savitaipale zu besetzen.

Die Attacke erfolgte am 15. April. Armfelts Brigade rückte teils über das Eis des Saimaasees, teils östlich von ihm vor. Angesichts der plötzlich auftauchenden Schweden verließen die russischen Soldaten kampflos ihre Stellungen. Zuerst räumten sie Partakoski, dann Kärnäkoski und schließlich sogar Suomeniemi. Damit war die Front durchbrochen, standen schwedische Truppen nunmehr südwestlich des Saimaasees, nur wenige Kilometer von der Ost-West-Linie Villmanstrand–Walkjala[134] entfernt.

Seine Majestät erteilte Armfelt Order, das eroberte Gebiet auf keinen Fall aufzugeben, und kehrte zufrieden nach Borgå zurück.

Nach einigen Tagen ritt Gustav III. nach Keltis an der Kymmene. Nördlich des Dorfes, bei Pyärila, überschritt er am 28. April mit 4000 Mann den Grenzfluß. Sein Heer erreichte am nächsten Tag Walkjala und jagte mit einem Bajonettangriff Generaloberleutnant Denisow aus dem Flecken. In Walkjala fielen den Schweden bedeutende Mengen an Proviant und Kriegsmaterial in die Hände.

Der König plante, von Walkjala aus mit Unterstützung von Armfelts Brigade ostwärts zu marschieren und die Stadt Villmanstrand zu erobern. Daraus sollte nichts werden, weil Oberst Armfelt seine neuen Stellungen wieder verlassen mußte: In der Nacht zum 30. April wurde bei Kärnäkoski das Regiment von Major Vegesack durch Generalmajor Berkam vom Korps des Prinzen von Anhalt-Bernburg-Schaumburg erfolgreich attackiert. Gleichzeitig griffen die Regimenter des Generalmajors Baikow (ebenfalls Korps des Prinzen) und des Barons Igelström (5000 Mann von Villmanstrand) den Ort Partakoski an. Sie vertrieben die schwedische Einheit.

Kurz darauf ging Oberst Anrep von Puumala aus mit 2500 Mann gegen eine schwedische Stellung bei Pirtimäki vor, die jedoch von Generalmajor von Stedingk mit nur 750 Soldaten gehalten werden konnte. Nicht nur das, von Stedingk schlug den Feind bei einem Gegenangriff sogar in die Flucht.

Bei Anjala beschoß Generaloberleutnant Numsen mehrere Tage lang schwedische Batterien, setzte am 5. Mai unvermutet über die Kymmene und vertrieb Generalleutnant von Platens Heer aus Korhois. Danach zog sich Numsen in seine Ausgangsstellung zurück. Zur selben Zeit marschierte auch Denisow wieder in Walkjala ein.

Dies waren bei den Landstreitkräften die wichtigsten Ereignisse zu Beginn des dritten Feldzuges. Besondere Resultate erzielte keine Seite. Nach so vielen Auseinandersetzungen konnte man bei den Schweden von einer künftigen Überraschungsoffensive wohl nicht mehr sprechen. Einst als Ablenkungsmanöver geplant, fanden die ersten schwedischen Angriffe zu einer Zeit statt, als Kriegs- und Armeeflotte noch nicht im Finnischen Meerbusen operierten. Des Königs übereiltes Handeln kann deshalb als weiterer strategischer Fehler gewertet werden …

Reaktionen auf des Königs Instruktionen

In den ersten Maitagen begann der Landkrieg in Finnland zu stagnieren. Den russischen Befehlshabern waren gemäß kaiserlicher Verteidigungsorder die Hände gebunden, sie durften nicht angreifen. Die Schweden wiederum wollten angreifen, wagten es aber ob des überlegenen Gegners nicht. Beide Seiten warteten auf das Erscheinen ihrer Schäreneinheiten, der Ruder- bzw. der Armeeflotte. Von ihren Erfolgen oder Mißerfolgen hingen alle weiteren Handlungen der Heeresverbände ab.

Oberst Mikael Anckarsvärds Plan sah vor, daß Mitte Mai 1790 die gesamte Armeeflotte einsatzbereit in Sveaborg liegen sollte. Nach dieser Vorgabe wurden auf den Werften die neuen Fahrzeuge gebaut, in den Stützpunkten die Überholungsarbeiten durchgeführt und die Ausrüstung betrieben. Bis auf geringfügige Ausnahmen liefen alle Neubauten zu den vorgesehenen Terminen vom Stapel. Auch bei der Fahrzeugüberholung und -ausrüstung traten keine nennenswerten Schwierigkeiten auf. Als unvorhersehbares Problem erwies sich lediglich das rechtzeitige Eintreffen der einzelnen Geschwader bzw. Abteilungen in Sveaborg. Wegen ungünstiger Witterung und aus anderen Gründen kam es zu erheblichen Verzögerungen. Lediglich Kapitän G. A. Leijonanckar, der im April mit vier Galeeren, acht Kanonenschaluppen und vier Mörserbarkassen Stockholm hinter sich ließ, traf zum vereinbarten Zeitpunkt in der finnischen Hauptbasis ein. Zwei weitere Abteilungen warfen erst am 17. und 18. Mai im Stockholmer Hafen ihre Leinen los (Fahrzeuge aus Stockholm, Gävle, Öregrund und Västervik). Oberstleutnant Törning passierte mit der Göteborg-Divison am 12. April die Festung Marstrand und am 20. April Landskrona. Die Fahrt durch den Öresund und entlang der schwedischen Ostseeküste mußte wegen widriger Winde mehrmals unterbrochen werden. Törning erreichte Ende Mai Sveaborg. Oberstleutnant Karl Olof Cronstedt mit seinem Stralsund-Geschwader (einschließlich „22 Baumjollen", einigen Nachen aus Barth und gemieteten Handelsseglern) überquerte zwar ohne Komplikationen die Ostsee, mußte aber an der schwedischen Küste mehr als einmal wegen Unwetter schützende Buchten oder Häfen aufsuchen. Er segelte an Sveaborg vorbei, dem Gros der Armeeflotte nach. Hinter Fredrikshamn, bei Pitkäpaasi, hinderten im Juni russische Blockadeschiffe seine Weiterfahrt. Anfang Juli meldete sich Cronstedt schließlich beim König.

Bezeichnend sind auch einige Einzelbeispiele: In Stockholm lief am 19. April das nun größte Fahrzeug der Armeeflotte vom Stapel, die Hemmema *Styrbjörn*. Sie wurde unter anderem mit 24 Sechsunddreißigpfündern und zwei Zwölfpfündern armiert. Das nahm Zeit in Anspruch. Am 21. Mai gab Oberstleutnant Viktor von Stedingk endlich die Order zum Segelsetzen. Ihm gelang es, sich noch im Juni des Königs Streitmacht anzuschließen.

Die Hemmema *Starkodder* war am 2. Juni in Västervik fertig ausgerüstet (Stapellauf: 11. April!). Das von Kapitän Johan Herman Schützercrantz geführte Fahrzeug schloß sich

später Cronstedts Flottille an, konnte vor dem 7. Juli nicht seinen Platz in der Kampf-
ordnung einnehmen (zwei Tage vor der zweiten Svensksundschlacht).

Aus Vorstehendem ist ersichtlich: Anfang Mai lagen in Sveaborg nur die von Oberst von
Klerker ausgerüsteten Kampffahrzeuge der Armeeflotte. Trotz mitunter noch vereister See-
abschnitte liefen 80 von ihnen unter Oberstleutnant Georg Kristian de Frèse am 8. Mai aus,
nahmen östlichen Kurs auf Pellinge. Dort schloß sich Kapitän Brummer mit neun Fahrzeugen dem Verband an. Zwei Tage später übernahm König Gustav den Oberbefehl und ernannte de Frèse zu seinem Flaggkapitän.

Eine von Kapitän Arvid Virgin geführte Aufklärungsdivision ging dem Gros voraus.
Am 14. Mai ankerte die wieder vereinte Formation östlich des Svensksundes. Hier erhielt
Seine Majestät Herzog Karls Botschaft vom 11. Mai aus Hangö: „Ich habe vor, mich sofort
der in Reval liegenden Schiffe zu bemächtigen oder sie zu verbrennen.“[135]

Um das folgende Geschehen sowie Herzog Karls und Konteradmiral Nordenskjölds
Verhalten besser einordnen und verstehen zu können, muß rückblendend auf einige schein-
bare Nebensächlichkeiten eingegangen werden:

In Zusammenhang mit Oberadmiral Ehrensvärds Versagen bei den Flottenausrüstungen
1788 und 1789 hatte Generalmajor Toll im Sommer 1789 vorgeschlagen, er wolle die
Verwaltungsangelegenheiten in der Flottenbasis Karlskrona in Ordnung bringen. Gustav
III. leitete Tolls Angebot an die „Geheime Kriegskommission“ weiter. Diese stimmte der
Offerte zu. Aus Prestigegründen reagierte Herzog Karl empört und erklärte schriftlich, wenn
Generalmajor Toll nach Karlskrona kommen sollte, bleibe er keinen Tag länger im Amt.
Seiner Erklärung legte der Flottenoberbefehlshaber ein vorbereitetes Abschiedsgesuch bei.[136]
Die Order an Toll – er hielt sich bereits in Schonen auf und beabsichtigte, nach Karlskrona
weiterzureisen – wurde daraufhin eilends widerrufen.

Ungefähr zwei Monate später erschien Toll als „Königlicher Beauftragter“ in Karlskrona.
Er sollte die bald beginnende Flottenrüstung vorbereiten. Um dem Protest seines Bruders
vorzubeugen, berief Seine Majestät kurz darauf das „Komitee für Flottenrüstung im
Admiralitätsamt“ und Graf Adolf Fredrik Munck zum Vorsitzenden. Da „Seiner Königli-
chen Hoheit Männer Nordenskjöld und af Chapman“ ebenfalls dem Komitee angehörten,
blieb Herzog Karl nichts anderes übrig, als auch „Generalmajor Johan Christopher Toll als
Beisitzer zu akzeptieren“. Insgeheim aber grollte der Großadmiral über den „hinterhältigen
Schachzug“ seines Bruders: Bislang hatte stets der Flottenführer die Verantwortung für die
Ausrüstung seiner Schiffe gehabt. Nun wurde der wichtige ökonomische Bereich ausgerechnet von einem Heeresoffizier realisiert – und das „verdaute die Admiralität nur schlecht“
(siehe auch die Differenzen zwischen Ehrensvärd/Wrangel und dem Komitee).

Anfang März 1790 forderte Gustav III. vom Komitee, es möge sich bezüglich der Aufgaben der Kriegsflotte im Feldzugplan ausführlich äußern, damit „Wir Seiner Königlichen
Hoheit Instruktion ausfertigen können“. Graf Munck sandte am 16. März ein entsprechen-

des Schriftstück mit dem Titel „Untertänigste Aussprache hinsichtlich vorgesehener Flotten-operation" nach Stockholm. Das als „Note" deklarierte Dokument beinhaltete im Prinzip nichts anderes, als daß die Flotte das Vereinigen der feindlichen Geschwader von Kronstadt und Reval zu verhindern beabsichtige. Im letzten Absatz aber schlug Munck eigenartiger-weise vor, der König möge selbst bestimmen, ob die Flotte – falls sie nach einer Schlacht die absolute Seeherrschaft nicht erringen konnte – nach Sveaborg oder nach Karlskrona zu segeln habe. Weiter möge „Seine Majestät durch offene und deutliche Autorität beweisen, daß entsprechend den Gesetzen alle Vergehen ohne Ansehen der Person sofort geahndet, umgekehrt besondere Verdienste unverzüglich belohnt werden".

Dieser „Aussprache" fügte Munck ein „Votum" Nordenskjölds bei. In diplomatischer Form begann der Konteradmiral das vom König in ihn gesetzte Vertrauen hervorzuheben und die eigenen Flottenerfahrungen bescheiden zu erwähnen. Danach bat er um Verständ-nis, daß er sich in diesem Schreiben ehrlich zu einigen Fragen der Flottenpolitik äußern, jedoch keinerlei „Mißtöne aufkommen lassen möchte". Nordenskjöld erinnerte zunächst an die Unterschiede zwischen einem See- und einem Landkrieg, machte auf das unbeding-te selbständige Handeln der Flottenführung gemäß Wetter- und Feindlage aufmerksam. Dann ging der Konteradmiral in Anspielung auf einen Vergleich auf die russischen See-streitkräfte ein: „Die russische ist weitaus stärker bemannt als unsere. Dementsprechend verfügt sie über ein größeres Offizierskorps. Weil jedoch die Russen das Meer nicht beson-ders lieben, dienen auf ihren Schiffen meist ausländische Seeoffiziere, also Berufssoldaten. Ferner dürfen wir bei unseren Überlegungen nie außer acht lassen, daß die Russen den Finnischen Meerbusen weitaus besser kennen als wir – dieses Fahrwasser ist für unsere Flotte ein enges und arges Kampfgebiet. Obwohl der Feind reichlich Männer für die Besat-zung, genügend Materialien für die Fahrzeugausrüstung und sehr große Schiffe hat, ist er uns in einer Sache absolut unterlegen. Er besitzt so viele Kriegssegler, daß er sie als eine Einheit in keinem seiner Ostseehäfen überwintern lassen kann. Darin liegt für uns ein be-deutender Vorteil. Ihn müssen wir nutzen, denn nur eine geteilte feindliche Flotte können wir schlagen, und zwar nacheinander. Ich weiß zwar nicht sehr viel über das russische Fahrwasser und über die feindliche Flotte, doch werde ich das von Seiner Majestät in mich gesetzte Vertrauen zu rechtfertigen wissen und als Flaggkapitän unsere Schiffe führen – solange sie schwimmen und wohin sie auch befohlen werden."

An anderer Stelle bekräftigte Nordenskjöld nochmals: „Wir haben weder die russische Kriegs- noch die Ruderflotte zu fürchten. Wichtig ist lediglich, ihre Geschwader oder Divi-sionen einzeln anzugreifen und zu schlagen. Der Feind wird sich dann kaum zu rühren wagen." Anschließend wies der Schreiber den König auf eventuelle Folgen hin, falls die russischen Geschwader sich vereinigen würden: „In solchem Fall dürfen wir nicht zu tief in den Finnischen Meerbusen hineinsegeln. Seiner Majestät Kriegsschiffe wären dort mit Si-cherheit verloren. Weiterhin erhielte das Reservegeschwader unter Krus volle Bewegungsfreiheit und die Ruderflotte seeseitige Sicherheit. Damit gäbe es für unsere Armeeflotte kaum noch erfolgreiche Operationsmöglichkeiten. Ihr bliebe lediglich die Chance, bei Hangö als starke Sperreinheit dem Feind die Durchfahrt nach Westen zu verwehren. Wir könnten versuchen, Admiral Tschitschagow aus dem Finnischen Meerbusen zu locken. Ob uns das allerdings gelänge, wage ich zu bezweifeln."

Die „Geheime Kriegskommission" erörterte ausgiebig Muncks „Note" und Nordenskjölds „Votum", erarbeitete danach die Instruktion für Herzog Karl. Sie wurde am 22. März von Carl Lagerbring gegengezeichnet und vom König unterschrieben.

Neun Hauptpunkte bilden den Kern des Schriftstückes:

1. Das Komitee in Karlskrona wird dem Herzog rechtzeitig mitteilen, wann die Flotte auslaufbereit ist. Seine Königliche Hoheit hat sich einige Tage vor diesem Termin in der Basis einzufinden und den Flottenbefehl zu übernehmen.

2. Anschließend segelt der Verband auf direktem Kurs zum Finnischen Meerbusen, denn „die Sicherheit des Reiches und des Königs hängen ganz und gar von Unserer Flotten-präsenz in diesem Fahrwasser ab".

3. Als vorrangige Ziele werden das Verhindern der Vereinigung beider russischer Ge-schwader und das Unterbinden von Operationen der Ruderflotte im eigenen Schären-gürtel genannt, weil sonst „die Offensive der Armee gefährdet ist".

4. Die Flotte muß, um die unter Punkt 3 aufgeführten Aufgaben erfüllen zu können, „so weit wie möglich in den Finnischen Meerbusen hineinsegeln und dort in einem See-gebiet kreuzen, von wo eine ständige Kommunikation zur Armeeflotte und zur Basis Sveaborg gewährleistet" ist. Außerdem hat Herzog Karl alles „zum Nachteil des Fein-des zu tun, sobald sich dazu eine Gelegenheit bietet – insbesondere soll er versuchen, die in Viborg stationierte Ruderflotte von Prinz Nassau-Siegen zu verbrennen oder zu zerstören".

5. Vereinigen sich die russischen Geschwader, bevor Herzog Karl den Finnischen Meer-busen erreicht hat, muß er jedem Treffen ausweichen, darf aber das Fahrwasser nicht verlassen. Sobald die Armeeflotte vollzählig in Sveaborg versammelt ist, werden beide Flotten gemeinsam gegen die russische Kriegsflotte ziehen. Glaubt jedoch der Großad-miral, vorher einen Vorteil für sich zu erkennen, hat er sich dem Kampf zu stellen. „Geht Königliche Hoheit nicht als absoluter Sieger aus der Schlacht hervor, habe er Sveaborg zu meiden, da dort, wie die Erfahrung Uns lehrte, die Kräfte leicht einge-schlossen werden können. Einzelne Schiffe darf er allerdings zur Behebung von Ge-fechtsschäden nach Sveaborg detachieren."

6. „Seiner Königlichen Hoheit anerkannter Mut und Tapferkeit, Einsicht und Erfahrung … lassen Seine Majestät mit Sicherheit an den Erfolg des Flottenunternehmens glau-ben … aber Königliche Majestät verlangt dringend und befiehlt ausdrücklich, Seine Königliche Hoheit habe beim Kampf mit der russischen Flotte das Flaggschiff zu ver-

lassen und auf eine Fregatte überzuwechseln, mit der Seine Königliche Hoheit imstande sei, überall dorthin zu gehen, wo seine Gegenwart am meisten benötigt werde."

7. Hinsichtlich neutraler Segler oder Kauffahrern mit Konterbande wird Herzog Karl aufgefordert, nichts vor Erreichen des Finnischen Meerbusens zu veranlassen. Im Zielgebiet jedoch hat er das Fahrwasser als Blockadegebiet zu betrachten und „vorrangig Kauffahrer aufzubringen, die eindeutig Kriegsgüter geladen haben", oder solche, die „Silberbarren, bzw. große Mengen an Gold- und Silbermünzen für den Feind mitführen".

8. „Tapferkeit und außerordentliche Verdienste von Unteroffizieren und Gemeinen" hat Herzog Karl sofort mit der „Königlichen Tapferkeitsmedaille" auszuzeichnen.

9. Die Aufsicht über das eingeschiffte Truppenkontingent obliegt Oberst Lilliehorn, dem Generaladjutanten des Königs. Ihm ist auf dem Flaggschiff eine Kammer zuzuweisen.

Abermals enthielt eine äußerst wichtige Instruktion unkorrekte Formulierungen. Was hieß beispielsweise „so weit wie möglich in den Finnischen Meerbusen hineinsegeln"? Oder: „Das Zerstören von Ruderfahrzeugen in Viborg" konnte nie Aufgabe der Kriegsflotte sein. Deutlich wurde aber, das Vereinigen der russischen Geschwader mußte unbedingt verhindert werden, da „die Sicherheit" des Reiches und des Königs sonst nicht mehr gewährleistet waren. Den ersten Instruktionspunkt muß man vermutlich mehrmals lesen, dürfte ihn dann immer noch nicht begreifen. Es war ein Unding, daß sich Herzog Karl dem Komitee unterzuordnen hatte. Das tat er zwar, doch nur so lange, wie sich sein Bruder in der Hauptstadt aufhielt. Als Gustav III. am 28. März mit der *Amadis* nach Finnland absegelte, erklärte Seine Königliche Hoheit wenige Tage später den Ministern der „Geheimen Kriegskommission", er wolle „nach Karlskrona reisen und mit allen fertig gerüsteten Schiffen Reval anlaufen, dort sämtliche russischen Kriegsschiffe zerstören oder zumindest schwer beschädigen".[137] Im Widerspruch zur Königlichen Instruktion entschied nunmehr die Regierung, „Seine Königliche Hoheit möge sich nach Karlskrona begeben – je eher, desto besser –, weil dort seine Anwesenheit dem Reich von großem Nutzen sei".[138] Zur gleichen Zeit teilte das Komitee der „Geheimen Kriegskommission" mit: „Mitte April sind 15 Linienschiffe und sieben Fregatten auslaufbereit. Der Großadmiral möge jedoch nicht vor dem 18. April in Karlskrona erscheinen."

Ungeachtet aller schmeichelhaften Ausdrücke in der Instruktion für Seine Königliche Hoheit war Gustav III. keineswegs mit ihm als Oberbefehlshaber der Flotte zufrieden. Der König kannte seinen Bruder genau und wußte, wie sich dessen Unentschlossenheit auf die ihm direkt unterstellten Offiziere auswirkte. Deshalb wollte er den Herzog völlig unter der Vormundschaft von Nordenskjöld wissen. Das hieß nichts anderes, als daß der Flaggkapitän beauftragt wurde, seinem unmittelbaren Vorgesetzten Befehle zu erteilen – für unsere Begriffe absolut unfaßbar!

Drei Tage vor seiner Abreise nach Finnland – am 25. März – unterschrieb der König diesen an Konteradmiral Nordenskjöld gerichteten und von Carl Lagerbring gegengezeichneten Brief:

„Unsere Gewogenheit etc, etc. Wir senden zu Euren Händen beiliegend eine Abschrift der Instruktion, die Wir Seiner Königlichen Hoheit, dem Herzog von Södermanland, in seiner Eigenschaft als Befehlshaber Unserer Flotte während der bevorstehenden Kampagne ausfertigen ließen. Die Fähigkeit, alle Manöver und Operationen der Flotte zweckmäßig zu leiten, kommt dem Flaggkapitän Seiner Königlichen Hoheit zu. Es liegt also an Euch, damit alles im Zusammenhang mit Unserer gnädigen Absicht erfolgt. Wir erwarten demnach von Eurer Fähigkeit, Eurem Eifer und Eurer Erfahrung, daß Ihr zum Ausführen Unserer Wünsche umfassend beitragen werdet. Aber sollten entgegen jeglicher Vermutung Unsere Instruktion oder Unsere Order nicht umgesetzt werden, habt Ihr Uns Rede und Antwort zu stehen, und zwar in derselben Art wie die Staatssekretäre beim König von England im Parlament, daselbst sie sich für ihre Arbeit verantworten müssen. Wir empfehlen Euch der Gnade Gottes des Allmächtigen."

Es ist nicht nachzuvollziehen, auf welchem Wege Nordenskjöld diese eigentümliche Order bekam. Vermutlich wurde sie ihm durch Graf Munck zugestellt, nachdem die übrigen Komiteemitglieder den Inhalt erörtert hatten. Darüber begehrte der Konteradmiral eine Erklärung – zunächst mündlich, dann am 10. April schriftlich: „Es ist üblich, daß ein Befehlshaber über die allergnädigste Instruktion aufgeklärt wird, ich deshalb demütig anfrage, inwiefern ich vom Königlichen Komitee erfuhr, was Seine Königliche Majestät in der für mich erteilten allergnädigsten Order bestimmt hat."

Eine zufriedenstellende Antwort dürfte Nordenskjöld nicht erhalten haben, denn am 18. April verfaßte er ein umfangreiches Schreiben an den König. Es enthielt sehr viele Phrasen, die in unseren Ohren eigentümlich klingen. Aber solch Stil war in damaliger Zeit üblich, hatte wenig zu bedeuten. Der tragende Gedanke des Flaggkapitäns war seine Protesthaltung. Allerdings trug er sie in einer Weise vor, die es ratsam erscheinen läßt, das Schriftstück stichpunktartig wiederzugeben.

Eingangs bedankt sich Nordenskjöld für das Vertrauen, das der König in ihn setzt. Das gibt ihm die Kühnheit, sich mit einigen Vorstellungen an Seine Majestät zu wenden, die er warm in sein Herz geschlossen hat, im Interesse des Reiches und des Königs aber die Schuldigkeit hat, dem größten Monarchen Europas zu erklären, wie ein einfacher Seemann fühlt, der zu eigener Zufriedenheit und Sicherheit berechtigt ist, ungeachtet allen Wohlwollens auf die Milde und Gnade Seiner Majestät hoffend.

Danach folgt ein Exkurs seiner Laufbahn, besonders auf die letzten Jahre zugeschnitten: 1788 – einfacher Kommandant eines Linienschiffes im Rang eines Oberstleutnants – wurde er zum Flaggkapitän Seiner Königlichen Hoheit und Großadmiral der Flotte bestellt. Damals lernte Nordenskjöld viel von dem erfahrenen Ersten Admiral, Seiner Exzellenz,

Oberkommandeur und Ritter Graf Wrangel. Gegen Ende der Kampagne von 1788 erhielt er durch das Wohlwollen Seiner Majestät die Ernennung zum Konteradmiral und zum Ordentlichen Flaggkapitän der Flotte.

1789 mußte sich Nordenskjöld in dieser Eigenschaft um das Wohl der Flotte, der Truppen und um die Verwaltung in der Admiralität kümmern – wie ein Generaladjutant. Sämtliche Aufgaben erfüllte er zur vollsten Zufriedenheit Seiner Königlichen Hoheit, die Nation hörte darauf, was er im Zusammenhang mit der Epidemie forderte. Jenes Jahr war besonders hart für ihn, da der Seezug von Anfang an unter einem unglücklichen Stern stand. Nun, im dritten Kriegsjahr, erhielt er abermals den Befehl, als Flaggkapitän des Großadmirals zu wirken. Doch es gehe nicht an, so wie es Seine Majestät wünsche, daß er Seiner Königlichen Hoheit Order erteile. Als Flaggkapitän habe er stets auf einen vertrauensvollen Umgang mit Herzog Karl geachtet. In der Vergangenheit stand bei seinen Handlungen stets das Wohl der Flotte, des Reiches und das des Königs im Vordergrund, wenn es auch die Instruktion anders verlangte. So ist es auch in England mit den Staatssekretären – sie erhalten ihre Weisungen vom Minister oder dem König.

Es folgen erneut sehr viele Phrasen in Zusammenhang mit seinen 30 Jahren Flottendienst für Reich und König. Dabei betont er, daß er weder Furcht noch Schwierigkeiten kenne, stets die Liebe zum Vaterland im Herzen trage und er mithelfen werde, die Königliche Instruktion zu erfüllen. Das jedoch im Rahmen seiner Aufgabe, nicht gegen den Befehl Seiner Königlichen Hoheit handelnd. Er wisse allerdings, Herzog Karl werde ihm künftig in jeglicher Hinsicht vertrauensvoll abermals Fragen stellen, mit ihm jederzeit die entstandene Lage beraten und ihm völlig freie Hand bei der Flottenführung lassen. Und wenn es die Gegebenheiten erlauben, werde er sich voll für den Kerngedanken der Instruktion einsetzen, sofern dies mit seinen seemännischen Erfahrungen in Übereinstimmung zu bringen sei …

Dieses Schreiben war für damalige Zeiten äußerst gewagt. Das konnte nur derjenige so verfassen, der das absolute Wohlwollen Seiner Majestät besaß. Gustav III. beantwortete es nicht, da es ihn erst in Finnland erreichte, als die Flotte bereits in See stand. Indessen war der König scharfsinnig genug, um die Richtigkeit von Nordenskjölds Auffassung zu erkennen. Da er dem Briefschreiber sehr vertraute, ließ er es damit bewenden, zumal ihn die Kampfhandlungen an der Kymmene und die Vorbereitungen in Sveaborg bezüglich des Auslaufens mit der Armeeflotte voll in Anspruch nahmen.

Allerdings hatte des Konteradmirals Schreibeifer auch etwas Gutes: Des Königs Wohlwollen gegenüber dem Flaggkapitän stieg enorm, noch dazu, als die kommenden Ereignisse auf See Nordenskjölds Ansichten bestätigten. Als es vor Kriegsende doch noch zu einem Sieg kam, wurde der Konteradmiral nicht getadelt, sondern belohnte.

Angriffsziel Reval

Herzog Karl traf am 20. April in Karlskrona ein. Er wurde von seinem Adjutanten, dem Kapitän Baron Palmqvist, begleitet. Seine Königliche Hoheit hatte ihn zudem zum „Ober-adjutanten der Flotte" ernannt. Das war ein bislang unbekannter Titel, für den die Admira-lität nunmehr eine spezielle Instruktion erarbeiten mußte. Den Tätigkeitsmerkmalen nach zu urteilen sollte Palmqvist „dem Flaggkapitän zur Hand gehen", ihm bei einem „Gefecht zur Seite stehen" und ihn „im Verhinderungsfall vertreten". Außerdem gehörte zum Auf-gabenbereich des Oberadjutanten, den Großadmiral über „alles, was sich in der Flotte zu-trug", und über sämtliche Anordnungen des Flaggkapitäns zu unterrichten. Palmqvist war demzufolge als Bindeglied zwischen Herzog Karl und dessen Flaggkapitän zu betrachten.

An jenem Tage setzte nachmittags „orkanartiger Sturm mit heftigem Schneegestöber" ein. Das Unwetter hielt vier Tage an, weshalb das begonnene Einschiffen der Truppen bis zum Abend des 25. April unterbrochen werden mußte. Ungeachtet der Witterungsunbilden hatte jedoch am vorangegangenen Tag – von 8 Uhr an – unter Admiral Wrangels Leitung die Flotten-musterung stattgefunden. (Herzog Karl blieb wegen „zu bewegter See" in der Stadt.) Erst in den Vormittagsstunden des 27. April setzte der Großadmiral zur *Konung Gustav III.* über, heißte seine Flagge – Herzog Karl hatte offiziell die Flottenführung übernommen.

Traditionell bestand die Formation wiederum aus drei Geschwadern: Konteradmiral Karl Wilhelm Modée befehligte die Vorhut, deshalb wehte auf der *Konung Adolf Fredrik* die Vizeadmiralsflagge; und Oberst Leijonanckar führte die Nachhut, daher flatterte auf der *Drottning Sofia Magdalena* die Konteradmiralsflagge. Auf den Linienschiffen *Wladislaw*, *Göta Lejon* und *Försiktigheten* waren die Befehlszeichen der Obersten Fust, Hysingskjöld und Fahlstedt gesetzt. [139]

Die auslaufbereite Flotte sollte am nächsten Morgen Anker hieven und Segel setzen. Widriger Wind stand dem entgegen. Am 29. April briste es schwach aus Nord auf. Barkas-sen versuchten die schweren Dreimaster ins freie Fahrwasser zu bugsieren – ein aussichts-loses Unterfangen. Nordenskjöld nahm von weiteren Manövern Abstand, wartete den näch-sten Tag ab. Seine Hoffnung auf bessere Segelbedingungen erfüllte sich. Bei leichtem Ost-wind blieb die Reede bald achteraus. Nach der üblichen Zeremonie bei der Festung Kungsholmen und dem gegenüberliegenden Kastell Drottningskär detachierte der Flaggkapitän die Fregatten *Camilla*, *Jarramas* und *Ulla Fersen* sowie den Schoner *Kosacken* und den Kutter *Hök* unter Major Cederström nach Hangö. Das Vorauskommando erreichte sein Ziel am 4. Mai, wartete dort auf den Verband. Dieser kam nicht so zügig voran. Am 4. Mai passierte er die Südspitze Gotlands und drei Tage darauf Dagö. Am 8. Mai wurde ein aus Reval kommender Kauffahrer gestoppt. Der aus Lübeck stammende Schiffer berichtete, er hätte den Winter über in Reval gelegen, sei erst am Tag zuvor abgesegelt. Im Anprebericht Nordenskjölds heißt es dazu: „Aufgefordert, die Wahrheit zu sagen und dafür eine Belohnur g zu erhalten, wußte der Schiffer das sofort zu schätzen. Dieser versicherte, er sei kein Russe, sondern ein guter Deutscher. Bei Verlust seines Kopfes beteuerte der Lübecker, in Reval lägen acht Linienschiffe, vier Fregatten, sechs Kutter, zwei Brander und zwölf neugebaute Kanonenschaluppen.[140] Die äußere Hafenbatterie mit neun Achtzehnpfündern hätte eine schwache Besatzung, dagegen das innere Kastell mit seinen 17 Kanonen eine verhältnismäßig starke … Außer drei englischen Kapitänen und einigen deutschen Offizieren gäbe es lediglich russische Offziere. Letztere seien meist betrunken. Sie gingen zwischen 16 und 17 Uhr gemeinschaftlich an Land und kehrten zwischen 22 und 23 Uhr grölend an Bord zurück. Nach Meinung des Schiffers wäre ein Angriff in den frühen Morgenstunden durchaus erfolgversprechend."

Kaum daß der Kauffahrer seine Reise fortgesetzt hatte, hielten zwei Segler auf Herzog Karls Streitmacht zu. Es handelte sich um die Fregatten *Zemire* und *Thetis*. Sie waren noch vom Komitee mit einem Erkundungsauftrag in das Seegebiet zwischen Gotland und Dagerort entsandt worden. Danach ereignete sich nichts Nennenswertes mehr – am 9. Mai stand der Verband in Höhe von Utö (Ålandinseln), und am Morgen des 11. Mai ankerte er bei Cederströms Vorauskommando auf der Reede von Hangö. Die schwedische Flotte zählte nunmehr 21 Linienschiffe, elf Fregatten und zehn Hilfsfahrzeuge (siehe Tabelle 20).[141] Hier erhielt Herzog Karl den bereits erwähnten Brief seines Bruders, den er postwendend beantwortete. Für 8.15 Uhr bat der Großadmiral alle Befehlshaber auf das Flaggschiff.

Nach Erläuterung der allgemeinen Lage ordnete Herzog Karl an: „Auf allen Schiffen ist bis Dämmerungsbeginn an den Geschützen zu exerzieren, ohne aber Übungsschüsse abzufeuern … Oberstleutnant Rosensvärd hat mit der *Manligheten* vor Reede zu kreuzen, die ankernde Flotte zu sichern … Morgen, bei Tagesanbruch, segeln wir nach Reval, greifen die dort liegenden Schiffe des Admirals Tschitschagow an und vernichten sie …"

Der Großadmiral ging dann etwas näher auf den Gegner ein. Den vorliegenden Meldungen unterschiedlicher Herkunft nach zu urteilen, dürfte er die Schiffskommandanten über Art und Anzahl der russischen Fahrzeuge recht genau informiert haben. Ebenfalls darüber, daß deren Besatzungen nicht komplett gewesen waren. In einer Hinsicht allerdings unterschätzte Herzog Karl völlig die Situation in Reval: Er vertraute dem Wahrheitsgehalt solcher Nachrichten wie „die subalternen Offiziere seien untauglich für den Borddienst, da es ihnen an notwendiger Überzeugung und Courage mangele", oder „Militär und Einwohner hätten große Furcht vor einem schwedischen Landeunternehmen, ähnlich dem von Baltischport", und glaubte, nur auf schwache Gegenwehr zu stoßen.

Nach den Ausführungen Seiner Königlichen Hoheit erläuterte Konteradmiral Nordenskjöld seinen Angriffsplan. Dieser basierte auf der Vermutung, alle feindlichen Kriegsschiffe würden einigermaßen formiert nahe der Stadt in der Bucht ankern. Der Grundgedanke war, in Schlachtreihe in die Bucht hineinzusegeln und den nächstgelegenen Flügel des russischen Geschwaders zu attackieren. Sobald die ersten drei Linienschiffe den

Kampf eröffnet hätten, sollten die nächstfolgenden drei den Feind zu umsegeln versuchen – so könnten jeweils zwei oder drei Schiffe ein feindliches umzingeln und entern. Alle nachfolgenden Linienschiffe müßten genauso handeln.

Die Fregatten *Camilla*, *Thetis* und *Fröja* dagegen hätten parallel zur Angriffsspitze vorzupreschen und einzeln ankernde Segler zu überwältigen. Die Fregatten *Eurydice*, *Galathée* und *Zemire* wiederum hätten sich bei der Zufahrt zum Stadthafen zu postieren und die zum Kampf anluvenden Linienschiffe zu decken. Die Fregatten *Gripen* und *Uppland* schließlich sollten eventuell bei Nargö stehende Wachschiffe angreifen und danach auf Karlö Truppen anlanden, die dort errichtete Batterie zerstören.

In Zusammenhang mit dem engen Fahrwasser behandelte Nordenskjöld recht ausführlich das Verhalten bei möglichem Auflaufen. So hatten alle Linienschiffkommandanten zwei oder drei Beiboote klar zu halten, damit mit ihnen Warpanker ausgelegt werden, auf Grund gelaufene Kriegssegler allein flottkommen konnten. Außerdem wies der Konteradmiral kleineren Fahrzeugen Positionen an den gefährlichen Untiefen zu. Dort sollten sie in Bedrängnis geratenen Schiffen helfen: *Hök* und *Falk* südlich der Untiefe Middelgrund, *Esplendian* am östlichen Ende der Untiefe Littegrund, *Disa* und *Kosacken* südlich der Riffe von Nargö. Auch die in Luv der Schlachtlinie operierenden Fregatten *Jarislawitsch*, *Jarramas* und *Ulla Fersen* (Hauptaufgaben: Wiederholen von Signalen und Überbringen von Befehlen) standen bei dringenden Anlässen für das Bugsieren zur Verfügung.

Letztlich machte Nordenskjöld auf verschiedene Details seines Angriffsplanes aufmerksam, unter anderem:

1. Kampf auf Musketenschußweite mit konkaven Kugeln, Feuern nur bei sicherem Ziel – in solchem Fall eine gelbe Flagge heißen.
2. Benutzt der Feind glühende Kugeln, muß derjenige, der es zuerst bemerkt, dies am Kreuztopp mit „blauer Fahne und goldenem Kreuz" signalisieren.
3. Kann sich ein Linienschiff vorteilhaft an des Gegners Flanke postieren, hat es dort zu ankern. (Dementsprechend sollten noch am 11. Mai die Ankertrossen auf halbe Länge verkürzt und sogenannte „Kabelleinen" durch die Ankerringe gezogen und befestigt werden – wurde auch gemäß Logbucheintragung von Oberstleutnant Puke [*Dristigheten*] getan).
4. Linienschiffe, die nicht beim Feind ankern, haben nach dem Abfeuern ihrer Breitseite sofort auszuweichen und sich neu zu formieren.

Herzog Karl entließ gegen 10 Uhr seine Befehlshaber, gab ihnen zum Abschied die Losung für den folgenden Tag bekannt: „Herr! Laß uns siegen!"

12. Mai: Die schwedische Flotte steuerte am frühen Morgen bei leichtem Ostwind von Hangös Reede nach Süden. In Höhe von Rågervik geriet sie in eine Flaute. Kurz vor Mittag kam günstiger Westwind auf. Gegen 14 Uhr stand die Streitmacht westlich von Nargö – mit

direkter Peilung Nordspitze der Insel zum „Langen Hermann" der Zitadelle, dem Wahrzeichen von Reval. („Der Lange Hermann" war der höchste Turm der Schloßfestung, heute Toompea.) Für einen Angriff herrschten ideale Witterungsbedingungen.[142] Doch nichts geschah. Offensichtlich kam es zu einer Auseinandersetzung zwischen Herzog Karl und seinem Flaggkapitän hinsichtlich des Königs Order zum Überwechseln auf eine Fregatte. Des Großadmirals Sekretär – Magister Mathias Sundevall – schrieb später in diesem Zusammenhang: „Konteradmiral Nordenskjöld sagte Seiner Königlichen Hoheit, daß wir am Nachmittag auf die *Ulla Fersen* gehen werden. Der Herzog jedoch wies das Ansinnen zurück und betonte, er bleibe auf dem Flaggschiff."

Für Nordenskjöld muß es deprimierend gewesen sein, als er sah, wie sein sorgfältig ausgearbeiteter Operationsplan hinfällig wurde. Um 16.45 Uhr ließ Herzog Karl nämlich signalisieren: „Flottenführer gibt bekannt, daß er erst morgen bei Tagesanbruch den Feind mit geballter Kraft angreifen wird!"

Magister Sundevall bemerkte in seinen Aufzeichnungen dazu: „Wäre Königliche Hoheit nur nicht so unentschlossen gewesen und rechtzeitig in die Revaler Bucht hineingesegelt – am Nachmittag oder am Abend –, die dort liegenden 15 russischen Kriegsschiffe hätten keinen einzigen Schuß abgeben können. Kampflos wären sie in unsere Hände gefallen, da sich weder Pulver noch genügend Männer an Bord befanden. Zu diesem Zeitpunkt hatten die Russen noch nicht einmal die Fahrwassermarkierungen entfernt (Stangen bei den Untiefen; d. A.). Bei der sternklaren Nacht hätten wir uns zudem gut orientieren und in der Bucht sicher navigieren können – das alles war eine Chance für unsere Flotte, eine Chance, die Nordenskjöld erkannte, aber Seine Königliche Hoheit nicht nutzte …"

Traf Sundevalls Einschätzung zu? Seine Niederschrift stammte zwar aus der Nachkriegszeit, doch schien er trotzdem nur Halbwahrheiten gekannt zu haben, ließ sich wohl mehr vom Wunschdenken leiten.

Wie verhielt es sich nun tatsächlich in Reval? Admiral Tschitschagow kehrte am 20. April aus St. Petersburg zurück. Er hatte Order, das Überholen und Ausrüsten der Schiffe zu beschleunigen und den Hafen vor schwedischen Landeoperationen zu sichern. Bis zu diesem Zeitpunkt war sein Stellvertreter durchaus nicht untätig gewesen. Nach Eisfreiheit der Reede (27. März) hatte er zunächst eine Fregatte zum Wachdienst nach Nargö ausgesandt (28. März), dann die Fregatten und Kutter vom Stadthafen zur Reede verlegt (30. März) und Kapitän Tet mit einer Fregatte und zwei Kuttern zur Aufklärungsfahrt detachiert. Die üblichen Überholungsarbeiten waren nach dem Überfall auf Baltischport erheblich forciert worden. (Verantwortlicher Hafenkommandant: Konteradmiral Martin Petrowitsch van Dessen.) Bei Tschitschagows Ankunft in Reval lagen alle zehn Linienschiffe im Stadthafen, wurde bereits mit ihrer Ausrüstung begonnen. Am 27. April verholte man sie zur Reede. Dort wurden die Linienschiffe weiter ausgerüstet. Acht Tage später machte ein neutraler Kauffahrer im Stadthafen fest (5. Mai). Der Schiffer berichtete, er habe die schwedische

Flotte bei Öland ostwärts segeln sehen. Das war die erste Nachricht, die Tschitschagow über die feindliche Flotte erhielt. Es sollten indessen nur sechs Tage vergehen, als ihn weitere drei Meldungen dieser Art erreichten: Zwei kamen von den Wachposten bei Wyschgorod und Alai-Torn,[143] die letzte von Kapitän Tet. Nun stand eindeutig fest, die Schweden befanden sich mit 29 Dreimastern und mehreren kleineren Fahrzeugen im Finnischen Meerbusen.

Admiral Tschitschagow schickte unverzüglich einen Kurier nach St. Petersburg. Er überbrachte Katharina II. folgendes Schreiben: „Kapitän Tet befehligt eine Aufklärungsabteilung und meldet mir soeben, daß sich die schwedische Flotte mit 29 großen und einigen kleineren Schiffen dem Finnischen Meerbusen genähert hat. Ich vermute einen Angriff auf den hier liegenden Flottenteil Eurer Kaiserlichen Majestät. Der Feind ist bedeutend stärker als mein Geschwader. Ich werde deshalb nicht in See gehen, sondern die Schweden ankernd erwarten. Mein Beschluß ist, in der Bucht alle zehn Linienschiffe und die Fregatte *Venus* in einer von Nordost nach Südwest verlaufenden Linie aufzustellen. Die übrigen Fregatten, Kutter und Bombenketschen werden auf Lücke hinter dieser Linie plaziert. Auf der einen Flanke haben wir dann die Untiefen, auf der anderen die Strandbatterie. Den mir anvertrauten Flottenteil werde ich so formieren, daß die Hafenbatterie bei Notwendigkeit in den Kampf eingreifen, nicht aber Eurer Majestät Schiffe gefährden kann. In Anbetracht meiner geringen Stärke beabsichtige ich gemäß dem Seereglement zu befehlen, auf meinem Flaggschiff die Vizeadmiralsflagge, auf dem Schiff des Vizeadmirals Mussin-Puschkin die Konteradmiralsflagge und auf dem Schiff des Konteradmirals Chanykow die Standarte zu heißen."

Sobald der Kurier Tschitschagow verlassen hatte, befahl der Admiral sein Offizierskorps zu sich, hielt Kriegsrat ab. Kapitän Tets Meldung war in aller Munde, mußte nicht wiederholt werden. Der Flottenführer gab daher einleitend den Inhalt seines Schreibens an die Kaiserin bekannt und erntete breite Zustimmung. Danach wurden Einzelheiten beraten:

Tschitschagow ging von dem Grundgedanken der Verteidigung des Stadthafens aus. Gemeinsam mit den Festungsbatterien wollte er dem Angreifer einen gebührenden Empfang bereiten. Die Schweden besaßen zwei Möglichkeiten, um bis zum Stadthafen vorzudringen. Erstens durch den westlichen Zulauf, also zwischen Nargö und dem Middelgrund. Allerdings war diese Fahrrinne relativ schmal. Für den Angriff käme sie wohl kaum in Betracht, da es für einen größeren Verband keine guten Wende- bzw. Ausweichmöglichkeiten gab. Zweitens durch den nördlichen Hauptzulauf. Er ist leicht zu besegeln, da sich selbst große Fahrzeuge bis auf eine Seemeile dem Südstrand nähern können. Es gibt zwar einige Untiefen, die jedoch einem kundigen Seemann keine Schwierigkeiten bereiten dürften. Vermutlich würden die Angreifer dieses zwei bis drei Seemeilen breite Fahrwasser vorziehen und sich östlich der Linie Novajagrund (Nya Middelgrund), Littegrund und Karlö halten. Solche Überlegungen veranlaßten Tschitschagow zu dem Entschluß, die Bucht nahe der Stadt mit seinen Schiffen abzuriegeln und die Hafenzufahrt zu verteidigen.

Das erste Linienschiff, die *Mstislaw* unter Kapitän 1. Ranges Denisow, sollte etwa zwei

Werst nördlich der äußeren Hafenbatterie ankern. Alle anderen für die Hauptschlachtlinie vorgesehenen Schiffe stets mit einem Zwischenraum von einer Kabellänge (etwa 185 m) nach Nordosten in der Reihenfolge *Venus*, *Swjataja Jelena*, *Istjaslaw*, *Jaroslaw*, *Rostislaw*, *Pobedonosez*, *Boleslaw*, *Saratow* und *Prochor*. Das zuletzt genannte Linienschiff hatte seinen Platz dicht an der Ostküste beim Berg Vims, nahe dem Kloster „St. Birgitta".[144] Die Gefechtsposition der *Kir Johann* war zwischen der *Mstislaw* und der Hafenbatterie vorgesehen (insgesamt also eine rund 3000 Meter lange Sperre – der an den Flanken beginnende Flachwasserbereich mit einer maximalen Tiefe von sechs Metern war für Linienschiffe nicht besegelbar).

Die Fregatten in der zweiten Linie sollten zwei Kabellängen hinter der ersten wie folgt ankern: *Prjamislaw* in der Lücke zwischen *Swjataja Jelena* und *Istjaslaw*, *Podrashislaw* in der Lücke zwischen *Istjaslaw* und *Jaroslaw*, *Slawa* in der Lücke zwischen *Jaroslaw* und *Rostislaw*, *Nadeshda Blagopolutija* in der Lücke zwischen *Rostislaw* und *Pobedonosez*. Am Anfang dieser Linie hatte die Bombenketsch *Pobeditel*, am Ende die Bombenketsch *Straschny* ihren Platz. In der dritten Linie, ebenfalls zwei Kabellängen von den Fregatten und nicht sehr weit vom Südstrand entfernt, hatten sich von der Zufahrt des Stadthafens bis zur Mündung des Flüßchens Pirita jogi sieben Kutter zu postieren.

Die genannten Fahrzeuge befanden sich bereits auf Reede, ausgenommen *Pobeditel* und *Straschny*. Die Bombenketschen lagen noch zum Ausrüsten im Stadthafen. Weiterhin waren dort eine Brigg, vier armierte Transporter und die zwölf neugebauten Boote der Ruderflotte (davon zehn Kanonenschaluppen) vertäut – ihr Einsatz bei einem schwedischen Angriff stand nicht zur Diskussion, lediglich die Kanonenschaluppen sollten notfalls aus dem Hafentor agieren. Von den auf Reede ankernden Schiffen galten einige bereits als „komplett ausgerüstet und bemannt". Tschitschagow detachierte deshalb sofort *Kir Johann*, *Podrashislaw*, *Nadeshda Blagopolutija* und den Kutter *Wolchow* als Vorposten zur Insel Wulf. Den Befehl über das Kommando übertrug er Kapitän Tet. Damit waren die weiteren Ausrüstungsarbeiten auf Reede genügend gesichert.

Die geballte Feuerkraft seiner vorderen Verteidigungslinie (zehn Linienschiffe und die Fregatte *Venus*) macht Tschitschagows Bemerkung vom gebührenden Empfang des Angreifers verständlich:

48	Sechsunddreißigpfünder,
104	Dreißigpfünder,
120	Vierundzwanzigpfünder,
300	Achtzehn- oder Zwölfpfünder,
240	Acht-, Sechs- oder Dreipfünder und
60	Karronaden.

Die Gesamtzahl 872 muß jedoch halbiert werden, da man bei dieser Art Verteidigungsstellung mit den Geschützen nur einer Bordseite schießen würde. Beim Angreifer verhielt es sich zwar ebenso, sofern er an der russischen Schlachtlinie vorbeisegelt, doch seine Schiffe müssen einzeln, eines nach dem anderen und in zweckmäßigem Abstand kämpfen.

Tschitschagows Vorteile waren außerdem:

1. Ankernde Schiffe krängen kaum unter starkem Winddruck. Die Geschütze auf dem unteren Batteriedeck konnten demnach auch dann feuern, wenn das bei dem segelnden Fahrzeug schon nicht mehr möglich war.

2. Auf den Schiffen wurden höchstens drei Viertel der Mannschaft benötigt, da seemännische Manöver entfielen (die Verteidiger brauchten insbesondere Kanoniere, Feuerlöschtrupps und zur Abwehr von Enterversuchen Seesoldaten).

3. Wegen des „einseitigen" Artilleneinsatzes gab es genügend Reserven – ein zerstörtes Geschütz konnte umgehend durch das gegenüberstehende ersetzt werden. Obendrein stand für jede Bedienungsmannschaft eine zweite bereit. Ein derartiger Umtausch bzw. eine solche Konzentration von Kanonieren war bei einem segelnden Kampffahrzeug im Gefecht nur im Einzelfall möglich.

4. Weil die ankernden Schiffe keine Segel zu setzen brauchten, würden sich logischerweise in der Takelage die Gefechtsschäden in Grenzen halten.

Noch am späten Abend des 11. Mai ordnete Admiral Tschitschagow an, sofort Vorbereitungen zu treffen, damit am kommenden Morgen das Verholen der Schiffe in Linie erfolgen könnte (Antertaue kürzen, Springtaue verlängern, Reserveanker und Beiboote klarmachen). Bei Morgengrauen begannen die eigentlichen Verholarbeiten. Alle verfügbaren Seeleute und Soldaten wurden dazu herangezogen. Kurz vor Mittag erhielt Tschitschagow Mitteilung, die schwedische Seestreitmacht läge bei Rågervik. Kurz darauf traf eine weitere Meldung von der Zitadelle bei ihm ein: „Feind zwischen Suurupi und Nargö gesichtet!"[145] Nun glaubte die Geschwaderführung, die Schweden würden wider Erwarten doch durch den westlichen Zulauf angreifen. Träfe dies zu, wären des Admirals Verteidigungsmaßnahmen wirkungslos, könnten lediglich die Hafenbatterien und einige wenige Kriegssegler den Feind aufzuhalten versuchen. Wie aber staunte Tschitschagows Stab, als ein Bote mit der Nachricht kam: „Die Schweden steuern nicht auf die Stadt zu, sondern ziehen nordwärts, halten auf Nargö zu!"

Zu diesem Zeitpunkt lagen die Schiffe der vorderen Linie auf ihren vorbestimmten Plätzen. Jetzt erst gelangten die noch fehlenden Pulvervorräte – etwa 60 Prozent – an Bord. Und ab Nachmittag war für die unerfahrenen Geschützmannschaften intensives Exerzieren angewiesen worden – es dauerte die ganze Nacht. Während die Kanoniere an ihren Geschützen „schwitzten", formierten sich die zweite und dritte Linie. Dies ging bei den kleineren Fahrzeugen verhältnismäßig schnell. Die Positionen für Tets Vorpostenkommando wurden „freigehalten". Am Morgen des 13. Mai war das Geschwader verteidigungsbereit – ausgenommen die beiden Bombenketschen (siehe Tabelle 21).

Admiral Tschitschagows Sieg

13. Mai,	Christi Himmelfahrt vor Reval:
2.00 Uhr:	Im Küstenbereich aufkommender Nebel, schwacher Westwind.
3.00 Uhr:	Kapitän Tet vernahm aus Richtung der schwedischen Formation Geräusche, die einen baldigen Aufbruch vermuten ließen. Er gab seinen Posten bei der Insel Wulf auf und segelte zum Geschwader zurück. Alle vier Fahrzeuge reihten sich wie vorgesehen gegen 5 Uhr in die drei Linien ein.
3.45 Uhr:	Auf der *Konung Gustav III.* wehte das Flaggensignal „Flotte klarmachen zum Angriff!"

Bis zu diesem Zeitpunkt befand sich Herzog Karls Einheit noch nordwestlich von Nargö, waren gerade erst die Segel gesetzt worden. Aus unerklärlichen Gründen hielt der Flottenstab trotz veränderter Feindlage am alten Operationsplan fest. Lediglich *Manligheten*, *Thetis* und *Zemire* sollten nicht mehr an der Attacke teilnehmen. Oberstleutnant Rosensvärd hatte Order erhalten, mit den drei Seglern zwischen Hangö und Reval zu kreuzen, das mögliche Annähern des Kronstadt-Geschwaders rechtzeitig zu melden.

4.15 Uhr:	Oberstleutnant Puke, der mit *Dristigheten* an der Verbandsspitze lag, signalisierte, vom Masttopp seien acht feindliche Linienschiffe am Ende der Revaler Bucht auszumachen.
4.20 Uhr:	Signal vom Flaggschiff: „Klar Schiff zum Gefecht!"
4.25 Uhr:	Signal vom Flaggschiff: „Alle Linienschiffe zum Ankern vorbereiten!"[146]

Zunächst hatten die schwedischen Schiffe den Wind dwars von Backbord. Querab von Nargös Nordspitze änderten sie ihren Kurs nach Süden, auf Reval zu. Mit zum Teil gerefftem Tuch hielten sie – über Backbordbug segelnd – auf die westliche Flanke der russischen Linie zu. Nunmehr gab es für Tschitschagow keine Zweifel mehr über die Absicht des Feindes. Er befahl: „Östliche Springtaue anziehen!" Seine Fahrzeuge richteten sich nunmehr in Längslinie aus – ihr Bug zeigte nach Südwesten, die Steuerbordgeschütze drohend zur Seeseite.

5.30 Uhr:	*Dristigheten* näherte sich – ständig lotend – dem Novajagrund. Bei zehn Faden (etwa 19 Meter) Wassertiefe hielt Oberstleutnant Puke etwas mehr östlich, passierte ohne Grundberührung die Untiefe. Fast in seinem Kielwasser folgte die *Tapperheten*. Sie lief auf, kam nicht wieder flott (Marsfallen gefiert, Segel geborgen, Hilfsfahrzeuge unternahmen Bugsierversuche). Die Angriffsformation geriet leicht durcheinander, soweit es die ersten Schiffe betraf.

6.45 Uhr:	*Dristigheten* befand sich genau östlich von Nargös Nordspitze.
7.00 Uhr:	*Konung Gustav III.* drehte bei. Herzog Karl und sein Stab setzen auf die *Ulla Fersen* über. Als einziger Stabsoffizier blieb Leutnant Gustav af Klint auf dem Flaggschiff zurück. Er sollte die auf *Ulla Fersen* gegebenen Signale für die Flotte wiederholen. Die kleine Fregatte segelte nun achteraus in Lee der *Konung Gustav III.*
8.30 Uhr:	Die schwedische Verbandsspitze hielt auf Karlö zu. Signal von der *Rostislav*: „Admiral befiehlt Essen- und Kaffeeausgabe für die Mannschaft!"
9.00 Uhr:	Bei Karlös Nordspitze fiel *Dristigheten* auf die russische Linie ab: Steuerbordhalse, über Backbordbug segelnd auf *Istjaslaw* zuhaltend. Signal von *Rostislaw*: „Auf Kampf vorbereiten!"
10.00 Uhr:	*Istjaslaw* gab zwei Probeschüsse auf *Dristigheten* ab. *Pobeditel* nahm ihren Platz in der Linie ein, reffte die Segel. *Straschny* trieb hinter die Kutterlinie, geriet in die Flachwasserzone. Sie ankerte dort, um nicht zu stranden.
10.30 Uhr:	*Dristigheten* hatte sich auf Musketenschußweite der russischen Linie genähert, änderte nun ihren Kurs. Auf Steuerbordbug liegend feuerte sie je eine halbe Breitseite auf *Istjaslaw* und *Jaroslaw*. Da das Schiff sehr krängte, gingen seine Kugeln entweder zwei Kabellängen vor dem Ziel oder bei den Fregatten ins Wasser. Anschließend jagte Pukes Fahrzeug an einigen feindlichen Fahrzeugen vorbei, ehe es in Höhe der *Boleslaw* nordwärts steuern konnte. Beim Vorbeisegeln war die *Dristigheten* dem Kugelhagel ausgesetzt. Logbucheintragung Pukes: „Drei Verwundete, eine Kanonenlafette geborsten, eine Fockwant abgeschoren, laufendes Gut zerstört, mehrere Einschußlöcher in den Segeln, fünf Kugeln an der Steuerbordseite im Rumpf."
Bis	Der Wind nahm stark zu und wühlte die See auf.
11.00 Uhr:	Die nächsten drei Kriegssegler – *Riksens Ständer*, *Camilla* und *Dygden* – segelten in größerer Entfernung an der russischen Linie entlang, kamen deshalb fast unbehelligt davon. Bei der *Riksens Ständer* schlugen zwar einige Kugeln in die Bordwand, richteten auch in der Takelage leichte Schäden an, doch Tote oder Verwundete gab es nicht. Aber die schwedischen Kugeln verfehlten alle das Ziel.
11.00 Uhr:	*Konung Adolf Fredrik* hielt direkt auf die *Venus* zu. Konteradmiral Modée ließ die Marsfallen fieren, verringerte dadurch Geschwindigkeit und Krängungswinkel des Schiffes. Seine Salven sorgten bei drei Fahrzeugen für geringe Schäden in den Takelagen und an den Rümpfen. Im Gegenzug mußte er eine volle Breitseite der großkalibrigen Geschütze des unteren Batteriedecks hinnehmen. Logbucheintragung: „17 Tote, 28 Verwundete,

abgeschossene Rahen." Nur mit Besansegel sowie dem wenigen unteren Tuch des Groß- und Vormastes brachte Modée sein Schiff mühevoll auf Nordkurs.

Bis
12.00 Uhr: Es folgten *Fröja, Göta Lejon, Eurydice, Äran, Prins Fredrik Adolf, Fäderneslandet, Hedvig Elisabeth Charlotta* und *Wladislaw*. Mit Ausnahme der *Hedvig Elisabeth Charlotta* handelten die Schiffskommandanten nicht nach Modées Vorbild. Sie segelten rasch und stark krängend im großen Abstand zur russischen Verteidigungslinie, dabei erhielten sie Gefechtsschäden im Takelwerk. Ihre eigenen Schüsse gingen ins Leere.

12.00 Uhr: Oberst Fahlstedt mit der *Försiktigheten* kam dicht an die feindliche Linie heran. Allerdings nahm er kein Tuch weg. Sein Schiff krängte sehr stark in dem Augenblick, als die Geschützführer feuern ließen. Das Ergebnis waren belanglose Treffer! *Försiktigheten* entkam mit zerfetztem Marssegel und abgeschossener Kreuzbramstenge. Fahlstedts Logbucheintragung: „15 Tote, 14 Verwundete. Mehrere Rauchvergiftete durch russische Kartätschen, als die Besatzung ein Segelmanöver ausführte." Der *Försiktigheten* folgte dichtauf die *Konung Gustav III*. Wie es dem Flaggschiff erging, schilderte später der junge Stabsleutnant af Klint: „Gegen 12 Uhr zur Mittagszeit hatten wir die befohlene Distanz zur russischen Linie erreicht und segelten vor dem Wind an der feindlichen Front vorbei. Durch das schwere Wetter machten wir schnelle Fahrt. Dabei wurden Tauwerk und Taljen der Ruderanlage zerschossen. Auch die Fockbrassen kamen unklar: Im Großmars starb ein Mann durch einen Schuß. Er fiel zwar in Lee der Fockbrassen herab, aber ein Zipfel seiner Kleidung verfing sich in den Brassen und blockierte einen Block. Ein Umbrassen war dadurch nicht möglich. Wir versuchten nun, die zum Bugspriet führenden Konterbrassen zu lösen. Das mißlang, da eine Kanonenkugel sieben Mann von der Arbeitsgruppe tötete. Jetzt lief das Schiff aus dem Ruder und hielt wegen der Stellung unserer Vormarssegel auf den Feind zu. Infolge der Pulverschwaden bemerkten wir das jedoch nicht. Plötzlich befanden wir uns etwa 40 Meter neben einem Dreidecker (*Rostislaw*; d. A.). Wir krängten so, daß die untere Batterie unterhalb der Wasserlinie kam. Unter Deck befehligte Major Jusléen. Ihm war es zu danken, daß das Schiff nicht kenterte – er ließ geistesgegenwärtig die Stückpforten schnell schließen. Unter dem Dauerbeschuß fielen sehr viele Rundhölzer auf Deck. In dieser gefahrvollen Situation passierte zu allem Unglück, daß der Schiffskommandant keine Befehle mehr erteilte. Herbfallendes Tauwerk hatte sein Gesicht getroffen, ihm die Lippen aufgerissen. Ich befahl einen Kadetten auf die Hütte, um die Sigrale von der *Ulla Fersen* zu beobachten und zu wiederholen. Dann stieg ich zum Halbdeck hinunter, um meinem Vater zu helfen. Ich hatte ihn gerade aufgerichtet, als vom Großmast ein erschossener Matrose auf ihn niederstürzte. Sein Blut besudelte den Schiffskommandanten. Zu diesem Zeitpunkt herrschte große Unordnung, die Männer waren hilflos, zeigten offen ihren Schrecken. Auf dem Oberdeck lag überall Tauwerk und Holz herum. Dazwischen Segeltuch. Von allen Unterwanten des Großmastes waren nur noch drei heil, Stengenpardunen sowie etliche Stengenwanten fehlten. Die Großstenge ragte wie ein gespannter Bogen über, sie konnte jederzeit ins Meer fallen. Weil des Großadmirals Flagge am Großtopp wehte, hatten die Russen besonders auf sie gezielt. Dabei fand auch eine Kugel ihren Weg zum angeschlagenen Bramsegel. Während wir uns bemühten, die Großmarsbrassen zu halten, um der Stenge einen Halt zu geben, traf eine Kugel die Brasse und zerfetzte sie. Schließlich konnte das Segel doch noch niedergeholt werden – das verlangte großen Mut, zumal der Wind recht kräftig blies … Insgesamt beklagten wir 15 Tote und sieben Schwerverwundete.“

Anmerkungen dazu aus Tschitschagows Bericht: *Rostislaw* deckte das schwedische Flaggschiff mit mehreren Breitseiten ein, bestrich ununterbrochen sein Oberdeck mit Kartätschen. Bevor die *Konung Gustav III.* abdrehen konnte, erhielt sie noch einige Treffer von der *Pobedonosez* und der *Boleslaw*.

12.15 Uhr: *Lovisa Ulrika* passierte in relativ weiter Entfernung die russische Linie. Beim Schußwechsel verbuchte keine Seite Erfolge.

12.30 Uhr: *Prins Karl* und *Drottning Sofia Magdalena* steuerten einen sehr nahen Kurs zur Verteidigungslinie. Sie krängten allerdings so stark, daß die unteren Stückpforten geschlossen bleiben mußten. Nur die Geschütze des oberen Batteriedecks feuerten, erzielten unbedeutende Treffer. Die Russen kämpften besser. Von der *Prins Karl* schossen sie die Vor- und Großstenge ab – sie fielen ins Meer. Auch die Untersegel widerstanden dem Kugelhagel nicht. Nach zehn Minuten Kampf mußte das manövrierunfähige Schiff ankern und die Flagge streichen. Admiral Tschitschagow befahl: „Fregatte *Podrashislaw* Anker hieven, *Prins Karl* hinter die Linie schleppen.“ Sobald die Fregatte ihren Anker frei hatte, trieb sie jedoch ins Flachwasser und lief auf. Indessen schlugen auf der *Drottning Sofia Magdalena* mehrere russische Kugeln ein – unter anderem zerstörten sie ihre Vorstenge und etliche Rahen. Sie entfloh dem Inferno, indem sie mit der Fock in Luv der ankernden *Prins Karl* gelangte. Dort kam sie einigermaßen segelklar und drehte danach mit Nordkurs ab. Logbucheintragung: „7 Tote und 25 Verwundete." Als sich das nächste Schiff – *Ömheten* – näherte, signalisierte Nordenskjöld von der *Ulla Fersen*: „Kampf einstellen!" Daraufhin wendeten die nachfolgenden Kriegssegler *Rättvisan*, *Vasa* und *Enigheten*. Auch die außerhalb der Linie beigedreht liegenden kleineren Fahrzeuge steuerten befehlsgemäß nordwärts.

Zwei Stunden dauerte die Schlacht. Noch vor Abbruch der Kampfhandlungen ereignete sich ein weiteres Unglück: Die mit beschädigter Takelage von der russischen Linie kommende *Riksens Ständer* lief um 11.45 Uhr bei der Insel Wulf auf ein Riff. 15 Minuten später signalisierte sie: „Leck und andere Schäden groß. Es besteht kaum Hoffnung, das Schiff noch zu retten!" Verzweifelt versuchte die Besatzung, das Leck zu dichten. Vergebens, der auf den Felsen sitzende Rumpf war über einige Meter aufgesprungen. Man barg an Vorräten und Schiffsausrüstung, was möglich war, und steckte am Abend den Segler in Brand. Gegen 4 Uhr (14. Mai) erreichten die Flammen eine Pulverkammer – die *Riksens Ständer* gab es nicht mehr …

Nordenskjöld teilte den übrigen Schiffen die Männer der *Riksens Ständer* zu und schickte ihren Kommandanten nach Sveaborg. Major Castanie sollte dort die *Fredrik Rex* übernehmen.

Alle unbeschädigten Fahrzeuge halfen der *Tapperheten*. 42 schwere Geschützrohre mußten über Bord in die See geworfen werden, ehe der Havarist am Nachmittag des 14. Mai flottkam. Am nächsten Tag wurde *Tapperheten* neu armiert. Einige Schiffe gaben ein Geschütz, andere zwei ab.

Die beschädigten Kriegssegler sammelten sich beim Novajagrund. Trotz schweren Wetters wurden bis zum 15. Mai alle Gefechtsschäden behoben – in die Werft brauchte kein Fahrzeug. Die Besatzungen hatten Außerordentliches geleistet …

Nach der Schlacht kreuzten russische Aufklärungskutter auf Reede, sie beobachteten das Bemühen der schwedischen Seeleute um *Tapperheten* und *Riksens Ständer*. Inzwischen beseitigte man auch auf Tschitschagows Schiffen die Spuren des Kampfes – das dauerte nicht sehr lange.

Wie sahen die Verluste auf beiden Seiten aus?

Russische Streitmacht:

8	Tote,
27	Schwerverwundete, darunter Kapitänleutnant Bartenew – ein Stabsoffizier.

35	Mann Gesamtausfall

Schwedische Streitmacht:

64	Tote, davon 5 Unteroffiziere,
77	Schwerverwundete, davon 3 Offiziere und 10 Unteroffiziere

141	Mann
523	Mann in Gefangenschaft

664	Mann Gesamtausfall

Außerdem:

1	Linienschiff Flagge gestrichen,
1	Linienschiff aufgelaufen und zerstört,
42	Geschütze in die See geworfen.

Der Sieger des Treffens von Reval hieß also eindeutig Admiral Wassili Jakowlewitsch Tschitschagow. Vier Abschlußbemerkungen in Zusammenhang mit der Seeschlacht:

1. Der schwedische Angriff hätte bereits abgebrochen werden müssen, nachdem d e ersten Schiffe den Feind passierten. Zu diesem Zeitpunkt wußte die Flottenführung definitiv, daß wegen des heftigen Windes die Segler stark krängten und deshalb kein wirkungsvoller Artillerieeinsatz möglich war.

2. Die schwedische Flotte stand nicht unter Zeitdruck. Ein Großteil des russischen Geschwaders war nicht segelklar. Konzentrierte Aktionen gegen die Batterie und die großen Linienschiffe bei besserem Wetter, günstigerem Schußwinkel und mit eingesetzten Brandern hätten garantiert zum gewünschten Erfolg geführt.

3. Die dem Schlachtbericht Admiral Tschitschagows beigefügte zeichnerische Darstellung – sie wurde während des Treffens von einem Stabsoffizier angefertigt – entspricht nicht völlig den Tatsachen. Eintragungen in 20 russischen Logbüchern beweisen, daß alle Fahrzeuge mit der Steuerbordseite zum Feind verankert lagen (die Gefechtsskizze diente späteren Künstlern als Vorlage für Schlachtgemälde, auf denen russische Linienschiffe mit feuernden Backbordbatterien zu erkennen sind).

4. Nach dem Eintreffen von Tschitschagows Brief vom 11. Mai in St. Petersburg vermerkte Katharinas Sekretär Chaprowizki in seinem Tagebuch am 14. Mai: „Die schwedische Orlogflotte nähert sich den auf Revals Reede ankernden zehn Linienschiffen Tschitschagows. Die Kaiserin kann kaum schlafen, Graf Besborodko ist in Tränen aufgelöst ..." Diese Zeilen bilden den Schluß einer kurzen Abhandlung über die allgemeine Lage zum Beginn des Kriegsjahres 1790: In Finnland werden russische Truppen geschlagen, Baltischport fällt für einige Stunden in schwedische Hände, in St. Petersburg macht sich Unruhe breit.

Vor Fredrikshamn

Wer Hamina (Fredrikshamn) von See aus ansteuert, passiert etwa drei Seemeilen vor dem Ziel die Insel Vahä (Lilla Svärtan). Südöstlich vorgelagert das kleine Eiland Musta. Nördlich von Vahä – ungefähr eine halbe Seemeile entfernt – beginnt die recht flache Bucht von Fredrikshamn. Ihr westliches Küstengebiet heißt Hilloniemi, ihr östliches Vilniemi. Hier am Einlauf ist die schmalste Stelle. Seinerzeit erhielten die beiden Landzungen die Bezeichnungen Kap Wiranow (Hillnäs udde) und Kap Surnos (Villnäs udde). Beim Kap Surnos befand sich früher die „alte Werft". Südlich von ihr, vor der Küste Vilniemis, gibt es einige Schären (Hylksaar/Sjäholmen).

Die Zufahrt ließ sich damals ausgezeichnet verteidigen – mit auf Vahä, Vilniemi und Hilloniemi angelegten Batterien und zwischen den beiden Kaps postierten Kampffahrzeugen. Obendrein beherrschten die Festungsgeschütze von Fredrikshamn völlig den nördlichen Buchtabschnitt. Fredrikshamn hatte für Rußland nicht nur als westlichste Festung, sondern auch als vorgeschobener Stützpunkt der Ruderflotte große strategische Bedeutung. Festungskommandant war 1790 Generalmajor Rautenfeld, sein Stellvertreter Oberst von Eck. Die Abteilung der Ruderflotte wurde von einem außerordentlich fähigen Offizier befehligt, von dem 54jährigen Kapitän 1. Ranges Pjotr Borisowitsch Slisow. Seine Einheit bestand aus 44 Kampffahrzeugen: Turuma *Sällan Värre*, Halbprahme *Bars* und *Leopard*, Galeere *Dnepr*, 25 Halbgaleeren (davon 15 vom Typ „Kaik") und 15 Kanonenbooten. Außerdem überwinterten fünf Transporter in der Basis. Gemäß Admiralitätsorder sollten zudem die beiden Werften auf Vilniemi 40 Kanonenschaluppen nach schwedischem Vorbild bauen.

Wegen der geringen Wassertiefe lagen *Sällan Värre* (Kapitänleutnant Klokatschew), *Bars* (Leutnant Platon Gamalja) und *Leopard* während der Winterperiode nicht direkt in Fredrikshamn, sondern auf ausdrücklichen Befehl von Prinz Nassau-Siegen als Wachschiffe nahe der Insel Vahä in den Buchten von Vilniemi und Hilloniemi.

Nach dem schwedischen Überraschungsangriff auf Baltischport sicherte auch Slisow die Buchtzufahrt. Er ließ auf beiden Kaps je eine starke Batterie errichten, auf Vahä Wälle für eine weitere vorbereiten und an einigen Punkten der Westküste Vilniemis Feldgeschütze in Stellung bringen.

Das Überholen, Ausrüsten, Bemannen und Bauen der Fahrzeuge bereitete Slisow erhebliche Schwierigkeiten. Die vorhandenen Holzvorräte reichten kaum für die Ausbesserungsarbeiten. Erst im Dezember erhielten die Werften das Holz für die Neubauten. So kam es, daß die „alten" Fahrzeuge zwar Anfang Mai überholt waren, aber noch 21 Neubauten auf Stapel lagen.

Beim Ausrüsten machte sich vor allem der Mangel an Munition (insbesondere großkalibrige Kugeln), Proviant und Schiffszubehör aller Art bemerkbar. Auch standen für die neuen Kanonenschaluppen keine Geschütze bereit (diese Fahrzeuge wurden provisorisch armiert).

Und wie sah es mit den Besatzungen aus? Als Sollstärke galt (Stand vom 12. Mai 1790, als die Reede eisfrei wurde):

1	Galeere (240 Mann)	=	240	Mann
34	Kanonenboote (je 60 bis 70 Mann)	=	2590	Mann
25	Halbgaleeren (je 60 Mann)	=	1500	Mann
2	Halbprahme und 1 Turuma	=	700	Mann
		=	5030	Mann

Iststärke:

Offiziere, Stab, Ordonnanzen usw.	=	38	Mann
Unteroffiziere, Geschützführer, Matrosen	=	1408	Mann
Ruderer (aus Armen- und Arbeitshäusern)	=	749	Mann
		2195	Mann

Das mit etwa 2500 Soldaten vorgesehene Truppenkontingent war noch nicht in Fredrikshamn eingetroffen.[147] Sobald sich die angekündigten Truppenteile einschiffen würden, wollte Slisow mit den 63 Kampffahrzeugen zum Sammelpunkt „Svensksund" vorrücken – die noch nicht fertiggestellten 21 Kanonenschaluppen sollten nach und nach folgen. Soweit das Vorhaben. Doch es kam anders …

Für den 14. Mai hatte Slisow normalen Borddienst angeordnet. Vor dem Auslaufen galt es noch so manchen Handgriff zu verrichten. Gegen 16 Uhr kam von der *Bars* Unterleutnant zur See Jaminski und meldete: „Aus westlicher Richtung nähern sich 30 feindliche Kriegsfahrzeuge. Sie haben bereits Korgesari passiert!" Diese Nachricht traf Slisow „wie ein Blitz aus heiterem Himmel". Niemand hatte vermutet, daß die schwedische Armeeflotte ausgelaufen sei. Nun begannen sich die Ereignisse zu überstürzen.

Kurz entschlossen schickte Kapitän Slisow einen Boten zum Landamtmann (Kapitän Klejgils), damit dieser „für Stadt und Festung" das Erforderliche veranlassen konnte. Gleichzeitig sollte er Klejgils berichten, daß alle im Hafen liegenden Kampffahrzeuge zwischen Kap Wiranow und Kap Surnos postiert würden, um „dem Feind die Zufahrt nach Fredrikshamn zu verwehren".

Gegen 17 Uhr legten die ersten Halbgaleeren und Kanonenboote ab. Bei heftigem Gegenwind kamen die Fahrzeuge nur mühsam voran, die Männer an den Riemen waren bald so erschöpft, daß mehrmals Matrosen einspringen mußten. Slisow beeilte sich zunächst deshalb so sehr, weil er die „draußen postierten drei größeren Segler dem Feind nicht kampflos" zu überlassen gedachte.

Ungefähr eine Stunde später lagen die meisten Boote bei starkem Seegang nahe der beiden Kaps. Doch als der Wind etwas nachließ, wurde auch die See entsprechend ruhiger.

Während man im Stadthafen die letzten Kampffahrzeuge seeklar machte und Arbeiter die fünf Transporter mit Pulver und Kanonenkugeln beluden, Slisow die Turuma und die beiden Halbprahme von ihren Wachposten abzog und zum Gros befahl, trafen in jenen

Stunden in Fredrikshamn weitere bedrohliche Meldungen über die schwedische Schären-einheit ein.

Kapitän Klejgils sah sich nun veranlaßt, eine Depesche nach Viborg zum Oberbefehls-haber Saltykow zu senden: „Gerkepaus, der estnische Meiereibesitzer von Gejnlaks (Pyttisgebiet) schickte mir Nachricht, gegen Mittag des heutigen Tages wären zwei schwe-dische Fregatten in Begleitung von 40 kleineren Fahrzeuge zum Svensksund gesegelt … unsere Stadtposten beobachteten zehn bis zwölf Werst westlich von hier fremde Schiffe … auch Kapitän Slisow meldete 30 feindliche Fahrzeuge, die Korgesari passiert hatten …"

Noch in der Nacht schrieb Saltykow an Graf Besborodko: „Seit gestern ist die Reede eisfrei, und schon zeigt sich der Feind bei Fredrikshamn."

Aus den verschiedenen Meldungen konnte Slisow entnehmen, daß die schwedische Formation in zwei Abteilungen vorrückte – mit insgesamt mehr als 70 Fahrzeugen. Diese Erkenntnis wurde gegen 22 Uhr gewonnen. Die russische Verteidigungslinie war mit 63 Fahrzeugen in einer Breite von über 1500 Metern gerade formiert worden: Die drei größe-ren Segler lagen mit der Breitseite, alle übrigen Fahrzeuge mit dem Bug zum Feind – jeweils etwa 15 bis 25 Meter voneinander entfernt. Die Freiräume an den Flanken beherrsch-ten die beiden Kapbatterien. Keine 400 Meter hinter der Linie ankerten auseinandergezogen fünf Transporter, denn die Kanonenschaluppen mußten bei einem längeren Gefecht ständig mit Pulver und Kanonenkugeln versorgt werden.

Slisows Standarte wehte auf der *Lowkaja* – einer Halbgaleere vom Typ „Kaik", die im Zentrum ihren Platz hatte. Um 23 Uhr befahl der Abteilungskommandeur alle Fahrzeug-führer zu sich. Slisow erläuterte ihnen die Lage, insbesondere seine Verteidigungsstrategie. Er stieß auf einhellige Zustimmung, daß ein Verweilen des Geschwaders im Schutz der Festungsmauern „uns nicht zur Ehre gereiche. In der Festung sind vor allem Kranke und Alte. sollen sie uns schützen? Wenn wir siegen, sind uns Ruhm und Auszeichnung gewiß. Müssen wir aber dem Gegner weichen, dann erst nach dem letzten Schuß."

Abschließend machte Slisow noch auf einen bedeutenden Umstand aufmerksam: „Falls jemand den Kampf einstellen muß, hat seine Besatzung zum Ufer oder zum nächstgelege-nen Boot zu schwimmen. Das eigene Fahrzeug darf nicht in Linienposition gesprengt oder angezündet werden, sondern ist zuvor nicht weniger als 20 Meter in Lee zu bugsieren, um eigene Boote nicht zu gefährden."

Gegen 2 Uhr erkundete Slisow in einer Schaluppe das vor ihm liegende Gewässer. Weit brauchte er nicht zu pullen, nur eine knappe Seemeile. Dunkelheit und Sprühregen verhin-derten sein Entdecktwerden, als er sich bis auf etwa 100 Meter dem Feind genähert hatte und vorsichtig entlang seiner Linie driftete. Die schwedische Angriffsformation bestand offensichtlich aus einer dichten, tiefgestaffelten Fahrzeugkette, die von Hylksaar bis Musta und von Vahä bis Hilloniemi reichte – es gab keinen Zweifel, Fredrikshamn war seeseitig total blockiert.

Slisows Einschätzung stimmte. Ursprünglich hatte König Gustav beabsichtigt, noch am 14. Mai ohne Feindaufklärung anzugreifen. Dem widersprachen seine Berater. Sie wiesen zudem auf den heftigen Südwestwind hin: „Wir können sehr schnell zur Leeküste treiben, in Legerwall geraten – das wäre äußerst riskant!" Daraufhin rückte der Verband lediglich bis etwa eine Seemeile südlich von Lilla Svärtan vor. Das geschah kurz vor Mitternacht. Zu jenem Zeitpunkt stieß Kapitän Leijonanckars Flottille zum Verband. Seine Fahrzeuge wurden je nach Typ den einzelnen Divisionen zugeteilt. Die vier Mörserbarkassen bekamen einen zusätzlichen Platz, rechts der Galeerendivision.

Gegen 2 Uhr befahl Flaggkapitän de Frèse, bis Lilla Svärtan vorzugehen und sich zum Angriff zu formieren. Innerhalb der nächsten halben Stunde wurde die Order ausgeführt. Diese Ausgangsstellung erkundete Slisow (siehe Tabelle 22).

Der russische Geschwaderführer blieb auf der Schaluppe, suchte mit ihr Boot für Boot in der Linie auf und gab alle gewonnenen Erkenntnisse weiter. Sein Befehl zur Feuereröffnung lautete: „Feind auf Kartätschenschußweite herankommen lassen!" Da es in der Einheit an Offizieren mangelte, wollte er auch während des bevorstehenden Kampfes mit dem kleinen Fahrzeug „überall dort sein, wo Hilfe nötig war".

Indessen bewegte sich die schwedische Formation vorwärts. Ihr rechter Flügel kam dem Feind zuerst am nächsten. Auch Seine Majestät hielt sich dort auf, in Lee der Kanonenschaluppen. Gegen 4 Uhr begannen die Kanonen zu sprechen. Pulverschwaden zogen über das Wasser, hüllten die Bucht ein. Kurzzeitig pausierten die schwedischen Ruderer, da der Gegner nicht zu sehen war. Der Angriffsschwung litt nicht darunter. Bald zogen die Fahrzeuge wieder ihre Bahn, im Takt der Riemen – Schlag auf Schlag. An der Küste von Vilniemi stationierte Feldgeschütze beteiligten sich unversehens an der Kanonade, behinderten erheblich den Vormarsch des rechten Flügels. Gustav III. gab Order, Truppen anzulanden und die Batterie zu zerstören. Sobald man das vollbracht hatte, stellte sich den leichten Fahrzeugen kein Hindernis mehr entgegen.

Gegen 6 Uhr begann Slisows rechter Flügel zurückzuweichen – er drohte abgeschnitten zu werden. Nun machte sich auf russischer Seite das Fehlen von Munition bemerkbar. Um 7 Uhr befahl der Geschwaderführer den allgemeinen Rückzug, unter ständigem Abfeuern von blinden Schüssen (nur Pulverladungen). Die Rauchschwaden ermöglichten es, sich einigermaßen geordnet abzusetzen. Die schwedischen Kanoniere konnten nicht mehr zielen, die Trefferquote war gering. Jetzt schwiegen auch die Geschütze Seiner Majestät – die Uhr zeigte den Beginn der achten Stunde an.

Wegen ihres Tiefganges mußte Slisow die drei größeren Fahrzeuge zurücklassen. Die Mannschaften von *Bars* und *Leopard* setzten auf eigene Kanonenschaluppen über. Nur die beiden Kommandanten blieben an Bord. Sie gingen „mit erhobenem Haupt in Gefangenschaft, hatten ihre Pflicht nicht verletzt und ihr gegebenes Offiziersehrenwort – „Ich bleibe bis zur letzten Minute auf meinem Schiff" – nicht gebrochen. Bei *Sällan Värre* sah es dagegen anders aus – hier ergab sich die komplette Besatzung, niemand wollte in Unehren von Bord gehen …

Flaggkapitän de Frèse signalisierte beiden Flügeln: „Feind verfolgen, Fahrzeuge aufbringen!" Die wendigen Kanonenschaluppen und -jollen bedrängten bis 9 Uhr den fliehenden Gegner, schickten noch einige von ihren Mannschaften verlassene Boote als Prise nach achtern.

Major Hjelmstierna und Oberstleutnant Dankwardt hielten sich mit ihren Divisionen außer Reichweite der Festungskanonen auf. Deren Feuer war zwar nur schwach und unregelmäßig, doch wozu unnötiges Risiko eingehen – der Rest von Slisows Abteilung lag bereits relativ sicher im Festungsbereich.

Gustav III. zog aus der Art des Abwehrfeuers den richtigen Schluß, die Garnison sei unterbesetzt. Er sandte seinen Generaladjutanten Oberstleutnant Carl-Axel von Morian als Parlamentär nach Fredrikshamn. Des Königs Offerte: Garantierter Abzug aller Truppen unter Waffen, bei kampfloser Übergabe der Festung!

Jetzt beherrschte die schwedische Formation den südlichen Gewässerabschnitt der Bucht. Auf den Fahrzeugen beseitigten die Besatzungen Gefechtsschäden. Für die Männer an den Riemen bedeutete dies eine wohlverdiente Ruhepause. Ab und zu feuerte auf Vilniemi eine Feldbatterie. Obwohl sie keine Treffer erzielte, wurde das Schießen als störend empfunden. Ein Landekommando brachte sie zum Verstummen. Bei dieser Gelegenheit ging auch ein Stapel Schiffshölzer in Flammen auf.

Gegen 11 Uhr kehrte der Parlamentär zurück. Er berichtete von seiner Mission: Oberst von Eck, der amtierende Festungskommandant, habe um eine Stunde Bedenkzeit gebeten. Als „untergeordneter Offizier" wolle er „von Generaloberleutnant Numsen erst die Zustimmung zur Kapitulation einholen".[148]

Die gewährte Frist verstrich. Keine Reaktion. Stillschweigend verlängerte König Gustav das Ultimatum um eine weitere Stunde. Als um 13 Uhr noch immer keine Nachricht aus der Festung vorlag, befahl er erneut anzugreifen.

Eine Kavallerieabteilung vom Nyland-Regiment landete auf Vilniemi, eine andere vom Königlichen Leibregiment auf Hilloniemi. Im Zusammenwirken mit den Kanonenschaluppen wurden russische Stellungen, auf Stapel liegende Kriegsboote und Lagerschuppen zerstört. Gustav III. ging ebenfalls an Land. Von einer Anhöhe auf Vilniemi aus beobachtete er das Geschehen. Indessen hatte Slisow alle noch schwimmfähigen Fahrzeuge in den Stadthafen gebracht und mit seinen Kanonieren die Garnison verstärkt. Das Geschützfeuer war diesmal stärker und konzentrierter als am Morgen. Es verhinderte das Vordringen der Schweden zum Stadthafen. Um 15.30 Uhr befahl der König, den Kampf abzubrechen. Nach Einschiffen der Landeabteilungen zog sich die Formation nach Lilla Svärtan zurück. Hier sprengte man die noch nicht fertiggestellte Anlage einer Batterie. Das war an diesem Tag die letzte Aktion auf feindlichem Terrain.[149]

Am Morgen des 16. Mai ordnete Flaggkapitän de Frèse an, wegen heranziehenden Sturmtiefs den Svensksund anzusteuern und bei Korgesari eine Division (je acht Kanonenschaluppen und -jollen) als Vorposten zu stationieren.

Wie aus der Übersicht erkennbar, war das Treffen zugunsten Schwedens ausgegangen:

Kapitän Slisows Geschwader:

65	Mann gefallen, davon 3 Offiziere
27	Mann schwerverwundet
188	Mann leichtverwundet (noch einsatzfähig)
etwa 158	Mann gefangengenommen, davon
	8 Fahrzeugkommandanten
10	auf Stapel liegende Kanonenschaluppen verbrannt
6	Halbgaleeren oder Kanonenboote durch Beschuß zerstört
1	Kanonenboot erobert
6	Kanonenschaluppen erobert[150]
1	Turuma erobert
2	Halbprahme erobert
3	Transporter verbrannt

Schwedische Formation:

30	Mann gefallen, davon 1 Offizier
30	Mann verwundet[151]
1	Kanonenjolle beim Abfeuern
	des Geschützes geborsten

König Gustav zeigte sich über den Ausgang der „Affäre von Fredrikshamn" äußerst zufrieden. Spontan beförderte er seinen Flaggkapitän de Frèse zum Oberst und ernannte ihn zum „Ritter mit Großkreuz des Schwertordens". Gleichzeitig verkündete Seine Majestät vor dem Offizierskorps, „er gedenke eine Medaille in Gold und Silber zu stiften". Diese Auszeichnung sollten Offiziere und Unteroffiziere erhalten, sofern sie aktiv an dem Unternehmen teilgenommen hatten.[152]

Hatte Gustav III. mit der Armeeflotte tatsächlich sein erstes Ziel gemäß Kriegsplan erreicht? Formal betrachtet wäre das zu bejahen, denn unbestritten ist sein Sieg über Slisow. Von den 63 Kampffahrzeugen büßte der russische Kapitän 16, von den fünf Transportern drei und von den 21 auf Stapel liegenden Kanonenschaluppen zehn ein. Die Fredrikshamner Abteilung der Ruderflotte war demzufolge stark dezimiert und für einige Zeit nur bedingt einsatzbereit, zumal auf etlichen Fahrzeugen Gefechtsschäden behoben, fehlende Geschütze und Munition herangeschafft werden mußten.

Es gibt jedoch ein „Aber"! Sollte nicht die Küstenarmee parallel zur Schäreneinheit nach Osten vorrücken, die Festung Fredrikshamn miterobern? Lag es nicht in des Königs Absicht, sofort nach der Vernichtung von Slisows Abteilung bis Viborg vorzustoßen? Was würde passieren, wenn der König weiter ostwärts vordringt, ihn Slisows wieder kampffähig gemachtes Restgeschwader verfolgt?

Mit diesen Fragen hatten sich vermutlich auch des Königs Berater befaßt, denn der „Vormarsch" des schwedischen Schärenverbandes wurde gestoppt.

Und wie schätzte der russische Generalstab Slisows Verhalten ein? Zunächst einmal, er und viele seiner Offiziere erhielten Auszeichnungen. Allerdings wurden sie „in aller Stille" verliehen, denn zu damaliger Zeit feierte man nur Siege (auch jene, die erst durch diplomatisch formulierte Berichte zu solchen gemacht worden waren), nicht aber heldenmütige Abwehrkämpfe. Es bestehen jedoch keine Zweifel darüber, daß Graf Saltykow Slisows energisches Vorgehen nicht zu würdigen wußte. Denn „hätte der mutige Kapitän mit seinen Fahrzeugen nicht die Zufahrt zur Festung blockiert und den Gegner aufgehalten, wären Stadt und Festung in schwedische Hände gefallen, gäbe es dort einen starken feindlichen Brückenkopf, käme die Front im Kymmene-Gebiet unweigerlich ins Wanken …"

Weiter nach Osten

Nach der „Affäre von Fredrikshamn" ankerte das Gros der Armeeflotte im Svensksund – gesichert von der bei Korgesari liegenden Vorpostenabteilung. Jetzt erst erfuhr König Gustav das Resultat der Schlacht von Reval. Spontan beschloß Seine Majestät, unverzüglich noch einen entscheidenden Landsieg zu erringen. Im Mündungsgebiet der Kymmene sollte der Heeresverband von Generaloberleutnant Schulz eingekesselt und zur Übergabe gezwungen, dadurch der Operationsraum des russischen Küstenkorps eingeschränkt und die Ausgangsstellung eigener Truppen für eine künftige Offensive verbessert werden: „Nach dieser Aktion steht kein feindlicher Soldat mehr westlich der Kymmene auf schwedischem Boden!"

Da das Unternehmen nur im engen Zusammenwirken mit dem Heer erfolgreich verlaufen konnte, brach ein Kurier mit entsprechendem Befehl zu General Meijerfeldt auf. In der königlichen Order hieß es unter anderem: „In den Buchten von Summa und Kupis gehen Wir mit Truppen an Land (bei Kornis/Tavastile, bei Suttula und bei Kupis-Broby; d. A.) und marschieren unabhängig voneinander bis Högfors vor." Meijerfeldts Regimenter dagegen hatten bei Abborfors vorzurücken und am 18. Mai auf die Einheiten der Armeeflotte zu stoßen. Der Verband von Generaloberleutnant Schulz wäre dann von vier Seiten eingeschlossen, müßte kapitulieren. Soweit König Gustavs Überraschungsplan. Doch ließ er sich realisieren? Wohl kaum, denn nach dem Angriff auf Fredrikshamn hatte die russische Armeeführung feindliche Landeoperationen vorausgesehen und im Küstenbereich ihre Kräfte umgruppiert. So geriet beispielsweise die schwedische Landeabteilung in der Bucht von Summa unter heftiges Artilleriefeuer, als sie sich am Morgen des 17. Mai ausschiffen wollte. Ähnliches spielte sich etwa 24 Stunden später bei Kupis-Broby ab. Trotzdem rückten Gustavs Einheiten vor. Sie trafen aber bei den vorgesehenen Punkten nicht auf General Meijerfeldts Regimenter und mußten unverrichteter Dinge den Rückzug antreten.[153]

In Zusammenhang mit den schwedischen Truppenanlandungen dürften die Meinungen dreier ranghoher russischer Offiziere von Interesse sein.

Generaloberleutnant Numsen hatte sich bei Graf Saltykow beklagt, daß weder er noch Generaloberleutnant Denisow dem schwedischen Druck standhalten könnten, falls der Feind jetzt seine Offensive starten würde. Denisow drückte es in seinem Brief vom 18. Mai an den Oberbefehlshaber noch drastischer aus: „Heute, gegen 18 Uhr, hörten wir Kanonendonner im Pyttisgebiet. Wieder werden wir unnötige Opfer zu beklagen haben. Damit bestätigen sich meine Bedenken, weshalb ich den Abmarsch der für die Ruderflotte bestimmten vier Bataillone hinauszögerte. Unsere Verteidigungsposition ist ausgesprochen schlecht, wir müssen an zu vielen Stellen mit dem plötzlichen Auftauchen des Feindes rechnen – aber können wir überall sein?"

Und Generalmajor Buksgewden vertraute am 19. Mai seinem Tagebuch an: „Gestern gab es an der Mündung der Kymmene einen blutigen Zusammenstoß mit schwedischen Landungstruppen. Wir haben zwar große Verluste erlitten, doch den weit überlegenen Feind zum Ausweichen gezwungen."

Noch ehe sich der Mißerfolg des gegen Generaloberleutnant Schulz gerichteten Unternehmens in aller Deutlichkeit abgezeichnet hatte, schrieb Gustav III. am 18. Mai seinem Bruder: „In den nächsten Tagen werden Wir mit der Armeeflotte nach Viborg gehen. Die Kriegsflotte erhält daher Order, ihre Position vor Reval aufzugeben und nach Seskär zu segeln, um die Schwesterflotte seeseitig zu decken." Von Seskär aus sollte Herzog Karl gegen das Kronstädter Geschwader aufklärend wirken und bei Peterhof einen günstigen Strandabschnitt für das Anlanden von Truppen aussuchen, denn „der Marsch nach St. Petersburg wird bald beginnen."

Vor seinem Aufbruch nach Viborg hatte König Gustav noch eine wichtige Aufgabe zu erfüllen. Noch immer verfügte Slisow in Fredrikshamn über eine beträchtliche Anzahl von Kampffahrzeugen. Sie galt es schnellstens zu vernichten. Was dem Gros der Armeeflotte eine Woche zuvor nicht gelang – den unvorbereiteten Gegner völlig zu schlagen –, das übertrug Seine Majestät nun dem 33jährigen Kapitän Arvid Virgin. Dieser kannte die örtlicher Verhältnisse recht gut. Zudem hatte er als Parlamentär einen Brief der acht gefangengenommenen russischen Offiziere zu Oberst von Eck gebracht und sich bei dieser Gelegenheit dort aufmerksam umgeschaut. Dieser Fakt dürfte mit ausschlaggebend für seine Wahl als Expeditionsleiter gewesen sein. Ihm unterstanden zehn Kanonenjollen, sieben Mörserbarkassen, acht Kanonenschaluppen und ein zum Brander umgerüstetes Galeerenesping. Auf dem mit Pulver beladenen Fahrzeug dienten 50 Freiwillige. Sie sollten mit dem Brander bis zur Festung vordringen und die im Stadthafen liegenden feindlichen Boote anzünden.

Virgin ließ den Svensksund um 23 Uhr des 19. Mai hinter sich. Gegen 2 Uhr stand er vor Hilloniemi. Es kam Nebel auf. Vom Gegner sah und hörte er nichts. Der Kapitän formierte seine Abteilung zu drei Kampflinien. Zuerst die Kanonenjollen, dicht gefolgt von den Kanonenschaluppen und im gebührenden Abstand die Mörserbarkassen. Das Galeerenesping sollte sich anfangs hinter den Kanonenschaluppen halten, bei sich bietender Gelegenheit selbständig handeln. Mit voller Ruderkraft drangen die beiden vorderen Linien vor. Gegen 3.30 Uhr hatten sie sich bis auf Kanonenschußweite der Festung genähert. Kurz darauf erteilte Virgin Feuererlaubnis „für alle Rohre". Vier Geschütze einer bei der Werft stehenden Batterie antworteten. Dann griffen einige am Vortag neuaufgestellte Feldgeschütze in den Kampf ein. Schließlich beteiligten sich auch die Festungsgeschütze an der Kanonade. Der Angreifer war einem wahren Kreuzfeuer ausgesetzt. Immer wieder versuchte er, in dem Kugelhagel zur Werft durchzubrechen. Da Slisow die Werftzufahrt obendrein durch einen versenkten Handelssegler unpassierbar gemacht hatte, mußte Virgin nach zwei Stunden den Rückzugsbefehl erteilen. Vorher aber waren noch die Mörserbarkassen in Aktion getreten.

Ihre Geschosse richteten an etlichen Gebäuden der Stadt beträchtliche Schäden an. Um 10 Uhr befand sich Kapitän Virgin mit seinen 26 Fahrzeugen wieder beim Gros der Armeeflotte.[154]

Bedingt durch Nebel und Pulverschwaden vermochten beide Seiten nicht sehr viel zu erkennen. Sichere Erkenntnisse über Erfolg oder Mißerfolg des Unternehmens lagen zunächst nicht vor. Später wurde allerdings bekannt, daß zwei bei der Werft liegende russische Kanonenboote durch den Beschuß total zerstört und ein bei ihnen postierter Soldat verwundet worden waren. Außerdem verzeichnete die Garnison an Ausfällen „25 Tote und Verwundete durch zerborstene Kanonenrohre".

Kapitän Slisow hatte sich angesichts fehlender Munition und Besatzung mit den im Stadthafen festgemachten Fahrzeugen nicht an dem Treffen beteiligt – seine Männer unterstützten vorwiegend die Festungskanoniere.

Die Verluste auf schwedischer Seite hielten sich ebenfalls in Grenzen:

1. Kapitän Virgin und ein weiterer Offizier schwer verwundet.
2. 15 Mann der Besatzung gefallen oder schwer verwundet.
3. Geringe Gefechtsschäden auf den Fahrzeugen.

Im Verlaufe der nächsten Tage trafen im Svensksund weitere Verstärkungen ein. Am 22. Mai standen 153 Kampffahrzeuge [155] unter königlichem Befehl:

1	Hemmema
1	Turuma
1	Udema
18	Galeeren
2	Kutter
72	Kanonenschaluppen
42	Kanonenjollen
9	Kanonenbarkassen
7	Mörserbarkassen

Die Fahrzeuge waren bestens ausgerüstet: mit Proviant für 20 Tage, mit 100 Kugeln für jedes Geschütz. Jeder Soldat bekam 60 Kugeln für seine Handfeuerwaffe.

Außerdem gehörten zur Formation:

14	verschiedenartige „Cheffahrzeuge" (meist Yachten)
2	Brander
3	Munitionstransporter
1	Vorratstransporter
19	Lebensmitteltransporter
3	Wasserleichter (Schuten) sowie eine nicht näher bezeichnete Anzahl von Transportern für Pferde und Futter.

Der folgende Tag stand völlig im Zeichen allgemeiner Aufbruchvorbereitungen. Einige Kanonenschaluppen hatten als Vorhut schon den Verband verlassen. Sie sollten bis zum Schärengebiet von Pitkäpaasi segeln, anschließend die Gewässer bis in Höhe des Kirchspiels Risisat bei Krysserort (Mys Krestowy) aufklären. König Gustavs ansehnliche Streitmacht folgte in den ersten Stunden des 24. Mai. Um 3.30 Uhr befand sich kein schwedisches Fahrzeug mehr im Svensksund. Das Gros der Armeeflotte war durch die südliche Fahrrinne zur Insel Aspö, danach bei achterlichem Wind auf Ostkurs gegangen. Die bei Korgesari postierte Einheit dagegen stieß direkt ostwärts bis Pitkäpaasi vor – südlich an Lilla Svärtan vorbei.

Am Abend des 24. Mai stand die schwedische Formation bereits östlich von Fredrikshamn, fand bei den Mustama-Schären einen günstigen Übernachtungsplatz. Die Ruhepause dauerte nicht lange. Um 4.30 Uhr befahl Flaggkapitän de Frèse „Anker auf!". Bei schwacher westlicher Brise zogen die Fahrzeuge weiter. Gegen Mittag drehten sie bei, warteten, bis die langsamen Transporter aufgeschlossen hatten. Zwischen 21 und 22 Uhr ankerte die Armeeflotte bei Pitkäpaasi. Hier beabsichtigte König Gustav einige Tage zu verharren, um den Gegner durch Landeunternehmen zu beunruhigen:

Kapitän A. F. Brummer drang am 27. Mai mit seiner Division Kanonenschaluppen in die Bucht von Virolahti ein und besetzte mit 200 Infanteristen das Dorf Pyterlaks. Dort befehligte Major Kolontajew drei Feldabteilungen (120 Mann). Diese bewachten mehrere Transportschlitten, die infolge der Schneeschmelze seit einiger Zeit im Schlamm feststeckten. Auf den Kufen lagerten 19 Geschützrohre. Die Vierundzwanzigpfünder waren für Kapitän Sliscws neue Kanonenboote bestimmt gewesen. Da es Brummer nicht gelang, die Rohre zum Strand zu bringen, ließ er sie zerstören. Im Dorf vorhandene Heuvorräte der Armee wurden verbrannt, ebenso die von Major Kolontajew errichteten Soldatenunterkünfte. Kapitän Brummer kehrte von seinem Streifzug mit einer äußerst willkommenen Beute zurück: annähernd 100 Sack Hafer, Futter für die Pferde.

Kapitän O. Jönsson konnte am folgenden Tag ebenfalls Erfolge verbuchen. Er erschien mit etlichen Kanonenschaluppen nordöstlich von Pitkäpaasi vor Yli Urpala (Urpalajaki). Das Dorf lag – wie Pyterlaks auch – am Hauptverbindungsweg zwischen Fredrikshamn und Viborg. Yli Urpala war mit Mehllager, Großbäckerei und Proviantmagazin ein wichtiger Versorgungsposten der russischen Küstenarmee. Alle militärisch genutzten Gebäude fielen den Flammen zum Opfer – ebenso 15 mit Lebensmitteln und Branntwein beladene Troßwagen.

Am 31. Mai sah der am südlichsten Punkt Pitkäpaasis stehende Beobachtungsposten die Mastspitzen eines größeren Schiffsverbandes. Dieser kam aus Richtung Hogland und steuerte Seskär an. Zweifelsohne handelte es sich um Herzog Karls Kriegssegler.[156] König Gustav beschloß daraufhin, zum Björkösund vorzurücken.

Vor dem Absegeln bestätigte Seine Majestät die von Oberst de Frèse ausgearbeitete

„Disposition der Schärenflotte nach ihrem Abgang von Pitkäpaasi, um Operationen der Kriegsflotte zu unterstützen"[157]. In 12 Punkten hatte der Flaggkapitän entsprechend den unterschiedlichen Fahrzeugtypen die Aufgaben der Divisionen umrissen. So waren beispielsweise Galeeren und große Kanonenschaluppen (Kapitän Toll) für den Kampfeinsatz auf See, kleine Kanonenschaluppen (Kapitän Hård) und Kanonenjollen (Oberstleutnant Dankwardt) sowie drei ältere Mörserbarkassen (Leutnant Palmstruch) als im Schärengebiet bereitstehende Reserve eingeteilt worden. Die Transporter – ausgenommen Wasserleichter, einige Proviant- und Munitionsfahrzeuge – sollten noch so lange bei Pitkäpaasi ankern, bis die Wetterlage ein gefahrloses Passieren des „offenen Seefjords von Viborg" gestattete (detachiert zu ihrem Schutz: Udema *Torborg*). Turuma *Norden* und Udema *Ingeborg* hatten die Formation anzuführen, das Fahrwasser zwischen den Untiefen zu erkunden. Schließlich wurden die Mustama-Schären als Treffpunkt für den Fall angegeben, daß Fahrzeuge nicht beim Verband bleiben konnten.

Am späten Nachmittag des 1. Juni beabsichtigte König Gustav, seinen Vorstoß nach Osten fortzusetzen. Stürmische See ließ das nicht ratsam erscheinen, die Kanonenjollen und kleineren Kanonenschaluppen hätten den Wellenschlag kaum glimpflich überstanden. Im Verlaufe der Nacht flaute der Wind ab, beruhigte sich die See. Auf den Fahrzeugen hievte man die Anker, und um 3 Uhr nahm die Formation Kurs auf die Bucht von Viborg. Nur eine Division Kanonenschaluppen steuerte die südöstlich von Pitkäpaasi liegenden Stora Fiskarn (Vidschären) an. Dort sollte sie Posten beziehen, denn Kapitän Slisow verfügte noch immer über einige Fahrzeuge, mit denen er dem schwedischen Verband folgen konnte.

Bis gegen Mittag verlief alles normal. Dann, als sich die Armeeflotte Krysserort näherte, frischte der Westwind auf. Die kleinen Fahrzeuge nahmen Wasser über. Es grenzte an ein Wunder, aber es gab keine Verluste. Sobald die Einheit die Durchfahrt zwischen Krysserort und der Untiefe Salvörgrund passiert hatte, ging sie auf Ostsüdostkurs und erreichte gegen 16.30 Uhr Biskopsö (Sewerny Berezowy).[158] Es wurde geankert und Kapitän Leijonanckar mit seinen Kanonenschaluppen zur Erkundung des Björkösundes detachiert. Bei Morgengrauen des 3. Juni lag König Gustavs Verband divisionsweise formiert östlich der Insel Björkö (Bolschoi Berezowy) – beginnend bei Peisari (Südspitze von Biskopsö/Kap Salvatan) bis zur Ortschaft Landaranda (ungefähr sieben Kilometer westlich von Stirsudde).

Während des Verlegemanövers traf ein Aviso der Kriegsflotte ein. Herzog Karl meldete das Insichtkommen des Kronstadt-Geschwaders und bat, die „Armeeflotte möge sich bereithalten, um wenn nötig in den Kampf mit eingreifen zu können".

Die nun entstandene Lage sah für König Gustav wenig erfreulich aus: Herzog Karl befand sich zwischen den beiden Geschwadern der russischen Hauptflotte, der Schärenverband operierte im unbekannten Gewässer vor Viborg – hinter sich die Resteinheit von

Slisow, vor sich die Kronstadt-Abteilung von Prinz Nassau-Siegen und irgendwo neben sich die Viborger Flottille der feindlichen Ruderflotte. Von letzterer und vom Kronstadt-Geschwader ging unmittelbare Gefahr aus. Aber wo lagen die in Viborg stationierten Fahrzeuge, und vor allem, waren sie einsatzbereit?

Die Viborgflottille bestand aus 52 „alten" Kampffahrzeugen:

12	größere Segler (5 Bombenketschen, 3 Schebecken und 4 im Vorjahr erbeutete schwedische Schiffe)
15	Galeeren
18	Halbgaleeren
3	Aufklärer (über Winter zu Fregatten umgerüstet)
1	Prahm (die im Vorjahr gesunkene *Gremjaschtschi* war gehoben und umgebaut worden)
3	Kanonenboote

Hinzu kamen 17 Transporter und 80 geplante Neubauten.

Das Überholen und Ausrüsten der Fahrzeuge ging nicht so zügig voran wie in Fredrikshamn. In Viborg gab es weder einen engagierten Flottillenchef noch eine straffe Armeeführung. Erst nach dem die Kaiserin Graf Mussin-Puschkin abberufen und Graf Saltykow den Oberbefehl über die Nordfront übertragen hatte, begannen sich die Verhältnisse in Viborg positiv zu verändern. Auf Saltykows Ersuchen, schnellstens einen „tatkräftigen Offizier für die Ruderflotille zu kommandieren", reagierte St. Petersburg prompt. Am 21. Mai meldete sich Vizeadmiral Timofej Gawrilowitsch Kosljaninow beim Oberbefehlshaber in Viborg und übernahm die Flottille.[159] Vier Tage später brach das Eis auf. Zu diesem Zeitpunkt waren nur wenige Fahrzeuge ordentlich überholt, komplett ausgerüstet und bemannt.

Für die 52 Kampffahrzeuge wurde eine Besatzung von ungefähr 8000 Mann benötigt. Vorhanden waren jedoch lediglich 2700. Dazu kamen vier Galeerenbataillone[160] – jedes 1000 Mann stark –, vier Infanterieregimenter und drei Gardebataillone. Bei den Besatzungen haperte es in vielerlei Hinsicht: An Bord sah es liederlich aus, die Fahrzeuge erhielten kaum die nötige Pflege. Navigiert und gerudert wurde schlecht, Artillerieexerzieren galt als überflüssig, mit der Folge, daß niemand das exakte Zielen beherrschte – zudem konnte beim Schießen das Fahrzeug nicht auf Position, die Lunten nicht zum richtigen Zeitpunkt ans Zündloch gehalten werden.

Am 26. Mai hatte Vizeadmiral Kosljaninow die zwölf größeren Segler und neun Galeeren einigermaßen einsatzbereit. Mit den 21 Schiffen zog der Vizeadmiral zum Trångsund und bildete mit ihnen eine Verteidigungslinie. Die übrigen Fahrzeuge blieben, obwohl teilweise überholt und ausgerüstet, im Stadthafen festgemacht – es gab für sie keine Besatzung.

In jenen Tagen fertigte Graf Saltykow für Katharina II. einen ausführlichen Bericht über die Ereignisse in Südfinnland an. Hinsichtlich der Lage in Viborg bemerkte er: „Alle Nachrichten deuten darauf hin, daß wir hier bald einen Angriff der schwedischen Schärenflotte zu erwarten haben ... unsere Galeeren sind dem Feind weit unterlegen. Sie können weder auf Reede noch in der Bucht ernsthaften Widerstand leisten. Es ist deshalb dringend erforderlich, das Reservegeschwader zwischen Rödhäll und Björkö zu postieren – nur so kann die Stadt wirksam verteidigt werden. Der Feind beherrscht die Küstengewässer. Seine Kanonenschaluppen haben sich bereits vor Mys Krestowy gezeigt ... Der Trångsund ist völlig ungeschützt. Nach Aussage des Generalmajors Suchtelen liegen dort Holzvorräte für mehr als 100.000 Rubel. Zum Schutz dieser Werte wollte ich eine Batterie errichten, doch es gibt nicht genug Männer für solche Arbeiten – also mußte ich das verschieben ...“

An Graf Besborodko schrieb Saltykow ähnliches, setzte jedoch hinzu: „Gott möge so schnell wie nur irgend möglich das Reservegeschwader schicken! Ich verfluche die feindlichen Galeeren und wünsche mir sehnlich, sie werden hierherkommen und dann in Flammen aufgehen ... Seit dem Angriff auf Fredrikshamn schwärmen die schwedischen Landetruppen umher und richten beträchtlichen Schaden an ... bis zu 40 Werst von hier entfernt gibt es keinen sicheren Hafen für meine Flottille, also bleibt sie da, wo sie ist. Die Lage ist prekär ... Schicken Sie Nassau-Siegen – es ist eine Schande, der Feind zieht mit seinen Schärenfahrzeugen ungehindert umher. Mir ist bekannt, daß über 70 schwedische Schiffe bei Pitkäpaasi lagen, heute sind sie bereits 20 Werst von hier entfernt. Auch wenn wir jetzt die Zufahrt zur Viborger Bucht befestigen – es wird sich zeigen, niemand stört den Gegner. Ohne unsere Ruderflotte und ohne unser Reservegeschwader können die Schweden die Bucht nach Belieben passieren. Deshalb muß sich das Reservegeschwader recht schnell zwischen Rödhäll und Björkö postieren. Geschieht das nicht, fällt Viborg zweifelsohne in die Hände des Feindes ...“

Trotz Zweifel – Nordenskjöld gehorcht

Als Herzog Karl am 2. Juni dem König das Insichtkommen des russischen Kronstadt-Geschwaders meldete, stand sein Flottenverband nur etwa zehn Seemeilen von Björkö entfernt im Seegebiet nordöstlich der Insel Seskär. Wovor Konteradmiral Nordenskjöld stets ausdrücklich gewarnt hatte, war eingetreten: Die Kriegssegler hatten ihre Position vor Reval aufgegeben und waren ungefähr 100 Seemeilen weit his zum äußersten Teil des Finnischen Meerbusens vorgedrungen. Sie kreuzten nun bei schwachem Wind in relativ schmalem Fahrwasser vor Kronstadt. Was mag Herzog Karls Flaggkapitän wohl bewogen haben, diesen Schritt zu wagen? Noch dazu, ohne zuvor das feindliche Reval-Geschwader vernichtend zu schlagen. Mit dieser Problematik beschäftigten sich seitdem immer wieder angesehene Seekriegshistoriker, ohne allerdings zu einer einheitlichen Meinung zu gelangen. Hier soll versucht werden, die wesentlichen Fakten im Zusammenhang zu betrachten, um so Nordenskjölds Handlungsweise verständlich zu machen.

Nach der Schlacht wurden auf russischer Seite notwendige Reparaturarbeiten durchgeführt, Munitionsbestände aufgefüllt und verankerte Kriegsschiffe wieder in volle Kampfbereitschaft versetzt – noch immer waren die meisten Linienschiffe nicht vollständig aufgetakelt, also nicht seeklar.

Indessen lag die schwedische Seestreitmacht vor der Revaler Reede, um ebenfalls Gefechtsschäden zu beheben. Am Abend des 15. Mai waren diese Arbeiten beendet, obendrein die Männer von der *Riksens Ständer* auf andere Segler aufgeteilt und die Batteriedecks der *Tapperheten* mit neuen Geschützen ausgestattet. Einem zweiten Versuch, das Reval-Geschwader anzugreifen, stand nichts mehr im Wege. Doch nichts dergleichen geschah. In den folgenden Tagen ankerte die kräftemäßig überlegene Flotte Herzog Karls während der Nächte und mitunter sogar tagsüber beim Novajagrund. Ein Blick in das Bordjournal der *Dristigheten* verrät den Grund:

16. Mai	Vormittags starker Wind aus Nordost, steife Marssegelkühlte.
	Nachmittags abflauender Nordwind.
17. Mai	Labbrig, schwacher Wind aus Ost bis Südost.
18. Mai	Labbrig, schwacher Wind aus Ost bis Südost.
19. Mai	Flaute, aufkommender schwacher Wind aus Süd.
20. Mai	Labbrig, schwacher Wind aus West.
21. Mai	Labbrig, schwacher Wind aus Nord bis Nordwest.[161]

Allein von den Windverhältnissen her gesehen wäre ein Anriff lediglich am Nachmittag des 16. Mai möglich gewesen. Da aber Stunden zuvor noch ein recht steifer Wind wehte, dürfte ein Vorstoß in die Revaler Bucht unter diesen Witterungsbedingungen kaum erwogen worden sein.

In den Logbüchern fehlte jeder Hinweis auf irgendwelche Vorbereitungen zu einer weiteren Attacke. Und dies ist unerklärlich, denn sowohl die politische als auch die strategische Lage forderten direkt zum Angriff auf. Herzog Karl mußte das Reval-Geschwader kampfunfähig machen, um welchen Preis auch immer. Einwände, eigene Opfer betreffend, durfte er nicht akzeptieren: Es konnten versenkte oder verbrannte Schiffe durch eroberte Fahrzeuge ersetzt, Besatzungsverluste durch gefangengenommene ausländische Seeleute ausgeglichen und im nahen Sveaborg schwere Kampfschäden auf der Werft behoben werden. Außerdem wußte der Großadmiral ganz genau, das Kronstadtgeschwader brauchte er nicht zu fürchten. In dieser Hinsicht drohte ihm absolut keine Gefahr. Und schließlich darf bei allen Überlegungen nicht unberücksichtigt bleiben, daß die schwedischen Kriegsschiffe rechtzeitig für den entscheidenden Seezug gerüstet worden waren und Herzog Karl wiederholt eifrig beteuert hatte, er wolle mit ihnen zuerst das in Reval stationierte feindliche Geschwader zerstören, danach zum Sieg des Königs in St. Petersburg aktiv beitragen. Weshalb also plötzlich die ungewöhnliche Passivität?

Nun, von Herzog Karls Eifer war bereits am 12. Mai nicht mehr viel zu bemerken. An jenem Tage hatte er bekanntlich dem von Konteradmiral Nordenskjöld beabsichtigten Angriff grundlos Einhalt geboten (heute wissen wir, daß bei dieser Attacke höchstwahrscheinlich das russische Geschwader völlig vernichtet und damit eine Wende im Kriegsgeschehen eingeleitet worden wäre). Nach dem mißglückten Vorstoß am Folgetag „drückte" sich der Großadmiral diplomatisch vor der Verantwortung für weitere Operationen der Flotte: Er schrieb seinem Bruder am 14. und 15. Mai, berichtete ihm ausführlich über die Schlacht und bat um neue Order.

Wie aber verhielt sich Nordenskjöld? Unmittelbar nach der Schlacht wertete er vor dem Offizierskorps das Geschehen aus. Er lobte einerseits mutiges und umsichtiges Verhalten, tadelte andererseits einige Schiffskommandanten wegen deren Feigheit. Solche offenen Worte gefielen manchen Offizieren nicht. Sie nutzten die gedrückte Stimmung hinsichtlich des erfolglosen Unternehmens aus und „hetzten" gegen den Konteradmiral. Hinter vorgehaltener Hand wurden des Flaggkapitäns Dispositionen für den Angriff mißbilligt, dabei aber unterschlagen, daß man sie selbst nicht eingehalten hatte. Entsprechend der allgemein gültigen Formel „Nur bei Siegen wird der Flottenführer gelobt" gaben viele Nordenskjöld die Schuld an der Niederlage.

Zudem entfiel der zwischen Herzog Karl und seinem Flaggkapitän früher so gepflegte Meinungsaustausch. Anfragen, Vorschläge und Hinweise wurden jetzt durch des Herzogs Adjutanten Kapitän Palmqvist „gefiltert" übermittelt. Das führte zu einer gewissen Isolation des Flottenführers. Der Großadmiral hatte kaum noch direkten Kontakt zu seinen ihm unmittelbar unterstellten ranghohen Offizieren. Umgekehrt fühlte sich Nordenskjöld „allein gelassen" – er war gezwungen, Grundsatzfragen mehr und mehr nur mit den beiden Geschwaderführern zu erörtern. Konnte der Konteradmiral unter solchen Bedingungen wichtige Entscheidungen fällen? Nein! Gegen den Willen des Herzogs und ohne Unterstützung seitens der meisten Schiffskommandanten vermochte die kleine Offiziersgruppe um Flaggkapitän Nordenskjöld wenig zu bewirken.

Die „inneren Fronten an Bord" verhärteten sich am 18. Mai. Von Karlskrona kommend machte die Kutterbrigg *Dragon* an der *Konung Gustav III.* fest. Bei Herzog Karl meldete sich der britische „post captain" W. Sidney Smith, um in der schwedischen Kriegsflotte als Geschwaderführer oder zumindest als dessen Vertreter seinen Dienst anzutreten. Die Konteradmirale Nordenskjöld und Modée sowie Oberst Leijonanckar baten daraufhin den Flottenführer, „im Interesse des Friedens an Bord" Smith's Ansinnen zurückzuweisen. Herzog Karl kam mit Smith nun dahingehend überein, dieser möge am nächsten Tag mit der Yacht *Esplendian* zum König segeln, bei ihm um einen angemessenen Posten in der Armeeflotte nachsuchen.[162]

Noch am selben Abend schrieb Königliche Hoheit seinem Bruder einen in persönlichem Ton abgefaßten längeren Brief, den Smith am kommenden Morgen mitnehmen sollte. Das Schreiben enthält mehrere Passagen über die Lage vor Reval. Sie geben weiteren Aufschluß daüber, weshalb die Flotte untätig beim Novajagrund ankerte:

„Die feindlichen Schiffe sind jetzt so gut postiert, daß ich sie nicht mehr allein angreifen kann. Um den Angriff zu wiederholen, benötige ich wenigstens 20 Kanonenschaluppen. Sie müssen den Feind von der Flanke her angreifen, also von dort, wo meine großen Schiffe nicht hinsegeln können, ohne von den Landbatterien beschossen zu werden." Dann wandte sich Herzog Karl den Handelsseglern zu, die zwischen Reval und St. Petersburg verkehrten: „Sie passieren auffällig nah unsere Position. Sicher werden die Kaufleute genau über uns berichten. Ich kann gegen diese Fahrzeuge nicht vorgehen, da sie keine Konterbande führen." An anderer Stelle äußerte sich der Herzog über einen „besonders lästigen dänischen" Aviso: „Der Schiffer, ein Herr de Kaas, stellte sich bei mir als Generaladjutant des Königs von Dänemark vor. Er hatte Order, die Bewegungen meiner Flotte zu beobachten, darf aber keine fremden armierten Häfen anlaufen. Ich bin überzeugt, er teilt trotzdem irgendwie den Russen alles über uns mit …" Und abschließend: „Meine Stellung hier ist höchst beschwerlich."

Bis zum 21. Mai unterbrach nichts Außergewöhnliches das Bordleben. An diesem Tag stießen in den Vormittagsstunden die Linienschiffe *Prins Ferdinand* und *Finland* sowie die Fregatte *Illerim* und das Lazarettschiff *Hjälten* zum Verband. Der Verstärkung war sehnsüchtig entgegengesehen worden – die großen Kampfschiffe nahmen in der Formation nun den Platz von *Prins Karl* und *Riksens Ständer* ein. Auf das Lazarettschiff kamen alle erkrankten Seeleute.

Gegen Mittag ging ein Kurierfahrzeug an dem Flaggschiff längsseits. Des Königs Adjutant, Konteradmiral Rajalin, suchte Herzog Karl auf, um ihm trotz des gescheiterten Angriffs gegen das russische Reval-Geschwader Seiner Majestät Wohlwollen zu versichern.

Gustav III. hatte die Nachrichten des Flottenführers vom 14. und 15. Mai in ausgesprochen euphorischer Siegerlaune erhalten – die „Affäre von Fredrikshamn" spornte ihn an, weiter zügig nach Osten vorzurücken. Rajalin hatte nicht nur Order, den Herzog mündlich über die Überlegungen des Königs zu unterrichten, sondern ihm auch das am 18. Mai ausgefertigte Antwortschreiben seines Bruders auszuhändigen.[163] Der wichtigste Abschnitt lautet:

„Um alle nur erdenklichen Vorteile aus Unseren siegreichen Waffen ziehen zu können, weil der Feind voller Furcht ist und seine Fahrzeuge nicht vollständig gerüstet sind und er notwendige Verteidigungsmaßnahmen nicht mehr ergreifen kann, muß Seiner Majestät Plan jetzt Vorrang haben.

Der bei Viborg liegende Teil der russischen Ruderflotte wird durch Unseren baldigen Angriff nicht dem Schicksalsschlag entgehen, den das Fredrikshamn-Geschwader getroffen hatte.

In den nächsten Tagen werden Wir mit der Armeeflotte nach Viborg gehen. Die Kriegsflotte erhält daher Order, ihre Position vor Reval aufzugeben und nach Seskär zu segeln, um die Schwesterflotte seeseitig zu decken. Die Kriegsflotte muß dort eine solche Position beziehen, die es ihr gestattet, alle von Kronstadt auslaufenden Kampfschiffe abzufangen. Die Flotte kann östlich von Seskär ankern oder kreuzen, je nach den herrschenden Windverhältnissen. Auf diese Weise unterstützt Unsere Flotte das Unternehmen Seiner Königlichen Majestät bei Viborg.

Seine Königliche Hoheit kann sicher sein, das Kronstadt-Geschwader wird sich keiner Schlacht stellen. Geht eine solche für den Feind unglücklich aus, wäre das für die nahe Hauptstadt und das russische Reich sehr schrecklich und damit auch für die Person der Kaiserin, denn Revolutionen sind in diesem Land nicht selten.

Das einzige, was man fürchten muß, ist das Zusammentreffen der beiden feindlichen Flottenteile und deren gemeinsames Angreifen. Aber der kühne und unternehmungslustige Vorstoß gegen das russische Reval-Geschwader, den Seine Königliche Hoheit kürzlich unternommen hat und der schließlich wegen des plötzlich aufgekommenen starken Windes mißglückte, wird zweifellos dem alten und vorsichtigen Admiral Tschitschagow Furcht eingeflößt haben. Er weiß nun, was seinem Geschwader bei einem nächsten Treffen droht, nämlich der unvermeidliche Untergang – Tschitschagow wird es deshalb nicht wagen auszulaufen, erst dann wieder, wenn sich Seine Königliche Hoheit nicht mehr zwischen den beiden Flottenteilen befindet. Sollte aber das aus 22 großen Schiffen bestehende Kronstadt-Geschwader wider Erwarten doch auftauchen, so ist Seine Königliche Hoheit gleich stark, die größeren Fregatten mitgerechnet – Unsere Flotte kann sich ohne Scheu mit der russischen messen.

Von den genannten Gedanken ausgehend ist eine ständige Kommunikation zwischen Seiner Königlichen Majestät und Seiner Königlichen Hoheit notwendig, um sich gegenseitig zu informieren und das gemeinsame Vorgehen abzustimmen. Eine glückliche Expediti-

or mit der Armeeflotte nach Viborg bildet die Voraussetzung für das große Unternehmen, den Marsch nach St. Petersburg, der, erst einmal begonnen, wegen Unserer vielen Vorteile gut enden wird."

Diesem Schreiben setzte der König eigenhändig hinzu: „Das ist es, was ich von meiner Kriegsflotte aus vielen guten Gründen verlange, von welchen die wichtigsten ich hier vertrauensvoll Seiner Königlichen Hoheit mitteile.

Amphion im Svensksund, am 18. Mai 1790. Gustav"

Aus militärischer Sicht stellt dieses Schriftstück dem Absender ein Armutszeugnis aus. Gustav III. und seine Berater verkannten völlig die Lage, identifizierten sich mit Wunschvorstellungen. Sie hatten nur ein einziges Ziel vor Augen, den Siegeszug nach Osten! Abgesehen von der Order, die Kriegsflotte habe in dem verhältnismäßig unbekannten und engen Fahrwasser zwischen Seskär und Kronstadt zu operieren, unterschätzte des Königs Beraterstab nicht nur die Schlagkraft der russischen Seestreitkräfte, sondern auch den Elan Admiral Tschitschagows – ein unverzeihlicher Fehler.

Nachmittags trat auf der *Konung Gustav III.* der Kriegsrat zusammen. Herzog Karl machte den Flaggkapitän und die beiden Geschwaderführer mit der königlichen Order vertraut, Konteradmiral Rajalin ergänzte diese durch Erläutern Seiner Majestät Vorstellungen dazu. Offenen Widerspruch gab es nicht, Befehl war Befehl. Anschließend informierten Nordenskjöld, Modée und Leijonanckar die Schiffskommandanten von der Absicht des Flottenchefs, den Ankerplatz zu verlassen und ostwärts nach Seskär zu segeln. Viele Offiziere machten kein Hehl aus ihrer Meinung, froh darüber zu sein, der „russischen Mausefalle-Revaler Bucht" den Rücken kehren zu können. Aber das Eindringen in die Tiefe des Finnischen Meerbusens kam ihnen recht bedenklich vor. Sie forderten Konteradmiral Nordenskjöld auf, bei Herzog Karl zu intervenieren, damit dieser seinen vorgesehenen Schritt nochmals überdenke.

Was konnte der Flaggkapitän tun? Er, der stets als vorrangige Aufgabe die Vernichtung des Eval-Geschwaders genannt und vorm Eindringen in den Finnischen Meerbusen gewarnt hatte, sollte nun die Flotte über 100 Seemeilen weit ins feindliche Fahrwasser nach Osten bringen – auf Order des Königs. Nordenskjöld blieb nichts anderes übrig, als zu gehorchen. Immerhin hatte er bereits vor zwei Monaten dem König versichert, er würde „als Flaggkapitan unsere Schiffe führen – solange sie schwimmen und wohin sie auch befohlen werden".[164]

Unter diesem Aspekt muß auch sein vom 21. Mai 1790 datiertes Schreiben an Gustav III. gesehen werden: „Das von Königlicher Majestät ausgesprochene allergnädigste Wohlwollen über den kühnen und genügend plausiblen Flottenvorstoß gegen das feindliche Geschwader bei Reval ist, obwohl mißglückt, für den Untertan lebenswichtig. Es hat ihn ermuntert, inbrünstig zu Seiner Majestät Erfolg zur See beitragen zu wollen. Unser Ansehen ist tatsächlich hoch und der Gewinn vielfach größer als der erlittene Verlust, wie Königliche Majestät sehr richtig eingeschätzt haben ..."

Anschließend ging Nordenskjöld nochmals ausführlich auf die Schwierigkeiten ein, der sich die Flotte beim Navigieren im östlichen Teil des Finnischen Meerbusens aussetzt – ohne allerdings von dem Vorhaben abzuraten.

Und Herzog Karl schrieb seinem Bruder am selben Tag, er „befolge uneingeschränkt die königliche Order" – das schien ihm leichtgefallen zu sein, denn als Flottenführer brauchte er sich vor niemandem mehr zu verantworten, falls die russischen Geschwader sich vereinigen und ihn schlagen würden.

Am 22. und 23. Mai verhinderte starker Ostwind das Absegeln – für die Besatzungen bedeutete dies, wieder einmal an den Geschützen zu exerzieren. In der Nacht zum 24. Mai schlug der Wind um, flaute etwas ab. Nordenskjöld ließ bei Hellwerden die Anker hieven. Die Flotte ging auf Nordostkurs. Nur die Fregatte *Jarramas* und der Kutter *Hök* blieben als Beobachtungsposten vor Reval zurück.

Im Laufe des Tages detachierte der Flaggkapitän einen Aviso zum Svensksund. Herzog Karl sandte einen Kurier zum König, um mitzuteilen, daß er sich weisungsgemäß mit seiner Streitmacht auf dem Weg nach Hogland befinde, denn westlich der Insel „gibt es genügend freies Wasser, wo Unsere Flotte gut manövrieren und das feindliche Reval-Geschwader unter Kontrolle halten kann". Am Morgen des 25. Mai kreuzte der Verband bereits im Seegebiet zwischen Hogland und der Orrengrund-Bake bei Lovisa (südlich von Abborfors), auf weitere Befehle Seiner Majestät wartend. Jetzt wurde das Lazarettschiff *Hjälten* mit 411 erkrankten Seeleuten und Soldaten nach Lovisa entlassen. Kurz darauf kam die Yacht *Atis* in Sicht. Ein Fähnrich der Armeeflotte brachte zwei Schreiben für Herzog Karl

1. Gustav III. befahl, die Flotte habe bis „östlich von Hogland zu segeln, dort weitere Order entgegenzunehmen".

2. W. Sidney Smith berichtete über seine Ankunft bei der Armeeflotte, daß der König ihm ausführlich seine Vorhaben erklärt habe. Auch sei ihm die Yacht *Aurora* anvertraut worden, damit er die Armeeflotte begleiten und Seine Majestät beraten könne – insbesondere, wenn es um Einsätze der Kriegsflotte im Rahmen des Gesamtoperationsplanes ginge (Brief vom 22. Mai 1790).

Umgehend beantwortete der Herzog beide Schriftstücke. Seinen Bruder informierte er: „Die Flotte wird sofort die gewünschte Position ansteuern." Das Schreiben an Smith läßt des Herzogs wirkliche Meinung zu dem Flottenunternehmen anklingen und gibt Aufschluß über sein persönliches Verhältnis zu dem englischen Seeoffizier:

„Mein lieber Freund, ich danke für Euren Brief, den ich durch des Königs Fähnrich erhielt. Ich freue mich, daß Ihr Euch wohl befindet, und bin glücklich über ein baldiges Wiedersehen. Ich rücke mit den Schiffen, wenn auch langsam, zu der Station vor, die mir der König zugewiesen hat. Ich hoffe, Gott bewahrt die Flotte vor einem Sturm, denn wir würden alle in den Klippen umkommen, einem gefährlichen Gebiet, in das wir uns begeben müssen. Möge uns der Himmel helfen, denn wir benötigen seine Hilfe sehr bei diesem Unternehmen. Das sage ich aus vollem Herzen, und ich setze mein Vertrauen und meine Hoffnung auf ihn, der meine Schritte leitet bis zum jüngsten Tag. Ich umarme Euch und bin ganz der Eure – Karl."

In der Nacht zum 26. Mai lag der schwedische Verband beigedreht vor der Westküste Hoglands. Nur die Kutterbrigg *Dragon* näherte sich vorsichtig der Insel, ankerte schließlich in einer geschützten Bucht. Leutnant Ekholm – der Schiffskommandant – und der ortskundige Leutnant Escolin gingen mit einigen Männern an Land.

Der Trupp überfiel die russische Lotsenstation und kehrte mit acht Gefangenen zurück.

Sobald die Flotte im Morgengrauen das vorgesehene Zielgebiet – etwa vier Seemeilen östlich von Hogland – erreicht hatte, schrieb Herzog Karl dem König. Bezugnehmend auf den nächtlichen Handstreich sei er jetzt „weniger pessimistisch, fürchte die Untiefen nicht mehr so. Aber den Schaden, den Unsere Schiffe in den Küstengewässern bei Sturm erleiden werden, können auch die Lotsen nicht verhindern."

An diesem Tag überreichte Konteradmiral Nordenskjöld seinem Flottenchef folgende Denkschrift: „Seine Majestät hat befohlen. die Flotte soll nach Osten bis hinter Hogland segeln und die Operationen der Armeeflotte gegen das russische Schären-Geschwader bei Viborg decken. Wenn die königliche Order wirklich befolgt wird, müssen wir mit großen Unannehmlichkeiten rechnen. Deshalb müssen wir versuchen, diese zu mindern, das Beste aus allem machen. Meine Gedanken hierzu sind:

1. Die Flotte befindet sich in engem und uns völlig unbekanntem Fahrwasser. Die größeren Schiffe können hier nicht das leisten, wozu sie sonst in der Lage sind. Das Navigieren ist stark eingeschränkt, viele Untiefen behindern uns – Auflaufen und Verluste von Ankern müssen eingeplant werden.

2. Der Trinkwasservorrat ist sehr gering. Ich kann nicht gestatten, für alle Schiffe von der feindlichen Küste Wasser zu holen.

3. Wenn die Kriegsflotte eine Niederlage erleidet, wird die Armeeflotte abgeschnitten. Gehen wir aus einer Schlacht als Sieger hervor, müssen viele unserer Schiffe in die Werft nach Sveaborg – die finnische Küste ist dann offen, kann von uns nicht mehr geschützt werden.

4. Nimmt die Kriegsflotte eine Position vor Viborg ein, kann sie den Angriff der Armeeflotte gegen das Viborg-Geschwader nicht aktiv unterstützen, lediglich seeseitige Deckungsaufgaben wahrnehmen.

5. Kommt Weststurm auf, wird unser Verband in den äußersten östlichen Teil des Finnischen Meerbusens getrieben. Dieses Gebiet ist kaum schiffbar. Außerdem haben wir

dort keinen Hafen, keine geschützte Stelle zum sicheren Ankern, können keine Reparaturarbeiten ausführen – der Feind besitzt aber mit Kronstadt eine vorzügliche Basis.

Nach menschenmöglicher Auffassung hat alles seine Grenzen, die wir zu überschreiten gedenken. Als Flaggkapitän muß ich offen und ehrlich meine Gedanken äußern und zum Ausdruck bringen, daß die Verantwortung für den Ausgang des bevorstehenden Flottenunternehmens nicht mehr länger auf den Schultern des Verantwortlichen liegen kann."

Damit hatte sich Konteradmiral Nordenskjöld eindeutig festgelegt: Als Flaggkapitän lehnte er jede weitere Verantwortung ab, versicherte aber, das Beste aus der hoffnungslosen Situation machen zu wollen.

Am Nachmittag dieses 26. Mai traf Sidney Smith mit der Yacht *Aurora* bei der Kriegsflotte ein. Sein unverhoffter Besuch hatte folgenden Grund: Nach Erhalt von Herzog Karls Brief (22.5.1790) erklärte Smith dem König, seiner Meinung nach segele die Flotte viel zu bedächtig ostwärts. Auch sei das Navigieren im Finnischen Meerbusen für die Linienschiffe nicht so schwierig, wie der Großadmiral es darstelle. Smith plädierte – völlig im Sinne des Königs – für ein zügiges Vorrücken der Schiffe, damit sie das Kronstadt-Geschwader schlagen können, ehe es aus Reval Hilfe erhält. Der Engländer bot Seiner Majestät an, Herzog Karl aufzusuchen, ihn von diesen Gedanken zu überzeugen. Gustav III. nahm das Angebot an, gab ihm unter anderem auch diesen für Nordenskjöld bestimmten Brief mit:

„Wir haben den Brief des Admirals vom 21. Mai entgegengenommen. Mit Befriedigung sehen Wir, daß die starke Flotte Uns helfen wird – ohne sie können Wir Unser Unternehmen nicht fortsetzen. Wir haben keine so große Erfahrung wie der Admiral, und Wir bekennen, nicht sehr kundig im Seewesen zu sein, aber als Staatsmann bezweifeln Wir, daß die Kaiserin einen Kampf wagt, der, wird er verloren, sie vom Thron stürzen wird. Und sollten die russischen Seestreitkräfte siegen, wäre das für den Feind kein besonderer Vorteil. Doch Wir vertrauen auf Unsere Flotte und noch mehr auf des Admirals Kenntnisse und dessen Glück. Und auf des Herzogs Mut und Tapferkeit kann man sich verlassen. Auf welche Art die Angelegenheit auch ausgehen mag, der Admiral kann sicher sein, daß wir stets seinen Mut und seine Standhaftigkeit billigen werden. Das Glück schickt Gott. Ist Gott mit Uns, muß man sich der Vorsehung unterwerfen, aber zur Kühnheit gehören ein Herz und ein Zügel bei dem Unternehmen. Wir versichern den Admiral zu gleichen Teilen Unserer Gnade, Freundschaft und Achtung."

Während Herzog Karl mit Smith konferierte, faßte Nordenskjöld die Antwort ab. In seinem „Privatbrief" warnte er nochmals vor den Folgen, die das Ausführen der letzten königlichen Order nach sich ziehen werde. Er erinnerte an seine schon früher geäußerten Bedenken, die von vielen erfahrenen Seeoffizieren unterstützt werden. Danach: „Als Flaggkapitän habe ich weder Zeit noch Kraft, alles zu überwachen, ich muß mich mehr denn je um die Dinge kümmern, die mit dem Navigieren im unbekannten Fahrwasser zusammenhängen. Ich erbitte von Seiner Königlichen Majestät Gnade, mich aller Verantwortung zu entheben für den Ausgang des Unternehmens. Ich will allerdings alles tun, was ich vermag, und unterwerfe mich Seiner Majestät Order für Seine Königliche Hoheit."

Indessen war es Smith gelungen, des Herzogs Argumente „vom Tisch zu fegen": Laut Seekarte lagen alle gefährlichen Untiefen nördlich und südlich von Hogland, keine einzige jedoch östlich der Insel.[165] So vermochte der englische „captain" den Flottenführer zum baldigen Weitersegeln nach Osten zu bewegen und kehrte von seiner Mission befriedigt zum König zurück.

Hätte Herzog Karl das Gespräch mit Smith im Beisein von Nordenskjöld geführt, wäre es anders verlaufen. Der Flaggkapitän dürfte dann anhand schwedischer Seekarten Smith energisch widersprochen haben. Seine mit der Nummer 6 bezeichnete Karte betraf das Seegebiet zwischen Lovisa und St. Petersburg. Sie wurde eigens für den Seezug 1790 angefertigt und ließ an Genauigkeit nichts zu wünschen übrig.[166] Der Karte nach war das Gewässer nördlich von Hogland tatsächlich für große Segler kaum passierbar (das Linienschiff *Drottning Sofia Magdalena* hatte einen Tiefgang von 6,83 Meter, die übrigen größeren Linienschiffe einen zwischen 5,49 und 6,39 Meter). Doch südlich von Hogland gab es eine schmale Fahrrinne, die sich etwa 60 Grad nach Nordosten bis südöstlich von Sommerö (Sommers), von dort ungefähr 100 Grad bis zu den nordwestlichen Ausläufern der Untiefen von Seskär hinzog. Weiter östlich war das Fahrwasser nördlich des 60. Breitengrades frei von Untiefen. Wichtig für die Flottenführung war, daß die Schiffe auf diesem „Zwangsweg" blieben, das heißt, sie mußten direkten Kurs auf Nervö (Nerva) steuern, so die verhängnisvollen Untiefen (Lavensari-Bank) nördlich der Inseln Lavensari (Motshny) und Peni (Maly) meiden.

Genau das ordnete Konteradmiral Nordenskjöld an. Er folgte also in keiner Weise den Empfehlungen des Engländers – und Herzog Karl ließ seinen Flaggkapitän gewähren. Die Flotte segelte in Kiellinie. Zwischen dem 29. und 31. Mai hielt sie sich zwischen Sommerö und Nervö auf. Bei Dunkelheit ankernd, am Tage eifrig lotend, einen Gewässerabschnitt nach dem anderen erkundend. Am Abend des 31. Mai glaubte man die Untiefen passiert zu haben. Nachts, gegen 3 Uhr, hieß es „Anker auf!". Vier Stunden später – nach zwölf Seemeilen – stand der Verband nördlich von Seskär, steuerte bei frischem Nordwind Kronstadt an.

Schlagartig änderte sich die Wetterlage. Der Wind blies nun aus Osten. Die Flotte mußte wenden. Als sie sich ungefähr zehn Seemeilen südlich von Björkö befand, legte sich der Wind. Mit schlaffen Segeln drifteten die Schiffe in der Strömung – so verging die dunkle Nacht. Bei Tagesanbruch strich ab und zu ein Windhauch über die See (Eintrag im Logbuch *Dristigheten*: „Labbrig, mitunter schwacher Wind aus Ost"). Die Ausguckposten sichteten den russischen Kronstadt-Flottenteil, 28 Segel stark, in südöstlicher Richtung, Entfernung zehn bis 15 Seemeilen. Nachmittags frischte der Wind auf, schlug um, wehte aus

West. Gegen 18 Uhr befahl Nordenskjöld „Klar Schiff zum Gefecht!" Doch zum Kampf sollte es nicht kommen, da der Wind erneut abflaute.

Im Verlaufe der vorangegangenen Stunden gab es zwischen dem König und der Flottenführung einen regen Nachrichtenaustausch: Herzog Karl meldete die feindliche Flottenabteilung, bat, daß sich Galeeren und Kanonenschaluppen zum Operieren hinter der Schlachtlinie bereithielten.[167] Seine Majestät antwortete, die kleine Flotte brenne darauf, der großen ihre Hilfsbereitschaft zu zeigen. Außerdem forderte er den Herzog auf, eine ständige Verkehrsverbindung zwischen den im Björkösund liegenden Schärenfahrzeugen und der Kriegsflotte einzurichten.

Die Ereignisse der beiden letzten Wochen verdeutlichen, wie die schwedischen Seestreitkräfte in ihre schier aussichtslose Lage gerieten – trotz Flaggkapitän Nordenskjölds Bemühen, das zu verhindern. Strategisch betrachtet gab es nunmehr – ab Ende Mai 1790 – keine äußerst sorgsam überlegten Operationen mehr. Bedingt durch des Königs Eigensinn, nahmen die Endkämpfe des Krieges den Charakter von Verzweiflungs- und Spontanaktionen an, Aktionen, die sich teilweise wegen fehlender Dokumente nicht mehr in allen Details nachvollziehen lassen …

Flottenbasis Kronstadt

Als Reaktion auf das schwedische Kommandounternehmen gegen Baltischport am 17. März 1790 beschleunigte die russische Admiralität das Rüstungs- und Neubauprogramm für die Ostseeflotte. Außerdem ordnete sie für die Basen Reval, Fredrikshamn, Viborg und Kronstadt erhöhte Verteidigungsbereitschaft an. Kronstadt fiel dabei eine besondere Rolle zu. Immerhin lagen hier die meisten Schiffseinheiten, befanden sich zum Schutz von St. Petersburg starke Befestigungsanlagen auf der Insel Kotlin. Letztere existierten bereits einige Jahre. Bislang brauchten sie nur abschreckend zu wirken, da sich niemand an die Bastionen heranwagte. Jetzt mußten sie ausgebessert, die Geschütze überholt und neue Bedienungsmannschaften ausgebildet werden. Anfang Mai meldete Hafenkommandant Pjotr Iwanowitsch Puschtschin, die 635 auf Kotlin stationierten Geschütze werden „jeden feindlichen Durchbruchversuch nach St. Petersburg" verhindern. Das waren sicherlich keine leeren Worte, denn bei näherer Betrachtung der Örtlichkeiten dürfte das Passieren des betreffenden Seeabschnittes tatsächlich kaum möglich gewesen sein:

Kronstadt, auf der östlichen Spitze Kotlins (eigentlich Kotlin-Ostrow = Kesselinsel) gelegen, nahm seinerzeit eine Fläche von ungefähr zwei mal zwei Kilometer ein. In der Stadt lebten etwa 30.000 Menschen, davon ein Drittel Marineangehörige. Ausgedehnte Werftanlagen mit Holzlager, eine Steuermannsschule (Kadettenanstalt), das Marinelazarett mit 2280 „Betten" (288 Pfleger), Verwaltungsgebäude der Admiralität[168] und vier Kirchen bestimmten das Stadtbild. Am südöstlichen Stadtrand gab es den windgeschützten, aber nur 7,50 Meter tiefen Kriegshafen. Westlich von ihm schloß sich der Mittel-, danach der Kupetschesker Hafen (späterer Name: Handelshafen) an. Die Wassertiefe beider Häfen betrug 6,50 respektive neun Meter. Der Gewässerabschnitt vor dem Mittel- und dem Kriegshafen hieß „Kleine Reede" und war zwischen 6,50 und 9,50 Meter tief.[169]

Kronstadts westlicher Teil, die „Zitadelle", war mit 98 Geschützen armiert. Beim Mittelhafen standen 38 und beim Kupetschesker Hafen 111 Geschütze. Gegenüber, auf zwei winzigen Inseln der Oranienbaumbank, warteten im Fort Kronslot 80 Geschütze auf den Feind, falls er sich auf der zwischen Kronslot und Kronstadt nur etwa 200 Meter breiten und knapp sieben Meter tiefen Fahrrinne nähern sollte.

Außerhalb Kronstadts befanden sich mehrere kleinere und größere Bastionen mit insgesamt 308 Geschützen.

Kotlin ist annähernd 30 Kilometer von St. Petersburg entfernt. Am Südufer des Seegebietes, von St. Petersburg aus gerechnet, liegt nach etwa 20 Kilometern Peterhof und nach zehn weiteren Oranienbaum. Bei Oranienbaum reichen das gleichnamige Riff (Wassertiefe maximal ein Meter) und die erwähnte Bank an die Fahrrinne heran.

Zwischen Kotlin und Sestrorjetsk heißt das Seegebiet noch heute Nord-Fahrwasser. Wegen zahlreicher Untiefen im östlichen Abschnitt können hier lediglich kleinere Schiffe mit einem Tiefgang von höchstens drei Metern verkehren – und auch das nur sehr vorsichtig.

St. Petersburg besaß demnach seeseitig eine natürliche Sperre, die nur an einer schmalen Stelle geöffnet war – und dort hatten die Verteidiger 229 Geschütze konzentriert.

Während des Winters 1789/1790 sollten in Kronstadt 19 Linienschiffe, acht Fregatten und etwa 50 kleinere Kampf- beziehungsweise Hilfsfahrzeuge überholt sowie acht Ruderfregatten[170], zehn Kanonenboote und drei Bombardierprahme gebaut werden.

Das Werftprogramm verlief keineswegs planmäßig. In St. Petersburg und Kronstadt gab es zu viele „Amtsstuben". Was in der einen angeordnet wurde, widerrief man in der nächsten. Jedes Büro sah nur seine eigenen Probleme, versuchte sie mit allen erdenklich diplomatischen Winkelzügen zu lösen. Puschtschin hatte es nicht leicht, bei diesem Chaos einigermaßen die Übersicht zu behalten. Ein sehr drastisches Beispiel soll einen Eindruck von den damaligen Verhältnissen vermitteln: Im Januar 1790 sollte laut Admiralitätsliste ein Transporter überholt werden. Das Fahrzeug war aber weder in Kronstadt noch in St. Petersburg zu finden. Die intensive Suche erstreckte sich bald auf andere Orte wie Reval, Viborg, Fredrikshamn und Olonez am Ladogasee. Der Frachter blieb unauffindbar, die Admiralität stand vor einem Rätsel. Im April klärte sich die Angelegenheit auf: Ein aus schwedischer Kriegsgefangenschaft geflohener Seemann berichtete, der betreffende Frachter sei bereits im Oktober 1789 bei Aspö in schwedische Hand gefallen, die Besatzung in Gefangenschaft geraten.

Priorität bei den Überholungsarbeiten hatten die großen Kriegssegler, insbesondere die elf Linienschiffe und zwei Fregatten des Kronstadt-Geschwaders (Vizeadmiral Jakob Filipowitsch Suchotin), das gemäß Ukas zum Generalkriegsplan sofort nach Eisfreiheit nach Reval zu segeln, sich mit dem dortigen Geschwader zu vereinigen hatte.

Am 12. Mai – einen Tag nach dem Eisaufbrechen – entließ Hafenkommandant Puschtschin die ersten Schiffe auf die „Kleine Reede". Im Laufe des Tages „verringerte sich der Wasserstand um zwei Fuß", schrieb Puschtschin dem Grafen Tschernyschew „und unsere mächtigen 100-Kanonen-Dreidecker standen bei der Hafenausfahrt auf Grund". Es gelang nicht, die Segler flottzumachen. Erst nach sechs Tagen, als der Pegel normale Werte anzeigte, sollten die Schiffe wieder schwimmen.

Indessen berichtete ein niederländischer Kaufmann am 13. Mai in Kronstadt, er sei von Karlskrona bis Gotland parallel der schwedischen Kriegsflotte gesegelt. In der Admiralität löste diese Mitteilung zunächst Unglauben, dann aber hektische Betriebsamkeit aus. Allen in Kronstadt und St. Petersburg liegenden ausländischen Handelsfahrzeugen wurde bis auf weiteres das Auslaufen untersagt, damit sie keine aktuellen Informationen über die russischen Seestreitkräfte weitergeben konnten.

Am nächsten Tag traf in St. Petersburg Tschitschagows Kurier ein. Er brachte des Admirals Schreiben vom 11. Mai hinsichtlich der Annäherung des Feindes. Zu diesem Zeitpunkt herrschte auf der Newa starker Eisgang. Er behinderte den Verkehr zwischen St. Petersburg und Kronstadt. Sogar die Fährverbindung Kronstadt–Oranienbaum mußte eingestellt werden. Das hatte unter anderem zur Folge, daß man in Kronstadt den Inhalt von Tschitschagows Brief erst am 15. Mai erfuhr. Auch die erwarteten Versorgungs- und Ausrüstungsgüter sowie die angekündigten Rekruten[171] trafen nicht pünktlich ein. An diesem 15. Mai verfügte Katharina II.: „Vizeadmiral Suchotin und Konteradmiral Powalischin haben mit den besten Schiffen unverzüglich abzusegeln und Admiral Tschitschagow zu Hilfe zu eilen." Doch die größeren Linienschiffe standen immer noch auf Grund, und die übrigen waren noch immer nicht völlig ausgerüstet und bemannt,[172] das von der Kaiserin gewollte Unterstützungsunternehmen fand demnach nicht statt.

18. Mai. Das Wasser stieg, alle Dreimaster kamen vom Grund frei. Puschtschin ließ weitere Segler zur „Kleinen Reede" verholen, deren Ausrüstung forcieren. Nun lag das gesamte Kronstadt-Geschwader auf Reede. Dicht daneben sechs Linienschiffe, zwei Fregatten und zwei Kutter des Reservegeschwaders (Vizeadmiral Alexander Iwanowitsch Krus) – zwei Linienschiffe, vier Fregatten und etliche Hilfsfahrzeuge blieben auf dem Werftgelände, ihre Überholung war nicht abgeschlossen.

Nachdem sich die meisten größeren Schiffe auf Reede befanden, wurde Puschtschin angewiesen, nunmehr „35 Fahrzeuge der Ruderflotte auszurüsten. Zunächst die sechs fertiggestellten Ruderfregatten. Ihre Mannschaften sind aus dem Galeerenbataillon und aus vom Lazarett entlassenen Seeleuten zu bilden. Danach" habe er „die anderen beiden Ruderfregatten, die alte 20-Kanonen-Fregatte *Swjatoi Mark*, vier Schebecken, zehn Schuten, zehn Kanonenboote und zwei Halbprahme" einsatzbereit zu machen.

Die nächsten Ereignisse – Kämpfe bei Reval und Fredrikshamn,[173] das frühe Erscheinen der schwedischen Seestreitkräfte im Finnischen Meerbusen – führten zum Umdenken im Geheimrats- und Admiralitätskollegium. Nunmehr standen Abwehrmaßnahmen im Fall eines feindlichen Angriffs auf St. Petersburg im Vordergrund. Graf Tschernyschew trug der Kaiserin vor, daß das Reservegeschwader für diese Aufgabe allein zu schwach sei, deshalb die Auslauforder für das Kronstadt-Geschwader zurückgenommen werden muß. Gleichzeitig empfahl er, dem allseitig beliebten Vizeadmiral Krus die Befehlsgewalt über das vereinigte Verteidigungsgeschwader zu übertragen. Katharina II. folgte dem Vorschlag. Kaum wurde das bekannt, meldeten sich in Kronstadt viele junge Freiwillige zum Dienst im Geschwader, auf der Werft oder an den Festungskanonen.[174]

Krus reagierte schnell, schickte eine Fregatte und zwei Kutter als Vorposten in das Seegebiet zwischen Seskär und Stirsudde. Das Annähern feindlicher Einheiten sollte ihm sofort gemeldet, zum Gegner aber bei großer Distanz weiterhin Sichtkontakt gehalten werden.

Am 21. und 22. Mai fand auf der „Kleinen Reede" die vor jedem Seezug übliche Flotteninspektion statt. Einziger, aber nicht neuer Mangel war die nicht vollständige Geschwaderbesatzung. Um dem abzuhelfen, beschloß die Admiralität, Männer der noch nicht auf Reede entlassenen Fahrzeuge zum Verband Kruses zu beordern.

Während der Flottenmusterung verholte Puschtschin die acht neugebauten Ruderfregatten für Prinz Nassau-Siegen auf Reede. Krus nutzte die Gunst der Stunde und forderte von der Admiralität, ihm diese Fregatten als Ersatz für noch nicht einsatzbereite Hilfsfahrzeuge vorläufig zuzuteilen. Sie wurden ihm bewilligt, sollten nach ihrer Ausrüstung zu seinem Geschwader stoßen. Der Hafenkommandant bekam entsprechend Order. Außerdem befahl ihm Tschernyschew, eilends weitere Fahrzeuge für das Verteidigungsgeschwader auszurüsten. Puschtschins Antwortbrief wirft ein bezeichnendes Licht auf die damalige Situation in Kronstadt: „Die Linienschiffe *Swjatoslaw* und *Chrabry* sowie die Fregatte *Patriki* sind fast fertig überholt. Auf der Werft arbeiten jedoch nur 20 Kalfaterer. Sie beeilen sich, die Rümpfe der drei genannten Fahrzeuge zu dichten. Mehr Fregatten haben wir hier nicht. Kleinere Fahrzeuge können wir nicht ausrüsten, für sie fehlen die Besatzungen. Alle verfügbaren Leute aus dem Lazarett haben wir bereits gesammelt. Es sind vorwiegend Altgediente und Rekruten. Unter diesen Männern ist kein einziger Kalfaterer, Steuer- oder Untersteuermann. Ich kann deshalb weder die Fahrzeuge schnell ins Wasser lassen noch sie bemannen."

Am nächsten Tag bekam Vizeadmiral Krus kaiserliche Order, „zur befohlenen Seeoperation" auszulaufen. Gegen 22 Uhr begann das Ankerhieven, das stundenlang andauerte. Zwischen 2 und 3 Uhr segelten die am weitesten westlich liegenden Schiffe bei schwachem Wind ab. Nach einigen hundert Metern mußte erneut geankert werden – in der engen Fahrrinne bei Kronslot. Der Wind wechselte ständig, kam mal aus Osten, mal aus Norden oder Süden. Dann Flaute.[175] Schließlich abermaliges Ankerhieven. Gegen 17 Uhr stand der Verband erst fünf Seemeilen nordwestlich des Feuers von Tolbukin. Hier erhielt Krus durch einlaufende Kauffahrer äußerst konkrete Angaben zur feindlichen Flotte.[176]

28. Mai. Vizeadmiral Krus schrieb dem Grafen Tschernyschew: „Durch widrigen Gegenwind bin ich gezwungen, bei Krasnaja Gorka zu lavieren. Heute habe ich von nach St. Petersburg segelnden Kaufleuten erfahren, die schwedische Kriegsflotte – 22 Linienschiffe und 18 kleinere Dreimaster – würde sich bereits westlich von Hogland befinden und östlichen Kurs steuern … Ich halte es für meine Pflicht, Euch zu raten, die acht Ruderfregatten bei diesem Wind nicht zu meinem Flottenteil zu schicken. Darüber hinaus habe ich die Ehre, Eurer Durchlaucht anzuzeigen, daß ich die Antwort der Allerhöchsten auf meine vorgebrachten Entschlüsse nicht abwarte, sondern bei einsetzendem günstigen Wind unverzüglich die Wünsche unserer Kaiserin erfüllen werde."

Der Seeabschnitt, in dem sich Krus mit seiner Streitmacht aufhielt, hieß seinerzeit Kotliner Becken. Es erstreckt sich von Kotlin bis ungefähr zur Linie Mys Flotski im Norden und Schepelweski (einst Dolgi Nos = Lange Nase) im Süden. Auf halber Distanz zwischen zuletzt genannter Landzunge und Oranienbaum liegt Krasnaja Gorka. Untiefen gibt es nicht, jedoch ist das unmittelbare Küstenwasser flach. Im Prinzip besaß Vizeadmiral Krus einen Operationsraum von sechs bis sieben Seemeilen in Nordsüdrichtung.

30. Mai. In Kronstadt festgehaltene ausländische Handelssegler durften wieder auslaufen. Befürchtungen, die Schiffer könnten den Feind zum Angriff auf das „schwach befestigte Kronstadt" ermuntern, waren durch die umfangreichen Rüstungen der letzten drei Wochen gegenstandslos geworden – würden sie jetzt die Wahrheit berichten, dürften die Schweden kaum noch ein Unternehmen dieser Art wagen. Sobald die Ausländer abgesegelt waren, schickte Puschtschin 41 kleine, schwach armierte Ruder-/Segelboote zum Nord-Fahrwasser. Sie bildeten eine von Sestrorjetsk bis Kotlin reichende Verteidigungslinie, um gegebenenfalls leichten schwedischen Fahrzeugen die Durchfahrt zu verwehren. Weiterhin ließ der Hafenkommandant ein Linienschiff und eine Fregatte nach Kronslot schleppen und in der Fahrrinne verankern. Beide Fahrzeuge waren nicht seetüchtig. Sie sollten nur die Fahrrinne verengen und gleichzeitig die Feuerkraft des Forts und des Kupetschesker Hafen verstärken. Puschtschin an diesem Tage dazu an Graf Tschernyschew: „Das müßte ausreichen, um die Durchfahrt nach St. Petersburg zu sperren."

Am 31. Mai schlugen in St. Petersburg und Kronstadt drei Männer ihr Tagebuch auf und griffen zur Feder.

Katharinas Sekretär Chaprowizki notierte: „Vizeadmiral Krus um 9 Uhr noch nicht abgesegelt – die Kaiserin ist sehr beunruhigt."

Graf Tschernyschew schrieb: „Heute habe ich meine Kutterbesatzung zum Dienst auf die Kampffahrzeuge geschickt."

Hafenkommandant Puschtschin vermerkte: „Die letzten großen Schiffe sind bemannt – *Swjctoslaw*, *Chrabry* und *Patriki* segeln zu Krus. Gestern gingen auch die acht Ruderfregatten unter Kapitän Dennison zu ihm ab. Eine lief bei Kronslot auf Grund. In der Nacht haben wir sie flottbekommen, jetzt ist sie zum Vizeadmiral unterwegs."

Am Abend dieses 31. Mai erreichte Krus fast den 29. Längengrad. Hier, 14 Seemeilen westlich vom Tolbukin-Feuer, begann das Seskärbecken.[177] Er beabsichtigte, auf der Linie Stirsudde–Dolgi Nos den Feind zu erwarten. Nach Meldungen des Vorpostens befand sich die schwedische Flotte bereits östlich von Hogland, mußte bald bei Seskär in Sicht kommen.

1. Juni. Bei Hellwerden signalisierten die vorderen Schiffe „Mastspitzen der feindlichen Flotte gesichtet!". Etwa zwölf Stunden später waren die schwedischen Schiffe voll auszumachen. Der leichte Wind schwächte sich zunehmend ab – Flaute. Vizeadmiral Krus verzichtete auf den Befehl „Klar Schiff zum Gefecht!".[178]

Im Laufe des 2. Juni formierte sich Kruses Flottenabteilung bei leichtem Westwind und ruhiger See zur annähernd sechs Seemeilen langen, weiter als üblich auseinandergezogenen Schlachtlinie (siehe Tabelle 23). Das erste Schiff stand ungefähr zwei Seemeilen vor Stirsudde, das letzte ebenfalls höchstens zwei Seemeilen von Dolgi Nos entfernt. Nach gewissen Zeitabständen wendeten die Schiffe auf der Stelle, so daß die bisherige Vorhut die Nachhut, die bisherige Nachhut die Vorhut bildete. Gegen Abend hatte sich die schwedische Streitmacht bis auf vier Seemeilen der russischen genähert. Selbst bei hellen Nächten hatte sich Krus nie auf Flaggensignale verlassen, sondern stets seine Befehle durch Kurierboot übermittelt. Obendrein achtete er strikt auf das Einhalten der Plätze in Linie. Verringerte oder vergrößerte sich der Abstand zwischen zwei Fahrzeugen, mußte der „schuldige" Kommandant entweder Tuch setzen oder reffen, mitunter das Schiff mit seinen Barkassen wieder auf Position bugsieren lassen. So auch diesmal …

3. Juni – erster Tag der Schlacht

Vizeadmiral Alexander Iwanowitsch Kruses Verband bestand am 3. Juni aus 19 mächtigen Kriegsseglern in Schlachtlinie. In Lee von ihnen operierten fünf größere und vier kleinere Fregatten sowie fünf Ruderfregatten und einige Hilfsfahrzeuge. Die Linienschiffe verfügten über 1422 Geschütze, von denen etwa 800 als großkalibrig (Zwölf- bis Sechsunddreißigpfünder) und 600 als kleinkalibrig (Vier-, Sechs- und Achtpfünder) einzustufen waren. Außerdem gab es noch ungefähr 90 Drehbassen, vor allem auf den 100-Kanonen-Dreideckern. Die Avantgarde befehligte Vizeadmiral Jakob Filipowitsch Suchotin, die Arriergarde Konteradmiral Larion Afanasjewitsch Powalischin. Die *Knjas Wladimir* führte kein Befehlszeichen, Konteradmiral Alexej Grigorjewitsch Spiridow galt demzufolge nicht als Flaggmann bei diesem Unternehmen.[179]

Vizeadmiral Krus hatte seine Linienschiffe entsprechend ihrer Armierung formiert: Spitzenfahrzeug war die *Johann Bogoslow*, gefolgt von *Pobedoslaw* und *Dwenadzat Apostolow*. Anschließend wechselten 66-, 74- und 100-Kanonen-Schiffe einander ab – bis zu den Schlußfahrzeugen *Amerika*, *Sysoi Weliki* und *Konstantin*. Im Zentrum segelte Krus mit seinem Flaggschiff *Tschesme* (*Johann Krestitel*), vor ihm die *Jesekil*, hinter ihm die *Knjas Wladimir*.

Die „hintere" Linie befehligte Brigadekapitän Dennison. Er hatte am Tag zuvor die drei Ruderfregatten *Swjataja Alexandra*, *Swjataja Jelena* und *Swjataja Jekaterina* nach Kronstadt zurückgeschickt, dafür vier kleine, schwach armierte, wendige Segler erhalten.

Zu dieser Jahreszeit sind in der Gegend von St. Petersburg die Nächte verhältnismäßig hell. Gegen 2 Uhr konnte man auf den russischen Schiffen die Umrisse der schwedischen Segler wieder ausmachen, wenn auch nur schemenhaft. Eine Stunde später war die feindliche Streitmacht deutlich erkennbar. Herzog Karl hatte seine Flotte ungewöhnlich formiert: 21 große Schiffe und zwei Schwere Fregatten segelten in Schlachtlinie. In Lee von ihr gab es zwei weitere Linien. Die erste bestand aus sechs Schweren Fregatten. Sie bildeten ein von Konteradmiral Nordenskjöld vorgeschlagenes „Leichtes Geschwader" als spezielle Reserve- bzw. „Eingreiftruppe" – ein absolutes Novum damaliger Marinestrategie. Drei kleinere Fregatten und mehrere Hilfsfahrzeuge standen in der letzten Linie für die Erfüllung üblicher Aufgaben bereit.

Die Schlachtlinie – Spitzenfahrzeug *Dristigheten*, Schlußfahrzeug *Enigheten* – war unverändert in Vorhut, Gros und Nachhut unterteilt. Konteradmiral Modée befehligte die Avantgarde, Oberst Leijonanckar die Arriergarde. Auf besonderen Wunsch Seiner Majestät führte der britische „post captain" Sidney Smith das „Leichte Geschwader". Für die dritte Linie zeichnete Major Rudolf Cederström, der „Held von Baltischport", verantwortlich. Die in der Schlachtlinie formierten 23 Segler verfügten über 1486 Geschütze, davon annähernd ein Drittel Vierundzwanzig- und Sechsunddreißigpfünder (siehe Tabelle 25).

Gemäß königlicher Direktive, „die Kriegsflotte hat seeseitig die Operationen der Armeeflotte zu decken", mußte Herzog Karl die russische Seestreitmacht angreifen. Waffentechnisch war er dem Feind etwas überlegen. Allerdings wies seine Formation Schwachpunkte auf – und zwar dort, wo „wir zwangsläufig den gewaltigen Dreideckern gegenüberstehen" An diesen Stellen gedachte der Großadmiral seine Reservefregatten unterstützend einzusetzen.

Die russische Strategie beschränkte sich zunächst auf den Abwehrkampf auf der Linie Stirsudde–Dolgi Nos mit dem Ziel, die feindliche Flotte zu binden und zu schwächen. Erst nach Eintreffen des Reval-Geschwaders sollte die schwedische Flotte gemeinsam angegriffen werden.[180]

Um 3.30 Uhr wurde in den bei schwachem Ostnordostwind nordwärts ziehenden Flotten „Klar Schiff zum Gefecht!" befohlen. Zwischen beiden Verbänden betrug die Entfernung ungefähr eine halbe Seemeile. Auf dem russischen Flaggschiff wehten die Signalwimpel „Bram- und Oberbramsegel setzen!", „Arriergarde aufschließen!". Zwei Signalschüsse wiesen eindringlich auf die Order hin.

Gegen 4.30 Uhr hatten sich *Johann Bogoslow*, *Pobedoslaw* und *Dwenadzat Apostolow* der schwedischen Avantgarde auf zwei Kabellängen (etwa 350 Meter) genähert. Herzog Karl erteilte den Feuerbefehl. Doch die russischen Schiffe – ausgenommen die drei genannten Spitzenfahrzeuge – befanden sich noch außerhalb des Schußbereiches.

König Gustav ließen die Kanonenschüsse nicht weiterschlafen. Mit seinem Flaggkapitän Oberstleutnant de Frèse begab er sich auf die Chefgaleere *Seraphimsorden*, wohin man auch sämtliche Unterführer beordert hatte. Nach kurzer Beratung wies Seine Majestät an:
1. Ein Galeerengeschwader und zwei Abteilungen großer Kanonenschaluppen rücken zur Unterstützung der Kriegsflotte zum Auslauf des Björkösundes vor.
2. Alle übrigen Kampffahrzeuge formieren sich zum Schutz der Transporter.[181]

In Kronstadt wurde der Gefechtslärm ebenfalls vernommen. Puschtschin schrieb dem Grafen Tschernyschew: „5 Uhr. Jetzt ist es soweit, die Schweden sind nah. Wir hören Schüsse, die zweifelsohne von Schiffsgeschützen herrühren. Der Wind ist ONO."

Indessen hatte Vizeadmiral Suchotin seinem Geschwader mit drei Schüssen Feuererlaubnis signalisiert. Daraufhin korrigierten Gros und Nachhut ihren Kurs nach Backbord, auf die schwedische Linie zu. Zuerst griff das Gros, nach wenigen Minuten die Nachhut in den Kampf ein. Der schwache Wind vertrieb die Pulverschwaden nicht. Kaum ein Geschützführer vermochte den Gegner noch exakt aufzufassen.

Von der russischen Nachhut kamen besorgniserregende Signale – da Konteradmiral Powalischin auf der *Troch Jerarchow* das voraussegelnde Schiff nicht sehen konnte, wurden seine Signale von den Repetierfregatten der *Nikolai Tschudotworez* und der *Prinz Gustav* an Krus weitergeleitet: Auf der *Amerika* war eine kleine Pulverkammer durch ein geborstenes Kanonenrohr explodiert mit der Folge, daß das Deck erheblich zerstört und viele Seeleute verwundet wurden. Bei der *Sysoi Weliki* geschah ähnliches. Auch dort gab es durch ein geborstenes Kanonenrohr Verwundete.

Die Schlacht näherte sich ihrem Höhepunkt. Auf beiden Seiten wurden die Kugeln in schneller Folge aus den Rohren gejagt. Ein Geschoß riß Vizeadmiral Suchotin den Fuß ab. Kapitän Fedorow übernahm das Kommando. Zuvor mußte er dem schwerverwundeten Vizeadmiral geloben, das Geschwader „im Sinne des Vizeadmirals zum Sieg zu führen". All das ereignete sich in der Anfangsphase – zwischen 5 und 5.15 Uhr. Zu diesem Zeitpunkt bemerkte Kapitän Dennison, daß die Avantgarde einem schweren schwedischen Druck ausgesetzt war. Mit seinen kleinen Fregatten lief er nach Norden, schoß zwischen „Schiffslücken" auf den Feind. Fedorow untersagte das, weil wegen schlechter Sichtverhältnisse auch eigene Segler getroffen werden konnten. Dennison sollte vielmehr zur Linienspitze segeln, die vorderen Fahrzeuge von ihrer Flanke aus unterstützen. Und das tat der Kapitän, bezog neben *Johann Bogoslow* und *Pobedoslaw* Position.

Bis 6 Uhr schossen russische und schwedische Kanoniere, was sie nur zu leisten vermochten. Die Nahsalven verursachten Leckagen und Beschädigungen an den Ruderanlagen sowie in der Takelage. „Dem Feind", so Vizeadmiral Krus, „haben wir wenigstens zehn Bramstengen zerschossen.[182] Außer vielen zerfetzten Segeln auf beiden Seiten stürzte von meinem Flaggschiff die Stenge des Kreuzmastes herab, wurden bei der *Johann Bogoslow* Bram- und Kreuzstenge abgeschossen. Durch geborstene Kanonenrohre haben wir fünf Tote und 29 Verwundete zu beklagen – *Konstantin* elf Rohre und *Wjeslaw* vier; *Ne tron menja*, *Amerika* und *Sysoi Weliki* je ein Rohr." Wiederholt mußte Krus der *Jesekil* und der *Knjes Wladimir* signalisieren: „Vorgesehenen Platz in Linie einnehmen!" Beide Schiffe fielen im Verlaufe des Kampfes zurück, scherten aus der Linie aus. Doch sie ließen sich bald wieder in die zugewiesene Position bugsieren.

Nach 6 Uhr begann sich die schwedische Arriergarde langsam abzusetzen. Der Wind flaute merklich ab. Die Pulverschwaden blieben zwischen den Fahrzeugen, die „fast bewegungslos in tiefschwarzer Dunkelheit" dahintrieben.

Gegen 7 Uhr lebte der Kampf erneut auf, doch nur kurz. Die Entfernung erwies sich für die meisten Kaliber bereits als zu groß. Krus versuchte, mit allen zum Zentrum gehörenden Kriegsseglern nach Westen zu steuern, teilweise zusätzlich von Hilfsfahrzeugen bugsiert. Vergebens. Herzog Karls Streitmacht – inzwischen hatten die Reservefregatten die Linie verstärkt – wich nach Südwesten aus. Wenige Minuten nach acht Uhr fiel kein Schuß mehr.[183] Es kam leichter Westwind auf. Vizeadmiral Krus signalisierte, die Linie zu schließen, sich zu formieren und über Steuerbordhalse auf Südkurs zu gehen. Nachdem diese Manöver ausgeführt worden waren, befand sich das bisherige Spitzenfahrzeug *Johann Bogoslow* fünf Seemeilen südlich von Björkö und das Schlußfahrzeug *Konstantin* acht Seemeilen südlich von Stirsudde entfernt. Die russische Schlachtlinie hatte demnach eine Länge von ungefähr sechs Seemeilen in Nord-Süd-Richtung – sie zog sich fast von Küste zu Küste hin.

Eine knappe Stunde später eröffneten die Schweden abermals das Feuer. Es zeigte ob zu großer Entfernung keinerlei Wirkung und wurde schnell eingestellt. Danach wendete Herzog Karls Flotte, zog wieder nach Norden. Vizeadmiral Krus ordnete das gleiche Manöver an, ging zum Gegner auf Parallelkurs. Nun bestieg Krus einen Kutter, suchte nacheinander sämtliche Linienschiffe auf. Er verschaffte sich einen exakten Überblick über die entstandenen Gefechtsschäden – alle Schiffe galten als noch kampffähig. Beim verwundeten Vizeadmiral Suchotin hielt sich Krus etwas länger auf, schätzte mit seinem engsten Kampfgefährten das Geschehen ein. Ihr Resümee: „Die Verteidigungseinheit hat sich wacker geschlagen, trotz teilweise überalterter Kanonen nicht das Feld geräumt – also ein klarer Sieg für Kaiserlicher Majestät Schiffe."[184]

Gegen 11 Uhr – die russische Tete stand im Gewässer von Stirsudde – sichtete man auf der *Johann Bogoslow* Backbord voraus mehrere kleine Fahrzeuge, die aus dem noch vom Pulverrauch verhüllten Seitskärfjord auftauchten. Es handelte sich um Oberstleutnant Hjelmstiernas Kanonenschaluppen. Sie liefen zum Angriff an, schossen aber viel zu zeitig – die Kugeln erreichten weder *Pobedoslaw* noch *Johann Bogoslow*. Vizeadmiral Krus detachierte Kapitän Dennison zum Gegenangriff nach vorn. Mit drei Ruderfregatter kam dieser dem Befehl unverzüglich nach und eröffnete um 11.30 Uhr das Feuer. Hjelmstierna brach den Vorstoß ab, zog sich zunächt hinter die eigene Schlachtlinie, dann in den Björkösund zurück. Zwischen 18 und 19 Uhr ankerten alle Fahrzeuge der Armeeflotte erneut zwischen Björkös südöstlicher Spitze und dem Festland.

Während des Scharmützels zwischen Dennison und Hjelmstierna signalisierte *Johann Bogoslow* dem Flaggschiff, aus der Linie ausscheren zu dürfen. Kapitän Iwan Odinzow beabsichtigte, in der Takelage größere Schäden zu beheben. Vizeadmiral Krus gestattete das mit der ausdrücklichen Auflage, bald wieder den Platz in der Linie einzunehmen. Er wollte dem Feind auf keinen Fall zu der Annahme verhelfen, das Schiff sei ausgeschieden. Aber Odinzow blieb hinter der Linie …

Die schwedische Flottenführung dachte offensichtlich ebenfalls an eine kurze Schlachtunterbrechung wegen notwendiger Reparaturarbeiten. Jedenfalls wechselte Herzog Karl mit seinem Stab gegen 11 Uhr von der *Ulla Fersen* auf die *Konung Gustav III.* über.

13 Uhr. Seit einer Stunde Flaute, nun schwacher, allmählich zunehmender Westwind. Beide Flotten steuerten langsam südwärts. Herzog Karl ging mit seinem Stab erneut auf die *Ulla Fersen*. Kurz darauf sein Signal „Auf den Feind zuhalten!". Sowohl Modées Schiffe als auch die des Zentrums kamen bis auf Pistolenschußweite an die gegenwärtige russische Nachhut heran, überschütteten sie gegen 14 Uhr mit einem Kugelhagel. Plötzlich standen sich beide Flaggschiffe gegenüber. Auf der *Tschesme (Johann Krestitel)* marschierten Trommler und Trompeter auf, spielten einen Marsch nach dem anderen, spornten die Kanoniere zu höheren Leistungen an. Das Duell dauerte bis kurz vor 15 Uhr. Zunehmend flaute der Geschützlärm ab. Die schwedischen Schiffe zogen sich zurück, zumal sie wegen

der über den russischen Seglern liegenden Rauchschwaden keine guten Gefechtsbedingungen mehr hatten. Als gegen 16 Uhr Vizeadmiral Krus „Feuer einstellen!" befahl, wendete unverhofft Herzog Karls Einheit und steuerte ungeordnet auf die russische Schlachtlinie zu. Es kam zu einem neuen, wenn auch nur kurzen, aber heftigen Feuerwechsel. *Sysoi Weliki* (Kapitän Shochow) signalisierte „Kann nicht länger in Linie bleiben!" und scherte aus. Kapitän Iwan Odinzow verließ mit der *Johann Bogoslow* sogar eigenmächtig den Kampfplatz und nahm Kurs auf Kronstadt. Krus detachierte zwei andere Kriegssegler zur Avantgarde (gegenwärtige Nachhut) und ließ die Flotte aufschließen. Das hatte zur Folge, daß die gesamte Einheit mehr Tuch setzte und so eine geschlossene Marschformation bildete. Den Schweden war es nicht gelungen, die achtern segelnden Schiffe vom Gros zu trennen.

Annähernd 17 Uhr. Kruses Spitzenfahrzeuge standen kurz vor Dolgi Nos. Nordwestwind. Der Flottenführer befahl „Wende für alle Schiffe!". Der Verband steuerte wieder Nordnordostkurs. Die schwedische Formation befand sich zu diesem Zeitpunkt zwischen Seskär und Björkö, etwa zwei Seemeilen von der zuletzt genannten Insel und vier Seemeilen vom russischen Verband entfernt.[185]

Das plötzliche Umschlagen des Windes auf Südsüdwest nutzte Herzog Karl zu einem neuen Angriff gegen die russische Avantgarde. Das geschah gegen 18 Uhr. Abermals scheiterte sein Versuch, Spitzenschiffe von der Hauptmacht „abzuschneiden". Doch aus der Bewegung heraus änderten die Schweden ihre Taktik, gingen auf Südkurs und eröffneten auf sehr kurzer Distanz das Feuer. Die Kugeln beider Seiten lagen vortrefflich. Knapp anderthalb Stunden dauerte das Passiergefecht. Anschließend wendeten die schwedischen Fahrzeuge, segelten abermals parallel zu den russischen nach Norden – allerdings in größerer Entfernung als zuvor. Es fielen noch vereinzelte Schüsse, ehe das Schießen völlig aufhörte. Noch vor einsetzender Flaute erreichte Herzog Karls Verband das Seegebiet südwestlich von Björkö. Ab 21 Uhr „drifteten" beide Flotten mit schlaffen Segeln dahin. Auf allen Kriegsseglern wurde fieberhaft gearbeitet, Gefechtsschäden gab es mehr als genug. Für diesen Tag galt die Schlacht als beendet.

Schiffskommandanten, Stabsoffiziere und beide Flottenführer hatten jetzt Muße, zu Feder und Papier zu greifen.

Die schwedische Seite bezifferte ihre Gefallenen und Verwundeten mit 360 Mann. Im einzelnen:

79 Tote, davon	1	Schiffskommandant (Major Whitlock von der *Prins Ferdinand*),
	3	Subalterne Offiziere und
	75	Mann.
281 Verwundete, davon	6	Offiziere (u. a. Konteradmiral Modée),
	28	Unteroffiziere und
	247	Mann.

Von zehn Schiffen blieben detaillierte Ausfälle überliefert:

Konung Adolf Fredrik	48	Mann
Äran	41	Mann
Dristigheten	39	Mann
Finland	35	Mann
Dygden	32	Mann
Prins Ferdinand	15	Mann
Ömheten	4	Mann
Konung Gustav III.	3	Mann
Rättvisan	3	Mann
Uppland (Fregatte)	13	Mann

Wie bereits erwähnt, hatte Herzog Karl seinen Verband im Verlaufe der Schlacht von der *Ulla Fersen* aus geleitet. Mit an Sicherheit grenzender Wahrscheinlichkeit darf vermutet werden, daß sich auch Konteradmiral Nordenskjöld bei ihm aufhielt – obwohl er sich bekanntlich nicht mehr verantwortlich fühlte. Viele taktische Manöver deuteten auf seine Handschrift hin.[186] Verbürgt ist dagegen die Anwesenheit von Sidney Smith auf der kleinen Fregatte. Der „Führer des Reservegeschwaders" bezeichnete sich selbst als „Adjutant Seiner Königlichen Hoheit". In dieser Eigenschaft schickte er dem König mehrere, recht eigentümlich anmutende „Kampfberichte". Zum Beispiel drückte Smith sein Bedauern darüber aus, daß die „Schärenfahrzeuge nicht eingegriffen und sich der stark beschädigten feindlichen Schiffe bemächtigt hatten, die ausgeschert zu ihrer Übernahme bereit lagen". In einem anderen Brief distanzierte sich der Brite unbewußt von seiner früheren Meinung über das Navigieren im Finnischen Meerbusen, indem er schrieb: „In dem engen Fahrwasser haben wir zu wenig Spielraum. Sehr gut ist, daß der Wind bis jetzt schwach wehte, die Schiffe deshalb nur langsam vorankamen. Der Nahkampf fand oft mit fast stilliegenden Seglern statt. Würde der Wind stärker blasen, wäre hier ein längeres Verweilen nicht möglich, geschweige denn ein Angriff."

König Gustav entnahm Smiths Berichten, die Flotte sei siegreich gewesen. Um die Mittagszeit sandte er seinem Bruder einige Zeilen: „Wir danken Gott, dem Herzog, dem Flaggkapitän und allen tapferen Offizieren für den errungenen Sieg." Dem Schreiben lag ein anderes bei, das Seine Majestät bereits am Vormittag eigenhändig verfaßt hatte: „Mein lieber Bruder, Wir beabsichtigen, für Königliche Hoheit eine Vollmacht auszustellen, um Nordenskjöld zum Vizeadmiral zu ernennen." Über den ersten Brief wunderte sich Herzog Karl, über den zweiten freute er sich sehr. Mit der Beförderung Nordenskölds wollte der König offensichtlich den Flaggkapitän „beschwichtigen", ihn wieder in die Pflicht nehmen – angesichts der entstandenen Lage eine sehr kluge Entscheidung, wie sich noch zeigen sollte.

Am Abend sandte Gustav III. seinen Oberadjutanten, Graf von Rosen, zur Flotte. Er sollte sich eingehend informieren. Von Rosen traf drei Stunden nach Mitternacht wieder auf der *Amphion* ein. Sein Bericht über die Sachlage wirkte ernüchternd. Der König diktierte seine Meinung zum Schlachtverlauf und glaubte nochmals versichern zu müssen: „25 Kanonenschaluppen liegen bei Björkös südöstlicher Spitze bereit. Sie können jederzeit eingreifen." Und in Anspielung auf den zeitigen Kampfbeginn am Vortag setzte er für seinen Bruder eigenhändig hinzu: „I natt har man väckt mig tre gånger och då man har sin broder invecklad i batalj 2 lieux afstånd, är det svår att sofva lugnt."[187] Graf von Rosen mußte mit diesem Schreiben erneut zur Flotte aufbrechen. Als Herzog Karl des Königs Antwort seinem Stab zur Kenntnis brachte, kommentierte er den Nachsatz kurz und bündig: „Seine Majestät hat Sorgen!"

Zum Schlachtverlauf unterzeichnete Herzog Karl unter anderem auch ein Schriftstück, in dem es hieß: „Ein Teil der Schiffskommandanten und mehrere Offiziere waren unaufmerksam. Sie reagierten auf Signale nicht oder zu spät. Angeblich wegen des Pulverrauches oder zu großer Entfernung. Einer gesetzlich strengen Bestrafung dürfen sie keinesfalls entgehen." Aus keinem später datierten Dokument geht jedoch hervor, ob er diese Drohung wahrgemacht hatte. Das dürfte schon deshalb zu bezweifeln sein, weil bei den nächstfolgenden Ereignissen an ein Ahnden solcher „Disziplinlosigkeit" keinerlei Gedanken mehr verschwendet wurden.

Auf russischer Seite wurde an jenem Abend ebenfalls viel geschrieben. Die Kaiserin erhielt von Vizeadmiral Krus einen sehr ausführlichen Bericht. Er schilderte nicht nur den Tagesverlauf, sondern ging auch auf taktische Überlegungen ein. Sein Schreiben schloß mit dem Aufzählen von Gefechtsschäden – „die sich alle auf See beheben ließen" – und der bemerkenswerten Aussage: „Ich glaube, daß es unvernünftig sein würde, mit derartig beschädigten Schiffen gegen die feindliche Übermacht vorzugehen. Deshalb werde ich die schwedische Flotte so lange im Auge behalten, bis Admiral Tschitschagow von der anderen Seite erscheint, damit wir sie gemeinsam mit Erfolg angreifen können."

Einen recht aufschlußreichen Brief richtete Kapitän Dennison an den Befehlshaber der Ruderflotte, Vizeadmiral Prinz Nassau-Siegen: „Vizeadmiral Krus verdient ob seiner Ruhe, Kaltblütigkeit und seinem Mut allerhöchstes Lob. Das, obwohl er unglücklicherweise durch mehrere seiner Schiffskommandanten nur schlecht unterstützt worden war. Beim Abendgefecht befanden sich bloß noch 17 Schiffe in Linie. Da sich aber vier Kommandanten sehr ängstlich zeigten, kämpften in Wirklichkeit nur 13 Schiffe." Dennison war keineswegs mit Krus befreundet, sondern mehr dem Prinzen von Nassau-Siegen ergeben. Sein Brief dürfte deshalb tatsächlich nicht als wohlwollendes Lippenbekenntnis eines „schmeichelnden Untergebenen" gelten. Es sei in diesem Zusammenhang an die zwischen Krus und dem Prinzen bestehenden Spannungen seit den vorjährigen Ereignissen beim Svensksund erinnert.

Verschiedene Schreiber befaßten sich mit dem Verhalten des „feigen Kapitäns Iwan

Odinzow". Dieser hatte sich nach dem ersten Treffen auf das Flaggschiff begeben und dem Verbandsführer die entstandenen Schäden gemeldet. Krus antwortete ihm in Gegenwart zweier Offiziere: „Ihr seht, daß es auch bei mir solche Beschädigungen gibt; indessen bin ich entschlossen, in Linie zu bleiben. Euch rate ich deshalb, meinem Beispiel zu folgen." (Zeugenaussage, gerichtet an Graf Tschernyschew) Der Erste Offzier der *Johann Bogoslow*, Kapitänleutnant Osnobischin, gab zu Protokoll: „Ungeachtet meines Protestes befahl Kapitän Odinzow, den Kronstädter Hafen anzulaufen. Der Kapitän begründete mir gegenüber seinen Entschluß damit, Vizeadmiral Krus hätte ihm das gestattet. Meinen Einwand, das Signal hätte ‚In Linie zurückgehen!‘ gelautet, ignorierte er."[188]

Auch Kapitän 2. Ranges Shochow wurde gerügt, weil er mit der *Sysoi Weliki* zeitweise die Linie verlassen hatte. Gegen ihn wurde jedoch kein Verfahren eingeleitet. Ebenso erhielten die Kapitäne Borisow (*Wsjeslaw*) und Pekin (*Nikolai Tschudotworez*) einen Tadel wegen „Zaghaftigkeit vor dem Feind". Besonderes Lob zollte die Admiralität den beiden Flaggmännern Powalischin und Suchotin sowie dessen Vertreter Kapitän Fedorow.

Und was schrieben die Kaiserin und ihr Sekretär in ihre Tagebücher?

Chaprowizki: „Vom Morgenrot bis zum Abend hörten wir in St. Petersburg und in Zarskoje Selo eine fürchterliche Kanonade. Zu allem Übel erreichte uns am Abend die Hiobsbotschaft, der schwedische König befehlige höchstpersönlich die bei den Berezowy-Inseln liegende Schärenflotte."

Katharina II.: „Des Reiches Hauptstadt liegt plötzlich an der Grenze zu Schweden und ist bei einem seeseitigen Angriff leicht zu besetzen."

4. Juni – zweiter Tag der Schlacht

Die Nacht verlief ruhig. Flaute, ab und zu von kurzem Windhauch unterbrochen. Seeleute dichteten Lecks oder brachten das Takelwerk in Ordnung. Kanoniere schliefen, sofern das bei dem Arbeitslärm möglich war. Bis zum Morgen hatte sich die Lage der Flotten nicht wesentlich verändert. Kruses Schiffe drifteten zwischen den Gariwalla- und den Demansteinen im Süden, seine Schlußfahrzeuge nahe dem Markierungspfahl von Grekowa im Norden, Herzog Karls Kriegssegler etwa vier bis sechs Seemeilen westlich der von Vizeadmiral Krus.[189]

In den Vormittagsstunden kam leichter Ostwind auf. Er vertrieb die letzten Reste Pulverschwaden, die noch über dem Schlachtfeld schwebten.

Der russische Verband – nunmehr 18 Schiffe in Linie – griff trotz günstiger Luvposition nicht an. Er zog mit kleinen Segeln südwärts, blieb im Bereich der bisherigen Verteidigungsstellung. Auf der *Dwenadzat Apostolow* wehte noch immer die Flagge des Vizeadmirals, obwohl sich Suchotin bereits im Marinelazarett von Kronstadt befand. Im Einvernehmen mit den Konteradmiralen Powalischin und Spiridow hatte Vizeadmiral Krus das angeordnet. Kapitän Fedorow sollte das Geschwader weiterhin führen. Der Feind brauchte nicht zu wissen, daß Suchotin ausgefallen war.

Auch auf der schwedischen Seite gab es geringfügige Veränderungen. Die Schweren Fregatten segelten auf ihren früheren Plätzen in Linie, nicht mehr als Reserve in zweiter Linie. Demzufolge entfiel für „post captain" Sidney Smith die Befehlsfunktion für ein „Leichtes" Geschwader. Er hielt sich nunmehr auf der *Konung Adolf Fredrik* auf, stand dem leichtverwundeten Konteradmiral Modée zur Seite.

Um die Mittagszeit – die Vorsteven zeigten nach Norden – änderten sich die Windverhältnisse. Zunächst wehte er schwach aus Südost, dann aus Südwest und ab 14 Uhr aus Westsüdwest. Indessen hatten die Flotten gewendet. Die schwedische nahm jetzt die begehrte Luvposition ein. Herzog Karl ließ konvergierenden Kurs steuern. Um 16.15 Uhr war es soweit: Oberst Leijonanckars Geschwader (die jetzige Vorhut) lag bis auf Musketenschußweite entfernt nahe den Schiffen Powalischins. Sowohl auf der *Drottning Sofia Magdalena* als auch auf der *Troch Jerarchow* wurde „Feuererlaubnis!" signalisiert. Im Verlaufe der nächsten 45 Minuten griffen immer mehr Fahrzeuge in den Kampf ein, bis es schließlich auf allen in Linie formierten Seglern hieß: „Feuern!", „Putzen!", „Laden!", „Ausrennen.", „Feuern!" …

Mehrere Schiffe in Kruses Zentrum waren zu schnell. Kapitän Kuronanalejow (*Jesekil*) befahl deshalb „Segel am Kreuzmast fieren!". Auf der nachfolgenden *Tschesme* (*Johann Krestitel*) löste man die Großmarssegel. Auf anderen Seglern wurde backgebraßt. Diese Manöver brachten eine gewisse Unruhe in die Linie. Kapitän Chamatow mußte mit der *Swjatoi Pjotr* ausweichen, um einer Havarie zu entgehen. Zu diesem Zeitpunkt erhielt die in der Spitzengruppe segelnde *Konstantin* mehrere Treffer in der Takelage. Sie fiel zurück. Die in ihrem Kielwasser navigierende *Troch Jerarchow* lief auf, wobei ihr Backbord-Kranbalken abbrach. Dieses „Durcheinander" nutzte Herzog Karl, wollte die beiden letzten Schiffe der feindlichen Linie von den übrigen abschneiden. Konteradmiral Modée bekam entsprechende Order.

Dygden, *Tapperheten* und *Dristigheten* setzten zum Umgehungsangriff an. Es schien, als würde ihr Vorhaben glücken. Der wagemutige Oberstleutnant Billing (*Dygden*) wandte sich gegen den drittletzten Dreimaster, gedachte nahe dessen Heck durchzubrechen. *Dygden* mußte eine volle Breitseite hinnehmen, geriet arg in Bedrängnis. Daraufhin hielt Modée mit der *Konung Adolf Fredrik* auf die Duellanten zu, sekundierte *Dygden*. Vizeadmiral Krus schätzte die schwedische Absicht richtig ein, schickte Kapitän Dennison mit allen Fregatten zum Brennpunkt. Erst nach halbstündiger, sehr heftiger Kanonade trennten sich die Gegner gegen 18 Uhr.

Inzwischen bekämpften sich die übrigen Kriegssegler auf normaler Kanonenschußweite – allerdings verließen immer weniger Kugeln die Rohre – Entscheidendes trat nicht ein.

Nach erneutem Wendemanöver beider Verbände ließen die Schiffe wieder einmal Dolgi Nos achteraus. Das Geschützfeuer währte noch eine Weile, verstummte schließlich wegen zu großer Entfernung zum Feind, etwa zwischen 19 und 20 Uhr – Ende der zweitägigen Schlacht.[190]

Herzog Karls Formation zog sich in westliche Richtung zurück. Kurz nach 20 Uhr signalisierte die an der Spitze segelnde *Dristigheten* „Fregatte *Jarramas* in Sicht!". Die an ihrem Vortopp wehenden Signalwimpel konnte der Ausguck nicht deuten. Nach einer Stunde ließen sie sich identifizieren: „Werde vom Feind gejagt!" Dann tauchten auch die Mastspitzen, Segel und Silhouetten der Kutterbrigg *Dragon* sowie der Kutter *Hök* und *Falk* über dem Horizont auf.

Die *Jarramas* wurde nicht nur vom Ausguck der *Dristigheten*, sondern auch von Leutnant Gustav Klint auf der *Ulla Fersen* bemerkt. Nordenskjölds Adjutant war unmittelbar vor Schlachtende zum oberen Teil des Großmastes der kleinen Fregatte aufgeentert, um sich einen besseren Überblick zu verschaffen. Dabei hatte er die *Jarramas* ausgemacht. Seine Wahrnehmung und die des Postens der *Dristigheten* beunruhigten den Flottenstab. In quälender Ungewißheit verging die nächste Stunde. Dann wußte der Herzog definitiv, daß das Reval-Geschwader nahte. Seine Formation befand sich nun da, wo sie nie sein sollte – zwischen zwei Fronten.

Jetzt war wieder Nordenskjölds Rat gefragt. Der Noch-Konteradmiral beschloß, einige Strich nach Steuerbord, also nordwestlich zu steuern. Außerdem befahl er alle Fregatten achteraus, falls das Kronstadt-Geschwader folgen würde. Nach Nordenskjölds Aufzeichnungen dürfte die Flotte kein eindruckvolles Bild geboten haben: „Ohne die festgelegte Ordnung einzuhalten, segelten die besten Schiffe vorn, hinkten die schlechtesten hinterher."

Von der *Konung Gustav III.* legte etwa um 22 Uhr eine Kurieryacht ab. Herzog Karls Bote brachte Seiner Majestät die „vorläufige Einschätzung über den Schlachtverlauf am 4. Juni". Die Kurzmitteilung bestand außer etlichen Floskeln nur aus dem Kernsatz: „Wir haben heute einander beschossen, allerdings ohne Vorteile oder Schiffsverluste für irgendeine Seite – nur fünf Gefallene und 20 Verwundete sind zu beklagen."

Ein anderer Kurier beförderte kurz darauf zwei weitere Briefe, die „à 10 heures du soir" geschrieben wurden. Herzog Karl, sicherlich sehr bewegt, äußerte sich: „Ich nehme eine Position ein, um sowohl dem Reval-Geschwader als auch dem Kronstadt-Geschwader zu entgehen, sollten sie mich verfolgen. In solchem Fall hoffe ich, sie zu schlagen. Ich werde nichts unversucht lassen, des Feindes Schiffe zu vernichten. Habe ich keinen Erfolg, so ist das nicht mein Fehler. Egal, ob mir das Glück hold ist oder ich mich ins Unglück stürze – ich werde über das Geschehen berichten."

Sidney Smith schilderte dem König die Tagesereignisse und meinte abschließend: „Wir befinden uns in einer äußerst prekären, fast aussichtslosen Lage. Den einzelnen Geschwadern war Seine Königliche Hoheit stets überlegen. Trotzdem konnte er nicht allzu viel ausrichten. Nun ist aber der Feind weitaus stärker. Wie wird die nächste Schlacht ausgehen? Es ist unmöglich, das vorauszusehen …"

Beide Schriftstücke irritierten König Gustav sehr. Hatte ihm doch wenige Stunden zuvor noch Smith von „heroischen Taten unserer Schiffskommandanten" berichtet und davon, daß „wir dem Feind schweren Schaden zugefügt haben". Auch Herzog Karls Respekt vor dem „mutigen englischen Offizier", der „während des Kampfes mit einem Boot die gesamte Linie entlanggelaufen und auf die meisten Schiffe gestiegen"[191] war, stand im Widerspruch zu einem so pessimistisch schreibenden Smith.

An diesem Tag erhielt der König aber noch drei andere Nachrichten, die ihn in seinem Glauben an eine baldige Einnahme St. Petersburgs bestärkten:

1. Für die Armeeflotte waren bedeutende Verstärkungen im Anmarsch: Oberstleutnant Jacob Törning mit der Göteborg-Abteilung und Oberstleutnant Viktor von Stedingk mit der Hemmema *Styrbjörn* und zwei Kanonenschaluppen.[192]
2. An der Kymmene-Front hatte die Offensive des Heeres begonnen. An vielen Stellen waren die Truppen bereits bis zum Fluß vorgedrungen, wurde der Feind (Numsen, Denisow und Schulz) auf das östliche Ufer zurückgedrängt.[193]
3. Oberst Gustav Mauritz Armfelts Brigade wollte am 3. Juni von Savolaks aus über Villmanstrand bis Viborg marschieren. Die östlich der Kymmene stehenden russischen Regimenter wären demzufolge abgeschnitten, müßten kapitulieren.

Seine Majestät konnte bei Eintreffen der dritten Nachricht nicht ahnen, daß Armfelts Unternehmen bereits gescheitert war: Der Oberst gedachte mit 2000 Mann den strategisch wichtigen Ort Savitaipale zu erobern. Dort standen nur 1600 Mann unter Waffen, befehligt von Generalmajor Chruschtschow. Als Reaktion auf die Aprilereignisse hatte Graf Iwan Petrowitsch Saltykow – Oberbefehlshaber der russischen Finnlandarmee – in diesem Frontabschnitt ungefähr 4000 Soldaten konzentriert. Denn wer Savitaipale besaß, beherrschte die Passage nach Villmanstrand.

Armfelts Brigade rückte wie vorgesehen am 3. Juni vor – auf drei unterschiedlichen Wegen, mitunter sogar über die Seen. Der Oberst marschierte mit 1000 Mann direkt auf Savitaipale zu. Zwei Abteilungen – je 500 Mann stark – sollten dagen über Umwegen zum Ziel gelangen, dann von Osten respektive von Westen aus angreifen. Die gemeinsame Attacke wurde für 12 Uhr am 4. Juni vereinbart. Pünktlich auf die Minute stürmte Armfelts Einheit gegen die russische Schanze an – allein. Von den anderen beiden Abteilungen war nichts zu sehen oder zu hören. Generalmajor Chruschtschow wehrte den Anfall erfolgreich ab. Ein gutes Drittel der Angreifer blieb für immer auf dem Feld der Ehre. Geschlagen zogen sich die Schweden zurück, viele von ihnen verwundet. Armfelt mußte sich tragen lassen, ein Schulterschuß machte ihm das Gehen zur Qual. Nun erst erschienen die verspätet eingetroffenen Abteilungen. Ihr Einsatz war zwecklos, der Kampf längst entschieden. Armfelts Strategie dürfte ausgezeichnet, sein Zeitplan aber miserabel gewesen sein. Er konnte deshalb keine freie Passage nach Villmanstrand schaffen, vereitelte so unbewußt des Königs Feldzug nach St. Petersburg.

Es sei daran erinnert, daß der schwedische Kriegsplan bekanntlich vorsah, die Galeerenregimenter an der Südküste des Kotliner Beckens anzulanden und St. Petersburg von Westen aus einzunehmen. In solchem Fall mußte

1. die russische Kriegsflotte geschlagen, zumindest aber gebunden werden – nur dann konnte die Armeeflotte das Seegebiet unangefochten überqueren;

2. die eigene Armee bei Viborg stehen, den Bereitstellungsraum der Armeeflotte decken.

Russische und schwedische Militärhistoriker erkannten später – nach dem Auswerten zeitgenössischer Dokumente –, König Gustav hätte zum Zeitpunkt der Zweitageschlacht St. Petersburg sehr leicht erobern und Rußland den Frieden diktieren können: Wären seine Galeerenregimenter (8000 Soldaten) bei Björkö an Land gegangen und an der Nordküste auf die russische Hauptstadt zumarschiert, hätten ihnen lediglich drei Kosakenschwadronen (ungefähr 250 bis 300 Mann) und drei Feldgeschütze gegenübergestanden.

Kurz vor Mitternacht setzte wie schon gewohnt Flaute ein. Die schwedische Flotte lag abermals südwestlich von Björkö. Von dem Reval-Geschwader war immer noch nichts zu sehen. Auf der *Konung Gustav III.* diktierte Herzog Karl seinem Sekretär einen in mehrere Paragraphen unterteilten Befehl. Magister Mathias Sundevall bekam den Auftrag, diese Order bis zum Morgen für alle Kommandanten der Linienschiffe und der Schweren Fregatten auszufertigen. Das vom Flottenführer eigenhändig unterschriebene Schriftstück wurde sonderbarerweise nicht von Flaggkapitän Nordenskjöld gegengezeichnet. Es läßt Rückschlüsse zu, weshalb Herzog Karls Verband – vor allem am ersten Tag der Schlacht – keine wesentlichen Erfolge zu erzielen vermochte. Die drei wichtigsten Paragraphen lauten:

§ 1

Während der verflossenen Schlacht habe ich mit großer Sorge gesehen, daß gewisse Schiffe schossen, die Kugeln jedoch weit vor dem Feind ins Wasser fielen. Wir sind zu weit von der Hauptbasis entfernt, müssen daher achtsam mit der Munition umgehen, also nur schießen, wenn die Kugeln Wirkung zeigen. Königlicher Majestät und dem Reiche dienend ist es für mich zwingend notwendig, den Herrn Schiffschefs zu befehlen, bei Strafe für Leib und Leben die Kanonen nicht feuern zu lassen, wenn die Kugeln nicht bis zum Feind fliegen können.

§ 2

Den Schiffschefs befehle ich außerdem, insofern sie es zu vermeiden wünschen, das strengste Beispiel, ihren Platz in Linie bei Tag und Nacht unbedingt einzuhalten – sei es auch mit Hilfe von Schaluppen, falls es die Witterung zuläßt.

§5

Gelingt es dem Feind, unsere Linie zu durchbrechen, werde ich die Schiffschefs, die das dem Feind ermöglichten, strengstens zur Verantwortung ziehen.

Soweit das Geschehen am Abend des 4. Juni, die schwedischen Streitkräfte betreffend. Seit 21 Uhr war auch bei Vizeadmiral Krus nichts Außergewöhnliches mehr vorgefallen. Seine Verteidigungseinheit blieb im Seeraum zwischen Stirsudde und Dolgi Nos. An Deck hatte man zwar die aus Westen ansegelnde *Jarramas* und später die aus gleicher Richtung kommenden drei kleinen Hilfsfahrzeuge bemerkt, doch deuten konnte Krus diese „Art von Verstärkung" nicht.

In Anbetracht der Absetzbewegungen des Feindes ließ der russische Verbandsführer die Gefechtsbereitschaft aufheben. Nun gingen bei ihm die üblichen Meldungen über Verluste, Schäden, Munitionsverbrauch und beim Gegner „festgestellte Treffer und deren Wirkungen" ein. Krus sah sich gezwungen, die nur übereilt kampfbereit gemachten drei Segler *Swjatoslaw*, *Chrabry* und *Patriki* zum Komplettieren ihrer Ausrüstung nach Kronstadt zu detachieren. Dann begann er seinen Thronbericht abzufassen, den Graf Tschernyschew der Kaiserin vorlegen würde.[194] Aus dem recht umfangreichen Schriftstück sind einige Abschnitte erwähnenswert:

„... Mir schien es anfangs unbegreiflich, weshalb der Herzog von Södermanland bis östlich von Seskär vorgedrungen war, fern seiner Basen im engen Fahrwasser operierte – dort, wo er von beiden Küstenseiten aus beobachtet werden konnte. Als aber im Verlauf des ersten Kampftages hinter der Birkeninsel (Björkö/Bolschoi Berezowy; d. A.) feindliche Ruderfahrzeuge zum Angriff vorbrachen, gab mir das zu denken. Der Herzog hatte vermutlich vor, das mir von Kaiserlicher Majestät anvertraute Geschwader zu schlagen und anschließend seine Truppen anzulanden. Gleichzeitig würde auch der König sein Heer unter dem Schutz vieler Schiffskanonen an Land bringen und es zu unserer Hauptstadt führen …"

„… zu meinem Erstaunen bemerkte ich – und viele Schiffskommandanten stellten das ebenfalls fest –, daß uns während des zweiten Kampftages der Feind[195] sehr nahe kam und trotzdem nur viele blinde Schüsse abfeuerte. Manchmal waren es drei oder vier Salven, dann erst wieder eine mit Kugeln. Sparte der Gegner Kanonenkugeln, oder versuchte er, durch Pulverschwaden eine dichte Nebelwand zu erzeugen? Ich glaube mehr an die letzte Möglichkeit, weil feindliche Schiffe – ungesehen von meinem Zentrum – an zwei meiner Nachzügler heranzukommen trachteten …"

„… infolge der vielen Blindschüsse waren unsere Verluste geringer als am Tage zuvor. Lediglich bei der Nachhut gab es zwölf Gefallene und 33 Verwundete. Wir haben aber bedeutende Schäden an Rundhölzern und am stehenden Gut zu verzeichnen. Zwei Kugeln haben auf meinem Schiff die Admiralskajüte durchschlagen …"

Vorwegnehmend soll ergänzend zu Kruses Thronbericht auf die spätere Auswertung der Logbücher durch die Admiralität hingewiesen werden. Graf Tschernyschew stellte dazu fest: „Hinsichtlich erteilter Befehle und entsprechender Signale hat Vizeadmiral Kruse trotz schlechter Kampfbedingungen das Bestmögliche geleistet, durch mutiges und taktisch kluges Verhalten praktisch einen Sieg erfochten, indem er den Feind nicht nach Kronstadt und St. Petersburg segeln ließ."

Zwei weitere überlieferte Schriften dürften ebenfalls von allgemeinem Interesse sein. In Kronstadt hörte man am Vormittag des 4. Juni keine Kanonenschüsse. Puschtschin deshalb an Tschernyschew: „Hier herrscht verstärkte Wachsamkeit. Ständig kontrollieren wir die Verteidigungsbereitschaft. Es ist unheimlich still. Kanoniere liegen bei den Geschützen, Feuerlöschtrupps lagern an verschiedenen, besonders gefährdeten Stellen. Den Batterien außerhalb der Stadt habe ich befohlen, Feuer zu unterhalten und den Feind mit ‚glühenden Kugeln‘ zu empfangen."

Und in Zarskoje Selo notierte am 5. Juni Katharinas Sekretär, Dnewnik Chaprovizki, in seinem Tagebuch: „In der vergangenen Nacht wurde die Kaiserin geweckt. Ein Kurier des Prinzen Nassau-Siegen brachte Nachricht, Krus sei geschlagen. Ein später eintreffendes Schreiben Tschernyschews besänftigte alle im Palast. Es kamen weitere Meldungen, und schnell sprach sich herum: Krus hatte dem Feind standgehalten, Tschitschagow würde bald eintreffen, die Kaiserin ist beruhigt."

Am Nachmittag des 5. Juni überbrachte Graf Tschernyschew der Kaiserin Kruses Thronbericht. Sie las ihn sofort und befahl, Vizeadmiral Alexander Iwanowitsch Krus mit dem Alexander Newski-Orden auszuzeichnen. Eigenhändig setzte Katharina II. auf der Urkunde hinzu: „Mit Donner wehrte er den Donner ab, rettete er Peters Stadt und Haus."[95]

286

Tschitschagow kommt

Die Nacht zum 5. Juni war wiederum verhältnismäßig hell. Gegen 2 Uhr erblickten die russischen Ausguckposten im Nordwesten die Masten der schwedischen Flotte – sie lag in Höhe von Torsari (Sapadny Berezowy). Eine Stunde später gab Vizeadmiral Krus Befehl, auf den Feind zuzuhalten. Sobald sich die verbliebenen 16 Linienschiffe formiert hatten, wiesen auf dem Flaggschiff abgefeuerte Signalschüsse auf die Order „Segelfläche vergrößern!" hin. Da der Wind schwach und dazu noch aus westlicher bis südwestlicher Richtung wehte, kam die Einheit nur langsam voran.

Kurz nach 7 Uhr signalisierten die Spitzenfahrzeuge, nördlich von Seskär operiere ein weiteres Geschwader. Zu diesem Zeitpunkt wußte Krus nicht, ob es sich um feindliche oder eigene Schiffe handelte. Der Wind flaute zunehmend ab, Kruses Verband machte kaum noch Fahrt. Erst gegen 10 Uhr konnten die auf den Marsen stehenden Ausgucks die Anzahl der Fahrzeuge bestimmen, die zwischen der schwedischen Flotte und Seskär kreuzten: 16 größere und einige kleinere Segler. Alle Anzeichen sprachen dafür, daß Admiral Tschitschagow eingetroffen war.

Tagsüber wehte – wenn überhaupt – ein zaghafter Wind. Der Himmel war leicht bedeckt, Sonnenstrahlen brachen wegen Schleierwolken nur mühsam durch, Himmel und See gingen am Horizont im Dunst über.[197] Kruses Einheit stand am Abend knapp sieben Seemeilen westlich der sich Linie Stirsudde–Dolgi Nos – weiter vermochte sich die Verteidigungsformation ob der Witterungsverhältnisse dem Feind nicht zu nähern.

Wie reagierte indessen die schwedische Flottenführung? Dem Logbuch der *Dristigheten* zufolge wendete die Formation gegen 14 Uhr vor dem Torsarigrund. Sie steuerte bei schwachem Westwind einen südwestlichen Kurs und stand gegen 19 Uhr vier Seemeilen vor Seskär. Nach erneuter Wende segelten die Schiffe bei aufkommender leichter Südwestbrise nach Nordwesten auf die Vidskären zu. Um Mitternacht schlug der Wind um, mal kam er aus Südosten, mal aus Süden. Während der frühen Morgenstunden wurde es neblig. „Ständig lotend" kamen die Vidskären in Sicht.[198] Herzog Karl befahl zu ankern. Gegen 8 Uhr lag die Flotte still.

Die Besatzungen erhielten ihre wohlverdiente Ruhepause, nur noch vereinzelte Reparaturarbeiten mußten ausgeführt werden. Herzog Karls Stab beriet ununterbrochen verschiedene Varianten, wie sich die Flotte dem Umklammern des Feindes entziehen könnte, und konzentrierte sich letztendlich auf zwei Möglichkeiten:
1. Dem Generalbefehl des Königs folgen und die Bucht von Viborg seeseitig abriegeln, die Fahrzeuge der Armeeflotte schützen oder
2. nach Westen segeln, sich mit dem Reval-Geschwader messen.
Seine Königliche Hoheit hatte sich bereits zuvor – unterstützt von „captain" Sidney Smith – für die erste Version entschieden. Nordenskjölds Meinung ist leider nicht dokumentiert wor-

den, doch es dürfte unwahrscheinlich sein, daß er diesem Entschluß zugestimmt hatte. In den Vormittagsstunden zog sich Herzog Karls Formation weiter nach Nordwesten zurück, bildete zwischen den Pensar-Inseln (Pensarholmarna) und Krysserort eine Art Verteidigungslinie.

Völlig anders agierte Vizeadmiral Krus. Bei Hellwerden – zwischen 2 und 3 Uhr – stieß seine Einheit weiter nach Westen vor. Drei Böllerschüsse waren das Signal für „Klar Schiff zum Gefecht!". Konteradmiral Powalischin meldete, sein Schiff könne die Position in Linie nicht halten. Krus antwortete nicht. Offensichtlich wollte er seinen Verband nicht weiter schwächen, nicht auf die Feuerkraft des 100-Kanonen-Dreideckers verzichten.

Während seines Vormarsches – gegen 5 Uhr – kehrte eine bereits am Vorabend ausgesandte Ruderfregatte mit Kapitän Dennison zurück. Der Kapitän, der die Gewässer von Seskär erkunden sollte, meldete, daß sich Admiral Tschitschagows Geschwader zwischen den Inseln Pen, Nerva und Seskär aufhalte. Diese Nachricht veranlaßte Krus zum Abbruch seines Vorhabens. Er steuerte nunmehr bei Westsüdwestwind Seskär an. Gegen 7 Uhr erreichte Vizeadmiral Krus das Reval-Geschwader. Mit elf Salutschüssen verkündete er dem Flottenbefehlshaber, daß die Verteidigungseinheit nunmehr unter seinem Befehl stünde. Damit galt für Vizeadmiral Krus die ihm übertragene Aufgabe als erfüllt. Das Vereinen der russischen Flottenabteilungen erfolgte in einer Entfernung von ungefähr 17 Seemeilen zur schwedischen Seestreitmacht.

Nun, da sich die russischen Flottenteile zu einer starken Streitmacht verbunden hatten, tauchten unvermeidlich verschiedene Fragen auf: Im Jahr zuvor wollten bekanntlich Admiral Tschitschagows Einheit und das Kopenhagen-Geschwader den schwedischen Verband zwischen zwei Feuer bekommen. Das gelang nicht. Diesmal brachte sich Herzog Karl von allein in eine solch fatale Lage. Weshalb also nutzte die russische Flottenführung das nicht aus? Vizeadmirals Kruses Verteidigungsstrategie zielte eindeutig darauf hin. Demzufolge lag es offensichtlich an Admiral Tschitschagow, daß abermals die schwedische Flotte nicht von zwei Seiten angegriffen und vernichtet werden konnte.

Weshalb erreichte Tschitschagow nicht rechtzeitig das Schlachtfeld? Waren die Windverhältnisse daran schuld, oder trafen die kaiserlichen Befehle verspätet in Reval ein? Bei gründlicher Betrachtung aller Umstände, die teils aus des Admirals Tagebuch, teils aus den Bordjournalen ersichtlich werden, kommt man unwillkürlich zu dem Schluß, dem Admiral mangelte es an Mut und freudiger Entschlußkraft. Für sein zögerndes Verhalten führte er Gründe an, die entweder vorgeschoben oder erfunden waren bzw. nur andeutungsweise zutrafen.

Es sei daran erinnert: Admiral Tschitschagow ließ nach dem Kampf auf der Revaler Innenreede seine Kriegssegler weiter ausrüsten. Das erfolgte angesichts fortdauernder Bedrohung durch die feindliche Flotte. Vor einem unerwarteten Überfall brauchte sich der russische Admiral allerdings nicht zu fürchten. Kapitän Tet kreuzte mit einer kleinen Vorposteneinheit – ein Linienschiff und zwei Fregatten – auf der Außenreede und beobachtete ständig die beim Novajagrund liegenden schwedischen Schiffe.

Am 19. Mai überbrachte ein berittener Bote dem Admiral kaiserliche Depeschen und Briefe. Ihnen konnte Tschitschagow einwandfrei entnehmen, wie es um die Einsatzbereitschaft des Kronstadt-Geschwaders stand. Außerdem erfuhr er, daß die in Kronstadt stationierten Geschwader Weisung erhalten hatten, ihn in seinem Kampf gegen die schwedische Seestreitmacht zu unterstützen. Vizeadmiral Krus schrieb, seine Order laute: „Mit dem Reservegeschwader nach Reval segeln." Jedoch rechnete der Vizeadmiral nicht damit, daß alle „Fahrzeuge vor dem 13. Mai (24. Mai; d. A.) vollständig gerüstet und bemannt seien" und er deshalb „erst danach absegeln könne".

Am 25. Mai meldete Kapitän Tet, die feindlichen Kriegssegler wären – bis auf zwei kleine Beobachtungsfahrzeuge – vom Novajagrund mit nordöstlichem Kurs abgesegelt. Zu diesem Zeitpunkt waren Ausrüstung und Bemannung der Linienschiffe des Reval-Geschwaders so gut wie abgeschlossen. Auf den meisten Fahrzeugen hatte man bereits die Segel angeschlagen, so daß die Einheit unmittelbar vor der Seeklarbereitschaft stand. Sie verlegte in den nördlichen Teil der Außenreede.[199] Tschitschagows Verband bestand nunmehr aus elf Linienschiffen (einschließlich der eroberten und von der bisherigen Besatzung wieder instandgesetzten *Prins Karl*), fünf Fregatten, einer Kutterbrigg und vier Kuttern. Die übrigen kleineren Fahrzeuge entließ der Admiral – sie kehrten in den Stadthafen zurück und nahmen die in Gefangenschaft geratenen schwedischen Seeleute und Soldaten mit.

Zwei Tage später traf ein weiterer Kurier aus St. Petersburg ein. Die neueste Nachricht: „Vizeadmiral Krus verläßt mit allen in Kronstadt stationierten Linienschiffen die Binnenreede", ließ Tschitschagow hoffen, bald Verstärkung zu erhalten.

Am nächsten Tag (28. Mai) sandte Kapitän Tet die Mitteilung, er könne weder die schwedische Flotte ausmachen noch die zurückbelassenen feindlichen Beobachter zum Kampf stellen. Dazu vermerkte Admiral Tschitschagow in seinem Tagebuch: „Leider blieben die bei der Wulfinsel kreuzenden schwedischen Aufklärer stets außerhalb der Reichweite unserer Kanonen. Ich gestattete Kapitän Tet nicht, sich allzuweit vom Geschwader zu entfernen, da er sonst leicht aufgebracht werden könnte."

Am Abend desselben Tages erreichten Tschitschagow zwei andere Botschaften. Die erste, vom 26. Mai, beinhaltete, Vizeadmiral Kruses Aufklärungsfregatten hätten die schwedische Flotte bei Hogland gesichtet. Die zweite Nachricht stammte von Leutnant Bytschenski, der im Auftrag des Admirals zur Küste nordöstlich von Reval geritten war. Bytschenski berichtete, der feindliche Flottenverband habe östlichen Kurs gesteuert und befände sich gegenwärtig im Seegebiet von Hogland.

In den Morgenstunden des 28. Mai traf abermals ein berittener Kurier aus St. Petersburg ein. Aus den übergebenen Depeschen gingen nicht nur Vizeadmiral Kruses Aktivitäten hervor, sondern auch, daß die schwedische Seestreitmacht eindeutigen Kurs auf Kronstadt halte und bei Hogland operiere.

Bis zu diesem Zeitpunkt war Admiral Tschitschagow genauestens über die Situation in

Kronstadt/St. Petersburg und über die schwedische Flottenbewegung informiert. Im nachhinein kann ihm fehlende Entschlußfähigkeit nicht vorgeworfen werden, da er sich strikt an den ihm erteilten Generalbefehl hielt. Dieser sah bekanntlich die Vereinigung der Flottenteile vor Reval vor. Der Ukas schloß ein frühes Vordringen feindlicher Kräfte in den Finnischen Meerbusen und eine damit notwendige Verfolgung aus. Daß der Admiral trotz einsatzbereiten Geschwaders, günstiger Windverhältnisse und Kenntnis der bedrohlichen Lage St. Petersburgs dem Feind nicht nachgesetzt hatte, ist zwar aus strategischer Sicht unverständlich und eines so ranghohen Offiziers gewiß nicht würdig, doch Moral und Befehlsausführung schließen einander mitunter aus.

Vom 29. Mai bis zum 2. Juni wehten wechselnde Winde aus westlicher Richtung. Für Tschitschagow ideales Segelwetter, um nach Osten zu steuern. Er verharrte indessen untätig auf Reede, obwohl er am 29. Mai genaue Kunde von eigenen Flottenbewegungen und Verteidigungsvorbereitungen im Kotliner Becken erhalten hatte.

Im Verlaufe des 2. Juni gerieten plötzlich die schwedischen Beobachtungsfahrzeuge aus dem Blickfeld.[200] „Nach dieser Meldung", so Tschitschagow in seinem Tagebuch, „schickte ich Kapitänleutnant Scott mit der Kutterbrigg *Neptun* aus. Er sollte die Gewässer von Porkala udde aufklären. Scott berichtete, die beiden feindlichen Beobachter zwischen Porkala udde und Sveaborg gesichtet zu haben, sonst aber keine anderen schwedischen Schiffe."

Der 3. Juni brach an. Kurz nach Sonnenaufgang trabte ein kaiserlicher Kurier durch Revals Gassen. Beim Stadthafen parierte der Reiter sein Pferd, bestieg einen Kutter und ließ sich zu der auf Reede ankernden *Rostislaw* übersetzen. Der Eilbote überreichte Admiral Tschitschagow den von Katharina II. am 1. Juni unterzeichneten Befehl, unverzüglich abzusegeln und den bei Seskär – in Sichtweite von Vizeadmiral Krus – kreuzenden schwedischen Flottenverband anzugreifen. Tschitschagow reagierte äußerst gelassen. Erst am späten Abend segelte sein Geschwader von Reede – für eine seeklarbereite Einheit eine ungewöhnlich lange Zeit zum Ankerhieven und Segelsetzen …

4. Juni: Zügig steuerte das Reval-Geschwader ostwärts. Bei Hogland wurde ein aus St. Petersburg kommender neutraler Kauffahrer angepreit. Der Schiffer berichtete, er habe am Tag zuvor eine gewaltige Kanonade vernommen und im Seeabschnitt nördlich vor Dolgi Nos dichte Pulverschwaden ausgemacht. Das Schießen wäre erst verstummt, als sich sein Fahrzeug bereits westlich von Seskär befunden hätte. Tschitschagow notierte nach dieser Begegnung in seinem Tagebuch: „Es steht für mich fest, Vizeadmiral Krus kämpfte mit Herzog Karl. Doch wie das Treffen ausging, ist mir nicht bekannt."

An diesem Tag stoppte man noch zwei weitere Handelssegler. Neues erfuhr der Admiral zwar nicht, doch bestätigten beide Schiffer die Aussagen des zuerst angepreiten Kauffahrers. Bei jeder dieser drei Begegnungen drehte das gesamte Geschwader bei, driftete etwa eine Stunde lang dahin. Das bedeutete, die Manöver nahmen etwa vier bis sechs Stunden in Anspruch. Dadurch entfernten sich die Backbord voraussegelnden beiden schwedischen

Fühlungshalter immer mehr. Ihre gehißten Signalflaggen „Werde vom Feind gejagt!" entsprachen wohl kaum der Realität. Richtig ist allerdings, daß eine Fregatte die Gewässer vor dem Reval-Geschwader aufklärte. Ungefähr eine halbe Stunde vor Mitternacht kehrte die Fregatte zum Verband zurück. Ihr Kapitän meldete, die schwedische Flotte gegen 22 Uhr östlich von Seskär gesichtet zu haben. Tschitschagow stand zu diesem Zeitpunkt nahe der Insel Pen. Er befahl, den Kurs zu ändern, die Segelfläche zu verringern und nach Süden zu driften.

Im Verlaufe der Nacht zum 5. Juni tat sich auf den Schiffen nichts – bei labbriger, westlicher Marssegelkühlte blieb das Reval-Geschwader in dem am Abend zuvor erreichten Seegebiet. Bei Hellwerden – etwa gegen 3 Uhr – wurde dem Admiral gemeldet: „Mastspitzen der feindlichen Flotte ungefähr 15 bis 17 Seemeilen in östlicher Richtung erkennbar!" Tschitschagow ordnete daraufhin an, mehr Tuch zu setzen und nördlichen Kurs zu nehmen. Keine Wolke zeigte sich am Himmel. In den Logbüchern wurden die Morgenstunden mit „Klare Luft, sonnig, abflauender Wind" bezeichnet – also ein beginnender „Schönwettertag".

Gegen 8 Uhr auf der *Rostislaw*: Der auf der Saling (Rundholz am Mast/Mars) postierte Ausguck sichtete die Verteidigungseinheit von Vizeadmiral Krus. Sie kreuzte zwischen Dolgi Nos und Stirsudde.

Zum selben Zeitpunkt stand die schwedische Flotte unter vollen Segeln nordwestlich von Torsari (Sapadny Berezowy). In Tschitschagows Tagebuch liest sich diese Situation so: „Am Vormittag zeigte sich, daß uns der Feind langsam näherkam. Ich berief den Kriegsrat ein, alle Flaggmänner und Kapitäne. Wir legten fest, gegen den Wind zu wenden und eine Position zwischen den Inseln Pen und Seskär zu beziehen, dort unter Segeln zu bleiben. Wir wollten nicht nur zuverlässige Nachrichten über die Abteilung von Krus erwarten, sondern uns auch gegen den übermächtigen Feind verteidigen."[201]

In Zusammenhang mit den Ereignissen vom 5. und 6. Juni sind zwei für die Kaiserin verfaßte Berichte erwähnenswert. Vizeadmiral Krus hatte sie auf Anraten des Grafen Tschernyschew geschrieben. In dem vom 3. Juni ging er auf eine Botschaft ein, die er Admiral Tschitschagow zukommen ließ: „... am 21. Mai (1. Juni; d. A.) gab ich dem Hauptkommandierenden bekannt, wo und in welcher Art ich mit dem mir anvertrauten Flottenteil den Feind erwarten werde. Diesen Brief übergab ich dem in Kronstadt und St. Petersburg sehr gut bekannten Handelsschiffer James Bersengol, Kapitän der dänischen *Christiana*. Die Briefzustellung kostete mich sehr viel Geld."[202]

Der zweite Bericht stammt vom 7. Juni: „... erinnernd an mein Schreiben vom 25. Mai (5. Juni; d. A.), setzte ich dem Feind nach, damit er zwischen zwei Feuer gerate. Ich hoffte, der Herzog von Södermanland würde nicht entkommen und sehr hohe Verluste, vielleicht sogar eine totale Niederlage, erleiden. Zu meinem Erstaunen mußte ich aber erleben, wie unsere Reval-Schiffe die fast geschlossene Zange öffneten und sich zurückzogen. Ich sehe mich gezwungen, zuzugeben und Eurer Majestät zu erklären, daß der Feind entschlüpfen konnte. Eine sehr betrübliche Tatsache, die ich nicht für möglich gehalten hatte und die sich niederschmetternd auf meine tapferen Untergebenen auswirkte – zumal ich zuverlässige Nachrichten über die schwedische Flotte erhalten hatte: Sie fürchtete sich, zwischen zwei Feuer und damit in eine schier aussichtslose Lage zu geraten … Mir teilte Admiral Tschitschagow mit, er hätte wegen diesiger Sicht, hervorgerufen durch noch vorhandene Pulverschwaden, den Feind nicht eindeutig identifizieren können. Das zweifle ich an, denn wenn von meinen Schiffen aus die schwedische Formation und die Reval-Schiffe ausgemacht werden konnten, mußte es zwangsläufig umgekehrt genauso möglich gewesen sein. Außerdem hatten wir Westwind. Falls noch geringe Mengen von Pulverschwaden vorhanden waren, zogen diese mir entgegen, nicht Tschitschagow. Weiterhin weise ich Kaiserliche Majestät darauf hin, daß der Feind in westliche respektive nordwestliche Richtung segelte. Er entfernte sich von meiner Verteidigungsstreitmacht und näherte sich demzufolge den Reval-Schiffen. Und das sollte Herr Admiral Tschitschagow nicht richtig eingeschätzt haben? Ich kann das nicht glauben …"[203]

Nachdem sich in den Frühstunden des 6. Juni der über der See liegende Nebel aufgelöst hatte, bemerkte man bei Tschitschagow im Osten ansegelnde Kriegsschiffe. Der Admiral formierte sein Geschwader zur Kampflinie. Gemäß seinem Tagebuch gab er „allgemeine Order, sich auf die Abwehr des Feindes vorzubereiten. Ungefähr um 7 Uhr meldete mir aber eine Aufklärungsfregatte, es handle sich um das Kronstadtgeschwader. Ich hob die Gefechtsbereitschaft auf." Es folgte das bereits erwähnte Vereinigen beider Flottenteile. Auf russischer Seite gab es an diesem Tage keine weiteren Aktivitäten.

Zur gleichen Zeit bildete der schwedische Verband einen Verteidiggungsriegel. Seine rechte Flanke reichte bis zum Salvorgrund (Kultamatala – südöstlich von Krysserort/Mys Krestowy). Die linke Flanke stand fast vor der Nordostspitze von Biskopsö (Severny Berezowy). Zwischen dem Salvorgrund und Krysserort postierte Herzog Karl vier Fahrzeuge: *Enigheten*, *Zemire*, *Postiljonen* und einen Kutter. Absolut falsch ist die oft aufgestellte Behauptung, die Kriegsflotte habe auf ausdrücklichen Befehl des Königs und gegen den Willen Herzog Karls in der Bucht von Viborg geankert. Offensichtlich beruhte diese These auf Äußerungen des Herzogs, die er gegenüber Freunden machte. Vermutlich beabsichtigte damit Seine Königliche Hoheit, die Schuld an dem späteren Debakel seinem Bruder zu geben. Das beweisen einige erhalten gebliebene Dokumente:

Herzog Karls Brief vom 4. Juni, 22 Uhr, hatte König Gustav sehr nachdenklich gestimmt. Er glaubte, der verzweifelte Flottenchef würde die Schiffe opfern, sie in einen selbstmörderischen Kampf führen. Seine Majestät formulierte deshalb ein Zwölfpunkteprogramm, das er auf der „Amphion, vor Anker im Auslauf des Björkösundes nach Kronstadt, am 5. Juni 1790, 19 Uhr" unterzeichnete. Das Schriftstück trägt den Titel „Konsiderationer, som kunde föranläta H.K.H. att undvika batalj med ryska flottan och låta Kronstadteskadern förena sig med den Revalska och att hellre inlöpa med stora flottan utig Björkö hamn" (etwa: „Betrachtungen, die Seine Königliche Hoheit veranlassen könnten, den Kampf mit der vereinigten russischen Flotte zu meiden und mit der großen Flotte in den Hafen von Björkö [gemeint ist die Bucht von Viborg; d. A.] einzulaufen").

Seinen Überlegungen fügte der König eigenhändig hinzu: „Lieber Bruder. Sieh hier Unsere Erwägungen, die Wir angesichts der gegenwärtigen Lage und Politik skizziert haben und die Wir Euch im voraus anvertrauen."

In den „Betrachtungen" meint Seine Majestät in Zusammenhang mit dem Ausweichen der Kriegsflotte in die Viborger Bucht: „Hier können Schäden behoben, Wasservorräte ergänzt werden und sich die Besatzungen von der zweitägigen Schlacht erholen." Dann spricht König Gustav davon, daß sich so „die Flotte einem Kampf mit dem weitaus stärkeren Gegner entziehe", es demnach keine Ausfälle gebe. Bei einer Schlacht wären solche unvermeidbar. Das wiederum hätte zur Folge, daß mehrere Schiffe zur Reparatur nach Sveaborg gingen. Also könnte die Armeeflotte nicht mehr seeseitig gesichert werden, müßte sie den Rückmarsch antreten. „All das ermutige den Feind, doch Wir wünschen eine sichere Position zu behalten, die Uns in die Lage versetzt, mit Truppen auf dem Landweg nach St. Petersburg zu kommen – wo Wir handfeste Argumente bei den Friedensverhandlungen haben werden."

Des Königs Gedankengang spricht für sich. Selbst in dieser prekären Lage wich er keinen Schritt von seinem Vorhaben ab. Die „Betrachtungen" enden mit dem Versuch, die Gefahr einer russischen Blockade der Viborger Bucht zu bagatellisieren – das war abermals eine gewaltige Unterschätzung der feindlichen Flotte und ihrer Führung.

„Seine Königliche Hoheit solle", so der Schlußsatz, „mit Konteradmiral Nordenskjöld und captain Smith – insofern Seine Königliche Hoheit dies als notwendig erachte – überlegen und übereinkommen, auf welche Art und Weise das aufgezeigte Projekt verwirklicht werden könne. Wir sind Uns bewußt. daß die Sorgfalt Seiner Königlichen Hoheit nicht die Hoffnungen in Frage stellen werde, die Wir in dem bevorstehenden Frieden sehen."

Die „Betrachtungen" gelangten noch am selben Abend zur Kriegsflotte, die auf Nordwestkurs liegend die Vidskären ansteuerte. Herzog Karl verfaßte zwischen 23 und 24 Uhr („à 11 heures et 3/4") die Antwort. Aus ihr geht hervor, daß er dem König bereits einen Brief geschickt hatte, ehe dessen „Betrachtungen" auf der *Konung Gustav III.* vorlagen. „In meinem Schreiben", betonte der Herzog, „brachte ich genau das zum Ausdruck, was Seine Königliche Majestät jetzt vorschlug." Der Flottenführer hatte sich mit Nordenskjöld, Smith und seinen Stabsoffizieren beraten. In dem Antwortschreiben geht Herzog Karl nicht auf die Meinung der schwedischen Offiziere ein, sondern nur auf die des „captain" Smith: „Unser Freund glaubt, zum Schutz Seiner Majestät und der von Euch geführten Armeeflotte solle die Kriegsflotte zu dem Seegebiet zwischen Krysserort und Nordspitze Biskopsö verlegen. Dort kann sie obendrein der feindlichen Ruderflotte die Durchfahrt verwehren."

Herzog Karl selbst war davon überzeugt, von dieser Position aus – ohne längere Kampfhandlungen – am besten nach Karlskrona zurücksegeln zu können.

Den Entschluß, in der Viborger Bucht zu ankern, faßte der Großadmiral also folglich selbständig – sicherlich beeinflußt von „captain" Smith. Der in den „Betrachtungen" formulerte
Wunsch kann zwar als Befehl Seiner Majestät interpretiert werden, aber das Schriftstück erreichte den Empfänger erst, als dieser mit seinen Seglern bereits den vorgesehenen Ankerplatz
ansteuerte. Als weiterer Beweis mag ein Schreiben des Königs vom 6. Juni dienen. Es wurde
um 7.30 Uhr abgesandt: „Mit Vergnügen lasen Wir, Seine Königliche Hoheit hat die Schritte
vorgesehen, die Uns vorschwebten."

Und Sidney Smith beantwortete diesen an den Flottenchef gerichteten Brief um 10 Uhr:
„Auf der *Konung Gutav III.* schreibend, da mein Freund der Herzog dringend Ruhe benötigt
und schläft, möchte ich Königlicher Majestät versichern, Euer Bruder denkt jetzt so wie Ihr.
Das ist gut so. Seine Anordnungen werden strikt befolgt, die Kriegsflotte wird eine Position
zwischen Krysserort und Biskopsö beziehen. Herr Nordenskjöld stimmt in dieser Frage mit
uns völlig überein. Ich wünsche sehr, mich in diesen schweren Stunden an der Seite Seiner
Majestät zu sehen, aber ich möchte erst dann die Kriegsflotte übergeben, wenn sie sich in
Sicherheit befindet."[204]

Als Gustav III. von der Chefgaleere *Seraphimsorden* aus die Ankermanöver der Kriegsflotte beobachtete, gedachte er des Mannes, dessen Rat er mißachtet, dem er so viel zu verdanken
hatte. Seine Majestät schickte dem Herzog die „Königliche Vollmacht, Nordenskjöld zum
Vizeadmiral zu befördern unter dem Vorbehalt des Dienstalters anderer Konteradmirale.
Aufgesetzt auf *Seraphimsorden* unter Segel im Björkösund auf Viborgs Reede am 6. Juni
1790."

In der Nacht zum 7. Juni und am Morgen wehte Südwestwind. Die schwedische Kriegsflotte blieb an ihrem Liegeplatz. Der russische Verband ging frühzeitig auf Südostkurs,
wendete gegen 8 Uhr und segelte nordwärts zur westlichen Seite der Birkeninseln
(Berezowy). Ungefähr um 16 Uhr erreichten Tschitschagows Spitzenfahrzeuge den
Gewässerabschnitt bei Sapadny Berezowy. Hier nahmen sie Tuch weg, formierten sich
nach und nach zu einer ankernden Blockadeeinheit – etwa zehn Seemeilen vom schwedischen Verteidiggungsriegel entfernt. Bis 19 Uhr hatte sich das letzte Fahrzeug in den Blocka-
dehalbkreis eingereiht.

Aus Kronstadt kommend, stießen noch drei Linienschiffe und vier Fregatten zu
Tschitschagow: *Johann Bogoslow, Swjatoslaw, Chrabry, Patriki, Swjatoi Mark, Woin* und *Alexander*.[205]

Insgesamt standen den Schweden 30 Linienschiffe, elf Fregatten, eine Kutterbrigg, sechs
Kutter, acht Ruderfregatten und einige Hilfsfahrzeuge gegenüber. Der erste Schritt für einen dichten Sperrgürtel war vollbracht. Weder die feindliche Kriegs- noch ihre Armeeflotte
würde entkommen …

Eingeschlossen

Dem Bordjournal der *Dristigheten* ist zu entnehmen, daß vom 7. bis 10. Juni der schwedische Verteidigungsriegel umgruppiert wurde. Beiboote legten die mit einer 200 Meter langen Leine versehenen Warpanker aus – so gelangten die schweren Linienschiffe in die befohlene Position (A A)[206], die Nordenskjöld als „ausgesprochen stark" einschätzte: „Wir haben direkte Verbindung zum Festland und können deshalb nicht umsegelt werden. Der übersichtliche Liegeplatz läßt sich zudem sehr gut verteidigen, und bei günstigem Wind kann die Flotte direkt absegeln – vorherige, recht zeitaufwendige Manöver sind unnötig."

Des Flaggkapitäns Verteidigungsorder sah unter anderem vor: „Alle Fahrzeuge in der Linienformation haben achtern ihre Springtaue auszulegen. Mit ihrer Hilfe können wir die Schiffsbreitseiten bei Notwendigkeit jederzeit gegen den Feind ausrichten. Demzufolge muß zwischen den Seglern ein Abstand von vier bis fünf Kabellängen eingehalten werden. Bei Dunkelheit patrouillieren Barkassen und Schaluppen um den ankernden Verband, schützen ihn vor einem Überraschungsangriff. Auf allen Schiffen ist eine ständige Gefechtsbereitschaft zu gewährleisten." (siehe Tabelle 26)

Erstmals im 1790er Seezug machte sich ein Mangel an Frischwasser und an wichtigen Nahrungsmitteln wie Erbsen und Butter bemerkbar. Nordenskjöld gab deshalb am 8. Juni in einem Reglement bekannt, daß „das Kochen grundsätzlich mit Seewasser zu erfolgen habe. Täglich werde zudem eine Mischung aus Wein und Seewasser als Trinkwasser verabreicht ... Erbsen und Butter würden rationiert ... jeden Tag verkehrten die Barkassen der großen Schiffe gemäß Tourenplan zum Björkösund, um unter dem Schutz einer Kompanie Soldaten bei Koivisto die Wasserfässer zu füllen. Dieses Frischwasser werde ebenfalls unter Aufsicht der Schiffsführung ausgeteilt."

König Gustav lag mit der Armeeflotte immer noch im Björkösund. Die angekündigte Verstärkung war inzwischen eingetroffen. Kurz vor Mitternacht des 4. Juni hatte sich bereits der 61jährige Oberstleutnant Jacob Törning bei Flaggkapitän de Frèse gemeldet. Die Besatzung des Göteborg-Geschwaders – Soldaten, Husaren und ehemalige Fischer – „sind wahre Schärenkerle", so Seine Majestät. Zwei Tage später erreichte auch Oberstleutnant Viktor von Stedingk mit der Hemmema *Styrbjörn* und zwei Kanonenschalupen die Viborger Bucht. Angesichts des Kräftezuwachses zeigte sich der König optimistisch, sah die Lage „zufriedenstellend" an: Immerhin verfügte er jetzt über 173 Kampf- und etwa 75 Transport- oder Hilfsfahrzeuge. Diese Streitmacht wurde durch die in unmittelbarer Nähe ankernde Kriegsflotte gesichert, die gleichzeitig das im Trångsund stationierte Geschwader von Vizeadmiral Kosljaninow blockierte. Die vor der Viborger Bucht stehende feindliche Kriegsflotte stimmte zwar bedenklich, doch gab es noch genügend freie Zu- bzw. Ausfahrten. Und der Rest von Prinz Nassau-Siegens Ruderflotte dürfte kaum den Namen „schlagkräftig" verdienen.

Nun ordnete Gustav III. ein Aufklärungsunternehmen an, das ihn seit Tagen gedanklich beschäftigt hatte. Am zeitigen Morgen des 7. Juni gingen bei Koivisto-Kirche 3000 Soldaten der Armeeflotte an Land. Sie wurden von Generalmajor Pollet befehligt. Die Einheit bestand aus drei Abteilungen, zu denen auch leichte Feldartillerie gehörte. Die von Oberst Cederström geführte erste marschierte nordwärts in Richtung Viborg nach Maklaks, die zweite auf dem St. Petersburger Weg bis Umejoki. Die letzte Abteilung – bei ihr blieb Pollet – bildete bei Koivisto als Reserve einen Brückenkopf. Am nächsten Tag kam es bei Umejoki zu einem Gefecht. Russische Kavallerie attackierte die von Oberstleutnant Dyke befehligte Abteilung. Der Angriff wurde abgewehrt. Daraufhin detachierte Seine Majestät Oberstleutnant Törning mit dessen Kanonenschaluppen in die Bucht von Umejoki – zur Flankensicherung von Dykes Heeresabteilung.[207]

Nennenswerte Resultate wurden bei diesem Unternehmen nicht erzielt. Weder in Maklaks noch in Umejoki hielten sich die Abteilungen allzulange auf. Nach Koivisto zurückgekehrt, verblieben sie im dortigen Heerlager.

Was ereignete sich in jenen Tagen auf russischer Seite? Vorangestellt drei Tagebucheintragungen des nunmehr 72jährigen kaiserlichen Sekretärs Dnewnik Chaprowizki, dessen Wahrheitsliebe niemand zu bestreiten wagte:

7. Juni: „Unsere Flotte ist vereinigt, doch nichts folgte. Verschiedene Nachrichten setzen uns in Erstaunen. Schwedische Truppen sind gegenüber der Insel Bolschoi Berezowy an Land gegangen."

8. Juni: „Graf Besborodko berichtete der Kaiserin, Prinz Nassau-Siegen sei gestern dick angezogen und betrunken von Viborg zurückgekommen. Er hätte überall erzählt, die schwedische Flotte wäre westwärts abgesegelt – verfolgt von Admiral Tschitschagow. Nichts davon stimmt, aber sofort machen wilde Gerüchte die Runde. Heute begibt sich die Kaiserin mit wenig Gefolge nach Petershof zum Essen. Zuvor will sie zwei Befehle unterzeichnen: Tschitschagow soll die schwedische Kriegsflotte angreifen und vernichten; Saltykow hat den feindlichen Landungstruppen den Weg nach St. Petersburg zu versperren."

9. Juni: „Die Kaiserin wünschte nach Kronstadt zu gehen. Dort verbrachte sie den Tag, besichtigte vor allem die Festungsanlagen. Zu ihrer Begleitung gehörten: Vizeadmiral Pjotr Iwanowitsch Puschtschin, Hafenkommandant; G. E. Lehmann, General-Feldzeugmeister der Flotte; E. M. Lupandin, Hafenkapitän; Konteradmiral Jewstafi Stepanowitsch Odinzow, zeitweiliger Personalleiter unserer Flottendivision. Die Kaiserin sprach lange mit ihren Begleitern. Lehmann war meist schweigsam, hörte aufmerksam zu. Puschtschin und Lupandin hofften besorgt, daß sich die Kaiserin mit den von ihnen getroffenen Anordnungen zur Verteidigung Kronstadts zufrieden

zeigte. Gutmütiger und redseliger erwies sich Odinzow, der vor zwei Jahren während der Hoglandschlacht Admiral Greighs Flaggschiff ‚Rostislaw‘ als Kapitän 1. Ranges befehligt hatte. Sein Ansehen in der Flotte war und ist enorm hoch. Als die Kaiserin auf die starken schwedischen Kräfte in der Viborger Bucht und auf den Zustand der feindlichen Kriegsflotte zu sprechen kam, herrschte betretenes Schweigen. Diplomatisch rettete Odinzow die fatale Situation. Er holte aus seiner Tasche einen Kupfergroschen und sagte: ‚Unsere Allerhöchste möge beruhigt sein, die gesamte schwedische Flotte ist diesen Groschen nicht wert!‘ Ob dieser Bemerkung lächelte die Kaiserin und antwortete: ‚Jewstafi Stepanowitsch, du hast mich überzeugt!‘ Vor ihrer Abfahrt verteilte die Kaiserin an die arbeitsfreudigen Kronstädter unterschiedliche Geschenke. Puschtschin bekam eine mit kostbaren Edelsteinen reich verzierte Tabakdose – sie enthielt ein angemessenes ‚Tischgeld‘. Auch Odinzow, Lehmann, Lupandin und der Kronstädter Festungskommandant Bergmann würden am nächsten Tag mit Tabatieren bedacht. In der für Odinzow bestimmten befand sich ein persönliches Schreiben der Kaiserin: „… beigefügt 2000 Rubel in Groschen – und jeder dieser Groschen ist mehr wert als die schwedische Flotte!“

Chaprowizkis Notizen beweisen, daß Katharina II. die aktuelle Lage recht gut kannte. Der zum Hof führende Informationsfluß war vielfältig. So unterhielt beispielsweise Graf Besborodko mit Kapitän 1. Ranges James Trevenen einen regen Schriftverkehr. Auf diese Weise erfuhr er, wie ein erfahrener britischer Seeoffizier die russische Flottenstrategie und -taktik einschätzte. Am Abend des 7. Juni schrieb Trevenen dem Grafen: „Ich bitte Eure Erlaucht, mir zu vergeben, wenn ich unverhüllt meine Gedanken äußere. Statt die feindliche Flotte vernichtend zu schlagen, haben wir noch nicht einmal den Versuch dazu unternommen. Im Gegenteil, wir gaben dem Feind Zeit, sich zu ordnen und sich nach Viborg zurückzuziehen. Jetzt sind Herzog Karls Schiffe wieder in Linie formiert. Sie liegen an einem für sie vorteilhaften Platz. Noch vor zwei Tagen glaubte ich, die Schweden würden nördlich von unserem Geschwader nach Hogland segeln. Das wäre ihnen sehr leicht gefallen Zu meinem großen Erstaunen steuerten sie jedoch die Viborger Bucht an. Und wieder taten wir nichts, blieben dem Feind nicht auf den Fersen. Ich verurteile Tschitschagow nicht, aber weshalb zögert er immer im entscheidenden Moment? Sicher, einige unserer Schiffe wären in diesem von Untiefen strotzenden Gewässer aufgelaufen. Hätte uns das geschadet? Den Schweden wäre es nicht anders ergangen. Eure Erlaucht möge selbst urteilen ob wir oder sie die Herren in diesem Seegebiet sind.

Was gilt es meiner Meinung nach jetzt zu tun? Wir müssen alle Mittel einsetzen, damit von der schwedischen Flotte nur noch die Erinnerung an sie bleibt. Ich stelle mir vor, die

Küste der Viborger Bucht durch das Heer schützen zu lassen – der Gegner könnte in seiner Verzeiflung an Land gehen. Außerdem sollten wir auf bestimmten Kaps und Inseln Länge der Fahrrinne Batterien errichten, um mit glühenden Kugeln die Segel der feindlichen Schiffe in Brand zu schießen. Für die Fahrzeuge der Ruderflotte gelte es, sich südlich des Björkösundes zu sammeln, dort einen Ausbruch der königlichen Schäreneinheit zu verhindern. Auch müßten von Kronstadt alte Schiffe hierher geschleppt werden. Mit ihnen könnten wir die enge Fahrrinne sperren. Und schließlich, nutzen wir den günstigen Wind und schicken so viele Brander wie nur möglich gegen den Feind …

Ich möchte meine Feder nicht weglegen, ohne den tapferen Vizeadmiral Krus zu loben. Mit seinem Verband hat er der schwedischen Flotte sehr zugesetzt. Ein würdiger Führer, der unser aller Achtung verdient."

Gegen Mittag des 9. Juni begann die russische Sperrformation, weiter nach Norden zu verlegen (von B B nach C C). Dabei liefen drei Linienschiffe auf. Sie kamen erst in der folgenden Nacht wieder flott. Am Morgen formierte sich der Verband zur Linie, nur noch ungefähr fünf Seemeilen von der schwedischen Flotte entfernt. Innerhalb Tschitschagows Einheit gab es geringfügige Veränderungen. Die Admiralsflagge wehte noch immer auf der *Rostislaw*, die eine Position in der Mitte eingenommen hatte. Die rechte Flanke (südöstliche Seite) befehligte Vizeadmiral Krus auf der *Tschesme (Johan Krestitel)*, sein „Subchef" war Konteradmiral Powalischin auf der *Troch Jerarchow*. Die linke Flanke (nordwestliche Seite) befehligte Vizeadmiral Mussin-Puschkin auf der *Saratow*, sein „Subchef" war Konteradmiral Chanykow auf der *Swjataja Jelena*.[208]

Zum Überwachen des Seegebietes südlich des Björkösundes wurden die Linienschiffe *Amerika* und *Sysoi Weliki* sowie zwei Kutter detachiert. Wegen noch vorhandener Gefechtsschäden sollten die beiden größeren Kriegssegler nach Ankunft der Ruderflotte in die Kronstädter Werft entlassen werden.

Vorerst verzichtete der russische Flottenführer auf weitere Aktivitäten. Bis zum 19. Juni ereignete sich nichts Besonderes. Lediglich am 13. Juni wurden fünf Fregatten verlegt. Ursache für diesen Schritt war die Meldung, einige schwedische Schärenfahrzeuge hätten vor drei Tagen Kryssersort passiert und sich der Armeeflotte angeschlossen.[209] Die kleine Einheit – sie befehligte Konteradmiral Chanykow, der sich nun nicht mehr auf der *Swjataja Jelena* aufhielt – patrouillierte im Gewässerabschnitt zwischen Lilla Fiskarn und Pensarholmarna und sperrte somit die westliche Schärenfahrrinne der Viborger Bucht (G). In Viborg hatte dagegen Graf Saltykow Mühe, den kaiserlichen Anordnungen einigermaßen gerecht zu werden. Er zog 400 Soldaten von der Front ab, stellte weitere 100 Mann vom Festungsdienst frei und schuf mit ihnen eine Eingreiftruppe. Kommandeur dieser Einheit wurde Generalmajor Fersen, der mehrmals bei Koivisto den Feind beunruhigte – insbesondere die „Trinkwasserkommandos". In Gefangenschaft geratene schwedische Seeleute gaben bereitwillig Auskunft über die allgemeine Versorgungslage an Bord. So wußte

Saltykow – und damit auch der Hof – über den Munitions- und Proviantmangel in Herzog Karls Kriegsflotte bestens Bescheid.[210]

Des weiteren realisierte Saltykow seine bereits früher geäußerte Absicht, den Trångsund durch Batterien zu schützen. Der Sund besitzt zwei Zugänge. Der geläufige ist der zwischen den Inseln Soinansari und Uransari – er sollte durch Kosljaninows Geschwader verteidigt werden. Ein weiterer führt entlang der östlichen Festlandküste – von der Insel Revensari östlich an Uransari vorbei nach Norden. Diesen Sundzugang ließ der russische Oberbefehlshaber durch zwei wichtige Batterien sichern. Die erste stand auf einer Landzunge bei der Kaski Kapelle (Festland), die andere auf Kap Kerkin der Insel Uransari (östlichstes Kap). Geschützbedienungen und Wachmannschaften kamen ebenfalls von der Front. Sie wurden von Generalmajor Buksgewden befehligt. Mehr vermochte Graf Saltykow für die Verteidigung Viborgs und des Zufahrtsweges nach St. Petersburg nicht zu tun.

Aus dem Vorverlegen der russischen Kriegsflotte am 9. und 10. Juni sowie der beim Viborg-Geschwader festgestellten regen Betriebsamkeit[211] schloß König Gustav, Vizeadmiral Kosljaninow beabsichtige, mit seinen Fahrzeugen zu Tschitschagow durchzubrechen. Dem wollte Seine Majestät zuvorkommen. Generalmajor Pollet bekam Order, seine beiden Abteilungen nach Koivisto zurückzurufen. Auch Oberstleutnant Törnings Kanonenschaluppen hatten die Bucht von Umejoki zu verlassen, um wieder den Björkösund anzusteuern.

Am Nachmittag des 11. Juni bewegten sich sechs Galeeren, 92 Kanonenschaluppen bzw. -jollen, zehn Mörser oder Kanonenbarkassen und vier als Brander gedachte Espings zur Nordspitze von Viskopsö. Alle übrigen Fahrzeuge der Armeeflotte einschließlich der Transporter sammelten sich unter Oberstleutnant Viktor von Stedingks Befehl bei Koivisto-Kirche, dort, wo Generalmajor Pollet sein Heerlager angelegt hatte.

Bei Morgengrauen erkundete Gustav III. die Gewässer des Hauptzulaufes zum Trångsund. Flaggkapitän Oberst de Frèse und „captain" Smith begleiteten ihn. Nach Rückkehr der Aufklärungsschaluppe kamen alle Divisionskommandeure zum König auf die Galeere *Seraphimsorden*. Seine Majestät gab ihnen nach Erläuterung der Lage den Angriffsbefehl für den nächsten Tag bekannt:

„Die erste Abteilung führt Oberstleutnant Hjelmstierna. Er befehligt 24 Kanonenschaluppen, vier Mörser- und drei Kanonenbarkassen. Seine Aufgabe besteht darin, auf der Insel Soinansari Soldaten anzulanden, eventuell dort aufgestellte Feldgeschütze zu zerstören. Danach hat Hjelmstierna Soinansari westlich zu umschiffen und die rechte Flanke des Viborg-Geschwaders anzugreifen.

Die zweite Abteilung führt ,captain' Smith. Seine Unterbefehlshaber sind Major P. A. Malmborg und die Kapitäne Toll und A. F. Brummer. Er hat die Aufgabe, mit 38 Kanonenschaluppen, vier Kanonenbarkassen und vier Espings-Brandern in den Schärenbereich zwischen der Insel Revensari und dem Festland einzudringen, bei Rombety Teile von Oberst

Cederströms Landungskontingent aufzunehmen. Anschließend stößt die Abteilung öst ich der Insel Uransari vor und attackiert die linke Flanke des Viborg-Geschwaders.

Die letzte Abteilung führt Seine Majestät persönlich. Oberstleutnant Törning befehligt 30 Kanonenschaluppen bzw. –jollen, Major Leijonanckar sechs Galeeren. Diese Einheit dringt durch die Hauptpassage in den Trångsund ein und greift das Viborg-Geschwader frontal an."[212]

Am Nachmittag begab sich der König zur Kriegsflotte. Nachdem ihm auf dem Flaggschiff alle Schiffskommandanten vorgestellt worden waren, zog er sich mit seinem Bruder zu einem Gespräch unter vier Augen zurück. Dabei mußte Herzog Karl zugesagt haben, Seiner Majestät das bei der Insel Rödhäll stehende Vorpostenkommando (Fregatten *Jarislawitsch* und *Jarramas*, Kutter *Falk* und *Hök*) für den Angriff auf Kosljaninows Geschwader zeitweilig zu unterstellen. Wegen stürmischen Südwestwindes und stark bewegter See begann das Unternehmen nicht wie vorgesehen am 13., sondern erst am 14. Juni. Nachmittags verließen alle drei Abteilungen ihren Liegeplatz. In der Nacht ankerten Hjelmstiernas und Törnings Fahrzeuge östlich der Insel Teikasari. „Captain" Smith hingegen hatte sich zwischen Kiperort (Pulliniemi) und der Insel Rödhäll (Tuppuransaari) einen Weg gesucht. Er machte östlich der Insel Revensari nahe dem Dorf Kuckala fest – lediglich seine vier Espings stießen unter dem Schutz der Kanonenbarkassen in das Gebiet Ecmbety/Maklaks vor. Dort kamen im Laufe des Vormittags Oberst Cederström und seine 160 Gardesoldaten an Bord (Nebenkarte D D D).

Abermals frischte es auf. Smith mußte deshalb bei Kuckala liegen bleiben, sich ab und zu mit kleineren russischen Infanterietrupps auseinandersetzen. Gegen 22 Uhr ruderte der „captain" weiter nach Norden. Ungefähr um 2 Uhr (16. Juni) stand er vor der Kaski Kapelle, wurde hier mit heftigem Artilleriefeuer empfangen. Smiths Kanonenboote antworteten, erzielten wirksame Treffer. Mit einer Kompanie Soldaten ging der britische Offizier an Land und nahm die Batterie im Handstreich. Der Feind leistete nur geringen Widerstand. Er verlor drei Feldgeschütze, deren Rohre als Beute auf die Kanonenschaluppen gelangten. 28 russische Soldaten traten den Marsch in die Gefangenschaft an. Fünf Offiziere und annähernd 50 Mann blieben für immer auf dem Kampffeld – die meisten Opfer gab es, als durch den Beschuß der Kanonenboote zwei Munitionswagen explodierten.

Auf schwedischer Seite fielen vier Mann, wurden 20 weitere verwundet. Unter letzteren befanden sich Kapitän Lilliehorn (Kompanieführer) und Leutnant Georg von Sillèn, der zeitweilige Adjutant von Smith.

Gemäß königlichem Plan sollten alle drei Abteilungen das Viborg-Geschwader gleichzeitig attackieren. Das Auftauchen von Smith im Trångsund galt als vereinbartes Angriffssignal. Doch der britische Offizier erschien weder am 15. Juni noch am folgenden Tag. Zwar hörte man aus seiner Richtung Kanonendonner, konnte diesen aber nicht eindeutig werten. Am späten Abend des 16. Juni entschied der auf Erfolg erpichte König, be Hellwerden mit Hjelmstiernas und Törnings Divisionen im Alleingang zu handeln. Nach unbedeutendem Schußwechsel mit feindlichen Kanonenbooten machten die schwedischen Fahrzeuge wegen aufkommenden Sturmes wieder kehrt, ankerten abermals östlich der Insel Teikasari.

Indessen ruderte „captain" Smith mit seinem Geschwader entlang Uransaris Ostküste. In der Dämmerung des 17. Juni erreichte er Kap Kerkin, führte im Rücken der dort errichteten Batterie eine Landeoperation durch – diesmal nicht nur mit Cederströms Garde, sondern mit allen ihm unterstellten Infanteristen. Doch die Besatzung der Geschützbastion war ausgezeichnet gerüstet: Generalmajor Buksgewdens Gardekanoniere und das vom Viborg-Geschwader detachierte Wachkommando unter Generalmajor Rek stellten eine nicht zu unterschätzende Kraft dar.

Um 22 Uhr begannen die Waffen zu sprechen, gegen 2 Uhr am 18. Juni schwiegen sie. Smith scheiterte, mußte sogar überstürzt zu den Kanonenschaluppen zurückweichen, um nicht umzingelt zu werden. „Captain" Smiths fehlgeschlagenem Durchbruch verdankte es Kosljaninow, daß sein Geschwader ungeschoren blieb (Nebenkarte E E E).

Das Resultat des Kampfes auf Uransarig: Die Verluste der Russen wurden mit 90 Gefallenen und Schwerverwundeten beziffert. Auf schwedischer Seite waren 100 Gefallene und Schwerverwundete zu beklagen.[213]

Um den weiteren Verlauf des Unternehmens brauchte sich Smith keine Gedanken mehr zu machen. König Gustav schickte ihm Order, „die Expedition abzubrechen". Daraufhin steuerte der „captain" die Insel Rödhäll an. Etwa zum gleichen Zeitpunkt rückte von Stedingk im Björkösund zur Nordspitze von Biskopsö vor (einschließlich der rund 3000 Mann Pollets). Hjelmstierna und Törning verließen ebenfalls ihren Ankerplatz bei Teikasari, trafen am 20. Juni bei von Stedingk ein (F F).

Das von Seiner Majestät von der Kriegsflotte „ausgeliehene" Vorpostenkommando hatte bei Rödhäll zu bleiben und „captain" Smith sich auf Herzog Karls ausdrücklichen Wunsch auf der *Konung Gustav III.* einzuschiffen. So endeten die vom schwedischen König in der Bucht von Viborg befohlenen Landeunternehmen und die von ihm angeordnete Vernichtung des Geschwaders von Vizeadmiral Kosljaninow.

Während König Gustav in der Viborger Bucht das Kriegsglück versagt blieb, schloß sich seeseitig der Blockadering.

16. Juni: Die Kaiserin bestimmte, daß sich alle in Kronstadt oder St. Petersburg liegenden einsatzbereiten Fahrzeuge der Ruderflotte – einschließlich der von Kapitän Dennison bei Vizeadmiral Krus geführten fünf Ruderfregatten – im Kotliner Becken zu sammeln hätten. Vizeadmiral Prinz Nassau-Siegen sollte dort den Verband offiziell übernehmen und seine Flagge auf der Galeere *Swjataja Jekaterina* setzen.

Das Linienschiff *Johann Bogoslaw* wurde zusätzlich zum südlichen Ausgang des Björkösundes detachiert. Den zeitweiligen Befehl über das dort operierende Geschwader

(*Johann Bogoslow*, *Sysoi Weliki*, *Amerika*) bekam Konteradmiral Jewstafi Stepanowi sch Odinzow mit der Weisung, das Vorrücken des Prinzen zu decken.[214]

Admiral Tschitschagow beorderte ein Linienschiff und eine Fregatte in die Gewässer von Rondö, um die Insel zu beschießen. Diese Aktion war sinnlos, da kein schwedischer Soldat die Insel je betreten hatte.

17. Juni:	Admiral Tschitschagow ließ Rondö besetzen, aber keine Batterien errichten.
18. Juni:	Auf der *Rostislaw* tagte der Kriegsrat. Er beschloß, den Operationsraum der schwedischen Kriegsflotte weiter einzuengen, alle ihr noch möglichen Versorgungs- und Fluchtwege zu sperren. Dazu war notwendig:
a)	das Gros (18 Linienschiffe) unter Admiral Tschitschagows direktem Befehl weiter nach vorn zu verlegen;
b)	den feindlichen Nachschubweg auf der Schärenroute durch ein eigenverantwortlich handelndes Geschwader bei Pitkäpaasi zu unterbrechen – diese Aufgabe wurde Kapitän Crown mit den Fregatten *Venus* und *Prjamslaw* sowie vier Kuttern übertragen;
c)	das Seegebiet zwischen Rondö und Vasikasari mit vier Linienschiffen zu besetzen, um einen schwedischen Durchbruch bei Rondö vereiteln zu können – Befehlshaber dieser Einheit: Oberst Leshnew;
d)	die westliche Fahrrinne zwischen Krysserort und dem Repiegrund durch fünf Linienschiffe abriegeln zu lassen, jedoch außerhalb der Reichweite feindlicher Geschütze zu bleiben – Befehlshaber: Konteradmiral Powalischin.[215]

Am Abend trafen bei Tschitschagow aus Reval kommend die Bombenketschen *Straschny* und *Pobeditel* sowie drei Kutter und fünf Transporter ein. *Straschny* wurde Leshnew, *Pobeditel* Powalischin unterstellt.

19. Juni: Kapitän Crown segelte mit seinem kleinen Geschwader nach Pitkäpaasi ab (I). Kapitän Slisow erschien mit etwa 50 Fahrzeugen des Fredrikshamn-Geschwaders – darunter befanden sich alle 15 Halbgaleeren des Typs „Kaik" und 20 Kanonenboote respektive Kanonenjollen. Da neun neugebaute Kanonenschaluppen nicht gerüstet waren, ließ sie der Admiral mit Vierundzwanzigpfündern ausstatten. Sämtliche 20 Fahrzeuge dieser Art wurden zur Unterstützung von Konteradmiral Chanykows fünf Fregatten in die Bucht westlich von Pensarholmarna befohlen (H). Mit den übrigen Fahrzeugen seines Geschwaders segelte/ruderte Slisow zum Sammelplatz der Ruderflotte westlich des Tolbukiner Leuchtfeuers.

20. Juni: Das Gros der Blockadelinie rückte nordwärts vor, näherte sich bis auf annähernd zwei Seemeilen der schwedischen Kriegsflotte. Nunmehr ankerten Tschitschagows

18 Linienschiffe zwischen dem Repiegrund und der Insel Rondö (L L). Somit nahm die russische Kriegsflotte von Krysserort bis Vasikasari eine Position ein, die den Schweden das ungehinderte Verlassen der Viborger Bucht unmöglich machte.

Absegelpläne und Schiffsbewegungen

Seit zwei Wochen lag Herzog Karls Flotte in ihrer Verteidigungsposition zwischen Krysserort und Nordspitze Biskopsö. Scheinbar unbeeindruckt vom langsamen Vorrücken der russischen Linie versahen die schwedischen Seeleute ihren Borddienst. Doch der Schein trog. Die Stimmung der Schiffsbesatzungen war alles andere als optimistisch. Jeder schaute auf Nordenskjöld, wartete auf seinen erlösenden Befehl „Anker auf!". Nichts dergleichen geschah. Hatte der Flaggkapitän etwa die Flotte aufgegeben? Weit gefehlt. Nordenskjöld beschäftigte sich intensiv mit verschiedenen „Absegelplänen". Bis ins kleinste Detail gehend suchte er nach Lösungen, die Viborger Bucht ohne eigene Verluste verlassen zu können. Vier Versionen kamen in die nähere Wahl:

1. Westliche Fahrrinne: Von Krysserort/Kultamatala aus Südwestkurs steuernd, die Enge zwischen Pensarholmarna und Repiegrund passierend bis südlich von Lilla Fiskarn und weiter nach Pikäpaasi respektive den Vidskären.

2. Björkösund: Östlich von Biskopsö durch den Sund südwärts segelnd, die Insel Björkö bis zur Westküste Torsaris umschiffend, danach Kurs auf die Vidskären nehmend.

3. Westliche Rondöpassage: Westlich Rondö nach Süden, in Höhe von Vasikasari Kursänderung nach Südwest, südlich von Peisari Kirbus zu den Vidskären.

4. Östliche Rondöpassage: Östlich Rondös und dem Toikigrund bis westlich von Vasikasari, dort Kursänderung nach Südwest, südlich von Peisari Kirbus zu den Vidskären.

Nordenskjöld gab der ersten Version den Vorrang, weil diese Route allen Schiffskommandanten vertraut war und bei zu bewegter See die Fahrzeuge der Armeeflotte jederzeit in küstennahe Gewässer ausweichen konnten. Alle vier Versionen hingen jedoch von drei Kriterien ab: von der Zustimmung des Königs, von günstigen Windverhältnissen und der vom Gegner noch nicht blockierten Route.

Für Nordenskjöld kam erschwerend hinzu, daß er in seinen Plänen Schnelligkeit, Manövrierfähigkeit und Seetüchtigkeit der Schärenfahrzeuge zu berücksichtigen hatte. Entsprechend der Generalorder „Kriegsflotte deckt Armeeflotte" bedeutete das für ihn strategisches und taktisches Umdenken.

Zudem brauchten alle Schiffskommandanten von diesem Seegebiet dringend eine zuverlässige Seekarte. Nordenskjöld ließ von der auf der *Wladislaw* gefundenen Nagaew-Karte Kopien anfertigen, einschließlich der von Leutnant Klint vom 5. bis 10. Juni durch Loten ermittelten Tiefenangaben. Ergänzungen dieser Art – insbesondere von den Gewässerabschnitten Björkösund und Rondö-Toikigrund–Vasikasari – wurden nach und nach eingetragen.

Auch verlangte die entstandene Lage zusätzliche Flottensignale. Deshalb legte der Flaggkapitän je „Absegelvariante" einige fest. Bei schnell erforderlichen Handlungen sollten so Fehldeutungen ausgeschlossen werden.

Anfangs war bekanntlich Seine Majestät gegen das Verlassen der Viborger Bucht. Eine Meinungsänderung trat erst am Abend des 20. Juni ein, als ihn Herzog Karl aufsuchte – vermutlich von Nordenskjöld begleitet. Die Brüder vereinbarten das gemeinsame Abse-geln ihrer Flotten „entlang der westlichen Fahrrinne bei günstigem Wind".[216]

Das vorherige „königliche Nein" wirkte sich allerdings kaum auf Nordenskjölds Pla-nung aus. Die Windverhältnisse hätten der Kriegsflotte sowieso nicht das Verlassen ihres Liegeplatzes gestattet. Lediglich das Verlegen der fünf russischen Fregatten ins Seegebiet Lilla Fiskarn/Pensarholmarna bezeichnete der Flaggkapitän als „störend, da diese Segler die westliche Fahrrinne sperren könnten".

Bis zu jenem 20. Juni wurde auf schwedischer Seite sehr viel Papier beschrieben. Jedes Blatt bezog sich in irgendeiner Form auf das Absegeln – egal, ob Seine Majestät, Herzog Karl oder Flaggkapitän Nordenskjöld die Schreiber gewesen waren.

Im „Papierkrieg" überboten die Russen ihren Gegner bei weitem. Kaiserliche Majestät, Graf Besborodko, Admiral Tschitschagow, Vizeadmiral Prinz Nassau-Siegen, General Saltykow und Kapitän Trevenen gönnten ihren Federn keine allzu großen Pausen. Im Prin-zip ähnelten sich die von ihnen aufgegriffenen Themen: Wie können wir am besten den Feind besiegen, wer soll was tun, und weshalb bleibt die Flotte so passiv? Und vor allem das Für und Wider hinsichtlich der Aufstellung einer Batterie auf Kap Krysserort (sechs bis zehn Sechsunddreißigpfünder).

Für die Dokumentation des damaligen Geschehens eignen sich die sonst sehr interes-santen Schriftstücke kaum. Es wurde zwar viel vorgeschlagen, beklagt oder angeordnet, doch meistens zu einer Zeit, als alles durch Tagesereignisse bereits überholt war. Einige Informationen aus den Schreiben sollten jedoch erwähnt werden:

1. Graf Besborodko gratulierte Kapitän Trevenen zu dessen Auszeichnung mit dem St.-Wladimir-Orden, den der britische Offizier für seine Verdienste bei den Kämpfen vor Stirsudde verliehen bekam.

2. General Saltykow erhielt die kaiserliche Erlaubnis, nach eigenem Gutdünken Truppen von der Front abzuziehen und diese zum Schutze St. Petersburgs „beiderseits des Ladogasees oder an den Plätzen zu postieren, die der Graf für nötig erachtet".

3. Trotz kaiserlicher Order, „Admiral Tschitschagow habe für die auf Kap Krysserort zu errichtende Batterie Geschütze abzugeben" (Saltykow, Nassau-Siegen und Trevenen hatten das wiederholt gefordert), tat der Flottenführer nichts dergleichen. Die von General Saltykow beauftragten Artillerieexperten – unter anderem Generalmajor Suchtelen – hatten das Kap als günstigen Platz für eine Batterie zum Bekämpfen der schwedischen Flotte eingestuft. Tschitschagow entsandte daraufhin seinen besten Artillerieoffizier zum Kap, der genau das Gegenteil feststellte. Ergebnis des ständigen Hin und Her: Auf Kap Krysserort wurde keine Batterie errichtet, dort also weder Mörser noch Schiffsgeschütze aufgestellt – Tschit-schagow wußte den kaiserlichen Befehl geschickt zu umgehen.

4. Zu den unterschiedlichen Vorstellungen bezüglich eines Angriffes auf die schwedische Flotte äußerte sich Tschitschagow nie – er hatte seine eigenen Gedanken, gab offensichtlich der Blockade den Vorrang, ohne dies je zuzugeben.

5. Die Kaiserin übertrug ihrem Günstling Tschitschagow das Oberkommando über alle Aktionen gegen die schwedischen Seestreitkräfte in der Viborger Bucht. General Saltykow und Vizeadmiral Prinz Nassau-Siegen hatten mit dem Admiral ihre Aktionen abzustimmen, sich den Weisungen Tschitschagows zu beugen.

Zurück zu jenem Abend (20. Juni), als König Gustav den Rückzug der Flotten nicht mehr ablehnte. Nordenskjöld übergab bereits am nächsten Morgen Herzog Karl einen kurzgefaßten „Vorschlag für das kombinierte Absegeln Seiner Majestät Kriegs- und Armeeflotte". Der Großadmiral unterzeichnete das Schriftstück sofort und schickte es unmittelbar darauf seinem Bruder. Gustav III. vermerkte auf dem Dokument eigenhändig: „Dieser von Seiner Königlichen Hoheit unterbreitete Vorschlag ist genehmigt, es ergeht Order an die Armeeflotte, entsprechend zu handeln. ‚Amphion', am 21. Juni 1790."

Hauptsächlich beinhaltete der Vorschlag: Voraussetzung für das Absegeln war ein aus Nordost oder Südost wehender Wind. Hilfsfahrzeuge der Kriegsflotte und einige Kanonenbarkassen hatten während des Segelns bei ausgemachten Untiefen Signale zu geben. Eine am Topp aufgezogene rote Flagge bedeutete, die Untiefe an der Steuerbordseite liegen zu lassen – eine weiße Flagge das Gegenteil. Entsprechend der Marschordnung werden 40 Kanonenschaluppen – gesichert von Schweren Fregatten – in Frontlinie vor dem Verband das „Fahrwasser vom Feind säubern, die russischen Fregatten aus den Schären jagen". Steuerbord der Kriegsflotte sollten sämtliche Transporter, Galeeren sowie die restlichen Kanonenschaluppen segeln/rudern. Die Nachhut bildeten zwei Schwere Fregatten, alle Schärenfregatten und Kanonenjollen.

Nach der Zustimmung des Königs arbeitete Nordenskjöld eine detaillierte Ordnung für das Absegeln aus. Da diese später noch eine wichtige Rolle spielen sollte, sei sie hier in allen markanten Punkten wiedergegeben:

„Königliche Majestät haben befohlen, daß sich Kriegs- und Armeeflotte gemeinsam durch das übliche westliche Viborger Fahrwasser zurückzuziehen haben. Hiermit wird den Flotten die Segelordnung mitgeteilt: Die Kriegsflotte segelt in der gegenwärtigen Ordnung längs der Fahrrinne. Allerdings haben ‚Finland', ‚Gripen' und ‚Äran' während des Segelns ihre ursprünglichen Plätze einzunehmen, so daß ‚Dristigheten' den Verband anführt. Oberstleutnant Puke geht an den Vidskären vorbei, erhält an diesem Punkt neue Order für den weiteren Kurs. Sollte unsere Formation angegriffen werden, hat Puke bei Lilla Fiskarn zu wenden und den Feind von achtern zu attackieren.

Oberstleutnant Améen läßt die Linie passieren und nimmt mit seinen drei Linienschiffen und der ‚Illerim' die Schlußposition ein. Die Fregatten ‚Thetis' und ‚Zemire' formieren sich mit den Schärenfregatten zur Nachhut, um unsere Kampflinie und die im Konvoi segelnden Fahrzeuge der Armeeflotte gegen Angriffe der Ruderflotte zu schützen.

‚Camilla‘, ‚Fröja‘ und ‚Eurydice‘ sekundieren die hinter der ‚Dristigheten‘ befindlichen Kanonenschaluppen, deren Aufgabe darin besteht, die russischen Fregatten aus den Schären zu vertreiben. ‚Dristigheten‘ hat bis zu den Vidskären nur so viele Segel zu führen, daß der Abstand zu den folgenden Kanonenschaluppen sich nicht vergrößert.

Alle Schiffe haben vor dem Absegeln einen Anker mit Springankertau zu versehen, damit bei speziellem Signal das Fahrzeug sofort ankern kann.

Mars- und Stagsegel sind während der Nachtzeit nur mit Schiemannsgarn festzumachen – so brauchen bei Dunkelheit keine Seeleute in die Takelage geschickt zu werden. Die Segel müssen sich beim einfachen Vorschoten von selbst lösen, denn das Absegeln erfolgt ohne Ankündigung durch einen Signalschuß: Sobald das Flaggschiff seine Marssegel vorschoten und heißen würde, hätten alle anderen Schiffe diesem Vorgehen sofort zu folgen.

Brander und Repetierfregatten segeln steuerbords der Flottenlinie.

Kutter ‚Falk‘ und ‚Hök‘, Kutterbrigg ‚Dragon‘, Schoner ‚Disa‘ und Yacht ‚Esplendian‘ segeln als Meldefahrzeuge im Kielwasser der ‚Konung Gustav III.‘.

Läuft ein Schiff auf, hat das nächstfolgende es mit Warpanker, Trossen und Barkassen zu unterstützen – in solch einem Fall unterbricht die Flottenlinie nicht ihr Segeln.

Die Fahrzeuge der Nachhut entfernen die unterwegs bei Untiefen gesteckten Markierungsstangen.

‚Konung Gustav III.‘, am 21. Juni 1790, Nordenskjöld, Flaggkapitän"

Am folgenden Tag – 22. Juni – erfüllten Oberst Leshnew und Konteradmiral Powalischin ihren Teil des Kriegsratbeschlusses vom 19. Juni. Mit dem Verlegen von Powalischins Einheit (fünf Linienschiffe und Bombenketsch *Pobeditel*) konnten von Konteradmiral Chanykows fünf Fregatten zwei abgezogen werden. Die eine ruderte zu Kapitän Crowns Abteilung nach Pitkäpaasi, die andere schloß sich Konteradmiral Odinzows drei Linienschiffen vor Björkö an.

Die schwedische Flottenführung verfolgte die Verlegungsmanöver recht aufmerksam. Für sie stand fest, nunmehr würde ein Absegeln durch die westliche Fahrrinne ebenfalls außerordentlich schwierig sein. Jetzt war nur noch der Björkösund frei. Herzog Karl schickte deshalb seinem Bruder diesen Vorschlag: „Sobald der Wind aus WNW bläst, hieven die Schiffe ihre Anker. Die Flotte geht in der gegenwärtigen Ordnung durch den Björkösund – nur mit Marssegel. Schaluppen und Barkassen haben klar zu sein, um im Bedarfsfall den Schiffen helfen zu können. Als Signal gilt tagsüber das Entfalten des Bramstagsegels, während bei Dunkelheit ein Kanonenschuß …"

Seine Majestät schrieb darunter folgende Bemerkung: „Königlicher Hoheit neuem Vorschlag wird zugestimmt, da der Feind seine Stellung verändert hat."[217]

Auf schwedischer Seite wurde die Versorgungslage immer prekärer. Seitdem die Armee-flotte ihren Ankerplatz bei Koivisto aufgegeben hatte, erfolgte die Frischwasseraufnahme nur noch bei der kleinen Quelle auf Biskopsö. Zwar steuerten anfangs noch die Wasser-leichter – geschützt durch Kanonenschaluppen – die großen Brunnen von Koivisto an, doch erwies sich das auf Dauer als sehr strapaziös. Immerhin mußten die Barkassen der am weitesten westlich ankernden Linienschiffe (Oberstleutnant Améen) für die Hin- und Zurück-tour insgesamt 30 Seemeilen rudern/segeln. Es war unmöglich, den auf der Kriegsflotte dienenden 10.000 Männern mehr als täglich einen Becher des kühlen Nasses zu bewilli-gen. Das hatte logischerweise zur Folge, daß die Plätze in den Krankenrevieren bald nicht mehr ausreichten.

24. Juni: Im Kotliner Becken bewegte sich Vizeadmiral Prinz Nassau-Siegens Ruder-flotte langsam auf den Björkösund zu – bei wechselndem Wind, Regen und Flaute.

Vor der Südküste Torsaris wurde dem russischen Transporter *Chwad* eine Sandbank zum Verhängnis. Die Fregatte *Mstislawets* eilte zur Hilfe, hatte eine Barkasse zur *Chwad* geschickt. Plötzlich tauchten aus dem Sund zwischen Torsari und Björkö vier schwedische Kanonenschaluppen auf. Sie bemächtigten sich der Barkasse und nahmen 20 Seeleute ge-fangen. Das geschah unter Beschuß der Fregatte *Mstislawets*.

In der ersten Nachthälfte schlug der Wind um – eine Bramsegelkühlte wehte aus Nord bis West. Das war es, was sich der schwedische Flottenführer gewünscht hatte. Gegen 1 Uhr (25. Juni) bereiteten die Schiffe ihr Absegeln durch den Björkösund vor. Die Fahrzeu-ge am östlichen Flügel hatten bereits die Anker gehievt und sich von den Schaluppen ins freie Segelfahrwasser des Björkösundes schleppen lassen. Unverhofft drehte der Wind auf Süd. Das Passieren des Sundes mußte aufgegeben werden. Nordenskjöld ließ einen Signal-schuß abfeuern und befahl „allgemeines Ankern". Bei Hellwerden formierte sich die Flotte wieder zur Linie, nahmen die „abgesegelten" Schiffe ihre vorherige Position ein.

Im Laufe des Tages frischte der Südwestwind auf. In der russischen Linie brach die Ankertrosse des Branders *Kasatka*.[218] Er trieb gegen die schwedische Formation und wur-de aufgebracht. An Bord befand sich lediglich ein Offizier, kein einziges Besatzungsmit-glied.

27. Juni: In einer kleinen Schaluppe hatte sich Fähnrich Rosvald zu der bei Biskopsö ankernden Armeeflotte durchgeschlagen. Er meldete sich beim König als Kurier des Pom-mern-Geschwaders unter Oberstleutnant Karl Olof Cronstedt. Seine Majestät erfuhr, die 40 Fahrzeuge aus Stralsund und einige aus Norrbotten hinzugestoßene lägen seit dem 17. Juni im Svensksund. Die Galeeren seien zwar bis Pitkäpaasi vorgedrungen, dort aber von russischen Blockadefregatten zurückgewiesen worden.

28. Juni: Prinz Nassau-Siegens Ruderflotte stand querab von Stirsudde: acht Ruderfregatten, fünf Bombenketschen, sechs schwimmende Batterien (Prahme), fünf Bombenketschen, 18 Schebecken, Schoner oder Kutter, 47 Kanonenschaluppen, zwei Brander.

In Kronstadt liefen zur Verstärkung von Tschitschagows Verband aus: zwei Fregatten, zwei Kutter, einige Transporter und Lazarettfahrzeuge.

29. Juni: Prinz Nassau-Siegens Ruderflotte passierte Stirsudde, einige ihrer schwerfälligen Fahrzeuge liefen wegen erschöpfter Besatzung in die Bucht von Umejoki ein. Die Hauptkräfte erreichten den südlichen Zulauf des Björkösundes.

König Gustav beorderte daraufhin eine starke Streitmacht zum Seegebiet Koivisto-Kirche, um dem Prinzen das Vordringen in den Björkösund zu verwehren.

Die Armeeflotte lag wie folgt formiert:

1. Oberstleutnant von Stedingk mit den größeren Fahrzeugen (Turumas und Galeeren) in der Mitte des Sundes bei Koivisto-Kirche (F).
2. Etwa eine Seemeile vor ihm Oberstleutnant Hjelmstierna mit drei Divisionen Kanonenschaluppen und einer Division Kanonenbarkassen (M).
3. Etwa eine Seemeile hinter von Stedingk eine Division Kanonenschaluppen zum direkten Schutz der Transportflotte (F F).
4. Bei der vor Biskopsö ankernden Transportflotte ein Reservegeschwader (Kanonenschaluppen und -jollen) unter Oberstleutnant Törnings Befehl.

30. Juni: Am Abend griff Oberstleutnant Cronstedt bei Pitkäpaasi zwei russische Kutter an, zwang sie zum Ausweichen. Der Durchbruch des Pommern-Geschwaders gelang trotzdem nicht – Kapitän Crowns Fregatten wußten das zu vereiteln. Die heftigen Gefechte dauerten bis zum Morgen des 1. Juli. Cronstedt zog sich schließlich zum Svensksund zurück.

Nordenskjöld drängte Herzog Karl, das Flottenabsegeln bei Rondö zu versuchen, und zwar zwischen den am weitesten südlich ankernden feindlichen Linienschiffen. Das erste lag östlich des Kurgogrundes, das andere beim Toikigrund. Diese Lücke in der russischen Linie „ist eine ausgezeichnete Seemarke, die die göttliche Vorsehung unserer Flotte gegeben hat – dorthin gelangen die großen Dreidecker wegen der Wassertiefe nicht, wir sind also vor ihnen sicher. Beim Segeln müssen wir unsere Kanonen auf diese beiden Schiffe richten, dies auf die beiden nördlich liegenden zu tun, wäre eine Vergeudung von Kugeln."

Herzog Karl reichte Nordenskjölds Plan dem König weiter, der diesen ablehnte.[219]

Die schwedischen Reservefregatten erhielten nun ebenfalls ihre Plätze in der Linie zugewiesen. Sie bestand jetzt aus 18 großen Schiffen und acht Schweren Fregatten und war etwa 6500 Meter lang. Der Zwischenraum von Fahrzeug zu Fahrzeug betrug jeweils ungefähr 250 Meter, die Entfernung zu den Ufern von Kultamatala und Biskopsö jeweils fast 500 Meter. Die zwischen Kultamatala und Krysserort postierte Einheit Améens mitgerechnet, standen der russischen Kriegsflotte insgesamt 30 größere Kriegssegler gegenüber, die über rund 1700 Kanonen verfügten.

Admiral Tschitschagows Verband dagegen sperrte mit drei Gruppierungen die Viborger Bucht:

1. Das von Admiral Tschitschagow direkt befehligte Gros mit 18 Linienschiffen lag in einer 8000 Meter langen Linie vom Repiegrund bis Rondö – Abstand zwischen den Seglern jeweils 450 Meter.

2. An den Flanken insgesamt neun Linienschiffe und zwei Bombenketschen (Leshrews und Powalischins Abteilungen zwischen Rondö und Toikigrund bzw. zwischen Repiegrund und Krysser-Ort).

3. Zwischen Pensarholmarna und Lilla Fiskarn drei Fregatten und 20 Kanonenschaluppen.

Die Schiffe in der russischen Linie – ausgenommen die 20 Kanonenschaluppen – verfügten über ungefähr 2500 Kanonen.[220]

Gelungener Durchbruch

„Weil der Gegenwind während der letzten Nacht nicht sehr kräftig wehte, konnten die in der Bucht von Umejoki zurückgebliebenen Kampffahrzeuge aufschließen. Mein Verband ist wieder vollzählig. Flaut der Wind weiter ab, dringe ich in den Björkösund ein. Ich gedenke, zumindest bis zur Insel Ravitsa vorzustoßen, eventuell sogar bis Koivisto-Kirche. Die Schweden haben dort eine starke Abteilung ihrer Schärenflotte stationiert. Es wird unumgänig sein, den Feind von dem Platz zu vertreiben, denn nur da kann mein Geschwader sicher verharren. Nach dem Angriff begebe ich mich zu Tschitschagow, um den Befehl für den großen Tag entgegenzunehmen, den Tag, den Kaiserliche Majestät so sehnsüchtig erwartet ..." Diese Zeilen schrieb Vizeadmiral Prinz Nassau-Siegen gegen Mittag des 1. Juli. Und zum Viborg-Geschwader äußerte er: „Was Vizeadmiral Kosljaninow betrifft, so glaube ich an seinen Mut und seine Vernunft. Er darf erst vorrücken, wenn ich den Kampf mit der schwedischen Schärenflotte beginne. Wartet er nicht ab, kann ich ihm nicht zu Hilfe eilen. Aber sobald ich mit dem Feind kämpfe, muß er eine mächtige Ablenkungsattacke durchführen ..."

Schließlich geht der Prinz auch auf seine Angriffsformation ein. Demzufolge wollte er in drei Linien gegen Ravitsa vorrücken: Die erste Linie bestand aus Ruderfregatten, Schebecken, Schonern (ehemalige Halbschebecken) und Prahmen (schwimmende Batterien). Im Zentrum die Chefgaleere *Swjataja Jekaterina* des Vizeadmirals. Den rechten Flügel befehligte Kapitän Slisow, den linken Kapitän Dennison. In der von Generalmajor Palen geführten zweiten Linie – etwa 100 Meter hinter der ersten – waren alle 47 Kanonenboote und vier Bombenketschen vereinigt. Die Nachhut bildete Konteradmiral Odinzows Abteilung (drei Linienschiffe, eine Fregatte), mit der auch zwei Brander der Ruderflotte segelten.

Im Prinzip hielt sich Nassau-Siegen an seinen Plan. Allerdings zwangen ihn widrige Winde, später als vorgesehen in den Björkösund einzulaufen – und zwar mit Muskel-, nicht mit Windkraft. Die Linienformation änderte sich ebenfalls ein wenig. Vorn gingen die Prahme und Schoner, gefolgt von den Ruderfregatten und Schebecken. Danach kamen die Kanonenboote, die zudem bei Flaute die schwerfälligen Prahme und Schebecken bugsieren mußten. Insgesamt betrachtet ging das Vorrücken im Sund äußerst langsam vonstatten.

Am Abend des 2. Juli erhielt der Prinz Verstärkung: Aus Kronstadt kommend, trafen zehn Kanonenboote ein. Nach 21 Uhr machte man auf den vorderen Fahrzeugen die hinter Ravitsa den Sund sperrenden Schweden aus (Kanonenschaluppen, -barkassen und einige Galeeren). In unveränderter Ordnung hielt Nassau-Siegen auf den Feind zu. Ungefähr um 22.30 Uhr eröffneten Hjelmstiernas Kanonenschaluppen den Kampf. Slisows Prahme und Schoner antworteten. Aber schon nach wenigen Minuten bekam ein russischer Schoner einen Volltreffer – direkt in die Pulverkammer. Das kostete die gesamte Besatzung das Leben (53 Mann).

Ununterbrochen feuerten Hjelmstiernas Kanonenschaluppen und -barkassen. Doch Slisow ließ sich durch den Kugelhagel nicht beirren – behutsam näherte er sich der schwedischen Linie. Dichtauf folgte ihm Dennison mit den Ruderfregatten. Die schwerfälligen Schebecken ankerten. Nassau-Siegen sah dies als beste Lösung an, damit die kleineren Kampfboote nicht durch Bugsierarbeiten ihre eigentlichen Aufgaben vernachlässigten.

Gegen 2 Uhr brach Hjelmstierna den Kampf ab, setzte sich auf Befehl des Königs nordwärts ab. Die bei ihm kämpfenden Galeeren mußten pünktlich ihre Plätze bei der absegelbereiten Kriegsflotte einnehmen.

Oberstleutnant von Stedingk erhielt Order, mit den Schärenfregatten Hjelmstiernas Rückzug zu decken. Da aber Nassau-Siegen wegen erschöpfter Besatzungen zwischen Ravitsa und Koivisto-Kirche liegenblieb, segelten die Schärenfregatten an der Spitze der Armeeflotte nach Nordwesten. Konteradmiral Odinzows Abteilung hatte sich an den Kampfhandlungen nicht beteiligt, die Linienschiffe mußten im Sund bugsiert werden und erreichten erst am Morgen (5 Uhr) des 3. Juli den Ankerplatz bei Koivisto-Kirche (N N).

Verluste auf schwedischer Seite:

1	Brander wurde vom Feind erobert;
1	Kanonenschaluppe wurde vom Feind erobert.
3	Gefallene;
8	Schwerverwundete.

Verluste auf russischer Seite:

1	Schoner durch Volltreffer explodiert.
150	Gefallene und Schwerverwundete (etwa) –
	darunter 53 Mann der Schonerbesatzung.

Zur gleichen Zeit, als Hjelmstierna die russische Ruderflotte aufhielt, fand noch ein weiteres Unternehmen der Armeeflotte statt. Oberstleutnant Törning war beauftragt worden, ein Ablenkungsmanöver durchzuführen. An diesem 2. Juli galt die Aufmerksamkeit der russischen Flottenführung vor allem den Kriegsseglern Herzog Karls. Da wurde an den Geschützen exerziert und das Wasserholen forciert, da verlegten Schiffe in der Linie und holte die früher auf kleine Inseln gebrachten Pferde zurück an Bord, sammelte sich die Transportflotte hinter der Verteidigungslinie – und da der Wind nunmehr aus nordöstlicher Richtung blies, war ein Angriff der schwedischen Seestreitmacht nicht auszuschließen. Obwohl das für Admiral Tschitschagow utopisch klang, könnte der verzweifelte Feind dazu durchaus in der Lage sein. Am Abend hörte er die vom Björkösund herüberschallende vierstündige Kanonade, und plötzlich wurde auch sein rechter Flügel beschossen. Was ging da vor?

Törning war mit vier Divisionen Kanonenschaluppen durch den Björkösund südwärts gezogen. Er passierte die Enge zwischen Biskopsö und Björkö und segelte anschließend entlang der Westküste Biskopsös nach Norden. Auf diese Weise stieß er auf Leshnews Einheit. Ab 2 Uhr beschoß Törning die russischen Schiffe – kaum daß im Björkösund der Kampf beendet gewesen war.

Das auf recht großer Distanz bei Kurgo (zwischen Rondö und Toikigrund) geführte Gefecht dauerte bis 4.30 Uhr. Auf russischer Seite nahmen nicht nur Oberst Leshnews Schiffe teil – sein Befehlszeichen wehte auf der *Prins Karl* –, sondern auch die von Tschitschagow zur Entlastung geschickten Linienschiffe *Knjas Wladimir* (Konteradmiral Spiridow) und *Jesekil*. Nach Abbruch des Gefechtes, das keine nennenswerten Opfer forderte, zog sich Törning befehlsgemäß nordwärts zurück, nahm seine vorgesehene Position hinter der Kriegsflotte ein (O). Für diesen Morgen des 3. Juli hatte Nordenskjöld das Absegeln beider Flotten vorbereitet. Allerdings stand noch nicht fest, auf welcher Route dies geschehen sollte. Darüber diskutierten seit 3 Uhr in Herzog Karls Admiralskajüte König Gustav, General Pollet, Herzog Karl, Flaggkapitän Nordenskjöld und Oberstleutnant Puke.[221]

Die Situation war außerordentlich ernst. Letztendlich ging es nun nicht mehr allein um das Wohl des Königs, sondern um das des Reiches. Ein einmal gefaßter Beschluß konnte sowohl das Ende der schwedischen Kriegsmacht als auch deren Überleben bedeuten. Nordenskjöld erläuterte beharrlich Vor- und Nachteile der einzelnen Absegelvarianten, machte den König zudem auch von ihm nicht zu verantwortende Änderungen früherer Pläne aufmerksam. Er sprach sich überzeugend für den Rückzug beider Flotten entlang der westlichen Fahrrinne aus. Ihn unterstützte insbesondere Oberstleutnant Puke, der mit dem Spitzenfahrzeug *Dristigheten* bei dem Durchbruch die Hauptlast zu tragen hatte. Um 4.30 Uhr schrieb Gustav III. sein „Genehmigt" auf die Kopie von Nordenskjölds unverändertem ursprünglichen Vorschlag: Das Absegeln durch das westliche Fahrwasser war damit beschlossene Sache.

Seine Majestät kehrte auf die *Seraphimsorden* zurück, und an der Signalrah des Flaggschiffes wehten ab 4.40 Uhr die Wimpel „Flotte klarmachen zum Absegeln!" Um 5.20 Uhr sollte der Durchbruch beginnen. Das ging nicht, da Puke die *Dristigheten* noch nicht erreicht hatte und auch der letzte Wasserleichter des Linienschiffes noch nicht eingetroffen war. Aber gegen 6 Uhr hieß es: „Flotte geht unter Segel und verläßt die Viborger Bucht auf der westlichen Route – Dristigheten führt den Verband an!"

Zu diesem Zeitpunkt formierte sich die Armeeflotte. Bei Krysserort lag ihre Spitze (von Stedingks und Malmborgs Divisionen: sechs Schärenfregatten, 16 Kanonenschaluppen und -jollen). Danach kamen Törnings vier Divisionen (64 Kanonenschaluppen und -jollen sowie acht Mörserbarkassen), dahinter drei Divisionen Galeeren (20 Fahrzeuge) sowie die Transporter und zum Schluß Hjelmstiernas drei Divisionen (50 Kanonenschaluppen und -jollen sowie zehn Kanonenbarkassen) – insgesamt 174 Kampffahrzeuge. Die kleineren (vor allem die 50 Kanonenjollen und acht Mörserbarkassen) hatten ihren Platz an der Steuerbordseite der Streitmacht, um bei zu heftiger See zum Schärengürtel ausweichen zu können. *Dristigheten* hievte um 6.15 Uhr ihre Anker. Zunächst steuerte sie nordwärts. Backbord querab lag Kultamatala. Dann ging Oberstleutnant Puke auf Südwestkurs, segelte auf das Zentrum von Oberstleutnant Améens Detachement zu. *Vasa* und *Lovisa Ulrika* vergrößerten die Lücke zwischen ihnen. *Dristigheten* und die nachfolgenden Schiffe konnten ungehindert passieren. Steuerbords der Kriegsflotte segelten/ruderten die Fahrzeuge der Armeeflotte. Angeführt wurden sie von Oberstleutnant von Stedingk auf der *Styrbjörn* und Kapitän Orlanda auf der *Norden*. Ihr Kurs war so, daß die nachkommenden kleineren Fahrzeuge sich bis auf etwa 600 Metern Krysserort nähern mußten.

Voraus sperrten Powalischins fünf Linienschiffe (*Wsjeslaw*, *Swjatoi Pjotr*, *Ne tron menja*, *Panteleimon* und ein namentlich nicht zu identifizierender Segler) und die Bombenketsch *Pobeditel* die Fahrrinne. Der Raum zwischen den sechs Blockadefahrzeugen betrug jeweils nicht mehr als 200 Meter. *Dristigheten* segelte mit wenig gesetztem Tuch auf *Wsjeslaw* und *Swjatoi Pjotr* zu, die in mittlerer Position ankerten. Oberstleutnant Puke hatte seinen Durchbruch klug vorbereitet: Die meisten Segel, insbesondere die unteren, waren gerefft und mit Schiemannsgarn zusammengehalten. Ein kurzer Ruck würde genügen, damit sie sich voll entfalten könnten. Die Mannschaft stand unter Deck bereit. Nur wenige Männer hielten sich am Oberdeck auf, vor allem bei der Ruderanlage. Alle Kanonen waren ausgefahren, die Bedienungsmannschaften warteten auf den Feuerbefehl.

Gegen 7.30 Uhr befand sich die *Dristigheten* neben *Wsjeslaw* und *Swjatoi Pjotr*. Beide Linienschiffe schossen ihre Breitseiten ab. *Dristigheten* wurde von Kartätschen-, Rund- und Kettenkugeln überschüttet. Wegen zu geringer Entfernung konnten jedoch die russischen Kanoniere ihre Geschützrohre nicht auf die Takelage des schwedischen Spitzenfahrzeugs richten – sie blieb verschont. Auch der auf Deck niedergehende Kugelregen richtete keine größeren Schäden an, forderte ob fehlender Mannschaft nur geringe Opfer.[22]

Sofort nach der ersten feindlichen Salve erteilte Puke Feuererlaubnis. Nun mußten *Wsjeslaw* und *Swjatoi Pjotr* den Kugelhagel über sich ergehen lassen. Zur gleichen Zeit griffen auch von Stedingk und Orlander die nahe der Küste postierte *Pobeditel* an. Das alles geschah binnen weniger Minuten, dann hatten die drei Spitzenfahrzeuge den Blockadering durchbrochen. Schlag auf Schlag ging es weiter. Ein schwedisches Schiff nach dem anderen erschien auf der Bildfläche. Stets ein kurzer Schußwechsel, und Powalischins Abteilung lag achtern. Gegen 8 Uhr passierte die *Konung Gustav III.* den Platz. Der Feind gab nur noch vereinzelte Schüsse ab. *Pobeditels* Takelage – insbesondere stehendes und laufendes Gut – war arg in Mitleidenschaft gezogen. Kapitän James Trevenen, Befehlshaber der *Ne tron menja*, teilte das Los vieler gefallener russischer Seeleute. *Wsjeslaw* hatte so schwere Treffer erhalten, daß man das Schiff kaum noch als kampffähig bezeichnen konnte. Und *Panteleimon* und ein weiteres Linienschiff ankerten ungünstig, feuerten deshalb nur wenige Salven ab.

Die zwischen Lilla Fiskarn und Pensarholmarna liegenden drei Fregatten Chanykows kamen ebenfalls nicht zum Einsatz. Die Pulverschwaden zogen von Powalischins Position nach Südwesten, hüllten schwedische und Chanykows Fahrzeuge vollständig ein. So vermochten die Schweden auch diese „Hürde" im russischen Blockadering ohne Schwierigkeiten zu überwinden. Gegen 9 Uhr befand sich bereits die Hälfte der Kriegs- und Armeeflotte südlich von Lilla Fiskarn – außerhalb des Schußbereiches feindlicher Linienschiffe (T T T).

Wie verhielt sich indessen Admiral Tschitschagow? Als in den frühen Morgenstunden in Herzog Karls Flotte alles auf ein Absegeln hinwies, ordnete der russische Admiral erhöhte Gefechtsbereitschaft an. Das bedeutete, die Linienschiffe kehrten den Schweden nun ihre Backbordseite zu (ihr Bug zeigte nach Osten). Tschitschagow glaubte an einen Angriff, nicht an den Durchbruch.

Noch um 7 Uhr (zu diesem Zeitpunkt passierte *Dristigheten* Améens Detachement) befahl er „Klarmachen der Schaluppen zum Abweisen feindlicher Brander!".

Erst gegen 7.30 Uhr wehten auf der *Rostislaw* Signale zur Unterstützung Powalischins. Gerichtet waren sie an die beiden äußersten Schiffe des linken Flügels: *Konstantin* und *Dwenadzat Apostolow*. Die Weisung „Ankertrossen kappen und der nördlichen Abteilung helfen!" ließ sich allerdings nicht realisieren, denn beide Schiffe hatten achtern den Repiegrund und in Lee einige Sandbänke. An den Untiefen mußte man vorbeiwarpen. Als die *Konstantin* gegen 8 Uhr den Repiegrund passieren konnte, wurde sie durch schwedischen Beschuß stark beschädigt. Zwei ihrer Bramstengen gingen außenbords. Das Schiff trieb auf den Passalodagrund, da es wegen vorher gekappter Ankertrossen seine Ersatzanker nicht auslegen konnte. Schwedischen Fahrzeugen wurden Untiefen ebenfalls zum Verhängnis. Zuerst lief die *Finland* beim Kultamatalagrund auf. *Hedvig Elisabeth Charlotta*[223] beendete ihre Reise auf dem Repiegrund. *Lovisa Ulrika* sowie die Fregatten *Jarislawitsch* und *Uppland* leisteten der russischen *Konstantin* auf dem Passalodagrund Gesellschaft (R R R). *Ömheten*, der Schoner *Kosacken* sowie drei Transporter der Armeeflotte und die Galeeren *Palmstierna*, *Ekeblad* und *Upsala* scheiterten vor Pensarholmarna an den Pensarriffen (S).

Ursächlich für das Auflaufen all dieser Fahrzeuge – ausgenommen *Finland* – war die durch Pulverschwaden stark eingeschränkte Sicht: Viele Segler wichen vom vorgesehenen Kurs ab, gerieten auf die neben der Fahrrinne liegenden Bänke.

Die größte Katastrophe aber ereignete sich gegen 9 Uhr. *Enigheten* und die Fregatte *Zemire* sollten als letzte in Herzog Karls Formation laufen. Zu ihnen gehörten drei Brander. Geplant war, *Postiljonen* (Fähnrich Sandels) und die eroberte *Kasatka* gegen Powalischins Abteilung und einen umgerüsteten Transporter gegen Chanykows Fregatten einzusetzen.

Enigheten hatte ihre Segel ebenfalls mit Schiemannsgarn befestigt. Sie war nur noch durch ein Achterspring mit dem Warpanker verbunden. Zum Zeitpunkt des Absegelns wurden *Postiljonen* und *Kasatka* angezündet. Danach kappte man sowohl auf der Fregatte *Zemire* und der *Enigheten* als auch auf den Brandern die Ankersprings – gleichzeitig wurden die Besatzungen der Brander aufgenommen. Zwischen *Enigheten* und *Postiljonen* bestand jedoch noch eine Schleppverbindung. Bedingt durch das ruckartige Absegelmanöver machte der Brander logischerweise mehr Fahrt als das Linienschiff. Er geriet vor den Bug der *Enigheten*, scheuerte an der Steuerbordwand entlang nach achtern und verhakte sich im Takelwerk des Besanmastes. Das geschah in Sekundenschnelle. Von der brennenden *Postiljonen* schlugen die Flammen auf das Linienschiff über. Im Nu brannte die *Enigheten*. Die Besatzung sprang in Panik über Bord – so mancher Seemann wurde von russischen oder schwedischen Schaluppen gerettet, doch die meisten ertranken (P).

Ein schwedischer Augenzeuge gab später zu Protokoll: „Ich war Kanonier auf einer Kanonenjolle. Wir befanden uns relativ nahe dem Unglücksort. Major Feiff, Chef der ‚Enigheten‘, stand barhäuptig und mit wirrem Haar auf der Hütte. Er streckte beide Arme aus und rief uns zu: ‚Beiseite, fort, ich fliege gleich in die Luft!‘ Seine Warnung war auch für die Fregatte ‚Zemire‘ bestimmt gewesen. Doch sie kam zu spät. Der Wind trieb einen Funkenregen zur Fregatte, und sie brannte ebenfalls."

In einem russischen Dokument heißt es dazu: „Die brennenden schwedischen Schiffe trieben gegen Konteradmiral Powalischins Abteilung. Die nahe liegende ‚Wsjeslaw‘ kappte ihre Ankertrossen, konnte der Gefahr entrinnen. ‚Panteleimon‘ wurde von den Kugeln der brennenden Schweden getroffen. Deren Kanonen glühten. Dadurch lösten sich die Schüsse. Auch ‚Swjatoi Pjotr‘ erhielt Treffer. Dann erreichte das Feuer die Pulverkammer der ‚Enigheten‘. Sie explodierte und zerstörte den Brander ‚Postiljonen‘. Kurz darauf flog die Fregatte ‚Zemire‘ in die Luft.

Die Schaluppen der ‚Panteleimon‘ bemächtigten sich der ‚Kasatka‘ und des letzten Branders – beide wurden zur Untiefe Orisari geschleppt."

Wie viele Menschen bei der Katastrophe ums Leben kamen, läßt sich nicht sagen. Von den Geretteten ist nur ein Name überliefert: Kapitän Neuendorff, Befehlshaber der Fregatte *Zemire*.[224]

Beim Durchbruchunternehmen dürften die schwedischen Gesamtverluste annähernd 4000 Mann betragen haben – der größte Teil von ihnen geriet in Gefangenschaft. Die russische Seite beklagte 300 Gefallene und Schwerverwundete[225] – alle von Powalischins Abteilung und der *Konstantin*.

Während des Passierens von Powalischins Sperreinheit gab es auf schwedischer Seite drei erwähnenswerte Ereignisse:

1. König Gustav hielt sich zunächst in einer offenen Schaluppe auf. Als die königliche Flagge abgeschossen wurde (die Russen fischten sie auf und brachten das Beutestück nach St. Petersburg), stieg Seine Majestät auf die *Seraphimsorden* und in Höhe von Pitkäpaasi auf die Yacht *Kolding* über.

2. Herzog Karl blieb auf der *Konung Gustav III.*, ging nicht auf die *Ulla Fersen*. Er stand auf der Hütte – vor dem Besanmast. In seiner Nähe hielten sich auf: Flaggkapitän Nordenskjöld, der Heeresoffizier Baron Shoults von Ascheraden, Oberadjutant Baron Palmqvist, Sekretär Sundevall, Leutnant Gustav Klint und einige Signalmaate. Eine Kanonenkugel traf den Herzog am Arm und anschließend Shoults von Ascheraden in die Brust. Auch Signalmaate mußten ihr Leben lassen.

3. „Post captain" Sidney Smith segelte mit der Yacht *Aurora* in den Reihen der Armeeflotte. Die Yacht erhielt einen Volltreffer und sank. Smith schwamm zu den Kanonenschaluppen, wurde von einer aufgenommen. Danach wechselte er auf den Schoner *Disa* über, der ihm nun als Flaggschiff diente.

Von den 30 russischen Linienschiffen des Blockaderinges versuchten nur sechs das Absegeln der schwedischen Flotten zu verhindern. Ihre Bemühungen führten jedoch nicht zum Erfolg, dem Feind gelang der Durchbruch. Durch Beschuß büßte die schwedische Seite lediglich die Yacht *Aurora* ein. Trotzdem war der Preis für das Durchbruchunternehmen sehr hoch – die Schuld dafür lag jedoch nicht bei der Flottenführung und schon gar nicht bei Flaggkapitän Nordenskjöld (siehe Tabelle 27).

Verlustreicher Rückzug

Innerhalb dreier Stunden hatten beide schwedische Flotten die Bockade durchbrochen, in drei Kolonnen – insgesamt etwa 200 Kampffahrzeuge – Powalischins Abteilung passiert. Nordenskjöld staunte über die Passivität Admiral Tschitschagows, der außer *Konstantin* und *Dwenadzat Apostolow* keine Kriegsschiffe zur westlichen Fahrrinne detachierte. Zudem gelang es nur der *Konstantin*, relativ schnell auszuscheren. *Dwenadzat Apostolow* versuchte zwar über 30 Minuten lang, ihre Position zu verlassen – doch vergeblich.[226]

Noch mehr hätte sich Nordenskjöld über Tschitschagows Signale gewundert, wäre ihm deren Bedeutung bekannt gewesen. So beorderte der russische Admiral beispielsweise die Bombenketsch *Pobeditel* und Kapitän Crowns Fregatten zum Gros zurück. Das zu einer Zeit, als die *Dristigheten* auf Powalischins Abteilung zusegelte. *Pobeditel* konnte der Weisung nicht folgen, stand nach wenigen Minuten im Gefecht. Und Kapitän Crown „übersah geflissentlich" den Befehl. Ihm schien seine Blockadestation bei Pikäpaasi zu wichtig, um sie einfach aufzugeben. Obwohl Tschitschagow die Order mehrmals wiederholen ließ, stellte sich Crown blind und taub – in der Zwischenzeit hatte sich nämlich bestätigt, daß durch seine Anwesenheit die schwedischen Fahrzeuge gezwungenermaßen Pitkäpaasi umsegeln würden. Geschähe das, konnte er bei bewegter See auf leichte Beute rechnen.

Tschitschagows rätselhaftes Verhalten findet in seinem Tagebuch eine gewisse Erklärung: „Ich erwartete, die Schweden würden sich der großen Fahrrinne zuwenden, mich von achtern und von vorn attackieren. Für mich war notwendig, alle gefährdeten Fahrzeuge zur Linie zurückzubeordern und mit geballter Kraft dem Feind gegenüberzutreten." Bemerkenswert auch dies: Vizeadmiral Mussin-Puschkins Flügel machte kurz nach 9 Uhr Anstalten, den Feind zu verfolgen. Tschitschagow aber rief ihn zurück, befahl „Segel verkürzen, nicht von der Flotte absondern!".

General Saltykow brachte die Haltung des Admirals auf den Punkt. Dem Grafen Besborodko schrieb er: „Was ist zu tun, damit unser Seerecke reift? Der alte Admiral ist übervorsichtig. Das ist an sich nicht schlecht, aber für unsere gemeinsame Sache ein absoluter Mißerfolg. Nun sieht Eure Erlaucht das Resultat von Meinungsverschiedenheiten und Uneinigkeit – der Feind ist entschlüpft. Wir müssen ihn erneut suchen. Haben wir ihn gefunden, so möge uns Gott beistehen und unsere Verluste möglichst gering halten.

Hätten auf Kap Krysserort die von mir gewünschten Geschütze gestanden, wäre dem Feind das Absegeln dort nicht geglückt …"

Dieses Schreiben veranlaßte Katharinas Sekretär Turtschaninow, sich mit gefangengenommenen schwedischen Seeoffizieren zu unterhalten. Er wollte ergründen, wie sie eine eventuell auf Krysserort errichtete Batterie beurteilten. Danach ließ Turtschaninow den Grafen Besborodko wissen: „Übereinstimmend erklärten die Schweden, an einen Rückzug entlang der westlichen Fahrrinne wäre in solchem Fall nicht zu denken, die Verluste durch glühende Kugeln zu hoch gewesen."

Zu Tschitschagows passivem Verhalten gab es viele Spekulationen, die sich bei genauerem Nachprüfen meist als völlig haltlos erwiesen. Unbestritten ist allerdings, daß die russische Kriegsflotte nicht vor 11 Uhr segelbereit gewesen war, die schwedischen Flotten bis 10.40 Uhr bei den Vidskären beigedreht drifteten. Bis zu diesem Zeitpunkt wurde nichts unternommen, um den weiteren Rückzug des Feindes zu verhindern.

Als gegen 7.30 Uhr Powalischin das Feuer auf die *Dristigheten* eröffnete, wertete Vizeadmiral Kosljaninow das als allgemeines Angriffszeichen. Kurz darauf verließ er mit dem Viborg-Geschwader den Trångsund. Zwischen 8.30 und 9 Uhr passierte die Formation das Seegebiet Teikasari/Rödhäll. Sobald der Vizeadmiral freie Sicht nach Süden hatte, mußte er verwirrt feststellen, daß sich die feindlichen Flotten nicht mehr in der Bucht befanden. Kosljaninow bemerkte nur die aufgelaufene *Finland*, um die sich das 66-Kanonen-Linienschiff *Pobedonosez* (Kapitän Tunaschow) bemühte. Das Viborg-Geschwader rückte bis hinter Powalischins Abteilung zu den Fregatten Chanykows vor. Dort verharrte die Einheit wegen zu bewegter See.

Vizeadmiral Prinz Nassau-Siegen erging es ähnlich wie Kosljaninow. Ungefähr um 10 Uhr erschien er mit dem Gros der Ruderflotte am nördlichen Zulauf des Björkösundes. Der Prinz traute kaum seinen Augen – keine feindlichen Flotten waren zu sehen, nur ankernde eigene Linienschiffe. Er wußte nicht, was das bedeuten sollte. Nach Kenntnis der wahren Sachlage „schäumte Prinz Nassau-Siegen vor Wut". Schließlich wollte er den Feind „in gemeinsamer Aktion in der Viborger Bucht vernichten und nicht auf offener See verfolgen". Der Vizeadmiral setzte dem Feind nach, steuerte direkten Westkurs. Mit den schwerfälligen Seglern erreichte er allerdings erst gegen 13 Uhr Rondö – der Erfolg seiner Bestrebungen ließ zu wünschen übrig.

Um 13 Uhr stand Admiral Tschitschagow mit der *Rostislaw* ungefähr zehn Seemeilen südlich seiner bisherigen Position (U). Die übrigen Linienschiffe begannen südwärts zu segeln – Mussin-Puschkins Flügel entlang der westlichen Fahrrinne, Kruses Flügel in Richtung Paisari Kirbus. Auf offener See formierten sich die Fahrzeuge zu einem Verfolgungsgeschwader. Es nahm Kurs auf Hogland.[227]

Indessen hatte auch Prinz Nassau-Siegen die westliche Fahrrinne erreicht. Er bewegte sich auf Pitkäpaasi zu, gefolgt von Kosljaninows Viborg-Geschwader.

Am Nachmittag sah die Situation folgendermaßen aus:
1. Die schwedische Kriegsflotte zog westwärts. Ihr hatten sich *Norden* und *Styrbjörn* angeschlossen, um bei günstiger Gelegenheit nach Sveaborg gehen zu können. Vermißt aber wurden einige Hilfsfahrzeuge. Nordenskjöld hoffte, diese würden mit der Armeeflotte segeln. Der Flaggkapitän wollte zum Orrengrund, der Reede von Lovisa. Dort lagen das Linienschiff *Fredrik Rex* und die Fregatten *Diana* und *Bellona* – eine nicht zu unterschät-

zende Verstärkung für Herzog Karls Verband. Gegen 15 Uhr signalisierte Oberst Leijonanckar, die im Kielwasser der *Dristigheten* segelnde *Drottning Sofia Magdalena* könne wegen eines notdürftig reparierten Mastes ihren Platz in der Linie nicht länger halten. Nordenskjöld befahl deshalb der *Dristigheten* „Geschwindigkeit mindern!". Nach einer Stunde passierte man Sommerö und ungefähr um 19 Uhr die Nordspitze Hoglands. Nun wurden die Marssegel gerefft.

2. Mit 17 Linienschiffen verfolgte Admiral Tschitschagow die feindliche Kriegsflotte. Allerdings nicht in ihrem Kielwasser, sondern südlich versetzt auf Parallelkurs. Seine schnellsten Segler näherten sich gegen 19 Uhr ebenfalls der Insel Hogland.

3. Nassau-Siegens Gros der Ruderflotte und Kosljaninows Viborg-Geschwader rückten entlang der Küste nach Westen vor. Sie vermochten kein einziges Fahrzeug der schwedischen Armeeflotte einzuholen. Als Sammelplatz hatte der Prinz die Insel Aspö bestimmt. Gegen Abend begann sich seine Formation bei stürmischer See mehr und mehr aufzulösen. Einige Fahrzeuge suchten Schutz bei den nördlichen Schären (Küstenbereich), andere – unter Führung Slisows – erreichten Aspö, Nassau-Siegen und seine größeren Segler verschlug es nach Hogland.

4. Kapitän Crown verlegte seine Fregatten seewärts Pitkäpaasis. Erwartungsgemäß konnte er sich dort mit der Armeeflotte messen. Zu seinem Kommando gehörte auch die von Kapitänleutnant Pellesier geführte Ruderfregatte *Swjatoi Alexander*, die sich bei diesem Unternehmen besonders hervortun sollte.

5. König Gustav zog zunächst unter dem Schutz der Fregatten *Thetis* und *Galathée* westwärts. Als sich die russische Kriegsflotte der offenen See zuwandte, segelten beide Fregatten wieder zu Herzog Karls Verband. Sie wären sonst höchstwahrscheinlich von feindlichen Linienschiffen aufgebracht worden. Kapitän Crown nutzte seine Chance. Da der Seegang inzwischen erheblich an Stärke zugenommen hatte, konnten die schwedischen Kanonenschaluppen nicht an Gegenwehr denken. Von den kleineren Fahrzeugen übernahmen viele Wasser oder schlugen leck. Crown befahl seinem Ersten Offizier, Leutnant Baron Franz Deliwron, alle drei Beiboote der *Venus* mit Prisenkommandos (vor allem Schiffer, Steuermänner und Untersteuermänner) zu besetzen und sich der seeuntüchtig gewordenen Fahrzeuge des Feindes zu versichern. Ähnlich handelte Kapitänleutnant Pellesier. Insgesamt gingen auf diese Weise vier Galeeren, sechs Kanonenschaluppen, eine Kanonenbarkasse und ungefähr 30 Transporter der Armeeflotte verloren.

Crown jagte mit der *Venus* auch die beiden Chefgaleeren und die königliche Yacht *Kolding*. Er schickte sich gerade an, letztere zu erobern, als ihn Tschitschagows ausdrücklicher Befehl erreichte, die „mehrmals erteilten Weisungen zum Einreihen in die Flotte sofort zu befolgen, anderenfalls dem Kapitän ein Kriegsgerichtsverfahren drohe". Um 18 Uhr brach Crown sein Unternehmen ab, kehrte zu Tschitschagows Verband zurück – die *Kolding* mit dem König an Bord konnte deshalb entkommen.[228] Nach diesen unglücklichen Ereignissen blieb die Armeeflotte für einige Stunden einigermaßen formiert zusammen. Unangenehmes Wetter sorgte jedoch bald dafür, daß sich die Formation zerstreute. Seine Majestät lief mit ungefähr 50 Fahrzeugen zur Insel Aspö, alle übrigen zum Svensksund.

In Zusammenhang mit dem Geschehen südwestlich Pitkäpaasis dürfte ein Bericht des Befehlshabers der Ruderfregatte *Swjatoi Alexander* sehr aufschlußreich sein. Kapitänleutnant Pellesier unterstand mit seinem Fahrzeug bekanntlich dem Prinzen Nassau-Siegen. An ihn richtete Pellesier folgende Zeilen:

„... der Wind frischte auf, einige der eroberten Fahrzeuge drohten zu kentern und zu sinken. Ich beschloß, bei Lawensari zu ankern, um die gefangenen Mannschaften zu retten. Kapitän Crown mußte zur Flotte segeln. Ich blieb mit einem Kutter zurück. Im Schlepp hatte ich zwei Kanonenschaluppen und einige kleinere Jollen. Vier Galeeren hatten sich mir ergeben. Deren Offiziere beorderte ich auf die ‚Swjatoi Alexander', schickte dafür von mir fähige Männer hinüber. Ich befahl meinen Leuten, die Lecks der eroberten Fahrzeuge zu dichten.

In meiner Nähe drifteten noch mehrere Schweden mit gestrichener Flagge. Doch ich hatte weder Zeit noch Männer, um mich um diese Fahrzeuge zu bemühen. Im Verlaufe der Nacht wurde die See noch bewegter. Betrübt mußte ich mit ansehen, wie schwedische Fahrzeuge sanken. Einige Seeleute konnte ich retten ...

Ich habe nicht genügend Wasser und Proviant, um die rund 1000 Gefangenen versorgen zu können. Bei mir befinden sich an eroberten Fahrzeugen: Vier Galeeren, zwei Kanonenschaluppen und sechs Transporter mit ihren Beibooten.

Erst jetzt erlaubt es mir der Wind, die eroberten schwedischen Fahrzeuge genauer anzusehen.

Ich übergebe diesen Bericht dem Unterleutnant zur See Frenew, der mit der schwimmenden Batterie Nr. 1 auf dem Weg zu Eurer Durchlaucht ist."

Von dem Geschehen um die Armee zurück zu dem der Kriegsflotte: Angesichts aufkommender russischer Kriegssegler schlug Nordenskjöld dem Flottenführer vor, statt zum Orrengrund zur sicheren Basis Sveaborg zu steuern. Aus diesem Grund ging Herzog Karls Verband gegen 20 Uhr nicht auf Nordwest-, sondern blieb auf Westkurs. Drei Schiffe konnten die Geschwindigkeit nicht halten. Bei den Nachzüglern handelte es sich um *Drottning Sofia Magdalena*, *Manligheten* und *Prins Ferdinand*. Die im Verlaufe der Schlacht bei Starsudde stark beschädigte *Drottning Sofia Magdalena* segelte etwa vier Seemeilen achteraus. Sie wurde zuerst von zwei Dreideckern und der Fregatte *Venus* gestellt. Zwei Stunden lang kämpfte Oberst Leijonanckar unverdrossen mit dem überlegenen Gegner. Nachdem der Besanmast über Bord ging, Rundhölzer und Segel zerschossen waren, strich Leijonanckar die Flagge.

Manligheten entkam den Verfolgern durch geschickte Manöver, konnte zum Verband aufschließen. Die *Prins Ferdinand* dagegen duellierte sich bis Mitternacht mit einigen Schiffen. Beistand erhielt sie durch *Prins Fredrik Adolf* und die Fregatte *Gripen*. Auch diese drei Segler gelangten wieder zur Flotte – allerdings mußten die geschleppten Barkassen aufgegeben werden, um schneller voranzukommen.[229]

So endete der 3. Juli 1790, der wohl denkwürdigste Tag der schwedischen Seekriegsgeschichte.

4. Juli. Für 00.00 Uhr lautete der Eintrag im Logbuch der *Konung Gustav III.*: „Stora Mjölö voraus in Sicht!" Admiral Tschitschagow befand sich zu diesem Zeitpunkt südlicher auf Parallelkurs zur schwedischen Flotte. Bei Hellwerden war die russische Kriegsflotte nicht auszumachen. Sie geriet erst wieder gegen 5 Uhr ins Blickfeld. Wiederum gab es in Herzog Karls Formation zwei Nachzügler: *Rättvisan* und *Göta Lejon*. Die *Rättvisan* hatte ihre Vorstenge eingebüßt und blieb plötzlich achteraus zurück. Nordenskjöld beabsichtigte, sie von anderen Schiffen auf den Haken nehmen zu lassen. Dafür sah er *Wladislaw*, *Dristigheten* und die Fregatte *Camilla* vor. Doch alle drei Segler signalisierten eigene Schäden in der Takelage, so daß sie als Schlepper nicht in Betracht kamen. Hinzu kam, daß der Wind umschlug. Nordenskjöld befahl zu ankern, auf die beiden Schiffe zu warten. Das geschah südlich von Mjölö. Gegen 8 Uhr spürten *Isjaslaw* und *Venus* die beiden Nachzügler auf. Oberst Hysingskjöld glückte es, mit der *Göta Lejon* zu entkommen – unterstützt von Schaluppen anderer Linienschiffe vermochte er zur Flotte aufzuschließen. Aber Oberstleutnant Wollin gelang dies mit der *Rättvisan* nicht. Nach sehr heftigem, doch relativ kurzem Schußwechsel ging auf seinem Schiff die Flagge nieder.

Nun waren alle übriggebliebenen größeren Schiffe der Kriegsflotte wieder beisammen. Niemand brauchte mehr einen russischen Angriff zu befürchten. Gegen 20 Uhr wehte eine leichte Brise aus Ostnordost. Gemächlich glitten die Segler auf Sveaborg zu – mitunter wegen zu schwachen Windes sogar durch Schaluppen bugsiert. Das ging alles so langsam vonstatten, daß die Formation erst im Verlaufe des nächsten Tages die Reede von Sveaborg erreichte (siehe Tabelle 28). Tschitschagows Schiffe dagegen bezogen bei Mjölö Posten, blockierten seeseitig die Flottenbasis.

Auf den schwedischen Kriegsschiffen herrschte gedrückte Stimmung. Immerhin war die Flotte um ein Drittel reduziert. Seit der Schlacht bei Reval hatte sich Mißerfolg an Mißerfolg gereiht. Und alle wußten, hätte Nordenskjöld nicht beim König den Rückzug durchgesetzt, wären die Verluste noch größer gewesen. Nun galt es, die Segler wieder voll einsatzfähig zu machen, obwohl es kaum noch zu einem Treffen mit dem Feind kommen dürfte. Gemäß des Flaggkapitäns Bestandsaufnahme mußten 15 Marsstengen, acht Bramstengen, zwei Großrahen, sieben Marsrahen, ein Bugspriet sowie gespaltene Klüverbäume und Besanmasten in der Werft ersetzt werden. Außerdem waren 16 Masten beschädigt, erwiesen sich 65 Kanonenrohre als nicht mehr benutzbar (33 vom großen, 26 vom mittleren und sechs vom kleinen Kaliber). Im Verlaufe des diesjährigen Seezuges gingen zudem vier schwere Anker, 18 Warpanker, neun Ankertrossen und 23 Ankerkabel verloren. Beim Rückzug büßte man obendrein noch 48 Beiboote ein (zehn Barkassen und 38 Schaluppen respektive Jollen – darunter auch Herzog Karls Ruderschaluppe). Die meisten Boote mußten zugunsten höherer Geschwindigkeit der Linienschiffe geopfert werden (Kappen der Schlepptaue).

In Sveaborg erwartete die Besatzungen – insbesondere die Offiziere – eine Hiobsbotschaft: In der Nacht vom 17. zum 18. Juni hatte ein verheerendes Feuer Karlskrona zu sieben Achteln in Schutt und Asche gelegt (Gesamtschaden: 3.750.000 Reichstaler).[230] Die Heimatbasis der Flotte existierte nicht mehr. Nicht nur das, auch die eigene Wohnstatt war den Flammen zum Opfer gefallen. Dazu kam die unausgesprochene Frage, ob Frau und Kinder leben und auf welche Art und Weise geholfen werden konnte. Bei der angespannten Kriegslage durfte keiner seinen Dienst quittieren. Und Geld vermochte man auch nicht zu schicken, denn angesichts der kritischen Finanzsituation des Reiches war 1790 noch kein Sold gezahlt worden. Kurzum, die Männer – von ihren persönlichen Sorgen gezeichnet – verrichteten den geforderten Dienst äußerst depremiert. An einen Sieg glaubte kaum noch jemand, die Fakten sprachen für sich …

Nach einigen Tagen erschienen zwei Kanonenschaluppen. An Bord standen dicht gedrängt Matrosen und Soldaten – alle in beklagenswertem Zustand. Sie berichteten, die Boote seien bei Pitkäpaasi durch die russische *Venus* aufgebracht und ins Schlepp genommen worden. Die Schlepptrossen wären bei dem Seegang gebrochen und die Boote nach Hogland gedriftet. Dort hätten zuvor einige Fahrzeuge der Armeeflotte Schiffbruch erlitten. Die Überlebenden – meist Kavalleristen – wurden aufgenommen. Da alle Offiziere zur *Venus* übersteigen mußten, übernahmen seekundige Männer das Kommando und steuerten die Schaluppen nach Sveaborg.

Später trafen in der Basis noch weitere Fahrzeuge der Armeeflotte ein. Deren Besatzungen hatten Ähnliches erlebt. Da gab es einen Unteroffizier, der aus russischer Gefangenschaft fliehen konnte. Dieser steuerte beim Flottendurchbruch des Königs Schaluppe. Er berichtete: „Seine Majestät ging auf die ‚Seraphimsorden‘. Wir nahmen die abgeschossene Flagge des Königs und wickelten sie um das demontierte Planengestell. Bevor der Feind unsere Schaluppe eroberte, warfen wir das Gestell ins Meer. Aber die Plane wirkte wie ein Luftkissen. Die Russen fischten es heraus und besaßen Seiner Majestät Standarte."

Berichte dieser Art weckten das Interesse an dem Schicksal der Armeeflotte. Wie mag es ihr nach dem Abend des 3. Juli ergangen sein? Es wurde bereits erwähnt, daß König Gustav an jenem Abend mit der *Kolding* Aspö erreichte. Hier lagen bereits die Kanonenschaluppen von Oberstleutnant Törning, Teile der Division von Major Leijonanckar sowie die Abteilungen der Kapitäne P. H. Scharff und Hård – insgesamt annähernd 50 Kampffahrzeuge. Auch der Schoner *Amphion* und die Yacht *Amadis* sowie etliche Transporter der

Kavallerie hatten sich bei Törnings Sammelpunkt eingefunden. Seine Majestät erörterte mit Oberstleutnant Törning die Lage und befahl, zum Svensksund zu segeln. Dort vermutete man Cronstedts Pommern-Geschwader. Noch vor Einbruch der Dunkelheit gingen die Yachten *Kolding* und *Amadis* ab, begleitet von einigen Seglern. Nachts ankerten sie in Lee der Insel Kyrkogård beim südlichen Zulauf des Svensksundes. Am Vormittag des 4. Juli bezog Gustav III. seine Kajüte auf der *Amadis*. Die Flottille segelte weiter und wurde gegen 15.30 Uhr von Cronstedts Geschwader mit allen militärischen Ehren empfangen.

Zurück nach Aspö. Törning, Leijonanckar, Scharff und Hård konnten wegen zu stürmischer See ihren Liegeplatz nicht verlassen. Als der Morgen graute, bemerkten sie in der Nähe mehrere russische Halbgaleeren des Typs „Kaik" und einige Schoner. Es handelte sich um Kapitän Slisows Geschwader, das ebenfalls in der Inselgruppe (Aspö Gaddar) Schutz gesucht hatte. Slisow machte die Schweden gleichfalls aus. Keine Seite gedachte bei dem Wellengang anzugreifen. Slisow, der weder Nassau-Siegens noch Kosljaninows Aufenthalt kannte, versuchte es mit einer List. Er sandte Kapitänleutnant Paton Jakowlewitsch Gamal als Parlamentär zum Feind und forderte dessen Kapitulation, da „Vizeadmiral Prinz Nassau-Siegens Ruderflotte die schwedische Einheit umstellt habe". Oberstleutnant Törning verhandelte selbst mit dem Parlamentär. Sein Auftreten mußte überzeugend gewesen, den russischen Offizier verblüfft haben, denn „eine kampflose Übergabe der Fahrzeuge käme überhaupt nicht in Betracht, und nur die unwirtliche See hindere mich an einer Attacke. Im übrigen lasse ich mich von niemandem am Absegeln hindern, was ich bald zu tun gedenke." Das Gespräch fand gegen 10 Uhr statt und wurde sowohl von Törning als auch von Slisow in Berichten ausführlich wiedergegeben [231]

Zur Mittagszeit beruhigte sich die See etwas. Als dienstältester Befehlshaber ordnete Törning um 14 Uhr das Absegeln an. Vom Feind unbehelligt erreichte er Kungshamn (sechs Seemeilen nordöstlich vom Orrengrund), nahm danach Kurs auf Svartholm (Festung vor Lovisa). Hier erreichte ihn des Königs Befehl, zum Svensksund zu kommen. Der Oberstleutnant befolgte ihn umgehend. In Kungshamn schlossen sich seiner Einheit *Styrbjörn* und *Norden* an.

Am 5. Juli war die Armeeflotte – ausgenommen einige versprengte Fahrzeuge – wieder vereint. Seine Majestät formierte sie neu (siehe Tabelle 29).

Zwei Flotten formieren sich

Vizeadmiral Timofej Gawrilowitsch Kosljaninow erhielt am 4. Juli Order vom Prinzen Nassau-Siegen, sich mit ihm bei der Insel Aspö zu treffen. Wegen widriger Winde und starken Seegangs trat das Viborg-Geschwader jedoch erst am Morgen des 5. Juli den Marsch nach Westen an. Es bestand aus 45 Fahrzeugen (sieben seeuntüchtige Galeeren blieben in Viborg zurück): fünf Bombenketschen, drei Schebecken, vier im Vorjahr erbeutete schwedische Schärenfregatten, acht Galeeren, 18 Halbgaleeren, ein Prahm, drei kleine Fregatten und drei Kanonenboote. Am 6. Juli früh ankerte Kosljaninow bei der Insel Kutsalo – in Sicht vor Fredrikshamn und Aspö –, wartete weitere Befehle Nassau-Siegens ab. Auf dem rund 40 Seemeilen langen Seeweg von der Viborger Bucht nach Kutsalo hatten sich seiner Einheit 27 versprengte Fahrzeuge angeschlossen: zwei Kutter, zwei Schoner, drei schwimmende Batterien und 20 Kanonenboote.

Kapitän Pjotr Borisowitsch Slisow verließ am 5. Juli Aspö. Er nahm Kurs auf Fredrikshamn, kam am nächsten Tag dort an und beseitigte sofort an seinen Fahrzeugen entstandene Sturmschäden. Am Abend machten im Stadthafen auch die 27 Fahrzeuge fest, die mit Kosljaninow angekommen waren. In und vor Fredrikshamn lagen demzufolge am 7. Juli rund 100 Kampffahrzeuge der russischen Ruderflotte. Vizeadmiral Prinz Karl Heinrich Nassau-Siegen segelte von Hogland zur Insel Aspö zurück. Als er sie am 7. Juli erreichte, konnte kein weiteres eigenes Fahrzeug ausgemacht werden.[232] Der Prinz ging auf Nordkurs. Gleichzeitig schickte er einen Aviso nach Fredrikshamn, beorderte alle bei der Festung liegenden Abteilungen zum südlichen Einlauf des Svensksundes.

8. Juli: Im Verlaufe des Vormittags tauchte Nassau-Siegens Einheit im Seegebiet zwischen Vikar und Legma auf. Sie wendete und ankerte danach vor der Südküste Kyrkogårdsö – etwa sechs Seemeilen von der schwedischen Armeeflotte entfernt. Ungefähr zur gleichen Zeit bewegten sich auch Slisows und Kosljaninows Abteilungen südwärts. Am Abend lag die gesamte russische Ruderflotte bei Kyrkogårdsö – a) 31 größere Segler, b) 36 mittelgroße und c) 206 kleinere Fahrzeuge:

a)	9	Ruderfregatten
	8	Schebecken
	5	ehemalige schwedische Schärenfregatten
	2	Bombenketschen (großer Typ)
	2	Prahme
	2	Halbprahme
	3	Schwimmende Batterien (je 8 Sechsunddreißigpfünder)
b)	26	Galeeren
	6	Schoner
	4	Kutter

c)	77	Kanonenboote bzw. -schaluppen
	8	Bombenketschen (kleiner Typ)
	121	Halbgaleeren vorwiegend vom Typ „Kaik"
Insgesamt:		
	273	Kampffahrzeuge.[233]

Gegen 19 Uhr ging an Nassau-Siegens Flaggschiff eine kaiserliche Kurieryacht längsseits. Der Prinz erhielt einen recht ausführlichen Brief Katharinas: „Der glücklich erzielte Erfolg über die schwedischen Seestreitkräfte ist unverzüglich zu nutzen, damit die Früchte des Sieges reifen. Wir müssen die kriegerischen Handlungen erweitern und dürfen dem Feind keine Ruhepause gönnen. Er darf keine Gelegenheit mehr bekommen, sich neu zu formieren … Wir sind davon überzeugt, daß Ihr jetzt Eure erste und hauptsächliche Aufmerksamkeit darauf richten werdet, der schwedischen Schärenflotte einen entscheidenden Schlag zuzufügen … Wir setzen sehr großes Vertrauen in Euren Eifer, in angemessener Weise für die künftige Ruhe auf See zu sorgen. Vernichtet die feindliche Schärenflotte! Der Anfang dazu wurde bereits getan. Vollendet das Werk. Das ist entscheidend für den Sieg der Festlandarmee … Ist erst einmal die schwedische Schärenflotte durch die von Euch geführte Ruderflotte geschlagen, so richtet Eure weiteren Handlungen gegen Sveaborg. Mit Hilfe der Kriegsflotte wird es Euch gelingen, die dort blockierten Schiffe zu zerstören. Gleichzeitig wird die Armee gegen Helsingfors vorrücken. Die vernichteten beiden Flotten und das eroberte Gebiet bei Helsingfors sind für Uns von enormer Wichtigkeit und von großem Nutzen …"

Prins Nassau-Siegen antwortete umgehend, um 20 Uhr: „Ich habe noch nicht in Erfahrung bringen können, wie viele schwedische Schiffe bei Rotschensalm (Svensksund; d. A.) liegen. Aber das bedeutet für mich nichts. Wenn sie auf mich warten, werde ich sie angreifen und vernichten!"

Obwohl sich Vizeadmiral Nassau-Siegen bereits seit einigen Stunden bei Kyrkogårdsö befand, hatte er keine Feindaufklärung betrieben – für einen so ranghohen Offizier ein unverzeihlicher Fehler …

Völlig anders hatte sich dagegen König Gustav verhalten. Als er am 5. Juli den Svensksund erreichte, wies er Oberstleutnant Cronstedt an, 30 Kanonenschaluppen und -jollen zum östlichen Zulauf des Sundes zu schicken. Sie sollten bei der Insel Korgesari patrouillieren, feindliche Schiffsbewegungen von und nach Fredrikshamn beobachten. Außerdem wurde eine „Wachgaleere" zum südlichen Gewässerabschnitt zwischen Musala und Legma detachiert.

Mit dem Absegeln aus der Viborger Bucht zeigte sich der König verändert. Offensichtlich eine Folge der Feuertaufe beim Durchbruch. Zwar war er bereits bei Landschlachten und auch beim Angriff auf Slisows Geschwader im Mai beteiligt gewesen, doch dürfte er bei diesen Unternehmungen mehr oder weniger passiv gewesen sein. Nun sah man in ihm einen entschlossen handelnden, taktisch gut überlegenden Feldherrn. Von seiner Entschlußkraft zeugte unter anderem auch die rasche Neuformierung der Armeeflotte (Tabelle 29). Am 6. Juli besuchte Seine Majestät General Meijerfeldt in dessen Hauptquartier bei Högfors. Der General erfuhr aus berufenem Munde, daß die Armeeflotte im Svensksund Stellung beziehen und sich zur Schlacht stellen würde. Zur Armeeflotte zurückgekehrt, erhielt der König von der Aufklärungsabteilung bei Korgesari Nachricht, daß aus südlicher Richtung kommend eine große Anzahl Fahrzeuge nach Fredrikshamn gerudert seien (es handelte sich um Slisows Abteilung). Gustav III. befahl daraufhin, die bei Korgesari postierten 30 Kanonenschaluppen respektive -jollen zurückzuführen. Statt dessen wurden sechs Kanonenbarkassen zwischen Pitkosari und Sandudden stationiert – jeweils ein Paar an drei Stellen.

Auf schwedischer Seite vermutete man, der Feind würde von Fredrikshamn aus angreifen. In solchem Fall könnte sich die Armeeflotte notfalls wie im Vorjahr südwärts absetzen. Doch das wußte auch Nassau-Siegen. Kaum vorstellbar, daß der russische Flottenführer seine frühere Taktik wiederholte.

Am Nachmittag des 7. Juli signalisierte der südliche Wachposten „Feindliche Segler bei Aspö-Bake" (das waren Nassau-Siegens Fahrzeuge, die von Hogland kamen). Die schwedischen Offiziere zeigten sich irritiert. Von wo würde der Angriff erfolgen? Von Süden, von Osten oder von beiden Seiten? Seine Majestät ließ sich davon nicht beeindrucken. Er hatte bereits den Artillerieregimentern Befehl erteilt, auf Kråkskär und Sandskär starke Batterien anzulegen. Diese sollten an den Flanken des Zentrums einer künftigen Verteidigungslinie stehen und so eingerichtet werden, daß bei Bedarf sowohl nach Süden als auch nach Osten geschossen werden konnte.

Um 4 Uhr am 8. Juli begannen die Artilleristen mit dem Errichten der beiden Bastionen. Gegen 18 Uhr beendeten sie ihre Arbeit. Der König war sehr zufrieden, die Anlage entsprach voll und ganz seinen Vorstellungen.

Inzwischen häuften sich Meldungen über russische Schiffsbewegungen bei Kyrkogårdsö. Es zeichnete sich immer deutlicher ab: Nassau-Siegen beabsichtigte, von Süden aus anzugreifen. Auf der *Amphion* trat der Kriegsrat zusammen, erörterte die Lage. Einige Offiziere vertraten die Meinung, ein rechtzeitiger Rückzug nach Svartholm sei die beste Lösung. Oberstleutnant Cronstedt und der König wollten im Svensksund bleiben und kämpfen. Diejenigen, die beide Möglichkeiten in Betracht zogen, waren in der Minderzahl. Das Ergebnis der hitzig geführten Debatte hieß unumwunden: „Die Armeeflotte stellt sich dem Feind im Svensksund!" Da Oberst de Frèse zu den Befürwortern des Rückzuges nach Svartholm gehörte, ernannte Seine Majestät kurz entschlossen Oberstleutnant Cronstedt zum „Flaggmajor".

Woher des Königs Gewißheit, er könne Nassau-Siegen erfolgreich trotzen? Gustavs Überlegungen lauteten zusammengefaßt:

1. Beide Flotten waren waffenmäßig annähernd gleich stark. Zwar verfügte der Feind über mehr Fahrzeuge, doch die besser gebauten schwedischen waren mächtiger armiert. Außerdem hatten sich die Mannschaften der Armeeflotte von den Anstrengungen des Rückmarsches inzwischen erholt, würden ausgeruht in den Kampf ziehen

2. Die vorgesehene Verteidigungslinie ließ sich nicht umgehen. Um sie zu durchbrechen, bedurfte es gewaltiger Energie – Seeleute und Soldaten waren besser ausgebildet, würden es dem Feind schwermachen.

3. Die meisten Männer der russischen Mannschaften waren sehr erschöpft. Nach den strapazenreichen Seetagen bedurften sie der Ruhe, die sie aber nicht gewährt bekamen.

Gemäß des Königs Anordnungen bezog die Armeeflotte folgende Stellung: Die Schwedische Brigade bildete mit 34 Fahrzeugen zwischen Kråk- und Sandskär das Zentrum. In der vorderen Linie lagen mit den Breitseiten zum Feind: Kutterbrigg *Alexander*, Udemas *Torborg* und *Ingeborg*, Hemmemas *Starkodder* und *Styrbjörn* – von Sandskär aus gerechnet. In den Lücken zwischen diesen Fahrzeugen respektive in denen zwischen den Schären und den beiden Flügelfahrzeugen bekamen zwölf Galeeren ihren Platz – je Lücke zwei mit dem Bug zum Feind gerichtet. Hinter diesen 17 Seglern bezogen drei Galeeren, zwei Halbgaleeren, sieben Mörser- und fünf Kanonenbarkassen Position (A).[234]

Die Bohuslän-Brigade bildete mit 61 Kanonenschaluppen respektive -jollen vor Lotka die rechte Flanke – sie reichte von Kråkskär bis zu einem kleinen, der Insel Musala vorgelagerten Eiland (B).

Die Finnische Brigade machte zwischen Sandskär und Kutsalo die linke Flanke aus. Hier standen Hjelmstiernas 44 Kanonenschaluppen und -jollen. Außerdem als Verstärkung zwölf Kanonenschaluppen der Deutschen Brigade. Insgesamt 56 Fahrzeuge (C).

Die restlichen 36 Fahrzeuge der Deutschen Brigade sperrten als Reserve alle fünf nordöstlichen Durchlässe zum Svensksund – von Kutsalo über Tiuntine bis zum Festland nördlich von Tallholmen (E E E E). Südlich von Pitkeri wurden zudem die Turuma *Norden* (sie erreichte erst am 9.7., 5 Uhr, die Armeeflotte) und eine Galeere als Rückendeckung plaziert.

In der annähernd 4000 Meter langen Verteidigungslinie standen demzufolge 151 Kampffahrzeuge, davon 17 in zweiter Linie. Zur Reserve gehörten 38 und zum Vorpostendienst im nordöstlichen Seegebiet sechs Kampffahrzeuge.

Weiterhin ankerten 67 Transporter (Munitions-, Proviant-, Ausrüstungs- und Krankenfahrzeuge) in der Kymmenebucht hinter Sandosari (F).[235]

9. Juli: Gegen 1 Uhr bemerkten die Posten auf der Wachgaleere westlich von Kyrkogårdsö Schiffsbewegungen. Nassau-Siegen drang vor, ohne sich zum Kampf formiert zu haben. Das holte der Prinz erst jetzt, in der kurzen Sommernacht, nach. Er gedachte, in drei Kolonnen auf versetztem Parallelkurs vorzurücken. Die linke Kolonne stellte die Avantgarde, die

mittelste das Zentrum und die rechte die Arriergarde dar. Ungefähr eineinhalb Seemeilen vor der schwedischen Stellung sollten sich die Kolonnen zu einer Linie entfalten. Die Vorhut wäre dann der linke, die Nachhut der rechte Flügel (G G G und I H I).

Die linke Kolonne bestand aus 40 Kanonenschaluppen und 71 Halbgaleeren (Typ „Kaik"). Zu ihr gehörten ferner drei Bombenketschen (zwei große, eine kleine) und drei schwimmende Batterien – diese sechs Fahrzeuge bildeten den Schluß der Kolonne. Befehlshaber der Avantgarde war Kapitän Slisow, auf dessen Fahrzeug die Konteradmiralsflagge wehte.

Die rechte Kolonne (späterer rechter Flügel) wurde von Generalmajor Buksgewden befehligt. Ihm unterstanden 37 Kanonenschaluppen (Generalmajor Palen) und 50 Halbgaleeren (Typ „Kaik"). Die mittelste Kolonne bestand aus zwei Abteilungen mit 51 Fahrzeugen. Graf Giulio de Litta führte 23 Galeeren und Vizeadmiral Kosljaninow zwei Prahme, sieben Ruderfregatten, acht Schebecken, zwei Halbprahme, eine Bombenketsch (kleiner Typ), sechs Schoner und zwei Kutter.

Das Manövrieren der 255 Fahrzeuge geschah in einem ungefähr drei mal drei Seemeilen großen Gewässerabschnitt und dauerte mehrere Stunden. Den erschöpften Mannschaften wurde viel zugemutet, denn das kräfteverzehrende Hin und Her war alles andere als angenehm.

Indessen tagte bei Prinz Nassau-Siegen der Kriegsrat. Anwesend waren Graf de Litta, Kosljaninow, Slisow, Buksgewden, Palen, Turtschaninow und einige Stabsoffiziere. Einstimmig wurde anfangs dafür plädiert, die Schweden am 9. Juli zu schlagen. Das würde der Ruderflotte Geschenk an die Kaiserin sein, die den Ehrentag ihrer Thronbesteigung freudig gestalten sollte. „Ich werde unserer Allerhöchsten mit besonderem Genuß den gefangenen schwedischen König als Morgengabe übergeben", soll nach Turtschaninows Aufzeichnungen der Prinz im Kriegsrat geprahlt haben.

Bei aller Euphorie gab es aber auch warnende Stimmen (de Litta, Kosljaninow und Slisow), die einen Wetterumschwung befürchteten, deshalb den Angriffstermin verschoben sehen wollten. Und tatsächlich, die meterologischen Zeichen deuteten unübersehbar auf einen Witterungswechsel hin. Doch Nassau-Siegen negierte diese Einwände, berief sich auf den kaiserlichen Befehl zum sofortigen Angriff und sah sich bereits von Katharina II. hochdekoriert in St. Petersburg als Sieger gefeiert.

Während sich die russische Ruderflotte zwischen Kyrkogårdsö und Vikar in Kolonnen formierte, tat sich im Svensksund nichts. Seine Majestät hatte angewiesen, die Nachtruhe der Mannschaften nicht zu unterbrechen. Auf *Amphion* gingen seit 1 Uhr mehrere Meldungen über das Verhalten des Feindes ein. Der König und seine engsten Berater werteten diese allein aus, denn auch die Brigadechefs bedurften der Ruhe, wurden nicht geweckt.

Um 7 Uhr ließ Gustav III. die Signalflaggen „Flotte klarmachen zur Aktion!" heißen und eine Viertelstunde später „Brigadechefs zum Flottenführer!".[236] Die Zusammenkunft dauerte nicht lange. Der König gab eine kurze Einschätzung der Lage, appellierte an Mut und Kampfgeist der Männer, sprach von dem Vertrauen, das er in die Flotte setzte, und davon, daß sich heute Wohl und Wehe des Reiches entscheiden würde.

Als die vier Offiziere zu ihren Divisionen zurückkehrten, bemerkten sie auf der *Amphion* das Signal „Formieren zur Schlachtlinie" wehen. (Das war im Prinzip überflüssig, da die Flotte formiert bereitlag, es nur noch geringfügiger Korrekturen bedurfte.) Wenig später verließ Seine Majestät den Schoner, stieg auf die Galeere *Seraphimsorden* über – zu Cronstedt und Törning.

Im Logbuch der *Starkodder* notierte Kapitän Johan Herman Schützercrantz um 8.30 Uhr: „Wind aus Südwest bis West, auffrischend. Wir sehen den Feind bei der Nordspitze von Vikar vorrücken – bei für ihn vorteilhaftem Wind und unter vollen Rudern." Der Angriff begann …

Überwältigender Sieg

Nassau-Siegens Vormarsch vollzog sich anfangs parademäßig. Ruhig und geordnet gingen die Kanonenschaluppen voran. Einige bugsierten die schwimmenden Batterien Nr. 1, 2 und 3. Diese „Festungen" wurden von Armeeoffizieren befehligt: Oberstleutnant Frejer, Major Zukato und Leutnant Kowako.[237] Sämtliche Galeeren und Segler in der mittelsten Kolonne hielten zunächst ebenfalls die vorgesehenen Plätze ein. Den Schweden mußte unheimlich zumute gewesen sein, als über 250 Fahrzeuge auf sie zukamen.

Doch unerwartet gerieten die russischen Segler in Bedrängnis. Heftiger Südwestwind behinderte sie. Kaum vermochten sie noch in ihren Positionen zu bleiben. Tuch mußte weggenommen, Beiboote zum Bugsieren eingesetzt werden. Die Manöver der beiden Flügelkolonnen beeinträchtigte das nicht. Kapitän Slisow eröffnete gegen 9.30 Uhr das Feuer – trotz zu großer Entfernung. Sein Ziel: der ihm gegenüberstehende schwedische rechte Flügel. Oberstleutnant Törning beantwortete die Schüsse mit einem Gegenvorstoß. Im Halbkreis formiert rückten seine Kanonenschaluppen und -jollen vor, schossen einige Salven ab (heutzutage eine unvorstellbare Taktik, seinerzeit bei den Schärenflotten allerdings üblich). Auch Oberstleutnant Hjelmstierna verließ seine vorteilhafte Stellung und unternahm einen sogenannten „Scheinangriff". Mit zwei Divisionen Kanonenschaluppen erschien er zwischen Legma und Sandskär. Generalmajor Buksgewdens attackierte Kolonne geriet in Unordnung. Als jedoch gegen 10 Uhr die schwimmenden Batterien in Schußposition gelangten, suchten Törnings und Hjelmstiernas Fahrzeuge wieder ihre Ausgangsstellung auf. Diese Scharmützel bewirkten nichts Entscheidendes, leiteten nur die Schlacht ein – sie entbrannte jetzt auf ganzer Linie.

Zu diesem Zeitpunkt schlug der Wind von Südwest auf Süd um, frischte weiter auf. Vizeadmiral Nassau-Siegens Aufmerksamkeit richtete sich vor allem auf Slisows Flügel. Er zog von der rechten Flanke Kanonenschaluppen ab, schickte sie und einige Galeeren des Zentrums sowie alle drei Bombenketschen zur linken Flanke. Mit Aufbietung aller Kräfte versuchte Oberstleutnant Törning dem Ansturm standzuhalten. Doch die Übermacht war zu gewaltig, bald begann Törning zu weichen.

Inzwischen – gegen 11 Uhr – hatten die zurückgebliebenen Segler die Kampflinie erreicht. Sie formierten sich zwischen den Galeeren. Da sie jedoch mit ihren Breitseiten zum Feind ankern mußten, wurde es im Mittelabschnitt sehr eng. Die Galeeren drängten allmählich in die Flügelabschnitte. Bei Slisow hatte das zur Folge, daß sein ungestüm vorgetragener Angriff ins Stocken geriet. Seine Fahrzeuge behinderten sich gegenseitig. Beim rechten Flügel war ähnliches zu verzeichnen. Zudem wurden Buksgewdens Kanonenschaluppen durch die Untiefen vor Legmas Nordspitze in ihrer Bewegungsfreiheit zusätzlich eingeschränkt.

Nun machte sich Nassau-Siegens fehlende Feindaufklärung bemerkbar. Für dieses Gewässer besaß der Prinz zu viele Fahrzeuge. Mit zurückgedrängten Flügeln konnte er seine Kampfkraft nicht voll entfalten. Die Mehrheit der russischen Geschütze feuerte außerdem in exzentrischer Richtung, während die Schweden immer konzentriert schießen konnten. Der taktische Vorteil in dieser Kampfetappe lag eindeutig auf schwedischer Seite.

Oberstleutnant Törning nutzte die entstandene Situation. Er wandte sich erneut gegen Slisow. Die Russen verteidigten ihre erreichte Position, mehrere Kanonenschaluppen versuchten sogar zu ankern Durch die unterschiedlichen Manöver vergrößerte sich jedoch der Wirrwarr – Kanonenschaluppen havarierten, trieben mit zerbrochenen Riemen gegen die Galeeren. Die schwimmende Batterie Nr. 1 erhielt einen Treffer. Die Festmacherleinen zum Munitionsbeiboot wurden zerfetzt. Oberstleutnant Frejer mußte mit ansehen, wie der Munitionsvorrat für seine Geschütze wegdriftete. Die Batterie, plötzlich ohne Kanonenkugeln, stand in vorderer Linie auf verlorenem Posten. Unterleutnant zur See Frerew strich Punkt 12 Uhr die Flagge.

König Gustav glaubte nach einer Stunde Kampf, Prinz Nassau-Siegens Angriff erfolge ausschließlich von Süden her. Die am nordöstlichen Sundzulauf eingesetzte restliche Deutsche Brigade bekam deshalb Order, Törning zu unterstützen. Letzterer befehligte unversehens mehr als 90 Kanonenschaluppen oder -jollen. Und da die „gefährliche" Batterie n cht mehr kämpfte, hatten die vorrückenden Schweden freie Bahn. Slisows Flügel wurde so weit zurückgedrängt, bis Törnings Fahrzeuge an der Flanke der feindlichen Segler standen. Sie waren jetzt nicht nur dem Feuer der Schwedischen Brigade (Oberstleutnant von Stedingk), sondern auch dem der Bohuslän- und Deutschen Brigade ausgesetzt.

Prinz Nassau-Siegen, Graf de Litta und Kapitän Dennison hielten sich zu diesem Zeitpunkt in ihren Schaluppen auf. Sie bemühten sich aufopferungsvoll, die Kampflinie wieder neu zu ordnen. Tatsächlich gelang ihnen das nach ungefähr einer Stunde. Die Gefahr einer Niederlage war noch einmal abgewendet worden. Kapitän Dennison, Befehlshaber der Nachhut des Zentrums, wurde dabei tödlich verwundet – für die russische Ruderflotte ein äußerst schmerzlicher Verlust.

In voller Härte ging der Kampf bis etwa 15 Uhr weiter, ohne daß irgendeine Seite besondere Vorteile erzielen konnte. Ein außergewöhnliches Ereignis sollte die Wende herbeiführen: Die Kanonenschaluppen der Finnischen Brigade wichen keinen Zentimeter zurück. Sie feuerten ununterbrochen, ließen Generalmajor Buksgewdens Fahrzeuge nicht herankommen. Dieser „Stellungskrieg" mißfiel Oberstleutnant Hjelmstierna. Er suchte den König auf, als dieser gerade wieder einmal mit seiner Schaluppe in der Nähe war.[238] Sein Vorschlag, „mit der halben Brigade östlich Legmas nach Süden zu rudern und des Feindes rechten Flügels von achtern aus anzugreifen", fand Gustavs III. Beifall. Und so geschah es. Sobald die schwedischen Fahrzeuge südlich von Legma erschienen, schickte Prinz Nassau-Siegen einen seiner Adjutanten – Oberst Fenscho – zu Generalmajor Buksgewden mit der Order, die „feindlichen Kanonenboote in unserem Rücken zu vertreiben". Dementsprechend gab der Generalmajor das verhängnisvolle Signal „Zurück!". Die ermüdeten Besatzungen kannten nicht den wahren Grund. Aber sie gaben ihr Bestes, wollten so schnell wie möglich aus der Kampfzone heraus. Verwundert verfolgte man in Slisows Einheit den „fluchtartigen Rückzug". Da halfen weder gute Worte noch Drohungen der Offiziere – auch die Männer des linken Flügels trieb es unaufhaltsam nach Süden – trotz Gegenwind. Gegen 16 Uhr standen nur noch die Segler und Galeeren des Zentrums den Schweden gegenüber – in Legerwall bei stürmischem Wind und starkem Seegang.

Die Naturgewalten schienen sich mit den Schweden verbündet zu haben. Auf russischer Seite vermochten Segler und Galeeren kaum noch zu kämpfen, ihre Positionen zu behaupten. Der Seegang ließ kein akkurates Zielen zu. Außerdem hielt mancher Anker nicht mehr. Besonders hart traf es die Galeeren. Dicht zusammengedrängt waren sie dem feindlichen Kugelhagel ausgesetzt. Die schwedischen Fahrzeuge hatten es entschieden besser. Sie ankerten vorwiegend in Lee der Riffe und Schärenklippen, wo sich die See viel ruhiger zeigte. Sehr gelegen kam ihnen der Umstand, daß sich die querliegenden russischen Segler ungewollt als Wellenbrecher betätigten. Und vor allem, die beiden Batterien auf Kråk- und Sandskär konnten unbeeinflußt vom Seegang ihre Ziele anvisieren …

Zwischen 15 und 16 Uhr schlug dem Großteil von de Littas Galeeren die letzte Stunde. Die meisten hatten relativ viele Treffer unterhalb der Wasserlinie erhalten. Durch die Lecks strömte mehr Wasser in die Rümpfe, als die Lenzpumpen außenbords befördern konnten. Tote und Schwerverwunde wurden über Bord geworfen. Sie lagen den Männern im Wege, die sich um die Rettung ihres Fahrzeugs bemühten. Galeeren, die nicht in der Kampflinie sanken, nicht gegen die schwedische Front drifteten, nicht an den Riffen von Legma endeten – solche Galeeren gab es nur noch wenige..

Bei den größeren Seglern sah es nicht ganz so schlimm aus. Zwar wurden auch sie von Kugeln überschüttet, doch die starken Rümpfe und der hohe Freibord boten den Besatzungen mehr Schutz, als das bei den Galeeren der Fall gewesen war. Auf die drei Bombenketschen, die beiden schwimmenden Batterien traf gleiches zu. Verallgemeinert gesagt, kämpften gegen 17 Uhr nur noch diese drei Fahrzeuggruppen. Die von ihnen abgefeuerten Schüsse fielen zudem sehr unregelmäßig. Aber die eine oder andere Kugel fand doch ihr Ziel.

Logbucheintragung Hemmema *Starkodder* (Kapitän Johan Herman Schützercrantz):

„17.30 Uhr. Eine Bombe schlägt auf Udema ‚Ingeborg' ein. Sie brennt. Die Besatzung löscht das Feuer. Nun treffen mehrere Kanonenkugeln ihren Rumpf unterhalb der Wasserlinie. ‚Ingeborg' schert aus, wird von Leutnant Munk im Flachwasser auf Grund gesetzt. Das Fahrzeug wird verlassen."

Und Oberstleutnant Cronstedt schildert in seinem Schlachtbericht diese Situation folgendermaßen: „Der Feind bekam Aufwind, als unsere ‚Ingeborg' zu sinken begann, sich zurückziehen mußte. Unmittelbar danach explodierte eine Kanonenschaluppe, die dicht hinter Kapitän af Trolles Udema ‚Torborg' ankerte."

Im Logbuch der Starkodder heißt es weiter:

„18 Uhr. Bei der vorderen feindlichen Schebecke gehen die Stengen außenbords. Bei mir wird die Munition knapp. Ein Versorgungsleichter bringt 100 Kartuschen nebst Verdämmung und Kugeln für die groben Geschütze.

18.30 Uhr. Die Schebecke streicht die Flagge. In der russischen Linie sinkt das zweite Formationsfahrzeug, die Ruderfregatte ,Swjatoi Nikolai‘ .“

Gegen 19 Uhr sah Graf de Litta ein, daß eine Fortsetzung des Kampfes sinnlos sei. Er bemühte sich, mit seinen übriggebliebenen Fahrzeugen aus dem Schußbereich zu kommen. Die russische „Restlinie“ bot einen traurigen Anblick: Manövrierunfähige, halbwracke Kampfboote drifteten in der aufgewühlten See. Es gab nur noch eine Gruppe von nebeneinanderliegenden und Widerstand leistenden Seglern. Dort hielten sich Prinz Nassau-Siegen und Vizeadmiral Kosljaninow auf. Der Flottenführer mußte seine Niederlage eingestehen. Um 20 Uhr gab er Order, sich südwärts abzusetzen. „Schiffschefs, die dazu nicht mehr in der Lage sind, haben ihre Fahrzeuge anzuzünden …“

Jeder Fahrzeugkommandant durfte selbst entscheiden: Sollte er a) im Schutz der Dunkelheit einen Rückzug wagen und dabei vermutlich auf den Klippen landen, b) am Ankerplatz verbleiben und bei Hellwerden erneut beschossen werden oder c) sein Schiff den Flammen preisgeben und die Besatzungen in Beibooten in Sicherheit bringen – doch wohin?

Kapitän Schützercrantz notierte zur selben Zeit ins Logbuch: „Der Feind ist in großer Verwirrung. Offensichtlich gibt er den Kampf auf. Meine 24 groben Geschütze haben innerhalb der neuneinhalb Schlachtstunden 1215 und die beiden Zwölfpfünder 72 Schüsse abgefeuert. Kein Offizier oder Unteroffizier ist gefallen oder verwundet. Bei den niederen Dienstgraden sind zwei Tote und acht Verwundete zu beklagen.“

Im russischen Schlachtbericht werden 25 Fahrzeuge aufgezählt, die bis 21 Uhr verlorengingen:

1. Die schwimmende Batterie Nr. 1 des linken Flügels – von den Schweden übernommen und kurz danach gesunken.
2. 2 Ruderfregatten untergegangen: *Swjataja Maria* (Kapitänleutnant van Dessen) nach Eroberung und 18.30 Uhr *Swjatoi Nikolai* (Kapitän Marshall).[239]
3. 5 Kanonenschaluppen bei den Riffen von Legma zerbrochen.
4. 11 Galeeren gesunken oder auf Klippen geworfen.
5. 6 „Ruderbomber“ (?) gegen Legmas vorgelagerte Riffe getrieben – 5 von ihnen gingen unter, 1 wurde vom Feind geborgen.

Wie dem Logbuch der *Starkodder* zu entnehmen ist, endete der Kampf erst kurz nach 22 Uhr: „Eine russische Fregatte und eine Schebecke gingen unter Segel, aber sie trieben gegen die Felsen und mußten die Flagge streichen. Der unverändert aus südlicher Richtung wehende Wind nahm in der letzten Stunde an Stärke zu. Heftige Regenschauer schränkten die Sicht ein. Ich befahl, nicht mehr zu feuern."

Im Verlaufe der Nacht sanken respektive zerschellten weitere russische Fahrzeuge. Gegen 2 Uhr explodierte eine von der Besatzung angezündete große Schebecke.

In den frühen Morgenstunden – der Wind blies nicht mehr so heftig – legten einige russische Segler Warpanker aus, Daraufhin begannen *Seraphimsordens*, *Styrbjörns* und *Starkodders* Geschütze zu feuern. Eine Division Kanonenschaluppen rückte vor, beteiligte sich mit Nahschüssen an der bis 7 Uhr dauernden Kanonade. Zu diesem Zeitpunkt befanden sich von der Formation Nassau-Siegens nur noch Wracks oder Fahrzeuge mit gestrichener Flagge auf dem Schlachtfeld. Eine brennende Galeere explodierte, kurz darauf ein in Brand gesetzter Segler – das waren die letzten Opfer der Schlacht.

Nun galt es für die Brigade- und Divisionskommandeure, sich um die eigenen Gefallenen und Verwundeten zu kümmern. Auch die Gefechtsschäden an den Fahrzeugen mußten behoben werden. Außerdem ging man daran, russische Verwundete zu betreuen und die auf den Inseln gestrandeten Seeleute und Soldaten gefangenzunehmen. Auch die eroberten oder aufgelaufenen Fahrzeuge warteten darauf, durchsucht zu werden. Flaggkapitän Oberstleutnant Cronstedt hatte die unangenehme Pflicht, Verluste an Menschen und Material beider Seiten aufzulisten:

1. Schwedische Verluste:

Fahrzeuge:		Udema *Ingeborg* auf Grund gesetzt,
	2	Kanonenschaluppen und
	2	Kanonenyollen sanken,
	1	Kanonenschaluppe explodierte.
Gefallene:	10	Offiziere, darunter Brigadekapitän von Düben (tödlich verwundet beim Erobern der schwimmenden Batterie Nr. 2), alle übrigen neun Offiziere waren Leutnants oder Fähnriche.
	2	Unteroffiziere
	162	Niedere Dienstgrade
	174	Gesamt
Schwerverwundete:	12	Offiziere, darunter Kapitän Pechlin (2. Division) und seine beiden Adjutanten; Kapitän Toll (7. Division); Kapitän Jönsson (8. Division) und sein Adjutant.

7	Unteroffiziere			
104	Niedere Dienstgrade			
123	Gesamt			
297	Mann insgesamt			

2. Russische Verluste:[240]

Fahrzeuge:

5	Ruderfregatten,	davon	3	in schwedischer Hand
16	Galeeren,	davon	9	in schwedischer Hand
2	Schwimmende Batterien,	davon	1	in schwedischer Hand
7	Schoner,	davon	4	in schwedischer Hand
2	Halbprahme,	davon	2	in schwedischer Hand
5	Schebecken,	davon	1	in schwedischer Hand
4	kleinere Fahrzeuge,	davon	2	in schwedischer Hand
6	Bombenketschen,	davon	0	in schwedischer Hand
5	Kanonenschaluppen,	davon	0	in schwedischer Hand
52	Fahrzeuge,	davon	22	in schwedischer Hand

Trophäen von der Ruderflotte:

46	Flaggen,
8	Standarten,
15	Wimpel und
10	Göschs.

Auf der *Swjataja Jekaterina* fanden die Sieger die kaiserliche Flagge mit dem Adler, der die vier Weltmeere in seinen Krallen hält. Diese Flagge wurde nur gehißt, wenn die Kaiserin an Bord des Flottenführers kam. (Vermutlich hatte einst Graf Alexej Grigorowitsch Orlow während der Schlacht bei Tschesme diese Flagge auf dem Admiralsschiff geführt.)

Trophäen vom eingeschifften Truppenkontingent:

4	Fahnen und
5	Standarten (eine Fahne und drei Standarten gehörten dem Leibregiment – Kexholm-Regiment).

Waffen:

1412	Geschütze (Dreißig- bis Sechspfünder),
332	Drehbassen (Drei- bis Einpfünder).
32	Mörser oder Haubitzen und
2	Feldgeschütze.

Ein Teil dieser Waffen fiel den Schweden direkt in die Hände, ein weiterer wurde später aus gesunkenen Fahrzeugen geborgen.

Gefallene, Verwundete und Gefangene: Etwa 10 000 Mann.[241]

Unter den Gefangenen befand sich Prinz Nassau-Siegens Flaggkapitän, Kapitän 1. Ranges Andrej Iwanowitsch Denisow (er geriet auf der eroberten *Swjataja Jekaterina* in Gefangenschaft).

Die vorstehende Übersicht spricht für sich. Gemäß der Anzahl beteiligter Fahrzeuge und der zu verzeichnenden Verluste nimmt die zweite Schlacht im Svensksund in der europäischen Seekriegsgeschichte einen vorderen Platz ein. Von den Folgen her betrachtet war der Sieg Gustavs III. über die russische Ruderflotte zudem ein wichtiges Ereignis für die sich wandelnde Innen- und Außenpolitik Schwedens.

Letzte Aktionen

Lediglich knapp 100 Boote und Schiffe der geschlagenen Ruderflotte – nicht gerechnet die des Typs „Kaik" und einige Brander – machten in Fredrikshamn fest. Dort lagen bereits die inzwischen eingetroffenen 70 in St. Petersburg neugebauten Kanonenschaluppen sowie die von Vizeadmiral Kosljaninow in Viborg zurückgelassenen sieben Galeeren. Insgesamt unterstanden Vizeadmiral Prinz Nassau-Siegen höchstens 177 Kampffahrzeuge. Doch deren Besatzungen waren größtenteils unerfahren, verwundet oder zum Kriegsdienst gezwungen – als schlagkräftige Flotteneinheit konnte die Fahrzeugansammlung wahrlich nicht bezeichnet werden. Der Prinz sah keine Chance, mit solchen „kriegsmüden" Männern erneut in die Schlacht zu ziehen, zumal die Reparaturarbeiten an vielen Seglern noch einige Zeit in Anspruch nehmen würden. Außerdem war die allgemeine Stimmung gegen ihn – selbst bei den Offizieren galt sein Ansehen als Flottenführer nicht mehr viel.

Der Kaiserin schrieb der Prinz: „Ich habe nicht die Kraft, Majestät über die Vernichtung der Flottille im Detail zu berichten. Ich bin verzweifelt. Nach einer Niederlage wie dieser habe ich mich entschlossen, mein Kriegshandwerk aufzugeben. Es machte mich glücklich, Majestät selbstlos zu dienen. Aber die Schwierigkeiten, denen ich mich von allen Seiten ausgesetzt sehe, zwingen mich zu dem Eingeständnis, daß mein Dienst Kaiserlicher Majestät nur schadet. Vizeadmiral Kosljaninow wird nicht die gleichen Probleme wie ich haben. Ich flehe deshalb Majestät an, mir zu erlauben, ihm das Kommando zu übergeben."

Diesem Brief legte er die Auszeichnungen bei, die ihm die Kaiserin verliehen hatte und deren er sich nicht mehr würdig fühlte. Katharina II. nahm aber weder seine Demission noch die Orden an. „Mein Gott", schrieb sie dem Prinzen großmütig, „wer hätte in seinem Leben keine Fehlschläge erlitten? Auch die fähigsten Führer haben ihr Mißgeschick gehabt ..."

Als die Kaiserin dem Prinzen antwortete, kannte sie das an Graf Besborodko gerichtete „Geheimpapier" des Generalmajors Pjotr Iwanowitsch Turtschaninow:

„Reinen Gewissens, durch Schwur dem treu ergebenen Dienst verpflichtet, gebe ich bekannt, daß die hauptsächlichen Ursachen für unsere Niederlage folgende sind:

1. Prinz Nassau-Siegens grenzenloser Eifer, den Feind aufzusuchen und zu schlagen. Sein übereiltes Vorgehen als die Folge dieses Eifers. All das hinderte ihn, sorgfältig des Feindes Lage und Stärke zu erkunden. Er nahm keinerlei Rücksicht auf die gerade erst angekommenen Besatzungen der Kanonenboote der Herren Slisow und Kosljaninow.

2. Die zweite Ursache sehe ich in der nicht eingehaltenen Ordnung durch die Boote. Aber von schlecht ausgebildeten Männern kann man nicht mehr erwarten und auch nichts mit allzu großer Strenge von ihnen fordern.

3. Die dritte Ursache lag im starken Südwestwind, der nicht nur die Galeeren gegen die Klippen trieb, sondern auch den Segelschiffen nicht erlaubte, ihren gefährlichen Platz zu verlassen – da waren alle Anstrengungen vergeblich.

Ich bitte Gott, Eure Erlaucht möge das nicht als Denunziation auffassen. Ich teile dies einzig und allein als eine Art Auflistung mit. Hinweise konnte ich unmöglich geben, denn dann hätte man sich über mich beklagt, weil ich störe und vom Erfüllen wichtiger Aufgaben abhalte – obgleich ich hier der Älteste an Jahren bin und mit meiner Erfahrung der Sache durchaus hätte dienen können."

Auf „verlorenem Posten stehend" dachte Prinz Nassau-Siegen darüber nach, wie er am besten die Schlappe wettmachen, die noch im Svensksund ankernde schwedische Armeeflotte angreifen konnte. Mit seiner dezimierten Streitmacht wollte er es diesmal von Nordosten her versuchen. Allerdings nur, wenn die Kriegsflotte am südlichen Sundzulauf dem Feind jegliche Fluchtmöglichkeit nähme. Weil Admiral Tschitschagow nicht reagierte, blieb des Prinzen Plan ein Stück Papier. Im Juli geschah auf russischer Seite nichts mehr.

Indessen ging es im Svensksund ziemlich lebhaft zu: Kanonenrohre wurden aus gesunkenen Fahrzeugen geborgen, Boote und Segler ausgebessert, Gefangene betreut. Letzteres bereitete ernsthafte Sorgen. Anfangs brauchten nur etwa 2000 Mann beköstigt zu werden. Da sich aber viele Schiffbrüchige auf die Inseln zu retten vermochten, stieg in wenigen Tagen die Zahl der zusätzlichen „Kostgänger" auf mehr als 6000 an. König Gustav hatte befohlen, die Inseln „vom Feind zu säubern. Kein russischer Seemann oder Soldat darf sich nach Fredrikshamn durchschlagen, zu Nassau-Siegens Ruderflotte entkommen. Es wäre fatal, würde der Prinz durch unsere Nachlässigkeit seine Mannschaften komplettieren können."[242]

Gefangene niederer Dienstgrade kampierten auf einer Insel, wo man sie leichter bewachen konnte. Russische Offiziere kamen dagegen auf verschiedene Schiffe. Bald gingen die ersten Gefangenentransporte nach Sveaborg oder zu General Meijerfeldt ab. Auf diese Weise wurde das „Verpflegungsproblem" gelöst.

20. Juli. Im Svensksund traf Verstärkung ein: die in Sveaborg ausgerüstete Fregatte *Sprengtporten* (Kriegsflotte), die im Mutterland neugebaute Hemmema *Hjalmar* sowie 27 von Major Depong geführte Kanonenschaluppen. Depong wurde mit 25 seiner Schaluppen zur Insel Korgesari auf Vorposten detachiert. Außerdem versenkte man in den Durchlässen der nördlichen Fahrrinne solche Beutefahrzeuge, deren Reparatur nicht mehr lohnte. Diesen Gewässerabschnitt bewachte die Bohuslän-Brigade. Den südlichen Sundzulauf sicherte eine weitere Division Kanonenschaluppen. So vor Überraschungen gefeit, ankerte Gustavs Flotte im Nordabschnitt des Svensksundes.

Personell gab es geringfügige Veränderungen. Die Stellvertreter von gefallenen oder schwerverwundeten Offizieren übernahmen deren Aufgaben. Törning, der schon seit langem über Magenbeschwerden klagte, bat den König um ein Kommando an Land. Die Bohuslän-Brigade wurde nun vom bisherigen Befehlshaber der 5. Division Malmborg geführt. Gegenüber Oberst de Frèse zeigte sich Seine Majestät gnädig. Die Verantwortungsbereiche des Flaggkapitäns wurden aufgeteilt: De Frèse war für die ökonomischen, Cronstedt für die operativen Belange zuständig.

22. Juli, Namenstag der Königin Sofia Magdalena. Auf Sandskär hatte Gustav III. sein Zelt aufgeschlagen. Die Armeeflotte – ausgenommen die zum Wachdienst abkommandierten Boote – lag in Paradeformation vor der Insel. Nach dem zelebrierten Tedeum nahm Seine Majestät aus Anlaß des Sieges verschiedene Ehrungen vor. So wurden die vier Befehlshaber der Brigaden von Stedingk, Törning, Cronstedt und Hjelmstierna zum Oberst, die Kapitäne Schützercrantz (*Starkodder*), Orlanda (*Norden*), Pechlin (Chef der 2. Division), Hård (Chef der 13. Division), Petterson (Chef der 4. Division) und Diedrichs (Brigadekapitän der Deutschen Brigade) zum Major, weitere Offiziere um einen Rang höher befördert – unter anderen Major Malmborg zum Oberstleutnant.

Außerdem verlieh König Gustav seinem „Flaggmajor" Cronstedt die höchste militärische Auszeichnung des Reiches: „Ritter mit Großkreuz des Schwertordens". Etliche Kapitäne trugen nach der Feier stolz das „Ritterzeichen des Schwertordens".[243]

Von der in Fredrikshamn liegenden feindlichen Ruderflotte spürte man im Svensksund nichts. Von ihrer Anwesenheit zeugten jedoch am 2. August die 21 Salutschüsse, die Prinz Nassau-Siegen anläßlich des Namenstages der Kaiserin abfeuern ließ.

Der Prinz hatte die Zeit genutzt, um vor allem die Kanonenschaluppen in volle Kriegsbereitschaft zu versetzen. Am Abend des 5. August drang er mit 90 Fahrzeugen bis Korgesari vor. In dunkler Nacht beabsichtigte er, einen Überraschungsangriff gegen Depongs Abteilung zu führen. Um 2 Uhr (6. August) eröffneten die Russen das Feuer. Depong zog sich weisungsgemäß zurück, bildete mit Malmborgs Divisionen östlich der gesperrten Durchgänge eine Verteidigungslinie. Da Flaggkapitän Cronstedt nichts Verbindliches über die Absichten des Feindes wußte, zog er die Vorpostenkommandos hinter die Durchlässe zurück. Nassau-Siegen nahm dadurch beinahe kampflos die schwedische Stellung bei Korgesari ein. Bei dem Gefecht erlitt er keine Verluste. Die Schweden hatten allerdings zu beklagen: „Ein Mann gefallen, mehrere verwundet und einige auf Korgesari stehende Wachposten gefangengenommen." Für die Armeeflotte sollten das die letzten Opfer dieses Krieges bleiben.

Am folgenden Tag setzten sich die russischen Kanonenschaluppen ab, nahmen die schwedischen wieder ihre Position bei Korgesari ein. Nun bildete Nassau-Siegen vor Fredrikshamn einen Abwehrriegel, der sich von Kap Wiranow (Hillnäs udde) über Vahä (Lilla Svartan) bis zum Kap Surnos (Villnäs udde) erstreckte. Dort ankerten die Boote bis Kriegsende.

Die von Herzog Karl befehligte Kriegsflotte blieb in Sveaborg, da die Präsenz von Admiral Tschitschagows Schiffen im offenen Fahrwasser unübersehbar war. Es gelang Nordenskjöld lediglich, einige kleinere Abteilungen an wichtigen Punkten des Schärengebietes zu stationieren – damit der Feind den Versorgungsweg nicht unterbrechen konnte:

Orrengrund:	Linienschiff *Fredrik Rex,* Fregatten *Diana, Bellona* und *Hector* sowie Kutter *Assitans*
Ornäs:	Kutterbrigg *Dragon* und Kutter *Falk*

Hästnäslandet:	Fregatte *Illerim*
Båkholmen:	Fregatte *Ulla Fersen*
Träskö/Porkala:	Fregatten *Camilla*, *Eurydice* und Kutterbrigg *Husaren*
Barösund:	Fregatten *Thetis*, *Gripen* und *Galathée*
Vorposten Sveaborg:	Linienschiff *Prins Fredrik Adolf*

Ende Juli trafen vom Svensksund kommend mehrere Galeeren in Sveaborg ein. An Bord befanden sich russische Kriegsgefangene, die nach Schweden weiterbefördert werden sollten. Als Eskorte wurden *Ulla Fersen* und etliche kleinere Fahrzeuge detachiert. Der Konvoi segelte am 8. August ab. Unterwegs bekam er königliche Order, bei Hangö zu ankern, dort weitere Befehle abzuwarten.

Am 9. August mußte die Kriegsflotte ihren letzten tragischen Verlust hinnehmen: Bei den Bolleskären vor Vöcköro (nahe der Insel Vinga vor Göteborg) sank infolge eines schlecht gedichteten Lecks der zum Kriegsschiff umgerüstete Ostindienfahrer *Lovisa Ulrika*. Das Flaggschiff von Oberst Karl Fredrik Eneskjöld sollte die auf der Fregatte *Kilduin* 1788 sichergestellten 43 Kanonenrohre von der Festung Marstrand nach Göteborg bringen. An Bord befanden sich 364 Mann Besatzung und 110 Soldaten vom Älvsborg-Regiment. Nur 84 Mann konnten durch zwei englische Handelssegler vor dem nassen Tod bewahrt werden. [244]

Ebenso wie bei der Armeeflotte gab es auch bei der Kriegsflotte Beförderungen, Auszeichnungen und Ehrendegen: Oberstleutnant Johan Puke, der mit der *Dristigheten* den Durchbruch in der Viborger Bucht einleitete, wurde zum „Ritter mit Großkreuz des Schwertordens" ernannt. Flaggkapitän Nordenskjöld erhielt die Urkunde für die bereits im Juni ausgesprochene Beförderung zum Vizeadmiral. Oberadjutant Baron Palmqvist avancierte zum Oberst. Den goldenen Ehrendegen erhielten Oberst Hysingskjöld, Oberst Fahlstedt, Oberst Fust, Oberstleutnant Wagenfeldt und Oberstleutnant Klint. Letzterem wurde zudem das Recht zugesprochen, ein Haus zu besitzen.

Oberstleutnant Holts, Major Ekeman, Major Tingvall, Major Pley sowie verschiedene Kapitäne und Leutnants (unter anderen auch Gustav Klint und Ekholm) wurden zum nächsthöheren Dienstgrad befördert. Elf Fähnriche bekamen ihr Leutnantpatent und 40 Offiziersanwärter wurden als „Fähnrich der Flotte" eingestuft.

Mit dem „Ritterzeichen des Schwertordens" zeichnete Herzog Karl im Auftrag Seiner Majestät zwölf Offiziere aus – unter anderen Oberstleutnant Billing (*Dygden*) für sein tapferes Verhalten bei der Schlacht von Stirsudde, Kapitän Neuendorff (*Zemire*) und Kapitän Rahmberg (*Prins Ferdinand*).[245]

An der finnischen Landfront ereignete sich im Verlaufe der Monate Juli und August wenig. Nach dem Sieg der Armeeflotte im Svensksund befestigte General Meijerfeldt seine Artilleriestellungen bei Högfors. Eingetroffene Verstärkungen stationierte er in Kupis

Broby und in Kvarnby (Pyttis). Gefechte gab es in seinem Abschnitt nicht. Beide Seiten beschränkten sich auf Erkundungsunternehmen.

Bei Anjala wollte Generalleutnant Platen die auf schwedischem Gebiet stehenden feindlichen Batterien nehmen. Er hatte keinen Erfolg.

Von Mäntyharju aus brach Anfang Juli ein Teil der Armfelt-Brigade nach Valtola auf. Am 9. Juli fand mit 300 Mann ein Aufklärungsvorstoß gegen Valkiala statt. Dabei geriet der Befehlshaber dieser Einheit beinahe in russische Gefangenschaft. Der Vormarsch wurde abgebrochen.

Bei Pirtimäki rückte Generalmajor Kurt von Stedingk mit der Savolaks-Brigade gegen Puumala vor. Ehe er die Kampfhandlungen eröffnete, erreichte ihn die Nachricht vom Friedensschluß.

Wie kam es zu den Friedensverhandlungen? Initiator war König Gustav. Sobald die Kanonen im Svensksund schwiegen, sandte er einen Eilkurier nach Südsavolaks, zu Oberst Armfelt. Der Oberst befehligte – nach schwerer Verwundung genesen – wieder seine Brigade. Seine Majestät beförderte den treuen Weggefährten zum Generalmajor und ernannte ihn zum „Ritter mit Großkreuz des Schwertordens". Gleichzeitig wurde Armfelt aufgefordert, mit General Igelström Kontakt wegen eines Waffenstillstandes aufzunehmen und eine Friedenskonferenz vorzubereiten.[246] Was hatte Gustav III. zu diesem Schritt bewogen? Vereinfacht ausgedrückt war es die sich verändernde politische Lage in Europa. Leopold II. hatte im Februar 1790 in Wien den Thron bestiegen. Österreich strebte seitdem an, sich aus dem Krieg zurückzuziehen und mit der Türkei einen Separatfrieden zu schließen. Preußen und England griffen daraufhin verstärkt in das Geschehen ein. Preußen schloß mit der Türkei einen Vertrag, garantierte dem Osmanischen Reich den Besitz der Krim. Im März 1790 ging Preußen auch mit Polen einen Pakt ein. Das wiederum hatte zur Folge, daß Rußland den Schutz seiner Westgrenze verbessern mußte.

König Gustav hatte nun zu wählen: Entweder setzte er den Krieg in Allianz mit Preußen, England und der Türkei gegen Rußland fort, oder er bot Rußland die Friedenshand und zog sich aus dem Kriegsabenteuer zurück. Hinzu kam im ersten Fall die innerpolitische Situation in Schweden: Geldmangel, angeschlagene Kriegsflotte, keine allzu starke Armee. Um das auszugleichen, müßte die schwedische Regierung Hilfsgelder annehmen und beispielsweise den künftigen Seekrieg mit einer schwedisch-englischen Flotte führen. Das hätte in gewisser Hinsicht das Aufgeben der nationalen Souveränität bedeutet – und das wollte Gustav III. angesichts der starken Adelsopposition im eigenen Land unbedingt vermeiden.

Er wünschte aufrichtig Frieden und für sein Land die innere Ruhe. Das waren die Hintergründe, weshalb der schwedische König einen überwältigenden Sieg benötigte, um mit Anstand in die Friedensverhandlungen gehen zu können. Unter diesem Aspekt sind die Gespräche zwischen Armfelt und Igelström zu betrachten. Nicht zu vergessen: Auch Katharina II. stand angesichts der sich in Europa entwickelnden Lage einem Frieden mit dem nordischen Nachbarn nicht mehr ablehnend gegenüber. Und so war es nur logisch, daß die Kaiserin König Gustavs Wunsch berücksichtigte und General Igelström als Verhandlungsführer bevollmächtigte. Am 1. August begannen in Värälä an der Kymmene die Gespräche.

Igelström erhielt seine kaiserlichen Instruktionen über Graf Saltykow. Armfelt hatte es einfacher, da sich Seine Majestät seit Ende Juli in Värälä aufhielt. Der Ort war seinerzeit von beiden Parteien besetzt, die Kymmene bildete die Grenze – also ein idealer Verhandlungsplatz.

Hauptstreitpunkt: Gustav III. wollte eine Grenzrevision, Katharina II. lehnte sie strikt ab. Wie bei diplomatischen Gesprächen dieser Art üblich, wurde mit allen Finessen gepokert. Am 14. August einigten sich Armfelt und Igelström, um 15.30 Uhr unterzeichneten sie die Friedensdokumente. Beide Seiten zeigten sich mit dem Ergebnis höchst zufrieden:

1. Schweden anerkannte den in den Verträgen von Nystad (1721) und Åbo (1743) festgelegten Grenzverlauf.

2. Rußland anerkannte die volle Souveränität Schwedens, gab sein formelles Recht auf, sich mit den inneren Verhältnissen des skandinavischen Nachbarstaates zu beschäftigen.

Gustav III. hatte somit eines seiner Kriegsziele erreicht, die für ihn so gefährlichen Verbindungen zur Adelsopposition abzubrechen – mit der russischen Einflußnahme in Schweden war es ab sofort vorbei, der 1789 eingeleiteten „gustavianischen Alleinherrschaft" der Weg geebnet.

Katharina II. wiederum durfte für sich verbuchen, daß die Grenzen unangetastet blieben, die Gefahr für die Hauptstadt abgewendet war und ein Großteil der in Karelien/Südfinnland stehenden Heeresverbände an anderen Brennpunkten eingesetzt werden konnte.

Den Verhandlungsführern gebührte Anerkennung. König Gustav überreichte Generalmajor Igelström das „übliche Ministergeschenk" und sein Porträt. Die Kaiserin überbot den König, indem sie General Armfelt eine mit Brillanten belegte Dose – im Deckel das Porträt Katharinas – überreichen ließ. Sie enthielt einen Wechsel über 10.000 Dukaten. Außerdem verlieh sie beiden Verhandlungsführern den „St.-Andreas-Orden". Alle Offiziere beider Delegationen bekamen zudem ein ihrer Stellung angemessenes Geschenk.

Gustav III. ratifizierte den Friedensvertrag am 19. August, dem Jahrestag des 1772 erfolgten Staatsstreiches. Am folgenden Tag tauschten beide Seiten die Ratifizierungsurkunden aus – anschließend gab es dies- und jenseits der Kymmene ein Freudenfest mit Beförderungen und Auszeichnungen unterschiedlicher Art.

Zwischen dem 14. und 18. August weilte der schwedische König nicht in Värälä. Am 18. August verabschiedete er sich als Oberbefehlshaber von der Armeeflotte. Dieses Ereignis war wiederum ein Festakt mit 21 Salutschüssen, Parade und weiteren Beförderungen und Belohnungen. Gustav III. übergab die Flotte dem dienstältesten Flaggoffizier, Oberst de Frèse. Anschließend begab er sich wieder nach Värälä. Von dort kehrte Seine Majestät über Tavastehus und Åbo nach Stockholm zurück, wo ihm ein begeisterter Empfang bereitet wurde.

Alle Schärenfahrzeuge wurden nach Sveaborg, Stralsund, Göteborg und Stockholm (siehe Tabelle 32) zurückbeordert. Im Sveaborg schifften sich die deutschen und schwedischen Regimenter ein. Major Ruuthensparre bekam den Befehl, die im Barösund und bei Hangö ankernden Gefangenentransporte nach Reval zu bringen.

Herzog Karl segelte am 2. September mit der Fregatte *Camilla* nach Stockholm ab. Vizeadmiral Nordenskjöld verließ drei Tage später mit der Kriegsflotte Sveaborg, lief am 14. September in Karlskrona ein (siehe Tabelle 33).

Kapitän Slisow blieb mit seinem Geschwader in Fredrikshamn, Prinz Nassau-Segen und Vizeadmiral Kosljaninow steuerten mit ihren Fahrzeugen Kronstadt respektive Viborg an. Auch Admiral Tschitschagow nahm mit dem Gros der Kriegsflotte Kurs auf Kronstadt – nur ein Geschwader hatte Reval als Ziel.

Mit diesen Schiffsbewegungen endeten die größten Flottenoperationen, die es bis zum Zeitalter der Dampfschiffahrt jemals auf der Ostsee gegeben hatte – sowohl von der Zahl beteiligter Kriegssegler und geruderter Kampffahrzeuge als auch von Intensität und Umfang der Seezüge her betrachtet. Es war ein Seekrieg, über den es bisher in der deutschsprachigen Fachliteratur kaum Abhandlungen gab …

Heute

Zeugnisse der Vergangenheit

Das Schauspiel „Gustave III. ou Le masque" von Scribe schildert jene berühmte Verschwörung schwedischer Adliger gegen ihren König, die am 16. März 1792 mit der Ermordung des Herrschers durch den verabschiedeten Hauptmann Graf Ankarström während eines Maskenballs endete. In Giuseppe Verdis Oper „Un ballo in maschera" („Ein Maskenball") wird dagegen das politische Moment zugunsten des privaten stark zurückgedrängt. Verdi verstand es, die Handlung zu verschleiern. Die Aufführungen besitzen zwar Unterhaltungswert, fallen aber ebenso wie das allgemeine zeitgenössische Schrifttum nicht unter die „Zeugnisse der Vergangenheit". Hierunter sind vielmehr Originalgegenstände respektive Originalbauten aus jener Zeit zu sehen. Doch so streng soll die folgende Auswahl von Empfehlungen nicht eingegrenzt werden. Gemälde und Modelle von Schiffen und Werftanlagen – nach Originalschlachtskizzen und Konstruktionsplänen gefertigt – sowie an den Seekrieg 1788 bis 1790 erinnernde Denkmäler ergänzen sie. Vieles von dem, was hier in Stichpunkten zum Besichtigen angeregt wird, ist logischerweise in den üblichen Reiseführern kaum zu finden. Für diese Hefte/Büchlein sind die nachstehenden Hinweise meist zu speziell. Zur besseren Orientierung erscheinen hinter den deutschen Bezeichnungen oft die der jeweiligen Landessprache (in Klammern) – sie werden sich beim Einholen von Auskünften als nützlich erweisen.

Reval (Tallinn):

Dom- oder Marienkirche: Auf dem Festungsgelände Tommpea. Klassischer Sarkophag des Admirals Samuel Greigh, 1788 vom Bildhauer Giacomo Quarenghi geschaffen. Schiffahrtsmuseum (mit „Großer Strandpforte", Turm „Die Dicke Margarete") – Teil der ehemaligen Hafenbatterie (siehe Mai 1790, Schlacht vor Reval).

Denkmal zur Erinnerung an die Seeschlacht vom Mai 1790: Im Stadtzentrum am Freiheitsplatz (Vagabuse väljak). Anker und eisernes Kanonenrohr vom schwedischen Linienschiff *Riksens Ständer*, 13. Mai 1790 vor Reval aufgelaufen und verbrannt (Tafeldaten nach dem Julianischen Kalender).

St. Petersburg:

Gründungstag 16. Mai 1703. Auf Geheiß Peters I. begannen damals die Arbeiten bei der Errichtung der „Peter-und-Pauls-Festung" auf einer kleinen Insel im Newa-Delta.

Newski-Prospekt, heutige Hauptstraße. Früher wurde am Newa-Ufer eine Schneise geschlagen, um den Transport von Baumaterialien zur Werft zu erleichtern. Die Schneise wurde bis zum Alexander-Newski-Kloster erweitert und bepflastert. Sie hieß zunächst „Große Perspektive", ab 1788 Newski-Prospekt.

Am Ende des Newski-Prospektes – an der Newa – befinden sich die Admiralität (ehemalige Werft), daneben das Denkmal von Peter dem Großen (Bildhauer Etienne Maurice Falconet, 1766–1778) und der Winterpalast (Eremitage). Auf der gegenüberliegenden Wassiljew-Insel die frühere Börse (heute Zentrales Kriegsmarinemuseum). In der Nähe stehen seit 1810 die beiden bekannten Rostrasäulen (symbolisch dekoriert mit den Bugpartien eroberter Schiffe). Denkmal Katharinas II. (enthüllt 1873) am Ostrowski-Platz. Bronzene Sockelfiguren, unter anderen Potjomkin und Suworow. Touristische Attraktionen sind weiterhin Peterhof (Petrodworez) mit seinem mehrstufigen Park, den grandiosen Fontänen, Kaskaden und Palästen; das unweit der Stadt liegende Zarskoje Selo mit dem „Großen (Katharinen-)Palast"; Gatschina, das einstige Lustschloß des Grafen Orlow. 1783 schenkte Katharina II. das Anwesen ihrem Sohn Paul I. Während des Zweiten Weltkrieges zum großen Teil zerstört, später wieder aufgebaut. Bis vor kurzem befand sich das Schloß noch im militärischen Sperrbezirk, es beherbergte das Zentrale Archiv der Marine.

Zentrales Kriegsmarinemuseum: Im großen Saal (Halle) sehr viele Schiffsmodelle, Trophäen und Gemälde. Sammlung wirkt „überladen". Da zudem meist starker Besucherandrang herrscht, ist zielgerichtete Suche nach bestimmten Ausstellungsstücken sehr mühevoll. (Empfehlung: Rechtzeitig Hilfe eines Museologen in Anspruch nehmen.)

Insel Kotlin: Kronstadt kann nach Anmeldung besichtigt werden.

Helsinki (Helsingfors):

Nationalmuseum in der Mannerheimintie: Die Sammlungen umfassen archäologische Funde, Kirchenkunst, Einrichtungsgegenstände und ethnographische Exponate. In der archäologischen Abteilung sind Funde aus dem Meer zu betrachten, unter anderem von der 1790 im Svensksund gesunkenen russischen Ruderfregatte *Swjatoi Nikolai*. Stadtmuseum, gegenüber dem Nationalmuseum: In der ständigen Ausstellung „Erinnerung" werden Szenen aus der Geschichte Helsinkis präsentiert.

Festung Sveaborg (Suomenlinna): Zur Insel tagsüber regelmäßiger Fährverkehr. Die historische Seefestung ist größtenteils in ihren ursprünglichen Zügen erhalten. In verschiedenen Ausstellungsräumen werden Bau und Aufgaben der Seefestung erläutert – auch für die Zeit 1788 bis 1790 als Basis für die schwedische Armeeflotte. Auskünfte über das Informationszentrum des Fremdenverkehrsamtes der Stadt einholen: Pohjoiesplenadi 19 (nahe dem Fährkai).

Turku (Åbo):

Älteste Stadt Finnlands (1229).

Historisches Museum auf dem Burggelände (Turun Linna/Åbo Slott) beim Hafen (Satama/ Hamn) an der Linnankatu gelegen (am Ufer des Flusses Aura – Aurajoki). Stadtgeschichtliche Sammlung, Teile davon 18. Jahrhundert – Werftansichten, Gemälde, Modelle, Waffen. Seefahrtsmuseum in der alten Sternwarte (1819) der ehemaligen Turkuer Akademie (auf dem Vartiovuori-Hügel). Schiffsmodelle (Schärenflotte) und Schiffsgemälde.

Stockholm:

Auskünfte hinsichtlich touristischer Sehenswürdigkeiten erteilt der Fremdenverkehrsverband im Schweden-Haus (Sverigehuset), Hamngatan 27, und zu speziellen Fragen des Seekrieges 1788 bis 1790 das Seehistorische Museum (Sjöhistoriska Museet), Djurgårdsbrunnsvägen 24.

Hinweise zu Gemälden: In einigen öffentlichen Gebäuden verdienen insbesondere die von drei Künstlern geschaffenen Gemälde Beachtung:

1. Johan Tietrich Schoultz (1754–1807?) war von Oberadmiral Karl August Ehrensvärd als Offizier der Armeeflotte zugeteilt worden. Über die Kriegsereignisse 1788 bis 1790 fertigte Schoultz etwa 90 Gemälde an.

2. Johan Peter Cumelin (1764–1820) schuf im Auftrag Herzog Karls zwölf Radierungen von der Schlacht bei Öland (1789).

3. Louis Jean Deprez (1743–1804)) begleitete Gustav III. 1789 nach Finnland. Herzog Karl beauftragte den Künstler, elf große Gemälde zu malen. Drei davon wurden ausgeführt (heute Seehistorisches Museum). Von der Svensksund-Schlacht ist je eins in Drottningholm und in Rosersberg zu bewundern.

Rüstkammer (Livrustkammaren) im Königsschloß, Eingang Slottbacken: Karossen, Trachten, Rüstungen. Unter anderem von Gustav III. verliehene Auszeichnungen: „Königlicher Schwertorden", „Svensksund-Medaille", „Fredrikshamn-Medaille", „Tapferkeitsmedaille", „Hogland-Zeichen" und Ehrendegen, beispielsweise „Ritter mit Großkreuz" vom Befehlshaber des Linienschiffes *Konung Gustav III.*, Oberstleutnant Erik af Klint; „Ritterzeichen" vom Befehlshaber der Galeere *Stockholm*, Leutnant C. F. Coyet; „Goldene Svensksund-Medaille" von Fähnrich A. F. Schneidau, Ehrendegen von Kapitän Schützercrantz. Schatzkammer im Königsschloß: Schwedische Reichskleinodien, die früher bei bestimmten Zeremonien vom König, von der Königin und den Familienmitgliedern getragen wurden. Unter anderem: Prunkdegen Gustavs III. (Gold, Brillanten, Rosensteine – um 1760); Großkreuze des Nordstern-, Schwert- und Seraphimenordens (Gold, Silber und Brillanten – 2. Hälfte des 18. Jahrhunderts); Königsschwert Gustavs III. (Gold, Perlen, Edelsteine – 1772); Kronprinzenschwert (vergoldetes Silber, Edelsteine – 1772).

Ritterhaus (Riddarhuset) am Riddarhustorget: Versammlungs- und Verwaltungspalais des schwedischen Adels. An den Wänden im Hauptsaal einige hundert Wappen der Adelsgeschlechter. Nicht ständig geöffnet (Auskünfte über Öffnungszeiten einholen!). Nur Führungen, einmal täglich. Fragen zu bestimmten Wappen vorher einreichen, dazu mindestens Angaben zur betreffenden Person wie Name und Todesjahr machen.

Ritterholmkirche (Riddarholmskyrkan) auf der Riddarholm-Insel: Letzte Ruhestätte schwedischer Könige und bedeutender Ritter. Gemälde.

Armeemuseum (Armémuseum), Riddargatan 13: Waffen, Uniformen und Trophäen.

Seehistorisches Museum (Sjöhistoriska Museet): 1938 eröffnet, am nördlichen Ufer des Gewässerabschnittes Djurgårdsbrunnsviken. Abteilung Schiffbau: Saal 3, Periode 1680 bis 1814 – Schwerpunkt Chapmans Wirken. Modelle und Zeichnungen vieler Schiffstypen. Unter anderem: Fregatte *Bellona*, Schärenfregatten *Styrbjörn, Lodbrok, Brynhilda, 'ngeborg* und *Torborg* sowie die Galeere *Seraphims*orden und die von 1760 bis 1790 in Stralsund, Sveaborg und Stockholm gebauten Kanonenschaluppen, Kanonenjollen, Galeeren und Schärenfregatten.

Hauptattraktion: Kajüte und Heck des Königlichen Schoners *Amphion*.

Galionsfigur: Fregatte *Eurydice*.

Schiffsglocke: Linienschiff *Försiktigheten*.

Modelle: Werftanlagen Stockholm und Karlskrona, Viborger Bucht 1790 – Durchbruch der beiden schwedischen Flotten.

Gemälde und Trophäen, beispielsweise die 1790 im Svensksund auf der *Swjataja Jekaterina* erbeutete kaiserliche Flagge.

Svensksund-Denkmal: Auf der Insel Skeppsholmen im Svensksund-Park. Der Stein wurde anläßlich der Hundertjahrfeier des Sieges am 9. Juli 1890 enthüllt.

Friedhof der Galeerenwerft (Galärvarvets Kyrkogård): Neben dem Vasamuseum auf Djurgården. Begräbnisstätte war früher der Galeerenwerft und dem Stockholmer Galeerengeschwader vorbehalten gewesen.

Schloß Drottningholm: Seit 1981 von der königlichen Familie bewohnt. Westlich vom Stadtzentrum auf der Malärinsel Lovön. Schloß aus dem 17. Jahrhundert. Beachtliche Innenausstattung – Kunst- und Gobelinsammlung, Gemälde. Schloßtheater 1764–1756 erbaut. Bühne, Dekoration und Zuschauerraum unverändert erhalten geblieben (gustavianische Epoche).

Haga-Park (Hagaparken): Nördlich vom Stadtzentrum, Bezirk Solna, am Gewässerabschnitt Brunnsviken. Gebiet 1771 von Gustav III. erworben. Mehrere Gebäude (Gamla Haga. Hier wurde 1772 der Plan für den Staatsstreich und 1788 im Türkischen Pavillon von Johan Christopher Toll der für den Angriffskrieg gegen Rußland ausgearbeitet.

Im Schloß wurde König Gustav am 16. März 1792 während eines Maskenballs angeschossen – der ehemalige Hauptmann Johan Jakob von Ankarström (ein fanatischer Vertreter der Adelsopposition) war der Attentäter. Seine Majestät erlag der Schußverletzung am 26. März 1792.

Zwischen 1786 und 1790 fertiggestellte Gebäude: Türkischer Pavillon (Turkiska paviljongen), Chinesische Pagode (Kinesiska pagoden), Echo-Tempel (Ekotemplet) und Kupferzelt (Koppertälten).

Pavillon Gustavs III., Einweihung kurz nach des Königs Tod. Während der Sommermonate Führungen.

Schloß Ulriksdal: Nördlich vom Haga-Park, am Gewässerabschnitt Edsviken. Hieß ursprünglich Jacobsdal. Zur Zeit Gustavs III. beliebtes Schloß für Theateraufführungen. Im Juli 1790 weilte dort Königin Sofia Magdalena. Am Abend des 16. erhielt sie durch des Königs Flügeladjutant, Rittmeister Freiherr Stjernblad, die Botschaft ihres Gemahls vom glorreichen Sieg im Svensksund.

Schloß Rosersberg: Nördlich vom Vorort Upplands Väsby, am Gewässerabschnitt Skarven. 17. Jahrhundert. Seit 1762 Staatsbesitz. Heute Schule für Zivilverteidigung. Gemälde von Louis Jean Deprez.

Karlskrona:

1680 auf Befehl von König Karl XI. als Flottenbais auf Trossö (heutiges Zentrum) und angrenzenden Inseln gegründet. Marinemuseum (Marinmuseum): Älteste Sammlung dieser Art in Schweden. Entwicklung der Kriegsmarine ab Ende des 17. Jahrhunderts. Einzigartige Galionsfiguren – vor allem geschaffen vom Admiralitätsbildhauer Johan Törnström – dürften zu den Attraktionen des Hauses zählen. Hierzu gehören die Originale von den Fregatten *Camilla, Galathée* und *Fröja* sowie von den Linienschiffen *Fäderneslandet, Försiktigheten, Äran* und *Dristigheten.*

Besondere Aufmerksamkeit verdienen die Schiffsmodelle unterschiedlicher Art und die im Chapman-Saal dokumentierten Schiffskonstruktionen.

Gemälde von Deprez und Schoultz.

Admiralitätskirche (Amiralitetskyrkan) „Ulrica Pia": Errichtet 1689. Wallgasse Nr. 11 (Vallgatan).

Glockenturm (Klockstapeln): Im Admiralitätspark (Amiralitetsparken).

Königsbrücke (Kungsbron) mit Festung Aurora: Brücke ist in diesem Fall die Bezeichnung für einen Kai – seinerzeit für die Seeleute das sogenannte „Haupttor" zur Stadt. Dort befindet sich die frühere Admiralitätsresidenz („Ötterska Huset").

Avenue „Alamedan": Geht vom Admiralitätspark ab. Viele Gebäude, die 1790 vom Brand verschont blieben.

Hoglands Park: Südlich des Bahnhofes und der zentralen Busstation. Im Park das Denkmal von „Herzog Karl, dem Sieger in der Seeschlacht bei Hogland von 1788".

Björkholmen: Vom Fischmarkt – Fisktorget – dem Björkholmskajen westwärts folgend erreicht man die malerischen Häuschen der einstigen Zimmerleute der Werft. Von den dortigen Gassen verlaufen drei in nordsüdlicher Richtung (Bezeichnung nach Schiffstypen wie zum Beispiel Fregatt- oder Galérgatan) und sechs in ostwestlicher Richtung. Letztere sind nach berühmten Admiralen benannt: Chapmans-, Nordenskjölds- und Pukesgatan.

Werftgelände: Für Ausländer allgemein noch nicht zugängig. Im alten Werftgebäude wird der Schiffbau dokumentiert. Das Gebäude und der alte Kanonenkran sind vom westlichen Ende der Amiralitetsgatan gut zu erkennen. Das örtliche Touristenamt veranstaltet jährlich einige Führungen durch das Werftgelände – Auskunft dazu beim Informationszentrum am zentral gelegenen Großmarktplatz (Stortorget) einholen.

Skärva: Nordwestlich von Karlskrona. Parkanlage mit einigen Gebäuden – einst von Fredrik Henrik af Chapman bewohnt. Im Park ein Pavillon, den Chapmans Freund Karl August Ehrensvärd auf seinem Anwesen Vebedy heimlich bauen ließ und dem berühmten Schiffbaukonstrukteur zu dessen 70. Geburtstag im Jahre 1791 schenkte. Im östlichen Teil des Parks – am Hang – befindet sich die Grabanlage, die af Chapman für sich geschaffen hatte: Er wollte dort beigesetzt werden, wo er sein Lebenswerk vollbrachte – mit Blick auf „Danmarksfjärden", wie dieser Gewässerabschnitt heißt. Chapmans letzter Wunsch erfüllte sich nicht, er wurde auf Augerums Friedhof beerdigt.

Vedeby: Am heutigen nördlichen Stadtrand gelegen. War gegen Ende des 18. Jahrhunderts Generaladmiral Karl August Ehrensvärds Besitztum.

Lyckeby: Nordöstlicher Vorort. Zur Zeit des Krieges 1788 bis 1790 kleiner Flecken von etwa 400 Metern im Durchmesser. Dort, wo heute das um 1860 errichtete Wasserwerk Karlskronas steht, befand sich seinerzeit die Staatsmühle. An den Schöpfrädern der Mühle faßten die Wasserleichter der Kriegsflotte ihren Frischwasservorrat aus der Lyckebyån.

Augerum: Nördlich von Lyckeby gelegener Herrenhof (Herrgård) – hier befand sich Nordenskjölds Haus. Friedhof, af Chapmans Grab.

Aspö: Insel südlich von Karlskrona. Östlich vorgelagert die Königin-Schäre (Drottningskär). Nahe Drottningskär an der Küste Aspös der Staatsfriedhof für die Garnison von Drottningskär und Kungsholmen Fort. 1789 Massengräber für die Opfer der Roten Ruhr. Das auf Drottningskär errichtete Kastell ist ein Steingebäude mit starken Außenmauern, drei Etagen und vier Bollwerken. Katharina die Große bezeichnete es so: „Wenn die graue Laus, das Drottningskär-Kastell, nicht wäre, könnten wir sehr leicht die schwedische Flottenbasis erobern."

Tjurkö: Insel östlich von Aspö. An der Westküste – gegenüber von Drottningskär – das Kungsholmen Fort. Beide Festungsanlagen beherrschten früher die nach Karlskrona führende Hauptfahrrinne.

Göteborg:

Hafenstadt an der schwedischen Westküste mit vorgelagerter Festung Marstrand.

Seefahrtsmuseum (Sjöfartsmuseum): Nahe der Masthuggskirche und dem unübersehbaren Seemannsturm an der Göta älv gelegen (vom Stadtzentrum aus in westlicher Richtung gesehen). Ursprünglich bestand die 1917 gegründete Sammlung vorrangig aus Exponaten der Handelsschiffahrt – heute vielseitiger: von der Kriegsmarine über Hafenwirtschaft bis zum Aquarium. In einem Ausstellungsraum der zweiten Etage sind marinearchäologische

Funde zu sehen, unter anderem die von der 1790 vor Göteborg gesunkenen *Lovisa Ulrika*.

In der Abteilung Schiffbau wird über die Werftarbeit früherer Zeiten informiert (Gamla varvet).

Alter Werftpark (Gamla varvparken): Seemannsturm – Denkmal für die im Ersten Weltkrieg gefallenen schwedischen Seeleute – mit Lift zur Aussichtsplattform. Blick über neue und alte Hafenanlagen. Neben dem Seemannsturm steht die Büste von Fredrik Henrik af Chapman. Das Standbild wurde anläßlich des 200. Geburtstages des Schiffbaumeisters am 9. September 1921 enthüllt. Geschaffen wurde es vom Bildhauer Eric Raphael-Rådberg (vermutlich eine einmalige Chapman-Büste).

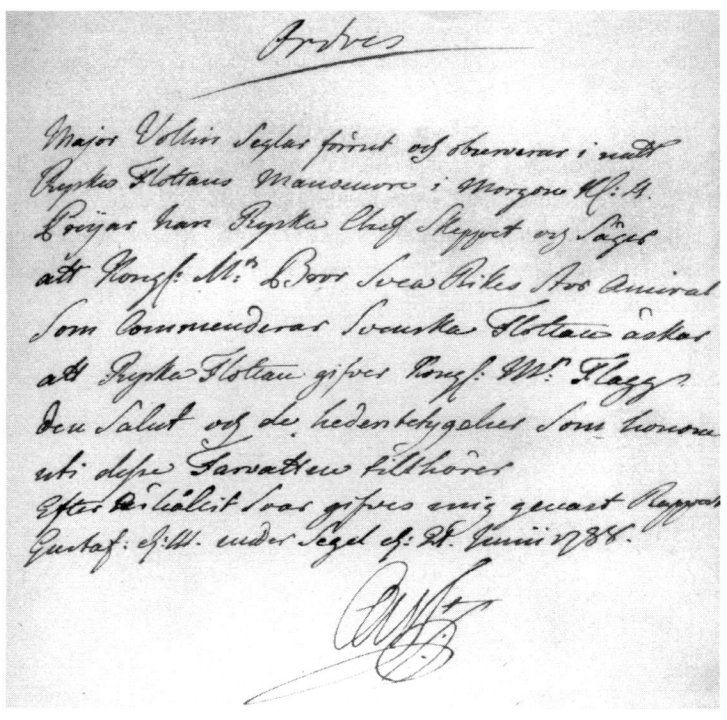

Herzog Karls Order für Major Wollin vom 21. Juni 1788

Linienschiff Lovisa Ulrika von 1745 (unten)

Linienschiff Försiktigheten von 1784

Linienschiff Prins Gustav Adolf von 1782. Konung Adolf Frederik von 1775 und Konung Gustav III. von 1777 gehörten zur selben Baureihe. (oben)

Fregatte Bellona von 1782 (unten)

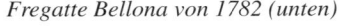

Königlicher Schoner Amphion, gebaut 1778 (oben)

Schärenfregatte Ingeborg von 1767, Typ Udema (unten)

Schärenfregatte Brynhilda von 1776, Typ Pojama (oben)

Schärenfregatte Lodbrok von 1771, Typ Turuma (unten)

Galeere vom Typ 1749. Das Modell wurde vermutlich von Kapitän Psilander 1749/1750 für Schulungszwecke gebaut. Es diente als Vorlage für eine Medaillenprägung (oben)

Kanonenbarkasse vom Typ 1770 (unten)

Landungs-Kanonenschaluppe vom Typ 1790 (oben)

Kanonenyolle vom Typ 1788 (unten)

Katharina II. Alexejewna, geborene Prinzessin von Anhalt-Zerbst

Details des Ehrendegens, den Kapitän Johan Herman Schützercrantz – Kommandeur der Galeere Svärdsorden – 1789 erhalten hatte.

Von Johan Törnström geschnitzte Galionsfigur des Linienschiffs Dygden von 1784 – ab 1796 zierte sie die Wladislaw (Dygden sank nach einer Explosion in der Pulverkammer 1793 auf Karlskronas Außenreede)

Galionsfigur des Linienschiffs Dristigheten von 1785 (Bildhauer Johan Törnström)

Galionsfigur des Linienschiffs Äran von 1784 (Bildhauer Johan Törnström)

Galionsfigur des Linienschiffs Försiktigheten von 1784 (Bildhauer Johan Törnström)

Galionsfigur der Fregatte Thetis von 1784 (Bildhauer Johan Törnström)

Galionsfigur der Fregatte Eurydice von 1785 (Bildhauer Johan Törnström)

21. Oktober 1789: Die schwedische Kriegsflotte läuft in ihre Hauptbasis Karlskrona ein. Kolorierte Radierung von Johan Peter Cumelin (oben)

Die Schlacht am 9.7.1790 im Svensksund. Die von König Gustv befehligte Armeeflotte bereitete der russischen Ruderflotte eine kriegsentscheidende Niederlage. Ölgemälde von Johan Tietrich Schoultz (unten)

Blick auf die Kriegswerft von Karlskrona – nordwestliche Seite von Lindholmen – mit dem alten Dock: Links unter dem Mastkran festgemacht – das Linienschiff Hedvig Elisabeth Charlotta, auf Stapel das Linienschiff Prins Gustav Adolf und die Fregatte Bellona (oben)

Am 24. Oktober endete für die schwedische Kriegsflotte der Seezug des Jahres 1789. Herzog Karl ließ seine Flagge als Flottenführer niederholen und sich unter Salutschüssen in einer von Offizieren geruderten Schaluppe zum Aurora-Kai bringen. Kolorierte Radierung von Johan Peter Cumelin, 1789 (unten)

*Im Hoglandpark Karlskronas erinnert das Denkmal „Herzog Karl, 1788 Sieger bei Hogland"
an die erste Seeschlacht im Krieg 1788 bis 1790*

Im Svensksundpark auf Skeppsholmen erinnert ein Stein an König Gustavs Sieg am 10. Juli 1790 im Svensksund.

Gustav III. 1746 bis 1792, König von Schweden

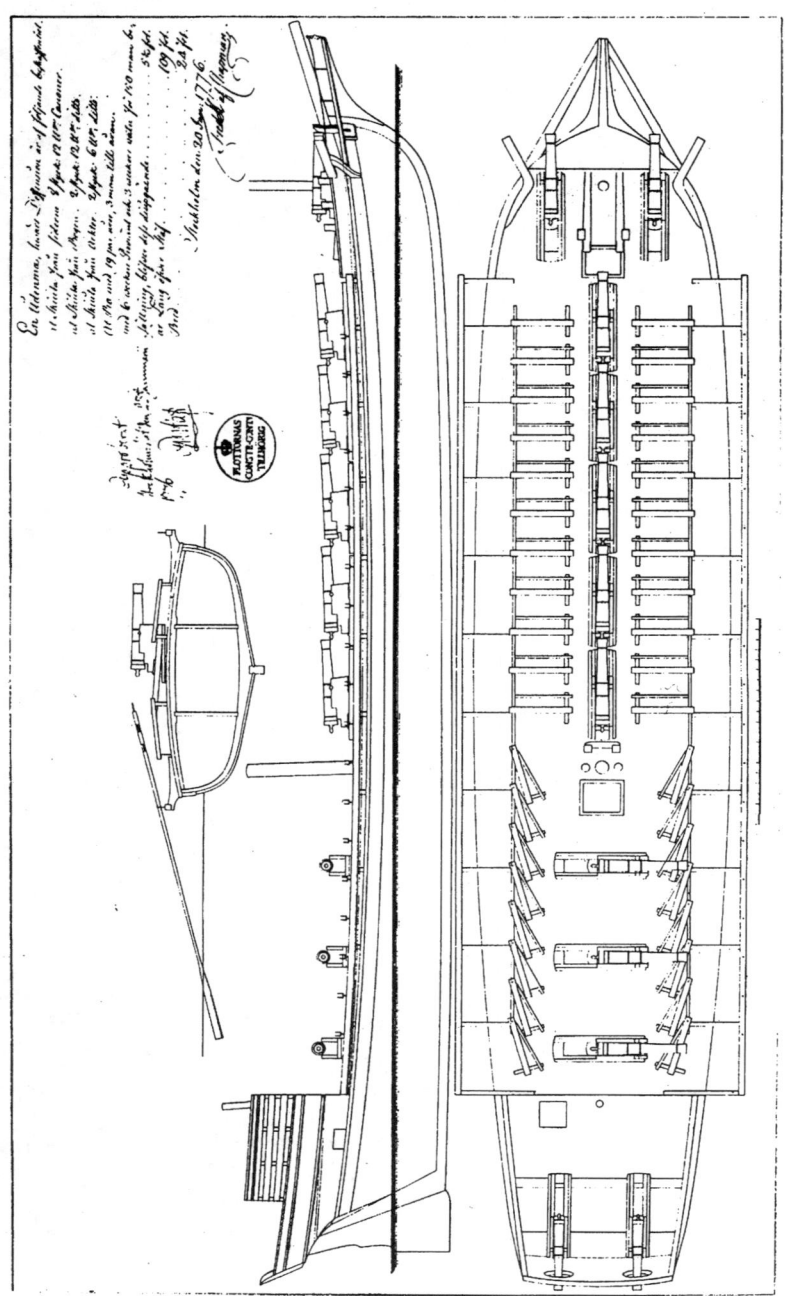

Henrik af Chapman fertigte 1776 von der Udema Ingeborg diese Zeichnung an.
Quelle: Krigsarkivet, Stockholm

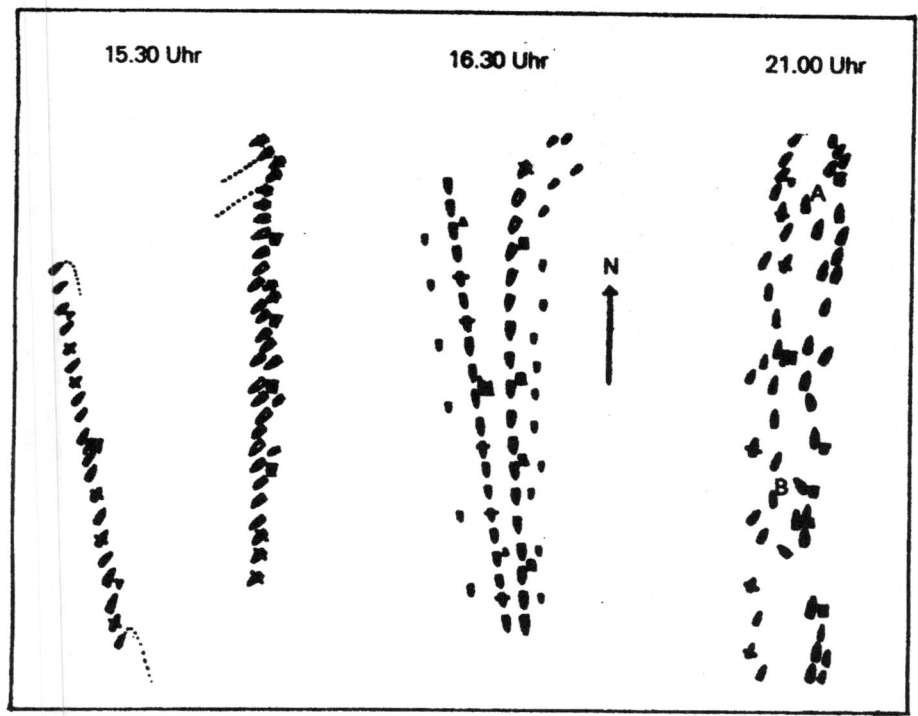

| 15.30 Uhr | 16.30 Uhr | 21.00 Uhr |

Die Seeschlacht bei Hogland am 17. Juli 1788 (drei Phasen)

15:30 Uhr: *Schwedische Flotte geht von Nordost- auf Südkurs,*
              russische Flotte von Nordwest- auf Südwestkurs
              (Fregatten in Linie mit Querstrich). Wind ONO

16:30 Uhr: *Beginn der Kanonade.*

21:00 Uhr: *Endphase der Seeschlacht. Beide Flotten driften nordwärts.*
              A = Wladislaw, B = Prins Gustav

Quelle: Nach Vorlagen von A. Munthe und C. A. Gyllengranat gezeichnet

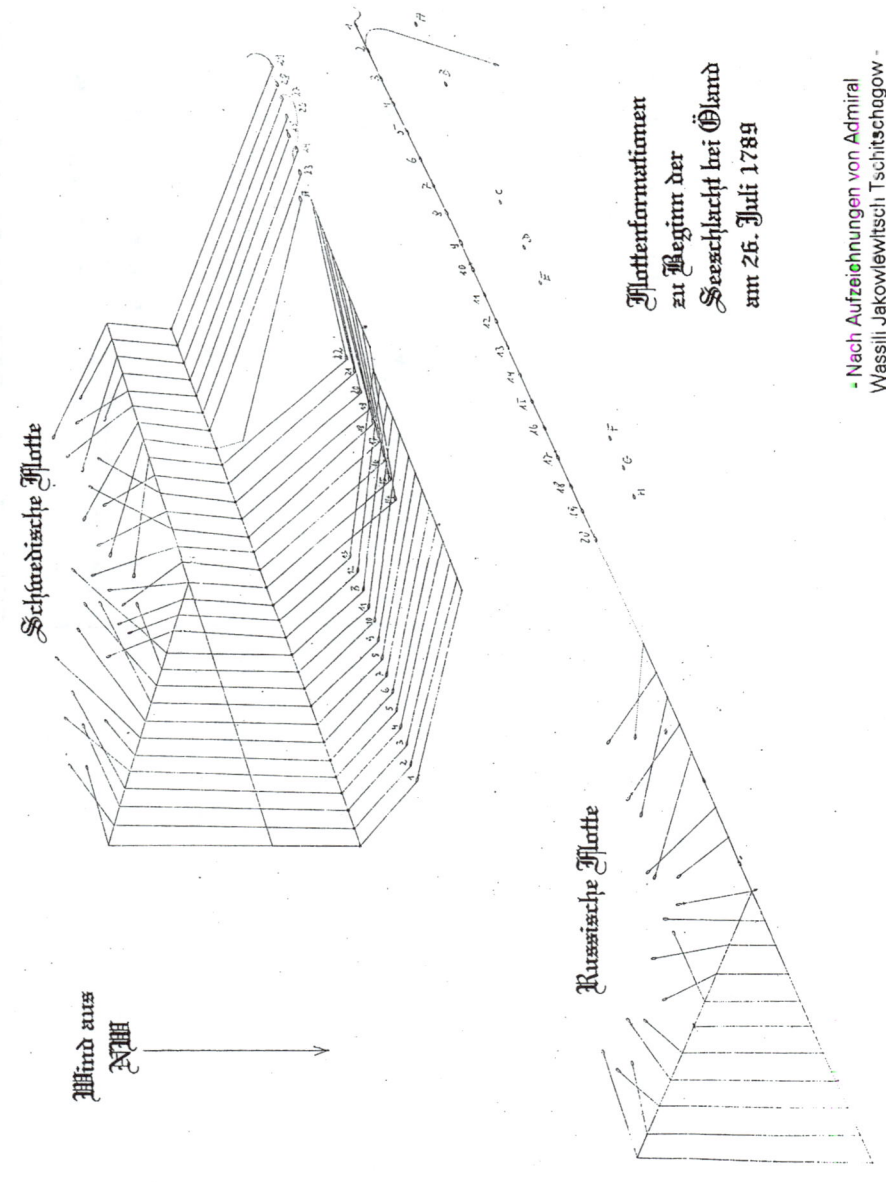

Schwedische Flotte

Russische Flotte

Wind aus NW

Flottenformationen
zu Beginn der
Seeschlacht bei Öland
am 26. Juli 1789

- Nach Aufzeichnungen von Admiral
Wassili Jakowlewitsch Tschitschagow -

374

Legende zu den Schlachtformationen der Flotten am 26. Juli 1789

Schwedische Flotte

1   Prins Fredrik Adolf
2   Enigheten
3   Fröja (Fregatte)
4   Tapperheten
5   _Drottning Sofia Madalena_
6   Äran
7   Gripen (Fregatte)
8   Dygden
9   Eurydice (Fregatte)
10 Riksens Ständer
11 Vasa
12 Minerva (Fregatte)
13 Fäderneslandet
14 Konung Adolf Fredrik
15 _Konung Gustav III._
16 Wladislaw
17 Försiktigheten
18 Galathée (Fregatte)
19 Prins Karl
20 Ömheten
21 Uppland (Fregatte)
22 Manligheten
23 Thetis (Fregatte)
24 Lovisa Ulrika
25 _Hedvig Elisabeth Charlotta_
26 Göta Lejon
27 Zemire (Fregatte)
28 Rättvisan
29 Dristigheten

Hinter der Linie:
A   Jarislawitsch (Fregatte)
B   Illerim (Fregatte)

Russische Flotte

1   Mstislaw
2   Deris
3   Pobedoslaw
4   _Dwenadzat Apostolow_
5   Prins Gustav
6   Wyscheslaw
7   Boleslaw
8   Kir Johann
9   Swjatoslaw
10 _Rostislaw_
11 Jaroslaw
12 Rodislaw
13 Jesekil
14 Viktor
15 Swjatoi Pjotr
16 Isjaslaw
17   _Knjas Wladimir_
18 Swjataja Jelena
19 Pamjat Jewstawija
20 Wsjeslaw

Hinter der Linie:

A   Pobeditel (Bombenketsch)
B   Slawa (Fregatte)
C   Mstislawets (Fregatte)
D   Podrashislaw (Fregatte)
E   Brjatschislaw (Fregatte)
F   Prjamislaw (Fregatte)
G   Nadeshda Blagopolutija (Fregatte)
H   Straschny (Bombenketsch)

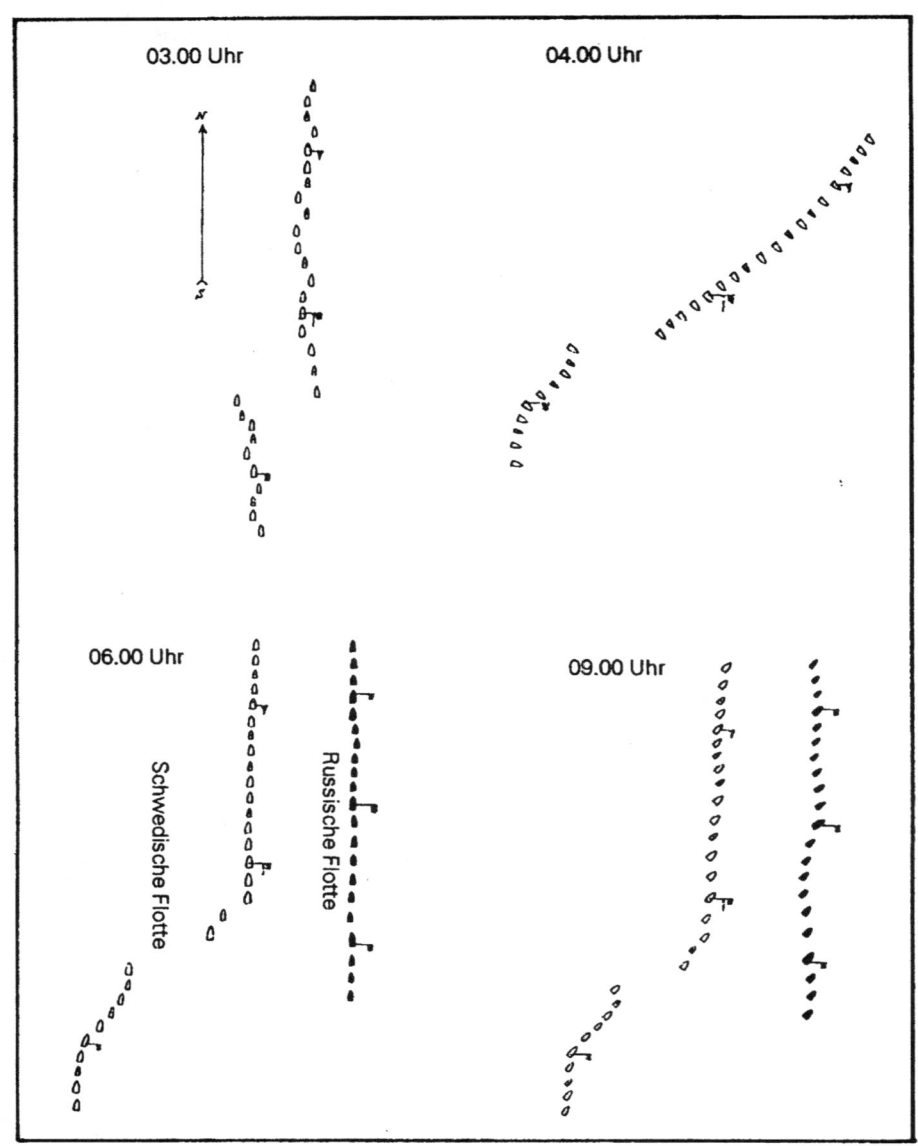

Die Seeschlacht bei Öland am 26. Juli 1789. Nach Logbucheintragungen rekonstruierte schwedische Darstellung (Fregatten der schwedischen Flotte = Schiffssymbol mit Querstrich). Quelle: A. Munthe, „Svenska sjöhjältar"

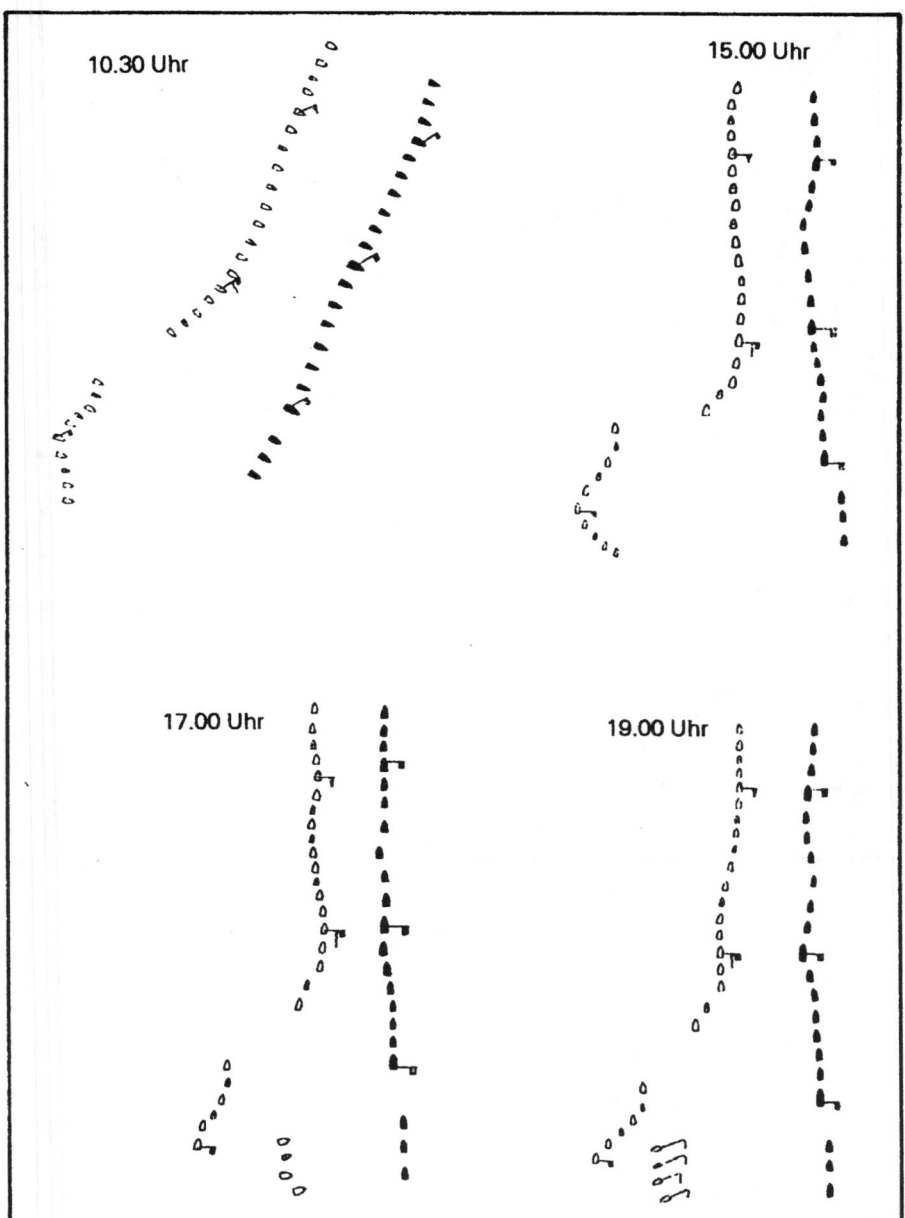

10.30 Uhr

15.00 Uhr

17.00 Uhr

19.00 Uhr

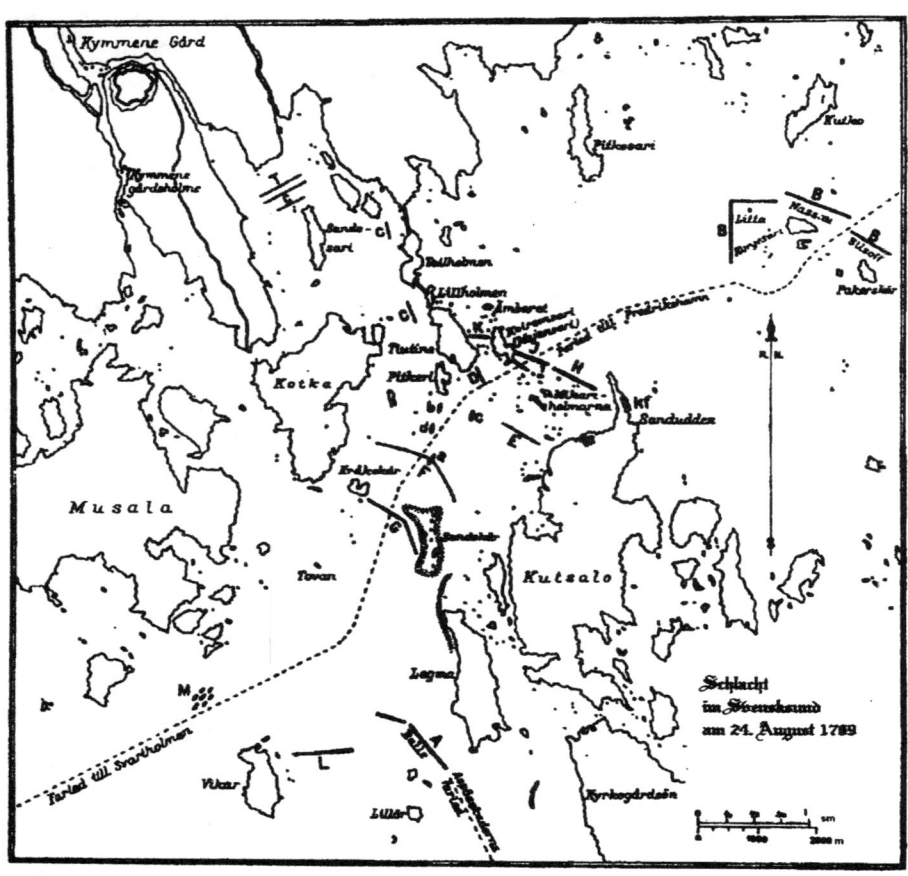

Schlacht
im Svensksund
am 24. August 1789

A	Aspögeschwader am Abend vor der Schlacht
BBB	Russische Hauptmacht am Abend vor der Schlacht
CCC	de Brenners Fahrzeuge zur Verteidigung der nordöstlichen Sundzugänge und Transportflotte
D	Galeeren Cedercreutz und Palmstierna
E	Hjelmstiernas Fahrzeuge vor den Mikariholmen
F	Schwedische Hauptmacht während der Schlacht
G	Aspögeschwader während der Schlacht
H	Slisows Abteilung während der Schlacht
J	Russisches Zentrum während der Schlacht
K	de Littas Abteilung während der Schlacht
L	Aspögeschwader nach dem gescheiterten Angriff
M	Björn Järnsida wird erobert
T	Schwedische Transportflotte
a	Björn Järnsida während der Schlacht
b	Sällan Värre auf Grund
c	Oden, als Sällan Värre auf Grund lief
d	Oden kommt Sällan Värre zu Hilfe
kf	Russische Mörserketschen, südwestlich von ihnen die nach Sandudden gebrachten Feldgeschütze

Quelle: A. Munthe „Svenska sjöhjältar"

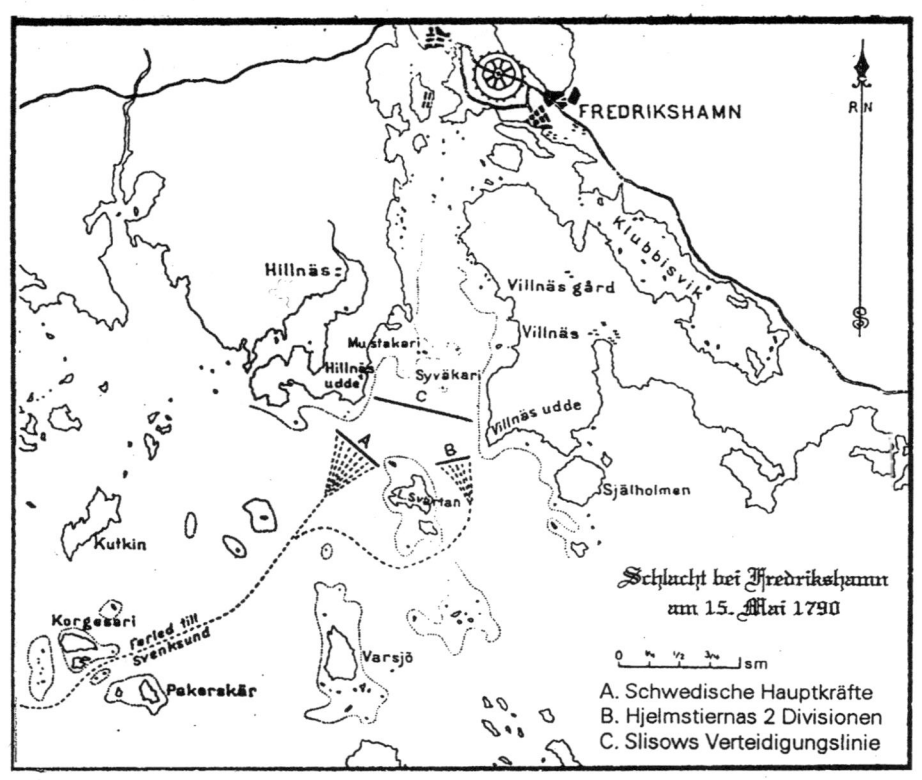

Quelle: A. Munthe, „Svenska sjöhjältar"

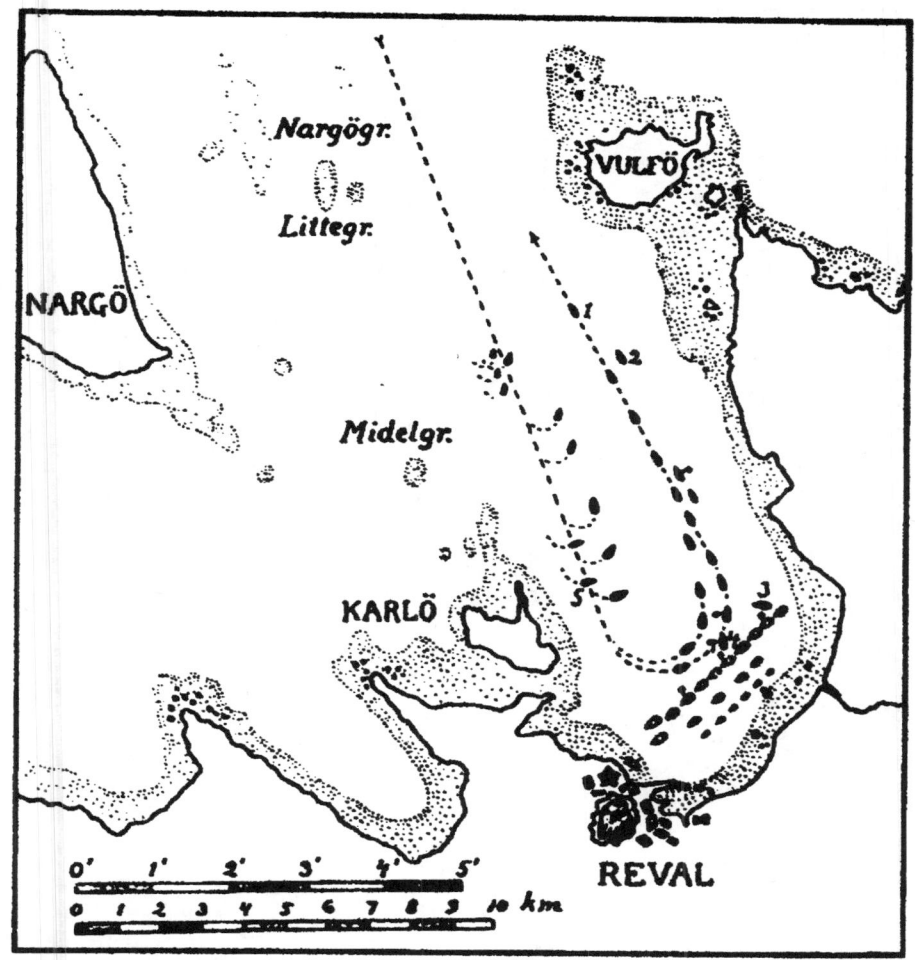

Schlacht bei Reval am 13. Mai 1790 – schematische Darstellung

1 = Dristigheten, 2 = Riksen Ständer, 3 = Prins Karl, 4 = Konung Gustav III., 5 = Ulla Fersen

Quelle: A. Munthe, „Svenska sjöhjältar"

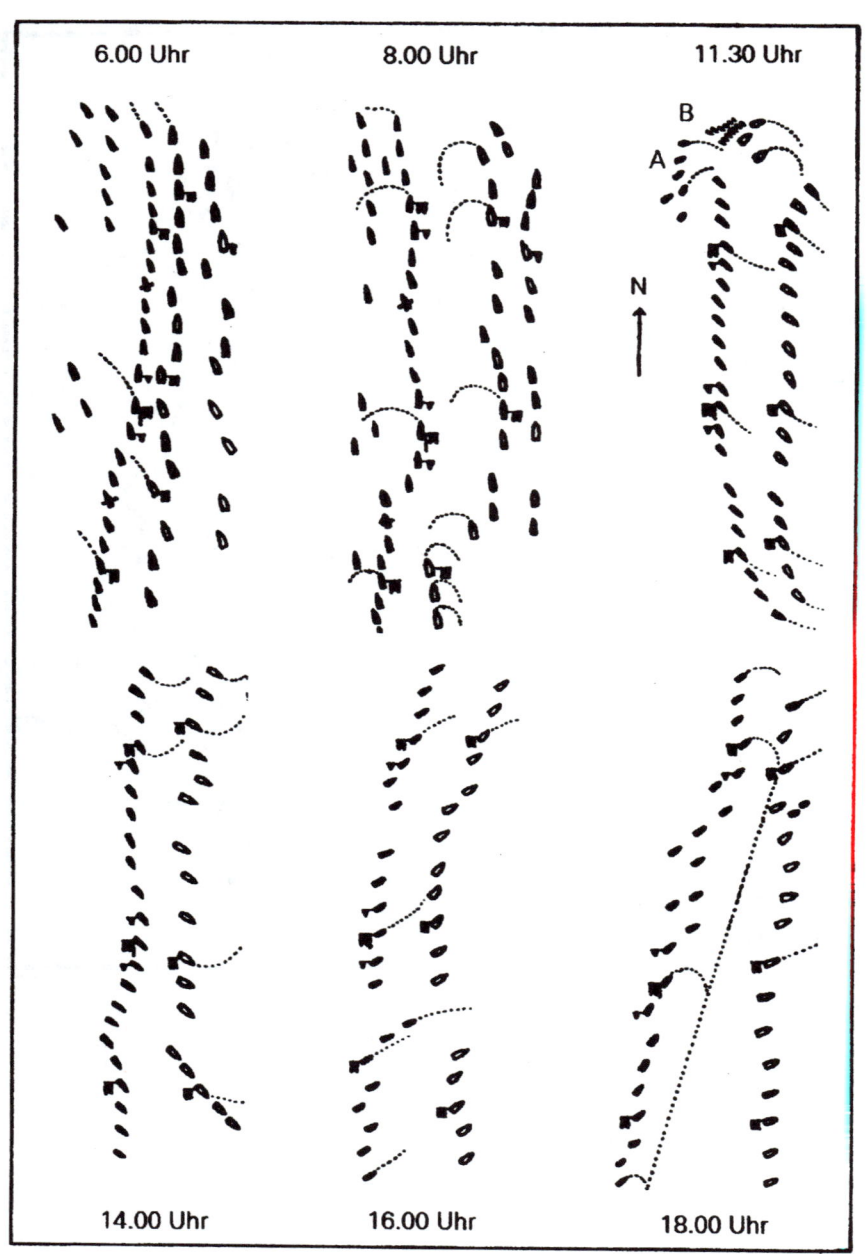

6.00 Uhr   **8.00 Uhr**   **11.30 Uhr**

B

A

N
↑

14.00 Uhr   **16.00 Uhr**   **18.00 Uhr**

Die Seeschlacht von Kronstadt am 3. Juni 1790 (sechs wesentliche Etappen). Fregatten in Linie mit Querstrich. Schwedische Kriegsegler sind schwarz.
A = Fregattengeschwader, B = Hjelmstiernas Kanonenschaluppen

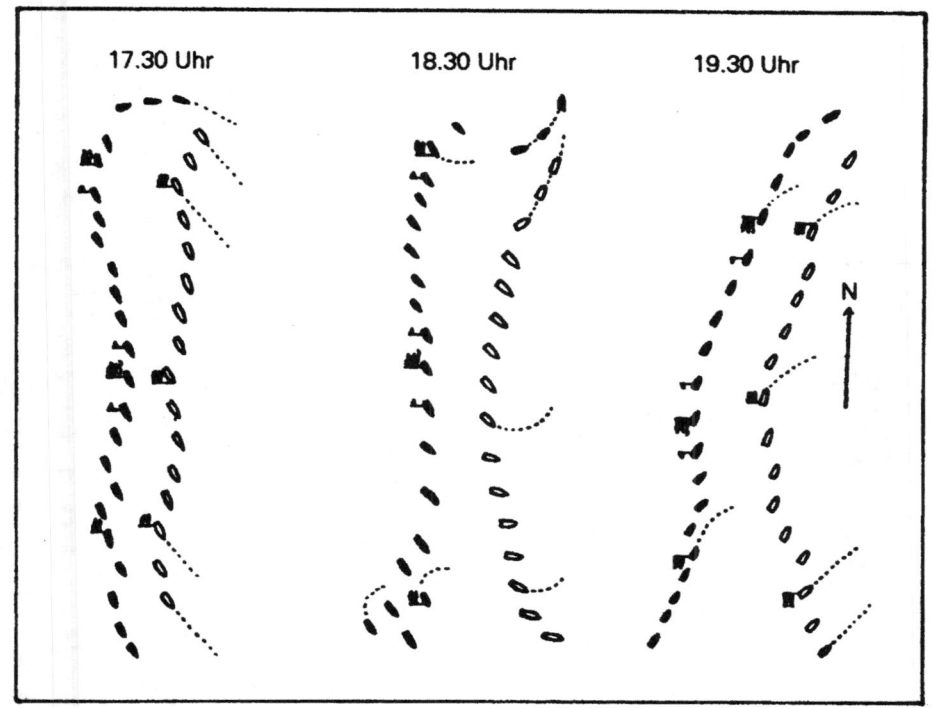

Zweiter Tag der Seeschlacht vor Kronstadt (4. Juni 1790)

Quelle: Nach C. A. Gyllengranat

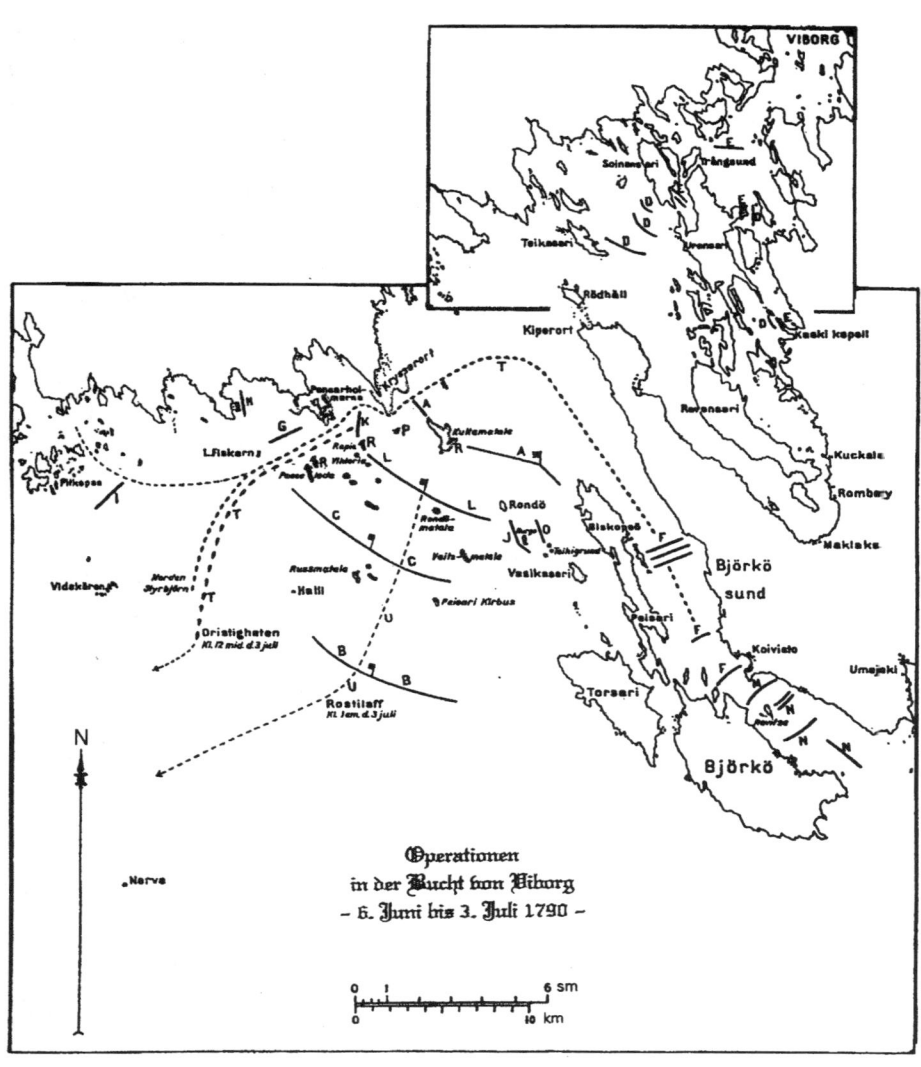

Quelle: A. Munthe, „Svenska sjöhjältar"

Legende zu Karten „Operationen in der Viborger Bucht":

AA	*Schwedische Kriegsflotte vom Abend des 6. Juni bis zum Morgen des 3. Juli*
BB	*Russische Kriegsflotte vom Abend des 7. bis zu Mittag des 9. Juni*
CC	*Russische Kriegsflotte vom Abend des 9. bis zum Morgen des 20. Juni*
DDD	*Geschwader der schwedischen Armeeflotte vor dem Trångsund, bei Kaski Kapelle und Uransari – 15./20. Juni (Nebenkarte)*
EEE	*Kosljaninows Viborggeschwader im Trångsund, russische Batterien bei Kaski Kapelle und auf Uransari – 15./20. Juni (Nebenkarte).*
FF	*Schwedische Armeeflotte bei Biskopsö im Björkösund – 20./30. Juni*
G	*Chanykow mit fünf Fregatten (davon zwei Ruderfregatten) zwischen Pensarholmarna und Lilla Fiskarn – 13. Juni/3. Juli (ab 22. Juni nur noch drei Fregatten, je eine zu Crown und Odinzow detachiert)*
H	*20 russische Kanonenschaluppen bei Lilla Fiskarn – 19. Juni/3. Juli*
I	*Fregatten Venus und Prjamislaw sowie vier Kutter unter Crown bei Pitkäpaasi – 19. Juni/ 3.Juli (ab 22. Juni zusätzlich Ruderfregatte Swjatoi Alexander)*
J	*Lechnew mit vier Linienschiffen und der Bombenketsch Straschny zwischen Rondö und Vasikasari – 22. Juni/ 3. Juli*
K	*Powalischin mit fünf Linienschiffen und der Bombenketsch Pobeditel zwischen Krysserort und Repiegrund – 22. Juni/3. Juli*
LL	*Gros der russischen Kriegsflotte – 20. Juni/3. Juli*
M	*Hjelmstiernas Abteilung im Björkösund – Nacht vom 2./3.Juli*
NN	*Prinz Nassau-Siegen greift Hjelmstiernas Abteilung an – Nacht vom 2./3. Juli*
0	*Törnings Kanonenschaluppen beschießen zwischen Rondö und Toikigrund russische Schiffe – Nacht vom 2./3.Juli*
P	*Durch Brander Postiljonen gehen Enigheten und Zemire in Flammen auf*
RRR	*Aufgelaufene schwedische Kriegsschiffe*
S	*Aufgelaufene Fahrzeuge der schwedischen Armeeflotte – einschließlich Transporter*
TTT	*Ausbruch der schwedischen Flotten – 3. Juli*
UU	*Russische Kriegsflotte verfolgt schwedische Flotten – 3. Juli*

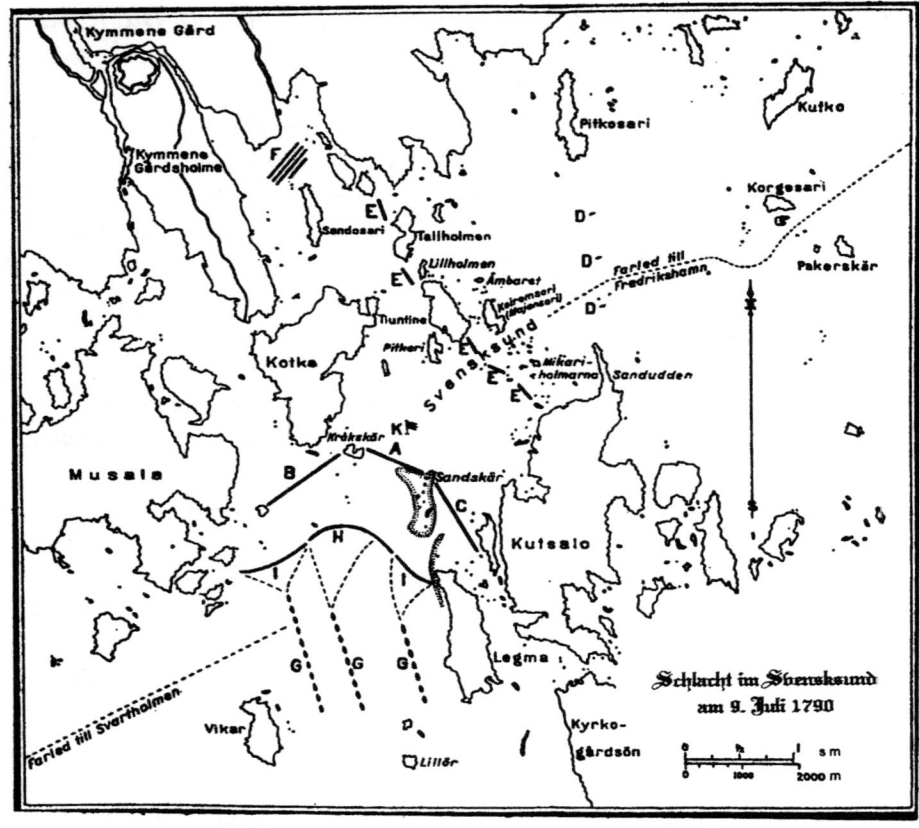

Schwedische Armeeflotte:
    A Zentrum der Verteidigungslinie (Stedingk)
    B Rechter Flügel (Törning)
    C Linker Flügel (Hjelmstierna)
DDD Kanonenschaluppen, nordöstlich des Svensksundes
EEE Reserveeinheit, sperrte anfangs die nordöstliche Zufahrt
    F Transporter
    K König Gustavs Schaluppe

Russische Ruderflotte:
GGG Vormarsch in drei Kolonnen
    H Zentrum der Angriffsformation
II Linker und rechter Flügel

Quelle: A. Munthe, „Svenska sjöhjältar"

Anhang – Tabellen

Tabelle 1: Angaben zu den Schiffen (Linienschiffen) und Fregatten der schwedischen Flotte 1788

I. Schiffe (Linienschiffe):	Bestückung max.	Bestückung normal	Pfünder 36	Pfünder 24	Pfünder 18	Pfünder 12	Pfünder 8	Pfünder 6	Pfünder 4	Besatzung	Länge über Steven in Meter	Breite auf Spanten in Meter	Jahr der Fertigstellung	Bauort	Konstrukteur/ Schiffbauer
Dristigheten	64	62		26	28			8		567	49,60	13,59	1785	Karlskrona	af Chapman
Dydgen	64	62	26	28				8		567	49,60	13,59	1784	Karlskrona	af Chapman
Enigheten	72	66									49,30	13,07	1732	Karlskrona	G. Sheldon
Finland	60	58									44,84	11,58	1735	Stockholm	K. Falck
Fredrik Rex	62	62				26		12			44,55	11,88	1742	Stockholm	D. Fries
Fäderneslandet	64	62	26	28				8		567	49,60	13,59	1783	Karlskrona	af Chapman
Försiktigheten	64	62	26	28				8		567	49,60	13,59	1784	Karlskrona	af Chapman
Göta Lejon	70	66		26	26			14			49,60	13,07	1746	Karlskrona	G. Sheldon
Hedvig Elisabeth Charlotta	64	62		24	26			12		567	50,19	13,81	1781	Karlskrona	af Chapman
Konung Adolf Fredrik	74	70		26	28		16			610	51,70	13,90	1775	Karlskrona	af Chapman
Konung Gustav III.	74	70		26	28		16			610	51,70	13,90	1777	Karlskrona	af Chapman
Lovisa Ulrika	72	72		28	26			18		628	49,60	13,07	1745	Stockholm	G. Sheldon/D. Fries
Manligheten	64	62		26	28			8		567	49,60	13,59	1785	Karlskrona	af Chapman
Prins Karl	68	60		24		24		12			47,81	12,47	1758	Karlskrona	G. Sheldon
Prins (Hertig) Ferdinand ex Hessen-Cassel	64	62		24		24		14			45,44	12,32	1731	Stockholm	K. Falck
Prins Fredrik Adolf	64	62		24	26			12		567	50,19	13,51	1774	Karlskrona	af Chapman
Prins Gustav	72	68		28						593	50,78	13,21	1758	Karlskrona	G. Sheldon
Prins Gustav Adolf	64	62	26	28				8		567	49,60	13,59	1782	Karlskrona	af Chapman
Riksens Ständer ex Adolf Fredrik	64	64		24		24	16			517	45,70	12,30	1744	Stockholm	G. Sheldon/D. Fries
Rättvisan	64	62	26	28				8		567	49,60	13,59	1783	Karlskrona	af Chapman
Drottning Sofia Magdalena	74	70		24	28		16			593	50,80	13,20	1774	Karlskrona	G. Sheldon
Tapperheten	64	62		26	28			8		567	49,60	13,59	1785	Karlskrona	af Chapman
Vasa	62	60		26	26			8		556	48,41	13,59	1778	Karlskrona	af Chapman
Ärän	61	62		26	28			8		567	49,60	13,59	1784	Karlskrona	af Chapman
Ömheten	64	62	26	28				8		567	49,60	13,59	1783	Karlskrona	af Chapman

II. Fregatten:

Name								Besatzung	Länge	Breite	gebaut	Erbauer
Bellona		40		26				14	342	46,30	11,90	1782 Karlskrona	af Chapman
Camilla		40		26				14	342	46,30	11,90	1784 Karlskrona	af Chapman
Diana		40		26				14	342	46,30	11,90	1783 Karlskrona	af Chapman
Eurydice		40		26				14	342	46,30	11,90	1785 Karlskrona	af Chapman
Fröja		40		26				14	342	46,30	11,90	1784 Karlskrona	af Chapman
Galathée		40		26				14	342	46,30	11,90	1785 Karlskrona	af Chapman
Gripen ex Södermanlandet	48	44			22				348	42,17	11,28	1749 Stockholm	H. Sohlberg
Illerim *		34			22	22				41,72	10,84	1754 Karlskrona	G. Sheldon
Jarramas *		34			22		12	12	236	37,63	9,80	1759 Karlskrona	G. Sheldon
Minerva		40		26				14	342	46,30	11,90	1783 Karlskrona	af Chapman
Postiljon			26							32,96	8,91	1754 Karlskrona	G. Sheldon
Thetis		40		26				14	342	46,30	11,90	1784 Karlskrona	af Chapman
Uppland	48									42,17	11,28	1749 Stockholm	H. Sohlberg
Venus		40		26				14	342	46,30	11,90	1783 Karlskrona	af Chapman
Zemire		40		26				14	342	46,30	11,90	1785 Karlskrona	af Chapman

Anmerkung: In einigen Fällen (Bestückung und Besatzung) wurden keine Angaben gemacht, da diese nicht eindeutig bestimmt werden konnten.

*1713 erhielt Karl XII. von seinem türkischen Verbündeten den Ehrennamen „Ilderim Jarramas" (Blitz und Donner). Seit 1717 hießen daher mehrere schwedische Kriegsschiffe Illerim (Ilderim) oder Jarramas.

Tabelle 2: Von Oberadmiral Karl August Ehrensvärd am 22.4. 1788 aufgestellte Stammrolle für die Kriegsflotte (bestätigt durch Gustav III. am 29.4.1788)

	Schiffsname	Offiziere							Unteroffiziere		
		Oberstleutnant	Major	Kapitän	Leutnant	Fähnrich	Kadett	gesamt	1. Steuermann	2. Steuermann	Lehrsteuermann
Linienschiffe (Schiffe)	Dygden	1	-	2	2	2	2	9	1	2	3
	Fäderneslandet	1	-	2	2	2	2	9	1	2	3
	Försiktigheten	1	-	2	2	2	2	9	1	2	3
	Hedvig Elisabeth Charlotta	1	-	2	2	2	2	9	1	2	3
	Konung Gustav III.	1	-	2	2	2	2	9	2	2	3
	Prins Gustav	1	-	2	2	2	2	9	2	2	3
	Prins Gustav Adolf	1	-	2	2	2	2	9	1	2	3
	Rättvisan	1	-	2	2	2	2	9	1	2	3
	Drottning Sofia Magdalena	1	-	2	2	2	2	9	2	2	3
	Vasa	1	-	2	2	2	2	9	1	2	3
	Äran	1	-	2	2	2	2	9	1	2	3
	Ömheten	1	-	2	2	2	2	9	1	2	3
Fregatten	Fröja	-	1	1	1	2	1	6	1	1	2
	Gripen	-	1	1	1	2	1	6	1	1	2
	Jarramas	-	-	1	1	2	1	5	1	1	2
	Minerva	-	1	1	1	2	1	6	1	1	2
	Thetis	-	1	1	1	2	1	6	1	1	2
Atis, Charlotta, Patrioten (3 Hilfsschiffe)		-	-	-	2	3	2	7	3	3	2
		12	4	29	31	37	31	144	23	32	48

						Zivilisten			Mannschaft						Soldaten				
Waffenmeister	Geschützmeister	Oberschiffer	Unterschiffer	Hochbootsmann	gesamt	Handwerker	Sonstige wie Koch, Priester …	gesamt	Freiwilligenkorps		Matrose	Schiffsjunge	Knecht	gesamt	Offiziere	Unteroffiziere	Musketier	gesamt	Besatzung
4	9	1	3	6	29	7	5	12	69	20	256	31	22	398	3	4	112	119	567
4	9	1	3	6	29	7	5	12	69	20	256	31	22	398	3	4	112	119	567
4	9	1	3	6	29	7	5	12	69	20	256	31	22	398	3	4	112	119	567
4	9	1	3	6	29	7	5	12	69	20	254	31	22	396	3	4	114	121	567
5	10	2	4	6	34	8	6	14	76	20	275	35	23	429	3	5	116	124	610
5	10	2	4	6	34	8	6	14	75	20	261	34	23	413	3	5	115	123	593
4	9	1	3	6	29	7	5	12	69	20	256	31	22	398	3	4	112	119	567
4	9	1	3	6	29	7	5	12	69	20	256	31	22	398	3	4	112	119	567
5	10	2	4	6	34	8	6	14	75	20	261	34	23	413	3	5	115	123	593
4	9	1	3	6	29	7	5	12	67	20	249	30	22	388	3	4	111	118	556
4	9	1	3	6	29	7	5	12	69	20	256	31	22	398	3	4	112	119	567
4	9	1	3	6	29	7	5	12	69	20	256	31	22	398	3	4	112	119	567
2	6	1	2	4	19	4	3	7	42	10	118	20	16	206	2	3	99	104	342
2	6	1	2	4	19	4	3	7	46	10	112	22	16	206	2	3	105	110	348
2	6	1	2	3	18	4	3	7	29	8	96	17	10	160	1	2	43	46	236
2	6	1	2	4	19	4	3	7	42	10	118	20	16	206	2	3	99	104	342
2	6	1	2	4	19	4	3	7	42	10	118	20	16	206	2	3	99	104	342
3	-	2	3	-	16	2	2	4	12	10	69	-	10	101	-	2	-	2	130
64	141	22	52	91	473	109	80	189	1058	298	3723	480	351	5910	45	67	1800	1912	8628

Tabelle 3:

<u>Die von Herzog Karl Ende Mai 1788 in Karlskrona übernommene Expeditionsflotte</u>

1.Geschwader (Gros):

Linienschiff	Prins Gustav Adolf	Oberstleutnant	Baron Raab
Linienschiff	Prins Gustav	Oberstleutnant	Fust
Linienschiff	Drottning Sofia Magdalena	Oberstleutnant	af Christiernin
Linienschiff	Hedvig Elisabeth Charlotta	Oberstleutnant	Kuylenstierna
Fregatte	Minerva	Major	Rosensvärd
Fregatte	Gripen	Kapitän	van Hoorn
Fregatte	Jarramas	Major	Billing

2.Geschwader (Vorhut):

Linienschiff	Dygden	Oberstleutnant	Graf Hans Wachmeister
Linienschiff	Äran	Oberstleutnant	Hysingskjöld
Linienschiff	Försiktigheten	Oberstleutnant	Fahlstedt
Linienschiff	Fäderneslandet	Oberstleutnant	Linnerstedt
Fregatte	Fröja	Major	Nauckhoff

3.Geschwader (Nachhut):

Linienschiff	Vasa	Oberstleutnant	Graf Baltzar Horn
Linienschiff	Ömheten	Oberstleutnant	von Krusenstierna
Linienschiff	Rättvisan	Oberstleutnant	Modée
Linienschiff	Konung Gustav III.	Major	Klint
Fregatte	Thetis	Kapitän	Puke

Hilfsfahrzeuge:

Leichte Fregatte Charlotta

Leichte Fregatte Patrioten (gebaut 1779 in Finnland, wurde noch 1788 der Armeeflotte unterstellt)

Tabelle 4:

Die von Herzog Karl neuformierte Expeditionsflotte am 9.Juni 1788

2. Geschwader (Vorhut):

1. Linienschiff	Hedvig Elisabeth Charlotta	Oberstleutnant	Modée
2. Linienschiff	Ömheten	Oberstleutnant	von Krusenstierna
3. Linienschiff	Drottning Sofia Magdalena	Oberstleutnant	Linnerstedt
4. Fregatte	Minerva	Major	Nauckhoff
5. Linienschiff	Rättvisan	Oberstleutnant	Fust

1. Geschwader (Gros):

6. Linienschiff	Dygden	Oberstleutnant	Baron Raab
7. Linienschiff	Vasa	Oberstleutnant	Baltzar Horn
8. Linienschiff	Konung Gustav III	Major	Klint
9. Linienschiff	Fäderneslandet	Oberstleutnant	Kuylenstierna
10.Linienschiff	Äran	Oberstleutnant	Hysingskjöld

3. Geschwader (Nachhut):

11.Linienschiff	Försiktigheten	Oberstleutnant	Fahlstedt
12.Fregatte	Thetis	Major	Wollin
13.Linienschiff	Prins Gustav	Oberstleutnant	Graf Hans Wachtmeister
14.Fregatte	Gripen	Kapitän	van Hoorn
15.Linienschiff	Prins Gustav Adolf	Oberstleutnant	af Christiernin

Außerhalb der Linie:

Fregatte	Fröja	Kapitän	Puke
Fregatte	Jarramas	Major	Billing
Fregatte	Patrioten	Leutnant	Wirgin

Anmerkung: Nr. 3, 8 und 13 waren Schiffe des Geschwaderführers. Außerdem begleitete die Aviso-Fregatte Charlotta als Hilfsfahrzeug den Verband.

Tabelle 5:

1788 gehörten zum Sveaborg-Geschwader der schwedischen Armeeflotte 14 Schärenfregatten

Typ	Name	Bewaffnung Pfünder				Drehbassen	Länge m	Breite m	Riemen-paare	Baujahr	Bauort	Besatzung
		18	12	6	3							
Udema	Gamla	-	10	-	2	-	27,20	?	14	1760	Stralsund	126
Udema	Torborg	2	13	-	-	24	35,80	8,60	20	1772	Stockholm	?
Udema	Ingeborg	2	8	2	-	-	35,80	8,60	20	1776	Stockholm	?
Pojama	Fröja	-	2	-	-	16	23,70	5,50	14	1764	Sveaborg	?
Pojama	Disa	-	2	-	-	16	23,70	5,50	14	1764	Sveaborg	?
Pojama	Brynhilda	-	4	-	-	8	27,50	8,00	14	1776	Stockholm	115
Hemmema	Oden	-	18	-	4	16	32,60	8,15	14	1764	Sveaborg	?
Turuma	Norden	-	22	-	10	24	34,35	7,85	16	1761	Stralsund	170
Turuma	Sällan Värre	2	24	-	-	22	37,30	9,20	19	1774	Karlskrona	?
Turuma	Lodbrok	2	24	-	-	22	37,30	9,20	19	1771	Stockholm	?
Turuma	Björn Järnsida	2	24	-	-	22	37,30	9,20	19	1774	Karlskrona	?
Turuma	Ragvald	2	24	-	-	22	37,30	9,20	19	1774	Karlskrona	?
Turuma	Sigurd Ormöga	2	24	-	-	22	37,15	9,20	19	1774	Karlskrona	?
Turuma	Ivar Benlös	2	24	-	-	22	37,30	9,20	19	1774	Karlskrona	?

Tabelle 6:

Die Schlachtordnung der schwedischen Flotte am 17. Juni 1788 bei Hogland

I. In der Linie (Linienschiffe und Fregatten)

Geschwader	Nr.	Schiffsname	Befehlshaber	Kanonen	Besatzung
Avantgarde (Vorhut) Geschwaderführer Oberst Graf Klas Adam Wachtmeister auf der Prins Gustav	1	Hedvig Elisabeth Charlotta	Oberstleutnant Modée	62	567
	2	Gripen (Fregatte)	Kapitän van Hoorn	44	348
	3	Ömheten	Oberstleutnant von Krusenstierna	62	567
	4	Prins Gustav	Oberstleutnant Graf Hans Wachtmeister	68	593
	5	Rättvisan	Oberstleutnant Fust	62	567
	6	Camilla (Fregatte)	Kapitän Dufva	40	342
			insgesamt	338	2984
Corps de bataille (Gros) Flottenbefehlshaber Großadmiral Herzog Karl auf der Konung Gustav III.	7	Enigheten	Oberstleutnant Eneskjöld	66	582
	8	Fröja (Fregatte)	Major Puke	40	342
	9	Dygden	Oberstleutnant Baron Raab	62	567
	10	Vasa	Oberstleutnant Graf Baltzar Horn	60	556
	11	Konung Gustav III.	Major Klint	70	667
	12	Fäderneslandet	Oberstleutnant Kuylenstierna	62	567
	13	Äran	Oberstleutnant Hysingskjöld	62	567
	14	Minerva (Fregatte)	Major Nauckhoff	40	342
			insgesamt	462	4190

<table>
</table>

	Schiffsname	Befehlshaber		
15	Försiktighten	Oberstleutnant Fahlstedt	62	567
16	Thetis (Fregatte)	Major Wollin	40	342
17	Prins Karl	Oberstleutnant Psilanderhjelm	58	552
18	Drottning Sofia Magdalena	Oberstleutnant Linnerstedt	68	593
19	Prins Frederik Adolf	Oberstleutnant Leijonanckar	62	567
20	Prins Gustav Adolf	Oberstleutnant af Christiernin	62	567
	insgesamt		352	3188
	gesamte Linienflotte		1152	10362

Arrieregarde (Nachhut) Geschwaderführer Oberstleutnant Linnerstedt auf der Drottning Sofia Magdalena

II. Außerhalb der Linie

Schiffstyp	Schiffsname	Befehlshaber	Kanonen	Besatzung
Fregatte	Jarramas	Major Billing	34	236
Fregatte	Jarislawitsch	Leutnant Hökenflycht	32	240
Fregatte	Hector	Leutnant Kullenberg	26	205
Fregatte*	Sprengtporten	Oberstleutnant von Stedingk	26	205
Fregatte*	Trolle	Major Gyllensjöld	26	205
Fregatte*	Patrioten	Leutnant Wirgin	13	100
Yacht	Esplendian	Extra-Fähnrich Ekholm	-	9
	gesamt außerhalb der Linie		157	1200
	gesamte schwedische Flotte		1309	11562

Desweiteren vom Sveaborg-Geschwader die drei Aviso-Yachten Makrillen, Flugan und Snappopp

* Fahrzeuge der Armeeflotte

Tabelle 7:

Die Schlachtordnung der russischen Flotte am 17. Juli 1788 bei Hogland

I. In der Linie (Linienschiffe)

Geschwader	Nr. Schiffsname	Befehlshaber	Kanonen	Besatzung
Avantgarde (Vorhut) Geschwaderführer Konteradmiral Martin van Dessen auf der Kir Johann	1 Deris	Kapitän Kokowzew	66	585
	2 Pamjat Jewstawija	Kapitän Baranow	66	607
	3 Kir Johann	Kapitän Tet	74	670
	4 Jaroslaw	Kapitän Biks	74	751
	5 Viktor	Kapitän Oboljaninow	66	598
		insgesamt	346	3211
Corps de bataille (Gros) Flottenbefehlshaber Admiral Samuel Greigh auf der Rostislaw	6 Wladislaw	Kapitän Amandus Berg	74	770
	7 Isjaslaw	Kapitän Kartsew	66	618
	8 Rostislaw	Kapitän Odinzow	100	1092
	9 Mstislaw	Kapitän Mulowski	74	772
	10 Swjatoi Pjotr	Kapitän Dennison	74	720
	11 Swjataja Jelena	Kapitän von Breyer	74	912
		Konteradmiral Alexej G. Spiridow		
		insgesamt	462	4884

Arrieregarde (Nachhut) Geschwaderführer Konteradmiral Timofej Gawrilowitsch Kosljaninow auf der Wsjeslaw

12 Rodislaw	Kapitän Trevenen	66	608
13 Metscheslaw	Kapitän Michael Borisow	66	602
14 Wyscheslaw	Kapitän Elfinstone	66	639
15 Wsjeslaw	Kapitän Makarow	74	767
16 Johann Bogoslow	Kapitän Walrond	74	741
17 Boleslaw	Kapitän Andrej Denisow	66	604
insgesamt		412	3961
Linienflotte insgesamt		1220	12056

II. Außerhalb der Linie

Schiffstyp	Schiffsname	Befehlshaber	Kanonen	Besatzung
Fregatte	Mstislawets	Stamontow	40	254
Fregatte	Brjatschislaw	Senjawin	40	301
Fregatte	Nadeshda Blagopolutija	Lortirjow	36	245
Fregatte	Podrashislaw	Lomen	36	281
Fregatte	Slawa	Scheschukow	32	243
Fregatte	Prjamislaw	von Sivers	32	277
Fregatte	Wasnislaw	Lisowski	32	290
Bombenketsch	Pobeditel	von Sacken	-	130
Bombenketsch	Straschny	Katjalow	-	105
Kutter	Letutschi	Scott	-	88
Kutter	Newa	Brown	-	60

Kutter	Stschastliwy	Lall	-	58
Transporter	?	?	-	?
Transporter	?	?	-	?
gesamt außerhalb der Linie			248	2332
gesamte russische Flotte			1468	14388

Tabelle 8:

Seeschlacht bei Hogland: Gefallene und Schwerverwundete in der schwedischen Flotte (zusammengestellt nach einem Brief Herzog Karls an König Gustav III. vom 19. Juli 1788).

Schiffsname	Gefallene	Schwerverwundete
Dygden	14	79
Enigheten	9	9
Fäderneslandet	1	16
Försiktigheten	6	12
Hedvig Elisabeth Charlotta	13	28
Konung Gustav III.	11	18
Prins Karl	-	6
Prins Fredrik Adolf	1	1
Prins Gustav Adolf	4	2
Rättvisan	11	18
Drottning Sofia Magdalena	5	7
Vasa	13	12
Äran	6	10
Ömheten	10	13
Camilla	8	9
Fröja	4	12
Gripen	4	21
Minerva	6	15
Thetis	1	2
Insgesamt:	127	290

Anmerkung: In dieser Aufstellung ist die durch russische Streitkräfte eroberte *Prins Gustav* unberücksichtigt geblieben.

Tabelle 9:

Seeschlacht bei Hogland: Gefallene und Schwerverwundete in der russischen Flotte (zusammengestellt nach einem Brief Admiral Greighs an Katharina II. vom 18.Juli 1788):

Admiral Samuel Greig gibt in seinem Brief die Gesamtverluste mit 580 Gefallenen und 720 Schwerverwundeten an. Im Detail bezieht er sich jedoch nur auf acht Linienschiffe, die besonders schwere Schäden aufwiesen:

Schiffsname	Gefallene	Schwerverwundete
Wsjeslaw	35	103
Boleslaw	88	72
Wyscheslaw	52	82
Metscheslaw	29	84
Rostislaw	17	43
Mstislaw	23	47
Swjatoi Pjotr	22	66
Isjaslaw	10	41
Insgesamt:	276	538

Anmerkung: In Greighs Angaben sind Gefallene und Schwerverwundete auf der durch schwedische Streitkräfte eroberten *Wladislaw* nicht enthalten.

In einem anderen Schreiben, gerichtet an den Kronstädter Hafenkommandanten Pjotr Iwanowitsch Puschtschin, meldete Greig einige Schiffe zwecks Behebung der Gefechtsschäden auf der Werft an. Zum Beispiel mußten Einschußlöcher im Rumpf gedichtet werden: 121 bei der Rostislaw, 116 bei der *Mstislaw*, 108 bei der *Isjaslaw*, 76 bei der *Swjatoi Pjotr*, 67 bei der *Metscheslaw* und 40 bei der *Wsjeslaw*.

Tabelle 10:

Aufgaben und Stärke des von Konteradmiral Vilhelm van Dessen befehligten Geschwaders

I. Das Geschwader segelte als Vorauskommando der russischen Mittelmeerexpedition von Kronstadt nach Kopenhagen. Es bestand aus den jeweils 100 Kanonen führenden Dreideckern

> *Saratow, Troch Jerarchow* und
> Tschesme (auch *Johann Krestitel* genannt)

und der 40-Kanonen-Fregatte
> *Nadeshda*

sowie drei armierten Kauffahrern als Transporter.

II. Zu der Einheit gehörten außerdem die kleinen Fregatten

> *Kilduin* und
> *Solombala.*

Sie segelten bereits vor Auslaufen des Geschwaders von Kronstadt nach Archangelsk. In ihren Laderäumen lagerten nicht nur Waffen und Versorgungsgüter für die Mittelmeerexpedition, sondern auch Kanonen und Ausrüstungsteile für in Archangelsk gebaute Kriegsschiffe. Nach Durchführung des Archangelsk-Auftrages sollten beide Fregatten Kopenhagen ansteuern, dort zu dem Geschwader stoßen. Die *Kilduin* fiel unterwegs in schwedische Hände, die *Solombala* entkam zu den in Sichtweite liegenden Schiffen van Dessens.

III. In Kopenhagen schlossen sich dem Geschwader zudem die in England gemieteten äußerst seetüchtigen Kutter

> *Dolphin* und
> *Mercury* (Kapitän Crown)* an.

IV. Das Archangelskgeschwader – fünf Linienschiffe und zwei Fregatten - unter Befehl von Konteradmiral Larion Afanasjewitsch Powalischin nahm ebenfalls Kurs auf Kopenhagen, um mit van Dessens Geschwader gemeinsam zum Mittelmeer zu segeln (3 Linienschiffe und 1 Fregatte liefen im Frühjahr 1788 vom Stapel, die übrigen im Jahr zuvor - Schiffsnamen waren offiziell noch nicht vergeben worden, die späteren lauteten: *Sysoi Weliki, Prochor, Maxim Isopowednik, Alexander Newski, Sewerny Orjol* und *Pomoschtschnoj*, der für die 1787 vom Stapel gelaufene Fregatte ist aus zeitgenössischen Dokumenten nicht erkennbar. *Sewerny Orjol* wurde bei Eintreffen in Kopenhagen sofort mit Kurierpost nach Reval detachiert, dort zunächst der Blockadeeinheit von Kapitän Trevenen zugeteilt - im Spätherbst segelte das Linienschiff wieder nach Kopenhagen.).

V. Nach Ausbruch des schwedisch-russischen Krieges erhielten die in Kopenhagen liegenden beiden russischen Geschwader Order, die schwedische Marinebasis Karlskrona zu blockieren. Vilhelm van Dessen, der die Eroberung der Fregatte *Kilduin* nicht zu verhindern vermocht hatte, war wegen gewisser Eigenmächtigkeiten bei der russischen Kaiserin in Ungnade gefallen. Katharina II. entzog ihm den Befehl über das Geschwader und ernannte Konteradmiral Powalischin zum Befehlshaber der gesamten Blockadeeinheit.

---

* Admiral Tschitschagow wählte in seinen Berichten mitunter auch die russische Schreibweise: Merkuri und Delfin.

Tabelle 11:

Die von Admiral Tschitschagow befehligte Ostseeflotte – drei Geschwader (Stand: 1. Juni 1789)

Schiffstyp / Bemerkung	Kronstadt (Spiridow)	Reval (Tschitschagow)	Kopenhagen (Kosljaninow)
Linienschiff	10	10	10 plus 1 in Norwegen überwintert (Ramsjöfjord)
Fregatte	2	4	3
Bombenketsch	-	2	-
Kutter/Hilfsfahrzeug	3	5	2
Transporter (armiert)	-	2	-
Besatzung (inkl. Seesoldaten)	ca. 7300	ca. 9300	ca. 7000
Abschluß der Ausrüstung	April	April	März
Eisfreiheit	23. Mai	11. Mai	April
Auslaufen/Reede	24. Mai	13. Mai	April

Kronstadt-Reserve unter Befehl von Hafenkommandant Puschtschin:

10 Linienschiffe, bereits zu Wasser gelassen, noch nicht vollständig ausgerüstet, etwa 6000 Mann Besatzung

8 Linienschiffe, noch auf Stapel, Winterüberholung noch nicht abgeschlossen.

(andere Schiffstypen keine Angaben)

Tabelle 12:

Größere Einheiten der schwedischen Armeeflotte im Sommer 1789
(unterteilt nach den beiden Haupteinsatzgebieten)

I. Ostfront (Ehrensvärd):

Fregatte	Trolle – Flagge gestrichen
Turuma	Lodbrok
Turuma	Sigurd Ormöga
Turuma	Ivar Benlös
Turuma	Björn Järnsida – Flagge gestrichen
Turuma	Ragvald – Flagge gestrichen
Turuma	Sällan Värre – Aufgelaufen, Flagge gestrichen
Udema	Gamla
Udema	Ingeborg
Udema	Torborg
Hemmema	Oden - Flagge gestrichen
Pojama	Brynhilda
Pojama	Fröja – Selbstzerstört
Galeere	Halland
Galeere	Småland
Galeere	Cedercreutz – Flagge gestrichen
Galeere	Palmstierna
Galeere	Stockholm
Schaluppe (Halbgaleere)	Löparen – Selbstzerstört

II. Westfront (von Rajalin):

Fregatte	Sprengtporten
Turuma	Norden
Galeere	Seraphimsorden
Galeere	Kalmar
Galeere	Nordstjärneorden
Galeere	Östergötland
Galeere	Ekeblad
Galeere	Svärdsorden
Galeere	von Seth

Galeere	Västgöta-Dal
Galeere	Västmanland
Galeere	Värmland - Feindeinwirkung, Totalverlust
Galeere	von Rosen
Galeere	Upsala
Galeere	von Höpken
Galeere	Dalarna
Galeere	Västervik
Galeere	Älvsborg
Galeere	Posse
Galeere	Taube
Galeere	Ehrenpreus
Galeere	Hälsingland
Galeere	Jämtland
Galeere	Nyköping
Galeere	Wrede
Galeere	Närke (erst ab Ende August)
Kutterbrigg	Alexander

Tabelle 13:

Die schwedische Flotte am 26. Juli 1789

Oberbefehlshaber:	Großadmiral Herzog Karl
Flaggkapitän/Stabschef:	Konteradmiral Otto Henrik Nordenskjöld
Flaggschiff:	Konung Gustav III.
(1. Geschwader, Corps de bataille)	

Befehlshaber des 2. Geschwaders:	Konteradmiral Per Lilliehorn
Flaggschiff:	Drottning Sofia Magdalena
(jetzt Arriergarde/Nachhut)	

Befehlshaber des 3, Geschwaders:	Oberst Karl Wilhelm Modée
Flaggschiff:	Hedvig Elisabeth Charlotta
(jetzt Avantgarde/Vorhut)	

(Fortsetzung Seite 408/409)

	Nr.	Schiffstyp	Schiffsname	Schiffskommandant
3. Geschwader	29	(L.-) Schiff	Dristigheten	Oberstleutnant Puke
	28	(L.-) Schiff	Rättvisan	Oberstleutnant Wollin
	27	Fregatte	Zemire	Major Feiff
	26	(L.-) Schiff	Göta Lejon	Oberst Psilanderhjelm
	25	(L.-) Schiff	Hedvig Elisabeth Charlotta	Major Ringheim
	24	(L.-) Schiff	Lovisa Ulrika	Oberstleutnant Améen
	23	Fregatte	Thetis	Major Tingvall
	22	(L.-) Schiff	Manligheten	Oberstleutnant Billing
	21	Fregatte	Uppland	Major Rahm
	20	(L.-) Schiff	Ömheten	Major Ekenman
1. Geschwader	19	(L.-) Schiff	Prins Karl	Major Sahlstedt
	18	Fregatte	Galathée	Kapitän von Wallden
	17	(L.-) Schiff	Försiktigheten	Oberst Fahlstedt
	16	(L.-) Schiff	Wladislaw	Oberst Fust
	15	(L.-) Schiff	Konung Gustav III.	Oberstleutnant Klint
	14	(L-) Schiff	Konung Adolf Fredrik	Oberstleutnant Nauckhoff
	13	(L.-) Schiff	Fäderneslandet	Oberst Eneskjöld
	12	Fregatte	Minerva	Major Kock
	11	(L.-) Schiff	Vasa	Major Jegerfeldt
2. Geschwader	10	(L.-) Schiff	Riksens Ständer	Major Dufva
	9	Fregatte	Eurydice	Major Shultéen
	8	(L.-) Schiff	Dygden	Oberstleutnant Holts
	7	Fregatte	Gripen	Major Pley
	6	(L.-) Schiff	Äran	Oberst Hysingskjöld
	5	(L.-) Schiff	Drottning Sofia Magdalena	Major Sjöbohm
	4	(Le-) Schiff	Tapperheten	Oberstleutnant Wagenfeldt
	3	Fregatte	Fröja	Major Grubbe
	2	(L.-) Schiff	Enigheten	Major Whitlock
	1	(L.-) Schiff	Prins Fredrik Adolf	Oberst Leijonanckar

Hinter der Linie:

1	Fregatte	Jarislawitsch	Kapitän Per Gustav Lagerstråle
2	Fregatte	Illerim	Kapitän Petterson
3	Fregatte	Hector	Kapitän Baron Rudolf Cederström

Hilfsfahrzeuge für Aufklärungs- und Meldefahrten:
Schoner Disa, eine Yacht und zwei Kutter

Anmerkung:
Zur Flotte gehörten weiterhin die Fregatten Camilla und Jarramas sowie ein Kutter. Diese drei Fahrzeuge und die Fregatte Illerim brachten vor der Schlacht alle an Rote Ruhr erkrankten Seeleute und Soldaten nach Karlskrona. Vor Schlachtbeginn kehrte lediglich die Illerim zur Formation zurück.

Tabelle 14:

Einsätze russischer Linienschiffe im Jahre 1789 (Ostseeraum)

(A) Lfd. Nr.	(B) Schiffsname (Flotten-, Geschwaderführer)	(C) Seeschlacht am 26. Juli bei der Insel Öland	(D) Kopenhagengeschwader (bis 31. Juli)	(E) Reservegeschwader (bis 20. Juli)	(F) Blockadeeinheit im finnischen Schärengebiet (zeitweilige Einsätze)	(G) Sicherungsaufgaben im Finnischen Meerbusen (nach dem 20. Juli)
Linienschiffe vom 1. Rang (alle 100 Kanonen)						
1	Dwenadzat Apostolow (Konteradmiral Alexej Grigorjewitsch Spiridow)	x				
2	Rostislaw (Admiral Wassili Jakowlewitsch Tschitschagow)	x				
3	Knjas Wladimir (Vizeadmiral Alexej Wassiljewitsch Mussin-Puschkin)	x				
4	Nikolai Tschudotworez (Vizeadmiral Alexander Iwanowitsch Krus)			x		x
5	Troch Jerarchow (Vizeadmiral Timofej Gawrilowitsch Kosljaninow)		x			
6	Tschesme (auch Johann Krestitel)		x			
7	Saratow		x			
Linienschiffe vom 3. Rang (alle 74 Kanonen)						
8	Mstislaw	x				
9	Pobedoslaw	x				
10	Kir Johann	x				
11	Jaroslaw	x				
12	Jesekil	x				
13	Swjatoi Pjotr	x				
14	Swjataja Jelena	x				
15	Wsjeslaw				x	
16	Konstantin			x		

Nr.	Schiff			
17	Deris	x		
18	Prins Gustav	x		
19	Wyscheslaw	x		
20	Boleslaw	x		
21	Swjatoslaw	x		
22	Rodislaw	x		
23	Viktor	x		
24	Isjaslaw	x		
25	Pamjat Jewstawija			
26	Panteleimon		x	
27	Sewerny Orjol		x	
28	Januari			x
29	Europa			x
30	Ne tron menja		x	
31	Alexander Newski			x

Linienschiffe vom 3. Rang
(alle 66 Kanonen) nur Prins
Gustav hatte 68 Kanonen

Tabelle 15:

Die russische Ruderflotte zu Beginn der Schlacht im Svensksund (Ruotsinsalmi) am 24.August 1789

Sekretär der Kaiserin Katharina II.:	Generalmajor Pjotr Iwanowitsch Turtschaninow
Oberbefehlshaber:	Vizeadmiral Prinz Karl Heinrich Nassau-Siegen
Flagg- und Stabsfahrzeug:	Galeere Chitraja
Cheffahrzeug während des Kampfes:	Ruderyacht Lastotschka
Anzahl der Fahrzeuge der Hauptstreitmacht:	66 sowie 4 Mörserflöße
Anzahl der Fahrzeuge des Hilfsgeschwaders:	20

I. Hauptstreitmacht:

Avantgarde (Vorhut), bestehend aus   **26 Fahrzeugen**

Befehlshaber:	Malteserritter Graf Giulio de Litta
Flaggfahrzeug:	Galeere St.Petersburg
1. Abteilung, geführt von de Litta:	7 Galeeren
2. Abteilung, geführt von Garde-kapitän Bolotnikow:	6 Kanonenboote
3. Abteilung, geführt von Major Chwostow:	8 Kanonenboote
4. Abteilung, geführt von Kapitän 2. Ranges Chruschtschow:	2 Halbprahme (Bars und Leopard) 3 Schebecken (davon 2 Avisos)

Corps de bataille (Gros), bestehend aus 8 Fahrzeugen

Flaggfahrzeug:	Galeere Chitraja
5. Abteilung, geführt von Brigadier Iwan Iwanowitsch Kuschelew:	8 Galeeren

Arriergarde (Nachhut), bestehend aus 32 Fahrzeugen und 4 unmittelbar vor Schlachtbeginn gebauten und armieren Mörserflößen

Befehlshaber:	Kapitän 1.Ranges Pjotr Borisowitsch Slisow

Befehlshaber: Kapitän 1.Ranges Pjotr Borisowitsch
                                       Slisow
Flaggfahrzeug: Galeere Smelaja
6. Abteilung,geführt von Brigadier Buksgewden
(Landeunternehmen):   12   Halbgaleeren (Tschaika/Kaik)
7. Abteilung,geführt von Slisow: 3   Bombenketschen
                                   2   Kutter
                                   7   Galeeren
                                   8   Kanonenboote
                                   4   Mörserflöße (zusätzlich)

Bewaffnung der Hauptmacht:
12-,16-,18- und 24-Pfünder: 249
 3-, 6-, 8- und 10-Pfünder: 62
Drehbassen (1-Pfünder) :   562
Mörser: 6
_____
Anzahl der Geschütze gesamt: 879
_____
Bei einer Salve aus allen
879 Rohren: 132   Pud Eisen
                                 (2221,56 Kilogramm)

II. Hilfsgeschwader:

Befehlshaber: Oberintendent und Generalmajor
                                       Iwan Petrowitsch Balle
Flaggschiff: Fregatte Simeon
Befehlshaber der Avantgarde: Kapitän 1. Ranges Andrej
                                       Iwanowitsch Denisow
Befehlshaber der Arriergarde: Kapitän 1.Ranges Winter

Avantgarde, bestehend aus 9 Fahrzeugen
1. Paketboot   Pospeschny
2. Halbgaleere
3. Halbgaleere
4. Kanonenschaluppe

5. Bombenketsch	Perun	Kapitänleutnant Sergej Senjawin
6. Schebecke	Letutschaja	Generaladjutant (des Grafen Tschernyschew) Rjabinin
7. Schebecke	Minerva	
8. Schebecke	Bystraja	Leutnant Sarandinaki
9. Halbgaleere		

Corps de bataille, bestehend aus 5 Fahrzeugen

10. Schebecke	Proserpina	
11. Schebecke	Bellona	
12. Fregatte	Simeon	Kapitänsleutnant Grin
13. Bombenketsch	Grom	
14. Schebecke	Diana	

Arriergarde, bestehend aus 6 Fahrzeugen

15. Kutter	Lebed	
16. Schebecke	Legkaja	
17. Aviso	Ostoroshnoje	
18. Kutter	Baklan	
19. Halbgaleere		
20. Kanonenschaluppe		

Bewaffnung des Hilfsgeschwaders:

12-,16-,18- und 24 Pfünder:	208
3-, 6-, 8- und 10-Pfünder:	100
Drehbassen (1-Pfünder):	76
Karronaden und Mörser:	20

Anzahl der Geschütze gesamt:	404
Bei einer Salve aus allen 404 Rohren:	106 Pud Eisen (1783,98 Kilogramm)

III. Verluste:

Menschen:	383 Gefallene, darunter 15 Offiziere.
	628 Schwerverwundete, darunter 39 Offiziere
	24 Gefangene, davon 2 Offiziere

Anmerkung: unter den Schwerverwundeten befanden sich Kapitän 1.Ranges Winter, Gardekapitän Olsufjew und Leutnant Sarandinaki.

Fahrzeuge:	Galeere Zywilski und 2 Kanonenboote – letztere wurden von Major Chwostow und Leutnant Bobarykin geführt.

IV. Munitionsverbrauch:

3- bis 24-Pfünder:	19.000 Kugeln
Drehbassen, Mörser und Karronaden:	unbekannt

Anmerkungen:

Halbprahm:	Dieser Typ war in der russischen Ostseeflotte nicht üblich In zeitgenössischen Dokumenten heißt es in diesem Zusammenhang: „plump gebaut, schlecht segelnd". Offensichtlich handelt es sich bei den beiden Fahrzeugen um zu Segelprahme umgerüstete Bombardierprahme.
Schebecke:	In entsprechenden zeitgenössischen Dokumenten werden sowohl Zwei- als auch Dreimaster erwähnt. Der größte Teil der angeführten Schebecken dürften Zweimaster, also Halbschebecken gewesen sein.
Paketboot:	Schneller Aviso
Denisow:	Nicht zu verwechseln mit dem Befehlshaber des Linienschiffes Boleslaw (1788)
Allgemeines:	Nassau-Siegens vier Stabsoffiziere fielen im Kampf. Außerdem geriet sein Flaggfahrzeug in Brand. Bordjournal und des Prinzen Korrespondenz gingen verloren. Noch vorhandene andere Schriftstücke lassen keine namentlich detaillierte Schiffs-/Fahrzeugtabelle zu. Fahrzeugtypen wurden nur im Block erwähnt, Kanonenboote und Mörserfahrzeuge mit Nummern.

Tabelle 16:

Oberadmiral Ehrensvärds Streitmacht vor der Schlacht im Svensksund am 24. August 1789 – unterteilt in Fahrzeugtyp, Fahrzeugname und Fahrzeugkommandant

1. Schiffsabteilung: Oberstleutnant Fleetwood

Turuma	Björn Järnsida	Kapitän von Hohenhausen
Turuma	Lodbrok	Kapitän Hård
Turuma	Sällan Värre	Kapitän von Kraemer
Turuma	Ivar Benlös	Kapitän A. Brummer
Turuma	Ragvald	Kapitän Brant
Turuma	Sigurd Ormöga	Kapitän Jönsson

2. Schiffsabteilung: Oberstleutnant von Rosenstein

Hemmema	Oden	Kapitän Cronstedt
Fregatte	Trolle	Kapitän C. Brummer
Udema	Ingeborg	Kapitän Lilliehöök
Udema	Gamla	Kapitän Olander
Udema	Torborg	Kapitän Dietrichs
Pojama	Brynhilda	Kapitän Wallenstierna
Galeere	Halland	Kapitän Pechlin
Galeere	Småland	Kapitän Monthell
Galeere	Cedercreutz	Fähnrich Nordberg
Galeere	Stockholm	Leutnant Coyet
Galeere	Palmstierna	Fähnrich Egerström
Halbgaleere	Löparen	Fähnrich Nordberg
Pojama	Fröja	Fähnrich Aulin

1. Kanonenschaluppendivision: Oberstleutnant Dankwardt

Boot	1	Leutnant von Düben
Boot	2	Leutnant Möllersvärd
Boot	3	Leutnant Falk
Boot	4	Fähnrich Silvius
Boot	5	Fähnrich von Schneidau
Boot	6	Fähnrich Silfverarm

2. Kanonenschaluppendivision: Major Hjelmstierna

Boot	7	Kapitän Wallentin
Boot	8	Leutnant Rajalin
Boot	9	Fähnrich Tanderfeldt
Boot	10	Fähnrich Palmstruch
Boot	11	Fähnrich Blåfield
Boot	12	Fähnrich Elfving

3. Kanonenschaluppendivision: Major Kraemer

Boot	13	Kapitän de Pont
Boot	14	Leutnant Sjöholm
Boot	15	Leutnant Brummer
Boot	16	Leutnant Rahm
Boot	17	Leutnant Suthoff
Boot	18	Fähnrich Wallenstierna

4. Kanonenschaluppendivision: Major de Brenner

Boot	19	Kapitän af Trolle
Boot	20	Leutnant Munck
Boot	21	Leutnant Asping
Boot	22	Fähnrich de Frèse
Boot	23	Fähnrich Qvist

5. Kanonen- und Mörserbarkassendivision: Kapitän Jakell

Mörserbarkasse Nr. 1	Fähnrich von Torken
Mörserbarkasse Nr. 2	Fähnrich Arenkil
Mörserbarkasse Nr. 3	Fähnrich Gottsman
Mörserbarkasse Nr. 4	Fähnrich Nicander
Kanonenbarkasse Nr. 1	Fähnrich Granberg
Kanonenbarkasse Nr. 2	Fähnrich Melan
Kanonenbarkasse Nr. 3	Fähnrich Backman

Anmerkung: Das zeitgenössische Dokument weist insgesamt 49 Fahrzeuge auf, obwohl sich später nur 46 im Kampfeinsatz befanden. Von den angeführten Kanonenschaluppen stießen vier nicht zum Verband, dafür jedoch eine weitere Kanonenbarkasse. Oberadmiral Ehrensvärd wiederum erwähnte in seinen Berichten stets 42 Kampffahrzeuge, die vier Mörserbarkassen betrachtete er offensichtlich nicht als solche.

Tabelle 17:

Schlacht im Svensksund am 24. August 1789, schwedische Verluste

1. Fahrzeuge:

Im Kampf verloren:	1.	Fregatte Trolle
	2.	Turuma Björn Järnsida
	3.	Turuma Ragvald
	4.	Turuma Sällan Värre
	5.	Hemmema Oden
	6.	Galeere Cedercreutz
	7.	Kanonenschaluppe
	8.	Lazarettboot
	9.	Lazarettboot
Nach dem Kampf verbrannt:	10.	Pojama Fröja
	11.	Halbgaleere Löparen
	12.	Yacht Camilla
	13.	Yacht Makrillen
	14.	Yacht Flugan
	15.	Yacht Vinst och förlust
	16.	Schoner Gåpå
	17.	Schoner Jehu
	18.	Lotsenyacht
	19.	Lotsenyacht
	20.	Kanonenschaluppe
	21.	Kanonenschaluppe
	22.	Kanonenschaluppe
	23.	Kanonenschaluppe
	24.	Kanonenschaluppe
	25.	Transporter

26. Transporter

27. Transporter

28. Transporter

29. Transporter

30. Transporter

31. Transporter

32. Transporter

2. Menschen:

Art	Offiziere	Niedere Ränge
Gefallene	6	
Schwerverwundete	} 42	} etwa 1100 bis 1300, dazu
Gefangene		ungefähr 500 Kranke
Insgesamt:	48	etwa 1600 bis 1800

Angaben zu den sechs gefallenen Offizieren:

1. Befehlshaber der 1. Schiffsabteilung (auf der *Björn Järnsida)*, Oberstleutnant Fleetwood

2. Befehlshaber der Turuma *Björn Järnsida*, Kapitän von Hohenhausen

3. Befehlshaber der Fregatte *Trolle,* Kapitän C. Brummer

4. Oberstleutnant Sjöblad vom Helsinge-Regiment

5. Leutnant Graf Dohna vom Uppland-Regiment

6. Fähnrich Berg von der Armeeflotte

Angaben zu den 42 in Gefangenschaft geratenen Offizieren:

1. Befehlshaber der 2. Schiffsabteilung (auf der *Oden*), Oberstleutnant von Rosenstein

2. Befehlshaber der Hemmema *Oden*, Kapitän Cronstedt

3. Befehlshaber der Turuma *Ragvald*, Kapitän Brant

4. Befehlshaber der Turuma *Sällan Värre*, Kapitän von Kraemer

5. Befehlshaber der Galeere *Cedercreutz*, Fähnrich Nordberg

6. Leutnant Klick von der Armeeflotte

7. bis 22. 16 Fähnriche der Armeeflotte

23. bis 42. 20 Offiziere der Armee

Angaben zu den schwerverwundeten Offizieren:

Überliefert sind lediglich die Namen von drei Fähnrichen – Rabbe und Born von der Armeeflotte, De là Chapelle von der Armee.

Angaben zu der Krankenstation:

Sie befand sich auf einer kleinen Insel im Svensksund (der exakte Ort ist umstritten).

Dort gerieten die Kranken in Gefangenschaft.

Tabelle 18:

Die schwedische Armeeflotte im Frühjahr 1790

Fahrzeugtyp	Gävle	Öregrund	Stockholm	Norrköping/Kalmar	Västervik	Göteborg/Marstrand	Stralsund	Finnland	gesamt
Schärenfregatte			1		2			12	15
Prahm, Schebecke, Kutter			1				2	1	4
Schoner, Yacht								2	2
Galeere			4					23	27
Kanonenschaluppe	18	8	10			17	24	50	127
Kanonenjolle				9			14	64	87
Mörserfahrzeug			4					4	8
Barkasse							2	13	15
Aviso					2			6	8
Cheffahrzeug, Adjutantenjolle	1	1	4			3	1	3	13
Proviant-, Wasserfahrzeug	3	1	6			3		14	27
Lazarettboot, Munitions-, Transportfahrzeug			10			2		4	16
gesamt:	22	10	40	9	4	25	43	196	349

Tabelle 19:

Von Herzog Karl am 24. Januar 1790 unterzeichnete Flottenliste für die bevorstehende Sommerexpedition (Gustav III. genehmigte den Vorschlag am 28. Januar 1790)

Flaggschiff:	Konung Gustav III.
Befehlshaber der Flotte:	Großadmiral Herzog Karl
Oberadjutant:	Kapitän Baron Palmqvist
Adjutant:	Leutnant Brelin
Sekretär:	Magister Sundevall
Flaggkapitän:	Konteradmiral Nordenskjöld
Adjutant:	Leutnant Gustav Klint
Flottenarzt:	Dr. Gersdorff
Oberfeldscher:	Fürst
Flottenrichter:	Kihlgren
Zeugmeister:	Major Jusléen
Equipagemeister:	Kapitän Kjörling
Schiffbaumeister:	Falk

Befehlshaber der Avantgarde: Konteradmiral Modée auf der Konung Adolf Fredrik

Befehlshaber der Arriergarde: Oberst Leijonanckar auf der Drottning Sofia Magdalena

Name	Kanonen	Befehlshaber	Offz.	übrige Mannschaft
Linienschiffe:				
Konung Gustav III.	74	Oberstleutnant Klint	12	654
Drottning Sofia Magdalena	74	Major Jegerfeldt	11	614
Konung Adolf Fredrik	74	Major Ringheim	12	630
Wladislaw	76	Oberst Fust	9	660
Göta Lejon	74	Oberst Hysingskjöld	10	589
Lovisa Ulrika	74	Oberstleutnant Améen	9	568
Enigheten	74	Major Feiff	11	617
Försiktigheten	64	Oberst Fahlstedt	10	595
Hedvig Elisabeth Charlotta	64	Oberstleutnant Nauckhoff	11	623
Dygden	64	Oberstleutnant Billing	9	567
Äran	64	Oberstleutnant Holts	8	579
Tapperheten	64	Oberstleutnant Wagenfeldt	10	558
Dristigheten	66	Oberstleutnant Puke	11	597
Manligheten	64	Oberstleutnant Rosensvärd	9	578
Rättvisan	64	Oberstleutnant Wollin	9	583
Ömheten	64	Oberstleutnant Fust	9	604
Prins Karl Fredrik	66	Major Whitlock	10	527
Prins Karl	64	Major Sahlstedt	8	523
Prins Fredrik Adolf	64	Major Ekenman	9	563
Fäderneslandet	64	Major Tingvall	9	579
Vasa	62	Major Hellman	9	565
Prins (Hertig) Ferdinand ex Hessen-Cassel	62	Major Zachau	10	496
Fredrik Rex *	60	Major Cedergren	-	-
Riksens Ständer	60	Major Castanie	9	508
Finland	56	Major Treutinger	10	514
Schwere Fregatten:				
Uppland	44	Major Rahm	8	369
Gripen	44	Major Ruuthensparre	7	391
Bellona**	40	noch zu besetzen	-	-
Diana	40	Major Kock	6	336
Fröja	40	Major Grubbe	8	355
Zemire	40	Kapitän Neuendorff	7	339
Camilla	40	Kapitän Baron Rudolf Cederström	9	340
Thetis	40	Kapitän Petterson	9	324
Eurydice	40	Kapitän Feiff	8	369
Galathée	40	Kapitän von Wallden	8	350
Leichte Fregatten (Repetierfregatten):				
Illerim	36	Kapitän Gahn	6	235
Jarislawitsch	36	Kapitän Lagerstråle	6	272
Jarramas	32	Kapitän Graf Wrangel	6	228
Hector	26	Kapitän Baron Olof Cederström	5	239
Ulla Fersen***	18	Kapitän Blom	6	207

Kutterbriggs:

Husaren***	18	Leutnant Coster	2	120
Dragon***	12	Leutnant Ekholm	2	115

Kutter:

Falk	12	Fähnrich Rundblad	1	74
St. Barthélemy	8	Fähnrich Hartmannsdorff	-	20
Hök	10	Kapitän Millet	1	41

Yachten:

Esplendian	16	Fähnrich Schantz	1	21
Lovisa Ulrika	-	-	1	2C
Måsan	12	Fähnrich Jacobson	-	-

Lazarettschiff:

Hjälten	-	Leutnant Frumerie	-	70

Schoner:

Kosacken	10	Fähnrich Hast	1	65
Disa	10	Leutnant John Petterson	2	80

Bombenketschen:

Aetna	-	Fähnrich Sohlberg	2	41
Måsan	-	Fähnrich Hahn	1	31

Brander:

Postiljonen	-	Fähnrich Sandels	1	38
… muß noch bestimmt werden	-	?	?	?

Anmerkung: Zur Zahl der Offiziere:
Nicht enthalten sind die Schiffskommandanten und die Stabsoffiziere
(Flaggschiff und Geschwaderführerschiffe).
Enthalten sind aber Armeeoffiziere – je zwei auf den Linienschiffen und den großen Fregatten,
je einer auf den kleineren Fregatten.

*) ausgerüstet in Sveaborg
**) ausgerüstet in Göteborg
***) Neubauten 1789/1790
Zu den Befehlshabern (Schiffskommandanten): Im Frühjahr 1790 erfolgten geringfügige Umbesetzungen.

Tabelle 20:

Die schwedische Flotte am 11. Mai 1790 vor Hangö

21 Linienschiffe:	1.	Dristigheten
	2.	Dygden
	3.	Enigheten
	4.	Fäderneslandet
	5.	Försiktigheten
	6.	Göta Lejon
	7.	Hedvig Elisabeth Charlotta
	8.	Konung Adolf Fredrik
	9.	Konung Gustav III.
	10.	Lovisa Ulrika
	11.	Manligheten
	12.	Prins Karl
	13.	Prins Fredrik Adolf
	14.	Riksens Ständer
	15.	Rättvisan
	16.	Drottning Sofia Magdalena
	17.	Tapperheten
	18.	Vasa
	19.	Wladislaw
	20.	Äran
	21.	Ömheten
8 Schwere Fregatten:	1.	Camilla
	2.	Eurydice
	3.	Fröja
	4.	Galathée
	5.	Gripen
	6.	Thetis
	7.	Zemire
	8.	Uppland

3 Leichte Fregatten:	1.	Jarramas
	2.	Jarislawitsch
	3.	Ulla Fersen

3 Kutter:	1.	Falk
	2.	Hök
	3.	St. Barthèlemy

| **2 Yachten:** | 1. | Esplendian |
| | 2. | Lovisa Ulrika |

| **2 Schoner:** | 1. | Disa |
| | 2. | Kosacken |

| **2 Bombenketschen:** | 1. | Aetna |
| | 2. | Måsan |

| **1 Brander:** | 1. | Postiljonen (ehemals kleine Fregatte) |

Gesamtbesatzung: 16.316 Mann, davon 228 Offiziere

Tabelle 21 :

Russischer Flottenteil am 13. Mai 1790 in Reval, das sogenannte „Revalgeschwader" und eine Abteilung der Ruderflotte.

Hafenkommandant:	Konteradmiral Martin Petrowitsch van Dessen
Oberbefehlshaber:	Admiral Wassili Jakowlewitsch Tschitschagow auf der Rostislaw
Unterbefehlshaber:	Vizeadmiral Alexej Wassiljewitsch Mussin-Puschkin (Generalkriegskommissar) auf der Saratow
	Konteradmiral Pjotr Iwanowitsch Chanykow auf der Swjataja Jelena

Besatzung: Etwa 10 000 Mann

Anzahl Linienschiffe: 10

1.	Rostislaw	(100)	Kapitän Tschitschagow
2.	Saratow	(100)	Kapitän Bark
3.	Swjataja Jelena	(74)	Kapitän von Breyer
4.	Mstislaw	(74)	Kapitän Andrej Denisow
5.	Kir Johann	(74)	Kapitän Tet
6.	Jaroslaw	(74)	Kapitän Telepnow
7.	Isjaslaw	(66)	Kapitän von Sivers
8.	Boleslaw	(66)	Kapitän Chichusow
9.	Prochor	(66)	Kapitän Skorbow
10.	Pobedonosez	(66)	Kapitän Tunaschow

Anzahl Fregatten: 5

11.	Venus	(44)	Kapitän Roman Basil Crown
12.	Nadeshda Blagopolutija	(32)	Kapitän Bodiscow
13.	Slawa	(32)	Kapitän Switen
14.	Prjamislaw	(40)	Kapitän Stanischow
15.	Podrashislaw	(32)	Kapitän Palatschin

Anzahl Bombenketschen: 2

16.   Straschny

17.   Pobeditel

Anzahl Kutter: 7

18.   Mercury

19.   Wolchow

20.   Dolphin

21.   Nadeshny

22.   Sokol

23.   Jastreb

24.   Kretscht

Im Stadthafen lagen: 17 Fahrzeuge

Die Brigg Neptun und vier Transporter sowie von der Ruderflotte zehn Kanonen-schaluppen und zwei Hilfsboote.

Anmerkungen:

1. Besatzung etwa 6.450 Seeleute aller Dienstgrade, 1 200 Artillerieunteroffiziere (Geschützführer), 2.100 Seesoldaten und 250 Mann für sonstige Aufgaben (Stab, Feldscher, Segelmacher usw). Während des Kampfes befanden sich nur annähernd 4.000 Mann an Bord.

In vorstehenden Angaben sind die Besatzungen nicht enthalten, deren Fahrzeuge im Stadthafen lagen.

2. Kutter Mercury war mit 22- und 24-Pfünder-Karronaden armiert.

3. Die im Text erwähnte Strandbatterie bestand aus 18-, 16- und 12-Pfündern.

4. Eine Breitseite der vorderen Kampflinie (436 Rohre der Schiffe 1 bis 11) = 200 Pud Eisen (3260 kg).

Tabelle 22:

Schwedische Angriffsformation am 15. Mai 1790 vor Fredrikshamn

Oberbefehlshaber:	König Gustav auf einer Aufklärungsschaluppe (ebenfalls in dieser Schaluppe sein Sekretär Johan Albrecht Ehrenström)
Flaggkapitän:	Oberstleutnant Georg Kristian de Frèse auf einer Aufklärungsschaluppe (ebenfalls in dieser Schaluppe der Intendent der Armeeflotte Hans Erik Anckarheim)
Anzahl der Fahrzeuge:	123, davon 90 für den direkten Kampfeinsatz

Rechter Flügel (östlich von Lilla Svärtan/Vahä) und Musta:

Befehlshaber:	Major Klas Hjelmstierna
Fahrzeuge:	Eine Division Kanonenschaluppen (20) und eine Division Kanonenjollen (15)

Zentrum/Gros (westlich von Lilla Svärtan /Vahä):

Befehlshaber:	Kapitän Arvid Virgin
Fahrzeuge:	16 Galeeren in Doppellinie:

1. Seraphimsorden (Virgins Flaggschiff)
2. Stockholm
3. Västgöta-Dal
4. Svärdsorden
5. von Seth
6. Nordstjärneorden
7. Östergötland
8. Kalmar
9. Wrede
10. Ehrenpreus

11. Halland
12. von Höpken
13. Posse *)
14. von Rosen
15. Taube
16. Västervik

15 Galeerenespings **)

4 Mörserbarkassen (zwischen den Galeeren und Lilla Svärtan postiert)

Linker Flügel:

Befehlshaber: Oberstleutnant Karl Adolf Dankwardt
Fahrzeuge: Eine Division Kanonenschaluppen (20) und eine Division
Kanonenjollen (15)

In Lee der Kampflinie: Turuma Norden
Udema Gamla
Udema Torborg
Pojama Brynhilda
Königlicher Schoner Amphion
Königliche Yacht Amadis
Königliche Yacht Kolding

Aufklärungs- und Sicherungsdivisionen: 9 Fahrzeuge:
4 Kanonenbarkassen nach Aspö detachiert,
5 Kanonenbarkassen nach Pitkäpaasi detachiert
Besatzung aller 123 Fahrzeuge: Etwa 10.000 Mann, davon 3000 Soldaten
Landungskontingent

Anmerkungen:
*) Diese Galeere wurde aus unerklärlichen Gründen von Oscar Nikula als Halb-
schebecke bezeichnet.
**) Galeerenesping : Leicht armiertes, mit zwei Sprietsegeln getakeltes Beiboot der
Galeeren. 6 bis 8 Riemenpaare. Hauptaufgabe beim Kampf in Linie, die Galeeren
beim Manövrieren zu unterstützen.

Tabelle 23:

Die russische Verteidigungseinheit am 2. Juni 1790 vor Kronstadt

Die von Vizeadmiral Alexander Iwanowitsch Krus befehligte Einheit bestand aus dem Kronstadt- und dem Reservegeschwader.

1. Kronstadtgeschwader:

1. L.-Schiff	Dwenadzat Apostolow	(100)	Vizeadmiral Jakob Filipowitsch Suchotin Kapitän Fedorow
2. L.-Schiff	Troch Jerarchow	(100)	Konteradmiral Larion Afanasjewitsch Powalischin Kapitän Abalaniow
3. L.-Schiff	Knjas Wladimir	(100)	Konteradmiral Alexej Grigorjewitsch Spiridow Kapitän Kirewski
4. L.-Schiff	Jesekil	(78)	Kapitän Kuronanalejow
5. L.-Schiff	Sysoi Weliki	(74)	Kapitän Shochow
6. L.-Schiff	Johann Bogoslow	(74)	Kapitän Odinzow
7. L.-Schiff	Pobedoslaw	(74)	Kapitän Chimanow
8. L.-Schiff	Swjatoi Pjotr	(74)	Kapitän Chamatow
9. L.-Schiff	Wsjeslaw	(74)	Kapitän Borisow
10. L.-Schiff	Prins Gustav	(70)	Kapitän Treveyer
11. L.-Schiff	Panteleimon	(66)	Kapitän Lateraw
12. Fregatte	Mstislawets	(44)	Kapitän Palatschin
13. Fregatte	Brjatschislaw	(44)	Kapitän Loman

Mannschaften:

Sollstärke: 12.000 Mann

Iststärke: 11.000 Mann (annähernd, vorwiegend Rekruten und auf Bewährung entlassene Sträflinge)

Anmerkung zur Bewaffnung der 100-Kanonen-Schiffe:
Dazu sind einige Drehbassen und 68-Pfünder-Karronaden (Kaliber 20,3 cm) zu rechnen.

Karronaden = „Carronaden", für den Nahkampf geeignete, leichte Kanonen mit geringer Bedienungsmannschaft (die Rohre stammten aus der schottischen Geschützgießerei „Carron & Co.").

II. Reservegeschwader:

1. L.-Schiff Tschesme		
(Johann Krestitel)	(100)	Vizeadmiral Alexander
		Iwanowitsch Krus
		Kapitän James Preston
2. L.-Schiff Nikolai Tschudotworez	(100)	Kapitän Pekin
3. L.-Schiff Konstantin	(74)	Kapitän Skoratow
4. L.-Schiff Ne tron menja	(66)	Kapitän Trevenen
5. L.-Schiff Januari	(66)	Kapitän Glebow
6. L.-Schiff Amerika	(66)	Kapitän Sukin
7. L.-Schiff Chrabry	(66)	Kapitän Kilemin
8. L.-Schiff Swjatoslaw	(66)	Kapitän Batschmunow
9. Fregatte Gawrill	(44)	Kapitän Pustanschin
10. Fregatte Pomoschtschnoj	(44)	Prinz Wesenski
11. Fregatte Patriki	(40)	
12. Kutter Baklan	(38)	
13. Kutter Gagara	(38)	

Mannschaften:
Sollstärke: 5.000 Mann
Iststärke: 4.500 Mann (etwa,vorwiegend Rekruten, aus dem Lazarett vorzeitig entlassene Kranke)

Hilfsfahrzeuge: Es stießen nach wenigen Tagen noch acht Ruderfregatten zur Einheit. Von ihnen gingen drei nach Kronstadt zurück, es kamen als Ersatz vier kleine Segler.

Anmerkung: Bei einer Salve aller 19 Linienschiffe = 660 Pud Eisen (ungefähr 10.750 kg).

Tabelle 24:

Angaben zu den russischen Schärenfregatten

Alle sechs Fahrzeuge wurden 1790 in Serienproduktion in Kronstadt gefertigt.
Technische Daten: 39,60 Meter Länge, 9,75 Meter Breite, 3,35 Meter Tiefgang,
Bewaffnung 38 Kanonen (2 Vierundzwanzigpfünder, 20 Achtzehnpfünder, 2
Zwölfpfünder, 14 Sechspfünder)

Befehlshaber am 9.7.1790:
1. Sw.Jekaterina   (Flaggschiff von Prinz Nassau-Siegen): Kapitänleutnant Rjabin
2. Sw.Nikolai :   Kapitän 2. Ranges Marshall
3. Sw. Alexander: Kapitänleutnant Pellesier
4. Sw. Maria: Kapitänleutnant van Dessen
5. Sw. Konstantin: Kapitänleutnant von Saken
6. Sw. Pawel: ?

Verbleib der Fregatten:
Sw. Pawel 1804 in Kronstadt ausgemustert, Sw. Nikolai am 9.7.1790 im Svensksund
gesunken, Sw. Jekaterina, Sw. Maria, Sw. Alexander und Sw. Konstantin am 9.7.1790
im Svensksund aufgelaufen (Sw. Jekaterina, Sw. Alexander und Sw.Konstantin wurden von den Schweden wieder flottgemacht und unter den Namen Katarina, Alexander und Konstantin als Fregatten in das Sveaborg-Geschwader der Armeeflotte einge-
gliedert).

Tabelle 25:

Die schwedische Flotte am 3. Juni 1790 vor Kronstadt

1. Kampflinie (21 Linienschiffe und 2 Schwere Fregatten, 1486 Geschütze):

Linienschiffe:
1. Dristigheten
2. Dygden
3. Enigheten
4. Finland
5. Fäderneslandet
6. Försiktigheten
7. Göta Lejon
8. Hedvig Elisabeth Charlotta
9. Konung Adolf Fredrik
10. Konung Gustav III.
11. Lovisa Ulrika
12. Manligheten
13. Prins Ferdinand
14. Prins Fredrik Adolf
15. Rättvisan
16. Drottning Sofia Magdalena
17. Tapperheten
18. Vasa
19. Wladislaw
20. Äran
21. Ömheten

Fregatten:
22. Uppland
23. Gripen

2.Linie („Leichtes Geschwader" = 6 Schwere Fregatten, 240 Geschütze):

Fregatten:
24. Camilla
25. Eurydice
26. Fröja
27. Galathée

28. Thetis
29. Zemire

3. Linie (9 kleinere Fahrzeuge):

Leichte Fregatte:	30. Jarislawitsch
Kutter:	31. St. Barthèlemy
Yachten:	32. Esplendian
	33. Lovisa Ulrika
Bombenketschen:	34. Aetna
	35. Måsan
Schoner:	36. Disa
	37. Kosacken
Brander:	38. Postiljonen

Befehlsfahrzeug des Großadmirals Herzog Karl

Leichte Fregatte: 39. Ulla Fersen

Sicherungsposten bei Seskär: (2 Fahrzeuge):

Kutterbrigg:	40. Dragon
Kutter:	41. Falk

Beobachtungsposten beim Revalgeschwader (2 Fahrzeuge):

Leichte Fregatte:	42. Jarramas
Kutter:	43. Hök

Zur Zeit bei der Armeeflotte:

Leichte Fregatte: 44. Illerim

Tabelle 26:

Die schwedische Kriegsflotte als Verteidigungsriegel am 11. Juni 1790 in der Bucht von Viborg

1. Hauptlinie (gerechnet von Biskopsö nach Kultamatala):

1. Uppland (Schw. Fregatte)
2. Prins Ferdinand
3. Manligheten
4. Drottning Sofia Magdalena (Oberst Leijonanckar, Befehlshaber der Arriergarde)
5. Ömheten
6. Försiktigheten (Oberst Fahlstedt, „Subchef" der Avantgarde)
7. Konung Gustav III.(Großadmiral Herzog Karl)
8. Wladislaw
9. Hedvig Elisabeth Charlotta
10. Fäderneslandet
11. Prins Fredrik Adolf
12. Äran
13. Göta Lejon (Oberst Hysingskjöld, „Subchef" der Arriergarde)
14. Camilla (Schw. Fregatte)
15. Tapperheten
16. Dygden
17. Konung Adolf Fredrik (Konteradmiral Modée, Befehlshaber der Avantgarde)
18. Dristigheten
19. Rättvisan
20. Gripen (Schw. Fregatte)
21. Finland

2. Nebenlinie (gerechnet von Kultamatala nach Krysserort):

22. Enigheten
23. Lovisa Ulrika (Oberstleutnant Améen, Befehlshaber des Detachements)
24. Vasa
25. Illerim (Kl. Fregatte)

3. Reservegeschwader (5 Schwere Fregatten, hinter der Hauptlinie):

26. Fröja
27. Zemire
28. Thetis
29. Eurydice
30. Galathée

4. Vorposteneinheit bei der Insel Rödhäll (2 Kl. Fregatten, 2 Kutter):

31. Jarislawitsch
32. Jarramas
33. Falk
34. Hök

5. Leichte Fregatte zur besonderen Verwendung:

35. Ulla Fersen

6. Hilfsfahrzeuge:

36. Kutterbrigg Dragon
37. Yacht Esplendian
38. Yacht Lovisa Ulrika
39. Brander Postiljonen
40. Schoner Disa
41. Schoner Kosacken
42. Kutter St. Barthélemy
43. Bombenketsch Måsen
44. Bombenketsch Aetna

Tabelle 27:

**Schwedische Verluste beim Durchbrechen des russischen Blockaderinges –
3. Juli 1790, Viborger Bucht**

I. Aufgelaufen und erobert:

a) Kriegsflotte:
	1.	Linienschiff	Finland
	2.	Linienschiff	Hedvig Elisabeth Charlotta
	3.	Linienschiff	Lovisa Ulrika
	4.	Linienschiff	Ömheten
	5.	Fregatte	Uppland
	6.	Fregatte	Jarislawitsch
	7.	Schoner	Kosacken
b)Armeeflotte:	8.	Galeere	Palmstierna
	9.	Galeere	Ekeblad
	10.	Galeere	Upsala
	11.	Transporter	
	12.	Transporter	
	13.	Transporter	

II. Verbrannt beziehungsweise explodiert (Eigenverschulden):

a) Kriegsflotte:
	14.	Linienschiff	Enigheten
	15.	Fregatte	Zemire
	16.	Brander	Postiljonen

III. Aufgebracht durch Schaluppen der Panteleimon:

a) Kriegsflotte:
	17.	Brander	Kasatka
	18.	Brander	(ehemaliger Transporter)

IV. Gesunken durch Beschuß:

b) Armeeflotte:
	19.	Yacht	Aurora

438

Tabelle 28:

Die schwedische Kriegsflotte am 5. Juli 1790 in Sveaborg

Linienschiffe:	1.	Dristigheten
	2.	Tapperheten
	3.	Dygden
	4.	Konung Adolf Fredrik
	5.	Göta Lejon
	6.	Äran
	7.	Prins Fredrik Adolf
	8.	Fäderneslandet
	9.	Wladislaw
	10.	Konung Gustav III.
	11.	Försiktigheten
	12.	Prins Ferdinand
	13.	Manligheten
	14.	Vasa
Schwere Fregatten:	15.	Fröja
	16.	Gripen
	17.	Thetis
	18.	Eurydice
	19.	Camilla
	20.	Galathée
Leichte Fregatten:	21.	Illerim
	22.	Jarramas
	23.	Ulla Fersen
Kutterbriggs:	24.	Dragon
	25.	Husaren
Kutter:	26.	Falk
	27.	St. Barthélemy
Yacht:	28.	Esplendian
Schoner:	29.	Disa

Anmerkung: Außerdem befand sich die Yacht Fortuna in Sveaborg. Sie war dort ständig stationiert.

Tabelle 29:

Die Schlachtformation der Armeeflotte im Svensksund (gemäß König Gustavs Befehl vom 5. Juli 1790)

Kampffahrzeuge insgesamt: 195, davon

5	Schärenfregatten
1	Kutterbrigg
16	Galeeren
2	Halbgaleeren
99	Kanonenschaluppen
54	Kanonenyollen
11	Kanonenbarkassen
7	Mörserbarkassen

Besatzung insgesamt: 12.785 Mann, davon

360 Offiziere und etwas mehr als 700 Unteroffiziere, die etwa zu zwei Dritteln der Flotte und zu einem Drittel der Armee angehörten. Bei den niedrigen Mannschaftsdienstgraden überwiegte der Armeeanteil.

Erste oder Schwedische Brigade:

Befehlshaber:	Oberstleutnant Viktor von Stedingk
Brigadekapitän:	Kapitän Hansson
Brigadeadjutant	Fähnrich Vulf von Steijern
1. Division (v. Stedingk):	

1.	Hemmema	Styrbjörn
2.	Hemmema	Starkodder
3.	Udema	Torborg
4.	Udema	Ingeborg
5.	Turuma	Norden
6.	Kutterbrigg	Alexander

2. Division (Kapitän Pechlin):

1.	Galeere	Taube
2.	Galeere	Västervik
3.	Galeere	Halland
4.	Galeere	Hälsingland
5.	Galeere	Kalmar
6.	Halbgaleere	Nr. 4

3. Division (Kapitän Arvid Virgin):

1.	Galeere	Stockholm
2.	Galeere	Nyköping
3.	Galeere	von Höpken
4.	Galeere	Jämtland
5.	Galeere	Wrede
6.	Halbgaleere	Nr. 5

4. Division (Kapitän Petterson):

1.	Galeere	Svärdsorden
2.	Galeere	Seraphimsorden
3.	Galeere	von Seth
4.	Galeere	Småland
5.	Galeere	Västgöta-Dal
6.	Galeere	Närke

Zweite oder Bohuslän-Brigade:

Befehlshaber:	Oberstleutnant Jacob Törning
Brigadekapitän:	Kapitän Malmsten
Brigadeadjutant:	Fähnrich Gadd

5. Division (Törning):

10	Kanonenschaluppen und
5	Kanonenyollen

6. Division (Major P. A. Malmborg):

10	Kanonenschaluppen und
5	Kanonenyollen

7. Division (Kapitän Toll):

10	Kanonenschaluppen und
5	Kanonenyollen

8. Division (Kapitän Jönsson):

	9	Kanonenschaluppen und
	7	Kanonenyollen

Dritte oder Finnische Brigade:

Befehlshaber:	Oberstleutnant Klas Hjelmstierna
Brigadekapitän:	Kapitän von Düben
Brigadeadjutant:	Fähnrich Granholm

9. Division (Hjelmstierna) :

	10	Kanonenschaluppen und
	5	Kanonenyollen

10. Division (Major Leijonanckar):

	10	Kanonenschaluppen und
	5	Kanonenyollen

11. Division (Kapitän Brummer):

	10	Kanonenschaluppen und
	4	Kanonenyollen

Vierte oder Deutsche Brigade:

Befehlshaber:	Oberstleutnant Karl Olof Cronstedt
Brigadekapitän:	Kapitän Diedrichs
Brigadeadjutant:	Fähnrich Rosvald
12. Division (Cronstedt):	10 Kanonenschaluppen und
	6 Kanonenyollen

13. Division (Kapitän Hård):

	10	Kanonenschaluppen und
	6	Kanonenyollen

14. Division (Kapitän de Pont):

	10	Kanonenschaluppen und
	6	Kanonenyollen

Reserve:	11	Kanonenbarkassen
	7	Mörserbarkassen

Truppenkontingent:

Schwedische Kavallerie-Regimenter:

	1.	Leibgarde zu Pferde
	2.	Leibregiment,Dragonerkorps
	3.	Husarenkorps
	4.	Grenadierkorps
	5.	Smålands Husaren

Schwedische Artillerie-Regimenter:

	1.	Svea-Artillerieregiment
	2.	Göta-Artillerieregiment
	3.	Vendes-Artillerieregiment

Schwedische Infanterie-Regimenter:

	1.	Svea-Leibgarde *)
	2.	Leibgrenadierregiment
	3.	Upplandregiment
	4.	Bohuslänregiment
	5.	Kalmarregiment

Finnische Infanterie-Regimenter:

verschiedene, namentlich nicht vollständig erwähnt.

Anmerkung: *) Die Svea-Leibgarde war mit 1000 Mann das weitaus stärkste Regiment.

Tabelle 30:

Armierung russischer Fahrzeuge am 9. Juli 1790

Oberstleutnant Karl Olof Cronstedt – Befehlshaber eines an der Schlacht im Svensksund beteiligten Geschwaders – machte am 10. Juli 1790 in seinem Logbuch Angaben über einen Teil der eroberten oder vernichteten russischen Fahrzeuge. Er stützte sich dabei auf Aussagen gefangengenommener Seeleute und Soldaten. Die Logbucheintragung läßt Rückschlüsse auf die Bewaffnung der gesamten russischen Ruderflotte zu.

Schiffstyp	Schiffsname	Kanonen/Pfünder						DB	Bemerkungen
		30	24	18	12	8	6	3	
Fregatte	Sw. Nikolai	-	2	20	2	-	14	-	
Fregatte	Sw. Maria	-	2	20	2	-	14	-	
Fregatte	Sw. Jekaterina	-	2	20	2	-	14	-	
Fregatte	Sw. Konstantin	-	2	20	2	-	14	-	
Fregatte	Sw. Alexander	-	2	20	2	-	14	-	
Galeere	St. Petersburg	-	1	-	3	-	-	12	
Galeere	Narwa	-	1	-	3	-	-	12	
Galeere	Tjuters	-	1	-	3	-	-	12	
Galeere	Nerva	-	1	-	3	-	-	12	
Galeere		-	1	-	3	-	-	12	
Galeere		-	1	-	3	-	-	12	
Galeere		-	-	3	-	2	-	10	
Galeere		-	-	3	-	2	-	10	
Galeere		-	1	-	2	2	-	12	
Galeere		-	1	-	3	-	-	12	
Galeere		-	1	-	3	-	-	12	
Galeere		-	-	-	3	2	-	10	
Galeere		-	1	-	2	1	-	12	
Galeere		-	1	-	2	1	-	12	
Hemmema	Oden	-	-	-	18	-	-	18	zurückerobert
Schebecke		-	-	2	24	-	-	-	
Schebecke		-	18	2	6	-	-	-	
Schebecke		-	18	2	6	-	-	-	
Brigg		5	-	-	-	-	-	-	
Galiot*		-	-	3	6	-	-	-	
Galiot		-	-	3	6	-	-	-	
Galiot		-	-	3	6	-	-	-	
Galiot		-	-	3	6	-	-	-	
Galiot		-	-	3	6	-	-	-	
Galiot		-	-	3	6	-	-	-	
Galiot		-	-	3	6	-	-	-	
Galiot		-	-	3	6	-	-	-	

Galiot	-	-	3	6	-	-	-
Tschaika	-	-	2	-	-	-	-
Kanonenprahm	-	-	-	-	-	-	- 8 36-Pfünder
Kanonenprahm	-	-	-	-	-	-	- 8 36-Pfünder
Kutter	-	-	-	-	-	-	10 10 Haubitzen, keine Details
Kutter	-	4	-	-	-	-	10 2 60-Pfünderhaubitzen
Kutter	-	4	-	-	-	-	10 2 60-Pfünderhaubitzen
Kutter	-	-	-	-	-	-	- nur Angabe "Mörser"
Kanonenschaluppe Nr. 11	-	1	-	-	1	-	4
Kanonenschaluppe Nr. 20	-	1	-	-	1	-	4

Anmerkung: DB = Drehbasse
*) = In der russischen Flotte gab es den Schiffstyp „Galiot" nicht, Cronstedt meinte vermutlich damit den Schoner.

Tabelle 31:

Schlacht am 9. Juli 1790 im Svensksund

Das russische Admiralitätskollegium gab nach der verlorenen Schlacht im Svensksund den Verlust von 51 Einheiten der Ruderflotte bekannt (versenkte, verbrannte oder durch den Feind eroberte Fahrzeuge). Gleichzeitig wurde die Zahl der Personen angeführt, die sich von den betreffenden Fahrzeugen in Sicherheit bringen, der Gefangenschaft entgehen konnten:

Fahrzeugtyp	Name	Personen
Fregatte	Sw. Jekatarina	82
Fregatte	Sw. Maria	70
Fregatte	Sw. Konstantin	4
Fregatte	Sw. Alexander	46
Fregatte	Sw. Nikolai	12
Schebecke	Minerva	21
Schebecke	Bellona	9
Schebecke	Proserpina	11
Schebecke	Diana	19
Hemmema	Oden	64
Kanonenleichter	Lew	5
Kanonenleichter	Werbljud	
Schwimmende Batterie	Nr. 1	12
Schwimmende Batterie	Nr. 2	11
Schoner	Medwed	22
Schoner	Lew	38
Schoner	Bars	2
Schoner	Kit	5
Schoner	Orel	19
Schoner	Tigr	16
Schoner	Rys	
Schoner	Slon	2
Galeere	Orel	71
Galeere	Tichwin	61

Galeere	Nerva	53
Galeere	St. Petersburg	21
Galeere	Pustelga	5
Galeere	Ustjushna	86
Galeere	Tjuters	38
Galeere	Peni	8
Galeere	Besdelka	15
Galeere	Chitraja	49
Galeere	Seskar	4
Galeere	Worona	72
Galeere	Twer	27
Galeere	Narwa	59
Galeere	Soroka	
Galeere	Kulik	67
Bombenketsch	Nr. 1	27
Bombenketsch	Nr. 2	22
Kutter	Lovisa	9
Kutter	Stras	2
Kutter	Gonez	3
Kutter	Westnik	7
Kanonenboote, 5 Stück		100
Schoner, in St.Petersburg gebaut		13
Wachboot		1
		1.290 Personen
Von verschiedenen Fahrzeugen später gemeldet:		200 Personen
	Insgesamt:	1.490 Personen

die sich wie folgt unterteilten:

Offiziere:	25 Marine, 2 Schiffsartillerie,41 Landungsheer
Unteroffiziere:	63 Marine,16 Schiffsartillerie,64 Landungsheer
Andere Ränge:	343 Marine,49 Schiffsartillerie, 578 Landungsheer
Freiwillige:	109

Tabelle 32:

Schwedische Schärenflotte bei Kriegsende 1790 in Stockholm

Typ	Name	Bestückung Pfünder					Drehbassen	Riemenpaare	Länge m	Breite m	Baujahr	Bauort	Bemerkungen
		36	24	18	12	6							
Fregatte	Svarta Örn	-	-	-	22	14	6	-	38,48	9,92	1745	Karlskrona	gebaut von Gilbert Sheldon, zuerst Kriegsflotte, ab 1788 Armeeflotte
Fregatte	Patrioten	-	-	-	-	-	-	-	-	-	1779	Finnland	
Hemmema	Styrbjörn	-	24	-	2	-	2	20	43,20	10,70	1790	Stockholm	gebaut nach af Chapmans Plänen
Hemmema	Hjalmar	-	24	-	2	-	2	20	43,20	10,70	1790	Västervik	gebaut nach af Chapmans Plänen
Hemmema	Starkodder	-	24	-	2	-	2	20	43,20	10,70	1790	Västervik	gebaut nach af Chapmans Plänen
Turuma	Sigurd Ormöge	-	2	-	24	-	22	19	37,15	9,20	1774	Karlskrona	gebaut nach af Chapmans Plänen
Galeerenprahm	Hector	-	20	-	-	6	6	7	35,80	10,10	1748	Karlskrona	gebaut von Gilbert Sheldon
Galeerenprahm	Achilles	-	20	-	-	6	6	7	35,80	10,10	1749	Karlskrona	gebaut auf einer Privatwerft
Galeere	Seraphimsorden	-	1	-	2	-	8	22	41,40	6,40	1749	Stockholm	gebaut von Johan Acrell
Galeere	Stockholm	-	1	-	4	-	9	20	40,00	6,20	1748	Stockholm	gebaut von Johan Acrell
Galeere	Taube	-	1	-	2	-	7	22	41,40	6,15	1748	Stockholm	gebaut von Johan Acrell
Galeere	Svärdsorden	-	1	-	2	-	7	22	39,70	6,10	1748	Stockholm	gebaut von Johan Acrell
Galeere	von Höpken	-	1	-	2	-	11	22	41,40	6,15	1749	Stockholm	gebaut von Johan Acrell
Galeere	von Seth	-	1	-	2	-	7	22	41,40	6,20	1749	Stockholm	gebaut von Johan Acrell
Galeere	von Rosen	-	1	-	2	-	7	22	41,40	6,20	1749	Stockholm	gebaut von Harald Sohlberg
Galeere	Posse	-	1	-	2	-	7	22	41,40	6,00	1749	Stockholm	gebaut von Gilbert Sheldon
Galeere	Västgöta-Dal	-	1	-	2	-	11	20	38,50	6,40	1749	Norrköping	gebaut von Harald Sohlberg
Galeere	Nyköping	-	1	-	2	-	11	20	38,50	6,30	1749	Norrköping	gebaut von Gilbert Sheldon
Galeere	Hälsingland	-	1	-	2	-	7	20	38,50	6,20	1749	Stockholm	gebaut von Harald Sohlberg
Galeere	Wrede	-	1	-	2	-	7	20	38,50	6,20	1749	Stockholm	gebaut von Harald Sohlberg
Galeere	Västmanland	-	1	-	2	-	9	20	38,50	6,20	1749	Stockholm	gebaut von Harald Sohlberg
Galeere	Kalmar	-	1	-	2	-	7	20	38,50	6,00	1749	Kalmar	gebaut von Gilbert Sheldon
Galeere	Älvsborg	-	1	-	2	-	11	20	38,50	6,20	1749	Skäggenäs	gebaut von Gilbert Sheldon
Galeere	Västervik	-	1	-	2	-	7	20	38,50	6,20	1749	Västervik	gebaut von Gilbert Sheldon
Galeere	Småland	-	1	-	2	-	11	20	38,50	6,10	1749	Skäggenäs	gebaut von Gilbert Sheldon
Galeere	Närke	-	1	-	2	-	11	20	38,50	5,90	1749	Stockholm	gebaut von Harald Sohlberg
Galeere	Jämtland	-	1	-	2	-	7	20	38,50	6,10	1749	Stockholm	gebaut von Harald Sohlberg
Galeere	Halland	-	1	-	2	-	11	20	37,80	6,00	1749	Västervik	gebaut von Gilbert Sheldon
Galeere	Sankt Petersburg	-	1	-	2	-	-	22	41,30	6,00	1753		1790 im Svensksund erobert
Galeere	Peni	-	1	-	2	-	-	22	42,00	6,10	1772		1790 im Svensksund erobert
Galeere	Tjuters	-	1	-	2	-	-	22	41,70	6,00	1772		1790 im Svensksund erobert
Galeere	Seskar	-	1	-	2	-	-	22	41,70	6,20	1772		1790 im Svensksund erobert
Galeere	Otel	-	1	-	2	-	-	22	41,70	6,15	1775		1790 im Svensksund erobert
Galeere	Soroka	-	1	-	2	-	-	22	39,40	5,80	1771		1790 im Svensksund erobert

Tabelle: Schiffe der russischen Schärenflotte

Typ	Name	Pfünder/Mörser 40	60						Länge	Breite	Baujahr/Ort	Bemerkung
Galeere	Worona	–		1	–	2	–	22	42,30	5,80	1771	1790 im Svensksund erobert
Kutterbrigg	Alexander	–		–	–	8	14	–	29,60	7,55	1785	1789 in London gekauft
Halbschebecke	Katharina Losch	–		2	–	4	–	6	16,60	4,70		1789 eroberter Transporter in Åbo gekauft
Kutter	Kuriren	–		–	8	–	–	–			1789	
Aviso-Schoner	Jehu	–		–	–	14	12	–	23,40	5,60	1790 Västervik	gebaut nach af Chapmans Plänen
Aviso-Schoner	Fröja	–		–	–	14	12	–	23,40	5,60	1790 Västervik	gebaut nach af Chapmans Plänen
Kanonenschaluppe	Nr. 10,11 (jede)	1		–	–	4	14	–	18,90	4,15	1776 Stockholm	gebaut nach af Chapmans Plänen
Kanonenschaluppe	Nr. 12, 13, 14 (jede)	1		–	–	4	14	–	18,90	4,15	1777 Stockholm	gebaut nach af Chapmans Plänen
Kanonenschaluppe	Nr. 26	–		2	–	4	14	–	18,90	4,35	1789 Stockholm	gebaut nach af Chapmans Plänen
Kanonenschaluppe	Nr. 41	–		2	–	4	14	–	18,90	4,35	1790 Sundsvall	gebaut nach af Chapmans Plänen
Kanonenschaluppe	Nr. 57	–		2	–	4	14	–	20,00	4,35	1790 Sundsvall	gebaut nach af Chapmans Plänen
Kanonenschaluppe	Nr. 58-71 (jede) 73-76	–		2	–	4	14	–	20,10	4,35	1790 Sundsvall	gebaut nach af Chapmans Plänen
Kanonenschaluppe	Nr. 77-98	–		2	–	4	15	–	20,10	4,35	1790 Stralsund	gebaut nach af Chapmans Plänen
Kanonenschaluppe	Nr. 99,100 (jede)	–		2	–	4	15	–	20,00	4,35	1790 Barth	gebaut nach af Chapmans Plänen
Kanonenschaluppe	Nr. 118	–		2	–	4	15	–	20,10	4,35	1790 Vasa	gebaut nach af Chapmans Plänen
Kanonenschaluppe	Nr. 120,121,123,124,125,129, (jede)	–		2	–	4	14	–	18,90	4,15		1790 bei Fredriksham erobert
Kanonenboot	Nr. 23	–		2	–	4	12	–	17,15	5,60	1789 umgebautes Ruderboot	1792 wieder ausgemustert
Kanonenboot	Nr. 24,36 (jedes)	–		2	–	4	12	–	16,30	5,30	1789 umgebautes Ruderboot	1792 wieder ausgemustert
Kanonenboot	Nr. 43	–		2	–	4	13	–	18,90	6,20	1789 umgebautes Ruderboot	1792 wieder ausgemustert
Kanonenboot	Nr. 44	–		2	–	4	10	–	16,00	5,30	1789 umgebautes Ruderboot	1792 wieder ausgemustert
Kanonenboot	Nr. 45	–		2	–	4	12	–	18,35	5,30	1789 umgebautes Ruderboot	1792 wieder ausgemustert
Kanonenboot	Nr. 46	–		2	–	4	12	–	16,30	5,30	1789 umgebautes Ruderboot	1792 wieder ausgemustert
Kanonenboot	Nr. 47	–		2	–	4	12	–	16,90	5,80	1789 umgebautes Ruderboot	1792 wieder ausgemustert
Kanonenboot	Nr. 48	–		2	–	4	11	–	15,40	5,50	1789 umgebautes Ruderboot	1792 wieder ausgemustert
Kanonenbarkasse	Nr. 1, 2, 7, 9, (jede)	–		1	–	16	8	–	13,20	4,15	1776 Stockholm	gebaut nach af Chapmans Plänen
Kanonenbarkasse	Nr. 11, 12 (jede)	–		1	–	16	8	–	13,20	4,15	1790 Barth	gebaut nach af Chapmans Plänen
Tschaika	Nr. 1	–		1	–	10	11	–	22,95	5,60		1790 im Svensksund erobert
Tschaika	Nr. 2	–		1	–	6	8	–	21,60	4,45		1790 im Svensksund erobert
Tschaika	Nr. 3	–		1	–	6	8	–	21,00	4,30		1790 im Svensksund erobert
Tschaika	Nr. 4	–		1	–	8	9	–	20,85	4,30		1790 im Svensksund erobert
Tschaika	Nr. 5	–		1	–	6	10	–	20,85	4,45		1790 im Svensksund erobert
Tschaika	Nr. 6	–		1	–	20	11	–	20,95	4,60		1790 im Svensksund erobert
Tschaika	Nr. 7	–		1	–	4	15	–	20,95	4,60		1790 im Svensksund erobert
Tschaika	Nr. 8	–		1	–	4	11	–	21,45	4,60		1790 im Svensksund erobert
Tschaika	Nr. 9	–		1	–	6	10	–	21,45	4,30		1790 im Svensksund erobert
Tschaika	Nr. 10	–		1	–	8	10	–	15,25	3,55		1790 im Svensksund erobert
Kutter	Pluto	–		–	–	–	13	–	10,10	4,15	1790 St. Petersburg	1790 im Svensksund erobert
Mörserbarkasse	Nr. 1-4 (jede)	1		–	–	4	7	–			1776 Stockholm	gebaut nach af Chapmans Plänen
Mörserboot	Nr. 5	1		–	–	4	9	–	15,40	5,30	1789 umgebautes Ruderboot	1792 wieder ausgemustert
Mörserboot	Nr. 6		1	–	–	4	9	–	18,95	5,90	1790 umgebautes Ruderboot	1792 wieder ausgemustert

Anmerkung: Wegen sich widersprechender beziehungsweise wegen fehlender Angaben wurden einige Felder bewußt freigelassen

Tabelle 33:

Schwedische Kriegsflotte bei Kriegsende 1790 in Karlskrona

I. Schiffe (Linienschiffe)

Name	36	24	18	12	8	6	4	Gesamt	Drehbassen	Bemerkungen
Konung Adolf Fredrik		26	28			16	-	70		- Baudaten siehe Tabelle 1
Konung Gustav III.		26	28	-		16	-	70		- Baudaten siehe Tabelle 1
Wladislaw		26	28	-	-	10	-	64		- L. = 52,69m, B. = 14,08 m, 1784 von Portnow in Archangelsk gebaut, diente ab 1786 als Depot für Pulver
Prins Karl Fredrik	unbewaffnet									
Göta Lejon		26	26	-	14	-		66		- Baudaten siehe Tabelle 1
Prins Fredrik Adolf		24	26	-	12	-		62		- Baudaten siehe Tabelle 1
Fäderneslandet		26	28	-	8	-		62		- Baudaten siehe Tabelle 1
Dygden		26	28	-	8	-		62		- Baudaten siehe Tabelle 1
Äran		26	28	-	8	-		62		- Baudaten siehe Tabelle 1
Försiktigheten		26	28	-	8	-		62		- Baudaten siehe Tabelle 1
Dristigheten		26	28	-	8	-		62		- Baudaten siehe Tabelle 1
Manligheten		26	28	-	8	-		62		- Baudaten siehe Tabelle 1
Tapperheten		26	28	-	8	-		62		- Baudaten siehe Tabelle 1
Prins (Hertig) Ferdinand ex Hessen-Cassel		24	-	24	14	-		62		- Baudaten siehe Tabelle 1
Fredrik Rex		24	-	24	12	-		62		- Baudaten siehe Tabelle 1
Vasa		26	26	-	8	-		60	16	Baudaten siehe Tabelle 1

II. Fregatten

Name	36	24	18	12	8	6	4	Gesamt	Drehbassen	Bemerkungen
Gripen		-	22	22	-			44		- Baudaten siehe Tabelle 1
Bellona		26	-			14		40		- Baudaten siehe Tabelle 1
Diana		26	-			14		40		- Baudaten siehe Tabelle 1
Fröja		26	-			14		40		- Baudaten siehe Tabelle 1
Thetis		26	-			14		40		- Baudaten siehe Tabelle 1
Camilla		26	-			14		40		- Baudaten siehe Tabelle 1
Galathee		26	-			14		40		- Baudaten siehe Tabelle 1
Euridyke		26	-			14		40		- Baudaten siehe Tabelle 1
Illerim		-	22	12				34		- Baudaten siehe Tabelle 1
Jaramas		-	22	-			12	34		- Baudaten siehe Tabelle 1
Kildun								32		- Beuteschiff, 1779 von Portnow in Archangelsk gebaut
Hector								22		- Beuteschiff, 1777 von James in St. Petersburg gebaut
Ulla Fersen		-	-			18		18		- 1789 in Karlskrona nach Plänen af Chapmans gebaut, L. = 33,45m, B = 9,0m

III. Hilfsfahrzeuge

Typ	Name	Bestückung	Länge in m	Breite in m	Baujahr	Bemerkungen
Kutterbrigg	Husaren	18x12-Pfünder 2x4-Pfünder 12x Drehbassen	29,60	8,88	1789	gebaut nach Chapmans Plänen in Stockholm
Kutterbrigg	Dragon	18x12-Pfünder 2x4-Pfünder 12x Drehbassen	29,60	8,88	1790	gebaut nach Chapmans Plänen in Karlskrona
Kutter	Falk	10x12-Pfünder	20,12	7,99	1785	gebaut nach Chapmans Plänen in Karlskrona
Kutter	St. Barthélemy	?	?	?	1785	gebaut in Westindien
Kutter	Hök	12x4-Pfünder	18,80	6,27	1786	gebaut in England
Brigg	Disa	16 Drehbassen	23,68	5,62	1764	gebaut von Chapman in Sveaborg (vermutlich handelt es sich bei der Brigg um eine umgebaute Pojama)
Logger	Tumlaren	?	17,77	5,80	1789	gebaut von Escolin in Åbo
Bombenketsch	Aetna	2x60-Pfünder (Mörser)	24,27	6,90	1754	gebaut von Gilbert Sheldon in Karlskrona

Tabelle 34:

Namentlich bekannte Fahrzeuge der schwedischen Arneeflotte, die während des Krieges 1788–1790 verloren gingen oder ausgemustert wurden, deshalb in anderen Tabellen fehlen.

Typ	Name	Bestückung Pfünder			Drehbassen	Riemenpaare
		24	12	6		
Stockholm-Geschwader						
Galeere	Nordstjärneorden	1	-	2	19	22
Galeere	Ehrenpreus	1	-	2	19	22
Galeere	Cedercreutz	1	-	2	23	20
Galeere	Palmstierna	1	-	2	19	20
Galeere	Värmland	1	-	2	23	20
Galeere	Dalarna	1	-	2	23	20
Galeere	Östergötland	1	-	2	23	20
Galeere	Malmö	1	-	2	12	20
Yacht	Svan	-	?	?	-	-
Yacht	Aurora	-	2	-	-	-
Schaluppe	Löparen	-	-	-	11	16
Sveaborg-Geschwader						
Fregatte	Sprengtporten ex Enigheten	-	24	-	-	-
Fregatte	Trolle ex Enigheten	-	24	-	-	-
Yacht	Atis	-	-	-	10	3
Yacht	Camilla	-	-	-	10	3
Yacht	Snappopp	-	2	-	12	1
Yacht	Makrillen	-	?	?	2	?
Yacht	Flugan	-	?	?	?	?
Yacht	Vinst och förlust	-	?	?	?	?
Yacht	Lotsenyacht	-	-	-	6	2
Yacht	Tora	-	?	?	?	?
Yacht	Falken	-	?	?	?	?
Yacht	Greve von Düben	-	-	-	?	?
Schaluppe	Husaren	-	-	-	2	?
Schaluppe	Gäddan	-	-	-	4	5
Barkasse	Klundert	-	-	-	?	?
Barkasse	Tre Kronor	-	-	-	?	?
Barkasse	Jehu	-	-	-	?	?

Länge in m	Breite in m	Baujahr	Bauort	Bemerkungen
41,40	6,20	1749	Stockholm	gebaut von Johan Acrell
41,40	6,20	1749	Stockholm	gebaut von Harald Sohlberg
?	?	1749	Stockholm	
?	?	1749	Stockholm	
?	?	1749	Stockholm	
?	?	1749	Kalmar	
?	?	1749	Norrköping	
38,60	5,60	1749	Karlshamn	
?	?	?	?	keine weiteren Angaben
?	?	?	?	1790 Cheffahrzeug
?	?	1751	Stockholm	
35,80	9,50	1768	Västervik	1775 erfolgte Umbenennung (1810 ausgemustert)
35,80	9,50	1766	Stockholm	1775 erfolgte Umbennung in af Trolle (vereinfacht nur Trolle)
14,20	?	1761	Stralsund	
14,20	4,15	1762	Stralsund	
19,00	6,35	1764	Sveaborg	1788 zur Kriegsflotte
?	?	?	?	von der Kriegsflotte übernommen
?	?	?	?	von der Kriegsflotte übernommen
?	?	?	?	von der Kriegsflotte übernommen
?	?	?	?	
?	?	?	?	1787 erstmals erwähnt
?	?	?	?	1787 in Karlskrona gekauft
?	?	?	?	ehemalige Zollyacht, wurde 1789 für Armeeflotte beschlagnahmt
13,30	2,40	1766	Stralsund	Aufklärungsfahrzeug
12,60	3,25	1786	Karlskrona	Cheffahrzeug
11,85	2,95	1760	Stralsund	
12,75	3,25	1760	Stralsund	
?	?	1764	Sveaborg	

Literatur/Quellenhinweis

I. Ausbildungsmaterialien der Seekriegsakademien:

Artéus, G. (Redakteur): „Gustav III:s ryska krig", Västervik 1992 (Veröffentlichung der militärhistorischen Abteilung bei der Militärhochschule)

Golowatschew, W. F.: „Die Operationen der russischen Flotte während des Krieges gegen Schweden – 1788 bis 1790", Sankt Petersburg 1871 und 1873 (Veröffentlichung in zwei Bänden der Sankt Petersburger Marineakademie)

Hornborg, E.: „Sveriges sjöförsvar från äldsta tider till våra dagar", o. Jahr und Ort (aber nach 1963). (Veröffentlichung der Königlichen Seekriegshochschule)

Unger, G.: „Illusterad svensk sjökrigshistoria" (Teil II. 1680 bis 1840), Stockholm 1923 (Zugelassen für den Unterricht an der Königlichen Seekriegshochschule)

II. Sachbücher und Nachschlagewerke:

Bäckström, P. O.: „Svenska flottans historia", Stockholm 1884

Bode, A.: „Die Flottenpolitik Katharinas II. und die Konflikte mit Schweden und der Türkei (1768 bis 1792)", Wiesbaden 1979

Donnert, E.: „Rußland im Zeitalter der Aufklärung", Leipzig 1983

Elgenstierna, G.: „Svenska adelns ättartavlor", Stockholm 1934

Gyllengranat, C. A.:	„Sveriges sjökrigshistoria i sammandrag", II, Karlskrona 1840
Jägerskiöld, St.:	„Svensksund - Gustaf III: s krig och skärgårdsflottan 1788–1790", o. Ort, 1990
Kirchhoff, H.:	„Seemacht in der Ostsee", Kiel 1907
Munthe, A.:	„Svenska sjöhjältar" , VII: 1–6, Stockholm 1914 bis 1923
Nikula, O.:	„Svenska skärgårdsflottan 1756–1791" (Samfundet Ehrensvärd), Helsingfors 1933
Unger, G.:	„Sjömaktens inflytande på Sveriges historia", Teil III, 1700 bis 1927, Stockholm 1929 (Marineliteraturförenigen Nr. 32)
Verschiedene:	• „Journal öfver Kungl. Svenska Flottans Sjö-Expedition År 1788, Stockholm 1788 (Förteckning på Kungl. Svenska Örlogs-Flottans Linie-Skepp och Fregatter, Efter Deras Fördelning och Rang I Linie de Bataille Den 17 Julii 1788 samt Herrar Skepps-Chefers Namn och Caracterer) • „Svensk skeppsbyggeri, en översikt av utvecklingen genom tiderna", Malmö 1963 • „Svenska flottans historia", Teil II, 1680 bis 1814 , Malmö 1943 • „Svensk Biografiskt Lexikon", Teil XXIII, Stockholm 1982

III. Bücher für Hintergrundinformationen:

Jessen, H.:	„Katharina II. von Rußland im Spiegel der Zeitgenossen", Düsseldorf 1970
Posselt, E. L.:	„Geschichte Gustaf's III. – König der Schweden und Gothen", Karlsruhe 1792

Troyat, H.:   „Die große Katharina", München 1980

IV. Fachzeitschriftenartikel (wichtige Forschungsarbeiten):

Linde, L.G.:   „Gustafs III om 1790 års sjökrig", S. 270–275 in Historisk
                               tidskrift 1890

Lundqvist, B. V.:   „Gustav III och flottan under ryska kriget" in Historisk
                               tidskrift 1928, S. 342–354 (Några nya synpunkter i
                               anslutning till Arnold Munthes „Svenska sjöhjältar")

Rådlund, H.:   „Jämförande undersökning av loggboken och journaler
                               fran slaget vid Öland den 26. juli 1789" in Aktuellt från
                               Föreningen Marinmusei vänner 1975, S. 29 bis 50,
                               Karlskrona 1975

V. Museumskataloge und Museumsschriften:

Eklund, H.:   Introduktion till utställningen „Gustavs III: s tid -
                               Svensksund" i Kymmenedalens landskapsmuseum 28.6.
                               bis 16.9.1990 in Kotka, Stockholm 1990

Winberg, A.:   „Dag-Bok hållen på Kongl. Galär Flottan åren 1789 och
                               1790 samt Fångenskapen i Ryssland", herausgegeben von
                               Stockholms Stadsmuseum 1967

Verschiedene: • „Tidningar 1790" , Nachdruck der Zeitung erfolgte 1990
                               für die Sonderausstellung „Svensksund 1790" im See-
                               historischen Museum Stockholm

                               • Ausstellungskatalog Nr. 568 des Nationalmuseums
                               Stockholm, erarbeitet von E.Lännroth. Titel der Ausstel-
                               lung: „Gustav III: s politik 1772–1792" (Solan och
                               Nordstjärnan - Frankrike och Sverige på 1700-talet) ,
                               Höganes 1993

456

VI. Dokumente, Tage- und Logbücher, Briefe u. ähnl. wurden ausgewertet

Königliches Reichsarchiv, Stockholm
Zentrales russisches Marinearchiv, Gatschina
Stadtarchiv Tallinn
Stadtarchiv Kotka
Archiv des Seehistorischen Museums, Stockholm
Archiv der Rüstkammer, Stockholm
Archiv des Blekinger Landesmuseums, Karlskrona
Archiv des Marinemuseums, Karlskrona
Archiv des Zentralen Marinemuseums, Sankt Petersburg

Anmerkungen

1   Details aller wichtigen Fahrzeugtypen siehe Tabellen

2   Im Jahre 1766 kam auf Empfehlung des Enzyklopädisten Denis Diderot (1713–1784) der Bildhauer Étienne-Maurice Falconet nach Rußland, um im Auftrag Katharinas II. ein Denkmal für Peter den Großen zu schaffen.

Als Postament wurde ein gewaltiger Granitstein ausersehen – „24 Fuß dick, 21 Fuß breit und 42 Fuß lang, nach der kubischen Berechnung 2.200.000 Pfund schwer" –, aufgefunden in der Nähe des finnischen Dorfes Ljachta. Der Bronzeguß für das große Peter-Monument erfolgte in den Jahren 1775 bis 1777. Die Aufstellung des Denkmals geschah 1782. Die Inschrift auf dem Sockel lautet „Petro Primo – Catharina Secunda – Anno 1782". Das Denkmal blieb in allen Kriegswirren unbeschädigt und befindet sich auf dem Platz der Dekabristen.

3   Der Großadmiral erwähnte eine wichtige Information nicht: das auslaufbereite Geschwader. Gustav III. und der Herzog glaubten zu diesem Zeitpunkt, die Flottenrüstung in St. Petersburg sei schlecht. Diese Fehleinschätzung bestimmte während der folgenden Wochen das Handeln gemäß dem Kriegsplan und war eine der Hauptursachen für dessen Scheitern.

4   Siehe Faksimile des Originalbefehls vom 21. Juni 1788 (Seite 352)

5   Schreiben an C. Reuterholm, datiert am 4. Juli 1788 in Hangö

6   Des Königs wichtigste Begleiter waren: Militärberater General Johan Christopher Toll; Außenminister Graf Jakob Gustav Oxenstierna af Korsholm och Wasa, Staatssekretär für Handel und Finanzen Freiherr Erik Ruuth; Generaladjutant und Oberst Gustav Mauritz Armfelt (Neffe von General Carl Gustav Armfelt); Generaladjutant und Konteradmiral Salomon Mauritz von Rajalin.

7   Tatsächlich behauptete die Opposition, das „Intermezzo bei Puumala sei vom König arrangiert" worden: Gustav III. habe vor seiner Abreise nach Finnland in der Stockholmer Oper Kosakenuniformen herstellen lassen. Schwedische Soldaten hätten die Uniformen angezogen, den Überfall inszeniert.

Diese Darstellung entbehrt jedoch jeglicher Grundlage. Im schwedischen Reichsarchiv ist ein Dokument verwahrt, aus dem der tatsächliche Hergang hervorgeht. Georg Jägerhorn – ein für seine Aufrichtigkeit bekannter Offizier – berichtete seinerzeit, daß einige Kosaken die Grenze zur Erkundung überschritten und dabei eine Hütte in Brand gesetzt hatten. Dem Schriftstück liegt eine genaue, von O. C. von Fieandt gezeichnete Karte des betreffenden Geländeabschnitts bei.

8   Kungshamn = südöstlich von Lovisa; Pellinge/Pellinki = Insel südlich von Borgå/Porvoo; Svartholm = Insel südöstlich von Lovisa.

9   Hinsichtlich *Jarislawitsch* und *Hector* ist anzumerken, daß die Übernahme von Prisen in die Flotte nichts Ungewöhnliches darstellte. Meist behielten sie auch ihren Namen. Eine Umbenennung bedeutete den abergläubischen Seemännern Unglück für das Schiff.

10 Peter I. stellte Ende des 17. Jahrhunderts erstmals drei reguläre russische Musterregimenter – die „Poteschnye Polki" – auf, um mit ihnen Kriegsspiele demonstrieren zu können. Diese einzelnen Regimenter erhielten ihren Namen nach den bei Moskau gelegenen Zarendörfern

Preobrashenski, Ismailowski und Semjonowski. 1709 wurde aus dem zuerst erwähnten Regiment die Garde gebildet, die die Bewachung der Zarenresidenzen zu übernehmen hatte.

11 Nautische Angaben: Von Krasnaja Gorka genau nördlich bis zum Kap Pestshanyj etwa 10 Distanzminuten, die Wassertiefe schwankt im Bereich der gedachten Linie zwischen 16 und 26 Metern. Von Krasnaja Gorka nach Osten bis zur Tolbukin Bank (1' westlich Kotlins) vier Distanzminuten. Von der gewünschten Sperrkette bis zur Ostküste etwa 20 Distanzminuten – das Fahrwasser weist zahlreiche Untiefen auf.

Nach dem Willen Rajalins sollten in diesem sackartigen Gewässerteil Erkundungsfahrten unternommen werden – schon zu Friedenszeiten ein riskantes Navigieren (bei starkem Westwind wäre der Flotte der weitläufige Flachwasserbereich zum Verhängnis geworden) –, unmittelbar vor der Festung Kronstadt die schwedischen Schiffe ankern!

12 Herzog Karl von Södermanland befehligte zwar die Flotte, doch sein Flaggkapitän hatte weitreichende Vollmachten – während der Schlacht konnte er selbständig entscheiden.

13 Der Munitionsbestand der *Prins Gustav* betrug nahezu 3400 Kanonenkugeln, davon etwa 2400 für Vierundzwanzig- und Achtzehnpfünder. Während der Schlacht wurden außerdem rund 800 Kartätschen abgefeuert.

14 Die Zahlenangaben beziehen sich auf den Zeitpunkt der Kapitulation. Der Begriff „Schwerverwundeter" entspricht nicht heutiger Definition. Seinerzeit waren damit Verwundete gemeint, die unter Deck in medizinischer Obhut blieben, nicht mehr am Kampf teilnehmen konnten. Vielleicht wäre die Bezeichnung „Schwerstverwundeter" zutreffender gewesen, da viele dieser Männer keine Überlebenschance besaßen. Im konkreten Fall erlagen bis zum Erreichen der Newa-Mündung 95 von ihnen ihren Verletzungen, stieg somit die Zahl der Toten auf 128 an. In Kronstadt wurden über 300 schwedische Seeleute und Soldaten ins Lazarett eingeliefert – Leicht- und Schwerverwundete.

15 Nach Kriegsende schilderte Oberst Wachtmeister in Karlskrona folgende Begebenheit: Am Tage nach der Schlacht forderte Admiral Greigh von einem russischen Schiffskommandanten dessen Degen wegen „Feigheit vor dem Feind". Der betreffende Kapitän kam in Arrest. In Kronstadt mußten er und aus gleichem Anlaß zwei weitere Schiffskommandanten sich vor dem Kriegsgericht verantworten. Die Strafen fielen unterschiedlich hoch aus. Alle drei verloren ihren Offiziersrang.

16 Das Geschwader dürfte das Schlachtfeld wohl kaum vor Einbruch der Dunkelheit erreicht haben – Anckarsvärds Verlangen war daher unüberlegt. Dem Historiker stellt sich jedoch die Frage nach der möglichen Entwicklung auf dem nördlichen Kriegsschauplatz, falls Anckarsvärd den Auslaufbefehl erhalten, am Morgen des 18. Juli die stark angeschlagene russische Flotte gestellt und vernichtet hätte.

17 Noch vor der Begegnung mit dem König erhielt Herzog Karl einen Brief, in dem ihn sein Bruder anflehte: „Wir bitten Euch sehr, bei der gegenwärtigen Kriegslage, bei Eurer Ehre und bei unserem Bruderbund, nicht des Reiches heilige Sache zu vernachlässigen, indem Ihr die Flotte nicht weiter führen, mit ihr nicht mehr siegen wollt." Ruuth und Oxenstierna, die das Schreiben am Vormittag des 19. Juli überreichten, vermochten den Großadmiral schließlich doch zu überzeugen, seinen Entschluß aufzugeben. Allerdings schien dafür mit ausschlagge-

bend gewesen zu sein, daß Gustav III. dem Wunsch seines Bruders zugestimmt hatte, nach dem Krieg die Flotte befehligen zu dürfen.

18 Die Schwedische Akademie setzte 1789 zur Erinnerung an die Hoglandschlacht und an die Gefallenen einen „Graf-Baltzar-Horn-Preis" aus. Nach dem Krieg wurden die in Gefangenschaft geratenen Brüder Wachtmeister rückwirkend vom 21.7.1788 befördert: Klas Adam zum Konteradmiral, Hans zum Oberst.

19 Die von Oberadmiral Karl August Ehrensvärd aufgestellte Stammrolle (Tabelle 1) ist demnach erheblich verändert worden – abgesehen davon, daß am 17.7.1788 sich der Kampfverband anders als ursprünglich vorgesehen zusammensetzte. Allgemein kann davon ausgegangen werden, daß auf einem Linienschiff je ein Oberstleutnant und Kapitän, zwei Leutnante und drei bis fünf Fähnriche dienten (Geschwaderflaggschiff drei Leutnante).

20 Die *Kilduin* hatte 128 Kanonen, einige Mörser, 22 Schiffsanker, 16.000 Kanonenkugeln und 500 Gewehre im Laderaum – ihre Besatzung bestand aus sechs Offizieren und 94 Mann.

21 „Gamla" = „Alt" ist eigentlich kein Schiffsname. Seinerzeit wurde die erste Udema als „Gamla Udema" („Alte Udema") bezeichnet.

22 Seiner Majestät Seereglement vom 18. April 1741 bestimmt im § 21 die Verpflichtung zum Führen eines Schiffstagebuches oder -journales. Nach § 69 hatte der Kapitän das Buch nach der Fahrt zu unterschreiben und dem Admiralitätskollegium zur Auswertung zu übergeben.

23 Svensksund (schwedisch) = Rotschensalm (russisch) und Ruotsinsalmi (finnisch).

24 Die Regimenter erhielten ihre Bezeichnung nach den Landstrichen, in denen sie aufgestellt wurden.

25 Hästeskos Hinweis bezog sich auf ein Ereignis vom 19. Juli. General Armfelt mit seinem Stab entging dort während einer Erkundung nur knapp der Gefangenschaft. In der folgenden Nacht wurde er zudem auf diesem Weg durch die Garnison Fredrikshamn überfallen, konnte aber den Angriff zurückschlagen.

26 Die Offiziersmeuterei wurde im Hauptquartier von General Armfelt, einem Landhof bei Anjala, organisiert. General Armfelt quittierte am 12. August 1788 seinen Dienst.

27 Katharina II. griff an der Seite Dänemarks „beratend" in die Friedensverhandlungen ein, verhinderte bis zum 9. Juli 1789 die offizielle Bekanntgabe der Neutralitätserklärung.

28 Sveaborg = 25° O

29 Lotirjow, der vorherige Kommandant, wurde nach der Seeschlacht von Hogland seines Postens enthoben.

30 An anderer Stelle erwähnt Anckarsvärd, daß einige Versorgungstransporter von ihrer Besatzung angezündet wurden, als sich ihnen die russische Fregatte näherte. Nachdem jedoch die Kanonenschaluppen in Sicht gekommen waren, widerrief man den Verbrennungsbefehl.
Zum Begriff „glühende Kugeln": Im übernächsten Abschnitt „Westlich von Sveaborg" wird auf diese wirkungsvolle Waffe näher eingegangen.

31 Beide Galeeren waren am 4. November seeklar. Wegen schlechen Wetters verzögerte sich ihr Auslaufen bis zum 13. November. Åbo erreichten sie am 16. November.

32 Das russische Blockadegeschwader – durch Auswechslung einiger Segler inzwischen auf elf Linienschiffe und drei Fregatten angewachsen – befand sich bereits im Winterquartier in Kopenhagen.

33 Katharina II. hatte die Schärenflotte dem Vizeadmiral Prinz Karl Heinrich von Nassau-Siegen unterstellt. Ende Mai 1789 führten jedoch Intrigen dazu, daß Graf Litta zeitweilig den Befehl über die Schärenflotte übernahm.

34 Im Lazarett der Kriegsbasis gab es nur zwei Ärzte – Dr. Gersdorff und Dr. Faxe. Die Ruhrepidemie 1788/1789 forderte über 5000 Todesopfer, vorwiegend Seeleute. Sie fanden auf dem Staatsfriedhof der Karlskrona vorgelagerten Insel Aspö ihre letzte Ruhestätte.

35 Als Vorsitzender der Ausrüstungskommission hatte Strömfelt eng mit Oberadmiral Karl August Ehrensvärd zusammenzuarbeiten. Im März 1789 stellte die Kommission ihre Arbeit ein. An ihre Stelle trat Oberst Ulrik Ehrenbill als Generalintendent des Oberadmirals. Ehrenbill sollte während der längeren Abwesenheit des Oberadmirals alleinverantwortlich mit der Stockholmer Ausrüstungskommission gemeinsame Projekte durchführen. Er erfüllte diese Aufgabe nur unzureichend. Sein Nachfolger wurde im Herbst 1789 Generalmajor Johan Christopher Toll – bis zu diesem Zeitpunkt militärischer Berater des Königs. Bereits im November 1789 konstituierte sich das „Komitee für Flottenrüstung im Admiralitätsamt". Gustav III. bestätigte Adolf Fredrik Munck als Präsident des Komitees und Toll, af Chapman und Nordenskjöld zu Beisitzern. In diesem kompetenten Gremium gab es für den Oberadmiral keinen Platz mehr.

36 Außer den bereits erwähnten Kontakten zu Offizieren des Anjala-Bundes hatte Oberst Anckarsvärd gegenüber Herzog Karl einmal erwähnt, „das Einberufen des Reichstages sei notwendig, um einer Spaltung der Nation entgegenzuwirken".

37 Die Anklage gegen Mikael Anckarsvärd erwies sich sehr schnell als haltlos. Der Oberst mußte rehabilitiert werden. Gustav III. befahl ihn aber nicht zur Armeeflotte zurück, sondern nahm ihn als Generaladjutant für die Kriegsplanung in seinen Beraterstab auf.

38 Ehrensvärd spielte auf die militärische Niederlage Karls XII. im Jahre 1709 bei Poltawa/Ukraine an.

39 Bereits am 19.6. ruderten Major Kraemers Kanonenschaluppen als Vorhut zum Svensksund zurück.

40 Die russische Blockadeeinheit gehörte zum Reval-Geschwader. Sie wurde von Scheschukow, Kapitän 2. Ranges, befehligt.

41 Von Rajalins Streitmacht hatte inzwischen weitere Verstärkung erhalten, u. a. einige aus Stockholm zurückgekehrte Galeeren – siehe Tabelle 12.

42 Beide Schreiben gingen am 18. August 1789 in Karlskrona ein. Dem Stil nach zu urteilen hatte Gustav III. beim Abfassen der Schriftstücke noch nichts über das Treffen beider Kriegsflotten am 26. Juli gehört. Oberadmiral Ehrensvärd, der fast täglich mit dem König zusammentraf, reagierte am 13. August erstmals auf die Seeschlacht.

43 „Nordischer Adler", in schwedischen Dokumenten als „Vendiska Örn" („Wendischer Adler") bezeichnet.

44 Die Originalinschrift lautet: „Gifven af KONUNGEN till J. H. Schützercrantz för visad Mandom mot Rikets fiender 1789, Under Kriget mot Ryssland. Porkala den 28 augusti 1789." (Der Ehrendegen ist in der Stockholmer Leibrüstkammer zu besichtigen.)

45 Das Geschwader (Linienschiffe *Wladislaw, Rättvisan* und *Ömheten*, Fregatten *Thetis, Minerva* und *Camilla*, Schoner *Disa*, Kutter *Falk* und *St. Barthélemy*) unter Oberst Fust war am 25.

August von Karlskrona abgesegelt, erreichte am 4. September Hangö, stand zwei Tage später nahe Porkala udde. Wegen der vermeintlichen russischen Übermacht („Vier feindliche Kriegsschiffe liegen vor Porkala, zwei andere große Schiffe im Südosten, und aus Richtung Reval nähern sich uns sieben weitere große Schiffe!") trat Fust den Rückzug an, traf am 15. September wieder in Karlskrona ein. Das Verhalten des Geschwaderführers war durch dessen Flaggadjutanten Gustav Klint scharf kritisiert worden.

[46] 1968 hatten Marinearchäologen den Wrackplatz untersucht: Zwischen den spärlichen Resten des in Archangelsk aus Weichholz gebauten Rumpfes wurden keine interessanten Funde gemacht – ein deutlicher Hinweis darauf, daß die *Sewerny Orjol* vor ihrer Aufgabe völlig leer geräumt worden war.

[47] In den folgenden Tagen stießen weiterhin zum Verband:

1. Kapitän K. P. Hard mit der Turuma *Lodbrok*, zwei Kanonenschaluppen und einer Kanonenbarkasse abgezogen vom Posten Abbofors.

2. Die Fregatte *Trolle* – abgezogen vom Posten Pellinge.

3. Leutnant F. Coyet mit der Galeere *Stockholm* von Sveaborg – ursprünglich für die Einheit des Generalmajors von Rajalin vorgesehen, wegen der Blockade Porkalas jedoch zum Oberadmiral abkommandiert.

4. Am 14. Juli die Udema *Torborg* nach ausgeführter Reparatur.

Ehrensvärd befehligte ab Mitte Juli somit insgesamt 46 Kampffahrzeuge (auch Hjelmstiernas Einheit konnte vor Unterbrechung des Versorgungsweges durch russische Blockadeschiffe von Hangö udde nach Sveaborg zurückkehren).

[48] Der Landkrieg entwickelte sich keineswegs nach den Wünschen der schwedischen Armeeführung: Der russische Generaloberleutnant Schulz eröffnete am 11. Juni die Offensive. In der Savolaksregion stieß er von Kristina aus mit 6000 Mann bis zum Dorf St. Michel ins schwedische Gebiet vor. Hier hielt ihn Oberst K. von Stedingk auf. Mit Unterstützung des Osterbotten-Regiments trieb von Stedingk den Feind bis nach Parkumäki (nahe Nyslott) zurück, rieb schließlich das Heer von Schulz auf.

Der schwedische Hauptstoß aber sollte von Lovisa aus auf Fredrikshamn erfolgen – nach Norden begrenzt bis Värälä an der Kymmene. In der Ausgangsposition unterteilte sich die Front noch in mehrere Abschitte: linke Flanke bei Värälä Generalleutnant von Platen, bei Liikala der König, Stoßrichtung Fredrikshamn General von Siegroth, Kymmenegebiet General Kaulbars, Stoßrichtung Högfors, Pyttis, Kuppis, Stor Abborfors und Summa General Meijerfeldt.

Auf russischer Seite hatte General Wassili Petrowitsch Mussin-Puschkin den Oberbefehl. Im Gebiet Fredrikshamn standen die Truppen des Generaloberleutnants Denisow, im Gebiet von Tavastila die des Generaloberleutnants Numsen.

Das Kriegsglück wechselte oft. Besonders strategische Geländegewinne konnte niemand erringen. Zwar rückten schwedische Regimenter bis Fredrikshamn vor, doch für den Kriegsverlauf hatte dieses Unternehmen keine Bedeutung.

[49] Tatsächlich hatte Tschitschagow unmittelbar nach dem Verlegen auf Reede mit dem Erfüllen des zweiten Instruktionspunktes begonnen:

1. Kapitän Trevenen wurde mit dem *Rodislaw*, einer Fregatte und zwei Kuttern nach Hangö

udde detachiert. Die Formation war am 29.5. wieder beim Geschwader. Trevenen meldete, die Schweden hätten auf Hangös Landzunge eine starke Batterie angelegt (Kanonen und Mörser, insgesamt 50 Rohre). Außerdem befänden sich vier feindliche Fahrzeuge bei Tvärminne. Eine Blockade Hangö uddes – wie im Vorjahr – wäre nicht möglich.

2. Am 26.5. setzte eine zweite Gruppe unter Befehl von Kapitän Scheschukow Segel zur Erkundung der Gewässer von Porkala.

3. Am 1.6. wurde Kapitän Trevenen erneut detachiert, diesmal zum Vorpostendienst zwischen Reval und Hangö.

50   *Gremjaschtschi* konnte einige Wochen später geborgen werden.

51   Admiral Tschitschagow wollte trotz erfolgter Vereinigung mit Spiridow am 6. Juni noch nicht nach Westen aufbrechen. Ihm fehlten die Linienschiffe von Trevenen und Scheschukow. Glebows Einheit (*Europa, Januari, Simeon* und *Patriki*) traf am 27. Juni bei Tschitschagow auf der Revaler Reede ein. Sie sollte die Blockadeformation Scheschukows ablösen (ein Linienschiff, zwei Fregatten und zwei Kutter – zeitweilig unterstützt von Trevenens Patrouille). Nachdem Glebow mit *Europa* und *Januari* am 4. Juli den Posten Porkala übernommen hatte, segelten Trevenen und Scheschukow nach Reval, konnte Tschitschagow am 13. Juli endlich Kurs auf die westliche Ostsee nehmen.

52   Die *Olonez* konnte jedoch entkommen. In schwedischer Hand blieb allerdings ihre mit neun Mann besetzte Ruderschaluppe.

53   Briefe aus jenen Tagen verdeutlichen recht anschaulich die damalige Situation, auch was das Verhältnis Krus/Nassau-Siegen betraf: 23. Juli: Turtschaninow in Zusammenhang mit Winters acht Schebecken an Besborodko: „Es scheint, als ob Krus mit seinen beiden Fregatten in der befohlenen Sache nur wenig erreichen kann, er braucht Verstärkung …"
Nassau-Siegen an Katharina II.: „Ich warte bloß noch auf Vizeadmiral Krus. Dann werde ich handeln – die Kampagne endet mit Ruhm für Euer Majestät Fahne …"
30. Juli: Turtschaninow an Besborodko: „Ich fahre heute nach Aspö, um Krus davon zu überzeugen, daß er ohne Hilfe aus Kronstadt die vielen Wünsche der Kaiserlichen Majestät zu erfüllen hat …"
31. Juli: Turtschaninow an Besborodko: „Bei Aspö bin ich zwar auf Kapitän Winter, nicht aber auf Vizeadmiral Krus gestoßen. Ihn fand ich später bei Kokschchar …"
Nassau-Siegen an Katharina II.: „Wir verlieren kostbare Stunden. Wenn die Saumseligkeit Kruses von dessen Unzufriedenheit herrührt, sich unter meinen Befehl zu stellen, so bin ich bereit, diesen niederzulegen, mich Kruses Weisungen bedingungslos zu beugen …"

54   Die Stärke des Verbandes blieb in den folgenden Tagen konstant. Details lassen sich der Tabelle 15 entnehmen. Im Verlauf der vorangegangenen Wochen hatte sich die Zusammensetzung durch Neuzu- und Abgänge wiederholt verändert: 23 Fahrzeuge kamen aus Kronstadt, der reparierte Halbprahm aus Viborg, Einheiten wurden zu Aviso-, Wach- und Aufklärungseinsätzen detachiert oder für Kruses Geschwader abgestellt.

55   Ehrensvärd bezeichnete das Gefecht in seinem Tagebuch als „Affäre von Korgesari" (in anderen Dokumenten auch „Affäre von Högholmarna" genannt). Er vermutete, Nassau-Siegen würde mit seiner gesamten Streitmacht angreifen, denn in Ehrensvärds Tagebuch hieß es: „Ich hielt meine Flotte für die Hauptattacke bereit, doch der Feind ging nicht weiter vor als bis Korgesari."

56 Der russische Munitionsverbrauch betrug annähernd 2000 Kanonenkugeln. Verluste: Auf russischer Seite sechs Tote und 14 Verwundete, auf schwedischer Seite zwei Schwerverwundete.

57 Spätere Untersuchungen des Admiralitätskollegiums ergaben, daß des Prinzen Beschuldigungen jeglicher Grundlage entbehrten.

58 Der Effekt schien gering gewesen zu sein. Auf den schwedischen Kanonenschaluppen gab es zwei Verwundete, die russische Batterie verzeichnete keine Ausfälle.

59 Ehrensvärd in seinem Tagebuch dazu: „Seine Majestät beharrte energisch auf dem Verbleiben der Flotte im Sund. Ich sah nur einen Ausweg, meine Schiffe zu retten: Das von Aspö kommende russische Geschwader mußte mit starken Kräften aufgehalten und Prinz Nassau-Siegen die Zufahrt zum Schlachtfeld verwehrt werden."

60 Die Operationen der Kriegsflotten werden in späteren Abschnitten dargestellt.

61 In schwedischen Dokumenten/Quellen wird die Pojama Fröja mitunter fälschlich als Schoner bezeichnet.

62 Oberadmiral Ehrensvärd bezeichnete mitunter die Kanonenbarkassen als Kanonenschaluppen, die Mörserbarkassen nicht als Kampffahrzeuge.

63 Die exakte Übersetzung lautet: „Ich ertrage das Unglück!" Das Signal bedeutete, das Schiff sei nicht mehr kampffähig, sollte aus der Gefechtslinie herausgenommen werden.

64 In den ausgewerteten russischen Dokumenten taucht der Schiffsname nur in diesem Zusammenhang auf. Vermutlich handelte es sich um ein Aufklärungsfahrzeug.

65 Laut schwedischer Quelle gerieten von den 90 Männern der *Pospeschny* 15 und von den 250 Männern der *Perun* 50 verwundet in Gefangenschaft („Dag-Bok hållen på Kongl. Galär Flottan åren 1789 och 1790 samt Fångenskapen i Ryssland").

66 Nassau-Siegen hielt sich also nicht an seinen Operationsplan, erteilte den Angriffsbefehl mit dreistündiger Verspätung. Bei der Auswertung des Schlachtverlaufes rügte das Admiralitätskollegium mit Recht des Vizeadmirals Verhalten.

67 Brigadier Kuschelew ging in seinem Bericht sehr genau auf den Verlust der *Zywilski* ein. Er schrieb u. a.: „Weil bei diesem Galeerentyp die Pulverkammer nicht sehr tief liegt, hielt sich die Zahl der Toten und Verwundeten in Grenzen. Der überwiegende Teil der 300 Mann starken Besatzung wurde durch die Explosion ins Meer geschleudert und konnte sich retten."

68 Gustav III. verfolgte den Schlachtverlauf von einer Anhöhe auf Kotkasari aus. Die Meldung vom Durchbruch russischer Kanonenboote veranlaßte Oberadmiral Ehrensvärd, dem König zu empfehlen, er „möge in sein Hauptquartier zurückkehren, da die Lage verworren und unsicher sei". Oberstleutnant von Rosenstein schrieb als Kriegsgefangener Seiner Majestät aus Sankt Petersburg. Sehr beredt und detailliert berichtete er über die letzten Stunden der *Oden*.

69 Da sowohl der Befehlshaber der 1. Schiffsabteilumg, Oberstleutnant Fleetwood, als auch der Kommandant des Schiffes, Kapitän von Hohenhausen, gefallen waren, wurde Turuma *Björn Järnsida* von einem Fähnrich (in Friedenszeiten ein Kauffahrer-Kapitän) übergeben. An Bord känpften zuletzt nur noch 20 Männer (43 Gefallene, 80 Schwerverwundete).

70 Oberstleutnant de Frèse räumte am 1. September die Kajüte seiner – bei der Insel Vormö liegenden – Galeere *Seraphimsorden* und begab sich nach Lovisa.

71 Auszeichnungs- und Beförderungsurkunden waren am 9. September 1789 ausgestellt worden.

„Ritter mit dem Großkrreuz des Schwertordens" wurde wie folgt getragen: Ritterkreuz am Halsband und ein aufrechtstehendes silbernes Schwert auf der linken Brustseite.

„Kommandeur mit dem Großkreuz des Schwertorden" wurde wie folgt getragen: Ordenszeichen als Ritterkreuz am Halsband und Ordensstern auf der linken Brustseite.

Weil Schwertordem nur an Offiziere verliehen werden durften, ließ Gustav III. noch 1789 eine Tapferkeitsmedaille für Unteroffiziere und niedere Ränge prägen.

72 heute Kejvsalö

73 *Mercury* wurde später umgerüstet. Sie verfügte danach über zwei Karronaden: einen Vierund-zwanzig- und einen Zweiundzwanzigpfünder.

74 Das russische Seereglement erlaubte Frauen, sich nur während der Hafenliegezeit an Bord aufzuhalten. Ihre Teilnahme am Seetörn bedurfte der ausdrücklichen Zustimmung des Admirali-tätskollegiums. Sie wurde selten erteilt, keinesfalls in Kriegszeiten.

75 Das betraf die elf Linienschiffe *Troch Jearchor, Tschesme, Saratow, Panteleimon, Sewerny Orjol, Alexander Newski,* Nummer 7, 8, 9, 10 und 11, die drei Fregatten *Nadeshda, Solombala* und Nummer 3 sowie die beiden Kutter *Mercury* und *Dolphin.* Weiterhin verblieben drei geka-perte Kauffahrer beim Geschwader. Nach Aufhebung der Blockade Karlskronas segelten nach Kronstadt oder Reval: eine Fregatte, zwei Bombenketschen und drei armierte Transporter.

76 D'Albedyhll hatte bereits am 20. Juli 1788 – zehn Tage nach Eintreffen van Dessens – dem König geschrieben: „Ich halte es für undenkbar, das hier ankernde Geschwader anzugreifen. Sobald jedoch der Krieg ausbricht, sollte man es von Landskrona aus in Brand setzen. Das wäre zwar nach den Kriegsregeln ungewöhnlich, aber es ließe sich bewerkstelligen." Die Ant-wort – geschrieben vor dem Überfall auf Råå – war ablehnend. Gustav III. brauchte ein neutra-les Dänemark, weil er nicht an zwei Fronten zu kämpfen beabsichtigte.

77 Gustav III. bezog demzufolge auch eine verbrannte dänische Flotte in seine Überlegungen ein.

78 In Dänemark erschienen mehrere Kupferstiche zu dieser Thematik. Die Texte sind allerdings nicht korrekt. So wird beispielsweise angeführt, O'Brien hätte seinem in russischen Diensten stehenden Landsmann, Kapitän Tet, den Brandanschlag verraten. Tet war jedoch Kommandant der *Kir Johann.* Das Linienschiff überwinterte 1788/1789 nicht in Kopenhagen, sondern in Reval. Außerdem wäre O'Brien in einem solchen Fall wohl nicht verurteilt worden.

79 1796 wurde Lars Benzelstjerna begnadigt, konnte in seine Heimat zurückkehren.

80 Die maximale Wassertiefe betrug sechs Meter, in großen Seeabschnitten höchstens 3,70 Meter und im Bereich des sogenannten „Mittelgrundes" nur zwei Meter.

81 Hinsichtlich der russischen Linienschiffe zählte Sprengtporten das noch im Ramsjöfjord lie-gende mit, erwähnte diesen Umstand jedoch nicht.

Das dänisch-norwegische Geschwader bestand der Meldung zufolge aus elf Linienschiffen (1 x 80, 4 x 74, 2 x 70 und 4 x 64 Kanonen), einem Blockadeschiff (60 Kanonen), drei Fregatten (je 36 Kanonen), vier Verteidigungsschiffen (je 24 Kanonen), zwei Bombardierschiffen (je 16 Kanonen) und drei Wachschiffen.

82 Die Neutralitätsverpflichtung wurde am 30. Mai 1789 in Kopenhagen unterzeichnet. Kathari-na II. gelang es jedoch, die Veröffentlichung des Dokuments bis zum 9. Juli 1789 zu verhin-dern.

83 Die kaiserliche Instruktion für Admiral Tschitschagow sah noch die Blockade Karlskronas vor.
Dieser Punkt wurde erst im Juni 1789 revidiert, obwohl Kosljaninow bereits Ende April 1789
über die Änderung des Kriegsplanes informiert gewesen war.

84 Kapitän Crowns Frau hatte sich während der Prisenüberführung aufopferungsvoll um die Verwundeten auf der *Venus* gekümmert. Diese humanitäre Handlungsweise wurde in russischen
Propagandaschriften besonders hervorgehoben, um von dem Hintergrund der eigentlichen Affäre abzulenken.

Die kaiserliche Order und Kosljaninows „schöngefärbter" Bericht führten u. a. in der sowjetischen Literatur dazu, daß Kapitän Crown – allerdings unter seinem russischen Namen Roman
Wassiljewitsch Kroun – als Held bezeichnet und die Eroberung der schwedischen Fregatte als
Ergebnis eines anderthalbstündigen Kampfes dargestellt wurde.

85 Trotz Neutralitätsverpflichtung sympathisierte die dänische Regierung offen mit Rußland. Sie
durfte zwar das Kopenhagen-Geschwader nicht offiziell unterstützen, tat dies jedoch in verdeckter Weise.

86 Die Anzahl der Geschütze blieb unverändert, es erfolgte nur ein Austausch. Kleinere, auf den
Linienschiffen nicht mehr benötigte Kaliber kamen auf die gekaperten Kauffahrer (armierte
Transporter).

87 Wieviel Pulver an Bord kam, ist nicht exakt bekannt. Dem König lag allerdings Ende April
1789 ein von General Toll unterzeichnetes Schriftstück über die „Vorräte an Schießpulver"
vor. Demzufolge gab es im schwedischen Reich 1700 Tonnen Pulver. Armee und Flotte hatten
für den Feldzug jedoch einen Bedarf von 2950 Tonnen angemeldet. Um die Differenz einigermaßen auszugleichen, wurden in England 600 Tonnen bestellt. Diese Lieferung war bis zur
Abfassung des Dokuments nicht in Schweden eingetroffen. Die Flottenbasis Karlskrona erhielt 500 Tonnen weniger als angefordert.

88 Die Abkommandierung erfolgte kompanieweise. Eine Kompanie bestand aus 150 Mann.

89 Das Seereglement bestimmte die Zahl der Salutschüsse: König und Großadmiral 32, Admiral
16, Vizeadmiral zwölf, Konteradmiral acht, Oberst vier und Oberstleutnant zwei.

90 Für Unteroffiziere und die niederen Ränge gab es während des normalen Flottendienstes keine
Auszeichnungen. In Kriegszeiten wurden jedoch neue Ehrenzeichen und Medaillen für diesen
Personenkreis gestiftet. 1788 ließ Gustav III. seine erste Tapferkeitsmedaille prägen (Vorderseite mit dem Porträt des Königs, Rückseite mit dem Text „Für Tapferkeit im Feld" – analog
für die Marine: „Für Tapferkeit auf See").

Weitere Tapferkeits- und Erinnerungsmedaillen folgten 1789 und 1790. Daß ein Großadmiral
ein eigenes Ehrenzeichen stiftete, war unüblich. In besagtem Fall spielte vermutlich des Herzogs Verwandtschaft zum König eine Rolle.

91 Das heutige Lyckeby – nordöstlicher Vorort Karlskronas – war einst ein kleiner Marktflecken,
kaum 400 Meter im Durchmesser groß. Es liegt an der Lyckebyån, die in die Ostsee mündet
(Lyckebyfjärden). Nordenskjölds Wasserleichter fuhren bis zur Wassermühle (Kronokvarn =
Staatsmühle) des Ortes, füllten die Vorratsbehälter beim Schöpfrad. Die Mühle mußte in der
zweiten Hälfte des 19. Jahrhunderts dem jetzigen Wasserwerk Karlskronas weichen.

92 Die Nummerntafel wies alle Ziffern von 1 bis 100 auf, die mit 20 Signalflaggen (2 x 10) be-

stimmt werden konnten. Außerdem gab es noch drei Flaggen/Wimpel für die Zahlen 100, 200 und 300. Demnach vermochte Herzog Karl bis zu 700 unterschiedliche Befehle durch Flaggensignale zu übermitteln.

93 Gefahrene Wimpel an der betreffenden Flaggstenge: Vorhut = Fockmast, Zentrum = Großmast, Nachhut = Besanmast.

94 Verbindliche Berichte über die auf der Reede von Reval ankernden russischen Einheiten lagen Herzog Karl nicht vor.

95 Snedorf überbrachte Admiral Tschitschagow Ende Juni von Baron Krjudner und Vizeadmiral Kosljaninow Depeschen.

96 Ein Fähnrich schrieb in diesem Zusammenhang: „Die Extra-Kost war weitaus besser als die normale, doch nicht so gut wie die, die Konteradmiral Nordenskjöld uns auf Reede beschafft hatte."

97 In Tschitschagows Instruktion vom 11. April war noch von der Blockade Karlskronas die Rede. Wegen der veränderten Lage in Kopenhagen schlug der Admiral vor, auf die Blockade der schwedischen Marinebasis zu verzichten. Dafür empfahl er die Zweifrontenvariante oder eine Seeschlacht mit vereinten Kräften. Das Admiralitätskollegium stimmte zu, fertigte für Kosljaninow eine entsprechende Order aus und bestätigte im Juni Tschitschagows neuen Befehl.

98 Tegler erhielt seinen Auftrag nach Dänemarks offizieller Neutralitätserklärung.

99 Demnach fand die Wende der russischen Flotte etwa 90 Seemeilen südlich von Hoburg/Gotland statt.

100 Zwei russische Kutter befanden sich auf Kurierfahrt.

101 Nordenskjöld sah den zurückbleibenden Flottenteil als Arriergarde an. Tatsächlich segelte Tschitschagow zu diesem Zeitpunkt noch in zwei Geschwader formiert. Für den Ernstfall hatte der Admiral allerdings seine Linienschiffe für drei Abteilungen vorgesehen: die Ordnungsnummern 1 bis 7 als Vorhut unter Konteradmiral Spiridows, die Ordnungsnummern 14 bis 20 als Nachhut unter Vizeadmiral Mussin-Puschkins und die Ordnungsnummern 8 bis 13 als Zentrum unter seinem direkten Befehl.

102 Der in den zeitgenössischen Dokumenten genannte Begriff „Kanonenschußweite" dürfte nicht eindeutig zu bestimmen sein, zumal genauere Angaben fehlten. In den russischen Aufzeichnungen heißt es mal „ein Werst (ca. 1000 Meter), mal „über eine Distanzminute" (ca. 2000 Meter), in schwedischen Schriften wiederum wird unter anderem „fast eine Seemeile" (ca. 1500 Meter) angeführt.

103 Admiral Tschitschagow zeigte großen Respekt vor Nordenskjölds Können, denn in Auswertung der Hoglandschlacht (1788) hatte Admiral Greigh äußerst lobend über den schwedischen Flaggkapitän gesprochen und ihn unter anderem als „hervorragenden Strategen" bezeichnet.

104 Kühlte = leichte, mäßige Brise

105 Die Methode, aus der eigenen Linie auszubrechen und einen Teil der feindlichen Formation abzuschneiden, hieß „umsegeln". Das war zu jener Zeit ein Novum der Seekriegstaktik. Schweden hatte die Methode vom französischen Seereglement übernommen.

106 Backstagbrise = Wind, der ungefähr 4 Strich von achtern über die Backstagen (Enden zum Abstützen der Masten nach achtern in Längsrichtung des Fahrzeugs) einkommt.

107 Den vier Logbüchern sind unter anderem folgende Angaben zu entnehmen:

1. Wind WNW (292^1/$_2$ Grad), Kurs beim Vorstoß NOzO (56^1/$_4$ Grad) – „raumer Wind" beim Segelmanöver.

2. Die Wendeorder kam von der *Drottning Sofia Magdalena,* Lilliehorns Flaggschiff. Dieser Rückzugsbefehl stand später im Mittelpunkt eines juristischen Streites. Es gelang nie nachzuweisen, wer ihn erteilt hatte. Im Signalbuch der *Drottning Sofia Magdalena* war er nicht festgehalten worden, und Lilliehorn bestritt, ihn gegeben zu haben.

108 In schwedischen Schriften – u. a. in Herzog Karls Schlachtbericht – werden drei russische Schiffe erwähnt, die die Linie verlassen hatten. Russische Logbücher bestätigen diese Angaben nicht.

109 In den Logbüchern von *Dygden* (1) und *Fröja* (2) heißt es dazu:

(1) „Tagsüber mit ‚Klar Schiff zum Kampf' den Feind gejagt, ihn aber nicht erreicht."

(2) „Obwohl wir alle Segel gepreßt haben, kommen wir nicht an die feindliche Flotte heran, sie fällt immer forsch ab."

110 Nordenskjöld ging nach wie vor von einer geplanten Vereinigung der russischen Streitkräfte *vor* Karlskrona aus. Er kannte den von Tschitschagow befohlenen Treffpunkt vor Danzig nicht. Unter normalen Umständen hätte die feindliche Hauptmacht dort kreuzend auf das südlich Bornholms passierende Kopenhagen-Geschwader warten müssen. Aus unterschiedlichen Gründen wählten jedoch Tschitschagow und Kosljaninow unabhängig voneinander völlig andere Routen. Merkwürdigerweise waren diese mit den Vorstellungen Nordenskjölds identisch.

111 In einem vom 9.8. (20.8.) datierten Brief an Graf Besborodko schrieb Kosljaninow: „... die voraussegelnden *Mercury* und *Venus* sichteten am Morgen des 20. Juli (31.7. – d. A.) bei Bornholm 29 schwedische Segel ..." In den Logbüchern fehlen jedoch Hinweise dieser Art.

112 Die schwedische Flotte ging am 31. Juli zwischen 16 und 17 Uhr auf Reede vor Anker.

113 Der Kutter *Mercury* und die Fregatte *Venus* waren nach Reval detachiert worden, einige Kutter zudem mit Kurierauftrag unterwegs.

114 Der zweite Punkt war reines Wunschdenken. Schon die zwischen Karlskrona und Kronstadt/ Reval herrschenden unterschiedlichen Eisverhältnisse lassen diese Forderung unreal erscheinen. Im Februar 1790 stand die Blockade Karlskronas nicht mehr zur Diskussion.

115 Wie katastrophal es um die Einsatzbereitschaft der Kriegsschiffe stand, sollen zwei Beispiele verdeutlichen:

Am 25. August wurde Major Sjöbohm, Befehlshaber der *Drottning Sofia,* feierlich beigesetzt. Der Trauersalut konnte aber erst geschossen werden, nachdem von anderen Fahrzeugen „ausgeborgte" Geschützführer an Bord gekommen waren.

Das Exerzieren mit den vielen seeunerfahrenen Männern fand wegen der wenigen dienstfähigen Offiziere unter recht ungewöhnlichen Bedingungen statt – je ein Fähnrich zeichnete für die Ausbildung von fünf Schiffsbesatzungen verantwortlich.

116 Wegen der Herbststürme wurde das Lager abgebrochen. Etwa 2000 Patienten kamen nach Karlskrona, unter anderem in das neueingerichtete Krankenrevier „Faßschuppen". Am 4. Oktober vermerkte Dr. Hedin: „Die Seuche klingt ab, wir haben sie besiegt."

117 In solch einem Fall mußte der König nach vorherigem Prüfen des Sachverhalts das Urteil be-

stätigen. Gustav III. fand es für angebracht, seine Entscheidung zurückzustellen und eine Lilliehorn entlastende Aussage durch das Gericht prüfen zu lassen. Nun saßen die betreffenden Schiffskommandanten auf der Anklagebank. Übereinstimmend bezichtigten sie den Konteradmiral der Lüge. Ein Beweis für die Richtigkeit von Lilliehorns Behauptung konnte nicht erbracht werden. Die angeklagten Offiziere wurden im April 1790 freigesprochen, Konteradmiral Lilliehorn erwartungsgemäß zum Tode verurteilt. König Gustav glaubte allerdings, einige Schiffskommandanten hätten sich für Lilliehorns Verhalten auf dem letzten Reichstag gerächt – dessen entschiedenes Eintreten für die Annahme der „Vereinigungs- und Sicherheitsakte" wäre ihren Interessen zuwider gewesen. Er begnadigte Lilliehorn und verwies ihn für drei Jahre des Landes.

118 Der an Herzog Karl gerichtete Brief lautet: „Hauptquartier Kymmenegård, am 3. August 1789 Mein lieber Bruder, das ist nicht der König, nicht der Oberbefehlshaber von Schwedens Kriegsmacht zu Lande und zur See, der Euch schreibt, dies ist der Bruder, der Euch stets geliebt, der Euch niemals in Gefahr allein gelassen und der Euch immer den Beweis seiner Freundschaft und seines Vertrauens geliefert hat, der schreibt Euch bittend, ihm beizustehen, indem Ihr Porkala befreit und dadurch ihn rettet, er und sein Heer sonst hungern müssen, seine Truppen zum Stehen kommen, die durch Gottes Hilfe so weit vorgestoßen sind, und schließlich, daß Ihr trotz des schweren und kummervollen Zustandes der Flotte nicht zögern werdet, ein Geschwader nach Porkala zu entsenden und die dort kreuzenden russischen Schiffe zu vertreiben. Gustav."

119 1788 befehligte Klint als Fähnrich die Aviso-Yacht *Makrillen*. Er nahm an der Hoglandschlacht teil und erkundete später von Sveaborg aus das finnische Schärengebiet, lernte es relativ gut kennen.

120 In russischen Dokumenten – ausgenommen in den Logbüchern der Blockadeschiffe vor Porkala – wird das schwedische Geschwader nicht erwähnt.

121 Die Sollstärke der *Minerva* betrug 342 Mann. Rein rechnerisch betrachtet wurde demnach fast die gesamte Besatzung zweimal ausgetauscht.

122 Die Avantgarde befehligte diesmal Oberst Psilanderhjelm auf der *Drottning Sofia Magdalena* (bei der Hoglandschlacht Befehlshaber der *Prins Karl*, bei der Ölandschlacht der *Göta Lejon*).

123 Die Kampftruppen sollten durch Reserveeinheiten nach und nach eine Stärke von etwa 45.000 Mann erhalten.

124 Memmel = heute Ummeljoki

125 Der Kriegsflotte fiel augenfällig eine äußerst passive Rolle zu. Dies, obwohl ihr die schwedische Flotte waffenmäßig und von der Zahl der Linienschiffe her nicht überlegen gewesen war. Naheliegend ist, daß sowohl Kaiserin als auch Kriegsrat in das Können des Flottenführers Tschitschagow kein großes Vertrauen setzten, sich ihre Hoffnungen auf Prinz Nassau-Siegens Ruderflotte konzentrierten.

126 Ehrensvärds Abschied wurde am 1. Februar 1790 beschlossen, wegen Klärung der Pensionsansprüche die Urkunde aber erst am 20.2.1790 unterzeichnet.

127 Herzog Karl muß mit seinem Bruder eingehend über Nordenskjölds Besuch gesprochen haben, denn das Komitee erhielt plötzlich von verschiedenen Seiten finanzielle Hilfe. Auch des Konteradmirals Reformgedanken dürften dem König übermittelt worden sein. Sie wurden zwar

1790 nicht realisiert, aber es gab auf „Anraten Seiner Majestät" in dieser Hinsicht einige erste Ansätze – so bekam unter anderem Major Ruuthensparre den Auftrag, sich während seiner vorgesehenen „Werbereise nach London" auch nach „erfahrenen ausländischen Seeoffizieren umzusehen".

[128] Allgemein wurde davon ausgegangen, daß die russischen Ostseehäfen nicht eisfrei waren. Wegen des relativ milden Winters gab es allerdings Zeitabschnitte, in denen das Ein- und Auslaufen durchaus erfolgen konnte. Als Beispiel seien einige Klimadaten von Reval genannt:

1.12.1789: Hafen zugefroren, Reede offen. Danach Regenperiode, wärmer.

10.2.1790: Beginn einer kurzen Frostperiode, Hafen und Reede vereist.

18.2.1790: Hafen und Reede wieder eisfrei.

2.3.1790: Erneut Frost. Hafen und Seegebiet zwischen Nargö und der Insel Wulf starke Eisdecke.

[129] Gleichzeitig wurde mit Oberstleutnant Törning, dem Kommandeur von 25 Fahrzeugen der Armeeflotte, eine Art „Ämterteilung" vereinbart, damit sich beide Offiziere unabhängig voneinander ihren Ausrüstungsaufgaben widmen konnten.

[130] Wer den Geheimauftrag initiierte, läßt sich im nachhinein nicht feststellen – vermutlich war es der König, der die zehn bis zwölf Fahrzeuge offensichtlich der Ruderflotte zugeordnet hatte. Ebenso unklar ist, weshalb Kapitän Cederström ausgewählt worden war. Allerdings nannte das Komitee bereits am 9. Februar 1790 in einem „Eilbrief" an den König Details zu diesem Unternehmen – u. a. die Namen von Kapitän Cederström, Fähnrich Escolin und die der vier Fahrzeuge. Aus dem Schreiben geht nicht hervor, wer sich in dieser Angelegenheit an das Komitee gewandt hatte – Seine Majestät, die „Geheime Kriegskommission" oder eine andere Persönlichkeit?

[131] Katharina II. gab der Festung Rågervik den Namen Baltischport und erklärte sie mit Ukas vom 20. August 1762 zum Kriegshafen für die Baltische Flotte. Die nahegelegene Stadt behielt ihren Namen.

Andere Schreibweisen: Rogervik oder Raagervik, heute Paldiski.

[132] Die Reede von Reval wurde erst am 27. März eisfrei.

[133] St. Michel = heute Mikkli

[134] Walkjala = heute Valkeala

[135] Bei Herzog Karls Ankunft in Hangö wurde ihm ein Brief seines Bruders übergeben. König Gustav forderte unter anderem, die Flotte „muß recht schnell nach Reval segeln ..." In seiner Antwort ging der Herzog nicht nur auf dieses Verlangen ein, sondern berichtete ausführlich über die hervorragende Arbeit des Komitees, das mit dieser Mitteilung seine Tätigkeit als abgeschlossen betrachtete.

Noch am selben Tag würdigte Seine Majestät Generalmajor Tolls Leistungen, verlieh ihm die Auszeichnung „Kommandeur mit Großkreuz zum Schwertorden".

[136] Schreiben der „Geheimen Kriegskommission" an den König vom 18. August 1789.

[137]

und

[138] Für König Gustav bestimmter Regierungsbericht vom 11. April 1790.

139 Die drei Offiziere trugen als Auszeichnung die Uniform eines Geschwaderführers, erhielten etwas höheren Sold.

140 Die Zahlenangaben entsprachen annähernd der Realität.

141 Beim Vergleich der Tabellen 19 und 20 fallen unterschiedliche Angaben auf. Diese erklären sich wie folgt: Am 11. Mai befanden sich die Linienschiffe *Finland* und *Fredrik Rex* in finnischen Stützpunkten, hielten sich die Linienschiffe *Prins Ferdinand* und *Prins Karl Frederik*, das Lazarettschiff *Hjälten,* die Fregatten *Bellona, Diana Hector* und *Illerim*, die Kutterbriggs *Husaren* und *Dragon* sowie die Yacht *Måsan* noch in Karlskrona auf.

142 Logbucheintragung der *Dristigheten* vom 12. Mai: „12.00 bis 16.00 Uhr Wind aus WNWzW, Bramsegelkühlte; 16.00 bis 22.00 Uhr West bis WSW, leichte Bramsegelkühlte; gute, wenn auch nicht sehr starke Brise."

143 Nach Kriegsbeginn hatten die Russen entlang der Küste ein recht zuverlässiges Wachsystem aufgebaut. Von einfachen, schnell errichteten recht hohen Holztürmen aus beobachteten Posten den Seeverkehr.

144 1407 war vom Orden der Heiligen Birgitta im schwedischen Vadstena der Bau des Klosters „Sankt Birgitta" genehmigt worden. Die Klostergebäude entstanden 1436. 1577 (Livländischer Krieg) brannte das Kloster nieder. Noch heute vermitteln die Ruinen eine Vorstellung von der einstigen Schönheit und Größe der Klosteranlage – Ortsteil Pirita.

145 Suurupi = Ort und Halbinsel südlich von Nargö

146 Das in den Logbüchern festgehaltene Signal ist der einzige Hinweis auf Nordenskjölds Erwägung, vor der russischen Linie zu ankern, den Feind auf diese Art zu bekämpfen.

147 Graf Saltykow, Oberbefehlshaber der Finnlandfront, schrieb am 12. Mai 1790 an Graf Besborodko: „Erst vorgestern habe ich von Prinz Nassau-Siegen eine Aufstellung über die Truppen erhalten, die für das Einschiffen vorgesehen sind." Diese Liste traf u. a. durch Kurier bei Baron Igelström am 11. Mai in Villmanstrand ein. Am 12. Mai begann er, Reserven nach „vorn zu verlegen", um Einheiten für die Ruderflotte „von der Front abziehen zu können". Generaloberleutnant Numsen notierte zum Beispiel zum 13. Mai: „Nun erst kann ich ein Regiment (618 Mann) zur Verstärkung der Schiffsbesatzungen nach Fredrikshamn in Marsch setzen …"

148 Zu diesem Zeitpunkt hatte Prinz von Anhalt-Bernburg-Schaumburg sein vorgesehenes Hauptquartier in Fredrikshamn noch nicht bezogen.

149 Hinsichtlich der Ereignisse am 15. Mai 1790 stimmten schwedische und russische Dokumente in allen wesentlichen Punkten überein. Allerdings fanden nach russischer Auffassung die Kapitulationsverhandlungen am Nachmittag, die anschließenden Kämpfe von 18 bis 21 Uhr statt. Fest steht, Oberst von Eck hatte vor und nach den Verhandlungen Kuriere zu Generaloberleutnant Numsen mit der Bitte um Entsatz gesandt. Bevor der erste Kurier bei Numsen eintraf, befand sich jedoch das zugesagte Regiment (618 Mann) schon auf dem Marsch nach Fredrikshamn. Es erreichte die Festung am 15. Mai nach 21 Uhr, griff deshalb nicht mehr in das Geschehen ein.

150 Siehe Tabelle 32 „Schwedische Schärenflotte 1790 in Stockholm". Kanonenschaluppe Nr. 120, 121, 123, 124, 125 und 129.

151 Fast alle Gefallenen und Verwundeten gehörten zur Mannschaft der geborstenen Kanonenjolle.

152 Die mit der Aufschrift „40 feindliche Fahrzeuge am 15. Mai 1790 bei Fredrikshamn erobert" versehenen Medaillen wurden nach Friedensschluß geprägt und am 13. Februar 1791 verliehen.

153 Gründe für das Ausbleiben von Meijerfeldts Truppen lassen sich den zeitgenössischen Dokumenten nicht entnehmen. Schwedische Historiker gehen jedoch davon aus, des Königs überstürzt erteilte Order sei bei Meijerfeldt zu spät eingegangen.

154 König Gustav beobachtete das Geschehen aus unmittelbarer Nähe. Er hatte sich um 1 Uhr auf eine Schaluppe begeben und war Virgins Abteilung gefolgt. Erst um 8 Uhr kehrte er zu der im Svensksund ankernden *Amphion* zurück.

155 Während der folgenden Tage stießen noch weitere Fahrzeuge zur Formation.

156 Seit Verlassen des Svensksundes unterhielt Gustav III. zu Herzog Karl einen regelmäßigen Kurierdienst. Er kannte daher stets die ungefähre Position der Kriegsflotte.

157 „Dispositioner för skärgårdsflottans utgång fran Pitkepas för att understödja stora flottans operationers emot fienden" vom 1. Juni 1790. Diese Anweisung war seinerzeit sehr wichtig: Schärenfahrzeuge kämpften normalerweise nicht auf offener See – König Gustav aber wollte im Zusammenwirken mit der Kriegsflotte gegen das Kronstadt-Geschwader antreten, Außergewöhnliches wagen.

158 Die Armeeflotte mußte seit etwa 10 Uhr des 2. Juni zahlreiche Untiefen passieren. Es gab niemanden an Bord, der das Fahrwasser auch nur annähernd kannte.

159 Katharina II. hatte bereits am 15. März 1790 für Prinz Nassau-Siegen folgende Order unterzeichnet: „Zur Ruderflotte, die durch Euch geführt, befehlen wir außer Konteradmiral Graf de Litta und Brigadekapitän Slisow jetzt noch Vizeadmiral Kosljaninow und Brigadekapitän Denisow."

160 Zeitgenössischen Dokumenten zufolge bestanden die vier Galeerenbataillone aus „Rekruten und altem Gesindel".

161 Labb(e)rig = schlaff herabhängende Segel

162 „Post captain" oder „capitaine de haut bord" entsprach in der schwedischen Flotte dem Dienstgrad „Oberst". W. Sidney Smith hatte sich im Herbst 1789 in Karlskrona und Stockholm aufgehalten. Herzog Karl und König Gustav ließen sich von Smiths gewandtem Auftreten „blenden" und sagten ihm als Oberst eine verantwortliche Stellung bei den Seestreitkräften zu.

163 Das Antwortschreiben bezieht sich nicht auf des Herzogs Brief, den er W. Sidney Smith mitgegeben hatte – Smith erreichte die im Svensksund ankernde Armeeflotte erst am 21. Mai 1790.

164 Siehe „Votum" vom 16. März 1790 im 4. Buchabschnitt „Reaktionen auf des Königs Instruktionen", Teil 1790. (Seite 225)

165 Die Seekarte, die Smith vorlegte, war unvollständig. Sie wies für die Fahrrinne östlich Hoglands weder Tiefenangaben noch Untiefen auf.

166 Pass Charta öfver Finska Wiken på Kongl. Maijts. Befallning, Författad efter Astronom. Observationer. Trignom. och Hydrogr. Mätningar, med Rättvisande Compass och utgifven af Joh. Nordenankar Vice Amiral, Kongl. Maijts. Tjenstgörande General Adjutant, Amiralitets Råd och Riddare. Stockholm 1789. Graverad af Fredc. Akrel.

(Sinngemäße Übersetzung: Passagekarte durch die Finnische Bucht auf Königlicher Majestät allergnädigsten Befehl verfaßt nach astronomischen Beobachtungen, trigonometrischen und hydrologischen Messungen, mit genauem Kompaß, herausgegeben von Johan Nordenankar, Vizeadmiral, Königlicher Majestät Diensthabender Generaladjutant, Admiralitäts-Rat und Ritter. Stockholm 1789. Graviert von Fredrik Akrel.)

[167] In einem persönlichen Brief sprach der Herzog allerdings von „Galeeren und Turumafahrzeugen".

[168] 1781 begann eine umfangreiche Rekonstruktion der Hafen- und Befestigungsanlagen. Admiral Greigh zeichnete von 1784 bis 1788 dafür verantwortlich – 1783 verlegte man Teile der Admiralität von Sankt Petersburg nach Kronstadt.

[169] Alle Tiefenangaben beziehen sich auf das Mittelwasser.

[170] Bei den Ruderfregatten handelte es sich um Nachbauten des schwedischen Turuma-Typs. Von den acht Fahrzeugen wurden nur sechs termingerecht ausgerüstet und bemannt. Die anderen beiden – *Swjataja Alexandra* und *Swjataja Jelena* – nahmen zwar im Sommer 1790 an den Kämpfen teil, waren allerdings nur provisorisch fertiggestellt und bemannt worden. Siehe Tabelle 24.

[171] Es handelte sich um 7000 Mann. Sie befanden sich seit Januar in St. Petersburg, wurden dort eingekleidet und ausgebildet.

[172] Schiffskommandanten und ältere Offiziere gab es genügend, doch es fehlten u. a. 100 Unterleutnants. Die Admiralität behalf sich, indem im Eilverfahren 70 Seekadetten ihr Examen ablegen mußten, so vorzeitig zum Offizier ernannt werden konnten. Zur Stammbesatzung gehörten vor allem Adlige, Gardesergeanten und Männer, die zuvor bei der Ruderflotte gedient hatten.

[173] Puschtschin schrieb am 15. Mai an Graf Tschernyschew: „Heute morgen, zwischen 2.00 und 7.00 Uhr, haben wir in der Alexander-Festung starken Kanonendonner gehört" – es handelte sich um den Kampf vor Fredrikshamn.

[174] Puschtschin notierte in diesem Zusammenhang: „Es kamen ungefähr 200 Arbeiter aus der Spinnerei sowie 600 Kronstädter Kaufleute, Mechaniker und Arbeiter aller Berufe. Außerdem erwarte ich 750 Arbeiter aus den Admiralitätswerkstätten."

[175] Wegen der außergewöhnlichen Windverhältnisse zeigte sich die Kaiserin sehr besorgt. Wiederholt fragte sie bei Tschernyschew an, ob Krus tatsächlich auslaufen könnte.
In Tschernyschews Tagebuch heißt es dazu: „Wir beobachten ununterbrochen die Wetterfahnen auf den Dächern und wissen so, wie der Wind draußen bei Krus ist – er schlägt praktisch über alle Kompaßstriche um."

[176] Aus Reval kommende Handelssegler konnten die beim Novajagrund liegenden schwedischen Schiffe nicht nur zählen, sondern auch deutlich Typ und Rang ausmachen.

[177] Als Seskärbecken wird das Seegebiet zwischen 28°23' O und 29° O bezeichnet, wobei wegen mehrerer Untiefen seinerzeit für die schwerfälligen Linienschiffe ein verhältnismäßig sicheres Navigieren nur nördlich des 60. Breitengrades bis etwa 60°15' N möglich war.

[178] Der 64jährige Krus hatte über 40 Jahre bei der Flotte in Kronstadt gedient, kannte deshalb bestens die Windverhältnisse im Kotliner Becken: Nachts und morgens meistens aus Ost, im Laufe des Tages auf West drehend – leichter Wind wechselt oft mit Flauten ab.

¹⁷⁹ In einigen zeitgenössischen Quellen wird zudem als Befehlshaber der *Sysoi Weliki* Konteradmiral Jewstafi Stepanowitsch Odinzow genannt. Diese Angabe ist nicht korrekt. Seinerzeit zeichnete der Konteradmiral in der Admiralität für die Bemannung der Flotte verantwortlich. In dieser Eigenschaft hatte er auf der *Sysoi Weliki* Quartier bezogen, als die Schiffe zum Zwekke ihrer Ausrüstung auf der „Kleinen Reede" ankerten. Als Vizeadmiral Krus mit dem Verband auslief, befand sich Konteradmiral Odinzow nicht mehr an Bord.

¹⁸⁰ St. Petersburg unterhielt mit Admiral Tschitschagow ständigen Kurierdienst. In Reval kannte man also den Stand der Flottenrüstung in Kronstadt und die Verteidigungsabsichten der Admiralität. Am Morgen des 3. Juni traf bei Tschitschagow die kaiserliche Order vom 1. Juni ein, demzufolge er „mit allen Schiffen nach Kronstadt zu segeln, sich mit Vizeadmiral Krus zu vereinigen" und die „östlich von Seskär operierende schwedische Flotte zu attackieren" habe.

¹⁸¹ Der Befehl ließ sich nur langsam in die Tat umsetzen: Die Fahrzeuge der Armeeflotte ankerten weit verstreut im Björkösund, beträchtliche Teile ihrer Besatzungen lagerten an verschiedenen Stellen an Land. Deshalb passierten die beiden detachierten Abteilungen Kanonenschaluppen unter Oberstleutnant Hjelmstierna erst gegen 8 Uhr Koivisto-Kirche. Zu diesem Zeitpunkt war das erste Seetreffen bereits beendet. Hjelmstierna erreichte zwar den Sundauslauf, konnte aber wegen der über dem Meer liegenden Pulverschwaden kein feindliches Schiff ausmachen. Er kehrte nicht zurück, sondern wartete eine günstige Gelegenheit zum Eingreifen ab.

¹⁸² Von den schwedischen Schiffen waren vor allem die *Finland* (Arriergarde) und die *Prins Ferdinand* (Zentrum) betroffen. Die Stengen der *Finland* waren so zerschossen, daß keine Bramsegel mehr geführt werden konnten. Beide Schiffe wiesen im Rumpf mehrere Einschüsse unterhalb der CWL (Konstruktionswasserlinie) auf – sie leckten stark.

¹⁸³ Puschtschins zwei Meldungen an Tschernyschew:

„8.05 Uhr. Seit fünf Uhr ununterbrochenes Schießen, um 8.00 Uhr nur noch vereinzelte Schüsse. Die gesamte Zeit über wechselnde Winde, meist zwischen Nord und Ost."

„10.15 Uhr. Seit neun Uhr keine Schüsse mehr zu hören. Schlacht seit fünf Stunden. Ich warte auf einen Bericht von der Flotte. Während ich schreibe, nur wenig Wind oder Flaute."

¹⁸⁴ Zitat aus dem ersten Bericht von Vizeadmiral Krus über die „Morgenkämpfe" an Puschtschin zur Weiterleitung an Tschernyschew.

¹⁸⁵ Weitere Meldungen Puschtschins an Tschernyschew:

„15.30 Uhr. Um 14.00 Uhr starkes Schießen vernommen. Im Fall einer feindlichen Attacke auf Kronstadt habe ich höchste Alarmstufe angeordnet. Alle Männer stehen an den Kanonen bereit. Ich werde mit meinen Befehlshabern in der Festung übernachten. Wind zwischen Süd und West."

„17.00 Uhr. Wind Nordwest. Wir warten mit Ungeduld auf Nachrichten, um Euch mit angenehmen Neuigkeiten zu erfreuen. Wir stehen in voller Bereitschaft auf den zugewiesenen Plätzen, um den Feind abzuwehren – wir, das sind vor allem die Männer an den Kanonen im Kupetscheskerr Hafen und in den Bastionen. Zwischen 16.15 und 16.45 Uhr abermals von See her heftiges Geschützfeuer gehört."

¹⁸⁶ Aus zeitgenössischen Dokumenten geht nicht eindeutig hervor, ob Nordenskjöld wie bisher selbständig handeln konnte oder nicht. In seinem Tagebuch vermerkte der Konteradmiral lediglich, der „fremde Offizier verdrängt mich bei Seiner Königlichen Hoheit".

[187] Sinngemäß: „In der Nacht hatte man mich dreimal geweckt, da Ihr, mein Bruder, Euch bei zwei Meilen Abstand in einen Kampf verwickeln ließet, da ist es schwer, ruhig zu schlafen."

[188] Odinzow stand später vor dem Kriegsgericht. Die Beweislage ergab, daß er „seine Pflichten als Befehlsher eines Kaiserlichen Linienschiffes grob vernachlässigt habe und deshalb im Sinne des Gesetzes schuldig sei". Puschtschin sagte vor Gericht aus, die *Johann Bogoslow* wäre am 5. und 6. Juni repariert worden, die Schäden hätten mit Bordmitteln behoben werden können. Außerdem wären andere Schiffe viel stärker beschädigt gewesen, diese hätten den Kampf nicht abgebrochen.

[189] Die Gariwalla- und Demansteine sind Untiefen nördlich von Ustinski, der Markierungspfahl von Grekowa stand seinerzeit auf einer Untiefe (7,50 Meter), die sich südsüdwestlich von Stirsudde befindet. Demzufolge driftete die russische Verteidigungseinheit etwa westlich des 29. Längengrades.

[190] Das Treffen wird in der schwedischen Geschichtsschreibung als „Seeschlacht von Stirsudde", in der russischen als „Seeschlacht bei Krasnaja Gorka" und allgemein als „Seeschlacht vor Kronstadt" bezeichnet.

[191] Botschaft Herzog Karls, geschrieben zwischen 19 und 20 Uhr. Wörtlich: „... under den häftigaste bataljen i en båt löpt utefter hela linjen, uppstigande på de flesta skeppen."

[192] Törning sollte das Gros der Armeeflotte unangefochten erreichen, von Stedingk konnte jedoch wegen russischer Blockadeschiffe Pitkäpaasi zunächst nicht passieren.

[193] Die Offensive verlief erfolgreich, ab 26. Juni kontrollierte General Meijerfeldt mit der Küstenarmee das gesamte, strategisch bedeutsame Mündungsgebiet der Kymmene (Kymmenegård).

[194] Thronbericht vom 25. Mai 1790 (5. Juni) – er wurde in der Nacht vom 4. zum 5. Juni geschrieben.

[195] Die Bemerkung über den „sehr nahen Feind" wird in 20 russischen Logbüchern durch ähnlich lautende Eintragungen (Zentrales Marinearchiv, Gatschina), die „Blindschüsse" allerdings weder in schwedischen noch anderen russischen Dokumenten bestätigt. Schwedische Historiker sind allerdings der Meinung, Vizeadmiral Krus habe Wahres geschrieben, schließlich mußte sich nach den Ereignissen von Reval und dem ersten Kampftag bei Stirsudde allmählich ein Munitionsmangel auf den Schiffen bemerkbar machen.

[196] Der Alexander-Newski-Orden wurde durch Katharina I. am 21. Mai (1. Juni) 1725 gestiftet – für Verdienste am Vaterland und zur Ehre des Fürsten Alexander Jaroslawitsch, des Siegers über die Schweden und Tschuden (1240 auf der Newa, daher „Newski") und über die deutschen Ritter (1242 auf dem Eis des Peipussees) sowie aus Anlaß der Vermählung ihrer Tochter, der Großfürstin Anna Petrowna, mit dem Herzog von Schleswig-Holstein. Der Orden besaß kein Statut und hatte nur eine Klasse. Er wurde nur an Militärs ab Rang eines Generalmajors verliehen. Das Ordensfest fand bis 1917 am 30. August (10. September) eines jeden Jahres statt.
Anmerkungen: 1. Tschud = allgemeine historische Bezeichnung für finnische Stämme. 2. Alexander Jaroslawitsch Newski (1220 bis 1263) war Fürst von Nowgorod, seit 1252 Großfürst von Wladimir.

[197] Die Angaben zur Witterung stammen aus den Logbüchern der Linienschiffe des Kronstadt-

Geschwaders. Aber auch dem Bordjournal der *Dristigheten* ist ähnliches zu entnehmen: „4 00 bis 8.00 Uhr klar, übriger Tag mit diesigem Horizont. Wind W bis SW, labbrige Kühlte. Vor Mitternacht noch Südwest-, danach auffrischender Südostwind."

198 Der Flottenführung stand nur eine recht ungenaue russische „Pass Charta" von diesem Seegebiet zur Verfügung. Sie wurde auf der 1788 eroberten *Wladislaw* gefunden.

199 Schischkow, der Herausgeber von Tschitschagows Tagebuch, kommentierte das Verlegen des Geschwaders so: „Das Vorhaben des Admirals ist ein Zeichen dafür, daß er der feindlichen Flotte schnell folgen wollte, um sie anzugreifen, sobald das Kronstadt-Geschwader zu ihm gestoßen war." Wie die späteren Ereignisse zeigen werden, dürfte Schischkows Meinung reines Wunschdenken gewesen sein, um Tschitschagows Handlungsweise im positiven Sinne sehen zu können.

200 *Jarramas* und *Hök* segelten nach Norden, hielten ungesehen vom russischen Geschwader Fühlung zu ihm.

201 Schwedische Historiker bewerten Admiral Tschitschagows Handlungsweise folgendermaßen: „Der zögernde russische Flottenführer hielt am 5. Juni 1790 so großen Abstand zu dem Kronstädter Verband, daß unsere Flotte nicht zwischen zwei Feuer geriet, deshalb nicht geschlagen werden konnte – Tschitschagow sei Dank, er rettete Herzog Karls Seestreitkräfte."

202 Bersengol galt als ausgesprochen zuverlässig und rußlandfreundlich. Vermutlich dürfte er den übernommenen Auftrag ausgeführt haben. Doch weder in Tschitschagows Tagebuch noch in einem der Logbücher des damaligen Reval-Geschwaders findet sich ein Hinweis darauf.

203 Kruses Anschuldigungen fanden – soweit sie Witterungs- und Sichtverhältnisse sowie Kurse betrafen – ihre Bestätigung in schwedischen Logbüchern. Es steht einwandfrei fest: Tschitschagow muß beide Verbände eindeutig ausgemacht haben. Hinzu kommt, als Flottenführer kannte der Admiral bestens Anzahl und Art der eigenen Kriegssegler. Weiterhin war ihm seit der Schlacht vor Reval die ungefähre Stärke der schwedischen Flotte geläufig. Ein Verwechseln beider Formationen kann deshalb ausgeschlossen werden.

204 Die Übereinstimmung mit Nordenskjöld dürfte von Smith nur vorgetäuscht worden sein. Interessanten Rückschluß bietet der letzte Satz. Smith schien einen größeren Einfluß auf die Geschicke der Flotte ausgeübt zu haben als der Flaggkapitän.

205 Die kleinen Fregatten *Woin* und *Alexander* führten je 32 Kanonen.

206 (A A) und die noch erwähnten Bezeichnungen bis (U U) siehe Legende zur Karte „Operationen in der Bucht von Viborg – vom 6. Juni bis 3. Juli 1790".

207 Saltykow dazu: „Nicht auszudenken, wenn die Schweden weitermarschiert wären. Keiner hätte sie auf dem Weg nach Sankt Petersburg aufhalten können."

208 Noch vor Verlassen der Position B B wurde Kapitän 2. Ranges Crown mit der Fregatte *Venus* und dem Kutter *Mercury* zu den Vidskären detachiert – als „verlängerter Arm" der linken Flanke von Vizeadmiral Mussin-Puschkin.
Die russischen Dokumente lassen leider keine genaue Aufstellung zu, aus der die einzelnen Plätze aller Linienschiffe, Fregatten und kleinerer Hilfsfahrzeuge erkennbar werden.

209 Es handelte sich um die in Kalmar/Norrköping gebauten und ausgerüsteten neun Kanonenjollen. Sie wurden von Fähnrich Ullmer befehligt.

210 Saltykow am 12. Juni an Besborodko: „Eure Erlaucht, Ihr seht aus den Verhören der Gefangenen und Deserteure, in welchem Zustand sich die feindliche Flotte befindet. Worauf wartet nur unser angesehener alter Admiral? Gott meint es gut mit uns, nutzen wir seine Gunst, und die Stunden des Feindes sind gezählt."

211 Kosljaninow hatte fünf Kanonenschaluppen zum südöstlichen Fahrwasser von Uransari detachiert. Sie unterstützten Generalmajor Fersen, als dieser zwischen Maklaks und Kuckala durch schwedische Truppen zurückgedrängt wurde.

212 Der Angriffsplan beruhte auf einem Vorschlag von „captain" Smith.

213 Die schwedischen Verlustziffern sind eigene Angaben. In zeitgenössischen russischen Dokumenten dagegen werden „50 gefangengenommene, 300 gefallene und schwerverwundete Schweden" erwähnt, die auf dem „Schlachtfeld zurückgelassen" worden waren. Außerdem wurden „vier Banner" erobert. Zudem heißt es in diesen Schriftstücken, die Gesamtverluste des Feindes betragen „ungefähr 700 Mann, da während des Schießens viele Leichtverwundete zurückgingen und man Schwerverwundete wegschleppte".

214 Als am 9. Juni 1790 die Kaiserin Kronstadt besuchte, hatte Konteradmiral Odinzow um ein Frontkommando gebeten.

215 Die unter 3.) und 4.) aufgeführten Schiffsverlegungen erfolgten am 22. Juni (J und K).

216 Zu diesem Zeitpunkt hatte das Gros von Tschitschagows Flotte bereits verlegt. Nordenskjöld erkannte, daß ein Absegeln nach den Varianten c) und d) nun nicht mehr möglich war – es sei denn unter Verlusten von etlichen Schiffen und Fahrzeugen.

217 Der von Herzog Karl eigenhändig geschriebene Vorschlag ist vermutlich von ihm mit Hilfe von „captain" Smith und ohne Wissen Nordenskjölds ausgearbeitet worden.

218 Die *Kasatka* war in der russischen Flottenliste nicht aufgeführt. Als ehemaliger Transporter wurde das Fahrzeug im Sommer 1789 zum Brander umgebaut.

219 Das von Herzog Karls Stabssekretär Kihlgren angefertigte Dokument weicht in entscheidenden Punkten erheblich von Nordenskjölds ursprünglichem Plan ab – vermutlich hatte „captain" Smith dem Herzog einige Änderungen schmackhaft gemacht.
Nordenskjöld erhielt keine Kenntnis von den Änderungen, verstand daher des Königs Ablehnung nicht.

220 Angaben zur Bewaffnung nach den offiziellen Flottenlisten von 1790. Tatsächlich dürfte die Anzahl der Kanonen ein wenig geringer gewesen sein. Zum Beispiel wurden bei Reval 42 Rohre der *Tapperheten* über Bord geworfen, zerbarsten auf russischen Kriegsseglern im Verlaufe der Schlacht bei Stirsudde etliche Rohre. Kapitän James Trevenen schrieb in diesem Zusammenhang dem Grafen Besborodko: „Mein 66-Kanonenschiff ‚Ne tron menja' ist das elendste und schwächste in unserer Linie. Es ist jetzt nur noch mit 59 alten, fast untauglichen Kanonen bestückt. Bei jedem abgefeuerten Schuß bete ich, die Rohre würden ihn unbeschadet überstehen."

221 Magister Sundevall war als Protokollant anwesend. Seine Aufzeichnungen sind erhalten geblieben. Aus ihnen geht u. a. hervor, daß auch Baron Palmqvist für einige Zeit an der Beratung teilgenommen hatte. Dieser plädierte für ein getrenntes Absegeln beider Flotten: Armeeflotte durch den Björkösund, Kriegsflotte vorbei an Rondö.

222 Pukes Eintragungen im Logbuch der *Dristigheten*: „3 Mann gefallen – 2 Steuermänner und ein Bootsmann. Keine Schwerverwundeten, nur einige Männer unwesentlich blessiert."

223 Die Wracks von Hedwig Elisabeth Charlotta und Lovisa Ulrika wurden 1994 von einer russisch-schwedischen archäologischen Expedition entdeckt.

224 Das Wrack der *Zemire* wurde Ende des 20. Jahrhunderts entdeckt und marinearchäologisch untersucht.

225 Russischen Dokumenten zufolge mußten 103 Schwerverwundete aus dem aktiven Militärdienst ausscheiden.

226 Unter normalen Bedingungen benötigte seinerzeit ein Linienschiff etwa zwei Stunden, ehe es einen Ankerplatz verlassen konnte. Auf schwedischer Seite wurden bereits im Verlaufe der Nacht die schweren Anker gehievt, alle Fahrzeuge nur noch mit Warpanker in Position gehalten. Außerdem waren sämtliche Segel angeschlagen, mit Schiemannsgarn gesichert – binnen weniger Minuten vermochten sich die Segel zu entfalten, ohne daß Matrosen aufentern mußten. Auf russischer Seite gab es solche Vorbereitungen nicht – hier mußten erst Ankertrossen gekappt und Segel gesetzt werden.

227 Bei Krysserort blieben lediglich Powalischins und Leshnews beschädigte Schiffe zurück. Sie reparierten mit Bordmitteln, was möglich war, und kümmerten sich um die aufgelaufenen schwedischen Schiffe.

228 Russische und schwedische Historiker stimmen dahingehend überein, daß in jenen Stunden der Krieg beendet gewesen wäre, wenn
a) Kapitän Crown die *Kolding* aufgebracht und den König gefangengenommen hätte (bedingungslose Kapitulation Schwedens) oder
b) Admiral Tschitschagow sich zwischen Pitkäpaasi und Aspö postiert hätte (Seegang und Leichte Fregatten hätten das Schicksal der Armeeflotte besiegelt).

229 Die mit Kabeln und Warpanker voll beladenen Barkassen hatten in der Viborger Bucht Bugsierarbeiten durchgeführt.

230 Flaggkapitän Nordenskjölds Gehöft war ebenfalls niedergebrannt. Sein vom 26. Oktober 1790 datiertes „Summarisches Verzeichnis über das beim Brand in Karlskrona am 17. Juni des Jahres verlorene bewegliche und feste Eigentum" gibt über den entstandenen Sachschaden Auskunft. Er bezifferte ihn mit 24.000 Reichstalern. Davon entfielen 18.000 auf das Herrenhaus Augerum (Ankaufspreis einschließlich durchgeführter Instandsetzungsarbeiten) und 6000 auf bewegliches Eigentum wie Möbel und sonstigen Hausrat, Bücher, Gemälde und Porzellan, Wein und Ackergerätschaften. Das Dokument befindet sich wider Erwarten nicht im Reichsarchiv, sondern wird im Tresorgewölbe der „Sparbank" von Lyckeby (Vorort von Karlskrona) aufbewahrt.

231 Der sachbezogene Inhalt beider Schreiben war fast identisch. Jedoch berichtete Slisow: „Kapitänleutnant Gamal stand einem Oberst Söderman gegenüber. Hinter diesem Namen verbarg sich niemand anders als Schwedens König in eigener Person."

232 Generalmajor Pjotr Iwanowitsch Turtschaninow (Sekretär der Kaiserin Katharina II.) schrieb an diesem Tag dem Grafen Besborodko über die vorangegangenen Ereignisse: „Ich danke Gott! Endlich kamen wir auf Aspö an, befinden uns wieder in den Schären. Seit Verlassen der Viborger

Bucht trieben wir, ohne den Kurs halten zu können, auf offener See. Ständig wechselten wir den Aufenthaltsort – es war fürchterlich."

233 Diese Angaben teilte Nassau-Siegen am 8. Juli dem Grafen Besborodko mit. In Wirklichkeit waren 18 Fahrzeuge noch nicht bei Kyrkogårdsö eingetroffen, sie kamen erst im Laufe des nächsten Tages an. Es handelte sich um zwei Ruderfregatten, fünf ehemalige Schärenfregatten der schwedischen Armeeflotte, drei Galeeren, zwei Kutter und sechs Bombenketschen kleineren Typs. Die 121 Halbgaleeren war sehr klein. Sie wurden auch als Ruderschaluppen bezeichnet. In der russischen Flottenliste rangierten sie unter „Hilfskampfschiffe".

234 (A) bis (K) siehe Skizze „Schlacht im Svensksund am 7. Juli 1790".

235 Meldefahrzeuge, Munitionszubringer, *Amphion, Amadis, Kolding* und andere Hilfsfahrzeuge sind in dieser Aufstellung nicht enthalten.

236 Signaleintragungen aus dem Logbuch der Hemmema *Starkodder* entnommen.

237 Obendrein gab es auf diesen drei Fahrzeugen noch einen Marineoffizier für die nautischen Belange. Am Beispiel der Batterie Nr. 1 sei dies verdeutlicht: Fahrzeugkommandant war der bereits im Text erwähnte Unterleutnant zur See Frenew, Kampfkommandeur Oberstleutnant der Artillerie Frejer.

238 König Gustav befand sich bei Schlachtbeginn auf der Hemmema *Styrbjörn*. Später wechselte er mit seinem Stab auf eine wendige Schaluppe über. Er hielt sich etwa 100 Meter hinter der Kampflinie auf, lenkte von verschiedenen Punkten aus seine Formation (K).

239 *Swjatoi Nikolai* wurde 1948 von Tauchern entdeckt. Die spätere marinearchäologische Wrackausgrabung gilt als die umfangreichste dieser Art im finnischen Schärenarchipel. Alle Funde kamen ins Nationalmuseum Helsinki.

240 Cronstedts Bericht an den König basierte auf eigenen Erkenntnissen und auf Aussagen russischer Gefangener. Eine der sechs Bombenketschen zerschellte bereits am 4. Juli auf den Riffen von Aspö. Cronstedt erwähnte in einer weiteren Aufzeichnung (siehe Tabelle 30) noch andere Fahrzeugtypen, u. a. eine Brigg und die zurückeroberte Hemmema *Oden*. Außerdem fällt auf, daß mitunter Fahrzeugtypen unterschiedlich bezeichnet werden – das betrifft nicht nur die zu Schonern umgerüsteten Halbschebecken. Weiterhin wurde in den damaligen Flottenlisten der als kleine Halbgaleere deklarierte Typ „Kaik" nicht aufgeführt – dementsprechend „unterschlug" Nassau-Siegen diesen Typ auch in seinen Berichten, nannte die zu seiner Formation gehörenden 121 Halbgaleeren global „etliche kleinere Fahrzeuge".
Als verbindlich dürfte deshalb die vom russischen Admiralitätskollegium im August 1790 veröffentliche Verlustliste anzusehen sein (siehe Tabelle 31).

241 Die vorliegenden Angaben sind unterschiedlich. Schwedische Quellen nennen bespielsweise allein 6385 in Gefangenschaft geratene Russen (einschließlich rund 2500 Verwundete). Weiterhin wird die Zahl der Gefallenen maximal auf 5800 Mann geschätzt. Russische Quellen geben die Gesamtverluste mit 7369 Mann an, darunter 269 Offiziere. Allerdings beziehen sich diese Zahlen nur auf die Seeleute und Soldaten, die von den in Tabelle 31 aufgezählten 51 Fahrzeugen vermißt werden. Die Zahl der Toten und Verwundeten, die zur Besatzung aller nach Fredrikshamn geflüchteten Fahrzeuge gehörte, wurde nicht veröffentlicht.

242 Trotzdem meldeten sich bei der Ruderflotte 200 Mann, die sich der Gefangennahme entziehen konnten (siehe Tabelle 31).

243 Später bekamen einige Offiziere den Ehrendegen überreicht, beispielsweise Major Johan Georg von Sillén. Das Ordensstatut ließ das Verleihen eines Schwertordens nur an Offiziere zu, deshalb stiftete Gustav III. die Svensksund-Medaille. Die goldene Ausführung war zwar auch für Offiziere, die silberne jedoch nur für Unteroffiziere bestimmt. Die Inschrift lautet: „53 feindliche Fahrzeuge am 9. Juli 1790 erobert". Wer sowohl im Mai vor Fredrikshamn als auch im Svensksund gekämpft hatte, erhielt eine Medaille mit der Inschrift: „40 feindliche Fahrzeuge am 15. Mai und 53 Fahrzeuge am 9. Juli 1790 erobert". Die goldene Medaille trug man am Hals, die silberne im Knopfloch. Weiterhin verzierten die Offiziere der Armeeflotte – insofern sie im Svensksund gekämpft hatten – ihre Uniform mit einer blau-goldenen Seidenschärpe (sogenannte „Svensksund-Schärpe"). Für Mannschaftsdienstgrade war die 1789 eingeführte Tapferkeitsmedaille vorgesehen.

244 Im Mai 1960 entdeckten Sporttaucher das Wrack der *Lovisa Ulrika*. Erste marinearchäologische Bergungsarbeiten erfolgten 1961.

245 Diese Ehrungen erfolgten erst am 21. August, als in Sveaborg der Friedensschluß gefeiert wurde.

246 Armfelt und Igelström kannten sich aus Friedenszeiten her gut, ihre Truppen standen sich auch während des Krieges gegenüber.